REPENSAR A POLÍTICA
CIÊNCIA & IDEOLOGIA

2.ª Edição, revista e actualizada

Livros do Autor

Direito Constitucional, Público, Politologia e afins

O Procedimento Administrativo, Coimbra, Almedina, 1987; *Quadros Institucionais – do social ao jurídico*, Porto, Rés, 1987 (esgotado); refundido e aumentado in *Sociedade e Direito*, Porto, 1990; *Mito e Constitucionalismo. Perspectiva conceitual e histórica*, Coimbra, Faculdade de Direito, 1990 – tese de Mestrado em Direito – Ciências Jurídico-Políticas, na Faculdade de Direito da Universidade de Coimbra (esgotado); *Para uma História Constitucional do Direito Português*, Coimbra, Almedina, 1995 (esgotado); *Constituição, Direito e Utopia. Do Jurídico-Constitucional nas Utopias Políticas*, Coimbra, 'Studia Iuridica', Boletim da Faculdade de Direito, Universidade de Coimbra/Coimbra Editora, 1996 (tese de doutoramento em Direito. Ciências Jurídico-Políticas, na Faculdade de Direito da Universidade de Coimbra); *Res Publica. Ensaios Constitucionais*, Coimbra, Almedina, 1998; *Mysteria Ivris. Raízes Mitosóficas do Pensamento Jurídico-Político Português*, Porto, Legis, 1999; *A Constituição do Crime. Da Substancial Constitucionalidade do Direito Penal*, Coimbra, Coimbra Editora, 1998; *Responsabilité et culpabilité*, Paris, P.U.F., 2001 (esgotado); *Teoria da Constituição*, vol. I. *Mitos, Memórias, Conceitos*, Lisboa/São Paulo, Verbo, 2002; vol. II. *Direitos Humanos, Direitos Fundamentais*, Lisboa/São Paulo, Verbo, 2000; *Direitos Humanos – Teorias e Práticas*, Coimbra, Almedina, 2003 (org.), prefaciado por Jorge Miranda; *Teoria do Estado Contemporâneo*, Lisboa/São Paulo, Verbo, 2003 (org.); *Política Mínima*, Coimbra, Almedina, 2003, 2.ª ed., corrigida e actualizada, 2005; *Miragens do Direito. O Direito, as Instituições e o Politicamente Correto*, Campinas, São Paulo, Millennium, 2003; *Anti-Leviatã. Direito, Política e Sagrado*, Porto Alegre, Sérgio Fabris Editor, 2005; *Repensar a Política. Ciência & Ideologia*, Coimbra, Almedina, 2005, 2.ª ed., 2007; *Novo Direito Constitucional Europeu*, Coimbra, Almedina, 2005; *O Essencial sobre Filosofia Política Medieval*, Lisboa, Imprensa Nacional-Casa da Moeda, 2005; *O Essencial sobre Filosofia Política Moderna*, Lisboa, Imprensa Nacional-Casa da Moeda, 2006, *O Essencial sobre Filosofia Política da Antiguidade Clássica*, Lisboa, Imprensa Nacional-Casa da Moeda, 2006; *Raízes da República. Introdução Histórica ao Direito Constitucional*, Coimbra, Almedina, 2006; *Direito Constitucional Geral*, Lisboa, Quid Juris, 2006, *Direito Constitucional Geral. Uma Perspectiva Luso-Brasileira*, São Paulo, Método, 2006 (Prefácio do Prof. Doutor André Ramos Tavares); *Constituição da República da Lísia. Texto, Documentos e Contributos*, Porto. Ordem dos Advogados, 2006; *A Constituição Viva. Cidadania e Direitos Humanos*, Porto Alegre, Livraria do Advogado Editora, 2007 (Prefácio do Prof. Doutor Ingo Wolfgang Sarlet).

Filosofia e História do Direito

– Pensar o Direito I. *Do Realismo Clássico à Análise Mítica*, Coimbra, Almedina, 1990; II. *Da Modernidade à Postmodernidade*, Coimbra, Almedina, 1991; *História da Faculdade de Direito de Coimbra*, Porto, Rés, 1991, 5 vols., Edição Comemorativa do VII Centenário da Universidade, patrocinada pela Faculdade de Direito de Coimbra, prefaciada por Orlando de Carvalho (com a colaboração de Reinaldo de Carvalho); *Amor Iuris. Filosofia Contemporânea do Direito e da Política*, Lisboa, Cosmos, 1995 (esgotado); *Lições Preliminares de Filosofia do Direito*, Coimbra, Almedina, 1998, 2.ª ed. revista e actualizada, Coimbra, Almedina, 2002; *Lições de Filosofia Jurídica. Natureza & Arte de Direito*, Coimbra, Almedina, 1999; *Le Droit et les Sens*, Paris, L'Archer, dif. P.U.F., 2000; *Temas e Perfis da Filosofia do Direito Luso-Brasileira*, Lisboa, Imprensa Nacional-Casa da Moeda, 2000; *O Ponto de Arquimedes. Natureza Humana, Direito Natural, Direitos Humanos*, Coimbra, Almedina, 2001; *Mythe et Constitutionnalisme au Portugal (1778-1826) Originalité ou influence française?* (Tese de Doutoramento na Secção de História do Direito, Centro de Filosofia do Direito, na Universidade de Paris II, antiga Faculdade de Direito de Paris), Lisboa, Centro de História da Cultura – Universidade Nova de Lisboa, em publicação – 3 vols. editados); *Filosofia do Direito. Primeira Síntese*, Coimbra, Almedina, 2004; *Direito Natural, Religiões e Culturas* (org.), Coimbra, Coimbra Editora/FDUP, 2004; *Direito Natural, Justiça e Política* (org.), I vol., Coimbra, Coimbra Editora/FDUP, 2005; *História do Direito. Do Direito Romano à Constituição Europeia*, Coimbra, Almedina, 2005 (em colaboração); *Pensamento Jurídico Luso-Brasileiro*, Lisboa, Imprensa Nacional-Casa da Moeda, 2006; *Filosofia do Direito*, Coimbra, Almedina, 2006.

Metodologia e Propedêutica Jurídicas

Introdução à Teoria do Direito, Porto, Rés, 1988 (esgotado); *Noções Gerais de Direito*, Porto, Rés, 1.ª ed., 1988, várias eds. ulteriores (em colaboração com José Falcão, Fernando Casal, e Sarmento Oliveira). Há edição bilingue português-chinês, aumentada; *Problemas Fundamentais de Direito*, Porto, Rés, 1988 (esgotado); *Direito*, Porto, Asa, 1990; 2.ª ed. 1991; 3.ª ed., 1994 (esgotado); *Direito. Guia Universitário*, Porto, Rés, 1990 (colaboração com Javier Hervada); *Princípios de Direito*, Porto, Rés, 1993; *"Peço Justiça!"*, Porto, Asa, 1995 (esgotado); *Tópicos Jurídicos*, Porto, Asa, 1.ª e 2.ª eds., 1995 (esgotado); *Instituições de Direito*, vol. I. *Filosofia e Metodologia do Direito*, Coimbra, Almedina, 1998 (org.); vol. II. *Enciclopédia Jurídica*, Coimbra, Almedina, 2000 (org.), prefaciado por Vítor Aguiar e Silva; *Propedêutica Jurídica. Uma Perspectiva Jusnaturalista*, Campinas, São Paulo, Millennium, 2001 (em colaboração com Ricardo Dip); *Droit et Récit*, Québec, Presses de l'Université Laval, 2003; *Memória, Método e Direito. Iniciação à Metodologia Jurídica*, Coimbra, Almedina, 2004.

Ensaios Gerais e Interdisciplinares

Arqueologias Jurídicas. Ensaios Jurídico-Políticos e Jurídico-Humanísticos, Porto, Lello, 1996; *Peccata Iuris. Do Direito nos Livros ao Direito em Acção*, Lisboa, Edições Universitárias Lusófonas, 1996; *Faces da Justiça*, Coimbra, Almedina, 2002; *O Século de Antígona*, Coimbra, Almedina, 2003; *O Tímpano das Virtudes*, Coimbra, Almedina, 2004; *Lusofilias. Identidade Portuguesa e Relações Internacionais*, Porto, Caixotim, 2005; *Escola a Arder. Combates e Diálogos*, Lisboa, O Espírito das Leis, 2005.

Poesia e Ficção

Tratado das Coisas Não Fungíveis, Porto, Campo das Letras, 2000; *E Foram Muito Felizes*, Porto, Caixotim, 2002; *Escadas do Liceu*, São Paulo, CEMOROC, Universidade de São Paulo/Mandruvá, 2004; *Livro de Horas Vagas*, São Paulo, CEMOROC, Universidade de São Paulo/Mandruvá, 2005.

PAULO FERREIRA DA CUNHA

REPENSAR A POLÍTICA
CIÊNCIA & IDEOLOGIA

2.ª Edição, revista e actualizada

REPENSAR A POLÍTICA
CIÊNCIA & IDEOLOGIA

AUTOR
PAULO FERREIRA DA CUNHA

EDITOR
EDIÇÕES ALMEDINA, SA
Rua da Estrela, n.° 6
3000-161 Coimbra
Tel.: 239 851 904
Fax: 239 851 901
www.almedina.net
editora@almedina.net

PRÉ-IMPRESSÃO • IMPRESSÃO • ACABAMENTO
G.C. – GRÁFICA DE COIMBRA, LDA.
Palheira – Assafarge
3001-453 Coimbra
producao@graficadecoimbra.pt

Janeiro, 2007

DEPÓSITO LEGAL
252570/07

Os dados e as opiniões inseridos na presente publicação
são da exclusiva responsabilidade do(s) seu(s) autor(es).

Toda a reprodução desta obra, por fotocópia ou outro qualquer processo,
sem prévia autorização escrita do Editor,
é ilícita e passível de procedimento judicial contra o infractor.

Aos Juristas na Política,
tão incompreendidos
e tão imprescindíveis.

"Ora assim como em física ou em álgebra não há liberdade de pensamento, também na ciência política a não deve haver.

Decerto. E não a haverá, quando a política for ciência, isto é, quando constituir um conjunto evidente de verdades demonstradas. Então, ninguém reclamará a liberdade de consciência: espontaneamente se submeterá, como sucede para a álgebra ou para a física de hoje. Mas só então."

SAMPAIO BRUNO – *O Brasil Mental*, 2.ª ed., Porto, Lello, 1997, p. 191

PREFÁCIO DO AUTOR À 2.ª EDIÇÃO

Não sabemos a razão mais profunda e determinante do tópico da surpresa dos autores ante a notícia de que a sua obra se esgotou.

Talvez votem os seus escritos a uma espécie de "roda", talvez, perante o deserto de comunicação em alguns meios, creiam que, realmente, ninguém os lerá. A verdade é que muitos sacrificam a esse lugar comum.

E curiosamente, não por artifício retórico, mas por efectiva realidade, foi esse, também, desta feita, o nosso caso. Não contávamos que a primeira edição deste livro, publicada há tão pouco tempo, se visse tão rapidamente esgotada.

Ainda bem.

A obra foi bem divulgada e contou com duas apresentações públicas de altíssimo coturno: em Lisboa, esteve a cargo do Prof. Doutor Diogo Freitas do Amaral; e no Porto, foi feita pelo Prof. Doutor José Joaquim Gomes Canotilho, nomes que, realmente (e esbarramos em novo tópico) dispensam mesmo apresentações.

Certamente foi esse o segredo e a razão do seu acolhimento pelo público, e não os méritos do seu obscuro autor.

De qualquer modo, devemos fazer também justiça aos nossos estudantes que, recusando a pirataria das fotocópias, decerto foram responsáveis pela aquisição de muitos exemplares. Com efeito, este livro, a par de *Política Mínima*, constituiu um dos recomendados na nossa regência da cadeira de Ciência Política, na Universidade do Porto.

Tomado de surpresa, a revisão ora feita foi minimalista. Limitou-se ao firme ataque a algumas esparsas gralhas, às actualizações mais evidentes determinadas pelo rodar histórico das coisas, incluindo acrescentos bibliográficos mais imediatos, etc. Onde se levou a cabo intervenção mais cuidada e profunda foi na exposição do espectro ideológico-partidário português, que entretanto se advertiu necessitar de uma revisão mais profunda. Matéria sempre delicada, e por isso sempre a necessitar de novos retoques que permitam evidenciar os verdadeiros contrastes e matizes.

Incluem-se ainda nesta edição, de seguida, os textos escritos correspondentes às suas apresentações públicas referidas.

Era nosso desejo incluir ainda nesta edição, de seguida, os textos escritos correspondentes às apresentações públicas deste livro, já mencionadas. Acaba por, desta feita, não poder figurar ainda o texto do Prof. Doutor Diogo Freitas do Amaral, que pouco depois dessa sua intervenção, seria de novo chamado a altas e muito absorventes funções governamentais. Temos contudo a promessa de vir a contar no futuro com o seu texto. Desde já, abre este livro com uma muito honrosa Apresentação, da autoria do Prof. Doutor José Joaquim Gomes Canotilho, Catedrático de Direito Constitucional e Ciência Política da Faculdade de Direito de Coimbra.

APRESENTAÇÃO
DO LIVRO *REPENSAR A POLÍTICA* DE PAULO FERREIRA DA CUNHA

§ 1.°
Apresentação e recensão

Um dos mais notáveis cultores do direito europeu[1] deu-nos a conhecer o método adoptado na *Global Law School* de Nova Yorque para o programa de estudos de direito internacional público. O estudante escolhe um livro recente e procura praticar a arte de uma boa recensão. Mas o que é uma boa recensão? Em termos deliberadamente concisos é aquela que obedece a três regras cardinais:

Regra A: apresenta escrupulosamente os argumentos e as teses do livro em causa;

Regra B: confronta-te criticamente com a argumentação central do livro, não dando centralidade a aspectos marginais e não aproveitando a recensão como pretexto para escrever o "teu" artigo:

Regra C: procura ser interessante, acrescentando um qualquer valor de tipo intelectual.

Cremos que a apresentação de um livro é diferente de uma recensão. Ainda bem. Não temos de apresentar todas as teses. Não nos é exigida uma contra-argumentação. Perdoa-se-nos a incompetência de não sermos capazes de dizer coisas interessantes.

Analisando bem as coisas, o Doutor Paulo Ferreira da Cunha ao convidar-nos para fazer a apresentação do seu livro entendeu, com uma saudável "reserva mental", poupar-nos ao esforço escolar da recensão. Mas, acima de tudo, deu-nos a oportunidade amiga de nos reencontrarmos perante o *logos* dos e dos buracos negros das utopias – ele diria hoje uto-

---

[1] J. Weiler.

pia que se localiza no lugar de algures. O reencontro é também descoberta de uma cumplicidade dialógica no discursos que tem justificado, ao longo dos anos, a minha irrestrita admiração por este homem que cultiva ficções, saberes, competências, magias, humores e rumores, utopias, mitos, muitas vezes junto da frota de Ulisses que não vira a cara ao canto argumentativo das sereias.

Disto isto, perguntar-se-á: como é que vamos apresentar o rosto e alma de um repensador da política? Para os que gostam de sínteses, muitas vezes utilitárias, pois dispensam a leitura demorada das obras, diríamos que este é um livro de um cultor do político sob a perspectiva metodológica da filosofia política axiológica e uma mensagem política de um cidadão que se situa nas proximidades do social-liberalismo. Poderíamos ficar por aqui em nome de um imperativo categórico da leitura: lê sempre os livros que te apresentam tal como os escreverias se fossem teus. Mas estamos aqui para fazer mais qualquer coisa. Começaremos, invertendo as Partes do Livro. Em primeiro lugar, referir-nos-emos aos *Paradigmas* e, em segundo lugar, aos *Fundamentos*.

§ 2.º

"As grandes ideias da juventude perdida"

1.

Na dedicatória que o Doutor Paulo Ferreira da Cunha teve a generosidade de registar no livro agora em apresentação pública lêem-se estas palavras hermeneuticamente sugestivas:

"esta metanóia ao reencontro das grandes ideias da juventude perdida"

Confesso a minha dúvida. Não sei se ele se refere à minha juventude ou à dele. Quanto à minha, isso é irrecusável. Está irremediavelmente perdida! Quanto à dele, gostaria, desde já, de exercer o meu direito de contradita. Quem escreve um livro como o que temos agora a honra de apresentar, está em fase de juventude reviva e revivificada. Certamente que estão revolvidos os nossos tempos de *nucibus relictis*, pois creio que há muito deixámos de jogar as nozes como nos tempos de criança. Mas que um homem devotamente cumpridor do conselho sábio de Plínio – *nulla dies sine linea* – se proclame com "juventude perdida", isso já nos merece sérias reticências.

A dedicatória tem outra intenção e pedimos já as devidas desculpas ao Doutor Paulo Ferreira da Cunha se a conversão pública de palavras privadas padece de algum desvalor constitucional. Muito ao seu gosto clássico, insinuou-se a necessidade de uma *metanóia* ao reencontro das grandes ideias da juventude perdida. O acento tónico não é o da juventude – perdida ou não perdida – mas o das grandes ideias e do seu reencontro através de uma incontornável conversa interior que nos interpela sobre a nossa mudança de pensar, sentir e agir. "Repensar a Política"significa precisamente o esforço auto-reflexivo e moralmente comunicativo de nos confrontarmos, de forma renovadora, com os encantos e desencantos das ideias no contexto das comunidades políticas da nossa contemporaneidade. Aproximemo-nos, então deste repensamento.

2.
A metanóia de um livro pensador e de um pensador livre

Quem se der ao trabalho de ler este livro de fio a pavio – tarefa que aconselhamos vivamente – desfrutará do imenso regozijo intelectual e espiritual de estar perante um livro de um pensador e de um pensador livre. Basta ler o penetrante estudo sobre o que ele chama "Oposição Binária: Direita e Esquerda" (p. 296) para ouvirmos e lermos a eterna prevenção. Não sabemos se esta prevenção tem o radical subjectivo do nosso Autor, mas é ele que a escreve e a ele devemos imputá-la:

> "Se, por exemplo, um intelectual moderado, de raiz social burguesa e/ou aristocrática, formação católica, marxista e/ou liberal sempre com preocupações democráticas e sociais de muitas leituras e algumas heterodoxias pelo caminho, entrar para a *resistência* do futuro, num estado mundial sem liberdades e direitos para as pessoas normais, num estado totalitário, qualquer que seja a bandeira que hasteie, pode bem ser que num futuro de liberdade ainda mais distante o venham qualificar na esquerda...

Em todo o caso seria bem melhor dizer-se que ele era democrata, e que o *Big Brother*, pintado embora das cores que se quiser, não passava de um ditador".

Se nos fosse permitido aconselhar a leitura de um livro a começar pelo fim, aconselharíamos sem reticências o texto que acabámos de referir. Inserido na Parte II subordinada à epígrafe – Reavaliar os Paradigmas – o ensaio "científico e ideológico" que nos oferece o Doutor Paulo Ferreira da Cunha tem todos os condimentos para se tornar um clássico. Numa prosa culta mas despojada o "paradigma do politicamente correcto" é submetido a uma das mais acutilantes críticas surgidas na juspublicística e na ciência política portuguesa. Diríamos de forma mais fiel ao Autor: trata-se de um exercício de filosofia política axiológica particularmente da estagnação pensante da política portuguesa. Semeia "incómodos" à direita e à esquerda, torna claros os paradoxos dos critérios, acentua a transversalidade das ideologias e revela o charme discreto da heterodoxia criativa. Ouçamo-lo mais uma vez, transformando apenas o seu escrito em dito: retomando a ideia de "ortodoxa heterodoxia" veiculada no *blog* de José Adelino Maltez ("Pela Santa Liberdade") – "Pode haver gente de direita que prefira Leonardo Coimbra ao Cardeal Cerejeira, Fernando Pessoa e Monsenhor Moreira das Neves e Agostinho da Silva a São José Maria Escrivã", eis como Paulo Ferreira da Cunha descodifica ortodoxias e heterodoxias:

> "Pessoa, Leonardo e Agostinho não são para nós, bem vistas as coisas, nem de esquerda nem de direita... Não só direitas e esquerdas se querem apropriar dos nomes de Pessoa, Leonardo e Agostinho. Não se duvida que sempre alguma direita desconfiará de Pessoa heterodoxo (já que tinha simpatias esotéricas, rosa-crucianas, e até bebia demais), Leonardo (até revolucionou, enquanto Ministro, algumas estruturas tradidicionais do poder universitário), Agostinho (até defendia que no futuro deixaria de haver trabalho".)

Não se duvida que alguma esquerda olha de soslaio o Pessoa nacionalista, elitista, esteticista, o Leonardo anti-comunista, retórico, espiritualista, o Agostinho imperialista, lunático, desgarrado dos dramas sociais, etc., etc.

A "novidade política" está aqui: haverá certamente direita do futuro e esquerda do futuro. Esta direita e esta esquerda prospectivamente orientadas surgem mais claramente recortadas numa outra secção dedicada às Terceiras Vias (p. 334). Num tom cautelosamente ensaístico a que não faltam precedências epistemológicas, a análise das chamadas "vias do meio" permitem a Paulo Ferreira da Cunha recortar com objectividade as confluências do *social-liberalismo*. Cremos ser esta, afinal, a ideologia de que ele está mais próximo. Basta percorrermos algumas das propostas por ele avançadas para verificarmos que, afinal, nelas perpassam algumas "utopias" da terra-mundo: defesa da igualdade, em dignidade, direitos e oportunidades, justa distribuição da propriedade e dos rendimentos, democracia empresarial, ética empresarial, procura de pleno emprego, planificação, fomento da actividade concertada de empresas privadas e do Estado, e claro, Escola para a "formação geral e para a precoce detecção do mérito". Não faltam sequer registos programáticos cada vez mais politicamente incorrectos:

> "Muitos e de muitos quadrantes clamam por que cortemos (com muito rigor na avaliação e autoridade e prestígio para docentes) às coisas básicas no ensino geral, formemos técnicos para as profissões que fazem falta e deixemos a cultura desenvolver-se livremente numa Universidade não policiada burocrática ou politicamente e à míngua de recursos antes acarinhada e com liberdade de docência e investigação, condições do seu progresso e desenvolvimento. Cortes na educação pagam-se caro a prazo."

3.

As premissas – scientiae

No Subtítulo da capa e nas palavras conclusivas vê-se logo que o Doutor Paulo Cunha estuda ou procura estudar a política como *scientiae*. Será que o estudioso dos mitos e utopias entra na querela das imposturas intelectuais reclamando para a arte mais nobre dos homens as notas constitutivas da Ciência? Arte mais nobre dos homens, dizia o nosso Querido e Saudoso Colega e Amigo, Doutor Orlando de Carvalho. Mas acrescentava: desde que colocada ao serviço das pessoas e dos povos.

Supomos que o Doutor Paulo Cunha também não rejeita as dimensões artísticas da política. Ele próprio, precisamente, nas palavras conclusivas do livro, afirma isso mesmo. "E ainda que a política possa não ser uma verdadeira, pura e dura ciência à maneira do cientismo, só desempenhará o seu papel se tiver a olhá-la, a pensá-la, a influenciá-la o desejo de se torna ciência" (p. 414).

Basta ler toda a Parte I – *Rever os Fundamentos* – para verificarmos que o *leit-motiv* condutor do pensamento afinal se reconduz à análise das *Epistemei* políticas. É isso que o conduz a discutir a questão epistemológica, a unidade e pluralidade da ciência política, a autonomização das ciências políticas, os paradigmas fundantes e os tempos políticos, a filosofia política como Scientiae Politica, as ideologias e as utopias. Em rigor, dir-se-ia que, afinal, a Scientiae Politica é uma *filosofia política*. Num Capítulo *expressis verbis* dedicado ao tema, o A. deixa claro que o terreno em que se vai mover é o da *filosofia política axiológica*. Ouçamo-lo (p. 110):

> "O que sucede...

Se nos é permitido um comentário, dir-se-á que o Doutor Paulo Cunha resolve com inteligência o problema das "imposturas intelectuais". Em primeiro lugar, evita proclamar, como o fez Heidegger, que a "A ciência não pensa", pois ele é demasiado sábio para não reconhecer que, hoje, é falhada qualquer tentativa que pretenda reconduzir o sistema de ciências a um universo aprioristicamente construído, em termos formais ou materiais, através de uma razão global. Em segundo lugar, intui claramente que o mundo científico e a razão científica não resolvem o problema básico de qualquer sociedade. Ao confrontar-se com as dificuldades do que ele chama "filosofia política englobante" e "filosofia política ontológica", Paulo Ferreira da Cunha (p. 113) explica o tema próprio da Filosofia Política Axiológica.

> "... já a Filosofia Política possui um tema próprio que mais nenhum tipo de estudos reivindica como a sua "grande questão". Trata-se, evidentemente, da pergunta sobre a política. Qual a boa política para uma sociedade?"

De uma forma hábil, prepara o terreno para a Segunda Parte do livro. A "reavaliação dos paradigmas" a que nos referimos colocá-lo-á, não raras vezes na fronteira do utopismo e do ideologismo. A filosofia política axiológica não dispensa "juízos pontuais de filosofia política" (filosofemas políticas) e, por isso, tornava-se metodicamente necessário separarmos águas. Eis as suas palavras (p. 118):

"A filosofia tem, assim, condições para renascer..."

4.
O regresso da metanóia: a normatividade e a praxis

Poderemos regressar à dedicatória. Embora céptico, o Doutor Paulo Ferreira da Cunha, não despreza os filosofemas políticos (muito próximos da marxista *praxis*) nem despreza as incontornáveis dimensões normativas (axiológicas) da política. Numa época em que o poder e o acreditar (dois quereres: crer e querer) são difíceis para solidificar uma proposta de justiça, numa situação espiritual em que o sentimento da própria existência pouco adianta para a implantação de sujeito densos, numa *ambiance* sócio-política em que se preferem os jogos de desconstrução de normas e das normas da desconstrução (de tudo: de ideias, de política, de justiça) em vez de ancorarmos os nossos discursos em conceitos tão fortes como *verdade*, *saber* e *compreender*, é bom voltar aos fundamentos da política e do político para melhor valorarmos as mudanças de paradigmas. No que me diz respeito, há muito que a *metanóia* me persegue depois de ter cristalizado cedo uma teoria tragicamente fria do estruturalismo (marxista, sobretudo). No seu caso, os mitos permitiram-lhe sempre a *inventio* humana para aceder ao Sermão da Montanha. Oxalá que esse sermão, proferido nos púlpitos agora em desuso, comece por dizer que está nas mãos dos homens seguir os mandamentos da Boa Política que cure do Bem Comum, com Justiça Social!

José Joaquim Gomes Canotilho

PREÂMBULO DA 1.ª EDIÇÃO

Este livro começou por ser escrito de cor, fiado na bondade do método selectivo da memória, e só depois é que se vestiu de pormenores... os quais por vezes acabaram por crescer, e por vezes tanto, que se tornaram, já num outro critério, muito lacunosos.

De qualquer modo, deseja este volume, no seu *currente calamo*, reflectir à sua maneira o ir discorrendo, sem rede, como é a oralidade das verdadeiras lições, essas que vivem de memória e diálogo[1]. Porém, não conseguiu resistir à velha tentação das notas de pé de página – com muita mágoa e severas penas do autor...

Na primeira parte, procurámos indagar algumas vias de autonomização do político, especialmente em diálogo com o jurídico, e sem qualquer cedência às modas das disciplinas "de substituição", esperando furtar-nos à armadilha epistemologista que discute a forma sem "sujar as mãos" na substância. Não só tratamos de núcleos temáticos, necessariamente exemplares, mas também consideramos importante que desde já o leitor debutante se familiarizasse com os que são considerados muito vastamente como os fundadores *das preocupações* especificamente jurídicas e especificamente politológicas: respectivamente Aristóteles e Maquiavel. Não alinhamos, pois, com Dolf Sternberger que, também escolhendo estes dois gigantes do pensamento ocidental para fundar as raízes da política (o terceiro é Agostinho, considerado *escatológico*), atribui ao Estagrita a "Politologia" e ao Secretário florentino a "Demonologia"[2]... Embora compreendamos a sua *démarche*.

---

[1] Retomámos, marginalmente, apenas em pano de fundo, e devidamente refundidos e actualizados, alguns textos de obras esgotadas, como *Amor Iuris*, e *Tópicos Jurídicos*. Arquivámos ainda, nos mesmos termos, alguns artigos que oferecemos a revistas ou volumes colectivos, sempre com a devida vénia aos respectivos editores. Mas esta é, obviamente, uma obra com unidade, procurando sobretudo a *inventio* do político.

[2] STERNBERGER, Dolf – *Drei Wurzeln der Politik*, Francoforte sobre o Meno, Insel, 2001.

Na segunda parte, curamos de alguns paradigmas distintivos. E uma vez que por todo o livro optámos por fazer o confronto entre a política e o direito, depois de uma brevíssima síntese sobre o *modus juridicus,* em que se fala das instituições – tema obviamente também muito político – passamos à ideologia e à utopia, díade entre que se joga boa parte do *modus politicus.* Nesta parte, encontram-se, a par de textos teóricos mais assépticos (mas nunca nada o é totalmente), outros mais ilustrativos e ensaísticos, nos quais não quisemos ocultar o que pensamos sob a capa de uma pretensa objectividade acrítica, essa que veicula ideologia debaixo do manto diáfano de uma afinal pseudo-ciência.

Estes tempos estranhos em que vivemos, e a que já se tentou chamar alguma coisa, como *pós-modernidade*, mataram as meta-narrativas, que em muitos casos se tornaram, antes de tudo o mais, deslocadas e no limite ridículas. Também as meta-narrativas universitárias pelo menos se relativizam, se pluralizam. O título que acabámos por escolher – relembrando um outro título nosso, *Pensar o Direito,* e por sugestão de um bom Amigo – será certamente mais legível e mais fiel ao conteúdo, para lá do purismo dos zelosos guardas alfandegários dos domínios científicos. Porque um velho brocardo nos advertia de que nos não fiássemos nas fachadas, procurámos o máximo de equivalência entre significante para-textual e significado intra-textual: ao menos assim o subtil leitor comum entenderá logo mais do que se trata – quer no título, quer no subtítulo.

Havia tantos nomes de Amigos ligados à Política e às *epistemai* da Política, e a tantos nos unindo a admiração e a mais profunda estima, que optámos por vir a fazer dedicatórias manuscritas a cada um deles, ficando apenas gravada tipograficamente a nossa homenagem a dois clássicos luso-brasileiros que pensaram e viveram a Política e cujos centenários, ocorrendo este ano, merecem recordação.

Este trabalho, que por todas as razões – desde logo pela sua natureza, em alguns aspectos quase enciclopédica – deveria ter sido fruto de labor colectivo, é todavia obra de uma pessoa só, sendo assim inevitáveis acrescentados defeitos por esse facto. Por exemplo, apesar de serem citados muitos livros, eles são sobretudo escolhidos de entre os nossos livros, os que lemos, consultamos, e até possuímos, na maioria dos casos[3]: daí la-

---

[3] Num tempo de *Internet*, optámos aqui pela forma clássica, limitando essas referências ao mínimo: listas obtidas com um *clic* não têm o sabor das coisas realmente vistas e sentidas. Além disso, quando estudos apontam para mais de 25% de trabalhos copiados

cunas e inevitáveis predilecções... Oxalá este estudo possa despertar vocações de futuros colaboradores.

Fecha este estudo muito antes do que deveria ser o seu tempo normal de maturação. Durante o curto período da sua redacção (que obviamente consumiu absorventemente todo o tempo, mesmo o "indisponível" e mais uma vez nos fez sorrir quando nos falam em *férias*), sentimos que insensivelmente ele era teia de Penélope. Uma teia que não se desfazia à noite – pelo contrário, nos clareava as noites, enchendo-as e nelas crescendo –, mas que, à medida que crescia, obrigava a recolher novos materiais e a falar de novos temas, e a juntar novas notas...

Ponderámos assim muito em adiá-lo, esperando a sazão em que pudesse estar mais maduro, e sobretudo mais abundante e minucioso. Mas o tempo do estudo autónomo voa e escasseia, e antevendo já a possibilidade de, sendo adiado, nunca mais vir a ver à luz do dia, acabámos por convencer-nos de que, com os seus inumeráveis defeitos, poderia porventura ser mais útil assim aos seus destinatários, do que não-sendo. E fica sempre a esperança de que novas edições o possam um dia a melhorar. São realmente bem-vindos comentários e achegas para <u>lusofilias@gmail.com</u>.

Os nossos interlocutores ajudar-nos-ão a situarmo-nos e a fazer melhor o nosso caminho. É que nas terras incógnitas – apesar de hoje muito *pro-fanadas* – da Política, e da suas *epistemai*, não é já o banalíssimo caminho que *se hace caminando*. Trata-se antes de *empurrar o espaço debaixo dos pés*.

---

a partir desse meio (havendo já um Serviço Anti-Plágio em pelo menos uma Universidade do Reino Unido), achámos pedagógico voltar às velhas formas, dando testemunho da artesania das fichas e das bibliotecas. Sem prejuízo dos *links* de documentação que referenciamos no local devido. Cf. *Menos Cópias*, "Tempo Livre", n.° 152, Setembro 2004, p. 46.

PLANO

Preâmbulo

Parte Primeira
REVER OS FUNDAMENTOS

Capítulo Primeiro
Saberes

Epistemologia
Política e Direito
Especialização e Criação
Formas, Temas e Estruturas de Investigação
A Filosofia Política: uma *Scientia Politica*

Capítulo II
Fundadores

Aristóteles, a invenção do Jurídico
Maquiavel, a autonomização do Político

Parte II
REAVALIAR OS PARADIGMAS

Capítulo Primeiro
Instituições

Formas Políticas
Constituição e Constitucionalismos

Capítulo II
Ideologias e Utopias

Ideologia e Ideologias
A Oposição Binária: Direita e Esquerda
Terceiras Vias
Política e Direito numa "utopia" contemporânea
Desafios Juspolíticos hodiernos

Bibliografia citada
Índice

PRIMEIRA PARTE
REVER OS FUNDAMENTOS

"Não devemos ter o espírito tão inquieto que sempre amemos as novidades, nem tão tímido que só estimemos o antigo, porque a verdade não cresce com os anos nem a fazem decrépita os séculos (…)"

Teodoro de Almeida – *Recreação Philosofica*, I, Prólogo

CAPÍTULO I
Saberes

"Não estamos perdidos, o terreno é que está perdido"

– um guia Algouquin, floresta N de Ontário, *apud*
DERRICK DE KERCKHOVE – *A Pele da Cultura,* p. 68

SECÇÃO 1
Epistemologia

SUMÁRIO: 1.1. Da questão epistemológica. 1.2. Ciências da Política, Ciência Política.

SECÇÃO 1
Epistemologia

1.1. Da Questão Epistemológica

1.1.1. *Estilos de Epistemologia: filosófico, filosófico-científico, e científico-filosófico*

A Epistemologia pode ser (tal como efectivamente se nos apresenta) encarada de diversas formas: ou como ramo da Filosofia geral[4], ou como filosofia especial das Ciências, ou ainda como disciplina de reflexão sobre uma mesma *episteme* no seu próprio seio.

Como ramo da Filosofia em geral, acaba a Epistemologia por ser muito solidária da Teoria do Conhecimento ou Gnoseologia, alargando as suas preocupações aos horizontes das disciplinas científicas (*lato sensu*) que procuram o saber do particular do real. Chamaremos a este estilo da Epistemologia o estilo filosófico, *tout court*.

Como filosofia especial das Ciências, parece aproximar-se mais do objecto científico geral, mas normalmente agrupando várias ciências e comparando-as de acordo com métodos e objectos próximos. A este estilo chamaremos filosófico-científico, por ainda nele predominar a preocupação filosófica.

Na verdade, nestes dois casos, o saber imperante é sobretudo o filosófico, e é da perspectiva da Filosofia que se exerce o estudo. Além do mais, são sobretudo filósofos (ou investigadores com formação filosófica) os cultores de uma e outra destas modalidades de Epistemologia.

Diferentemente ocorre com a terceira modalidade epistemológica, que é aliás aquela que aqui estamos a praticar, embora perfunctória e bre-

---

[4] Para uma hipótese simples de divisão da Filosofia, CUNHA, Paulo Ferreira da – *Lições Preliminares de Filosofia do Direito*, 2.ª ed., Coimbra, Almedina, 2002, p. 39 ss.

vissimamente. Neste último caso, trata-se, de pensar uma matéria, uma disciplina, uma *episteme*, a partir dela mesma. Normalmente sendo tal estudo empreendido por oficiais desse mesmo ofício, ainda que (e isso é imprescindível) com formação e intenção filosóficas. Por isso aqui inverteremos os termos da designação, chamando-lhe epistemologia científico-filosófica.

1.1.2. *Modalidades da Epistemologia Científico-Filosófica: Epistemologia Interna e Epistemologia Externa*

Tal Epistemologia divide-se, assim, em Epistemologia interna, quando se analisa a si mesma, e mormente se desdobra em diversos objectos de estudo, ou estilos de investigação no seu próprio seio – como que procurando compreender o arquipélago a partir das correlações das diferentes ilhas de saberes; e Epistemologia externa, quando se pensa em relação com outros continentes de estudo.

1.1.3. *Elementos de Distinção entre as* Epistemai: *objecto, método, problema, teleologia e congregação de especialistas*

A Epistemologia científico-filosófica, ainda que com metodologia e preocupação filosóficas na sua inspiração e estilo, tem sobretudo a finalidade (teleologia) de auto-esclarecer uma área do saber, pela análise própria e pelo seu cotejo com o objecto, método, problema, teleologia (equivalente, *mutatis mutandis*, à *intenção* fenomenológica) e congregação de especialistas das demais.

Hoje, com a proliferação e a divisão sucessiva dos estudos e das especialidades, e com o apertar da malha das suas distinções, cada vez mais haverá que considerar[5] serem estes cinco aspectos que realmente definem

---

[5] Entre nós, uma das pioneiras posições que nos chegou às mãos, superando a simples determinação de uma *episteme* pelo objecto e pelo método, foi a lição de António SÉRGIO, *apud* MOURÃO-FERREIRA, David – *Tópicos Recuperados. Sobre a crítica e outros ensaios*, Lisboa, Caminho, 1992, p. 66, afirmando: "O que define uma ciência ou investigação não é o objecto que se analisa e estuda: é o problema; e uma infinidade de problemas se podem tratar sobre o mesmo objecto". Aludimos a outras investigações, anteriores e ulteriores, que confluem para essa pluralidade de determinação epistémica, acentuando

Rever os Fundamentos 33

uma *episteme* ou disciplina (*ciência* em sentido muito lato: melhor se dizendo, por isso, *scientia*, porque geral saber, ou melhor ainda: conhecimento).

Objecto e método eram os dois elementos tradicionais. Normalmente se admitia que poderia haver um objecto comum, mas que o método por si só estabeleceria a diferenciação. Ora tal não basta. Por exemplo, nas Ciências Sociais uma característica que crescentemente a todas invade é a utilização por umas dos métodos que originalmente foram desenvolvidos por outras. Ao ponto de, *grosso modo*, não mais ser qualquer método privativo de uma delas.

Por isso, cada *episteme*, para o ser, tem de responder a mais questões: não basta o âmbito dos estudos, a sua área (objecto), não chega a bateria ou arsenal de meios, o *instrumentarium* do seu estudo. É preciso, para a definir, saber a que questão fundamental procura responder. Apesar de as Ciências Humanas terem muito em comum entre si, pretendem coisas diversas e com "estilos próprios", sendo por vezes aquela unidade que perturba o sentido das suas fronteiras. Aliás elas têm tido geometria variável, bem como as próprias divisões e classificações[6]... O *Homem* da Sociologia, da Geografia Humana, da Antropologia, e da Demografia é objecto comum – mas ainda que seja sempre um Homem colectivo, social, o que as diferencia da Antropologia Filosófica – em cada uma delas o problema sobre ele é diverso. Concedemos, porém, que este "problema" pode ser tido como uma especificação do objecto, sem dúvida. Também o passado de que se cura na História ou na Arqueologia é diferente, e a Arqueologia Industrial por um lado, e a Pré-História, por outro, parecerão ao menos prevenido reciprocamente invadir o terreno das suas vizinhas.

A finalidade, real, confessada ou inconfessada, de uma área de estudos é fundamental para a distinguir de outra. Mesmo que em alguns países a formação dos Arquitectos seja muito abrangente, englobando estudos técnicos que compreendem o que noutros países se encontra reservados aos Engenheiros, a teleologia da Arquitectura nunca será a mesma da

---

contudo os tópicos de "interesse", "fim" ou "finalidade" e "problema", nomeadamente em autores como Vico, Habermas, Arthur Kaufmann, Viehweg e Perelman *in* CUNHA, Paulo Ferreira da – *Constituição, Direito e Utopia. Do Jurídico-Consticional nas Utopias Políticas*, Coimbra, Universidade de Coimbra/Coimbra Editora, 1996, pp. 37-38.

[6] Cf., em geral, *v.g.*, FREUND, Julien – *Les théories des sciences humaines*, Paris, PUF, trad. port. de Laura Montenegro, *A Teoria das Ciências Humanas*, Lisboa, Socicultura, 1977; CLAVAL, Paul – *Les Mythes fondateurs des Sciences sociales*, Paris, PUF, 1980, máx. p. 5.

Engenharia Civil. Também no Direito há exemplos magnificamente elucidativos. Embora se possa estudar Direito Natural na Filosofia do Direito, e embora esta matéria possa até ser fulcral nesse mesmo estudo, jamais uma se confundirá, quanto à sua intenção, com a outra. Será muito difícil, por exemplo, que numa disciplina de Filosofia do Direito se fale de "*ciência* do Direito Natural"[7]. E também, por muito que numa área de Teoria de Direito haja muitos temas comuns aos da Filosofia do Direito, torna-se cada vez mais improvável (salvo talvez se houver um grão de sal ou de areia numa "engrenagem" disciplinar imposta...) que naquela cadeira se possa estudar Direito Natural, a não ser, quiçá, de forma hiper-crítica e arqueológica.

Psicólogos e Psiquiatras têm também muito em comum, mas divide-os antes de mais, a congregação epistemológica a que pertencem: tendo em muitos casos os primeiros derivado da Filosofia e os segundos da Medicina. Só se compreende bem uma disciplina se se investigarem também os seus cultores. Mesmo a Sociologia tem de fazer a *sociologia da Sociologia*.

1.1.4. *Sentido da Epistemologia no contexto dos Saberes*

Não pode ser a epistemologia nem uma peri-filosofia nem uma peri-ciência, ou uma meta-filosofia ou uma meta-ciência, para usar a terminologia de Gilles Lane[8]. Não pode ser, sobretudo, uma ciência de substituição, para invocar uma interessante reflexão de Jean-Marc Trigeaud[9].

Expliquemo-nos melhor: que a disciplina Epistemologia, no plano propriamente filosófico ou filosófico-científico se interne pelo seu esgotamento no objecto da reflexão pura, está no seu direito, e fará assim a sua função. Mas uma epistemologia que parte da *episteme*, que a ela especificamente procura esclarecer, para que o estudioso da mesma *episteme* (e não o epistemólogo mais ou menos puro) possa com segurança pisar o terreno seguinte, penetrando efectivamente no campo de estudo que se lhe

---

[7] Cf., *v.g.*, HERVADA, Javier – *Historia de la Ciencia del Derecho Natural*, Pamplona, EUNSA, 1987.

[8] LANE, Gilles – *À quoi bon la Philosophie*, 3.ª ed., Québec, Bellarmin, 1997.

[9] TRIGEAUD, Jean-Marc – *La Théorie du Droit face aux savoirs de substitution*, in "Persona y Derecho", vol. 32, 1995, p. 23 ss..

Rever os Fundamentos

abre, não pode nem circundar sem fim o objecto em questão (peri-filoso-fia ou peri-ciência), não pode funcionar como um real substituto do fran-quear dos umbrais da *episteme* em si mesma (meta-filosofia ou meta-ciên-cia), em qualquer dos casos se tornando, assim, um *Ersatz* da verdadeira *episteme* e da útil Epistemologia científico-filosófica. Ou seja, não é pro-veitoso para quem pretende estudar fundamentada, solidamente, uma dis-ciplina, desencorajar-se logo à partida com preâmbulos excessivos, desses que António Sérgio acusava serem típicos da doutrina portuguesa[10]. E se esses preâmbulos foram durante muito tempo filosóficos, históricos, etc., nos quais, porém, ainda havia utilidade (e hoje haverá mais, por falta geral de cultura contextualizadora), nos nossos dias perdem-se no abstracto do método, da classificação, da epistemologia, ou, talvez melhor: do *episte-mologismo*.

Cumpre, pois, que, para este específico intento, a Epistemologia não distraia, não impeça o verdadeiro estudo. O estudo do substantivo, do *quid*.

Importa, pois, não uma Epistemologia de substituição, ou que fun-cione como ciência de substituição, mas, pelo contrário, uma Epistemolo-gia de contextualização externa e compreensão orgânica interna.

1.2. Ciências da Política, Ciência Política

1.2.1. *Unidade e Pluralidade da Ciência Política*

A reflexão precedente permite-nos já dar um pequeno salto mental e concluir que o que importa principalmente não é tanto esta ou aquela ciên-cia ou disciplina, mas o geral conhecimento. Na medida em que a multi-plicação dos estudos em especialidades permite uma melhor aproximação, e potencia um conhecimento mais aprofundado ou subtil, ela é benéfica. Mas temos sempre de estar de sobreaviso contra os excessos, os desvios e a miopia próprias da *especialite*, doença morbosa da especialização.

No domínio do objecto político, parecerá ao bom senso desprevenido cristalino e evidente que a *episteme* que deve englobá-lo se deverá chamar,

---

[10] SÉRGIO, António – *Cartas de Problemática*, Carta n.° 4, Lisboa, 1952, *apud Ini-ciação ao Filosofar. Antologia e Problematização*, de Joel Serrão, 2.ª ed., Lisboa, Sá da Costa, 1974, p.72.

36   *Repensar a Política – Ciência & Ideologia*

indistintamente, "Ciência Política" ou "Politologia", e aos seus cultores, naturalmente se chamará "cientistas políticos" ou "politólogos". Também parece claro, nesta Epistemologia de bom senso, básica, que não pretende confundir as coisas, que a Ciência Política está metodologicamente, de facto, em geral (e para além das suas capelas, das suas correntes, das suas próprias especializações e tendências), na encruzilhada das Ciências Sociais e Humanas (e a destrinça entre umas e outras é já complexa, e por vezes muito artificial ou subjectiva) e da própria Filosofia.

Não se poderá assim negar que a própria Ciência Política é plural. A Politologia é, afinal, sinónima de Ciências Políticas. A unidade politológica é concebida contando com a pluralidade, mas partindo da unidade do objecto.

Muitos autores se têm dado conta da angústia emergente da aparente contradição entre, por um lado, se dever afirmar a autonomia da Ciência Política, e, por outro, haver que reconhecer a interdependência e até interdisciplinaridade do seu estudo. É, por exemplo, interessante surpreender a evolução desta preocupação nas lições inaugurais das cátedras de Ciência Política das primeiras universidades que, no Reino Unido, criaram disciplinas de estudos políticos autónomos. Se todas mais ou menos se preocupam com a questão da transversalidade dos estudos politológicos[11], à medida que o tempo passa, e que a afirmação da autonomia da cadeira se torna evidente e incontestada, os respectivos professores passam cada vez mais a ficar livres para concentrarem a sua atenção nos objectos de estudo que são mais caros ao seu espírito[12]: e eles são muito variados, atestando assim também a pluralidade da Politologia.

---

[11] Significativo é, por exemplo, este passo no início da palestra de BERLIN, Isaiah – *Dois Conceitos de Liberdade*, in *The Study of Politics*, ed. por Preston King, trad. bras. de José Luiz Porto de Magalhães, *O Estudo da Política*, Brasília, Editora Universidade de Brasília, 1980, p.108: "Contudo, apesar de todos os esforços para separá-la, conduzidos por um cego pedantismo escolástico, a política tem permanecido indissoluvelmente entrelaçada com todas as outras formas de pesquisa filosófica. Negligenciar o campo do pensamento político, por causa da sua instável matéria de estudo, com os seus limites confusos, que não é encerrada em conceitos fixos, modelos abstractos e delicados instrumentos, adequados para a lógica ou para a análise linguística – exigir uma unidade de método na filosofia e rejeitar tudo o que o método não possa manejar com sucesso – é apenas permitir-se a si própria ficar à mercê de crenças políticas primitivas e não criticadas".

[12] KING, Preston (ed.) – "Introdução" a *The Study of Politics*, trad. bras. de José Luiz Porto de Magalhães, *O Estudo da Política*, Brasília, Editora Universidade de Brasília, 1980, p. 6.

Continua basicamente válida a síntese de Preston King, que reuniu e prefaciou um significativo conjunto dessas lições inaugurais:

"(...) em épocas mais remotas, não era feita uma distinção entre o estudo da política e o estudo da filosofia, ou entre o estudo da teoria política e o estudo de história, do direito, da sociologia e da economia. A sociedade era considerada, quando menos, como constituindo-se em uma única unidade de estudo.

Se tomarmos escritores clássicos como Bodin, Hobbes, Locke, Montesquieu, Kant, Bentham e Mill, o que verificaremos é uma interpretação de 'disciplinas'; todos eles se preocuparam com o direito tanto quanto com a política, bem como com a filosofia; e pelo menos três quartos deles se preocuparam igualmente com a 'economia'. Dispuseram-se a tratar da sociedade e dos problemas sociais como um único ramo de estudo, o que se constituiu numa tradição que se torna difícil de continuar nos nossos dias"[13].

Se é hoje sem dúvida difícil fugir à tentação do confinamento intradisciplinar, se é raro e árduo atingir o enciclopedismo e a visão global e sintética desses autores clássicos, todavia é imperioso que alguém saia dos limites estritos das fronteiras epistémicas e veja mais além, lançando pontes e esquiçando paisagens mais gerais, sob pena de o conhecimento do Homem e da Sociedade ser um conjunto atomístico de saberes parcelares, e pequenos dados e pequenas interpretações e mesquinhas polémicas de campanário disciplinar.

1.2.2. *Sentidos da(s) Ciência(s) Política(s)*

Convém, porém, distinguir Ciências Políticas em sentido próprio de Ciências Políticas sinónimas, afinal, de Politologia, ou Ciência Política.

Incluso nas Ciências Políticas, em sentido próprio, que neste caso é o sentido lato, encontra-se, por exemplo, desde logo também o Direito – e especificamente nele as Ciências Jurídico-Políticas, divisão do Direito Público (que engloba também ciências jurídicas públicas não políticas, como o Direito Penal, por exemplo). Portanto, quando falamos de Ciências Políticas (ou às vezes associando-as às Morais – como em certas Academias), estamos sobretudo a falar quer das Ciências Jurídicas, e especial-

---

[13] *Ibidem*, p. 3.

mente das ciências como o Direito Constitucional e afins, quer das Ciências Políticas *stricto sensu*, as que acabamos por designar no singular por Ciência Política. Mas que são, realmente, plurais.

Integram-se, assim, nas Ciências Políticas *stricto sensu* – que acabariam, por isso mesmo (*inter alia*), por ser designadas no singular – todos os saberes que, além dos jurídicos e dos simplesmente morais ou éticos de pendor político, contribuem para a compreensão ou conhecimento do complexíssimo fenómeno do poder: quer o macro-poder, internacional, inter-estadual, estadual, ou da polis, quer o micro-poder, que em todas as sociedades se exerce: da empresa à família. O Poder é assim o objecto da Ciência Política. Todo o poder, nas suas múltiplas facetas[14].

É pois evidente que antes de mais concorram para o seu esclarecimento ciências humanísticas políticas, para além de eventuais técnicas e métodos quantitativos na análise política, desde logo estatística, cálculo de probabilidades, e outros, que também são comuns à sociometria em geral e afins. Um terreno hoje muito mediático de aplicação da Ciência Política é a "matemática eleitoral".

Assim, são Ciências Políticas, e, como vimos, mais propriamente Ciência Política, e não simplesmente ciências auxiliares de uma única depurada *episteme* (mas ou desvanecida ou truncada, porque identificada só com parte de si mesma) nada menos que a História das Ideias Políticas, a Filosofia Política (designadamente englobando a Teoria das Ideologias), a Geopolítica, a Sociologia Política, a Antropologia Política, etc.

O objecto da Ciência Política obriga a um conhecimento do Poder em todas essas dimensões: histórica, filosófica, ideológica, geopolítica e geoestratégica, sociológica e sociométrica, antropológica, etc. Só esse estudo plural pode cabalmente constituir *scientia politica*, conhecimento do político.

A *Scientia Politica*, conhecimento mais vasto e não compartimentado do Político em geral parece ser, na epistemomaquia imperante, a solução

---

[14] Cf., de entre inúmeros: JOUVENEL, Bertrand de – *Du Pouvoir*, Paris, Hachette, 1972; FOUCAULT, Michel – *Microfísica do Poder*, organização, Introdução, tradução e revisão técnica de Roberto Machado, 18.ª ed., Rio de Janeiro, Graal, 1979; RUSSEL, Bertrand – *Power. A New Social Analysis*, trad. port. de Isabel Belchior, *Poder. Uma Nova Análise Social*, 2.ª ed. Port., Lisboa, Fragmentos, 1993. Entre nós, *v.g.*, MARTINS, Afonso D'Oliveira – *Sobre o Conceito de Poder*, in «Estado & Direito», n.º 4, 1989, pp. 47-63. É de notar que o curso de introdução à ciência de Steven Lukes, se chama, precisamente, "O Poder": LUKES, Steven – *O Poder. Uma Visão Radical*, trad. port. de Vamireh Chacon, Brasília, Editora Universidade de Brasília, 1980.

Rever os Fundamentos

com mais virtualidades de consenso entre os que se não queiram confinar ao seu canto disciplinar, ou lançar-se no *imperialismo* de conquista de terreno alheio (conquista, esquecimento ou assassinato – quanto se tem proclamado a morte e a ressurreição da Filosofia Política, por exemplo!).

A Teoria (geral do) Estado, que tradicionalmente ocupa e por vezes quase absorve totalmente) certas cadeiras de Ciência Política, afigura-se-nos pertencer mais à Teoria da Constituição, parte do Direito Constitucional, do que propriamente à Ciência Política. Tal como a História das Instituições é mais História do Direito (incluindo esta última ainda a História do Pensamento Jurídico e das Fontes). E a História Política, *stricto sensu*, é História *tout court*. Sem prejuízo de serem, obviamente, importantes ciências afins, cujo conhecimento é imprescindível.

De qualquer modo, por aqui se vê também que estas divisões são fluidas. E seremos dos primeiros a interrogarmo-nos por que razão a Teoria Geral do Estado é apenas afim, e a Filosofia do Estado já será parte... Não deveríamos restringir-nos à Filosofia propriamente política? Mas nestas divisões não há só lógica: há história, tradição, hábito...

1.2.3. *Delimitação Epistemológica da Ciência Política*

A Ciência Política visa, assim, o pleno *conhecimento do político* não jurídico e não ético (embora necessitando do Direito Político e da Ética Política como disciplinas auxiliares): essa a sua teleologia. Teleologicamente é *Scientia Politica*.

No plano do método, não recusa nenhuma aportação da Filosofia e das Ciências Sociais e Humanas.

O seu objecto, especificamente falando, é o estudo do Poder, do macro-poder e do micro-poder. Não se limitando, por conseguinte (como pretendem mais restritamente alguns), nem ao Estado, forma de organização do poder macro-estrutural datada e não universal, nem sequer ao das formas precedentes e alternativas do mesmo tipo (macro), como, por exemplo, a Pólis grega.

A tendência, mais recente, para delimitar o objecto da Ciência Política pela categoria de sistema político[15] parece-nos também redutora e

---

[15] Sobre tal conceito, cf., por todos, VULLIERME Jean-Louis – *Le Concept de système politique*, Paris, PUF, 1989.

improcedente: porque ao contrário do Estado e do Poder, o sistema político é já uma entidade de segundo grau, uma construção, fruto da teorização. Ora não é normal (nem se nos afigura, em regra, profícuo) a teoria versar sobre ela própria, salvo casos de entes epistémicos muito complexos e de resultados socialmente limitados, como, por exemplo, a "sociologia da sociologia", que nos deixam sempre o travo insípido daqueles filmes sobre o drama do actor...

O problema da Ciência Política não é um único, não é singular, mas os seus vários problemas são de índole semelhante. Por um lado, trata-se de analisar o fenómeno do mando e da obediência, da organização colectiva dessa dominação, mas também de prospectar possíveis melhores formas de a exercer (ou de dela prescindir, no limite). Os estilos da reflexão política vão desde a descrição do fenómeno da governação até à utopia (mito da cidade ideal), passando pela ideologia, a crítica, etc. O problema será, numa palavra, saber por que uns mandam e outros obedecem, como o fazem, como tal está sujeito a mudanças, e se tal é inevitável, e, sendo-o, qual a forma ou formas mais adequadas de o fazer...

Glosando ao invés um mote usado para a Economia[16], e depois para a Sociologia[17], seria fácil dizer não que a *Politologia é o que os politólogos fazem*[18], mas que *são os politólogos quem faz a Politologia*. Neste sentido parecem ir as contundentes e desmistificadoras observações de Cassidy, suficientemente abrangentes para delas podermos analogicamente extrapolar:

"(…) historians represent history, scientists science and so on. Each community *is* the discipline through its texts and its hierarchies of an authority; the members of each discipline are, wherever possible, the exclusive bearers of authoritative world. Some representatives have been more effective at creating a 'closed shop' against outsiders than others (lawyers and medical practictioners are notable examples), but all consti-

---

[16] *Apud* MOURA, Francisco Pereira de – *Lições de Economia*, 4.ª ed., rev., Coimbra, Almedina, 1978.

[17] SANCHEZ DE LA TORRE, Angel – *Sociologia del Derecho*, 2.ª ed., Madrid, Tecnos, 1987.

[18] Contudo, atentemos na esclarecedora nota de GRAWITZ, Madeleine – *Méthodes des Sciences Sociales*, 7.ª ed., Paris, Dalloz, 1986, p. 287, n. 2: "Les Américains ont, avant nous, perdu beaucoup de temps à discuter des limites de la science politique. Elle est devenue 'ce que font les 'political scientist'».

Rever os Fundamentos

tute the official representation of their disciplines.They, the representatives and their discourses, *are* the discipline. (...) new priests of authority"[19]

Tal não nos levaria muito longe. É diversa a realidade das coisas. É que sendo a Ciência Política plural, como vimos, fazem realmente Politologia, não só os politólogos encartados, nomeadamente os que obtiveram um grau específico de Ciência Política (de resto especialidade relativamente recente em Portugal) como ainda muitos outros especialistas de outras áreas, quando trabalham na veste politológica (e até, eventualmente, sem o saberem...). Assim, os historiadores das ideias políticas, os filósofos políticos, do Estado e do Direito, os sociólogos políticos, os especialistas de geopolítica, etc., todos eles, e ainda os constitucionalistas, os eticistas, etc. podem estar a fazer Ciência Política: mesmo que como M. Jourdan fazia prosa – sem disso se darem conta.

A Ciência Política é assim uma grande encruzilhada e ágora de saberes, e é assim normal que a Sociedade Portuguesa de Ciência Política conte entre os seus fundadores oficiais de diversificados ofícios. E nem sequer se poderá dizer que se trata apenas de ofícios "de base" ou "de formação". Porque se uns começaram no Direito[20], ou na Filosofia, ou na Sociologia, e se passaram até institucionalmente para a Politologia, outros continuam nas suas áreas de estudo originais, sem por isso deixarem de ser também politólogos, quando o sejam. Ser politólogo pode não ser (não o é, certamente, em muitos casos) uma vocação exclusiva, muito pelo contrário. Errado é antes que, sob o impacto da avassaladora de uma dada tradição americana (como seria – e poderá ser, eventualmente, no futuro – com qualquer outra), se pretenda identificar Politologia e Sociologia Política. E de a ambas parecer deverem reclamar uma espécie de "carteira profissional".

Importa, pois, combinar especialização e formação integral no domínio das *epistemai* do político, e designadamente não excluir nem o que é

---

[19] CASSIDY, Brendan – *Telling Stories about Law*, "Law and Critique", vol. II, n.° 1, 1991, pp. 63-64.

[20] Boa parte dos professores e autores de Ciência Política em Portugal começaram a sua formação no Direito, e alguns são até mais conhecidos como juristas que como politólogos. Cf., por todos, sobre o pluralismo da Ciência Política, PIRES, Francisco Lucas – *Introdução à Ciência Política*, Porto, Universidade Católica, 1998, p. 9 ss., máx. pp. 19--37; MALTEZ, José Adelino – *Princípios de Ciência Política*, Lisboa, ISCP, 1996, máx. p. 23 ss.; SOUSA, Marcello Rebelo de – *Ciência Política. Conteúdos e Métodos*, Coimbra, Coimbra Editora, 1989.

Epistemologia política interna (como a histórica, a filosófica, a sociológica, etc.), nem o que é Epistemologia política geral (como o jurídico e o ético). Sempre devendo prevalecer o substantivo sobre o adjectivo ou qualificativo (catalogador) nas *epistemai*.

Finalmente, não se poderá esquecer que o próprio conhecimento em geral tem uma sociologia e uma história. E que qualquer *episteme* se encontra, assim, situada no seu tempo e contexto e no contexto do seu tempo[20a]. Assim também o estudo e o saber da Política.

BIBLIOGRAFIA GERAL

Ciências e Epistemologias

CLAVAL, Paul – *Les Mythes fondateurs des sciences sociales*, Paris, P.U.F., 1980

DANCY, Jonathan – *An Introduction to Contemporary Epistemology*, trad. port. de Teresa Louro Perez, *Epistemologia Contemporânea*, Lisboa, Edições 70, 1990

GOLDMANN, Lucien – *Epistémologie et philosophie politique. Pour une théorie de la liberté*, Paris, Denoel-Gonthier, 1978, trad. port., *Epistemologia e Filosofia Política*, Lisboa, Presença, 1984

GRAWITZ, Madeleine – *Méthodes des Sciences Sociales*, 7.ª ed., Paris, Dalloz, 1986

GUILLAUME, Marc – *L'Etat des Sciences Sociales en France*, Paris, La Découverte, 1986

JOHNSON, Nevil – *The Limits of Political Science*, Oxford, Oxford University Press, 1989, trad. cast. de Julia Moreno San Martín, *Los Límites de la Ciencia Política*, Madrid, Tecnos, 1991

KUHN, Thomas S. – *The Structure of Scientific Revolutions*, University of Chicago Press, 1962, trad. cast. de Agustín Contín, *La Estructura de las Revoluciones Científicas*, Mexico, Fondo de Cultura Económica, 15.ª reimp., 1992

MENDUS, Susan – *Impartiality in Moral and Political Philosophy*, Oxford, Oxford University Press, 2002

MYRDAL, Gunnar – *A Objectividade nas Ciências Sociais*, trad. port., Lisboa, Assírio & Alvim, 1976

OTONELLO, Pier Paolo (org.) – *L'Integrazione delle Scienze per una Società Ordinatta*, Génova, L'Arcipelago, 1996

SANTOS, Boaventura de Sousa – *Um Discurso sobre as Ciências*, 2.ª ed., Porto, Afrontamento, 1988

SANTOS, Boaventura de Sousa – *Introdução a uma Ciência Pós-Moderna*, Porto, Afrontamento, 1990

[20a] Cf., *v.g.*, a excelente síntese histórica de BURKE, Peter – *A Social History of Knowledge (from Gutenberg to Diderot)*, Oxford, Polity Press/Blackwell, 2000, trad. port. de Plínio Dentzien, *Uma História Social do Conhecimento: de Gutenberg a Diderot*, Rio de Janeiro, Jorge Zahar, 2003.

Rever os Fundamentos 43

Introduções

ABENDROTH, Wolfgang/LENK, Kurt (org.) – *Einführung in die politische Wissenschaft*, Bern/München, Francke, 1968

AZAMBUJA, Darcy – *Introdução à Ciência Política*, 15.ª ed., São Paulo, Globo, 2003

CUNHA, Paulo Ferreira da – *Política Mínima*, Coimbra, Almedina, 2003

DUVERGER, Maurice – *Introduction à la politique*, Paris, Gallimard, 1963, trad. port. de Mário Delgado, *Introdução à Política*, ed. esp., Lisboa, Estúdios Cor, 1977

HEYWOOD, Andrew – *Political Theory. An Introduction*, 2.ª ed., Nova Iorque, Palgrave, 1999

KYMLICKA, Will, *Contemporary Political Phylosophy. An Introduction*, trad. cast. de Roberto Gargarela, *Filosofía Política Contemporánea. Una Introducción*, Barcelona, Ariel, 1995

LASSALE, Jean-Pierre – *Introdução à Política*, 6.ª ed., trad. port., Lisboa, Dom Quixote, 1976

PINTO, Jaime Nogueira/BESSA, António Marques – *Introdução à Política*, Lisboa/São Paulo, Verbo, 1999-2001, 3 vols.

PIRES, Francisco Lucas – *Introdução à Ciência Política*, Porto, Universidade Católica, 1998

PORTA, Donatella della – *Introdução à Ciência Política*, trad. port., Lisboa, Estampa, 2003

STIRK, Peter M. R./WEIGALL, David – *An Introduction to Political Ideas*, Pinter, Londres, 1995

SWIFT, Adam – *Political Philosophy: A Beginner's Guide for Students and Politicians*, Cambridge, 2001

THOMAS, Geoffey – *Introduction to Political Philosophy*, London, Dockworth, 2000

WOLFF, Jonathan – *Political Philosophy: An Introduction*, Oxford, Oxford University Press, 1996

Manuais/Tratados/Lições

BAUDART, Anne – *La Philosophie politique*, Paris, Flammarion, 1996, trad. port. de Alexandre Emílio, *A Filosofia Política*, Lisboa, Instituto Piaget, 2000

BEALEY, Frank/CHAPMAN, Richard A./SHEEHAN, Michael – *Elements in Political Science*, Edinburgh, Edinburgh University Press, 1999

BOBBIO Norberto – *Teoria Generale della Politica*, org. por Michelangelo Bovero, Einaudi, 1999, trad. port. de Daniela Beccaccia Versiani, *Teoria Geral da Política. A Filosofia Política e as Lições dos Clássicos*, 8.ª tiragem, Rio de Janeiro, Campus, 2000

BONAVIDES, Paulo – *Ciência Política*, 4.ª ed., Rio de Janeiro, Forense, 1978

BURDEAU, Georges – *Traité de science politique*, 10 t., 2.ª e 3.ª ed., Paris, LGDJ, 1980-1986

COELHO, Trindade – *Manual Político do Cidadão Portuguez*, 2.ª ed. do autor, Porto, 1908

CORCUFF, Philippe – *Philosophie politique*, Paris, Natan, 2000, trad. port. de Duarte da Costa Cabral, *Filosofia Política*, Mem Martins, Europa-América, 2003

FERRY, Luc (e RENAUT, Alain) – *Philosophie Politique*, Paris, P.U.F., 1984-1985, 3 vols

GAUS, Gerald (ed.) – *Handbook of Political Theory*, Sage Publications, 2004

GENTILE, Francesco – *Politica aut/et Statistica. Prolegomeni di una teoria generale dell'ordinamento politico*, Milão, Giuffrè, 2003

44   *Repensar a Política – Ciência & Ideologia*

GODDARD, Jorge Adame – *Filosofía Social para Juristas*, México, Universidad Nacional Autónoma de México/Mc Graw –Hill, 1998

GOODIN, Robert E./KLINGEMANN, Hans-Dieter – *A New Handbook of Political Science*, Oxford University Press, 1998

GUEDES, Armando Marques – *Ciência Política – Teoria Geral do Estado*, Lisboa, ed. da AAFDL, 1982

HARRIS, Peter – *Foundations of Political Science*, 3.ª ed., Singapura et al., Prentice Hall, 1997

LARA, António de Sousa – *Ciência Política. Estudo da Ordem e da Subversão*, Lisboa, Instituto Superior de Ciências Sociais e Políticas, 2004

MAGALHÃES, José António Fernandes de – *Ciência Política*, 3.ª ed., Brasília, Vestcon, 2003

MALTEZ, José Adelino – *Princípios de Ciência Política*, Lisboa, Instituto Superior de Ciências Sociais e Políticas, 1996

MOREAU, Jacques/DUPUIS, Georges/GEORGEL, Jacques – *Sociologie Politique*, Paris, Cujas, 1966

MOREIRA, Adriano – *Ciência Política*, Lisboa, Livraria Bertrand, 1979, nova ed., Coimbra, Almedina, 1992

ROGEIRO, Nuno – *Política*, 3.ª ed., revista e aumentada, Lisboa, Quimera, 2002

ROSEN, Michael/WOLFF Jonathan (ed.) – *Political Thought*, Oxford, Oxford University Press, 1999

SOUSA, Marcello Rebelo de – *Ciência Política. Conteúdos e Métodos*, Coimbra, Coimbra Editora, 1989

TENZER, Nicolas – *Philosophie Politique*, Paris, P.U.F., 1994

THOMSON, David (ed.) – *Political Ideas*, 7.ª ed., reimp., Middlesex, Penguin, 1982

TRIGEAUD, Jean-Marc – *Éléments d'une Philosophie Politique*, Bordeaux, Biere, 1993

WEIL, E. – *Philosophie Politique*, Paris, Vrin, 1966

Ensaios Escolhidos

AA. VV. – *L'Idée de philosophie politique*, Annales de l'Institut International de Philosophie Politique, Paris, P.U.F., 1965

ARENDT, Hannah – *Was ist Politik?*, Munique, R. Piper, 1993, trad. port. de Reinaldo Guarany, *O que é o Político?* Fragmentos das Obras Póstumas compilados por Úrsula Ludz, Rio de Janeiro, Bertrand Brasil, 2002

CRICK, Bernard – *In Defense of Politics*, 4.ª ed., Londres, Weinfeld & Nicolson, 1992 (5.ª ed., Continuum, 2000)

DUPRAT, Gérard (dir.) – *Connaissance du Politique*, Paris, P.U.F., 1990

FRIEDMANN, Georges – *La Puissance et la sagesse*, Paris, Gallimard, 1970, trad. port. de Fernando Felgueiras, *O Poder e a Sabedoria*, Lisboa, Dom Quixote, s/d

HOEFFE, Otfried – *La Justice politique*, trad. do alemão de Jean-Chrstophe Merle, Paris, PUF, 1991

KING, Preston (ed.) – *The Study of Politics*, trad. bras. de José Luiz Porto de Magalhães, *O Estudo da Política*, Brasília, Editora Universidade de Brasília, 1980

LEFORT, Claude – *Essais sur le politique – XIXe et XXe siècles*, Paris, Seuil, 1986, trad. port. de Eliana M. Souza, *Pensando o Político: Ensaios sobre Democracia, Revolução e Liberdade*, Rio de Janeiro, Paz e Terra, 1991

Rever os Fundamentos

MOREIRA, Adriano/BUGALLO, Alejandro/ALBUQUERQUE, Celso – *Legado Político do Ocidente. O Homem e o Estado*, nova ed., Lisboa, Estratégia, 1995

PEREIRA MENAUT, António-Carlos – *Doce Tesis sobre a Política*, Santiago de Compostela, Edicións Fontel, 1998

QUIRINO, Célia Galvão/SADEK, Maria Tereza (org., introd. e notas) – *O Pensamento Político Clássico*, 2.ª ed., São Paulo, Martins Fontes, 2003

RITTER, Gehard – *Die Daemonie der Macht*, Munique, R. Oldenbourg, 1948, trad. it. de Enzo Melandri, *Il Volto Demoniaco del Potere*, Bolonha, Il Mulino, 1958

SARMENTO, Cristina Montalvão/CLUNY, Isabel (org.) – *Ciência Política*, número monográfico de "Cultura. Revista de História e Teoria das Ideias", Lisboa, Centro de História da Cultura da Universidade Nova de Lisboa, vol. XVI-XVII, 2003, 2.ª série

SAVATER, Fernando – *Política para Amador*, Ariel, Barcelona, 1992, trad. port. de Miguel Serras Pereira, *Política para um Jovem* 2.ª ed., Lisboa, Presença, 1998

SCHMITT, Carl – *La notion de politique*, seguido de *Théorie du partisan*, trad. fr. de Marie-Louise Steinhauser, com prefácio de Julien Freund, Paris, Flammarion, 1992

SOARES, Rogério Ehrhardt – *Direito Público e Sociedade Técnica*, Coimbra, Atlântida, 1969

STRAUSS, Leo – *What is Political Philosophy?*, Glencoe, The Free Press, 1959, trad. fr. de Olivier Sedeyn, *Qu'est-ce que la Philosophie politique?*, Paris, P.U.F., 1992

Dicionários, Enciclopédias

American Spirit Political Dictionary – http://www.fast-times.com/politicaldictionary.html

BLOCH, Maurice – *Petit dictionnaire politique et social*, Paris, Perrin, 1896

CHÂTELET, F./DUHAMEL, O./PISIER, E. – *Dictionnaire des Œuvres Politiques*, Paris, P.U.F., 1986 (há nova ed.)

COLAS, Dominique – *Dictionnaire de la pensée politique*, Paris, Larousse, 1997

COSTON, Henry (dir.) – *Dictionnaire de la politique française*, Paris, Publications Henry Coston, diff. La Librairie Française, 1967

ELLIOTT, Florence – *A Dictionary of Politics*, Londres, Penguim 1969, trad. port., *Dicionário de Política*, 2.ª ed., Lisboa, Dom Quixote, 1975

GRAY, Christopher Berry (ed.) – *The Philosophy of Law. An Encyclopedia*, Nova Iorque/Londres, Garland, 1999, 2 vols.

MILLER, David *et. al.* (eds.) – *The Blackwell Encyclopaedia of Political Thought*, Oxford, Basil Blackwell, 1987

SOUSA, José Pedro Galvão de/GARCIA, Clovis Lema/CARVALHO, José Fraga Teixeira de – *Dicionário de Política*, São Paulo, T. .ª Queiroz Editor, 1998

História do Pensamento Político e afins

AMARAL, Diogo Freitas do – *Ciência Política*, I, nova edição, Lisboa, 1994; II, 2.ª ed., Lisboa, 1991 (policóp.)

AMARAL, Diogo Freitas do – *História das Ideias Políticas*, I, 3.ª reimpressão, Coimbra, Almedina, 2003 (1.ª ed. 1997)

ARON, Raymond – *Les Étapes de la pensée sociologique*, Paris, Gallimard, 1967, trad. port. de Miguel Serras Pereira, *As Etapas do Pensamento Sociológico*, s.l, Círculo de Leitores, 1991

BURNS, J. H. (ed.) – *The Cambridge History of Political Thought. 1450-1700*, Cambridge, Cambridge Univ. Press, 1991

BRONOWSKI, J./MAZLISCH, Bruce – *The Western Intelectual Tradition*, 1960, trad. port. de Joaquim João Braga Coelho Rosa, *A tradição intelectual do Ocidente*, Lisboa, Edições 70, 1988

CALMON, Pedro – *História das Ideias Políticas*, Rio de Janeiro/São Paulo, Livraria Freitas Bastos, 1952

CHEVALIER, Jean-Jacques/GAUCHER, Yves – *As Grandes Obras Políticas*, Mem Martins, Europa-América, 2005.

COSTON, Henri (dir.) – *Dictionnaire de la Politique française*, La Librairie Française, 1967

FASSÒ, Guido – *La Filosofia del Diritto dell'Ottocento e del Novecento*, nova ed., Bologna, Il Mulino, 1988

FASSÒ, Guido – *Storia della filosofia del diritto*, Bologna, Il Mulino, 1970, 3 vols., ed. esp. *Historia de la Filosofía del Derecho*, Madrid, Pirámide, 1982, 3 vols.

GETTELL, Raymond G. – *História das Ideias Políticas*, trad. e nota final de Eduardo Salgueiro, Lisboa, Editorial Inquérito, 1936

GOYARD-FABRE, Simone – *Philosophie Politique, XVIe-XXe siècle*, Paris, P.U.F., 1987

LARA, António Sousa – *Da História das Ideias Políticas à Teoria das Ideologias*, 3.ª ed., Lisboa, Pedro Ferreira, 2000

MONCADA, Cabral de – *Filosofia do Direito e do Estado*, 2 vols., Coimbra, Coimbra Editora, I, 2.ª ed. 1953, II, 1966, nova ed. em um único volume, *ibidem*, 1995 (interessa sobretudo a I parte ao nosso presente estudo)

MOSCA. G./BOUTHOUL, G. – *Histoire des doctrines politiques*, Paris, Payot, trad. port. de Marco Aurélio de Moura Matos, *História das Doutrinas Políticas*, 3.ª ed., Rio de Janeiro, Zahar, 1968

ORY, Pascal (dir.) – *Nouvelle histoire des idées politiques*, Paris, Hachette, 1987

PISIER, Evelyne, *et al.* – *Histoire des idées politiques*, Paris, PUF, trad. port. de Maria Alice Farah Calil Antonio, *História das Ideias Políticas*, Barueri, São Paulo, Manole, 2004

PRÉLOT, Marcel/LESCUYER, Georges – *Histoire des Idées Politiques*, Paris, Dalloz, 1997, trad. port. de Regina Louro e António Viana, *História das Ideias Políticas*, Lisboa, Presença, 2000, 2001, 2 vols.

RENAUT, Alain (dir.) – *Histoire de la philosophie politique*, Paris, Calman-Lévy, 1999, trad. port., *História da Filosofia Política, Lisboa*, Instituto Piaget, 2000, 5 vols.

SABINE, George – *A History of Political Theory*, Nova Iorque, Holt, Rinehart e Winston, 1937, 20.ª reimp. da ed. em língua castelhana, *Historia de la Teoria Politica*, México, Fondo de Cultura Económica, 1945

SALDANHA, Nelson Nogueira – *História das Ideias Políticas no Brasil*, Brasília, Senado Federal, 2001

SKINNER, Quentin – *The Foundatons of Modern Political Thought*, trad. port. de Renato Janine Ribeiro/Laura Teixeira Motta, *As Fundações do Pensamento Político Moderno*, São Paulo, Companhia das Letras, 1996

STRAUSS, Leo/CROPSEY, Joseph (org.) – *History of Political Philosophy*, 3.ª ed., Chicago, University of Chicago Press, 1987, trad. cast. de Letizia García Urriza/Diana Luz Sánchez, Juan José Utrilla, *Historia de la Filosofía Política*, México, Fondo de Cultura Económica, 1993

THEIMER, Walter – *História das Ideias Políticas*, trad. port., Lisboa, Arcádia, 1970

TOUCHARD, Jean (org.) – *História das Ideias Políticas*, trad. port., Lisboa, Europa-América, 1970, 7 vols.

TRUYOL SERRA, Antonio – *Historia da Filosofia do Direito e do Estado*, II vols., Lisboa, Instituto de Novas Profissões, I, 1985, II 1990

VALLANÇON, François – *L'État, le droit et la société modernes*, Paris, Armand Colin, 1998

VOEGELIN, Eric – *Estudos de Ideias Políticas de Erasmo a Nietzsche*, Apresentação e tradução de Mendo Castro Henriques, Lisboa, Ática, 1996

SECÇÃO 2
Política e Direito

SUMÁRIO: 2.1. Pré-compreensão, noção, conotação, conceito e ideia de Direito e de Política. 2.2. As duas perspectivas (e definições/descrições) canónicas de Direito e sua relação com a Política

SECÇÃO 2
Política e Direito

2.1. *Pré-compreensão, noção, conotação, conceito e ideia de Direito e de Política*

2.1.1. *Da Pré-compreensão à Ideia*

Vocábulos como "direito" e "política", tão difundidos, tão banalizados pela comunicação social, naturalmente são objecto de pré-compreensões generalizadas: fruto do conhecimento profano, não especializado, empírico. A noção vaga que qualquer pessoa faz de um e de outro estará, normalmente, naturalmente, ligada à sua própria experiência. É comum um preconceito de rejeição[21] contra um e outra, porque a um e a outra se associa com facilidade casos ouvidos ou vividos de trauma ético. O Direito e a Política suscitam muito generalizadamente incómodo moral (mais ou menos profundo e mais ou menos sincero ou psitacista), porque a eles se associam profissionais pouco honestos, e resultados muito escassos, quando não mesmo desastrosos.

Em todo o caso, independentemente das conotações positivas ou negativas dos significantes em causa, que sofrem óbvias modelações consoante os ideolectos e sociolectos de cada grupo observador (a pré-compreensão e a conotação de "direito" e "política" não é a mesma para o habitante da favela e para o morador do condomínio fechado de luxo – em princípio), há significados permanentes e comuns. Como que um espectro

---

[21] Sobre o preconceito face à política, cf. ARENDT, Hannah – *Was ist Politik?*, Munique, R. Piper, 1993, trad. port. de Reinaldo Guarany, *O que é o Político?*, Fragmentos das Obras Póstumas compilados por Úrsula Ludz, Rio de Janeiro, Bertrand Brasil, 2002 p. 25 ss. (fragmento 2a).

semântico de intersecção de significados, não só detectável entre diversos grupos de observadores, como também entre as duas expressões.

Assim, não será muito difícil observar a associação generalizada entre "política" e dominação, poder. Independentemente do segmento social analisado. E também se pode facilmente concluir que a conotação de "Direito", longe de se confundir com um conjunto de tópicos essencialistas, ontológicos e fortemente axiológicos, referidos ao dever-ser da juridicidade (como os que se podem retirar da certamente insuperável fórmula de Ulpianus: *Iustitia est constans et perpetua voluntas suum cuique tribuere*), pelo contrário, mais prosaica e realisticamente, se associa a uma tópica em que avultam a lei e as instituições de julgamento, repressão, e burocracia.

Tal significa que confluindo a opinião para uma visão de "política" como poder, e de Direito como, afinal, aparelho formalizado do poder, regras do jogo do poder (quer em si, quer em certas circunstâncias em que não aparece sem limites) afinal se reúnem as duas realidades numa conotação vaga e profana muito próxima. Se a política não é reconduzida ao Direito (não se diz que a política *seja* Direito), perante situações de crise da justiça e de suspeita da subjectividade, sectarismo, pulverização decisória, politização e afins, não será raro ouvir-se popularmente que o Direito é afinal política, não passa de política ou de uma forma dela, e, no limite, se poderá até concluir que uma e outro são a mesma coisa.

Mas esta identificação profana em tempos críticos, curiosamente parece, na sua desesperança e desencanto, envolver uma crítica substancial, inconformada: é que na afirmação da identidade na crise se sublinha, afinal, a diferença em situação de normalidade. Ao afirmar-se a identidade, e sobretudo do Direito com a Política, pode vislumbrar-se por vezes, além da ideia de real distinção, separação, também um conceito positivo de Direito e um mais negativo juízo sobre a Política.

Não devemos, porém, ceder senão o suficiente suplemento de sociologia a estas correntes da opinião. Direito e Política, em si, tanto podem ser realidades altamente nocivas para grupos e pessoas, como para ambos excelentemente benéficos. E esse modo de ser concreto, não podendo, é certo, ser ignorado, todavia não deve entrar nas contas da determinação essencial de ambas as realidades do espírito.

Algo platonicamente, se dirá que a ideia de Direito e a ideia de Política não podem ser afectadas pelo direito torto e pela política que ignore ou moleste o bem comum.

Mas pela opinião (*doxa*) profana chegámos, afinal, à ideia. Porque não é muito diferente o arquétipo de uma decantação depurada e axiologizada do real.

Na verdade, Direito e Política derivam ambos da ramificação da velha primeira função (mágico-soberana) dos Indo-Europeus[22], cabendo ao Direito, realmente, uma expressão formalizada e socialmente eticizada da Política. Ao Direito, sobretudo após a sua constituição como "arte" autónoma (*ius redigere in artem*), coube domesticar as facetas domesticáveis da *fera política*, ou seja, regular, afinal, o poder, a força, a ordem, a coacção. Só que o escopo do Direito (justo) é a Justiça particular ou jurídica (precisamente o atribuir a cada um o que é seu), e o da Política (ou da boa política[23], se quisermos) é o que se chamou bem comum[24]...se é que não é, talvez ainda mais simplesmente (o que não é nada pouco), a própria liberdade[25]. Mas ambas as coisas mutuamente se implicam.

2.1.2. *Áreas de Estudos Jurídico-Políticas e Político-Jurídicas*

Assim como se podem fazer várias combinações epistemológicas entre Física e Química (desde as velhas Ciências Físico-Químicas, à Química, à Física, à Química-Física e à Física-Química...), também entre

---

[22] Em síntese, a obra póstuma de DUMÉZIL, Georges – *Mythes et Dieux des Indo-Européens*, textos reunidos e apresentados por Hervé Coutau-Bégarie, Paris, Flammarion, 1992. Cf. ainda, para uma geral identificação cultural/civilizacional, LAZZERONI, Romano – *La Cultura Indoeuropea*, Roma/Bari, Laterza, 1998, trad. port. de Isabel Teresa Santos, *A Cultura Indo-Europeia*, Lisboa, Estampa, 1999.

[23] HAMLIN, Alan/PETTIT, Philip (ed.) – *The Good Polity. Normative Analysis of the State*, Oxford/New York, Basil Blackwell, 1989.

[24] O grande autor do bem comum é Tomás de Aquino. Para ele se remete. Põe-se também o problema de que algumas formas políticas não são votadas a observar o bem comum. Cf. MAQUIAVEL – *Discorsi*, II, in *Il Principe e Discorsi sopra la prima deca di Tito Livio*, Milão, Sérgio Bartelli, 1960, p. 280: "(...) non è il bene particulare ma il bene comune à quello che fa grandi le città. E sanza dubbio questo bene comune non è osservato se non nelle republiche...". Por isso precisámos: "boa política".

[25] "O sentido da política é a liberdade", afirma ARENDT, Hannah – *Was ist Politik?*, p. 38 (fragmento 3 a). Também a liberdade põe problemas à política: nem toda a política tende para a liberdade. Procede assim ainda aqui o inciso de "boa política".

Política e Direito há várias possibilidades de hibridação. Há estudos jurídico-políticos em Direito, e político-jurídicos mais fora das Faculdades oficiais de Ciência Jurídica.

As ciências jurídico-políticas são uma vasta e reputada especialidade dentro das ciências jurídicas públicas ou publicísticas. Englobam os direitos constitucional, administrativo (e suas derivações), internacional público, etc. Ou seja, compreendem todas as ciências jurídicas públicas menos as do âmbito penal (ou criminal).

Menos claro é o que sejam as ciências político-jurídicas, que por vezes (até em *curricula* universitários) quase não se distinguem das primeiras, salvo, quiçá, numa maior importância aos aspectos politológicos, que prevaleceriam, em tal focalização, sobre os jurídicos. Contudo, seria útil que se fizesse na comunidade científica uma clara distinção entre os dois conceitos, com aceitação generalizada.

Direito da Política é o Direito Político, muito próximo do Direito Constitucional, se é que dele não pode em alguns casos ou tempos ser sinónimo[26]. Política do Direito também existe, e é alvo de muita controvérsia e diversidade de perspectivas[27]. Para nós a Política jurídica ou política do Direito é sobretudo o estudo e a arte de optar por soluções (normalmente legislativas) que na prática consubstanciem um dos diferentes caminhos possíveis da justiça. Não é uma nomologia ou teoria da legislação ou técnica legislativa, nem simplesmente política legislativa, mas abrange esta e todas as formas de surgimento voluntário do Direito (sendo certo que normalmente, hoje, se verterão em legislação) na sua função de opção política e meios para a levar à prática. Uma política legislativa criminal deverá, por exemplo, deter-se no fenómeno penitenciário, e designadamente estudar e promover formas práticas de efectivamente acabar (nos países em que existem) com essas a que poderemos chamar prisões-

---

[26] Cadeiras universitárias que hoje diríamos serem de "Direito Constitucional" se chamaram de "Direito político". Uma transição híbrida será, por exemplo, a espelhada no título de CONSTANT, Benjamin – *Cours de Politique Constitutionnelle*, 3.ª ed., Bruxelas, Société Belge de Librairie, 1837.

[27] MONTORO BALLESTEROS, Alberto – *Para una Caracterización de la Política Jurídica*, Separata de *Estudios de Derecho Constitucional y de Ciencia Politica. Homenaje al Profesor Rodrigo Fernández-Carvajal*, Universidad de Múrcia, Múrcia, 1997. Cf. ainda TARELLO, Giovanni – *Cultura giuridica e politica del diritto*, Bolonha, Il Mulino, 1988; ADEODATO, João Maurício Leão – *Poder e Legitimidade. Uma Introdução à Política do Direito*, São Paulo, Editora Perspectiva, 1978.

Rever os Fundamentos 55

inferno, onde se cumpre uma pena acrescida de suplício e potencialmente de morte. Essa política jurídica tem incidência jurídica imediata, mas partilha com a política *tout court* o carácter directivo, demiúrgico, e livre, de escolha entre possíveis diferentes hipóteses.

Outra área em crescimento constante é a das chamadas "Políticas Públicas", que, em certos casos, também acabam por confinar, e até confluir ou mesmo partilhar terreno com a Política Jurídica e afins. Mas atentemos na diferença de perspectiva. Em grande medida esta área surgiu da necessidade de acompanhamento, avaliação e ponderação dos impactos da intervenção do Estado, sobretudo em sectores económicos e sociais, mas podendo alargar-se a áreas mais tradicionais, como a Justiça, por exemplo.

Cremos que este é um caso de estudos político-jurídicos e não jurídico-políticos. Claramente, neste tipo de pesquisa, o que está em causa não é o jurídico como fim, nem sequer como factor principal a considerar em si mesmo, mas encara-se a forma jurídica como um molde por que passa, ou muito frequentemente passa, o fluxo da acção do Estado. Assim, trata-se de não descurar ou negligenciar o jurídico, mas, neste caso, sempre como forma da acção estadual. E com o fito de optimizar a acção do Estado, que, classicamente, tem como fins a justiça e o bem comum: mas isso já é um outro problema...

2.2. *As duas perspectivas (e definições/descrições) canónicas de Direito e sua relação com a Política*

No seio do Direito, uma divisão liminar aparta as águas. Ela também tem a sua importância para o mundo da política, porque corresponde, realmente, a duas políticas do Direito distintas, a duas formas de encarar a relação entre a juridicidade e o político.

Trata-se do jusnaturalismo e do positivismo jurídico, para usar as expressões canónicas. São duas filosofias, duas correntes, e são sociologicamente falando duas escolas, com seus mestres e discípulos, embora revelando-se uma e outra bastante plurais internamente.

2.2.1. Os Jusnaturalismos

Latissimo sensu, os jusnaturalistas consideram que o Direito não é apenas produto da decisão individual ou até colectiva dos homens numa dada sociedade política, mas que esse Direito produto da decisão voluntária (a que se chama direito positivo) se deve subordinar a um Direito superior – que se denominará (segundo as tendências, que são muitas, de diferentes correntes, algumas aliás entre si muito desavindas) Direito Natural, natureza das coisas, direito vital, até direito divino, ou, muito simples e certeiramente, como hoje vai sendo mais comum, "Justiça".

Ponderando as várias perspectivas do Jusnaturalismo, cremos poder afirmar-se hoje – embora esta nossa divisão não encontre suporte senão nos factos teóricos, e ainda não na autoridade dos comentadores – que há três jusnaturalismos, combinando o critério histórico com o critério substancial: o jusnaturalismo realista clássico (que engloba os alvores teóricos gregos, máxime aristotélicos, a experiência jurídica criadora e prática, sobretudo jurisprudencial, dos romanos, e o renascimento teórico medieval, com Tomás de Aquino); o jusnaturalismo racionalista moderno (jusracionalismo), especialmente iluminista (que, especialmente depois do contributo do filósofo da política Leo Strauss, se tem procurado normalmente contrapor muito ao realismo, talvez ignorando o que os une); e o justicialismo contemporâneo (chamemos-lhe assim), que muitas vezes recusando o rótulo jusnatural, e até por vezes se sublevando contra o jusnaturalismo, todavia continua o seu legado de uma concepção não imanentista nem monista do Direito.

Curiosa fortuna a destas três correntes, que de algum modo também são fases.

Por um lado, um grande esquecimento do jusracionalismo, sobretudo na ligação entre as suas teorias e as suas práticas, tem levado a aproximá-lo mais do positivismo (Villey, por exemplo, afirma que já conteria uma altíssima percentagem deste). Esta incompreensão, não apenas da especificidade, mas também da continuidade com a tradição realista, é solidária, *mutatis mutandis*, da incompreensão política que mais tarde verá, por exemplo, no liberalismo uma completa ruptura com o mundo anterior, quando a verdade é que, pelo menos numa certa medida, ele é uma tentativa de retomar uma tradição de liberdade interrompida pelo absolutismo e ulteriormente pelo despotismo esclarecido. Há, pois, no plano jusfilosó-

Rever os Fundamentos 57

fico como no plano político, uma revisão e um resgate a fazer quanto à modernidade, especificamente a iluminista e a liberal.

Por outro lado, muitos hodiernos não-imanentistas e não-monistas parecem sofrer de uma idêntica tendência separadora (por vezes exagerada) face ao legado anterior, e até ao legado clássico, o que muitas vezes se afirma na recusa do próprio rótulo de "jusnaturalista". Quando aquilo que une muitas das teorias da Justiça actuais às teses jusnaturais passadas é muito mais do que possa ligá-las à corrente contrária, o positivismo.

2.2.2. *Os Positivismos*

Considerando ainda as perspectivas sobre o Direito em sentido muito lato, a outra família teórica são os positivistas. Eles não crêem senão na criação humana, voluntária, do Direito. As suas correntes tradicionais são, antes de mais, a legalista (produto da degenerescência do jusracionalismo, é certo, mas que realmente corresponde a uma tendência universal e espontânea dos juristas...), a historicista (que ultimamente sobretudo se identificou com desenvolvimentos jurídicos do materialismo histórico) e a sociologista (pela qual o Direito é sobretudo produto social, historicamente localizado). Hoje ganham relevo perspectivas formalistas, quer convocando inspirações hermenêuticas, semióticas e sobretudo linguísticas. Embora todos esses contributos possam também ser, com muito proveito, utilizados pelos cultores do Direito mais preocupados com a Justiça.

As diferentes versões de positivismo, na sua obstinação em não considerar nenhuma ordem, legitimidade, ou sentido para além da imanência e de uma certa voluntariedade humana, deixam o cidadão desprotegido face aos poderes, sobretudo face aos poderes despóticos, arbitrários. Na verdade, o legalismo invoca o brocardo da decadência romana *dura lex sed lex* para fazer terminar as esperanças de regeneração e de Justiça no simples jogo político. A política, no império legalista, não se encontra suficientemente modelada pelo Direito. Este é que é serventuário dela. A lei é expressão da vontade do poder, independentemente da sua legitimidade mais profunda. Para um coerente positivista legalista, tanto vale a lei justa, saída de um parlamento esclarecido e democraticamente eleito, após serena e documentada discussão e irrepreensível votação, como o decreto arbitrário e iníquo de um déspota, que haja tomado o poder pela força e nele por ela permaneça, semeando o terror entre os súbditos.

Menos patente embora, até porque muito mais intelectualizadas e intelectualistas, as teorizações positivistas historicistas acabaram na prática por desenvolver um positivismo jurídico sob o manto ou com alicerces na ideologia marxista. Ninguém pode duvidar que os juízes soviéticos aplicavam o *dura lex, sed lex*, tendo como pano de fundo, decerto cada vez mais distante, as doutrinas marxistas-leninistas, que, na verdade, nem sempre se poderão afeiçoar facilmente à resolução concreta das miríades de litígios concretos.

Os positivismos sociológicos não raro caíram na falácia naturalística[28], tomando o ser pelo dever-ser, a realidade pelo valor, incorrendo assim em sociologismo, mas – talvez pior ainda – em certos casos como que desenvolveram uma teorização do social concreto tendo diante dos olhos não a sociedade como ela é, mas a sociedade como os seus cultores desejariam que fosse. Ajudados poderosamente pela comunicação social, onde o seu tipo de pensamento impera, os sociologistas fazem passar para a sociedade uma imagem que corresponde frequentemente a estereótipos particularistas, embebidos de ideologias obviamente apriorísticas. Assim, por exemplo, se uns sublinham sociedades de guerra civil urbana, aterrorizando os consumidores dos *media* com as imagens da insegurança, e implicitamente promovem as ideologias criminais reaccionárias do *Law and order*, outros dão da sociedade um retrato laxista de hiper-permissividade geral (que contudo só existe entre minorias muito restritas), designadamente promovendo sondagens em que invariavelmente se desejariam liberalizações, descriminalizações e outras medidas que (independentemente de qualquer juízo axiológico, que está acima da opinião e da estatística) estão longe de espelhar o sentir profundo das sociedades. Tal foi provado claramente, em Portugal, no primeiro referendo sobre o aborto livre, em que todas as previsões de vitória do "sim" seriam infirmadas nas urnas.

Os positivismos analíticos, linguísticos e afins como que depõem as armas por lateralização das suas problemáticas, mais votadas a compreender, explicar, descrever a juridicidade como ela efectivamente é que a julgá-la ou valorá-la. Excepções são algumas perspectivas próximas da semiótica, da análise económica ou literária do Direito (*Law and Literature*) e afins, em que se não pode deixar de detectar, como pano de fundo

---

[28] Cf., *v.g.*, TRIGEAUD, Jean-Marc – *La Personne dénaturalisée. De l'impuissance de la 'naturalistic fallacy' à atteindre la personne*, in «Persona y Derecho», 29, 1993, p. 139 ss.

das observações, cosmovisões politizadas, ideologizadas. Os estudos críticos (*Critical Legal Studies*) e sobretudo o movimento contador de histórias jurídicas (*legal story telling*) vão num rumo da contestação politicamente correcta de "esquerda", enquanto a análise económica do direito pode ter leituras mais de "direita", sem perder o registo geral de correcção política. Aliás, como referimos já no nosso *Miragens do Direito*, tudo parece indicar que no pensamento único ou politicamente correcto actual prevalecem as raízes de direita neoliberal no domínio económico e social, e as raízes de esquerda colectivista no plano cultural e moral, o que parece resultar numa mistura explosiva.

2.2.3. *Escolas do Direito e Política*

É óbvio assim que o positivismo jurídico em qualquer das suas versões deixa o Direito muito desprotegido face às proteiformes facetas da política. No legalismo, o jurista abstém-se, como bem comportado burocrata que fará o que quer que lhe ordenarem. Nas demais posições, toma partido, fazendo afinal da teorização jurídica um terreno de afirmação das suas posições ideológico-políticas, ainda que por vezes servidas ou sofismadas por um discurso de alto nível, uma carapaça teórica armada até aos dentes.

Também o jusnaturalismo, porém, se não encontra imune à influência política. A intenção original do Jusnaturalismo (que foi, aliás, a original, a primeira, filosofia do Direito, a que nasceu com a própria criação epistemológica do Direito) é sobretudo dar voz a Antígona contra Creonte[29], proteger o cidadão contra os abusos do poder, isolar (daí o *Iso-*

---

[29] Um dos melhores passos sobre Antígona é um trecho de COIMBRA, Leonardo – *Obras de...*, II, Porto, Lello, 1983, p. 1029: "Mas nesse jogo com o Destino o homem começa a descobrir um ácido para a corrosão de tão rudes metais – a vontade heróica e persistente do amor. Da luta de vontades titânicas com Ésquilo nós passamos para um maior desenvolvimento da luta de vontades humanas com Sófocles. Se a Antígona de Ésquilo é a majestosa virgem da Justiça, ela é, em Sófocles, duma mais penetrante ternura e luarizada dum dulcíssimo nimbo de bondade, o dealbar da Virgem cristã. Firme, inabalável e heróica no seu dever de irmã, ela opõe à vontade de Creonte o poder das leis não escritas, mas que não poderão nunca ser apagadas. Presa em flagrante e ameaçada de morte por Creonte, pergunta-lhe: Porque tardais? Para que vos servem os vossos inúteis discursos, que só podem indignar-me, como os meus só podem desagradar-vos? Que maior glória

lierung[30]) e proteger da mudança dos ventos políticos um mínimo sócio-ético comum que permita uma convivência em que os litígios se submetem não à vingança privada mas à jurisdição de um terceiro imparcial. Esta ligação profunda entre *ius redigere in artem* e jusnaturalismo é teoricamene de molde a colocar a política num lugar mais contextualizado, e a promover uma verdadeira autonomia do Direito.

Contudo, na prática, as teorias do Direito Natural em muitos casos promoveram não só uma certa visão moral, como até dadas perspectivas políticas. Evidentemente que os doutrinadores positivistas menos rigorosos ou menos profundos, e decerto alguns menos leais, tudo têm feito para identificar pura e simplesmente o jusnaturalismo com a Igreja Católica mais retrógrada, com a Idade Média tida por obscurantista[31], e com os regimes mais ditatoriais (sobretudo hispânicos). E tem de reconhecer-se que será certamente pela associação tão estreita entre posições moral e politicamente conservadoras que muitos autores, sem dúvida indignados com a assepsia abstencionista do legalismo, tendem para as águas mais progressivas (ou que tal aparentam) dos sociologismos ou de transdisciplinaridades mais inspiradoras e menos comprometedoras. Enquanto outros, decerto experimentando a necessidade de se não confundirem (até ideologicamente), preferem a boa e velha Justiça, palavra que tem resistido a todas as apropriações, como núcleo das suas preocupações.

Independentemente dos rótulos e das tentativas de acantonamento e labelização (e da própria redução a uma ideologia, a um -ismo[32]), a verdade é que os não-imanentistas e não monistas poderiam e deveriam con-

---

pode pertencer-me que a de ter sepultado o meu irmão? Que elogio me dariam os que me escutam, se o terror lhes não paralisasse a língua? Uma grande vantagem da tirania é poder dizer e fazer impunemente o que lhe agrada."

Cf. ainda, em geral, CUNHA, Paulo Ferreira da – *O Século de Antígona*, Coimbra, Almedina, 2003.

[30] Cf., *v.g.*, THOMAS, Yan – *Mommsen et 'l'Isolierung' du Droit (Rome, l'Allemagne et l'État)*, Paris, Diffusion de Boccard, 1984. Outro empreendimento (frustrado) de *Isolierung* foi o de KELSEN, Hans – *Reine Rechtslehre*, trad. port. e prefácio de João Baptista Machado, *Teoria Pura do Direito*, 4.ª ed. port., Coimbra, Arménio Amado, 1976.

[31] Contra essa falsa visão do mundo medieval, *v.g.*, PERNOUD, Régine – *O Mito da Idade Média*, trad. port., Lisboa, Europa-América, 1978; *Idem – Luz sobre a Idade Média*, trad. port., Lisboa, Europa-América, 1984.

[32] VILLEY, Michel – *Jusnaturalisme – Essai de définition*, in "Revue Interdiscipinaire d'Etudes Juridiques", n.° 17, 1986.

Rever os Fundamentos 61

tinuar a ser chamados jusnaturalistas. Pode ter um sabor antiquado e até pueril a catalogação do Direito Natural em princípios e normas que lembram velhos catecismos, e há jusnaturalismos que claramente trazem no bojo preconceitos religiosos, morais e políticos muito conservadores; mas não podemos esquecer que o mesmo Direito Natural inspirou as Declarações de Direitos, e pelas suas ideias se fizeram as grandes revoluções liberais – também elas de legado dúplice, como, afinal, todas as coisas humanas.

Pode incomodar a vizinhança, mas há sempre incómodos nas catalogações. E é para nós evidente que, sendo o direito natural apenas recomendável à elite que possa compreender (como nos seus póstumos cadernos recordava Villey[33]), muitas das teorizações mais normativistas do Direito Natural não passam de positivismos estruturais vertidos noutros moldes. Daí o poder falar-se de *jusnaturalismo positivista* para aquelas visões que, invocando embora uma categoria jurídica transcendente (*v.g.* o próprio "Direito Natural"), seguem a via definitória, catalogadora e normativista imperativista do positivismo legalista (que é uma perene obcecação dos juristas[34]). E acresce que normalmente o fazem confundindo os concretos (e por vezes efémeros) preceitos da sua religião, da sua moral e da sua ideologia com o que deveria ser o tal elemento transcendente. Claro que ultrapassar este apelo, que é insensível e não apercebido, se torna um dos maiores problemas do jusnaturalismo, ao ponto de, da descrença em que possa ultrapassar-se, se poder cair na tentação oposta, do juspositivismo.

Se bem virmos, afinal são paralelos os pecados de intromissão ideológica no positivismo e no jusnaturalismo. No positivismo, sob capa científica ou sociológica, vem muitas vezes ideologia crítica, para-marxista, politicamente correcta de raiz colectivista; no jusnaturalismo, sob manto de metafísica ou de ciência, surge não raro dogma religioso (não só católico – porque há jusnaturalistas de todas as grandes religiões, agnósticos e ateus – mas maioritariamente católico), moral e política normalmente conservadora, quando não reaccionária ou tradicionalista.

Há contudo uma via média em ambas as escolas, que se defende das ideologias. A teoria de um direito positivo legalista, no seu abstencio-

---

[33] VILLEY, Michel – *Réflexions sur la Philosophie et le Droit. Les Carnets*, Paris, P.U.F., 1995, II, 37 – p. 45.

[34] Como aflorámos já, o positivismo seria mesmo a "filosofia espontânea dos juristas". Cf. TEIXEIRA, António Braz – *Sobre os pressupostos filosóficos do Código Civil Português de 1867*, in "Fides. Direito e Humanidades", vol. III, Porto, Rés, 1994, p. 148.

nismo valorativo, apenas é, por assim dizer, "maquiavélica" *hoc sensu*. O poder, qualquer poder, justifica o Direito. A teoria de um direito natural metodológico (como em Villey), numa procura dialéctica em cada momento da Justiça, constante e perpétua vontade de dar o seu a seu dono, em si, pode apenas ser subvertida pelo preconceito titularista (vendo no seu de cada um apenas o titulado: por lei, contrato, testamento, etc.). Mas se se fugir a esse novo avatar do positivismo, também o jusnaturalismo dialéctico e metodológico (aliás com raízes clássicas irrefutáveis) não será contaminado pelas ideologias correntes.

A questão, pois, será a de comparar não os exageros e os desvios em qualquer das teorias (porque aí cairíamos certamente no erro de tomar uma opção ideológica e não filosófico-jurídico-política), mas de cotejar o contributo das vias médias ou puras. E aí a opção estará entre o lavar as mãos como Pilatos do positivismo, e o pagar com a vida como Antígona ou Tomás Moro, símbolos do jusnaturalismo.

O positivismo é político, tal como o jusnaturalismo é político. Mas enquanto o primeiro o é por abstenção que leva à subordinação do Direito à Política, o segundo é-o por opção, dividindo as águas, mas procurando que a política nunca se intrometa no que são direitos sagrados e inalienáveis; procurando que ela seja livre nas suas opções próprias, mas nunca pise o risco da injustiça mais gritante. O que ontem se traduzia pela infracção ao Direito Natural e em linguagem moderna se dirá infringir os Direitos Humanos, que são as suas decorrências naturais.

Mas, independentemente das escolas, e sobretudo da sua carga simbólica, seria bom que se reconhecesse a importância do papel de juristas esclarecidos e de politólogos abrangentes (não os "leguleiros" míopes nem os sociologistas ensimesmados) na defesa, pelo menos, do "Estado de Direito" – que tem de viver na luta quotidiana contra os abusos de todos os poderes: macro- e micro-poderes.

Já em 1969, um trabalho magistral chamava a atenção para as tarefas dos juristas nessa senda:

"Sem dúvida que não é monopólio dos juristas a tarefa de salvar a liberdade do homem. Não se contestará, porém, que é a eles que cabe a maior parte do encargo de velar por que as tendências niveladoras e uniformizantes conheçam o limite da personalidade (...)
É ao jurista que, chamado a colaborar na formulação do direito, com-

pete moderar o entusiasmo dos políticos, dominados por preocupações de eficiência padronizadora.

É ao jurista, encarregado da aplicação do direito, que cabe não perder a intenção de diuturnamente actuar a promessa encerrada na constituição. É ao jurista teórico que incumbe o dever de, nas suas construções, se fazer eco do grito de alarme de moralistas, sociólogos e politólogos.

Se tal fizer, o Estado de Direito poderá continuar a ser no mundo de hoje uma ideia carregada de sentido; e, em vez de baço domínio da lei, estender-se-á *a rule of law"*[35].

BIBLIOGRAFIA

Política e Direito

AA. VV. – *Droit et politique*, número monográfico de «Esprit», n.° 39, Março 1980

BONVECCHIO, Claudio/TONCHIA, Teresa (org.) – *Gli Arconti di Questo Mondo. Gnosi: Politica e Diritto. Profili di Simbolica Politico-Giuridica*, Triste, Edizioni Università di Trieste, 2000

COTTA, Sergio – *Il Giurista di fronte al Potere*, in "Rivista Internazionale de Filosofia del Diritto", 1966, 37

CRICK, Bernard – *Socialism*, The Open University, 1987, trad. port. De M. F. Gonçalves Azevedo, *Socialismo*, Lisboa, Estampa, 1988

CUNHA, Paulo Ferreira da – *O Ponto de Arquimedes. Natureza Humana, Direito Natural, Direitos Humanos*, Coimbra, Almedina, 2001, p. 135 ss., máx. pp. 149-160

DARBELLAY, Jean – *La réflexion des philosophes et des juristes sur le droit et le politique*, Ed. Univ. Fribourg, 1987

DWORKIN, Ronald – *Political Judges and the Rule of Law*, Londres, British Academy, 1980

FINNIS, John – *Moral, Political and Legal Theory*, Oxford University Press, 1998

HUNT, Alan – *The Ideology of Law: advances and problems in recent applications of the concept of ideology to the analysis of law*, in "Law & Society", vol. 19, n.° 1, 1985, p. 11 ss..

JOERDEN, Jan C./WITTMANN, Roland (eds.) – *Recht und Politik*, Francoforte (Oder), IVR, 2002, ARSP, B. 93

NEVES, António Castanheira – *A Revolução e o Direito*, in *Digesta*, vol. I, Coimbra, Coimbra Editora, 1995

PEREIRA MENAUT, Antonio-Carlos – *Política y Derecho. Doce Tesis sobre la Política*, in CUNHA, Paulo Ferreira da (org.) – *Instituições de Direito*, I, Coimbra, Almedina, 1998, pp. 149-187

---

[35] SOARES, Rogério Ehrhardt – *Direito Público e Sociedade Técnica*, Coimbra, Atlântida, 1969, p. 188.

64   *Repensar a Política – Ciência & Ideologia*

SOARES, Rogério Ehrhardt – *Direito Público e Sociedade Técnica,* Coimbra, Atlântida, 1969

TORRES DEL MORAL, António – *Estado de Derecho y Democracia de Partidos*, Madrid, Universidade Complutense, 1991, pp. 69-70

VILANOVA, Lourival – *Política e Direito – Relação Normativa*, «Revista da Faculdade de Direito da Universidade de Lisboa», vol. XXXIV, 1993, p. 53 ss.

VILLEY, Michel – «Politique et droit, et sur un 'discours peri tou dikaiou' attribué à Aristote», in *Critique de la pensée juridique moderne*, Paris, Dalloz, 1976, p. 235 ss.

VON WAHLENDORF, H. A. Schwarz-Liebermann – *Politique, Droit, Raison*, Paris, L.G.D.J., 1982

Invenção do Direito

BLACK, Percy – *Challenge to Natural Law: The Vital Law*, in "Vera Lex", vol. XIV, n.° 1--2, 1994, p. 48 ss..

BLACK, Virginia – *On Connecting Natural Rights with Natural Law*, in "Persona y Derecho", 1990, n.° 22, p. 183 ss.

FINNIS, John – *Natural Law and Natural Rights*, 7.ª reimp., Oxford, Clarendom Press, 1993

HAMLIN, Alan/PETTIT, Philip (ed.) – *The Good Polity. Normative Analysis of the State*, Oxford/New York, Basil Blackwell, 1989

PUY, Francisco – *Teoría Tópica del Derecho Natural*, Santiago do Chile, Univ. Santo Tomás, 2004

RENOUX-ZAGAMÉ, Marie-France – *Les Carnets de Michel Villey: le droit naturel comme échec avoué*, "Droits. Revue Française de Théorie, de Philosophie et de Culture Juridique", 23, p. 115 ss.

SIGMUND, Paul E. – *Natural Law in Political Thought*, Lanham/Nova Iorque/Londres, University Press of America, 1971

VILLEY, Michel – *Réflexions sur la Philosophie et le Droit. Les Carnets*, Paris, P.U.F., 1995

VILLEY, Michel – *Le Droit et les Droits de l'Homme*, Paris, P.U.F., 1983

VILLEY, Michel – *[Précis de] Philosophie du Droit*, I, 3.ª ed., Paris, Dalloz, 1982; II, 2.ª ed., *Ibidem*, 1984 (há nova ed. num vol.).

VILLEY, Michel – *Abrégé de droit naturel classique*, in "Archives de Philosophie du Droit", VI, Paris, Sirey, 1961, pp. 25-72

VILLEY, Michel – *Critique de la pensée juridique moderne*, Paris, Dalloz, 1976

VILLEY, Michel – *Jusnaturalisme – Essai de définition*, in "Revue Interdiscipinaire d'Etudes Juridiques", n.° 17, 1986

VILLEY, Michel – *La Formation de la pensée juridique moderne*, nova ed., Paris, Montchrestien, 1975, nova ed., Paris, PUF, 2003.

VILLEY, Michel – *Théologie et Droit dans la science politique de l'Etat Moderne*, Rome, Ecole française de Rome, 1991 (separata)

VILLEY, Michel – "Nouvelle rhétorique et droit naturel", in *Critique de la pensée juridique moderne*, Paris, Dalloz, 1976, p. 85 ss

VILLEY, Michel – *Abrégé de droit naturel classique*, in "Archives de Philosophie du Droit", VI, 1961, pp. 25-72, in ex in *Leçons d'Histoire de la Philosophie du Droit*, Paris, Dalloz, 1962

VILLEY, Michel – *Questions de St. Thomas sur le Droit et la Politique*, Paris, P.U.F., 1987

SECÇÃO 3
Especialização e Criação
Autonomização do Direito face à Política e autonomização
das Ciências Políticas face às Ciências Jurídicas

SUMÁRIO: 3.1. A Hipótese da Trifuncionalidade Indo-europeia e das sucessivas autonomizações, designadamente na primeira função, a da Soberania. 3.2. O *Ius redigere in artem*: alvores gregos e concretização romana. 3.3. Evolução dos Paradigmas Jurídicos e sua relação com o Pensamento Político, nomeadamente Direito Objectivo, Direito Subjectivo e Direito Social. 3.4. Do nascimento das *Epistemai* políticas

SECÇÃO 3
Especialização e Criação
Autonomização do Direito face à Política e autonomização
das Ciências Políticas face às Ciências Jurídicas

3.1. A Hipótese da Trifuncionalidade Indo-europeia e das sucessivas auto-nomizações, designadamente na primeira função, a da Soberania

A descoberta dos "indo-europeus" (expressão meramente convencio-nal e sujeita a muitas críticas) começou com investigações de antiguidades e comparações linguísticas. Em geral, trata-se da reconstituição de um povo primordial (*Urvolk*) a partir de uma língua primordial (*Ursprache*), por sua vez reconstituída a partir das velhas línguas da Índia e da Europa, que têm muitos traços comuns. Demasiados para serem só coincidência[36].

Fascinante aventura essa, de reconstituir uma civilização, e para mais aquela de onde terão saído as nossas, não a partir de documentos escritos ou sequer monumentais, mas por uma arqueologia linguística[37]. Não é esse o nosso escopo. Apenas o de registar, que nessas andanças redesco-bridoras se chegou a uma importantíssima conclusão sobre a cosmovisão desses nossos antepassados. Uma mesma ideia do Mundo e da sociedade os unia, e essa ideia era a de uma tripartição entre uma dimensão mágica,

---

[36] Na sua Lição Inaugural no Collège de France, em 1949, Georges Dumézil coloca os pontos nos "ii", revelando esse ovo de Colombo que são as quatro únicas formas possí-veis de existirem concordâncias, ou pontos comuns, entre duas sociedades historicamente separadas: o acaso, a necessidade natural, o empréstimo directo ou indirecto, e o parentesco genético nas suas diferentes variantes. Cf. DUMÉZIL, Georges – *Mythes et dieux des indo-européens*, Paris, Flammarion, 1992, p. 20.

[37] Cf., além da obra de Dumézil, *v.g.*, BENVENISTE, Emile – *Le vocabulaire des ins-titutions indo-européennes*, Paris, Minuit, 1969, 2 vols.. Mais antiquada se revela a pers-pectiva de JHERING, Rudolf von – *Les Indo-Européens avant l'Histoire*, op. post., trad. de O. de Meulenaere, Paris, A. Maresq, 1895.

sacerdotal, uma dimensão defensiva-ofensiva, guerreira, e uma dimensão de riqueza e fecundidade, produtiva. Essa cosmovisão está presente nos diversos prismas por que se possa encarar o todo social e o imaginário do povo em questão. Assim, é tripartido o panteão sagrado: há nestas sociedades três divindades ou três grupos de divindades principais, que encarnam as referidas três funções – o que em Roma é claro com a tríade Júpiter, Marte e Quirino; ou nos nórdicos com os seus quase equivalentes Odin, Thor e Freyr. É igualmente tripartida a estratificação social – desde as principais castas da Índia, à divisão medieval entre clero, nobreza e povo.

A primeira função, a função mágica, do poder dos poderes, frequentemente chamada "soberana", acaba por ser mal entendida nestes tempos em que é um tópico apregoar o fim das soberanias. Não se trata, no caso, dessas soberanias bodinianas, ligadas indissoluvelmente ao Estado. A função do poder dos poderes, com uma dimensão evidentemente mítica, é o tronco de onde tudo o que é religioso, político e jurídico vai partir. É a função sagrada. Há ainda um *fumus* de sacralidade quer nas mais civis e meramente ritualísticas das religiões funcionalizadas, sente-se a presença perturbadora do sagrado na política, e mesmo no Direito, hoje tão domesticado pelo Estado e pela burocracia, se nota a presença do mítico, sobretudo quando se aproxima do poder – mas, na verdade, sempre se sente o sagrado nestas áreas.

O processo de autonomização é próprio das civilizações indo-europeias. É hoje uma dessas pequenas-verdades placidamente aceites nos manuais que o Ocidente, nome novo ou outro para os herdeiros dos indo-europeus, começou por autonomizar ramos da Filosofia: primeiro as matemáticas, depois as físicas, as químicas, as biologias, até a psicologia, etc... E é por isso que a matriz de certas disciplinas não consegue esconder os seus primeiros cientistas: os gregos geómetras, os pitagóricos, Arquimedes e o seu *Eureka*, Lavoisier e a lei da conservação da matéria, Darwin e a origem das espécies, e os primeiros passos psicanálise, com Freud. A arquitectura tem atrás de si o espectro de Vitrúvio, a sociologia o de Comte, e até a velha medicina, cuja arte se perdia na noite dos tempos, encontrou como patrono Esculápio... que tinha que ser uma divindade – e permanece até hoje semi-divinizada em ícones ortodoxos gregos, sob a forma de uma personagem alada, uma espécie de anjo.

Mas uma coisa é a autonomização meramente epistemológica, e outra a autonomização que arrasta a coisa vivida e a coisa pensada. A autonomização de uma ciência pura, exacta, natural, pode ter consequências

Rever os Fundamentos 69

práticas para os seus cultores. Mas a autonomização de uma ciência social com componente normativa é algo de muito diverso, porque se trata aí de filosofia prática, filosofia das coisas humanas – *e peri anthropeia philosophia* – como observou Aristóteles. A questão revela-se, na verdade, profundamente complexa, até porque estamos a lidar com vários tipos de disciplinas. Poderemos talvez afirmar que a primeira autonomização, do Direito, sob o impacto da filosofia aristotélica e posta em prática com o *ius redigere in artem* romano, correspondeu a uma primeira cisão, em que se "isolou" (os alemães falam mesmo em *Isolierung*) do magma da magia e do poder uma racionalidade doravante autónoma: a da Justiça em sentido estrito ou jurídico, entendida genialmente como a "constante e perpétua vontade de atribuir a cada um o que é seu" – *constans et perpetua voluntas suum cuique tribuendi*). Esta cisão importou profundas alterações em todos os domínios outrora unidos na primeira função: no religioso, no político e no jurídico. Sobretudo na medida em que o jurídico, autonomizado, é totalmente diverso de uma simples legislação ou normatividade dependente da religião, da política, ou até da moral. Não esquecendo essas dimensões (e em grau diverso) tem uma racionalidade própria. Tal revela-se em congregação de estudos própria, e instituições autónomas.

Muito mais tarde, a segunda autonomização, a da Política, também iniludivelmente ligada – ainda que miticamente em parte – a um nome, o de Maquiavel, acaba por repetir, a seu modo, o que sucedera com o Direito. Trata-se agora de arrancar aos tópicos mágicos, religiosos e morais a acção e a reflexão (de novo, como no Direito, as duas) políticas.

Mas, tal como sucederia no Direito, também no empreendimento de Maquiavel se não corta por completo o cordão umbilical. A política pode, na prática, ser amoral e por isso mesmo imoral, mas o filósofo político ou é um moralista ou um utopista (que é outra forma de moralismo). Haveria que aguardar-se pela sociologia política positivista para que o divórcio viesse a ser real. Mas mesmo assim, tem-se descoberto muita metafísica encoberta de positivismo.

Em suma: os teóricos não conseguem fugir a uma forma qualquer de normatividade – mesmo querendo-se depuradíssimos e assépticos, acabam por deixar entrar nas suas opções e elementos que são valorativos e não denotam neutralidade.

O corte epistemológico e normativo com a velha árvore da função mágica deixa sempre algo dela no novo fruto. Uma semente, que aspira à totalidade, por exemplo: e por isso é que as disciplinas dispersas (e isso sucedia já com as filhas e netas da Filosofia) não raro procuram crescer e multiplicar-se na intenção de reencontrar a totalidade perdida. Daí o pan-politicismo, o juridismo, ou, mais na moda, o historicismo ou o economicismo[38] ou o sociologismo – tudo doenças de hipertrofia das respectivas especialidades.

Na consideração do estudo da política não podemos deixar de ter em conta esta génese, e este parentesco com outras áreas.

A Política nasce do poder, do poder supremo e mágico. Antes dela, abriu caminho próprio o Direito, mostrando que podia haver para os Homens e suas cidades um lugar mais resguardado da simples *fortuna* dos que mandam hoje e deixam de mandar amanhã. Porque acima da sorte está a Justiça. E quando Maquiavel ensina os homens e os exorta a verem o que aí está e não o que deveria ser, e quando põe de parte exemplos piedosos e bíblicos e passa a estudar a história (e mitologia, na verdade...) clássica e coetânea, é certo que considera ainda que a caprichosa *fortuna* governa meia vida dos homens. Mas dá-lhe meia liberdade para agirem também como seres racionais. Não deixa de dar conselhos ao Príncipe, mas considera que a república é melhor governo. Toma, por isso, posição.

Max Weber também se debruçará sobre essa questão da objectividade em ciências sociais em geral. Raymond Aron tem uma observação decisiva. Traduzamo-la por nossas palavras: em nome da objectividade, da "castidade metódica" como disse alguém, prescindiríamos de qualificar uma ditadura como regime arbitrário e feroz, do mesmo modo que abdicaríamos de qualificar como selvagem e carnívoro um tigre?

Há objectividade como empenho e rigor deontológico. Mas não pode querer-se, como isso, promover a auto-censura.

3.2. O *Ius redigere in artem*: alvores gregos e concretização romana

Toda a ciência, como vimos, implica uma bifurcação, autonomização, ou "corte epistemológico", digamos, a partir da grande árvore do saber que é a amizade pelo mesmo, a *Filosofia*. Apesar de todos os progressos e abalos filosóficos e epistemológicos das últimas décadas (em

---

[38] Esta doença era já precocemente detectada entre nós por PINTO, Manuel Maia – *Economismo. O Equívoco sôbre o valor da Economia-Política*, Porto, Imprensa Moderna, 1932. Talvez com exagero, mas agudeza.

que um dos não pouco consideráveis foi a difusão não tanto do conceito como da pré-compreensão da expressão "paradigma" aplicado às revoluções científicas e às mudanças de mentalidades) cuidamos que ainda não está ultrapassada, no essencial, essa ideia elementar. Pelo contrário, acaba por encontrar corroboração, por exemplo, na existência de *filosofia antes dos gregos* (como afirma entre nós, José Nunes Carreira em obra homónima), e, também de ciências pré-helénicas, coisa que, curiosamente, era já algo aceite por alguns antes, sem nenhum vislumbre de perturbação por incongruência.

Um estudo notável de Michel Serres[39] relaciona admiravelmente Direito e Ciência, quer dizer, normatividade enquanto problema e enquanto prática (não ainda ciência) e ciência pura, no caso, a agrimensura ou a geometria. E afirma a precedência da normatividade face à cientificidade pura.

Mas não é do Direito em estado de suspensão no caldo de cultura sincrético pré-clássico que nos importa agora tratar (Serres dá como exemplo o Egipto e os problemas das cheias e da divisão das terras delas consequente). Antes nos interessa abordar a temática da criação autónoma do Direito, como entidade científica à parte.

O Direito deriva da Filosofia, da grande árvore – se adoptarmos a metáfora tradicional. Mas com certeza decorrerá, mais especial ou particularmente, de um dos ramos dela.

O Professor Francisco Puy, num artigo muito iluminador de há mais de vinte anos[40], explicitava já que, historicamente, antes da criação das ciências jurídicas aplicadas (as ciências jurídicas materiais ou ramos do Direito), estavam as outras, as puras, as gerais, as fundamentais, as humanísticas (como sabemos, o saber jurídico "puro", a nossa "investigação fundamental") – e estava sobretudo a Filosofia Jurídica. Ora, cremos que este testemunho é verdadeiro: com efeito, o ramo de que o Direito vai destacar-se é a Filosofia Jurídica, ou melhor, uma Filosofia da função soberana indo-europeia, jurídico-política. E falamos apenas em filosofia jurídico-política já que o elemento religioso e mágico, inicialmente com estes amalgamado na primeira função, deles se desentranhara com a própria

---

[39] Primeiro publicado nos célebres "Archives de Philosophie du Droit", de Paris, e depois recolhido *in* SERRES, Michel – *Le contrat naturel*, François Bourin, Paris, 1990.

[40] PUY, Francisco – *Filosofia del Derecho y Ciencia del Derecho*, in "Boletim da Faculdade de Direito", Universidade de Coimbra, vol. XLVIII, 1972, pp. 145-171.

criação da Filosofia *proprio sensu* (essa filosofia de índole racional, a clássica Filosofia dos gregos).

Assim sendo, perguntar pela Ciência do Direito e pela sua autonomização é, em certo sentido, em primeiro sentido até, indagar da Filosofia jurídica, ou juspolítica, que a precedeu – e certamente a não deixou desacompanhada.

Stamatios Tzitzis explicitou como a formação do Direito ocorre, de forma muito particular – mas não pouco complexa, aos nossos olhos de hoje, realmente mais romanos do que helénicos – na pátria de Platão e Aristóteles[41]. Aí se desenvolve uma importantíssima Filosofia jurídico-política. Não esqueçamos que boa parte das obras gregas que conhecemos (filosóficas, mas também dramáticas, por exemplo), acabam por não só tocar múltiplas vezes nestes temas, como, mais ainda, a eles serem dedicadas expressamente. Qualquer estatística das temáticas dos diálogos filosóficos, das tragédias e das comédias revelará esta intuição a muitos evidente: a grande preocupação, sobretudo após Sócrates (com os pré-socráticos é outra coisa – mas estaremos aí já perante vera filosofia? Também essa era uma questão clássica noutros tempos) – é a ético-política e normativa, logo, numa certa perspectiva, proto-jurídica.

Ora o vastíssimo espólio de que os Romanos puderam dispor aquando da sua conquista militar e política da Grécia e da sua conquista cultural pelos Gregos (muitíssimo superior ao já considerável legado, que o tempo, *grande escultor e seleccionador,* deixou que viesse até nós) necessariamente impressionou o seu espírito. E os desafios deixados por Aristóteles encontraram no solo úbere da mentalidade prática dos Romanos um terreno de eleição.

A expedição à Grande Grécia para a elaboração da Lei das Doze Tábuas é apenas, como afirmaria Georges Dumézil da História Romana de Tito Lívio, uma espécie de parábola ou mito – não necessariamente inverídico, mas substancialmente mítico, simbólico: os Romanos foram, na sua juridicidade, inspirar-se nos Gregos. O mesmo Tito Lívio servirá de pano de fundo aos comentários republicanos de Maquiavel[42].

---

[41] TZITZIS, Stamatios – *La Naissance du droit en Grèce*, in *Instituições de Direito*, I. *Filosofia e Metodologia*, coord. Paulo Ferreira da Cunha, Coimbra, Almedina, 1998, p. 191 ss..

[42] MACHIAVELLI – *Discorsi sopra la Prima Deca di Tito Lívio* (1513-1519). Há uma tradução portuguesa da Editora da Universidade de Brasília. Texto *online*: http://www.classicitaliani.it/index054.htm

Os Romanos não poderiam ter como exemplo senão muito pouco exemplar (e contrário ao seu espírito) a dispersão, demagogia e sofística que deveriam ter detectado no Direito Grego em acção. É claro que, para o espírito helénico comum – talvez não muito aristotélico –, tal aparente anarquia decerto lhe não servisse excessivamente mal. Temos hoje na forma de conduzir automóveis, de país para país, exemplos curiosos da idiossincrasia dos povos (e a italiana não parece nada romana; embora a grega ou a portuguesa condigam bem com os arquétipos antigos a propósito dos Helenos e dos Lusitanos).

Em suma. Os Gregos talvez não con-vivessem assim tão mal com a sua normatividade. Embora a história grega seja (mas não o é também a romana? ou qualquer uma?) uma sucessão de lutas que têm resultados em reformas e revoluções de grande dimensão jurídica.

De todo o modo, o que mais interessaria aos Romanos no legado grego seria a teoria, a filosofia. Para nós, sucede um pouco o contrário com os Romanos. Mas apenas um pouco.

Explicitemos melhor. A mais relevante manifestação da filosofia do Direito em Roma não é um acervo de dissertações, tratados, ou comentários em livros, mas a memória de um direito vivo, de um direito em acção. Os Romanos eram um povo bastante provido de senso comum, dados aos negócios e à administração, às coisas práticas da vida. À guerra, que o é também, naturalmente. Não se punham a discutir muita metafísica nos seus *fora*, e as suas basílicas eram centros comerciais, ou – se efabularmos algo – comércios, bancos, o que se queira. A política sem dúvida lhes interessava, e a discussão sobre ela: mas com propósitos relativamente imediatos. Tal não quer dizer, como todos sabemos, que o utopista Platão não tenha sido tentado várias vezes pela acção política, e que os gregos vivessem nas nuvens: é esta uma subtileza que escapa às palavras. Compreende-se pela arte de uns e de outros, pelo urbanismo e pela arquitectura, pela poesia, pelo teatro, por tantos elementos estéticos, e algumas coisas mais. A alma é diversa: mesmo uma cópia romana duma escultura grega denota isso; mesmo uma escultura grega feita em tempos da dominação romana. É um outro espírito, em grande medida inefável.

E depois, também não quer dizer que não haja reflexão jusfilosófica em Roma. Não só há sempre uma jusfilosofia (mesmo o juspositivismo mais cego à filosofia é uma forma dela – é a célebre *filosofia espontânea dos juristas*), como, muito para lá deste paradigma, os Romanos deixaram-nos obras sobre o que pensaram da Justiça e do Direito.

Foram felizes os acasos, porque nos chegou o essencial (o que julgamos sê-lo, evidentemente – pois, apesar dos fragmentos e das fontes indirectas, ignoramos, por definição, o que se perdeu), e o génio romano tardio, já bizantino, com o Imperador Justiniano, e o seu ministro Triboniano, de novo fazendo jus à prática, legaram-nos o que veio a ser um imperecível (embora por momentos obnubilado) monumento da juridicidade de todos os tempos: o *Corpus Iuris Civilis*. Na verdade, por este texto se pode aquilatar da prática e da teoria, não só jusfilosófica, como científico-jurídica e prático-jurídica, em Roma. Aí as fontes laterais, histórico-arqueológicas, designadamente, poderão decerto corroborá-lo.

Evidentemente que os textos que possuímos (ou melhor, as suas várias versões, reconstituições, releituras...) têm o carácter de palimpsestos, em que camadas de interpolações e decerto cortes foram imprimindo cicatrizes e vernizes no todo primitivo, o qual, também ele, era já constituído, em muito boa medida, por um trabalho de cerzidura. Avaliar do que tenha sido o texto original pelo simples desejo de reconstituição de uma realidade pura interessa-nos relativamente pouco, porque todas as alterações, por excesso ou por defeito, ou por modificação, são também testemunho da supervivência dessa máquina imensa de pensar que é o *Ius Romanum*. E cada descoberta neste domínio, devida a especiosos filólogos, que são também juristas e arqueólogos, é, normalmente, de um grande valor, porque permitirá, à luz de uma hermenêutica holística e integradora, compreender a história do texto, ou a história da história.... Como quando se descobriu que o passo que referia a atribuição de prémios (ou recompensas) por parte do Direito era uma interpolação devida ao próprio Triboniano. O Professor García Gallo compreenderia melhor do que nós todo o alcance deste acrescento, devido precisamente ao punho do chefe da equipa de compilação. Para quê falar dos prémios em Direito? Tal foi a adenda de Triboniano: o direito também daria recompensas![43]

Em todo o caso, importa recordar como era constituído esse texto enorme, e tão rapidamente elaborado e concluído, sobretudo se considerarmos que só uma das suas partes, o Digesto (*Digesta*), tem nove mil citações de vários autores, devidamente agrupadas e concatenadas, por forma a abranger praticamente todo o Direito de então. Também aqui há várias teorias, designadamente a das *massas*, segundo a qual, *grosso modo*,

---

[43] GARCÍA GALLO, Alfonso – *Antologia de Fuentes del Antiguo Derecho. Manual de Historia del Derecho*, II, 9.ª ed. rev., Madrid, 1982, p. 41.

Rever os Fundamentos 75

a equipa se encontraria dividida, com respigadores que se teriam especializado nas obras de certos autores em especial, acabando o conjunto por resultar da integração de blocos, mais ou menos de forma sedimentar, sobreponível; sendo certo que há autores mais citados que outros, e que, por isso, poderiam ter constituído uma espécie de autores-guião ou autores-base. Igualmente este problema, fascinante embora, não nos pode demorar aqui.

O *Corpus Iuris Civilis*, simultaneamente obra-prima da jusfilosofia romanística e da ciência juridica (*Iurisprudentia*) de Roma, é composto por uma espécie duma compilação legal (não propriamente um Código, à maneira racionalista-iluminista, mas um *Codex,* agrupando os textos antigos), uma colecção das leis novas (*Novellæ*), o manual oficial de ensino do Direito, as Instituições, Institutas, ou *Institutiones*. E o já referido conjunto por assim dizer enciclopédico, as Pandectas (*Pandectæ*) ou Digesto (*Digesta*).

De todas as partes, a que maior fortuna viria a conhecer seria, sem dúvida, o Digesto. Impressiona ainda hoje o seu rigoroso e vasto sistema de formular um todo através da citação de múltiplos fragmentos, sobretudo de Gaio, Papiano, Paulo, Ulpiano, Modestino, etc.. Já as Instituições são atribuídas sobretudo a Triboniano e Teófilo, mas as fontes são, de facto, substancialmente as mesmas, havendo passagens inteiras, designadamente no que se refere aos pressupostos filosóficos do Direito, que pouco ou nada diferem do texto do Digesto, o qual se distingue, porém, das Institutas por mencionar o respectivo autor original de cada trecho (ou fragmento) incorporado.

Embora o *Corpus Iuris Civilis* constitua a mais importante fonte da jusfilosofia e do Direito romanos, importa, sobretudo para a primeira, recorrer a outros textos, tais como os literários em geral, de um Ovídio a um Horácio, e não pode prescindir-se, evidentemente, dos trabalhos dos estóicos, sobretudo do estóico ecléctico Marco Túlio Cícero.

Tal como ocorre em todas as culturas e civilizações, embora haja uma corrente ou uma cor local derivada de uma mole de tendências que se nos apresenta como dominante, e nos aparece abarcando tudo, não houve em Roma, nem numa época, e muito menos ao longo dos tempos, uma única jusfilosofia, ou seja, uma singular escola. Estamos persuadido que os Romanos experimentaram, como todos e como sempre, e de forma muito diversa no pormenor, as eternas disputas entre nominalismo e realismo, entre judicialismo e legalismo, etc.. Talvez estejamos a contaminar com as nossas querelas, ou as querelas da nossa memória, a "realidade" clássica, desta feita com um agonismo excessivo, ao contrário de tempos em que a teríamos escamoteado e deformado com outras tendências, mais idílicas. Mas cremos que não: se em alguns aspectos certamente não deixaremos de influenciar o influente (passe o paradoxo – tão bem reconhecido, aliás, em Literatura, numa clave psicanalítica, por Harold Bloom[44]), na maior parte dos casos foi Roma que nos legou o seu alfabeto e gramática do Direito (como afirmou Biscardi), e ainda a cartografia e a estratégia dos posicionamentos teóricos e filosóficos com que ainda hoje nos digladiamos. Relembremos apenas que boa parte das nossas instituições têm ainda nomes romanos, embora o seu conteúdo tenha por vezes em boa medida mudado: como falamos ainda em senado, em consulado, em império, em poder, em autoridade, em comício, em tribuno, etc., etc.. Para não referimos, especificamente, os vocábulos jusprivatísticos, claro.

Todavia, se na verdade terá havido muitas posições concretas, oficialmente, e do ponto de vista da maioria das crenças, segundo cremos – diga-se também – parece que os Romanos professaram aquela perspectiva a que chamamos hoje realismo clássico, talvez não muito explicitamente aprofundado (pois aí se veria que em Roma há já germes de voluntarismo, racionalismo, nominalismo e, logo, legalismo), mas mantido como princípio. Essa profissão de fé filosófica abre logo o Digesto, do mesmo modo que ocupa (embora começando por outro lado da questão) o início das Instituições.

A natureza é o princípio orientador do Direito. Parece um bom começo. Desde que se não fale muito de natureza, porque aí começariam infindáveis querelas.

Pode assim dizer-se que a filosofia do Direito Romano, ao nível do dito, do explícito, do teorizado, e do legislado até (pelo menos por Justiniano), aquela que curiosamente permitiu o nascimento da Ciência Jurídica, não foi a declaração geral, abstracta, coerciva, estadualista, etc.. do positivismo, mas, muito ao invés, foi uma crença no Direito Natural (*ius naturale*), que expressamente vem mencionado nos textos que referimos.

Evidentemente, os Romanos não assumiram relativamente a este "jusnaturalismo" (se "ismo" foi, então) uma perspectiva radical, e muito

---

[44] BLOOM, Harold – *The Anxiety of Influence. A Theory of Poetry*, New York, Oxford University Press, 1973 (há tradução portuguesa, Lisboa, Cotovia).

Rever os Fundamentos 77

menos fanática. Assumiam uma realidade, em que acreditavam, não tendo, por isso, consciência de estar a declarar um credo. Aliás, antes de afirmada a antítese, a tese não é tese, é axioma, é postulado, é, até ver, verdade apodíctica. Isto porque é tese, e não hipótese, e não se lhe opõe outra, nem a dúvida sobre o seu próprio valor ou validade.

Alguém disse que o capitalismo era o sistema económico natural, enquanto o colectivismo constituiria uma utopia do artificial, e, por consequência, estaria votado a falhar, por contrario à *natura rerum*. Embora não concordemos nem com o simplismo da formulação em causa (a nosso ver são ambos sistemas artificiais – pois a determinação dos sistemas de propriedade é de direito positivo, e não de direito natural), compreendemos o que quer significar. E adaptaríamos a ideia, dizendo que o jusnaturalismo (melhor, a consideração da dualidade do jurídico e da sua transcendência e limites) é a filosofia natural, e o juspositivismo, ulterior, é um produto da congeminação – ou da maquinação – humana.

Tem esta ideia, porém, que ser apreciada *cum grano salis*, porquanto o próprio Direito, decorrendo de apetências naturais e exigências de primeira necessidade (como afirma Javier Hervada), é uma realidade cultural, um engenho humano: e é por isso que pode perecer. Se não for devidamente protegido, defendido. Ninguém nos garante a naturalidade do Direito, apesar da existência do Direito Natural. Este pode quedar-se numa potência irremediavelmente adiada e sem acto. O futuro dirá se soubemos preservar esta prova de progresso e civilização autênticos que é o Direito.

A História de Roma fornece-nos exemplos interessantíssimos do fenómeno da ascensão, auge e decadência de uma civilização, e do nascimento, no seu seio, de uma nova era. Temos muito a aprender com todos os livros sobre as causas da decadência romana, com Gibbon e Montesquieu, ou com Michelet, e tantos outros. Temos ainda muito aprender com as figuras de Constantino, de Juliano, o apóstata (e com o livro nosso contemporâneo e homónimo de Gore Vidal), de Santo Agostinho, o convertido, e, depois, em nova era já, com Boécio, o mártir da filosofia, e Cassiodoro, preservador do legado, e os respectivos exemplos.

Também no que respeita ao Direito, uma linha quase paralela corre com a vida de Roma: Roma e o destino do seu Direito são indissociáveis. Com a queda do Império cai, sucessivamente no Ocidente e no Oriente, o Direito, esse Direito que era também *forma mentis* de uma civilização.

Evidentemente que, assim, em tempos de decadência, não será de estranhar a presença cada vez mais poderosa de um positivismo de mão dura (até para refrear a anomia que ia crescendo). E o que, no final da evolução, acaba por ficar, para tantos dos nossos concidadãos, do Direito Romano, é um malsinado brocardo, que tem a sorte de servir de marca: é o velho e gasto *dura lex, sed lex.*

Brocardo de decadência, mas brocardo também de inventiva: perante uma civilização que se esboroava, o génio criativo romano encontrou uma tábua de salvação. Até na decadência a criatividade e o sentido de adaptação às realidades dos romanos funcionou. Realmente, quando nada mais segura uma sociedade, que sirva e nos valha ao menos a certeza, a segurança e a força da Lei, que depois passou a dizer-se, noutras latitudes, por razões quiçá semelhantes, Lei *e* Ordem (*Law and Order*, verdadeiro, "arquétipo" de uma ideologia policial e repressiva, por vezes subliminar, nos países anglo-saxónicos, mas que nos vai chegando).

Houve, pois, positivismo e duro, em Roma. Hoje poderá talvez afirmar-se, mais matizadamente, que quiçá há sempre positivismo não só cronologicamente na decadência final, mas em todas as irrupções de decadência, em qualquer época em que hajam ocorrido.

Em certo sentido, a Filosofia Romana do Direito pode considerar-se a própria raiz da Filosofia do Direito, na medida em que foram os romanos que criaram o Direito como ciência e técnica *(ius redigere in artem)*. Mas, por outro lado, e como sabemos, toda a Filosofia romana (incluindo a Filosofia do Direito) deriva da Filosofia grega, adaptada de um modo eclético. Este ecletismo foi indubitavelmente reforçado pelas especificidades do trabalho jurídico: sempre permeável a diferentes argumentos e contrário a um único entendimento ou sistema. Mas também deriva da especificidade do génio planificador e voluntarista romano, não original, mas impositivo e construtivo – ao invés do génio helénico. Em geral, podemos dizer que a mais genuína Filosofia do Direito Romano segue o legado de Aristóteles e as suas ideias presentes no V Livro da *Ética a Nicómaco* e em passagens de outros escritos como *Tópicos, Retórica,* etc. Porém, é também importante considerar outras origens ou influências: especialmente a platónica e a estóica. As origens do Direito Romano, e o mesmo é dizer, do próprio Direito, residem quer em Aristóteles quer na *voluntas* romana. A construção epistemológica do direito supôs um corte com a moral e a política, num esforço de purificação ou separação da nova *episteme*. A principal fonte do Direito é a natureza, e a arte do Direito é a jurisprudência, a prudência dos juristas, ou, na nossa terminologia actual, a doutrina jurídica. Uma preocupação de classicismo (presente em todos os domínios – desde a arte e literatura à política e direito) apresenta erradamente o Direito Romano como estático e monolítico, com uma certa imagem de *recta ratio* em si próprio. Tal foi muito vulgarizado nos tempos iluministas para contestar a "civilização cristã", "medieval" e algo anárquica. E ainda hoje há laivos dessa ideia em autores modernos, como em Louis Rougier, Fernando Savater e Steven Lukes (aliás, qualquer deles muito brilhante, talentoso e sabedor). Parece não ter sido exactamente assim. Os sacerdotes romanos que se especializaram na nova arte, e "criaram" o direito no seu início, agiam como uma espécie de sociólogos *avant la lettre*, tentando observar o que se passava na sociedade, e consequentemente estilizando os bons procedimentos em forma de regras. Tratava-se, assim, de uma sociologia axiologizada (ou eticizada). Porém, uma vez estabelecidas as principais regras, debatiam as soluções correctas para os problemas, construíam ficções legais ou usavam a equidade para resolver casos difíceis, exercitavam uma verdadeira actividade dialéctica e prudencial pragmática. Os textos escritos eram interpretados de acordo com o que, realmente, eram: meras descrições sobre o modo correcto de agir em sociedade. Não se tratava de uma positivação sacrossanta da Justiça. O génio prático de Roma pode ser encarado nesta forma de proceder aproximada e por tentativas, e a grandeza de um período como o período romano clássico pode ser avaliada, precisamente, por esta capacidade de conciliar as controvérsias e as diferentes concepções. Os tempos de decadência, por seu lado, influenciaram o Direito Romano de um modo completamente diferente.

No fim do séc. III, surgiram ideias neoplatónicas que concorreram com as posições aristotélicas originais. A influência de Plotino, Porfírio, Prócio e até de Santo Agostinho no pensamento jurídico diluiu o isolamento do entendimento jurídico num moralismo sincrético e invadiu o Direito de questões políticas (anunciando a síncrese dos primórdios medievais e o agostinismo político, seu contemporâneo). A permeabilidade ética pode ser encontrada nas novas (e vagas) concepções no direito natural. Dois princípios legais podem ilustrar esta segunda tendência, e ambos tendem para concepções políticas autoritárias e utópicas, divulgadas, neste último caso, em *A República* e *As Leis* do filósofo grego: o voluntarismo na criação das leis (*quod principi placuit, legis habet vigorem*), contraditório com a visão aristotélica da génese do Direito (axiológica e sociológica), e o facto de o príncipe não estar vinculado às suas próprias leis (*princeps legibus solutus est*). Outra heresia. Não necessitamos de concordar com Karl Popper de *A Sociedade aberta e os seus inimigos*[45] para compreender que ambos os princípios platónicos tiveram consequências históricas devastadoras. Apesar das matizações do próprio Popper, que não inventou Platão nem a utopia.

A influência estóica não foi tão herética, e integrou o corpo original, por vezes com a mesma subtileza que o legado cristão. As ideias de dignidade de todas as pessoas, mesmo dos escravos, derivaram, claro, de uma ou outra destas duas influências. Alguns consideram que este foi também o caso de extensão do direito natural aos animais. Mas este ponto continua controverso: S. Isidoro de Sevilha omite-o, e dir-se-ia que até o nosso Guerra Junqueiro parece recuperá-lo. Depois, é claro, de S. Francisco de Assis. Cícero transmitiu-nos muitas das ideias estóicas. A sua descrição do direito natural revela tal origem: *Est quidem vera lex, recta ratio, naturae congruens, sempiterna* (...). Mas já Villey, por exemplo, não gostava desta máxima.

Desta forma, este verdadeiro ecletismo romano permitiu a visão tradicional do legalismo romano (associado ao Império, por um lado; aos fortes valores cívicos, por outro), mas admitindo também uma perspectiva dialéctica e pluralista; o que está mais próximo das origens e da prosperidade da civilização romana.

Mesmo tendo sofrido todas estas influências conflituantes, o Digesto contém, ainda assim, os principais pontos de uma completa Filosofia do Direito, apta a clarificar, mesmo nos nossos tempos, confusões obscuras. Naturalmente começando logo no seu primeiro título. Direito (*ius*) vem da Justiça (*iustitia*). As regras (*regulæ*) vêm do Direito (*ius*) e nunca o contrário (D. 1,1,1, pr. – os glosadores afirmam: *Est autem ius a iustitia, sicut a mater sua, ergo prius fuit iustitia quam iu*s), porque as regras (mesmo os aparentemente sagrados textos de leis escritas) não são mais do que a narrativa ou o signo linguístico do Direito (D. 50, 17, 1). A natureza preside e prevalece sobre a lei: o que a natureza proíbe, não pode ser permitido por lei alguma (D. 50, 17, 188, 1). Evidentemente, que já aqui se põe o problema (hoje ecológico, mas não só) das relações do Homem com a Natureza: desde logo a sua "concepção" mental.

---

[45] POPPER, Karl R. – *The Open Society and its Enemies* (1957, revista em 1973), trad. port., *A Sociedade Aberta e os seus Inimigos*, Belo Horizonte, Ed. Univ. de S. Paulo/ /Editora Itatiaia, I, 1974.

Rever os Fundamentos 81

A natureza romana é muito mais maleável e adaptável à razão e à vontade que a grega...

O Direito não está definido, mas apresenta-se em curtas e eloquentes máximas. Como já sublinhámos, a mais importante, pelo facto de conter toda um *topica* dos diferentes elementos que representam a Justiça, é de Ulpiano: é o verdadeiro início do manual do *Corpus Iuris Civilis*, as Instituições: *Iustitia est constans et perpetua voluntas ius suum cuique tribuens*. Assim, o Direito (*ius*) é filho da Justiça (*iustitia*) e a Justiça (a origem e mãe do Direito) é a vontade (ou desejo em si próprio) constante e perpétua de atribuir a cada um (cada pessoa) aquilo que é seu (a coisa devida, que este ou esta tem o direito de ter). Deste modo, como vimos já, o Direito relaciona-se com três tópicos: *Justiça* (a vontade perpétua do justo), *Pessoa* (cada um tem direitos – e todos temos direitos) e o *Seu* (*suum*, a coisa devida, o devido ou o justo – aquilo que alguém rectamente possui). Tal constitui uma excelente teoria da ontologia da lei.

Actualmente, sabemos que não existe definição epistemológica sem que haja intervenção de uma congregação de profissionais que sustentem o conhecimento e as respectivas práticas. Quem foram os especialistas desta ciência, naquele tempo? Eram sacerdotes que prestavam culto à deusa Justiça (D. 1, 1, 1, 1).

Não se trata aqui de uma bonita metáfora. De facto, a segunda máxima das Instituições revela que a Jurisprudência, ciência do Direito (*Iuris prudentia*) é o conhecimento e a percepção do divino e do humano (naturalmente, a natureza em geral, natureza das coisas – *natura rerum* – e a natureza do género humano), os quais são prévios à ciência do justo e do injusto, que é específica da lei. O mundo jurídico romano, ao invés do universo nominalista da relação jurídica, desconhece o direito subjectivo. O direito é objectivo, directo e imediato. Palpável. E os livros de Direito dividem-se, de forma realista, em Pessoas, Coisas e Acções (judiciais).

Por último, os Romanos deixaram-nos uma teoria geral das normas (e dos negócios jurídicos, etc.): delinearam a estrutura interna de cada lei, os atributos que deve ter para existir de acordo com a justiça. Numa palavra, as normas jurídicas, para o serem, têm que respeitar os três preceitos jurídicos (D. 1, 1, 10, 16): não abusar dos seus direitos (*honeste vivere*), respeitar os limites dos próprios direitos em face dos direitos dos outros (*alterum non lædere*) e o mais específico e conhecido: atribuir a cada um(a) aquilo que é seu (*suum cuique tribuere*).

Com claras ideias sobre a ontologia e epistemologia do novo conhecimento, com um programa para os respectivos especialistas, dotados de legitimação do seu próprio poder (originado na natureza e depois na sociedade e nos valores) e de uma teoria das suas leis específicas, os Romanos possuíram uma Filosofia do Direito. Lacónicos, não resistiram, porém, a dizê-lo para a posteridade: por conseguinte, tais juristas não tiveram apenas uma filosofia, foram verdadeiros filósofos, pondo em prática o amor pela *sofia* e não uma mera simulação verbal. Também tal afirmam no *Digesto*.

Com o Direito Romano, tomámos conhecimento, pela primeira vez, do Direito propriamente dito, independente de quaisquer outras ordens sociais normativas, e da Filosofia prática. É esse "isolamento" da ciência jurídica com um objecto (a justiça particular, e não a geral, no sentido da justiça moral ou virtude da justiça), um método (a dialéctica no foro, a "sociologia" axiologizada na estilização normativa, a *interpretatio* aguda para os textos e para os factos, a *fictio* para a criação, as "lacunas" e as contradições, e a *prudentia* em todos os casos), uma congregação epistemológica (os juristas – os pretores, recrutados a princípio entre chefes militares; e os jurisconsultos, recrutados inicialmente entre sacerdotes: os primeiros para decidir, os segundos para aconselhar), uma finalidade ou teleologia –a "luta pelo Direito", *constans et perpetua voluntas*, por que pagaram com a vida logo dois dos seus grandes obreiros: Ulpiano e Cícero. Enfim, com um "problema", o problema do *justo* ou da justiça: discernir do justo e do injusto. Todos estes elementos consubstanciam a transmutação da Filosofia Jurídica Romana, quase como numa alquimia, no "oiro de lei" de uma Ciência Jurídica. Continuando a filosofia jurídica presente na ciência assim epistemologicamente autonomizada, qual seiva unificadora e inspiradora.

3.3. Evolução dos paradigmas jurídicos e sua relação com o pensamento político: direito objectivo, direito subjectivo e direito social

O Direito surge em Roma como *alter-ego* da política e da religião, e o direito é aí uma metáfora decorrente de uma realidade concreta: *ius est quod iustum est*. O direito é o que é justo. E o justo é a própria coisa justa (*ipsa res iusta*), é o preço ou a coisa que se transacciona num contrato de compra e venda, por exemplo. Esta perspectiva é a do direito objectivo.

Rever os Fundamentos 83

Com a modernidade, e sob o impacto das ideias filosóficas nominalistas, viria a cunhar-se o subtil conceito de direito subjectivo, pilar da nossa teoria geral da relação jurídica, em que a titularidade se des-objectivou, para se subjectivar. Quando dizemos que o direito subjectivo é poder ou faculdade de um sujeito jurídico titular de um direito exigir ou pretender de um outro, sujeito passivo, um comportamento positivo ou negativo (acção ou omissão) ou de, por um acto livre da vontade, só de per si, ou integrado por uma actuação de uma ou várias autoridades públicas, produzir determinados efeitos jurídicos que inelutavelmente se vêm *ipso facto* a produzir na esfera jurídica do sujeito passivo, correspondendo a primeira parte da definição ao direito subjectivo propriamente dito e a segunda ao direito potestativo, quando dizemos isso, estamos longe, muito longe, da *plena in re potestas*, do *ex iure quiritium*, do *ius utendi, fruendi et abutendi* dos Romanos.

Assim com muita argúcia captou o espírito do direito romano o filósofo português contemporâneo Orlando Vitorino:

"A forma predominante do Direito Romano não é, pois, o contrato, mas a propriedade, que tem o significado que na palavra verdadeiramente exprime: o que é próprio das coisas, o que reside nas coisas mesmas e não em quem as possui. Em Direito Romano não se poderá dizer como em direito moderno, que 'as coisas são propriedade de alguém', mas sim que as coisas 'têm propriedade'"[46]

Precisamente a contratualização, subjectivada, ao ponto de os sujeitos se tornarem coisas – paradoxo da reificação. Como diz o límpido poema de Sophia de Mello Breyner:

> "*Porque os outros se compram e se vendem*
> *E os seus gestos dão sempre dividendo*"

A reificação é que é o traço característico do direito moderno, afinal do direito fundado no individualismo, no nominalismo, no estadualismo. E ainda o é do direito contemporâneo, naquilo em que este prolonga aquele.

---

[46] VITORINO, Orlando – *Refutação da Filosofia Triunfante*, Lisboa, Guimarães Editores, 1983, p. 179.

Apesar das modas neo-liberais, que avassaladoramente esquecem o verdadeiro legado clássico do liberalismo, o novo no direito contemporâneo não é um direito de anarquia capitalista, não é um direito de abstenção e de resignação com a injustiça e com a desigualdade. Pelo contrário. Ainda de forma pouco clara, com avanços e recuos, inexoravelmente o direito tem caminhado (por vezes até com excessos politicamente correctos) para curar dos mais fracos e dos desfavorecidos, para ter uma intervenção social. Evidentemente, numa primeira fase exagerou, com o freio nos dentes do Estado Providência. Depois, ao mesmo tempo que recuava, excedendo-se em privatizações, adoptava acriticamente o discurso dos antigos colectivistas, reciclados, com a adopção de medidas de discriminação positiva e afins, que nos fazem finalmente compreender, com a sua injustiça de nova feição, o que significava ser a Justiça um termo médio, como sublinhara já Aristóteles. Destes extremos deverá contudo vir a sair uma síntese que harmonize as aquisições positivas do estado liberal com as do estado social.

É indissociável o carácter social, político, económico desta evolução jurídica[47].

3.4. *Do nascimento das* Epistemai *políticas*

As *epistemai* políticas ficam visíveis em grande medida graças aos empreendimentos de Aristóteles e depois de Maquiavel – de que trataremos *infra*. São dois marcos que contribuem decisivamente para a sensibilização do saber para o problema político. Já evidentemente os sofistas, Sócrates e sobretudo Platão, tinham mostrado um profundo interesse por estas matérias, depois de um tempo pré-sofístico e pré-socrático menos atento às questões do Homem e da Sociedade.

Mas uma coisa é a antiguidade da preocupação teórica política, outra coisa diferente é a institucionalização académica desses saberes. Ainda hoje os campos epistémicos são oscilantes, e pasto, aqui e ali, de escaramuças. Aliás, o atraso no surgimento autónomo da Ciência Política já foi

---

[47] Mais desenvolvimentos, CUNHA, Paulo Ferreira da – *Teoria da Constituição*, II. *Direitos Humanos. Direitos Fundamentais*, Lisboa/São Paulo, Verbo, 2000, máx. pp. 101-206.

explicado pela presença no terreno de três parentes "abusivos e por demais possessivos": o Direito, a Filosofia e a História[48].

A estes parentes haveria que acrescentar, em rigor, a limitação da sua própria mãe, a política *tout court*. Dela se ouve também, limitadora, a advertência, pela voz de Bismarck:

"Die Politik ist keine exakte Wissenschaft, wie viele der Herren Professoren sich einbilden, sondern ein Kunst"[49].

Em rigor, apenas se completaria a história dos estudos políticos com a investigação nestes quatro domínios: ciência política, filosofia política, história politica e ciências jurídico-políticas. Num certo sentido, a ciência política mais abrangente (*Scientia Politica*) terá que abrangê-los a todos, ou, pelo menos, de todos procurar contributos.

Mas uma tal tarefa – tão imensamente transdisciplinar, interdisciplinar, multidisciplinar – não é o nosso objecto, *hic et nunc*. Limitar-nos-emos de seguida à Ciência Política académica *stricto sensu*, que é, de entre as várias *epistemai*, a que *prima facie* terá maior especificidade – e a mais recente também. A história tem sido contada[50], e não valerá a pena senão relembrar alguns marcos.

Em França, desde 1871 que as ciências políticas participam na formação de altos funcionários. A *École Libre de Science Politique,* nesse ano criada, será um modelo que virá a inspirar outros, pelo mundo fora, como, desde logo, a *School of Political Science*, da Universidade de Colúmbia, em Nova Iorque, que virá a ser fundada em 1880. Levaria apenas uns seis anos a germinar na própria França: com a introdução de matérias de lec-

---

[48] GRAWITZ, Madeleine – *Méthodes des Sciences Sociales*, p. 287.

[49] BISMARCK, *Discurso de 18 de Dezembro de 1863*.

[50] Por todos, cf. *Ibidem*, p. 286 ss.; GUILLAUME, Marc – *L'Etat des Sciences Sociales en France*, Paris, La Découverte, 1986, p. 269 ss.; AMOND, Gabriel – *A Discipline Divided. Schoools and Sects in Political Science*, Newbury Park, Sage Publications, 1989; CRICK, Bernard – *The American Science of Politics. Its Origins and Conditions*, Berkeley/Los Angeles, University of California Press, 1959; KING, Preston – "Introdução" a *The Study of Politics*, cit.; RICCI, David M. – *The Tragedy of Political Science*, New Haven, Yale University Press, 1984; MALTEZ, José Adelino – *A Procura da Ciência Política*, Relatório de Agregação, Lisboa, ISCSP, 1997 – in http://maltez.info. Para Portugal, MALTEZ, José Adelino – *Sobre a Ciência Política*, Lisboa, ISCSP, 1994, p. 59 ss. *et passim*.

cionação de Ciência Política nas Faculdades de Direito, desde 1877, a disciplina interessará cada vez mais os juristas, o que culminaria em 1895 com a criação, no âmbito da própria Faculdade de Direito, de uma especialização pelo grau de Doutoramento. A partir de 1954, são os próprios estudos de "licence" (correspondente *mutatis mutandis* ao nosso bacharelato) em Direito que já comportam estudos da área. A plena autonomização institucional virá a ocorrer em 1971, com a criação da Agregação em Ciência Política, e a criação de uma secção autónoma no plano da investigação científica institucional, no CNRS (*Centre National de Recherches Scientifiques*), em 1983. Mas, guardada a autonomia, é hoje frequente a reunião, na mesma unidade universitária, dos estudos jurídicos e políticos (e por vezes sociológicos e até económicos também). Assim, por exemplo, a herdeira da Faculdade de Direito de Paris, passará a chamar-se Universidade de Direito, de Economia e Ciências Sociais (Paris II – Panthéon-Assas). E várias faculdades agrupam o Direito e a Ciência Política, como é, desde logo, o caso da Universidade da Borgonha.

No mundo anglo-saxónico, os primórdios recuam à criação do Departamento de História e Ciência Social e Política da Universidade de Cornell, em 1868, e ao impulso dado por John Hopkins a linhas de investigação doutorais nessas áreas. Contudo, apenas a já referida escola de Nova Iorque poderá considerar-se como verdadeiro marco fundador. Seguir-se-lhe-ia a explosão institucional e de especialistas: com o departamento de História e Ciência Política, da Universidade de Harvard, em 1890, seguido da Universidade da Califórnia, em 1903, e muitos outros. Três anos depois, a *American Political Science Association* (APSA) passa a editar a *American Political Science Review*. A ASPA atingirá o número de quatro mil associados nos anos quarenta do século XX. E nos anos setenta já tem vinte milhões de sócios. Também o volume de doutoramentos, que na velha Inglaterra era ainda durante muito tempo raro em Oxbridge, mesmo entre os docentes dessas universidades (e não só em Ciência Política), atinge nos EUA níveis espantosos: se até 1890, se fazem três a quatro doutoramentos por ano, nos anos quarenta do séc. XX tal número ascende a cem doutoramentos anuais, e nos anos setenta atinge cerca de setecentos anuais. A reprodução intelectual e institucional é um fenómeno efectivo, nesta área. Sobretudo se pensarmos que em 1900 já havia nos EUA entre cinquenta a cem professores de ciência política a tempo inteiro.

No Reino Unido a ciência política universitária começou com a criação destes estudos na Universidade de Oxford, em 1912, a que se seguiram a Universidade de Londres (aí avultando a *London School of Economics and Political Science*), e a Universidade de Cambridge (1928). Nos anos setenta do séc. XX, havia mais de quarenta universidades no Reino Unido, todas com estudos da área, mais ou menos desenvolvidos.

BIBLIOGRAFIA

Obras fundamentais

BENVENISTE, Emile – *Le Vocabulaire des institutions indo-européennes*, Paris, Minuit, 1969, 2 vols.
CUNHA, Paulo Ferreira da – *Teoria da Constituição*, II, Lisboa/São Paulo, 2000, pp. 91-134
DUMEZIL, Georges – *Mythes et Dieux des Indo-Européens*, textos reunidos e apresentados por Hervé Coutau-Bégarie, Paris, Flammarion, 1992
MALTEZ, José Adelino – *Princípios de Ciência Política*, Lisboa, ISCP, 1996, pp. 78-84.

Obras complementares

CRUZ, Sebastião – *Direito Romano. I. Introdução. Fontes.* 3.ª ed., Coimbra, 1980
CUNHA, Paulo Ferreira da – "Anagnose Jurídica. Releitura de três brocardos de Ulpianus e de outros textos clássicos", in *O Direito*, Lisboa, 126.° ano, 1994, I-II, p. 167-184, *in ex* in *Para uma História Constitucional do Direito Português.* Coimbra, 1995, pp. 71-91
DUCOS, M. – *Les Romains et la loi: Recherches sur les rapports de la philosophie grecque et de la tradition romaine à la fin de la république.* Paris, 1984
DUMEZIL, Georges – *La Religion romaine archaïque*, Paris, 1966
DUMEZIL, Georges – *Heur et malheur du guerrier*, 2.ª ed., Paris, Flammarion, 1985
DUMEZIL, Georges – *Les Dieux souverains des Indo-Européens*, 2.ª ed., Paris, Gallimard, 1977
DUMEZIL, Georges – *Loki,* nova ed., Paris, Flammarion, 1986
DUMEZIL, Georges – *Mythe et Epopée*, Paris, Gallimard, 1971-1973, 3 vols.
DUMEZIL, Georges – *Mythes et Dieux des Indo-Européens*, textos reunidos e apresentados por Hervé Coutau-Bégarie, Paris, Flammarion, 1992
JHERING, Rudolf von – *Geist des römischen Rechts auf verschiedenen Stufen seiner Entwicklung*, Leipzig, 4 vol., 1877-1878
JHERING, Rudolf von – *Les Indo-Européens avant l'Histoire*, op. post., trad. de O. de Meulenaere, Paris, A. Maresq, 1995
SCHULZ, F. – *History of Roman Legal Science*, Oxford, 1946
SCHULZ, F. – *Prinzipien des römischen Rechts*, Berlin, 1934, 1954
SENN, Félix – *De la Justice et du Droit*, Paris, 1927

Senn, Félix – *Les Origines de la notion de Jurisprudence*, Paris, 1926

Tzitzis, Stamatios – *Dikaion Dianémitikon et ius suum tribuens. De la rétribution des Grecs à celle des Glossateurs*, in "Studi Economici-Giuridici", Università di Cagliari, Napoli, Jovene, 1993, p. 221 ss.

Mommsen, T. – *Abriss des römischen Rechts*, Leipzig, 1893. 1907.

Munk, Stephanie – *L'Autonomie de la Science Politique*, in «Estudos Políticos e Sociais», 1964, n.º 2, pp. 437-464

Villey, Michel – *Le Droit Romain. Son actualité*, 8.ª ed., Paris, 1945. Paris, 1987

SECÇÃO 4
Formas, Temas e Estruturas de Investigação
Orientações em História das Ideias Políticas,
Estilos de Filosofia Política,
Questões de Linguagem e Interpretação, Paradigmas Fundantes

SUMÁRIO: 4.1. Orientações em História das Ideias Políticas. 4.2. Estilos de Filosofia Política. Três exemplos renascentistas como formas exemplares de géneros. 4.3. Problemas de Linguagem e Interpretação. 4.4. Paradigmas Fundantes.

SECÇÃO 4
Formas, Temas e Estruturas de Investigação
Orientações em História das Ideias Políticas,
Estilos de Filosofia Política,
Questões de Linguagem e Interpretação, Paradigmas Fundantes

4.1. Orientações em História das Ideias Políticas

4.1.1. Estudo dos Grandes Teóricos e Doutrinadores

Há várias formas de empreender o estudo da Política, e de entre as que o fazem utilizando o método histórico, existem também diferentes possibilidades de investigação.

O método não é inócuo. E do método que se escolher dependerão, naturalmente, os resultados.

Uma hipótese com muita fortuna e interesse didáctico, é o de fazer uma História das Ideias Políticas como História da Filosofia Política ou das Filosofias Políticas dos autores mais ou menos clássicos[51], ou das obras clássicas[52].

Na verdade, não há muita diferença entre o estudo por obras e por autores. Na verdade, sempre no estudo dos autores deve haver referência

---

[51] Como exemplos do estudo da História das Ideias Políticas por autores: VALLAN-ÇON, François – *L'État, le Droit et la Société Modernes*, Paris, Armand Colin, 1998; PRÉLOT, Marcel/LESCUYER, Georges – *Histoire des Idées Politiques*, Paris, Dalloz, 1997, trad. port. de Regina Louro, *História das Ideias Políticas*, Lisboa, Presença, vários vols., máx. (para a lição presente) vol. I, 2000; VOEGELIN, Eric – *Estudos de Ideias Políticas de Erasmo a Nietzsche*, apresentação e tradução de Mendo Castro Henriques, Lisboa, Ática, 1996.

[52] Como exemplo do estudo da História das Ideias Políticas por obras: CHÂTELET, F./DUHAMEL, O./PISIER, E. – *Dictionnaire des Œuvres Politiques*, Paris, P.U.F., 1986. Não deixa de ser, de algum modo, útil para a História das Ideias Políticas, usando o mesmo método das grandes obras de grandes autores, por exemplo: MOTA, Lourenço Dantas (org.) – *Introdução ao Brasil*, I vol., 3.ª ed., São Paulo, SENAC São Paulo, 2001 (1.ª ed., 1999), II vol., 2.ª ed., *Ibidem*, 2002.

92   *Repensar a Política – Ciência & Ideologia*

documentada e abundante às obras (sem o que se cairia num estéril biografismo). E quando se estudam as obras, é igualmente mister que se forneça pelo menos um mínimo de enquadramento histórico do respectivo autor, com algumas notas biográficas.

Digamos que a preferência pelas obras costuma diferir da selecção autoral sobretudo por se escolher normalmente de cada autor apenas uma ou umas poucas obras relevantes, que se tratam com alguma independência de psicologismos explicativos. E que por vezes o estudo só por autores sobrevaloriza os problemas de autoria, história intelectual, originalidade *vs.* influência, etc., que nem sempre importam muito quando o legado de um autor é sobretudo o de uma ou umas tantas obras (que avultam pela sua recepção), independentemente de quem as escreveu ter sido mesmo aquela personagem histórica a quem são atribuídas, ou de ter mudado de ideias ao longo da vida, etc.

4.1.2. *Estudo das Grandes Correntes do Pensamento, dos Grandes Movimentos e das Grandes Ideias Políticas (Tópicos Políticos)*

Para além de estudo específico de autores e obras da Filosofia Política, a História das Ideias Políticas pode ser entendida ainda como parte da História Cultural e das Mentalidades, recorrendo a uma História das Ideologias Políticas (tendo como disciplinas auxiliares e afins, *v.g.*, a História das Instituições, a História do Direito, e sobretudo a História do Pensamento Jurídico e a História Constitucional do Direito, além da História do Direito Público, e, especialmente, a História do Direito Constitucional).

Este tipo de estudos comporta diverso tipo de análises, desde as enciclopédicas às monográficas.

Tomemos, a título exemplar, apenas a ideia de Liberdade. Quantas abordagens diversas[53].

---

[53] Sobre a ideia Liberdade, muito sucintamente, poderiam consultar-se (embora nem sempre numa perspectiva puramente histórica), *v.g.*: CANOTILHO, José Joaquim Gomes – *O Círculo e a Linha. Da 'liberdade dos antigos' à liberdade dos modernos' na teoria republicana dos direitos fundamentais* (I parte), in "O Sagrado e o Profano", Homenagem a J. S. da Silva Dias, "Revista de História das ideias", n.º 9, III, Coimbra, 1987, p. 733 ss.; GOETHEM, H. Van *et al.* (dir.) – *Libertés, Pluralisme et Droit. Une approche historique*, Bruxelas, Bruyllant, 1995; L. GOLDMANN – *Epistémologie et philosophie politique. Pour une théorie de la liberté*, Paris, Denoel-Gonthier, 1978; REALE, Miguel – *Liberdade Antiga*

Existem, efectivamente, estudos de História das Grandes Ideias Políticas, ou auxiliares e afins, numa perspectiva não autoralmente centrada, nem baseada essencialmente em obras canónicas, mas percorrendo vários autores e manifestações. Elencamos alguns exemplos apenas:

– História de Ideias Políticas essenciais: da Ideia de Liberdade, da Ideia de Igualdade, da Ideia de Justiça.
– História de conceitos operatórios básicos (que comportam uma dimensão mítica[54]): Constituição, Soberania, Estado, Legitimidade, Direito(s), Poder, Separação dos Poderes, Consenso, etc.
– História de Ideias políticas como adjacentes dos anteriores: história das ideias de progresso, de felicidade, de ordem, segurança, etc.
– História de realidades/ideias adjuvantes: história da propriedade, história da guerra, história diplomática, etc.
– História dos Regimes Políticos e das Formas de Governo – História Político-Institucional.
– História do Direito – das fontes, das instituições e das ideias.
– História da Filosofia do Direito, especialmente da Filosofia do Direito Político.
– História Constitucional e História do Direito Constitucional.

Evidente se torna que, se em todos estes estudos se colhem importantíssimos materiais para a História das Ideias Políticas, epistemologicamente, em geral, os últimos referidos não são História das Ideias Políticas. Mas, como temos vindo a insistir em vários lugares, o que importa não é tanto a fronteira epistémica dentro de que tem raiz, cresce e desabrocha o estudo de um facto ou a elaboração de uma teoria, mas a aportação geral ao conhecimento que pode trazer. *Gedenken sind Zollfrei*. Os pensamentos estão livres de fronteiras, mesmo de géneros e de ciências.

Um aspecto ressalta neste tipo de estudos. Mesmo uma autónoma História das Ideias Políticas pode ser encarada, globalmente, segundo

---

e Liberdade Moderna, "Revista da Universidade de São Paulo", n.º 1, p. 5 ss.; RYAN, Alan (ed.) – *The Idea of Freedom*, Oxford, Oxford University Press, 1979; SKINNER, Quentin – *Liberty before Liberalism*, trad. bras. de Raul Fiker, *Liberdade antes do Liberalismo*, São Paulo, UNESP/Cambridge Univ. Press, 1999; STAROBINSKI, Jean – *L'Invention de la Liberté. 1700-1789*, Genève, Albert Skira, 1964; Número monográfico (84) sobre «La Liberté", da revista "Pouvoirs", Paris, Seuil, 1998.

[54] Sobre tal dimensão, CUNHA, Paulo Ferreira da – *Teoria da Constituição*, I. *Mitos, Memórias, Conceitos*, Lisboa, Verbo, 2002, máx. pp. 11-248.

94   *Repensar a Política – Ciência & Ideologia*

preocupações diversas, que se relacionam com a congregação epistemológica dentro da qual se desenvolve o seu estudo. Assim, os historiadores colocarão mais a tónica nos seus aspectos propriamente históricos, os filósofos sublinharão o que mais se relaciona com as ideias (ou com o pensamento, ou com a filosofia – que são, aliás, designações alternativas: História da Filosofia Política, História do Pensamento Político), e finalmente aos politólogos interessará mais a componente propriamente política[55].

Em geral quanto a grandes ideias políticas (também como tópicos) é da maior utilidade percorrer as referidas no *Syntopicon* dos *Great Books*, designadamente: aristocracia, cidadão, constituição, democracia, governo, felicidade, justiça, direito, liberdade, monarquia, oligarquia, opinião, progresso, prudência, punição, revolução, retórica, escravatura, estado, tirania e despotismo, virtude e vício, guerra e paz, sabedoria. O *Syntopicon* fornece um inestimável fio de Ariana para a descoberta de enriquecedoras bibliografias sobre cada tema. É um projecto de leitura para toda uma vida. Mas pode começar-se já[56].

4.2. *Estilos de Filosofia Política. Três exemplos renascentistas*

Além da importância para o conhecimento da Política que representa o conhecimento das História das Ideias Políticas (obviamente fundado no geral conhecimento da História, da Filosofia, mais subsidiariamente da Geografia, etc. – bases sem as quais nenhum conhecimento seguro da Política será possível), que também é, como vimos, História da Filosofia Política, importa obviamente não confundir História da Filosofia Política e Filosofia Política propriamente dita. Como, aliás (e isso o observara já um Álvaro Ribeiro, por exemplo) se não deve confundir (como ocorre em muitos cursos universitários) a Filosofia com a História da Filosofia. Por isso é importante atentar nas formas de que se reveste a Filosofia Política ela mesma, para através desse conhecimento directo, se compreender o que ela é.

---

[55] Neste sentido, PRÉLOT, Marcel/LESCUYER, Georges – *Histoire des Idées Politiques*, Paris, Dalloz, 1997, trad. port. de Regina Louro, *História das Ideias Políticas*, Lisboa, Presença, 2000, p. 33.

[56] Cf. ainda ADLER, Mortimer J., edit. por Max Weismann – *How to Think about the Great Ideas*, Chicago, Open Court, 2000. Ainda para as grandes ideias, *v.g.* MILLER, David, *et. al.* (eds.) – *The Blackwell Encyclopædia of Political Thought*, Oxford, Basil Blackwell, 1987.

A Filosofia Política, tal como a conhecemos até hoje, pode encontrar no Renascimento três exemplos muito plásticos, muito eloquentes, das suas diversas modalidades. A leitura de três livros de três célebres autores renascentistas – Maquiavel, Tomás Moro e Erasmo de Roterdão será a mais esclarecedora introdução aos estilos da Filosofia Política e aos problemas que, sempre, sob diversa forma, coloca.

Assim, a Filosofia Política pode ser:

– O estudo das teorias e dos meios de adquirir e preservar o poder (como n'*O Príncipe*, de Maquiavel)[57].

– A crítica do *statu quo*, até sob forma de efabulação satírica (como n'*O Elogio da Loucura,* de Erasmo)[58].

– A contraposição (proposta?) de uma cidade ideal mítica, ou utopia (como n'*A Utopia*, de Tomás Moro)[59].

4.3. *Problemas de Linguagem e Interpretação*

4.3.1. *Palavras e Conceitos*

Todas as disciplinas têm uma linguagem. E a compreensão dessa linguagem, no seu profundo significado, nos meandros dos seus matizes,

---

[57] Sobre Maquiavel, a bibliografia é incontável, e por vezes revela surpresas aos que julgam conhecer o autor e o "maquiavelismo": cf. VALLANÇON, François – *L'État, le Droit et la Société Modernes*, Paris, Armand Colin, 1998, pp. 10-24; BIGNOTTO, Newton – *Maquiavel*, Rio de Janeiro, Zahar, 2003; LEFORT, Claude – *Le travail de l'œuvre – Machiavel*, Paris, Gallimard, 1972; GRAMSCI, António – *Note sul Machiavelli, sulla politica e sullo stato moderno*, Turim, Einaudi, 1949; DE GRAZIA, Sebastian – *Machiavelli in Hell*, trad. bras. Denise Bottman, *Maquiavel no Inferno*, 2.ª reimp., São Paulo, Companhia das Letras, 2000. V. mais referências *infra*, Secção 7.

[58] Muito sugestivo, embora a necessitar de complemento histórico-crítico, é ZWEIG, Stephen – *Erasmo de Roterdão*, 9.ª ed., trad. port., Porto, Livraria Civilização, 1979.

[59] Sobre Tomás Moro, cf., de entre inumeráveis: PRÉVOST, André – *L'Utopie de Thomas More*, Paris, Nouvelles Editions Mame, 1978; AMES, Russel – *Citizen Thomas More and his Utopia*, Princeton, N. I., 1949; CHAMBERS, R. W. – *Thomas More*, Brighton, The Harvester Press, 1982; ACKROYD, Peter – *The Life of Thomas More*, trad. de Mário Correia, *A Vida de Thomas More*, Chiado (Lisboa), Bertrand, 2003. Cf., para a utopia, em geral, CUNHA, Paulo Ferreira da – *Constituição, Direito e Utopia. Do Jurídico-Constitucional nas Utopias Políticas*, Coimbra, 'Studia Iuridica', Boletim da Faculdade de Direito, Universidade de Coimbra/Coimbra Editora, 1996.

é meio caminho andado para dominar a respectiva matéria. Mesmo as disciplinas plásticas sabem perfeitamente que há uma linguagem e uma gramática das formas, dos estilos, das imagens, e se queixam do concomitante analfabetismo na sua leitura pelos espectadores e pelo público em geral. O facto de *epistemai* como a Ciência Política, tal como ciências sociais e humanidades, se desenvolverem e exprimirem por palavras (e não por símbolos matemáticos ou icónicos, ou sons abstractos, ou gestos rituais, etc.), e para mais por palavras mais ou menos comuns, familiares no seu significante (mas opacas, a não ser a especialistas na pluralidade tantas vezes ardilosa dos seus significados) de modo algum significa facilidade. É precisamente o contrário: todos julgamos saber o que são os grandes conceitos da Política. E contudo, qualquer um, mesmo experimentado e precavido, aqui e ali se vê surpreendido com os novos (ou escondidos) significados que saltam de consabidos significantes. O que é a Democracia? Como pode a democracia ser tão contrária a si própria? Como pode haver tantas divergências sobre o que seja e quando tenha aparecido o Estado? Como ser liberal ou socialista pode ser considerado exactamente o contrário de ser liberal ou socialista? Os exemplos não terminariam...

Verifica-se, assim, a necessidade de conhecimento dos conceitos politológicos, juspolíticos, filosófico-políticos, sócio-políticos e afins e da sua história. Esse conhecimento histórico ou até "genealógico" é essencial à compreensão, que é sobretudo a compreensão não de categorias fixas, mas seres no Tempo: "O que tem História não tem definição" – afirmava muito acertadamente Friedrich Nietzsche.

Esta necessidade de conhecimento linguístico é, como sugerimos já, comum a muitas disciplinas sobretudo das chamadas Letras, superficial e injustamentemente consideradas fáceis, tidas como "subjectivas" e apoucadas como sendo de "papel e lápis". Rotundo engano. Como se o papel e o lápis (conjuntamente com o cérebro de que são prolongamento – *longa manus*) não fossem a mais alta ferramenta e a primordial e originária tecnologia, de que tudo dependeu, e de que tudo depende ainda.

O grande problema nestas áreas não é intrínseco mas extrínseco e acidental. Na verdade, os excessos de falar sem dizer nada, de escrever por motivos simplesmente exteriores ao impulso de criar ou de reflectir, criaram psitacismos, epigonismos, vulgarizações bastardas. E foi-se degradando a qualidade média dos trabalhos, decaiu o nível de exigência académica, e assim empalideceu o prestígio das Letras, Humanidades, Ciências Sociais e afins. As Ciências Sociais foram mesmo consideradas uma nova bruxaria[60]. A *langue de bois*, o jargão pseudo-técnico, mas apenas complicador e não rigoroso e depurador não tem ajudado. Estas disciplinas (incluindo, evidentemente, as *epistemai* políticas, que agora mais nos interessam) têm de guardar-se de cair em Cila do calão impenetrável da pseudo-ciência, um *verbiage* cryptico que afasta os não inciados, ou de se afundar na Caríbdis de tudo banalizar em linguagem dissolvida e dissolvente dos conceitos e das terminologias provadas e clássicas, trocando a discussão científica e académica pela "conversa de café", de que muito jornalismo se aproxima perigosamente, quando não ultrapassa, em inconsistência e facciosismo.

O remédio contra estes dois perigos é recuperação da propriedade linguística nas ciências sociais e humanas. A qual só se alcança relendo os clássicos e procurando em modernos, sabedores e abrangentes, os devidos "estados da arte". Abundam os exemplos de impropriedade linguística numa sociedade massificada e massificadora como a nossa. Mas precisamente o nosso papel, como universitários, como intelectuais, é resistir a essa vaga de fundo de barbárie que nos assaltam, e à qual os demagogos procuram seduzir para controlar ou dela usufruir. O papel da escola e o papel dos *media* na precisão linguística que sustenha a deriva semântica é essencial. Dela se passará a uma catastrófica Babel. Ninguém se entenderá.

Daremos apenas um par de exemplos da nossa experiência pessoal.

Um exemplo mais do universo jurídico, para começar: o conceito de "Mínimo Ético"[61]. Acredite-se ou não, há juristas responsáveis que esqueceram que a ideia de mínimo ético pode relacionar-se com o mínimo denominador comum de eticidade, por exemplo, para a determinação do que é propriamente jurídico e não moral (entrando assim no terreno da filosofia jurídica geral), e – num certo sentido talvez mais grave ainda – olvidaram que se trata de uma categoria muito própria da teoria penal. Por isso, utilizar a expressão "mínimo ético" como sinónimo de mínimo de subsistência material exigido por um imperativo moral, não é um uso correcto, porque, por assim dizer, embora pudesse ter sentido fazê-lo, a "marca" já se

---

[60] Cf., por todos, o significativo ANDRESKI, Stanislav – *Social Sciences as sorcery*, trad. fr. de Anne e Claude Rivière, *Les Sciences Sociales – Sorcellerie des temps modernes*, Paris, P.U.F., 1975.

[61] A teorização do "mínimo ético" teve a sua recepção em Portugal graças a FERREIRA, José Dias – *Noções Elementares de Filosofia do Direito*, Coimbra, 1864.

98   *Repensar a Política – Ciência & Ideologia*

encontrava registada. E contudo ouvimos a expressão explicitamente com este sentido a um jurista responsável que identificava mais ou menos o mínimo ético com a eutopia social da canção de Sérgio Godinho: "A paz, o pão, habitação, saúde, educação...". Um politólogo não pode ignorar esta reserva de domínio semântico, mesmo que seja no mundo jurídico. Sob pena da Babel crescer: de um jurista que saiba o que realmente se convencionou ser o "mínimo ético", pelo uso, pela tradição, acabar por não compreender o novo emprego da expressão. Os novos empregos caóticos da expressão, na verdade.

Exemplos politológicos e filosófico-políticos também os há: é designadamente o caso de "Bem comum"[62] e "Contrato Social"[63]. Têm ambos história, não podem significar o que um entendimento profano queira que signifiquem. Bem comum não é, por exemplo, como já ouvimos, um semi-sinónimo de *Welfare State*, nem Contrato social pode ser a escritura de uma sociedade comercial.

Temos de fazer ainda uma prevenção. A própria historicidade (contingência histórica, contexto, situação) dos conceitos pode levar a que a mesma palavra ou expressão tenha adquirido, historicamente, conforme a época ou a geografia em causa, não um único, mas vários significados absolutamente "técnicos" e sem fluidez. Por exemplo, se falamos em "sociedade civil" num contexto jurídico actual estamos a referir-nos a uma

---

[62] Sobre Bem Comum, além do clássico Tomás de Aquino, pode ver-se, por exemplo: http://perso.wanadoo.fr/claude.rochet/philo/philopo.html; TALE, Camilo – *Lecciones de Filosofía del Derecho*, Córdova, Argentina, Alveroni, 1995, pp. 245-291; MCNELLIS, Paul W. – *Bem Comum: um conceito político em perigo?*, "Brotéria", vol. 144, 1997, pp. 519-526; ENDRES, Josef – *Gemeinwohl heute*, Innsbruck/Viena, 1989; KOSLOWSKI, Peter (org.) – *Das Gemeinwohl zwischen Universalismus und Particularismus: zur Theorie des Gemeinswohls und der Gemeinwohlwirkung von Ehescheidung, politischer Sezession und Kirchentrennung*, Stuttgart/Bad Cannstatt, 1999; FONSECA, Fernando Adão da – *À procura do Bem Comum – Pessoa, Sociedade e Estado na definição das Políticas Públicas*, in http://www.liberdade-educacao.org/docs/docs_04.htm.

[63] A respeito de *Contrato Social e Pacto Social* cf., *v.g.*, SOUSA, José Pedro Galvão de/GARCIA, Clovis Lema/CARVALHO, José Fraga Teixeira de – *Dicionário de Política*, São Paulo, T. .ª Queiroz Editor, 1998, p. 131 ss.; VALLESPÍN OÑA, Fernando – *Nuevas Teorías del Contrato Social: John Rawls, Robert Nozick y James Buchanan*, Madrid, Alianza Editorial, 1985; BOUCHER, David/KELLY, Paul (eds.) – *The Social Contract from Hobbes to Rawls*, Londres e Nova Iorque, Routledge, 1994; HAMPTON, Jean – *Hobbes and the social contract tradition*, 2.ª ed., Cambridge, Cambridge University Press, 1988; e obviamente o clássico ROUSSEAU, Jean-Jacques – *Du Contrat Social*.

Rever os Fundamentos 99

forma de pessoa colectiva ou moral, do tipo associativo, que se opõe quer às fundações, por ser "sociedade", quer às sociedades comerciais, por ser "civil". Mas ainda que nos atenhamos ao terreno estritamente político, "sociedade civil" para a linguagem política hodiernamente instituída é utilizada para referir as "pedras vivas" das sociedades, para designar, no fundo, uma certa forma de elite privada, independente do Estado e da "classe política". Já os autores "neo-romanos" (anglo-saxónicos, designadamente) utilizavam a mesma expressão não como "espaço moral entre governantes e governados"[64], mas opondo-a a "estado de natureza". Na sociedade civil vive-se numa comunidade organizada; no estado de natureza, reina uma qualquer desordem...

Ainda aqui se vê a importância de uma História das Ideias Políticas que seja também História dos grandes conceitos, dos grandes temas, das fundamentais palavras.

4.3.2. *Interpretação e História das Ideias*

O problema da interpretação é uma das grandes questões de todas as disciplinas, e enretanto a própria comunicação humana em geral já foi considerada improvável[65]. Na verdade, a questão hermenêutica é um dos grandes problemas do Homem. Em boa medida, a sua solidão é fruto da incomunicabilidade.

Em História das Ideias Políticas existem algumas particularidades deste drama humano. A polissemia das obras clássicas, já apontada por Santo Agostinho nas suas *Confissões*, e revivida pela incompreensão que geralmente acompanha todas as celebridades (quantas vezes se é célebre pelo que, numa obra, menos se prezava, ou até pelo que nem estaria lá, na perspectiva do próprio autor), presta-se muito a exercícios de interpretação não só temerários como por vezes erróneos. Uma também distorcida recepção do conceito de *Obra Aberta*[66] tem levado a que generalizada-

---

[64] Cf. SKINNER, Quentin – *Liberty before Liberalism*, trad. bras. de Raul Fiker, *Liberdade antes do Liberalismo*, São Paulo, UNESP/Cambridge Univ. Press, 1999, p. 26.

[65] LUHMANN, Niklas – *A Improbabilidade da Comunicação*, trad. port. com selecção e apresentação de João Pissarra, Lisboa, Vega, 1992.

[66] ECO, Umberto – *L'Œuvre Ouverte*, trad. fr., Paris, Seuil, 1965, trad. bras., *Obra Aberta*, 2.ª ed., S. Paulo, Perspectiva, 1971.

mente se creia, nos meios literários e científico sociais, numa plasticidade sem limites dos textos, e na subjectividade absoluta da interpretação. Nada de mais absurdo.

Os clássicos podem constituir pretexto a desafios interpretativos interessantes, a exercícios de exegese interpelantes, e têm além do mais a vantagem de não se queixarem dos tratos de polé dos comentadores. Ora se as releituras e algumas leituras actualistas e criativas dos clássicos (desde que devidamente suportadas nos textos e nos factos, e com aviso prévio) nos podem instruir ou divertir, há casos extremos de erro notório, e outros de empreendimentos hermenêuticos que mais não visam senão *épater le bourgeois*.

Na História das Ideias Políticas é perigoso este excesso de "criatividade", embora também seja deprimente o ritualismo psitacista com que sucessivos manuais repetem as mesmas coisas, sem as submeterem de novo a alguma verificação. Evidentemente, por fases, ou por modas, a que alguns chamam, mais pomposamente (e obviamente sem rigor), "paradigmas".

No seu notável e surpreendente *Beliefs in Action*[67], impressionado com problemas como os que estamos a relatar, Eduardo Giannetti chama a atenção para alguns aspectos essenciais do mal-entendido, concluindo:

"(…) parece acertado afirmar que a) as ciências sociais se caracterizam por acentuado declínio na capacidade de seus profissionais para comunicar-se e, portanto, cooperar satisfatoriamente e b) que a transmissão de mensagens *entre* grupos científicos distintos (em contraste com as suas trocas internas) e c) *entre* intelectuais e o público em geral é, sob qualquer aspecto, uma actividade muito mais espinhosa, incerta e arriscada."[68]

---

[67] GIANNETTI, Eduardo – *Beliefs in action – Economic Philosophy and Social Change*, Cambridge University Press, 1991, trad. bras. de Laura Teixeira Motta, *Mercado das Crenças. Filosofia Económica e Mudança Social*, São Paulo, Companhia das Letras, 2003, max. p. 214 ss..

[68] *Ibidem*, p. 218.

Rever os Fundamentos

4.4. *Paradigmas Fundantes e Tempos Políticos*

4.4.1. *"Estilos de Época"*

É ainda para muitos algo de invisível, e para outros sem dúvida misterioso, como não só as Ciências, cada ciência, e certos grupos de *epistemai*, têm mitos fundadores[69] como ainda parecem guiar-se secretamente por paradigmas quase obsessivos. Paradigmas esses que são temporais, e mutáveis, em geral, mas que também são capazes de ressurreições ou revivescências e mesmo de duradouras sobrevivências.

O falar-se, por exemplo, em "fim do direito" ou algo semelhante, corresponde de algum modo à verificação do fim de um paradigma. O mesmo se diga da "morte de Deus".

Vê-se assim que não é apenas no terreno estrito de áreas epistemológicas que essas regularidades "inconscientes" ocorrem. Parece haver paradigmas fundantes e irradiantes nas culturas e épocas históricas em geral e em torno de crenças não propriamente académicas e científicas, embora sobre elas, por uma forma ou outra, se possam projectar. Muito diferentes em si, e explicando e incidindo sobre objectos parcialmente diversos e parcialmente se intersectactando, poderíamos dizer que a organização do pensamento e o sentido do mundo foram sendo dados quase sucessivamente (mas também com muitas fases de coexistência e luta) pelos paradigmas retórico, jurídico, religioso (cristão) e racionalista ou científico. As disciplinas do político em geral, e a História das Ideias Políticas em particular têm de estar atentas à influência de fundo, ao pano de fundo destes paradigmas, e à sua sucessão e concatenação. Toda uma fascinante área de estudos a explorar[70]...

---

[69] Cf., *v.g.*, CLAVAL, Paul – *Les Mythes fondateurs des Sciences sociales*, Paris, P.U.F., 1980. A aceitação da dimensão mítica das ciências não é fácil. Associando algumas com esse marxismo que também se pretende ciência ("socialismo científico"), cf. as impressivas palavras de STEINER, George – *Nostalgia for the Absolute*, trad. cast. de María Tabuyo e Agustín López, *Nostalgia del Absoluto*, 4.ª ed., Madrid, Siruela, 2001, p. 21: "El marxista convencido, el psicoanalista en ejercicio, el antropologo estructural, se sentirían ultrajados ante la idea de que sus creencias, sus análisis de la situación humana, son mitologías y construcciones alegóricas que derivan directamente de la imagen religiosa del mundo que han tratado de reemplazar. Se sentirán furiosos ante esta idea. Y su rabia está justificada".

[70] Embora não especificamente, já algumas pistas, sugestões, inspirações, nomeadamente em: KUHN, Thomas – *The Structure of Scientific Revolutions*, University of Chicago

4.4.2. O Paradigmas Retórico e Jurídico

O Ocidente começa a pensar antes da Filosofia, com os Sofistas, que especularam quase nada sobre o cosmos, e muito sobre o Homem e a Política. A sua arte não é a amizade pela filosofia, não é a filosofia, é a retórica. A retórica é a primeira forma de organizar o pensamento – não só de estruturar e apresentar o discurso. Mais que simples oratória, ainda está para investigar a fundo a influência do próprio pensamento retórico na eclosão da filosofia, e da filosofia política em particular.

A estrutura fundante do pensamento inicial é, pois, a retórica, a qual desde cedo se liga a questões jurídicas (tradicionalmente, miticamente, até se fala da invenção da retórica para fins jurídicos, para a argumentação em tribunal)[71]. O direito, em grande medida tributário da retórica, é o segundo grande paradigma do pensamento e forma de explicação do Mundo. Em boa medida o direito foi concebido como debate, como dialéctica, forma da retórica.

A Grécia antiga é palco do triunfo do paradigma retórico, mas já prepara o do jurídico, que florescerá em Roma. Aristóteles é uma ponte importante, inspirador natural do *ius redigere in artem* romano. Cícero é símbolo de retórica e direito unidos.

O paradigma jurídico preservou em grande medida o retórico, mas, pela afirmação da sua racionalidade própria, pode ter contribuído para obnubilar aos olhos gerais a dimensão mais profunda da retórica, subalternizando-a a arte auxiliar, sobretudo oratória.

Quando a ordem racional se sobrepõe à jurídica, esta última ainda vai sobrevivendo, mas sacrifica-se o legado anterior, a retórica, por exemplo nas escolas. Porque a racionalidade, confundindo retórica com oratória, e esta com simples decoração e persuasão floreada, já ignora por completo que na retórica há também uma racionalidade. Mas uma outra racionalidade que não é a experimental, científica "dura".

Press, 1962, trad. cast. de Agustín Contín, *La Estructura de las Revoluciones Cientificas*, Mexico, Fondo de Cultura Económica, 15.ª reimp., 1992; STEINER, George – *Nostalgia for the Absolute*; CUNHA, Paulo Ferreira da – *Para uma História Constitucional do Direito Português,* Coimbra, Almedina, 1995, pp. 114-138.

[71] Sobre todas estas ligações gira o estudo de CUNHA, Paulo Ferreira da – *Memória, Método e Direito*, Coimbra, Almedina, 2004, max. p. 17 ss. e 43 ss..

O Paradigma Jurídico é de todos o mais persistente no tempo da Civilização ou da História, e evidente na "centralidade dos juristas" – que têm sido os grandes fundadores de uma linguagem comum e tradutores universais. Daí que haja juristas ou ex-juristas célebres em muitos domínios, das artes às matemáticas. Daqui que haja inspiração de conceitos jurídicos em múltiplas disciplinas. Contudo, a racionalidade está a fazer empalidecer a sua estrela. E os juristas arriscam-se a perecer como instrumentos, burocratas da coacção.

4.4.3. *O Paradigma religioso*

O Paradigma religioso (nomeadamente cristão ou judaico-cristão) impregna profundamente o pensamento político ocidental, desde Agostinho até os nossos dias, mas explicitamente sobretudo até Hobbes e Locke, autores em que as referências religiosas fazem ainda parte do discurso legitimador da política. Com este paradigma em muitos momentos dominante se cruzam outros, ou divergem outros. O paradigma retórico e o jurídico não deixam de ser convocados, muitas vezes instrumentalmente apenas. O científico é-lhe oposto, ou convive mal com o primeiro. E Galileu é símbolo de como a racionalidade científico-natural começou por ser encarada pelos guardiães do saber de cunho dogmático-teológico. Também Maquiavel rompeu sem contemplações na sua argumentação com o paradigma religioso, tão comum no seu tempo (e que lhe sobreviveria). Em Maquiavel, o paradigma é sobretudo histórico-comparatista, no fundo é o paradigma científico mas na sua versão social, de um Humanista.

Anotemos apenas alguns grandes momentos na História das Ideias e na História Política em que esteve sobretudo em causa, em que se manifestou principalmente, o paradigma cristão. Evidentemente transcenderemos os tempos medievais[72]...

Depois de Agostinho e do agostinismo político que dominou os primórdios medievais, e do permanente papel revolucionário do baixo clero com uma leitura inflamada e profética da Bíblia, que viria a dar milenarismos e revoltas várias, algumas com laivos utópicos (teologicamente consideradas heresias), a primeira "heresia" acolhida pela "ortodoxia" vai

---

[72] Para a época moderna, em geral, cf.: VILLEY, Michel – *Théologie et Droit dans la science politique de l'Etat Moderne*, Rome, Ecole française de Rome, 1991 (há separata).

ser o franciscanismo, devido sem dúvida à aura de santidade humilde de Francisco de Assis. O franciscanismo jurídico, porém, na versão de Guilherme de Ockham, tomando o partido do Imperador contra o Papa, e criando as bases dos direitos subjectivos, defrontará teoricamente a teoria do dominicano Tomás de Aquino, que, como sabemos, justifica rigorosamente a propriedade e os seus limites, em termos que ainda não terão sido superados. A reforma é anunciada por utopias religiosas, e Lutero terá mesmo que se voltar contra os camponeses inflamados, e já Calvino, jurista sempre, não só redigirá as bases da sua denominação em termos constitucionais, como cederá de bom grado à tentação de criar em Genebra uma república teocrática que é um cinzenta e sufocante utopia, de onde nem sequer uma forma de inquisição está ausente.

A reforma católica, ou contra-reforma, verá o redespertar da Escolástica, a chamada segunda Escolástica ou Escolástica hispânica. É em torno da imagem de Deus e da imagem do Homem (à sua imagem e semelhança criado, segundo a própria fé) que se desenvolve o impulso criador destes autores, praticamente todos clérigos.

Francisco Suárez, que estudou e ensinou também em Portugal, não foge à questão da imagem de Deus, que se vai transmutando, e com ela a concepção do direito e do poder. No seu *De Legibus...* Deus é "Deus Legislador", depois de ter sido, em tempos medievais, sobretudo "Deus Juiz" e de no velho Testamento ter começado como o terrível e temível "Deus dos exércitos"... O Deus legislador de Suárez prepara os tempos modernos e a crença "laica" dogmática na divindade da lei, que terá a sua apoteose mais tarde, nas Luzes, e de que ainda não saímos em teoria[73].

Também na polémica entre Grotius e o português Serafim de Freitas sobre a liberdade dos mares se encontram ecos religiosos claros, embora o primeiro, protestante, venha a dar, a um outro propósito, um passo essencial para a laicização da dimensão jurídica, ao afirmar, embora com todas as precauções, que mesmo que não houvesse Deus, mesmo assim haveria direito natural[74].

Mas vai ser nas questões que levarão à formação epistemológica do Direito Internacional Público moderno que mais se patenteará a concepção humanista (religiosamente fundada) da Segunda Escolástica, afirmando a humanidade dos povos extra-europeus (como antes fora afirmado em

---

[73] Cf. CUNHA, Paulo Ferreira da – *Anti Leviatã. Direito, Política e Sagrado*, Porto Alegre, Sérgio Fabris, 2005.

[74] Cf. *Idem – Faces da Justiça*, p. 57 ss.

Rever os Fundamentos   105

concílio que as Mulheres tinham alma – sempre a questão antropo-teológica prévia). Assim, independentemente de alguns mitos sobre quem são os bons e os maus na expansão e na colonização (na Controvérsia de Valladolid se pode ver já que as coisas nem sempre são o que parecem), os direitos dos índios e depois dos negros foram sendo afirmados. Já depois o nosso Padre António Vieira, no Brasil, seria um brilhante porta-voz dessa reivindicação, teológica e juridicamente fundada, mas que a prática, enredada em interesses, tardava em reconhecer. E ainda no Brasil, o tão injustamente vilipendiado D. João VI, continuava a tentar ir minorando a sorte dos escravos e dos que não eram de cor branca, juntando a sua voz e o seu relativo poder a uma sucessão de eventos que culminariam com abolicionismos legais, mas que ainda não se concluíram totalmente, porque o preconceito e a riqueza duram mais[75].

Com as revoluções liberais, e o pensamento e as convulsões que as prepararam, será ainda uma secularização de um molde religioso cristão que se operará. Pois no cerne do político se encontra o poder. E a separação dos poderes, sempre em três poderes, diferentes mas unos no Poder, não pode deixar de lembrar a persistência do paradigma cristão fundante, com o dogma da Santíssima Trindade, em que Deus é três Pessoas Distintas e(m) um só Deus verdadeiro.

4.4.4. *O Paradigma Racionalista e a Coexistência de Paradigmas*

Com o advento da Modernidade Política podemos assistir a uma persistência e hibridização dos vários paradigmas fundantes, subordinados crescentemente ao de racionalização ou cientificação.

Muito rapidamente, percorramos alguns marcos exemplares do caminho para essa modernidade[76].

Com raízes profundas, mas revigorado pela Escolástica, sobretudo pela segunda escolástica, a ideia de que o poder vem de Deus, mas pelo

---

[75] Cf. *Idem – As Liberdades Tradicionais e o Governo de D. João VI no Brasil. Ensaio Histórico-jurídico preliminar* "Quaderni Fiorentini Per la Storia del Pensiero Giuridico Moderno", XXXII, 2003, p. 133 ss.

[76] Para uma visão mais desenvolvida da nossa perspectiva do assunto, em geral, *Idem – Teoria da Constituição*, I. *Mitos, Memórias, Conceitos*, Lisboa, Verbo, 2002, especialmente as partes mais históricas.

Povo (*omnia potestas a Deo per populum*) desembocará na ideia do tiranicídio, em caso de desconformidade gritante entre a prática política do soberano e o bem comum. A distinção entre título do poder (na monarquia o hereditário ou familiar normalmente) e o exercício do poder é antiga, mas vai ter grande importância nos tempos modernos. A palavra tirania, que sofrera uma evolução semântica já na Grécia antiga[77], vai servir para exprimir essas desconformidades: Tirania de título e tirania de exercício. É tirano de título o usurpador, quem não tinha legalmente razão para assumir o poder. Mas é – pior ainda – tirano de exercício mesmo quem, com título irrefutável, mal governa. De novo surgirá o velho brocardo: *rex eris si recta facias si non facias non eris*[78]. A Restauração Portuguesa de 1640 é um momento político pioneiro de aplicação das teorias da tirania de exercício pelos Filipes. E o seu teórico é Velasco Gouveia, no seu "Justa Aclamação de D. João IV", convocando o legado escolástico, mas já com traços de modernidade[79].

O Constitucionalismo moderno que normalmente se estuda assenta nas revoluções inglesa, americana e francesa. Interessa o estudo da Revolução Inglesa e das suas contradições. Ao autoritarismo de Hobbes, no respeito por alguns direitos civis embora, n'O *Leviathã,* se costuma contrapor

---

[77] Curiosamente, parece que a origem da palavra nem é grega, e aparece pela primeira vez na Hélade em Arquíloco, na segunda metade do séc. VII a.C.. Cf. VITELLI, Girolamo/MAZZONI, Guido – *Manuale della Letteratura Greca*, § 41, *apud* MOSCA. G./BOUTHOUL, G. – *Histoire des doctrines politiques*, Paris, Payot, trad. port. de Marco Aurélio de Moura Matos, *História das Doutrinas Políticas*, 3.ª ed., Rio de Janeiro, Zahar, 1968, p. 40.

[78] A fórmula tem variantes, mas apenas de forma. Cf., por todos, ISIDORO DE SEVILHA – *Etimologias*, IX, 3. BARROS, Henrique da Gama – *História da Administração Pública em Portugal nos séculos XII a XV*, Lisboa, Imprensa Nacional, 1885-1922, vol. I, p. 159, n. 2 (que assinala a adopção do princípio pelo IV Concílio de Toledo e remete para o *Cod. Visig., primus titulus*, I); MARTINS, Oliveira – *História da Civilização Ibérica*, 12.ª ed., Nota Inicial de Guilherme D'Oliveira Martins, Prefácio de Fidelino de Figueiredo, Lisboa, Guimarães Editores, 1994, p. 98; SOUSA, José Pedro Galvão de – *História do Direito Político Brasileiro*, 2.ª ed., São Paulo, Saraiva, 1962, p. 10; CAETANO, Marcello – *História do Direito Português (1140-1495)*, 2.ª ed., São Paulo/Lisboa, Verbo, 1985, p. 207. Apenas manifesta divergências de fundo o estudo de RUCQUOI, Adeline – *História Medieval da Península Ibérica*, trad. port. de Ana Moura, Lisboa, Estampa, 1995, p. 42.

[79] Cf. CUNHA, Paulo Ferreira da – "A Restauração Portuguesa e as Filosofias Constitucionais", in *Temas e Perfis da Filosofia do Direito Luso-Brasileira*, Lisboa, Imprensa Nacional-Casa da Moeda, 2000, p. 37 ss..

o liberalismo de Locke, no *Segundo Tratado do Governo Civil*. Um dos aspectos algo obnubilados no continente europeu pela fama de Montesquieu, que em Locke beberia, é a importância da "separação dos poderes" lockeana[80]. Quer Hobbes quer Locke, com maior ou menor convicção, não só cultivaram ciências hoje ditas "duras", além das "moles" que são as disciplinas sociais e humanísticas, como de algum modo procuraram transportar para estas alguns paradigmas daquelas. É, pois, o paradigma científico-natural, pouco convincentemente embora, a começar a fazer a sua aparição nas matérias políticas. O próprio Montesquieu, com a teoria dos climas na sua obra *O Espírito das Leis*, cede a um paradigma científico-natural...

Já Rousseau constitui em certo sentido um refluxo deste movimento científico. Se Jean-Jacques não tem ilusões sobre a dureza e a desigualdade e a exploração – sendo nesse sentido muito menos idealista que muitos outros – a sua sensibilidade, o seu estilo, e até muitas das suas temáticas inclinam-no para um outro modo.

O *Contrato Social* é assumidamente o que teria resultado de um projecto mais desenvolvido e quiçá mais sistemático que Rousseau resolveu substituir por uma epítome, em algum sentido proclamatória ou panfletária, das suas ideias políticas. Rousseau é um severo crítico de Montesquieu: a metáfora dos charlatães japoneses aplicada à separação de poderes, em que contraria a possibilidade de divisão da soberania, é um exemplo. Assim afirma, ilustrativamente, o cidadão genebrino:

> «*Les charlatans du Japon décèpent, dit-on, un enfant aux yeux des spectateurs, puis jetant en l'air tous ses membres l'un après l'autre, ils font retomber l'enfant vivant et tout rassemblé. Tels sont à peu près les tours de gobelets de nos politiques; après avoir démembré le corps social par un prestige digne de la foire, ils rassemblent les pièces on ne sait comment.*»[81]

---

[80] Cf. MERÊA, Paulo – *Suárez, Grócio, Hobbes*, I vol., Coimbra, 1941; CUNHA, Paulo Ferreira da – *Teoria da Constituição*, I. *Mitos, Memórias, Conceitos*, p. 101 ss., p. 133 ss.

[81] ROUSSEAU, Jean-Jacques – *Du Contrat social*, II, 2.

Também a construção da vontade geral o levam para um modelo muito próprio, de unidade do poder, que sempre comporta os seus perigos para a liberdade individual[82]...

A Revolução Inglesa, a Revolução Americana, e a Revolução Francesa fundam o Constitucionalismo Moderno. Os seus elementos caracterizadores e seus mitos estão explícitos ou implícitos no art.° 16.° da Declaração dos Direitos do Homem e do Cidadão:

"Toute société dans laquelle la garantie des droits n'est pas assurée ni la séparation des pouvoirs déterminée, n'a point de Constitution."

Os tópicos fundantes que imediatamente saltam aos olhos são os direitos (humanos e fundamentais, que se fundam, aliás, no Direito Natural). Mas há outros elementos implícitos, igualmente importantes, tópicos e míticos.

Por um lado, esta Declaração remete para a própria sacralização do texto constitucional, com seu carácter escrito e codificado. O testemunho de Almeida Garrett[83] sobre a importância do passar a escrito é essencial: trata-se de fixar bem a memória dos direitos para que não haja mais olvidos, e no fundo a redução a escrito é justificada como uma forma de garantia, segurança, certeza jurídica contra subversões políticas, que efectivamente ocorreram.

Nem sempre foi assim, como sabemos. O escrito denota também a passagem ao paradigma do racional e do científico. A sacralidade, agora,

---

[82] É sempre útil um estudo comparado dos autores. Neste caso, de Montesquieu e Rousseau, que até no plano pessoal e biográfico, parecem dois simétricos. VALLANÇON, François – *L'État, le droit et la société modernes*, Paris, Armand Colin, 1998, respectivamente p. 56 ss., p. 72 ss.; ALTHUSSER, Louis – *Montesquieu, a Política e a História*, 2.ª ed. (trad. port. de *Montesquieu, la Politique et l'Histoire*, Paris, P.U.F.), Lisboa, Editorial Presença, 1977. DURANTON, Henri – *Fallait-il brûler L'Esprit des Lois?*, "Dix-Huitième Siècle", n.° 21, 1989, p. 59 ss.. E, em geral, DURKHEIM, Emile – *Montesquieu et Rousseau précurseurs de la Sociologie*, nota introd. de Georges Davy, Paris, Librairie Marcel Rivière, 1966, e ainda os capítulos respectivos de ARON, Raymond – *Les Etapes de la pensée sociologique*, trad. port. de Miguel Serras Pereira, *As Etapas do Pensamento Sociológico*, Lisboa, Círculo de Leitores, 1991.

[83] GARRETT, Almeida – *Portugal na Balança da Europa*, in *Obras de...*, Porto, Lello, s.d, 2 vols., vol. I, p. 932 ss.

Rever os Fundamentos 109

seculariza-se face ao sagrado bíblico, continuando textual. A sacralidade já existia noutras épocas e culturas, com texto escrito ou oral. Recordemos as leis em verso dos Túrdulos, ou a tradição druídica e do direito céltico não escrito. Também o normativo escrito pode ser codificado ou não. Célebre é a não-codificação da Constituição do Reino Unido e assim foi a Constituição europeia durante os seus primeiros tempos.

A soberania popular e nacional, o sufrágio e a representação são os corolários, ainda eles míticos, deste sistema constitucional moderno[84]. A tríade mítica do constitucionalismo moderno, a mais essencial, continua porém a ser: sacralidade textual, separação de poderes e direitos (naturais, humanos, fundamentais).

Este sistema moderno de constituição não é todo ruptura com o passado. Pelo contrário: recupera um passado mais remoto, com algo de real e algo de mítico[85]. Mas com a verdade profunda do mito[86].

Importa distinguir bem o Constitucionalismo moderno, voluntarista, e constitucionalismo tradicional ou histórico, natural. Normalmente somos todos, mesmo os investigadores, vítimas de algum cronocentrismo e ignorância preconceituosa sobre certas épocas históricas. Depende muito dos nossos professores e dos livros que lemos. Também das nossas vivências: da escola da vida que nos faz acreditar ou desconfiar (por vezes com saltos de analogia) do que nos contaram...

Nesta questão do constitucionalismo antigo e moderno depõem com eloquência, mas também algum mistério, as confissões autobiográficas de José Liberato Freire de Carvalho[87] sobre as "Cortes Velhas" e as "Cortes Novas". Ele afirma, mas *a posteriori*, que clamava pelas primeiras que-

---

[84] Cf., em geral, CUNHA, Paulo Ferreira da – *Teoria da Constituição*, I. *Mitos, Memórias, Conceitos*, Lisboa, Verbo, 2002, máx. p. 358 ss.

[85] Uma nota sobre a "continuidade e a ruptura" mesmo na revolução francesa: MOSSÉ, Claude – *L'Antiquité dans la Révolution française*, Paris, Albin Michel, 1989; SEDILLOT, René – *Le Coût de la Révolution française*, Paris, Librairie académique Perrin, 1987.

[86] VEYNE, Paul – *Les Grecs ont-ils cru à leurs mythes?*, Paris, Seuil, 1983, trad. port., *Acreditaram os gregos nos seus mitos?*, Lisboa, Edições 70, 1987; HUEBNER, Kurt – *Die Wahrheit des Mythos*, Munique, Beck, 1985.

[87] CARVALHO, José Liberato Freire de – *Memórias da Vida de...*, 2.ª ed., Lisboa, Assírio e Alvim, 1982 [1.ª ed., 1855], pp. 117-121. Um documento interessantíssimo e que deveria ser bem meditado.

110   *Repensar a Política – Ciência & Ideologia*

rendo já as segundas. Seria verdade? Trará o constitucionalismo natural no seu ventre o codificado? Será uma evolução natural? Um salto qualitativo? Não esqueçamos que o paradigma jurídico primeiro é oral, apesar de tudo. E a cientificidade natural, precisa de experiências, registos, uma memória petrificada em escritos. Será também aqui uma evolução de paradigma?[88]

Cabe finalmente uma nota, sobre um constitucionalismo muito desconhecido, mesmo dos seus directos herdeiros (que optaram por adoptar, no séc. XVIII, os legados estrangeiros): o constitucionalismo ibérico tradicional, em que se insere o português tradicional, pré-revolucionário. Tem traços que já anunciam alguns que depois seriam proclamados com invenções dos tempos de liberalismo moderno. Há nele já um certo contratualismo político (*rex eris…* é o lema: houve deposição de vários reis portugueses por motivo de "incompetência" ou "incapacidade") com o reconhecimento da ilegitimidade da tirania de exercício. Liberdades, direitos e magistraturas protectivas são detectáveis desde pelo menos os concílios de Toledo no séc. VII. E por vezes se refere também como indo neste sentido o "anti-maquiavelismo" do pensamento político tradicional português[89].

Outra dicotomia importante, já aflorada, é a que existe entre os Constitucionalismos inglês e continental. Há mesmo quem diga que o Reino Unido não passou para o estádio do Estado. Pelo que a política e o poder, aí, seriam, teriam de ser, de um timbre, absolutamente diverso[90]. É possí-

---

[88] Cf., em geral, CUNHA, Paulo Ferreira da – *Teoria da Constituição*, I. *Mitos, Memórias, Conceitos*, Lisboa, Verbo, 2002, p. 36 ss., pp. 101-112; pp. 249-287; p. 358 ss..

De entre a crescente bibliografia, cf., *v.g.*: MONTORO BALLESTEROS, Alberto – *Raices medievales de la protección de los derechos humanos*, in "Anuario de Derechos Humanos", n.º 6, Madrid, Edit. Universidad Complutense, 1990, pp. 85-147; BRAVO LIRA, Bernardino – *Derechos Politicos y Civiles en España, Portugal y America Latina. Apuntes para una Historia por hacer*, in "Revista de Derecho Publico", n.º 39-40, Universidad de Chile, Chile, 1986, pp. 73-112. V. ainda CARVALHO, José Liberato Freire de – *Memórias da Vida de…*, 2.ª ed., Lisboa, Assírio e Alvim, 1982 [1.ª ed., 1855].

[89] Cf., em síntese, CUNHA, Paulo Ferreira da – *Teoria da Constituição*, I. *Mitos, Memórias, Conceitos*, Lisboa, Verbo, 2002, pp. 112-127; pp. 349-358. Cf. as fontes aí referidas. V. especialmente ainda ALBUQUERQUE, Martim de – *A Sombra de Maquiavel e a Ética Tradicional Portuguesa. Ensaio de História das Ideias Políticas*, Lisboa, Faculdade de Letras da Universidade de Lisboa/Instituto Histórico Infante Dom Henrique, 1974; CALMON, Pedro – *História das Idéias Políticas*, Rio de Janeiro/S. Paulo, Livraria Freitas Bastos, 1952, p. 156.

[90] PEREIRA MENAUT, Antonio Carlos – *El Ejemplo Constitucional de Inglaterra*, Madrid, Universidad Complutense, 1992; STRAYER, Joseph R. – *On the Medieval Origins*

vel que, a dar-se a plena integração do Reino Unido numa Europa mais estreitamente unida, designadamente com transferências essenciais de poderes que limitem severamente a sua autonomia e a sua originalidade, seja queimada a etapa do próprio Estado nacional. Mas é questão muito dependente de pontos de vista... Para muitos ele já existe.

Depois da Revolução Francesa, a ordem a que por comodidade poderemos continuar a chamar liberal seria criticada em termos que se pretenderam científicos. O exemplo mais acabado da crítica que se quer científica da política anterior é Marx e o seu "socialismo científico". Também as críticas de Freud são ancoradas na sua competência científica... Já os utilitarismos procuravam uma racionalidade da política...

Apesar de fluxos e refluxos, e de muitos casos especiais, tudo parece indicar que não se põem de parte velhos paradigmas (como o jurídico, ou o cristão) mas neles vai penetrando nos tempos mais modernos o paradigma racional, ou científico. O constitucionalismo é, em grande medida, uma tentativa de racionalização da política. Mas não esquece os demais paradigmas. Trata-se de uma racionalização jurídica, por via de uma retórica de sacralização. Os paradigmas coexistem todos, mas metamorfoseiam-se e entre si se modelam.

BIBLIOGRAFIA

BOUTIER, Jean/JULIA, Dominique (dir.) – *Passés recomposés. Champs et chantiers de l'Histoire*, Paris, «Autrement», série Mutations, n.º 150 – 151, Janeiro 1995

DEBRAY, Régis – *Critique de la raison politique*, Paris, Gallimard, 1981

KUHN, Thomas S. – *The Structure of Scientific Revolutions*, Chicago, Chicago University Press, 1962

MAGALHÃES-VILHENA, Vasco de – *Progresso – Breve História de uma Ideia*, 2.ª ed., Lisboa, Caminho, 1979

ORTEGA Y GASSET, José – *História como Sistema. Mirabeau ou o Político*, trad., bras., Brasilia, Ed. Univ. Brasilia, 1982

POPPER, Karl – *The Poverty of Historicism*, London, 1957

SÉDILLOT, René – *L'Histoire n'a pas de sens*, Paris, Fayard. 1965

VEYNE, Paul – *Comment on écrit l'histoire*, Paris, Seuil, 1971, trad. port., *Como se Escreve a História*, Lisboa, Edições 70, 1987

---

of the Modern State, Princeton Univ. Press, trad. port., *As Origens Medievais do Estado Moderno*, Lisboa, Gradiva, s/d.

SECÇÃO 5
Filosofia Política: uma Scientia Politica

SUMÁRIO: 5.1. Do Problema e Teleologia da Filosofia Política. 5.2. A Disciplina e os seus Estilos. 5.3. As Três Visões da Filosofia Política e os seus oponentes. 5.4. Da Especificidade da Filosofia Política Axiológica. 5.5. Utopia e Filosofia Política

SECÇÃO 5
Filosofia Política: uma Scientia Politica

«Restabelecerei os teus juízes como eram outrora, e os teus conselheiros como antigamente. Então serás chamada cidade da Justiça, Cidade Fiel».

Is., I, 26.

«Quoique inspirés par le même élan du mythe de la cité idéale, ils ont utilisé des voies différentes, prophètes, réformateurs, révolutionnaires, philosophes politiques, ou utopistes. Mais la monotonie [...] est encore plus grande quand on les entend tous».

ROGER MUCCHIELLI – *Le Mythe de la Cité Idéale,* reimp., PUF, Paris, 1980, p. 102.

5.1. *Problema e Teleologia da Filosofia Política*

Filosofia e Política são palavras a que ninguém se quedará de todo indiferente. Uma *vox populi* muito corrente, e difundida, assimila política com extorsão ou mentira institucionalizadas, e filosofia com estéril divagação. Ora, o projecto ancestral da Filosofia Política visa precisamente, além de outros fins quiçá menos importantes, ousar conceber uma política honesta e uma filosofia prática. A conciliação e o concurso confluente destes dois elementos redunda, afinal, na pergunta: «Qual a boa sociedade?», ou «Qual a boa política?».

5.2. A Disciplina e os seus Estilos

Filosofia Política – demanda do ser da política, visando o conhecimento da sua natureza profunda, com rejeição da opinião e inabalável procura da verdade, sem exclusivo recurso aos métodos convencionalmente tidos como aceitáveis pelos paradigmas epistemológicos das ciências naturais da modernidade. Disciplina, por consequência, *filosófica*: Filosofia da Política. Amor da sabedoria da coisa política. Antes de mais, pois, discussão filosófica, e não determinação, por via filosófica, do que a política real profundamente venha a ser. Mas não só.

A Filosofia Política é ainda procura (sempre renovada e renovadora) de um dever-ser político, tentativa de tratado político, teorização, perspectiva de conjunto, saber que se quer prático e prática. Disciplina, enfim, política. Nesta veste, encontra perfeita realização a ideia de filosofias políticas plurais, correspondentes a outros tantos tentâmes de elaboração com compromisso exclusivo com a verdade – e não com um empenhamento ou um interesse. Embora, como é óbvio, a capacidade de discernimento e distanciamento, bem como a autonomia efectiva do especular face às condições em que se insira, sejam relativas e frequentemente falíveis.

Estas duas vertentes da Filosofia Política desde logo lhe conferem um modo de ser plural; e parece portanto inevitável que, decerto pela via do entusiasmo ou do preconceito político, aqui e ali se insinue a opinião (*doxa*) no domínio filosófico, que só poderia conhecer como paixão a impoluta devoção à verdade. O esforço de depuração deve, porém, persistir sempre.

Numa acepção muito lata, mas perfeitamente admissível, Filosofia Política é ainda o feixe de interrogações, aquisições ou saberes científico-filosóficos em geral atinentes à Pólis. Deste modo, ela será ora o vértice sintético, ora o conjunto de disciplinas ou estudos sobre a Pólis, ora a sua designação geral, comum, ou genérica (uma espécie ainda mais vasta das Ciências Morais e/ou Políticas, da respectiva Academia). Neste sentido, ora se poderá afirmar que a Filosofia depura, integra ou se desdobra na Filosofia Social, na Filosofia do Poder, na Filosofia do Estado, na Filosofia do Direito, na Filosofia da Economia, etc., e nos híbridos ou ramos que entre ou dentro destas se podem estabelecer.

Além destas acepções de Filosofia Política há ainda outras, mas que parece serem de não considerar. Desde logo, a de uma filosofia ao serviço de uma qualquer política (normalmente totalitária e monomaníaca). Tal

Rever os Fundamentos 117

filosofia *engagée* e subalterna não é filosofia. Apesar de aparecer muitos livros e *links* na *Internet* que propositadamente chamam filósofos (e quantas vezes nem sequer "filósofos políticos") a uns quantos ditadores que embelezaram as suas sangrentas acções com uns quantos livros. Chamar filósofo a Estaline, como chamar artista a Hitler é chocante aos olhos de muito boa gente.

Muito semelhante a esta falsa ideia de Filosofia Política (e em parte coincidindo com ela) é a que a confunde não com filosofias políticas (como as expostas ou ensaiadas na *República,* na *Política,* na *Cidade de Deus,* n'O *Príncipe,* etc., ou mesmo com os elementos de filosofia política, filosofemas políticos, constantes de tantas obras de teoria, ensaio, ou ficção), mas com verdadeiras e acabadas ideologias. As colectâneas de discursos dos políticos, mesmo dos mais brilhantes estadistas, raramente podem considerar-se filosofias políticas. Embora, se o Autor tiver garra, talento e a ocasião o não obrigar à táctica e ao compromisso ou à palavra de ordem, possam por vezes aí encontrar-se filosofemas a não descurar.

5.3. *As Três Visões da Filosofia Política e os seus oponentes*

Nos três grupos possíveis (reconhecidos) de objectos da Filosofia Política, que por comodidade se poderiam reconduzir a uma ontologia do político, uma axiologia do político (ambas em sentido restrito), e a uma enciclopédia política (no sentido lato) apenas o segundo permite uma abordagem sem explícito recurso a materiais demasiadamente exógenos. Por isso, poderá haver até a tentação de considerar que tal segunda acepção é o *quid specificum,* ou o sentido próprio desta área do saber.

5.3.1. *O Obstáculo fenomenológico da Filosofia Política ontológica*

Explicando mais detidamente. A indagação do que seja o ser do político, além de implicar, para um filósofo, pelo menos preocupações metafísicas (e não poder prescindir, ao menos para cotejo e inspiração, de alguma Teologia Política), acaba cedo ou tarde por esbarrar com a enorme montanha de dados e problemas da prática política, com o fenómeno da política, actual e histórica, local e universal. O que, além da história política, da geografia política e da geopolítica (e outras disciplinas) convoca muito especialmente a Politologia ou Ciência Política, ou a Sociologia Política (ou as duas). E se a interdisciplinaridade com matérias históricas, geográficas ou afins não levanta questões de territorialidade epistemológica muito complexas, o mesmo não sucede com as Ciências do Político. Porque, de duas, uma: ou, na estrita fidelidade ao paradigma moderno e naturalista das ciências, se apartam os factos científicos, dos valores passionais, e então as Ciências da Política pouco mais poderão ser que sociometria ou história "factualista" (presumindo que existem "factos" e não apenas "interpretações", como querem alguns), ou então o interdito especulativo imposto pela preocupação da objectividade nessas ciências sociais foi vencido, e eis que elas estarão fazendo também, ao menos parcialmente, filosofia política. A questão põe-se também para o conjunto das áreas científico-sociais, designadamente sociológicas, e conhecem-se respostas num e noutro sentido.

Trata-se, porém, de uma situação aporética e algo paradoxal. Porque a melhor resposta para as sociologias e afins, como a de um Raymond Aron (considerando que só se capta a realidade de uma coisa política valorando-a), se dignifica tais disciplinas, elevando-as acima da descrição pretensamente asséptica da simples factualidade, realmente complica a delimitação do terreno relativamente à Filosofia Política.

Contudo, ganha cada vez mais significado – e significado sério – a ideia de que, se a Economia é aquilo que os economistas fazem, e se a Sociologia é no que trabalham os sociólogos, também qualquer ciência depende realmente, em uma parte fundamental, daquilo que é, da congregação de especialistas que lhe prestam culto. E assim não será de todo absurdo dizer que a Filosofia Política é o que os filósofos políticos fazem.

Pode ocorrer, naturalmente, alguma mescla de actividades. Embora as preocupações dos sociólogos políticos, politólogos ou cientistas políticos *stricto sensu* sejam científicas, e frequentemente descritivas, ao passo que as dos filósofos políticos são filosóficas, perscrutadoras, e também normativas. Donde metodologias e objectos comuns, e até trabalhos de investigação e publicações pontuais indiscerníveis para uma ou outra banda não podem ocultar uma diferença epistemológica relevante: a do problema e da teleologia das respectivas disciplinas.

Enfim: no que respeita à preocupação ontológica da Filosofia Política, acaba por deparar-se com a dificuldade da fenomenologia. Sondar o ser não raro terá de passar por investigar o modo-de-ser. E o nómeno terá de adivinhar-se (mas nunca pôr-se entre parêntesis) pelo estudo do fenómeno.

5.3.2. *A dificuldade interdisciplinar da Filosofia Política englobante*

A perspectiva englobante ou enciclopédica da Filosofia Política coloca também alguns problemas de delimitação científica. Desde logo, na medida em que parece dissolver-se a «essência do político»[91] num conjunto muito vasto de disciplinas filosóficas da Pólis.

É evidente que o primeiro problema a pôr-se numa tal perspectiva será precisamente o da delimitação ou interacção possíveis entre as diversas filosofias particulares (mas já muito vastas de per si) que são Filosofia Política, e também das relações das partes com o todo.

Se considerarmos Filosofia Política as filosofias da sociedade, do poder, do Estado, do Direito, da Economia, etc., então importa evidentemente saber o que vem a ser, em termos rigorosos, cada uma dessas coisas, não vá fazer-se filosofia da Economia em lugar de Filosofia do Estado, ou filosofia do poder em vez de Filosofia do Direito. E é preciso também compreender como, porquê, em que medida, cada uma destas matérias têm a ver com a política, e são Filosofia Política. Pode até pensar-se que importará considerar (a par e num plano idêntico ao destas filosofias políticas especiais, dentro de uma geral Filosofia Política) uma filosofia especificamente política, a qual versaria sobre o político propriamente dito. Isto se se considerar que tal papel não poderá ser desempenhado devidamente por uma "filosofia do poder" que, pelo menos aparentemente, representa a mais nua e pura das dimensões do político (e nos parece compatibilizável com as ideias clássicas da política enquanto questão do conflito, ou da oposição *Freund/Feind)*. Mas a Filosofia Política é, assim, a "filosofia do poder"...

Pelas questões levantadas, que estão contudo longe de esgotar os problemas desta perspectiva, podemos intuir que, a exemplo do sucedido com a visão ontológica, também aqui (e agora ainda mais fortemente) se impõem prévias questões de delimitação epistemológica.

Ao invés de constituir um mero problema e uma simples dificuldade, parece ser um pergaminho de que deve orgulhar-se o facto de a Filosofia Política poder tornar-se numa privilegiada sede da discussão do que sejam e de como se relacionem poder, sociedade, Estado, Direito e Economia, conceitos, realidades, instituições e forças tão confusamente promíscuas na nossa contemporaneidade.

---

[91] cf., *v.g.*, FREUND, Julien – *L'Essence du Politique*, nova ed., Paris, Sirey, 1986.

É porém óbvio que para uma tal discussão o filósofo político deverá estar muito longe do simples historiador dos clássicos políticos, ou do estatístico dos fenómenos do poder – titulares de saberes vitais, mas diversos do seu. Para interferir e eventualmente arbitrar nesta querela, ele terá de profundamente se encontrar imbuído do espírito das várias disiciplinas em presença, e trabalhar com verdadeiro ânimo filosófico, isto é, sem facciosismo, ainda que tal possa ser o da sua ciência de formação.

A visão enciclopédica da Filosofia Política depara assim com o desafio da transdisciplinaridade, e com a dificuldade das formações particulares e especializadas.

5.3.3. As tentações ideologizantes da Filosofia Política axiológica, e a sua irrecusável dimensão normativa.

É evidente que a perspectiva axiológica da Filosofia Política se debate também com escolhos. Não é, de resto, pelas dificuldades que deveria abandonar-se qualquer dos sentidos acolhidos que, repetimos, nos parecem todos legítimos. O que sucede é que uma axiologia da política não depara com concorrência epistemológica, mas apenas com a vizinhança de entidades que se não apresentam como científicas. Tal parece facilitar as coisas. É que, quer queiramos quer não, o actual complexo de inferioridade da filosofia face às ciências, e o preconceito de superioridade destas face àquela podem inibir algum trabalho em que, por exemplo, estejam frente a frente problemas de Filosofia Política e problemas de Sociologia Política, ou questões de Filosofia Política e questões de Filosofia de uma ciência, como, por exemplo, a Economia.

Diversamente ocorre para a axiologia da política. Quem determina o valor ou os valores da política? Se descontarmos respostas ingénuas, que poderão dizer-nos que tal é decidido pelo sufrágio ou pelos *media* (sintomaticamente considerados, ora um ora outros, o «quarto» ou o «quinto» poder), e se considerarmos que as ideologias não podem intervir na decisão, porque em grande medida juízes em causa própria, resta-nos a hipótese de uma Filosofia Política. E mesmo aqui haverá que agir com algum cuidado, porquanto se nos não afigura líquido que, no caso vertente, as filosofias políticas particulares não pudessem intervir *pro domo sua,* como se fossem ideologias.

Rever os Fundamentos 121

O grande problema a enfrentar por uma Filosofia Política axiológica é o perigo de se ideologizar. Não, mil vezes não, o de declarar, de afirmar, de distinguir o bem e o mal, o bom e o mau – porque essa é a sua função. Mas de o fazer de forma mesquinha, interesseira, arregimentada, parcial, e sem estilo.

Todavia, compreende-se bem que este projecto da Filosofia Política acaba, assim, por redundar numa quase impossibilidade, atento o factor antropológico, que é crucial: onde encontrar seres tão frios e ao mesmo tempo tão participantes, tão desapaixonados e simultaneamente tão sabedores? E a grande interrogação que nos persegue será se não estamos a mistificar uma disciplina realmente retórica, legitimadora de uma política ideológica sob a capa de uma olímpica verdade que, sendo filosófica, se foi livrando entretanto dos próprios limites da decantação do objectivo, para se ficar talvez no significativo, se não mesmo no impressivo.

Dificuldade que parecia menos preocupante, revela-se-nos agora a mais árdua de todas – pois já não nos interpela um problema, sem dúvida melindroso, mas ainda assim só científico-filosófico, de limite epistemológico, antes se abre ante nós toda a garganta pronta a sorver-nos do abismo profundo do sem-sentido. Pois que sentido poderia ter ainda uma disciplina que fosse precisamente aquilo que nega, ou, pelo menos, intenta superar? E se a Filosofia Política fosse apenas ideologia velada, ou mescla de ideologias?

Estes problemas radicais são já, a nosso ver, os prolegómenos da Filosofia Política axiológica, que há de discutir, antes de mais, o seu valor e os seus valores. E tranquilizemos os espíritos: sem dúvida que em todas as áreas (embora mais notoriamente em certas épocas numas que noutras) houve e haverá profissionais incompetentes ou pérfidos que substituam ao seu labor subprodutos, ou outros produtos. Um dos gatos que na Filosofia Política pode surgir fingindo de lebre é a ideologia. Mas, uma vez que falamos no plano da pura *scientia*, a Filosofia Política, a verdadeira, nunca fica afectada com tais mistificações. Sociologicamente, porém, a repetição deste tipo de sucessos pode levar o público a descrer da disciplina, e uma insistência no termo para apenas embalar ideias políticas de pronto-a-vestir acabará, pelas leis da evolução semântica, a tornar o nosso sintagma absolutamente imprestável para o seu significado, havendo então que buscar um significante ainda não prostituído.

Tal realidade não é, porém, um perigo actual, até porque a expressão Filosofia Política, como todas as filosofias, ora repele, por esotérica, ora se banalizou enquanto simples sinónimo de opinião, ponto de vista, ou estratégia. Daí o dizer-se correntemente tanto que se «não vai em filosofias», ou que «isso são filosofias», como o louvar-se a «filosofia de vendas» ou a «filosofia atacante do clube de futebol X».

Os problemas de uma Filosofia Política axiológica complicam-se um pouco mais na medida em que ela não poderá ficar-se pela contemplação e pela valoração ataráxica (se tal for possível conceber-se). Tal disciplina não poderia (sem algum ridículo, e sem incorrer na tão propalada quão leviana acusação de esterilidade de toda a filosofia) quedar-se no nirvana de um não-agir ou não-prescrever depois de haver contemplado as verdades que salvam. Uma tal Filosofia Política, se não pode ser, em si e por si, prática política, política *tout court*, e tal é evidente que nunca será, tem de conter, pelo menos numa dada fase da sua reflexão e da sua decisão (do seu juízo), um mínimo de normatividade. Não pode só explicar e pesar. Implicitamente aponta caminhos.

Ora esta normatividade da Filosofia Política axiológica é mais um sério risco de perversão e confusão ideológicas.

5.4. *Da Especificidade da Filosofia Política Axiológica*

5.4.1. *Da tendencial não conflitualidade epistemológíca*

Apesar da tentação ideológica, uma Filosofia Política axiológica parece ser a mais facilmente aceite, no concerto dos saberes instituídos (ainda que nem sempre tal ocorra de forma explícita e assumida).

Talvez esta aceitação seja apenas residual – se as ciências já referidas recusarem um outro modo de olhar os seus objectos, e se as filosofias particulares apontadas se fincarem nas fronteiras dos respectivos âmbitos, sem admitir comungarem de uma mesma essência filosófico-política, não restarão dúvidas de que o único terreno em que a Filosofia Política poderá colocar-se será o da estrita Filosofia. E aí, porque a gnoseologia e a epistemologia brigam com ciências, e é difícil a uma ontologia prescindir de factos, se não se quiser quedar na metafísica, haverá que fundar-se numa axiologia.

Residual certamente para o olhar dos saberes, a Filosofia Política axiológica encontra quiçá alguma simpatia da banda dos agires, talvez porque lhes propicie, em caso de dificuldade, o porto de abrigo de alguns voos não usitadamente ideológicos.

Rever os Fundamentos 123

Quer dizer, uma Filosofia Política axiológica não parece brigar com nenhuma disciplina extra-filosófica. Evidentemente que, na grande casa da filosofia e na pequena, e sobretudo pobre, casa dos filósofos terá de lutar pelo seu espaço frente sobretudo às Éticas: e sobretudo face a uma possível Ética Política; mas o problema parece-nos menor, porque a Filosofia parece comportar mais elasticidade nestes problemas domésticos. Além desta não incompatibilidade e, por consequência, não conflitualidade epistemológica ao menos tendencial *extra muros* da Filosofia, a Filosofia Política axiológica, na medida em que é normativa, pode sempre recolher, deste ou daquele quadrante, nesta ou noutra ocasião, os aplausos decorrentes de eventuais coincidências entre a verdade e uma das opiniões. As ideologias não são nunca directamente afectadas nos votos dos seus partidos pelas locubrações dos filósofos políticos, e sempre podem aqui e ali reivindicar-se de filosofia política.

Se as razões da aceitação de uma tal Filosofia Política se limitarem a estas, são bem escassas, e não atendíveis, para restringirmos a matéria à variante ora em apreço.

5.4.2. *Da especificidade problemática da Filosofia Política axiológica*

Sem confinarmos a Filosofia Política à sua versão axiológica, ou axiológico-normativa, importa todavia sublinhar que ela possui, mais que as outras, uma especificidade problemática e prática de muito relevo. Tal dá-lhe um lugar privilegiado na tríade.

É que enquanto a Filosofia Política englobante se arrisca a não ter especificidade, transcendendo as filosofias políticas especiais e o seu jogo interactivo, e a Filosofia Política ontológica se pode, na prática, confundir com uma Ciência Política que houvesse assumido a *consciência* dos factos[92], já a Filosofia Política axiológica possui um tema próprio, que mais

---

[92] É só nesta perspectiva da Ciência Política que se pode entender, por exemplo, a seguinte reflexão: «La science 'politique' est rare. Florissante au IVe siècle avant Jésus Christ, ressurgie à Rome au temps de Cicéron, elle avait été délaissée depuis l'époque hellénistique et les derniers siècles de l'histoire romaine. La vie de la Polis s'étiolait sous le poids des empires», VILLEY, Michel – «S. Thomas d'Aquin, 1225-1274», *in* CHÂTELET, François *et alii* (dir.) – *Dictionnaire des œuvres politiques*, PUF, Paris, 1986, p. 808.

nenhum tipo de estudos especificamente reivindica como «a sua grande questão». Trata-se, evidentemente, da pergunta sobre a boa política. Qual a boa política para uma boa sociedade?

As ciências sociais do político (sociologias do poder, do conflito, de intervenção, e sociologia política, por exemplo, e politologia ou ciência política) procuram conhecer o ser, a aparência, o fenómeno do político. A própria Filosofia Política ontológica pode ir mais longe, procurando descobrir a essência do político. A filosofia social, e as demais filosofias sectoriais procuram o ser profundo dos respectivos objectos, com excepção da Filosofia do Direito que a tal intuito junta uma perspectiva também (pelo menos implicitamente) prescritiva (do dever-ser). Só a Filosofia Política axiológica, além da valoração do político, tem como tema clássico, inspirado naturalmente nesses valores, a questão de saber qual a cidade ideal. E este tema recorrente nos seus livros é aquele que encontra mais apaixonante e urgente tradução normativa e prática: pois a cidade ideal deve cumprir-se, edificar-se.

Dir-se-á até que se resvala da Filosofia para o Mito. Porque a Cidade Ideal é um mito bem identificado. Mas, bem vistas as coisas, a oposição que se tem querido manter entre uma e outro é um artifício falaz do positivismo. Ambas as realidades convivem e são cúmplices da aventura humana do compreender e do explicar.

E aqui, neste aparente lugar de tranquilidade, em que as ciências se não metem, eis que uma maranha de conceitos e realidades de repente nos surgem, a exigir ordem e rigor. Filosofia, Mito, Cidade Ideal, Mito da Cidade Ideal, logo, Utopia. E, também, novamente, ideologia.

A Filosofia Política axiológica, mas na realidade toda a Filosofia Política, tem de discernir o seu caminho entre e com estes tópicos.

5.5. *Utopia e Filosofia Política*

A Cidade Ideal é uma resposta à questão da boa sociedade e da boa política. Simplesmente, as soluções em concreto têm divergido muito. Importa, pois, questionar um pouco a cidade ideal.

O mito da Cidade Ideal assume duas principais manifestações na história da cultura ocidental. Uma, mais difusa, é a que se insinua e ganha corpo por entre as mil variantes da utopia literária. Trata-se de construir mundos perfeitos no papel, para depois mudar o mundo e a vida reais, pelo sortilégio do verbo criador ou pela influência mental sobre um Príncipe dócil ou os leitores atentos. Outra, mais explícita, é a Filosofia Política propriamente dita, que assume o real e só propõe a sua eventual transformação avaliando do caminho a pisar, procurando – talvez ingenuamente – precaver-se de profetizar quimeras.

Mas ambas estas manifestações do desejo de criar um céu na terra, ou, pelo menos, uma terra mais habitável, comungam desse «princípio esperança» que pode também chamar-se utopismo em sentido lato.

O utopismo vive livre e inspira liberdade. Mas pode, em certos casos, passar a concretizar-se (ou melhor, encarnar) na utopia política, sob forma literária, cinematográfica, artística, etc., e então assume-se normalmente, quase inevitavelmente, como totalitarismo, em cidades de homens felizes porque obedientes e iguais aos seus pares, em que um Grande Irmão vela, e domina, com a sua casta de porcos iguais, mas «mais iguais que os outros». De utopismo se volve em utopia.

Mas o sopro vital do utopismo pode, totalmente ao invés, apresentar--se-nos materializado numa especulação radical, assumida, séria e consciente da fragilidade humana e social, nos projectos de Filosofia Política.

A Filosofia Política é, desta forma, a alternativa à utopia, sem que se perca uma só gota da seiva perturbadora e regeneradora do utopismo, seu comum princípio motor. Simplesmente, o utopismo utopista é vítima do erro racionalista e totalitário, enquanto o utopismo filosófico-político procura à partida a subtil leveza da sageza e da liberdade.

A Filosofia Política é ainda alternativa à ideologia, a qual, para alguns, é somente uma utopia na *mó de cima* do poder, enquanto a utopia, própria de vencidos, oposicionistas ou resistentes, mais não seria que a ideologia da *mó de baixo*. Não o diríamos assim, todavia: a ideologia é a forma discursiva e mental, além da fórmula prática e vivencial, de uma utopia. É, pois, frequentemente, uma filosofia contada às crianças e explicada ao povo, não por parábolas (nesse caso aproximar-se-ia mais da utopia), mas por *slogans*.

Como vimos, a Filosofia Política axiológica desdobra-se em filosofia políticas e em juízos pontuais de filosofia política (filosofemas políticos), e não em ideologias ou tópicos ideológicos, embora possa conter estes, por assim dizer sublimados e integrados no conjunto filosófico. As ideologias agem imediatamente e têm bandeiras e hinos. As filosofias políticas, neste ponto mais próximas do recolhimento do utopista, homem solitário e solitário efabulador, apenas enunciam as análises e as teses para um mundo

126   *Repensar a Política – Ciência & Ideologia*

melhor, atendendo ao que está aí, e considerando como a natureza parece ter vindo a revelar-se. A normatividade filosófico-política não pode redundar em militância. E embora nada possa impedir que o filósofo político tenha uma acção política, uma caractereologia das personalidades e das vocações parece ancestralmente ensinar que se exigiria demasiado a um homem que fosse simultaneamente muito bom *amigo da verdade* e muito bom *amigo do povo*. Filosofia e política prática, tendo constituído embora um alto ideal dos primórdios da Filosofia Política, com o tópico do rei-filósofo ou do filósofo-rei (logo em Platão, mas também em Aristóteles), não encontraram, que se saiba, verdadeira compatibilização prática, como o poderiam testemunhar os infortúnios helénicos, mas também os de um Descartes e de um Voltaire, e como de uma maneira geral se prova pela inflexão pró-revolucionária dos traídos *philosophes* setecentistas.

As filosofias políticas, tal como as cidades ideais, se têm valor intrínseco, destinar-se-ão a aplicação alheia, mercê dessa natural e inevitável divisão do trabalho em razão da competência.

A grande época de fundação da Filosofia Política é a Antiguidade Greco-Latina, tempo de surgimento da Pólis e da Filosofia, prolongando-se a veneração dos seus clássicos pela Idade Média, que vê entretanto erguerem-se, na linha da mesma tradição, as influentes posições de Agostinho e as imponentes construções de Tomás.

O Renascimento consumou, com Maquiavel, uma libertação ética do mundo político que lhe fez perder de vez qualquer estado de graça que nominal e miticamente ainda pudesse ter conservado. Maquiavel parece, de resto, mais um cientista que um filósofo – porquanto prescreve o que por toda a parte sempre se vira (um maquiavelismo ainda que sem Maquiavel), poupando-se o esforço de construir o que devesse ver-se (o que devesse ser). Com um *Príncipe* tão real, haveria de aguardar-se muito por um *Principezinho* ideal, ou melhor – «neste mundo, mas não deste mundo».

Não é impunemente que *O Príncipe* e a *Utopia* de Tomás Moro são obras contemporâneas[93] – é a ideologia, que prometendo maravilhas, afinal repete o que está, ou o piora, frente à utopia. Uma utopia que surge algo como um *tertium genus*: comunga a um tempo de construcionismo e de superação do dado. A *Utopia* de Moro é filosofia política exemplar: não dista muito do procedimento de Platão, embora tenha um estilo muito

---

[93] Enfatizando o facto da publicação simultânea, CALMON, Pedro – *História das Idéias Políticas*, Rio de Janeiro, S. Paulo, Livraria Freitas Bastos, 1952, p. 174.

Rever os Fundamentos 127

diverso do do Estagirita. O grande erro da *Utopia* é já devido aos ares dos tempos – uma crença excessiva na ordem e na vontade. Como se uma Filosofia Política axiológica tivesse olvidado a natureza humana e das coisas, isto é, tivesse dado de barato a Filosofia Política ontológica, e desprezado o legado das filosofias especiais da Filosofia política enciclopédica. Não culpemos disso Tomás Moro. Mais que as obras valem os homens: o secretário florentino que esperava ser contratado pelos seus opositores, por ingenuidade ou maquiavelismo, encontrar-se-á sempre, no teatro da História, frente ao santo mártir que se nega a reconhecer que o Rei ou o Parlamento estejam acima de Deus ou da consciência individuais. Nos dois tabuleiros de xadrez dos Séculos, Maquiavel ganhou sem dúvida na tabela dos jogos. Mas a vitória moral coube sempre ao chanceler de Inglaterra.

A partir do Iluminismo, passou a haver ideologias e utopias em abundância, e desde o seu triunfo, decerto num indefinível momento simbólico em que se junta a Revolução Francesa e o Liberalismo ordeiro, se foi aceleradamente caminhando para a queda e o desencanto. O chamado «fim das ideologias» e o «perecimento das energias utópicas» são mais verificações de perda de popularidade nas massas e crise de crença entre os intelectuais que verdadeiro estertor dessas propostas.

As ideologias continuam. A prova é que os partidos se agitam, e não esbracejam no nada nem pelo nada. O que se torna mais nítido hoje é que a proposta ideológica é mais una que múltipla. O politicamente correcto é a nova resposta: ideologia agressiva que se finge discreta, que se finge não o ser. Mas aqui e ali surgem também utopismos renovados, até retomando traços da forma canónica da utopia[94].

As utopias não morreram também. O problema é que há menos quem disponha de ócio para as escrever e formação para as ler e apreciar. E a falta de uns e de outros, num mundo mais pequeno, nota-se hoje muito mais.

Um dos maiores problemas que herdámos das Luzes e dessa evolução que referimos é precisamente o desconsolo ou o artificial consolo ideológico e utópico, que tem de corresponder ao progressivo definhar da Filosofia Política. Vários Autores lhe anunciaram a morte. É que o género parecia condenado, mirrando de dia para dia, ante o imperativo alistamento do pensar.

As crises ideológica e utópica (esta última ferida letalmente já no século XVII pelas distopias das *Viagens de Gulliver,* utopias negativas que

---

[94] Como veremos na secção 13.

128   *Repensar a Política – Ciência & Ideologia*

proliferaram no nosso século) vêm todavia permitir de novo uma discussão mais serena, não empenhada mas não quimérica.

A Filosofia Política tem, assim, condições de renascer. E a sua Cidade Ideal, em vez de se confundir com a clausura do leito de Procusta da ideologia, ou da Pólis monocolor da utopia (ou vice-versa) pode de novo elevar-se a grande tema, e tema de liberdade.

Ao basear-se (pelo menos implicitamente) numa antropologia céptica ou pessimista, por negar a possibilidade de um paraíso terreal politicamente construído, ideológica ou utopicamente, a Filosofia Política axiológica coloca-se no terreno da busca da verdade, mas através do confronto das opiniões. E assume assim a posição de saber plural, e dialéctico. Daí a pluralidade de filosofias políticas, o arco-íris de soluções por que a una e branca luz da verdade houve de filtrar-se nas obras de cada filósofo. Arco íris que anuncia bons tempos de pluralismo e convivência, não na simples *doxa,* mas na senda desta para a *veritas.*

BIBLIOGRAFIA

AA. VV. – *L'Idée de philosophie politique*, Annales de l'Institut International de Philosophie Politique, Paris, P.U.F., 1965

BAUDART, Anne – *La Philosophie politique*, Paris, Flammarion, 1996, trad. port. de Alexandre Emílio, *A Filosofia Política*, Lisboa, Instituto Piaget, 2000

BOBBIO Norberto – *Teoria Generale della Politica*, org. por Michelangelo Bovero, Einaudi, 1999, trad. port. de Daniela Beccaccia Versiani, *Teoria Geral da Política. A Filosofia Política e as Lições dos Clássicos*, 8.ª tiragem, Rio de Janeiro, Campus, 2000

CORCUFF, Philippe – *Philosophie politique*, Paris, Natan, 2000, trad. port. de Duarte da Costa Cabral, *Filosofia Política*, Mem Martins, Europa-América, 2003

FERRY, Luc (e RENAUT, Alain) – *Philosophie Politique*, Paris, P.U.F., 1984-1985, 3 vols

KYMLICKA, Will, *Contemporary Political Phylosophy. An Introduction*, trad. cast. de Roberto Gargarela, *Filosofía Política contemporánea. Una Introducción*, Barcelona, Ariel, 1995

MARSHALL, Terence – *Leo Strauss, La Philosophie et la Science politique, in* "Revue Française de Science Politique", n.os 4 e 5, vol. 35. 1985, p. 605 ss. e 801 ss..

POSSENTI, Vittorio – *La Buona Società – Sulla Ricostruzione della Filosofia Politica,* Milano, Vita e Pensiero – Publicazioni dell'Università Cattolica del Sacro Cuore, 1983, trad. port. de Natércia Maria Mendonça, *A Boa Sociedade. Sobre a reconstrução da filosofia política*, Lisboa, IDL, 1986

SAAGE, Richard – *Das Ende der politischen Utopie?*, Frankfurt, Suhrkamp, 1990

STRAUSS, Leo – *What is Political Philosophy?*, Glencoe, The Free Press, 1959, trad. fr. de Olivier Sedeyn, *Qu'est-ce que la Philosophie Politique?*, Paris, P.U.F., 1992

TENZER, Nicolas – *Philosophie Politique*, Paris, P.U.F., 1994

TRIGEAUD, Jean-Marc – *Éléments d'une Philosophie Politique*, Bordeaux, Biere, 1993

TRIGEAUD, Jean-Marc – *Philosophie Politique et Philosophie du Droit. De l'être formel à l'être réel: une reconduction au 'vivant'*, in RBF, vol. XXXIX, fasc. 159, pp. 205--218

WEIL, E. – *Philosophie Politique*, Paris, Vrin, 1966

CAPÍTULO II
Fundadores

«A science which hesitates to forget its founder is lost»

Alfred North Whitehead

SECÇÃO 6
Aristóteles, a Invenção do Jurídico
Filosofia do Homem, Ética, Justiça e Política

SUMÁRIO: 6.1. Em demanda de Aristóteles e da sua Filosofia do Homem. 6.2. Das Virtudes nas *Éticas a Nicómaco*. 6.3. Da Justiça. 6.4. As *Políticas*. 6.5. O Problema da Cidade Ideal. 6.6. Proposta de Síntese: Aristóteles (Estagira, 384 a.C.-Cálcis, 322 a.C.)

SECÇÃO 6
Aristóteles, a Invenção do Jurídico
Filosofia do Homem, Ética, Justiça e Política

6.1. *Em demanda de Aristóteles e da sua Filosofia do Homem*

6.1.1. *Evolução, Edição e Metafilosofia*

Rios de tinta se gastaram e continuarão presumivelmente a gastar-se com a intenção de reconstituir o verdadeiro pensamento de Aristóteles, com o fito de surpreender as diversas fases por que terá passado, de destrinçar as obras próprias das apócrifas, de refazer as actualmente indiscutidas reordenando os respectivos livros, e até, dentro de alguns destes, alterando a ordem dos capítulos. Aristóteles é assim um enorme *puzzle* de múltiplas incógnitas. Inesgotável, mas, em grande medida também, desesperante.

Para o nosso intento actual, não importam a maioria dessas questões, na verdade externas, hermenêuticas, arqueológicas, ou autorais. Não importa mesmo (ao menos não importa tanto assim) a pessoa histórica de Aristóteles[95].

O mais relevante para nós é um *corpus* textual que, embora com fortuna de recepção desigual (porque, naturalmente, mais ou menos actual numas e noutras épocas), se foi transmitindo ao longo dos séculos, e cons-

---

[95] Se o nosso tempo tem procurado recuperar o rosto humano dos filósofos, e até a sua *petite histoire*, não é apesar de tudo muito comum mesclar-se o ensaio sobre o pensamento de um filósofo com extensas ou interpretativas reflexões biográficas. Uma curiosa semi-excepção, pela avaliação extraordinariamente positiva que faz do Filósofo como homem de bem, podemos encontrar, no âmbito deste nosso estudo, no Prefácio de Marcel Prélot à sua tradução da *Política* de Aristóteles, nas Presses Universitaires de France. Há edição brasileira: ARISTÓTELES – *A Política*, trad. de Roberto Leal Ferreira, 2.ª ed., São Paulo, Martins Fontes, 1998. Sobre as estórias dos filósofos, *v.g.*, DROIT, Roger Pol – *La Compagnie des philosophes*, Paris, Odile Jacob, 1998.

136 Repensar a Política – Ciência & Ideologia

titui inegavelmente não só uma importante reflexão sobre estas matérias aparentemente (ao menos) do punho de um grande filósofo, como também (e sobretudo) é em si mesmo digno de reflexão ainda hoje: pode servir para uma leitura e uma resposta aos desafios do presente.

Esta intenção "utilitarista" não repugnaria, contudo, ao Estagirita, que expressamente afirma o intuito prático deste trabalho, o qual, afirma, "de nada serviria" se não ajudasse a tornar-se "mais virtuoso"[96].

As finas e penosas análises dos filólogos e outros exegetas sobre os múltiplos problemas que povoam as obras principais que respondem à questão ética e política em Aristóteles, permitem-nos sem dúvida ficar mais avisados contra a visão ingénua de um autor que houvesse sido simplesmente e toda a sua vida "realista", posando para a posteridade com a figura que lhe dá Rafael, no fresco da dita *Escola de Atenas*, apontando o solo das coisas concretas[97]. Advertem-nos sem dúvida para a heterogeneidade e até pelo menos aparente contradição entre materiais reunidos tradicionalmente na mesma obra. Iluminam-nos quanto à provável inautenticidade ou carácter apócrifo de alguns textos (como a *Ética a Eudemo* e a *Grande Ética*), que assim – e também porque nada de verdadeiramente novo nos trazem – eliminamos do terreno da nossa investigação. Apontam-nos continuidades e descontinuidades, semelhanças e dissemelhanças que podem sugerir outra ordem na leitura dos textos, podendo fazer-nos suspeitar de cronologias de escrita diversas da normal narratividade do princípio/meio/fim, e dando-nos a entender que tanto editores pósteros como o próprio Estagirita teriam procedido por camadas de textos, por estratificações, nem sempre em grande diálogo entre si – o que potencia possíveis contradições, e inevitáveis repetições, nem sempre sendo ajudado pelas frequentes observações "de ordem" ou de "encadeamento" do filósofo. Tudo isto é verdade.

Mas há nestas verdades um bom conjunto de problemas.

Se o percurso intelectual de Aristóteles permite detectar uma fase mais idealista, e uma fase mais realista, nem por isso as interpretações sobre a ordem destas fases são unânimes. Se para um clássico como Werner Jaeger o normal é que, após vinte anos de Academia platónica, Aristóteles viesse ulteriormente a ganhar voos de distanciamento (e ainda

---

[96] ARISTÓTELES – *Ética a Nicómaco*, II, 2.
[97] Cf. CUNHA, Paulo Ferreira da – *O Tímpano das Virtudes*, Coimbra, Almedina, 2004.

assim gradual e mesclado) face ao génio do seu mestre, passando do platonismo ao verdadeiro aristotelismo[98], já Ingemar Duering afirma precisamente uma evolução cronológica contrária: a uma primeira fase de rebeldia juvenil contrapõe uma maturidade de encontro com o idealismo do mestre[99]. E afirmará mesmo uma unidade de um Aristóteles que jamais teria embarcado nos excessos idealistas de Platão, antes tendo sempre em si coexistido o interesse especulativo e a vocação prática, o metafísico e o empírico.

François Nuyens, por seu turno, considera que a divisão em três períodos, começando na receptividade a Platão para culminar numa maior independência, seria a evolução mais compatível com a psicologia do Estagirita. O mais iconoclasta de todos os autores será certamente Zürcher[100], que reconhece em Aristóteles um simples platónico, atribuindo ao seu discípulo Teofrasto (esse sim anti-idealista) três quartos dos tratados correntemente tidos por aristotélicos.

Perante tais contradições, não deixa de ser sedutor pensar que não só Platão teria experimentado essa angústia do filósofo, ou "tragédia do filósofo", que o distingue do dogmático, e que o obriga a evidenciar diferentes pontos de vista, expondo o seu pensamento na dúvida e na tensão[101]. Só que, enquanto do mestre da Academia dispomos de um abundante material de diálogos, caixa de ressonância desse discurso problemático a muitas vozes, o facto de os diálogos de Aristóteles se terem perdido prejudica-nos essa dimensão dialéctica e auto-reflexiva, dando-nos por um lado uma geral aparência de univocidade, e por outro, vendo mais no pormenor, revelando-nos o que consideramos serem contradições...ou fruto da evolução de um pensamento.

Porque não, pois, um Aristóteles também com dúvidas, hesitações, e em que no limite poderiam até coexistir realismo e idealismo?

Não nos preocuparemos, assim, com o apuramento microscópico de verdades e veracidades que restituam o que é do autor, ou o que é o seu vero pensamento. Como avisadamente acaba por decidir Pierre Pellegrin,

---

[98] JAEGER, Werner – *Aristóteles. Grundlegung einer Geschichte seiner Entiwicklung*, Berlim, 1923, trad. cast. de José Gaos, *Aristóteles*, 2.ª reimp., México, Fondo de Cultura Económica, 1984.

[99] DUERING, Ingemar – *Aristóteles. Darstellung und Interpretationen seines Denkes*, Heidelberg, 1966.

[100] ZÜRCHER, Josef – *Aristoteles Werke und Geist*, 1952.

[101] JAEGER, Werner – *Aristóteles*, p. 36.

138   *Repensar a Política – Ciência & Ideologia*

é preferível, neste caso, *a douta ignorância à falsa ciência*[102]: e muito facilmente caímos nesta última... Como afirmou este autor para as *Políticas*, depois de haver desbastado largas florestas de estudos eruditos (e contraditórios) sobre a matéria, fomos levados a concluir que a consideração, quer nas *Éticas* quer nas *Políticas*, dos textos canónicos, traz frutos. Sobretudo e antes de mais o de se evitar essa metafilosofia que evita que entremos no sumo da matéria[103]. Resolvam-se como se resolverem os graves problemas de atribuição e datação, o certo é que, pondo de parte o que é mais discutível, as *Éticas a Nicómaco* e as *Políticas* constituem inegavelmente dois excelentes monumentos de formação cívica (ética e política), cujas lições merecem uma apreciação ainda hoje[104].

6.1.2. *Nomos, Ethos, Telos – Normatividade, Etiologia, Teleologia*

Sobre as lições a tirar da ética e da política Aristóteles importa antes de mais fazer algumas distinções.

Uma coisa, desde logo, seriam as propostas éticas e políticas do autor, e outra a nossa lição a partir do diálogo com estas, que apenas podem funcionar como sugestão ou inspiração. Mas outra questão mais complexa se nos coloca. Terá Aristóteles tido realmente um intuito prescritivo ou normativo ao escrever as suas éticas e políticas?

Evidentemente que sempre se escreve ou para comandar ou para ser amado, e não sendo certamente este o intuito do Estagirita, haveremos sempre de ver no que escreveu um *fumus* de intenção directiva. Mas há directividades e directividades...

Um dos objectivos de Aristóteles poderia bem ser o da descrição mais ou menos desapaixonada (como a dos animais nas suas biologias)

---

[102] PELLEGRIN, Pierre –"Introduction" a *Les Politiques*, de Aristótles, Paris, Flammarion, 1990, p. 66.

[103] Sobre esses exercícios ou manobras de «diversão» ou «distracção», *v.g.*, LANE, Gilles – *À quoi bon la Philosophie*, 3.ª ed., Québec, Bellarmin, 1997.

[104] Afigura-se-nos que o principal legado aristotélico de âmbito político residirá nos oito livros das *Políticas*, na medida em que várias obras atribuídas ao Estagirita se perderam. Cf. JAEGER, Werner – *Aristóteles*, p. 298 ss.. Todavia, não curaremos *expressis verbis* deles, centrados que estamos na sua inovação ético-jurídica, sem prejuízo de aludirmos aqui e ali ao intuito teórico-político do Autor, que é indissociável do empreendimento ético-jurídico.

Rever os Fundamentos 139

de tipos de homens e de tipos de constituições. Esta seria a perspectiva etimologicamente "ética" (de *ethos*, descrevendo, como que medicamente, a etiologia, o modo de ser). Contudo – e permitimo-nos voltar à nossa hipótese – Aristóteles não passara impunemente vinte anos com Platão. Aliás, tal poderá nem ser uma influência platónica, mas uma característica do seu próprio ser. E assim, não deixa de, por entre as descrições de conceitos constitucionais mais ou menos essenciais, para além da explicitação dos diferentes vícios, exageros face a uma virtude mediana, apontar por um lado para uma Constituição ideal, excelente, e, por outro, para a virtude.

Realista, por vezes cínico, alguns dirão até aqui e ali maquiavélico, Aristóteles não abandonará por completo os ideais.

Um lugar paralelo poderemos encontrar na análise da *Poética*. Também este livro foi esquecido durante a Idade Média (também durante ela foi tido por inactual), e também o Renascimento o recuperaria com a pretensão de nele ver o cânone da clássica literatura que os tempos ditos de trevas teriam esquecido. O Romantismo oitocentista desferir-lhe-ia, por subordinado a *epos* diverso (mais barroco) um novo golpe de olvido, mas já no séc. XX (não porque clássico, mas decerto porque anti-romântico) se recuperou. Não, todavia, como regra de oiro de uma perfeição antiga que já poucos convenceria, mas como quadro descritivo dos modos de ser literários.

A verdade é que, no início deste livro, logo o Estagirita anuncia o seu intuito: falar do que faz os textos literários e o que os torna excelentes[105]. É, *mutatis mutandis*, a mesma coisa que, na prática, é levada a cabo nas *Éticas a Nicómaco* para as virtudes, e nas *Políticas* para as constituições.

Esta ambiguidade entre o descritivo e o normativo (afinal entre o *ser* e o *dever-ser*, que na metafísica de Platão se encontravam[106]) acompanha este Aristóteles da filosofia do Homem (ανθρωπινα φιλοσοφια). Em todo o caso, a empresa aristotélica parece desejar uma certa purificação e autonomia do ético-político face ao metafísico. O que, sendo um ponto a favor da não-normatividade, todavia a não descarta por completo, já que, além do mais, um "dever-ser" pode ter outras radicações além da metafísica. Desde logo, importa a Aristóteles certamente essa normatividade da

---

[105] ARISTÓTELES – *Poética*, I (1447 a).

[106] Cf. uma comparação desta perspectiva com a noção física de natureza enquanto simples φυσις, em Aristóteles: JAEGER, Werner – *Aristóteles*, p. 301.

140   *Repensar a Política – Ciência & Ideologia*

educação, que segundo ele (lição admirável para o nosso tempo!) deve ser a primeira preocupação dos legisladores[107].

Talvez mais luz se projecte sobre a empresa aristotélica se aos paradigmas da normatividade e da simples descrição substituirmos o da teleologia ou finalidade. Não visa o filósofo na sua ética ou na sua política um bem substancial, absoluto, mas um bem que contribua para um fim bem humano: a felicidade. Da mesma sorte, a constituição excelente que se busca na política não se dirige a uma utopia sem lugar, sem povo, sem clima, sem solo, sem vizinhança, mas se almeja para cada comunidade concreta a constituição que melhor se lhe adeque.

6.1.3. *Uma Filosofia do Homem: filosofia prática*

Independentemente da presença persistente, mais ou menos subtil, do platonismo e do respectivo "idealismo" em Aristóteles, como aflorámos já, manifesta na não demissão deste quanto à procura de uma constituição excelente ou "estado ideal" (αριστη πολιτεια), a verdade é que o intuito manifesto e declarado do autor na *Ética a Nicómaco* é prático, e não de "especulação pura"[108].

Acresce que a conexão entre as éticas e as políticas é pelo próprio Aristóteles expressamente sublinhada: designadamente nos capítulos primeiro do Livro I e final do Livro X (o último) da *Ética a Nicómaco*.

Procura-se na ética o máximo Bem. Mas ele depende da ciência suprema e "arquitectónica" por excelência, a Política, à qual todas as demais se subordinam, e que de todas as demais se serve numa Cidade[109].

Acresce que, num mundo em que a maioria esmagadora dos homens se encontra submetida às paixões, a argumentação é fruste, e apenas se poderia acreditar no efeito formador de uma educação para as virtudes, numa pólis dotada de leis justas. É para tanto necessário estudar a ciência da legislação, que para Aristóteles é uma parte da Política. As linhas com que este tratado encerra são mesmo um convite ao estudo da Política[110].

Por tudo isto, também se haverá de considerar a *démarche* politológica (*hoc sensu*) como sendo de índole prática e não simplesmente espe-

---

[107] ARISTÓTELES – *Políticas*, VIII, 1.
[108] Também ARISTÓTELES – *Ética a Eudemo*, I, 5 colhe a mesma doutrina.
[109] ARISTÓTELES – *Ética a Nicómaco*, I, 1.
[110] ARISTÓTELES – *Ética a Nicómaco*, X, 10.

Rever os Fundamentos 141

culativa. São ambas exemplos de τεχνη, ou *arte*: englobando quer a dimensão teórica ou conceptual, quer a dimensão fáctica ou agente na vida e no mundo. Uma filosofia prática, pois, esta ανθρωπινα φιλοσοφια, em que uma Política prepara as leis e uma ordem que permita a educação nas virtudes, caminho para a felicidade dos cidadãos. Se a maior felicidade é a vida contemplativa racional, também de algum modo o "andar a procurá-la" (para lembrar Almada Negreiros) na vida política (de acordo com as virtudes) pode constituir um segundo nível de felicidade.

6.2. *Das Virtudes nas Éticas a Nicómaco*

6.2.1. *Perspectiva. O Livro introdutório*

Todas as coisas possuem uma causa final, uma finalidade, uma teleologia. E é nessa teleologia que, como dissemos, funda Aristóteles a sua ética. Todas as coisas perseguem um bem. Contudo, na multiplicidade de coisas e de bens por elas perseguidos, os fins das artes arquitectónicas são os mais excelentes, devendo prevalecer estes e aquelas sobre o que releva das artes subordinadas. Como vimos, a arte arquitectónica por excelência é a Política. A Ética é mesmo considerada como uma forma de Política. Esta teria como objecto coisas belas e justas.

Aristóteles não deixa de nos advertir, a propósito da multiplicidade de opiniões em política, que o tipo conhecimento depende da natureza diversa dos objectos sobre que se exerce: não se podendo pedir ao retórico o mesmo tipo de demonstrações rigorosas que ao matemático. Com efeito, tal como se diz no *Organon*[111], uma coisa é a verdade ou a certeza que se obtém quanto a ciências exactas, físicas ou naturais, em que é soberana a lógica ou a observação e a experiência, outra coisa, probabilística e falível, é o conhecimento que deriva da convicção que formamos nas ciências do homem (precisamente estas artes da ética, da política, e diríamos hoje também, desde logo, "do direito"). Lembremos o exergo inicial, de Sampaio Bruno.

Mas é curiosa a conclusão pedagógico-didáctica que daqui o filósofo retira: a pouca experiência da vida torna o estudo da Política – exemplo

---

[111] ARISTÓTELES – *Organon, Tópicos*, max. 104 a), 105 a). (ed. port. com trad. e notas de Pinharanda Gomes, *Organon,* vol. V. *Tópicos,* Lisboa, Guimarães Editores, 1987, Livro I, max. 10 e 11, pp. 25-30).

e mais alta arte arquitectónica – supérfluo para os jovens, por regra imprudentes que só seguem as suas paixões[112], enquanto a dureza da Matemática lhes conviria[113]. Naturalmente pelo treino também... E certamente porque (metáfora extraordinariamente útil) a verdade é que nenhuma excelência na lógica é capaz de substituir a experiência e a prudência nas coisas humanas. Donde, por muito cientista que Aristóteles seja, é à primeira arte das humanas que atribui a primazia, e não às ciências abstractas, formais, conceituais, ou sequer físicas.

Ligando-se sobremaneira a ética ao problema do Bem, o Estagirita, depois de se opor a Platão[114], considera que o Bem é um fim perfeito, que se basta a si mesmo, tornando a sua simples presença a vida desejável sem necessidade de nada mais. Ora, o que é mais desejado entre tudo (não sendo em si mesmo apenas um bem, mas um conjunto ilimitado de bens) é precisamente a felicidade, sendo assim a felicidade a finalidade da acção humana[115].

Aristóteles começa por discutir o que seja a felicidade: aparta o prazer, que é baixeza escrava, tanto da plebe como de alguns membros das classes altas, assim como a riqueza, que só leva a uma vida de canseiras, e deveria antes ser considerada como um meio e não como um fim. Se a honra é o fim da vida política, frequentemente depende mais dos que honram do que quem é honrado, e assim passa a não ser uma qualidade própria, estando antes nestas condições a virtude. Mas nem ela se revela apta como felicidade, já que pode haver virtuosos abúlicos e, pior ainda, virtuosos infelizes[116].

A felicidade é, outrossim, conforme à mais alta virtude humana[117]. Será, pois, a vida contemplativa a mais feliz, embora o *sage* tenha necessidade, para a tal se dedicar, de alguma prosperidade material, dada a sua natureza[118].

Aristóteles não nos deixa sem um aprofundamento do conteúdo dessa felicidade, e acabará por identificá-la com uma dada actividade da alma concorde a uma virtude perfeita[119].

---

[112] ARISTÓTELES – *Ética a Nicómaco*, I, 1, *in fine*.
[113] ARISTÓTELES – *Ética a Nicómaco*, VI, 9.
[114] ARISTÓTELES – *Ética a Nicómaco*, I, 4.
[115] ARISTÓTELES – *Ética a Nicómaco*, I, 5.
[116] ARISTÓTELES – *Ética a Nicómaco*, I, 3.
[117] ARISTÓTELES – *Ética a Nicómaco*, X, 7.
[118] ARISTÓTELES – *Ética a Nicómaco*, X, 9.
[119] ARISTÓTELES – *Ética a Nicómaco*, I, 13.

Rever os Fundamentos

Em todo o caso – e de novo vemos aqui a imbricação política e ética –, será verdadeiro político o que, desejando transformar os seus concidadãos em gentes de bem, se aplica a estudar as virtudes[120].

Esta é a rampa de lançamento de todo o mecanismo de estudo das virtudes, ao longo dos restantes livros, e com a divisão das virtudes em intelectuais (exemplificando com a sabedoria, inteligência e a prudência) e morais (dando como ilustrações a liberalidade e a moderação) termina este livro introdutório.

6.2.2. Das Virtudes em Geral

As virtudes intelectuais necessitam em boa parte da educação, da experiência e do tempo. Mas as morais também não são produto natural ou imanente. Não nascemos virtuosos. A natureza apenas nos tornou receptivos para as virtudes, capazes de virtudes, mas esta capacidade necessita absolutamente do concurso da nossa acção, pela maturidade e pelo hábito. As virtudes estão assim nos Homens não em acto, mas em potência[121].

É praticando que aprendemos, e é praticando as virtudes que nos tornamos virtuosos[122]. Tornamo-nos justos não por sabermos o que é a Justiça, mas por praticarmos a Justiça. E tanto mais justos seremos quanto mais a Justiça praticarmos[123].

Por isso é tão importante contrair bons hábitos desde a mais tenra infância[124]. A sã educação, como aliás já Platão advertira, consiste precisamente em que muito precocemente se aprenda a encontra os prazeres e os sacrifícios ou desagrados nas coisas que respectivamente convém[125]. Não sendo nada indiferente para a nossa vida termos perante o prazer e o desprazer uma atitude sã ou viciada[126].

Mesmo as acções exteriormente virtuosas, ou que tenham em si mesmas intrínsecos elementos virtuosos, dependem de que o agente que as leva a efeito as pratique numa disposição virtuosa: sabendo o que faz,

---

[120] ARISTÓTELES – Ética a Nicómaco, I, 13.
[121] ARISTÓTELES – Ética a Nicómaco, II, 1.
[122] ARISTÓTELES – Ética a Nicómaco, II, 1 e II, 3.
[123] ARISTÓTELES – Ética a Nicómaco, II, 1.
[124] ARISTÓTELES – Ética a Nicómaco, II, 1 in fine.
[125] ARISTÓTELES – Ética a Nicómaco, II, 2.
[126] ARISTÓTELES – Ética a Nicómaco, II, 2, in fine.

tendo-o escolhido livremente e com vista precisamente a produzir aquele acto, e tudo havendo feito com ânimo decidido[127]. Não é a discussão ou visão filosófica que conduz por si só à virtude, mas a prática da mesma. Como nenhum doente se cura por concordar com o seu médico sem lhe cumprir as receitas.

Aristóteles divide os fenómenos da *psique* em três categorias:

a) *estados afectivos* ou *afecções* (apetite, cólera, medo, audácia, desejo, alegria, amizade, ódio, saudade, inveja, piedade – inclinações da alma que co-envolvem prazer ou desprazer);

b) *faculdades* – aptidões ou capacidades para experimentar as afecções (do grupo a): por exemplo, a capacidade para experimentar a piedade, a inveja ou a cólera;

c) *disposições* – o próprio comportamento concreto que tenhamos, bom ou mau, relativamente às afecções. O exemplo de Aristóteles é o da cólera: se nos abandonamos a ela ou a experimentamos violentamente, a nossa cólera é má; já poderá ser boa se a vivemos com moderação (o que implica também adequação ao momento, proporcionalidade, etc.).

As virtudes (tal como os vícios) não são estados afectivos ou afecções, nem faculdades. São disposições: uma forma dada de viver as afecções[128].

Se a disposição é boa, estamos perante virtudes. Se é má, estamos perante vícios. Bom será quando se experimentam emoções como as dos estados afectivos referidos no momento oportuno, nos casos e relativamente às pessoas que convém, pelas razões e da forma adequada[129].

A virtude é, assim, quanto ao seu modo-de-ser, um hábito, que se aperfeiçoa com a prática reiterada, desde a infância, e deve ser objecto da educação, por muito que os jovens tendam a recusar a virtude pelo prazer.

Quanto ao seu conteúdo, a virtude aparece como uma (embora se alargue por um certo leque de possibilidades – e não seja condenável um ligeiro desvio, quer num sentido quer noutro[130]), por entre (e no meio) de uma pluralidade de erros, por excesso e por defeito. A virtude está real-

---

[127] ARISTÓTELES – *Ética a Nicómaco*, II, 3.
[128] ARISTÓTELES – *Ética a Nicómaco*, II, 5.
[129] ARISTÓTELES – *Ética a Nicómaco*, II, 5.
[130] ARISTÓTELES – *Ética a Nicómaco*, II, 9.

Rever os Fundamentos 145

mente no meio[131], entre dois exageros, embora não rigorosamente simétricos, dado que a natureza, em cada caso, normalmente mais nos inclina para um dos extremos. Mas este meio não é mediocridade ou mediania; é um cume na ordem da excelência e da perfeição[132].

A virtude está no meio: entre a cobardia e a temeridade, a coragem é a virtude, embora a temeridade seja menos criticável que a cobardia; entre a licenciosidade e a insensibilidade (nome sugerido pelo Estagirita), a virtude é a moderação (a que depois se chamará temperança); entre a prodigalidade e a avareza, a virtude está na liberalidade ou generosidade.

Devemos advertir para o facto de algumas destas palavras terem sofrido derrapagens conceituais. Liberalidade ou parcimónia podem significar algo diferente da virtude e do vício, respectivamente.

Há também casos excepcionais, em que falta palavra para a virtude do meio, louvando-se, consoante os casos, os que agem segundo um ou outro dos termos extremos: como acontece no caso da ambição[133]. Na verdade, tanto se deplora a falta de ambição como o seu excesso... dependendo dos contextos.

Também no domínio das afecções há termos médios. Não sendo a reserva uma virtude, o reservado é louvado entre o tímido e o impudente.

Aristóteles tem a noção de que o estado médio e virtude no caso da Justiça é o mais complexo. Remete para mais tarde o tratamento da mesma, desde logo adiantando que há dela duas espécies (a geral e a particular, ou jurídica, afinal).

O filósofo não ignora o grau de subjectividade destas categorias. Numa palavra, sempre o cobarde chamará temerário ao corajoso, e aquele a este terá por cobarde[134]. A perspectiva depende muito do lugar em que cada um se posicione.

Prossegue depois o Livro III discorrendo sobre a questão da voluntariedade dos actos, das escolhas, e reafirma a voluntariedade de virtudes e vícios[135].

---

[131] Sobre esse "meio termo ético" aristotélico, cf., *v.g.*, GIORGIOS ILIOPOULOS, *Mesotes und Erfahrung in der Aristotelischen Ethik*, in ΦΙΛΟΣΟΦΙΑ, n.° 33, Atenas, 2003, p. 194 ss..

[132] ARISTÓTELES – *Ética a Nicómaco*, II, 6.

[133] ARISTÓTELES – *Ética a Nicómaco*, II, 7. *Ibidem*, IV, 10: Cf., contemporaneamente, PATTERSON, Steven W. – "A Ambição é uma virtude? Porque Sonserina faz parte de Hogwarts", in *Harry Potter e a Filosofia*, coord. de William Irwin, colectânea de David Baggett e Shawn E. Klein, trad. port. de Martha Malcezzi Leal/Marcos Malvezzi Leal, São Paulo, Madras, 2004, p. 127 ss..

[134] ARISTÓTELES – *Ética a Nicómaco*, II, 8.

[135] ARISTÓTELES – *Ética a Nicómaco*, III, 7.

A partir do capítulo III, 9, após a recapitulação geral de III, 8, passa o autor à análise de virtudes em particular, a começar pela coragem.

Certamente pela sua importância diríamos "arquitectónica", e como verdadeira ponte ou confluência entre a ética e a política, Aristóteles consagra o Livro V à Justiça.

6.3. *Da Justiça*

O principal (e importantíssimo) legado do Livro V das *Éticas a Nicómaco* é dirigido não aos políticos ou aos eticistas ou moralistas, mas precisamente a uma terceira ordem de especialistas, ainda dentro da filosofia do Homem: os juristas. Será até a filosofia aristotélica, aqui essencialmente enunciada, que permitirá fundamentar a existência de juristas e do direito como uma entidade epistemologicamente autónoma.

Será, pois, nessa perspectiva que iremos brevemente reflectir sobre a Justiça em Aristóteles[136].

O Estagirita começa por verificar a polissemia dos termos justiça e injustiça. Desde logo destaca dois sentidos: o justo que o é pelo respeito à lei, e o justo que o é por respeito à igualdade. E concomitantemente os tipos de injustiça por desrespeito à lei e à igualdade (seja porque o injusto pretende mais do que lhe cabe nos bens, seja porque o injusto pretende menos do que seria seu dever nos males ou obrigações)[137].

Contudo, desde logo o filósofo compreende que a justiça da lei o é apenas num certo sentido[138], e que a Justiça tem várias dimensões: quer como virtude, quer como outra coisa, quando se relaciona com os outros.

Enquanto qualidade da alma no sujeito, ela é virtude, e a mais perfeita das virtudes[139]. Mas é mais que isso, ou melhor: pode ser vista por outro ângulo ainda. Para melhor a surpreender, Aristóteles parte da injustiça para chegar à justiça[140]. E bem se compreende que possa haver uma

---

[136] Cf., sobre esta matéria, CUNHA, Paulo Ferreira da – *O Comentário de Tomás ao Livro V da Ética a Nicómaco de Aristóteles*, São Paulo/Porto, "Videtur", n.º 14, 2002, pp. 45-58 – edição electrónica http://www.hottopos.com/videtur14/paulo2.htm, hoje in *O Século de Antígona*, Coimbra, Almedina, 2003, pp. 43-70, máx. 57 ss.

[137] ARISTÓTELES – *Ética a Nicómaco*, V, 2.

[138] ARISTÓTELES – *Ética a Nicómaco*, V, 3; 14 ss.

[139] ARISTÓTELES – *Ética a Nicómaco*, V, 3.

[140] ARISTÓTELES – *Ética a Nicómaco*, V, 4.

injustiça mais claramente moral, mas em que o ganho material não seja o móbil do erro (mas, por exemplo, um vício eventualmente até não criminoso), enquanto outra injustiça implica claramente prejuízo material... No primeiro caso, está-se perante a injustiça que nega a virtude; no segundo, perante a injustiça que tem sobretudo conexão com a relação social, com os outros. Afinal, o primeiro caso é sobretudo uma imoralidade, e o segundo é uma injustiça num sentido restrito. Aliás, a nossa linguagem corrente recolheu precisamente a expressão injustiça para o segundo caso, sendo raro o seu uso no primeiro.

À justiça enquanto virtude chamamos em geral justiça geral ou total, enquanto à justiça mais específica que vimos existir também (a justiça χατα μερος) chamamos frequentemente justiça particular. Essa é o objecto próprio do direito, da arte jurídica. Pois, visando-se, como afirmará mais tarde Ulpianus, o *suum cuique tribuere*, é precisamente esta justiça que reparte as honras, as riquezas e (embora Aristóteles se lhes não refira neste ponto expressamente) as próprias sanções (que são o *seu* próprio dos infractores).

A divisão aristotélica era, de facto, diversa da nossa, considerando uma justiça correctiva englobando nesta categorias duas subespécies: os actos voluntários, essencialmente contratuais e afins, de índole privada, e os actos involuntários, em que se chegam a incluir crimes[141]. A subdivisão não se nos afigura hoje de particular interesse ou sequer inspiração.

As distinções que realmente importam não são tanto as que Aristóteles vai desenvolver, dividindo a justiça em distributiva e correctiva, esta última exercendo-se sobre transacções voluntárias e involuntárias, e estas últimas em clandestinas e violentas. O que se revelaria absolutamente essencial e marcou um corte epistemológico radical foi a distinção entre a justiça geral (matéria doravante da ética e da política) e a justiça particular (fundando o novo domínio à parte do direito).

Detenhamo-nos, pois, apenas um momento mais, sobre essa descoberta fecunda: a justiça particular.

A justiça particular é assim uma relação, e uma relação entre pessoas e "coisas", assumindo uma dimensão proporcional, de proporcionalidade geométrica. Os exemplos mostram a formação também matemática do Estagirita[142].

---

[141] ARISTÓTELES – *Ética a Nicómaco*, V, 5.
[142] ARISTÓTELES – *Ética a Nicómaco*, V, 6 ss..

No final dessa indagação, que relaciona as pessoas com o *suum* de cada qual, conclui-se que a acção justa é um meio entre a injustiça cometida e a injustiça sofrida. Embora seja sempre complexa esta asserção, já que não se é culpado nem injusto por se sofrer uma injustiça, ao contrário do que sucede com os extremos das outras virtudes. Assim como se não pode ser injusto para si mesmo[143].

De qualquer modo é fácil compreender que a justiça está no meio, enquanto as injustiças estão nos extremos.

A justiça pode então ser considerada uma disposição que arma o homem justo (dela dotado) da capacidade de ser um recto repartidor, quer entre outros, quer entre si e os outros: tomando exactamente o que lhe é devido, atribuindo a cada um o que é seu[144].

A injustiça será precisamente o inverso, e o homem injusto o que age contrariamente a este equilíbrio.

No tempo do nosso filósofo, era mais patente que hoje a existência de direitos como que imperfeitos, proto-direitos, como o das relações entre pai e filhos, marido e esposa, senhor e escravo. A esses direitos opõe Aristóteles a justiça que se exerce entre cidadãos, a que chama justiça política. Esta distinção pode vir a ter interesse nos nossos dias, se usarmos os conceitos agilmente.

Outra re-descoberta fulcral de Aristóteles (porque não será o primeiro a compreendê-lo, constituindo tal noção um património praticamente universal não só das civilizações pré-clássicas e clássicas como das orientais e extremo-orientais[145]) é a divisão da justiça política em natural e positiva. É a clássica divisão entre direito natural e direito positivo[146]. O primeiro tem por toda a parte a mesma validade e não depende da opinião; o segundo é, à partida, indiferente, mas desde que estabelecido, é obrigatório. E Aristóteles dá como exemplo as penas.

O Livro V termina com referência a algumas aporias da justiça, e referência ao valor da equidade, que é um justo superior a certa forma de

---

[143] Sobre ambas as dificuldades, *v.g.*, GUTHRIE, W. C. K. – *History of Greek Philosophy*, vol. VI., *Aristotle: an Encounter*, reimp., Cambridge, Cambridge University Press, 1983/1990, p. 372.

[144] ARISTÓTELES – *Ética a Nicómaco*, V, 9.

[145] Cf., *v.g.*, TRUYOL SERRA, António – *História da Filosofia do Direito e do Estado*, vol. I, trad. port. de Henrique Barrilaro Ruas, Lisboa, Instituto de Novas Profissões, 1985.

[146] *Ética a Nicómaco*, V, 10.

Rever os Fundamentos 149

justo (mais dura, mais rigorosa no sentido do mais gravoso)[147]. Afigura-
-se-nos que hoje se poderá dizer que a equidade faz parte da verdadeira
justiça[148].

A reflexão de Aristóteles sobre o direito em geral é assim sobretudo
levada a cabo no trânsito da ética para a política, mas ainda colocada sis-
tematicamente no domínio da primeira. Já o direito público, e especificamente o constitucional, será objecto de estudo nos livros das políticas.
Questões jurídicas ou para-jurídicas ou de interesse para o jurista também
se encontram na *Retórica*, nos *Tópicos* do *Organon*, etc. Mas a sistemati-
zação encontra-se naquelas duas obras.

6.4. *As Políticas*

6.4.1. *Pioneirismo, Metodologia e Terminologia*

Como não dispomos de todas as presumíveis obras de Aristóteles,
desde o *Político* (dois livros) e o *Da Justiça* (quatro grandes livros), de que
nos dá notícia Cícero[149], assim como de outros estudos (*Alexandre ou da
Colonização, Da Monarquia*)[150], e tendo como frutuoso, como dissemos,
o cânone que nos chegou (até por inconsistência e falta de consensualidade
de qualquer ordenação alternativa), vamos proceder por sinédoque, con-
centrando-nos nos oito livros das *Políticas*.

Trata-se de um trabalho sem verdadeira homogeneidade estrutural,
muito provavelmente fruto de apontamentos dos estudantes do Estagirita.
Quanto a essa característica, que determina não só o estilo como esse meio
caminho entre a forma e o fundo que reflecte a pressa quase taquigráfica
no colher das notas, são muito eloquentes as palavras de Marcel Prélot, no
Prefácio à sua edição das *Políticas*[151].

Alguns pressupostos metodológicos e de perspectiva geral, assim
como circunstâncias do trabalho de Aristóteles, constituem um pano de

---

[147] ARISTÓTELES – *Ética a Nicómaco*, V, 14.

[148] TEIXEIRA, António Braz – *Reflexão sobre a Justiça*, in "Nomos. Revista Portuguesa de Filosofia do Direito e do Estado", n.º 1, Janeiro-Junho 1986, max. pp. 58-59.

[149] CÍCERO – *De Rep.*, III.

[150] Mais desenvolvimentos *in* JAEGER, Werner – *Aristóteles*, p. 298 ss..

[151] ARISTOTE – *La Politique*, Paris, PUF, trad. port., *A Política*, São Paulo, Martins
Fontes, 1998, p. IX ss..

fundo em que os argumentos se inserem. Não podemos deixar de desde logo os evidenciar, tanto mais quanto não têm sido suficientemente postos em relevo.

A primeira circunstância que determina o trabalho do Estagirita em matéria política é o seu carácter pioneiro. Ele é, que se saiba, o primeiro grande sistematizador das coisas políticas. É ele que elabora a teoria, tece as malhas e abre as chavetas da taxonomia das formas de governo, estuda-lhes a etiologia e a patologia, indica a terapêutica a cada uma adequada. É o biólogo, o classificador de chaves dicotómicas que organiza tabelas rigorosas das coisas políticas, para tanto necessariamente aproveitando a sua formação científico natural, aprendida desde logo com seu pai, Nicómaco, médico do rei Filipe da Macedónia. Aristóteles não deixará de transparecer, no texto, este proceder de botânico ou de zoólogo[152]. O seco e esquálido texto de classificação é todavia amenizado quer por judiciosíssimas observações que se revelariam perenes (e que por isso nos interessam, e de algum modo re-confortam, até pela familiaridade), porque indo ao âmago da natureza humana – a qual, sendo mutável[153], em política parece mudar muito pouco – quer por frequentes citações, sem dúvida de cor e improviso, de múltiplos poetas, as quais, ao contrário decerto da novidade pesada do tratado sistemático de uma *episteme* nova, encontrariam no auditório culto, habituado à memorização da poesia, amarras de reconhecimento, funcionando assim, ainda que insensivelmente talvez, como uma forma de invocação da *memoria*, e um meio de *captatio benevolentia*.

Esta circunstância de pioneirismo implica algumas características inconfundíveis e determinantes deste trabalho de Aristóteles. Elas manifestam-se sobretudo no plano da relação entre os conceitos e as designações, os significantes e os significados. Por um lado, Aristóteles assume a necessidade de uma grande abertura designatória, e explicitamente concede que há situações em que não se encontra uma expressão adequada para abarcar a realidade que se pretende designar[154], assim como se não

---

[152] ARISTÓTELES – *A Política*, p. 105 ss..

[153] Por exemplo, no testemunho de um "aristotélico" como TOMÁS DE AQUINO – *Summa Theologiæ*, II IIæ, q. 62, art. 2, *Respond.*, *ad primum*: "Natura autem hominis est mutabilis".

[154] Observação que já ocorrera na *Ética a Nicómaco*, aliás, a propósito de alguns termos de virtude ou vício. Agora, ARISTÓTELES – *A Política*, p. 43: "Não possuímos, com efeito,

Rever os Fundamentos

prende às palavras, explicitamente afirmando que o que importa é a compreensão das coisas e não as expressões que as designam[155].

Os conceitos utilizados revelam-se árduos a nossos olhos, grande parte das vezes pela derrapagem ou mesmo subversão semântica de certas palavras.

Aristóteles, que não poderia prever pelo menos o sentido de uma ulterior metamorfose linguística, é o primeiro a fazer tais observações, no quanto ao seu tempo tangia, bem como quando confrontado com significados mais antigos, ou com polissemias coevas. Assim, ora se congratula com a adequação do significado ao significante[156], ora assinala a polissemia – como quando afirma que πολιτεια tanto é a πολις em que a multidão governa para a utilidade pública (e que tem sido traduzida de múltiplas formas: república, democracia, governo constitucional, etc.), como um nome comum a todas as sociedades políticas[157]. Se Aristóteles dá o nome de democracia à sociedade política que corresponde à corrupção da *politeia* (tida não como designação geral, mas como república, etc..), fá-lo, contudo, com duas prevenções. A primeira é a de que se se quer que a democracia ainda seja uma forma de governo, haveria que não usar tal nome para o caos resultante da perversão da politeia-república. Nestes termos o afirma:

"Não é sem razão que se censura tal governo e, de preferência, o chamam democracia ao invés de República; pois onde as leis não têm força não pode haver República, já que este regime não é senão uma maneira de ser do Estado em que as leis regulam todas as coisas em geral e os magistrados decidem sobre os casos particulares. Se, no entanto, pretendermos que a democracia seja uma das formas de governo, então não se deverá nem mesmo dar este nome a esse caos em que tudo é governado pelos decretos do dia, não sendo então nem universal nem perpétua nenhuma medida"[158].

---

um termo comum sob o qual possamos colocar a função de juiz e a de membro da Assembleia. Será, se se quiser, um poder sem nome".

[155] ARISTÓTELES – *A Política*, p. 42: "Terão o nome que se quiser: o nome não importa desde que sejamos compreendidos". Cf. a perspectiva de PLATÃO – *Teeteto*, um diálogo perpassado pelo problema da palavra e do sentido.

[156] ARISTÓTELES – *A Política*, p. 106: "Todos estes termos são bem escolhidos"

[157] ARISTÓTELES – *A Política*, p. 106.

[158] ARISTÓTELES – *A Política*, p. 126.

A segunda é uma observação de história da língua e evolução semântica: o Estagirita invoca um uso mais antigo de democracia em que este nome se identifica com a sua politeia-república. Parece que, apesar da corrupção do termo nos nossos dias, voltamos a recuperar o sentido pré-aristotélico de "democracia".

6.4.2. *Natureza, Sociabilidade e Política*

Muito vulgarizada é a expressão do Estagirita – *zoon politikon*. O Homem é um animal político, ou social: quem não é impelido a estar com os outros homens ou é um deus ou um bruto – e a linguagem é o sinal dessa sociabilidade. Na verdade, o Homem é, por natureza, especialmente um ser da Pólis. Pois o Filósofo atribui à Pólis um sentido muito profundo e como que transcendente.

Sendo a natureza de cada coisa o seu fim, Aristóteles considera que a Pólis – que é contudo uma forma sócio-política determinada e não se confunde com outras – se encontra nos próprios desígnios da natureza. Além do mais, a própria sociedade política, que na Pólis adquire a sua forma mais perfeita, seria mesmo "o primeiro objecto a que se propôs a natureza"[159].

A imbricação da natureza humana com a política, é muito visível em Aristóteles, e corrobora o seu intento de construir uma una *episteme* do Homem. Por isso pode afirmar: "assim como o homem civilizado é o melhor de todos os animais, aquele que não conhece nem justiça nem leis é o pior de todos"[160]. A natureza humana é, pois, necessariamente, uma natureza social e política, com uma dimensão irrecusavelmente jurídica.

A reflexão tendo como base a questão fundante e primacial da natureza manifestar-se-á no capítulo do "governo doméstico". Um dos aspectos em que se revela é na discussão sobre a escravatura natural e a escravatura convencional. Estas matérias serviriam para os detractores de Aristóteles o apresentarem pura e simplesmente como esclavagista. E assim procuraram denegrir outras posições suas, quer sobre política, quer sobre Direito – nomeadamente sobre o próprio Direito Natural. Mas, na verdade, trata-se de encarar o problema de forma muito subtil para

---

[159] ARISTÓTELES – *A Política*, p. 5.
[160] ARISTÓTELES – *A Política*, p. 6.

o seu tempo. Ora, quer a sua condição de meteco, quer o seu casamento, quer ainda o seu testamento demonstram quanto sentia a sorte dos servos e excluídos. Por outro lado, estava advertido de que a escravatura era determinada pelo estádio de desenvolvimento das forças produtivas do seu tempo, especificamente da técnica: pelo que, numa fórmula clássica, quando os moinhos se movessem por si, então, poderia deixar de haver escravos. Contudo, parece certo que, mesmo em sociedades como as actuais, persistem tipos psicológicos que são de escravatura por natureza: mesmo se sentados em tronos doirados... Tal não justifica, evidentemente, o esclavagismo – diremos nós – mas o interessante é a intuição psicológica do Estagirita, na linha da observação natural.

Também no domínio da economia Aristóteles se posiciona pela natureza. Assim, é desfavorável ao comércio, e sobretudo à usura – por anti-
-naturais.

Há, portanto, dois vectores essenciais sobre que parece fundar-se boa parte do pensamento político de Aristóteles: o vector natureza e o vector sociabilidade. A Pólis parece reunir assim, em síntese, a natureza do Homem, que será de cidadania.

6.4.3. A Cidadania, a Virtude e a Felicidade

Aristóteles, bom filósofo, bom intelectual, mas também dotado de um agudo sentido prático, do dever e da acção, não deixa de discutir os prós e os contras da vida activa e da vida contemplativa.

Cidadão é, em geral, o homem politicamente activo, politicamente partícipe da coisa pública. Sobretudo se for membro de assembleia deliberativa ou juiz, ou seja, se, de algum modo ou em alguma medida, participar do poder público. E especialmente se o enquadramento geral da sua participação política for, precisamente, uma forma política propícia a essa participação, como a democracia.

Podendo haver diversas formas de cidadania, e várias classes ou tipos de cidadãos, a verdade é que Aristóteles compreendeu bem que pode haver uma cidadania mais formal que real, e que a verdadeira cidadania implica uma efectiva participação (até nos cargos – e o autor cita o próprio Homero em seu abono[161]). Esta ordem de ideias leva a uma conclusão tal-

---

[161] ARISTÓTELES – A Política, p. 47.

vez chocante, mas muito verdadeira: é que sem um mínimo de ócio e de ilustração, não se pode ser verdadeiro cidadão, até porque se não pode participar, por falta de tempo e de disponibilidade mental, reflexiva. Não é, assim, por elitismo ou outro qualquer complexo de exclusão que Aristóteles considera não poder um artesão ser um autêntico cidadão. Ele não se encontra suficientemente livre, e não alcançará a plena virtude, que é incompatível com uma vida "mecânica e mercenária"[162].

E nem sequer o homem de bem e o bom cidadão são uma e a mesma coisa, pois requerem diferentes virtudes. Quem comanda, por exemplo, deve ter como principal virtude a prudência. E é muito adequado que os cidadãos sejam tão bem capazes de mandar como de obedecer...

Mas o que será melhor: participar activamente na cidadania, ou remeter-se para o recolhimento da vida privada? Para responder a esta questão, Aristóteles procura primeiro indagar qual a verdadeira felicidade. Porque não é ser-se político ou ser-se particular de qualquer forma que está em causa, mas a excelência da vida política, de um lado, e a excelência da vida privada, por outro.

Neste sentido, antes de mais, deve investigar-se sobre as condições da felicidade particular. E, ao contrário do que muitos pensam, tanto nesse tempo como hoje, tal felicidade não reside na acumulação da riqueza ou dos bens exteriores, que apenas são instrumentos úteis. Assim, o que realmente importa são a inteligência e costumes excelentes, os bens da alma.

E assim encaradas as coisas, a felicidade pública não difere da felicidade privada. Tal como acerca da felicidade privada, também os juízos se dividem sobre a pública, e de forma concorde e simétrica: os que louvam a riqueza privada como suprema felicidade, enaltecem os estados ricos; os que na vontade de poder, na dominação, no despotismo privado vêm a maior felicidade, louvam os estados opressores ou dominadores de outros; e finalmente os que prezam as virtudes privadas vêem a felicidade nas virtudes públicas. Aristóteles conta-se entre estes últimos.

Mesmo assim, o problema não se encontra resolvido. Porque a vida virtuosa pode ser mais activa ou mais contemplativa. E aí não há unanimidade entre os que louvam a virtude em geral.

O Estagirita não dá a este problema uma resposta imediata, o que parece sinal de alguma ponderação, e até hesitação inicial. Aproveita para

---

[162] *Ibidem.*

Rever os Fundamentos 155

reforçar a ideia da necessidade de uma sociedade política honesta, e sublinha que as constituições dos estados não devem ser todas idênticas.

A descrição das duas posições sobre o envolvimento político é muito vívida, e poderia ter sido escrita por um autor de qualquer época, revelando não só dois tipos de pessoas, como ainda duas tendências contraditórias que por vezes se encontram em guerra no mesmo indivíduo:

"Uns não dão nenhuma importância aos cargos políticos e consideram a vida de um homem livre muito superior à que se leva na confusão do governo; outros preferem a vida política, não acreditando que seja possível não fazer nada, nem portanto ser feliz quando não se faz nada, nem que se possa conceber a felicidade na inacção".

E agudamente comenta o Filósofo, com palavras de uma emudecedora sabedoria:

"Uns e outros têm razão até certo ponto e se enganam sobre o resto".

E explicita as limitações e as ilusões de uns e outros. Aproveita para sublinhar a necessidade da igualdade entre os semelhantes, sendo contra a natureza e assim contra a honestidade a desigualdade que não derive da dissemelhança, assim como a necessidade do mérito provado e de energia muito activa para que alguém mereça ser obedecido.

Tudo exposto, tudo ponderado, pronuncia-se a favor da vida activa, mas não da acção pela acção. A felicidade estará na acção política, desde que devidamente precedida pela meditação. A felicidade é, assim, tanto nos particulares como nas sociedade políticas, fruto de uma acção ponderada, previamente reflectida. De uma acção fruto da virtude e de uma virtude pensada.

A cidadania tem, pois, de ser virtude, e só ela conduzirá à felicidade.

6.4.4. *As Formas de Governo e os Poderes*

6.4.4.1. *As Formas de Governo*

Aristóteles utiliza dois critérios combinados para determinar as formas de constituição: o número de governantes e a sua inclinação para a Justiça.

Considerando-se governo o supremo poder numa sociedade política, a questão das constituições reconduz-se à das formas de governo. O critério da justiça das constituições reforça esta ideia, na medida em que a avaliação da justiça, numa constituição, é aquilatada pela forma concreta pela qual, seja um, sejam vários, sejam todos (aqui entra o critério do número) os governantes se inclinam a prezar mais a felicidade geral que a própria.

Há assim (pela variação do número de governantes) várias modalidades de constituição justas, e cada uma delas pode engendrar, em certas condições de corrupção, a respectiva forma injusta.

Nestes termos, na monarquia um príncipe honesto, e único, vela pelo interesse comum; na aristocracia o encargo da felicidade pública é cometido a um grupo, escolhido de entre os mais honestos; e na *politeia* (cuja tradução, como sabemos, oscila entre república, democracia e até estado constitucional) é a multidão que governa para a utilidade comum.

A degeneração das formas de governo ocorre paralelamente a estas categorias: na monarquia corrompida, o monarca vira-se para a sua utilidade e descura a geral, passando-se assim a uma tirania; na oligarquia, que é a corrupção da aristocracia, desvia-se o governo para a utilidade dos ricos; finalmente, a *politeia* pode corromper-se numa forma de governo somente preocupada com a utilidade dos pobres ou dos mais desfavorecidos. A essa forma de governo chama Aristóteles democracia... Mas sabemos que há que ter cuidado com as designações, e muito especialmente com as do governo por muitos, seja na forma pura, seja na corrupta – questão já vista pelo próprio Estagirita.

Aristóteles especifica e desenvolve cada forma de governo, por exemplo elencando quatro (ou cinco) tipos-ideais de monarquia, ou comentando o problema de, não sendo normal, poder haver mais ricos que pobres em casos muito excepcionais – o que coloca problemas de classificação. Alude ainda a fórmulas específicas, segundo princípios redutores de governo: a *Aisymnetia*, ou despotismo electivo, a *Ponerocracia*, governo de más leis, etc.

Também admite fórmulas um tanto mistas, que acabam por ter o nome de "República".

A "República" é assim uma forma louvada por Aristóteles que curiosamente associa elementos de duas formas degeneradas: a oligarquia e a democracia. Esta forma de governo assenta socialmente na classe média, combinando dois princípios que de algum modo se equilibrariam: a riqueza, princípio oligárquico, e a liberdade, princípio democrático.

E Aristóteles louvará a classe média[163], considerando, nomeadamente, com o apoio de várias autoridades e exemplos, que os melhores legisladores foram precisamente pessoas de medianas posses.

Mas, evidentemente, a concepção de democracia de Aristóteles, mesmo quando não é usada com uma conotação negativa, tem diferenças relativamente à *vox populi* de hoje: por exemplo, para o Filósofo é próprio da democracia o sorteio dos magistrados, e da oligarquia a eleição.

A tirania é sem hesitação qualificada como o pior dos governos. Seguida da oligarquia, que se distingue muito da aristocracia, de onde deriva, a qual comporta também várias modalidades.

Clarifica Aristóteles que nem a oligarquia é o regime da minoria, nem, correlativamente, a democracia é o da maioria. Antes a primeira é o domínio dos ricos, e a segunda dos homens livres.

Também a democracia tem diversas formas. O grande problema surge quando as leis não têm força e da multidão irrompem os demagogos. E então o povo se volve em tirano, e – como esta descrição é real! –

"os bajuladores são honrados e os homens de bem sujeitados. O mesmo arbítrio reina nos decretos do povo e nas ordens dos tiranos. Trata-se dos mesmos costumes. O que fazem os bajuladores de corte junto a estes, fazem os demagogos junto ao povo."[164].

E é nesta corrupção da lei, da magistratura, do clima geral, que o Filósofo vê justificação para que tal caos se não chame República, mas democracia, ou então nem isso – como citámos *supra*.

6.4.4.2. Os Poderes

O celebrado Montesquieu, tido por pai absoluto da separação dos poderes, não os criou do nada, como pretendeu no exergo latino do seu *De l'Esprit des Lois*, citando Ovídio: "*Prolem sine matre creatam*". Além de ter tido Locke como inspirador mais directo, conhecia evidentemente o clássico Aristóteles. Os poderes, a traços largos, já estão nas *Políticas* do Estagirita.

---

[163] ARISTÓTELES – *A Política*, p. 188 ss..
[164] ARISTÓTELES – *A Política*, p. 125-126.

Em todas as constituições vê Aristóteles, com vivo discernimento, precisamente três poderes: um poder deliberativo, que compete a uma Assembleia, e que muito se assemelha ao nosso legislativo; um poder de magistraturas governamentais, a que nós chamaríamos (com menos propriedade, porém) executivo; e um poder judicial.

Há, evidentemente, várias formas de assembleias deliberativas. Importa sobretudo salientar que quando as deliberações sobre todas as matérias pertinentes a este poder são decididas por todos os cidadãos, nos encontramos em democracia. Mesmo assim, há diversas formas de esta deliberação igualitária se poder exercer.

Mas há a possibilidade de os poderes se encontrarem divididos. Nesse caso, estaremos numa aristocracia ou numa república. Havendo ainda situações mistas.

No domínio do poder executivo, Aristóteles demora-se nos diferentes cargos, não esquecendo propostas interessantes como a da rotatividade dos cargos de carcereiros, a conveniência da não acumulação de cargos e da não renovação de mandatos, a não ser após longos intervalos, e mesmo assim só em alguns casos.

Embora Aristóteles não esqueça, no domínio do executivo a que chamaríamos administração pública, vários cargos de índole ou implicações jurídicas, é sobretudo descritivo nas formas de que se pode revestir o judiciário.

6.5. *O Problema da Cidade Ideal*

Não foi só Platão que pensou na República ideal. Aristóteles tem também ideias a propósito do melhor governo...

Mas Aristóteles não pode ser considerado um verdadeiro cultor do género utópico. Para ele não há um tipo de sociedade política perfeito, independentemente do tempo, do lugar, das pessoas. Não estabelece de forma abstracta e racionalista, geometricamente o *dever-ser*. Apercebe-se das vantagens e dos inconvenientes de cada forma de governo, estuda as suas formas de corrupção respectivas, e inclina-se para um regime misto.

Onde a sua perspectiva mais se inclina para um certo utopismo é no domínio da formação, da educação. Ciente de que nas

Rever os Fundamentos 159

"nossas democracias, sobretudo nas que passam por ser as mais populares, a instrução não tem um valor maior; reina ali uma liberdade mal compreendida"[165].

E citando Eurípides, o Estagirita concorda com o trágico quando este considera que um sofisma miserável faz pensar que a liberdade e a igualdade permitem a cada um comportar-se a seu bel-prazer[166]. Por isso, Aristóteles crê que é muito importante uma educação que desde cedo (desde a própria concepção – e daí a eugenia) crie cidadãos honestos, capazes de bem conhecerem os caminhos para a felicidade.

O legislador deve, assim, indelevelmente marcar o espírito do povo que deve educar.

É por isso mister que se estabeleçam hierarquias: subordinando o necessário e o útil ao honesto, a guerra à paz, o trabalho ao ócio.

Desde as idades para a procriação à melhor estação do ano para a geração, muitas matérias ocupam Aristóteles na sua preocupação eugénica. E na pedagógica também, como a educação infantil, ou o lugar e o papel da ginástica e da música.

Aristóteles, sendo aquilo a que hoje chamaríamos um moderado, sabia, porém, que a educação tem de ter alguma directividade, sob pena de se negar a si própria, e tem de ser pública, cremos que para uma aculturação e preparação relativamente homogénea de todos – o que também tem a ver com uma certa igualdade necessária à boa ordem da pólis. Tudo acaba por desembocar e depender da Educação. Como diz o velho brocardo: παιδεια τελειον τον νομον – a educação é superior às leis. Eis que o círculo da ciência do humano se fecha – na Educação.

6.6. *Proposta de Síntese: Aristóteles*
(Estagira, 384 a. C. – Cálcis, 322 a. C.)

Ensaiemos uma síntese do autor.

Filho de Nicómaco, médico de Amintas II, rei da Macedónia, Aristóteles seria preceptor do neto deste, Alexandre Magno.

Discípulo e amigo de Platão a quem se diz teria abandonado por *amor da verdade* (*amicus Plato sed magis amica veritas*), virá a fundar o

---

[165] ARISTÓTELES – *A Política*, p. 243.
[166] *Ibidem*.

160   *Repensar a Política – Ciência & Ideologia*

Liceu, em que, segundo reza a tradição, dava lições enquanto passeava – *peripatético*, pois.

Não parece que De Gaulle tivesse razão ao pressentir o sopro filosófico do Estagirita em cada conquista do jovem Imperador...Pelo contrário, contristado com os ímpetos imperiais de Alexandre, Aristóteles retira-se para Atenas. Após a morte deste, é acusado de ser partidário dos Macedónios, e perseguido, tal como já o havia sido Sócrates. Ao contrário do filósofo mártir, e para evitar mais um atentado contra a Filosofia, exila-se em Cálcis, onde morrerá, porém, um ano depois.

O quadro de Rafael, *A Escola de Atenas,* elucidar-nos-ia miticamente sobre o carácter da filosofia de Aristóteles[167]. Neste, ele olha a terra, enquanto Platão contempla o céu. Aristóteles é um espírito enciclopédico, uma mente poderosa, mas sempre preocupada com o real. Diz-se anedoticamente que passou boa parte da lua-de-mel catando conchinhas para os seus estudos científicos[168]. Nada do humano lhe foi alheio. Alguma incompreensão relativamente ao filósofo parece dever-se ao abuso que, durante alguns momentos de decadência, os seus seguidores fizeram da sua doutrina, endeusada como autoridade intocável. Todavia, não se pode assacar tal culpa àquele que o próprio Augusto Comte apelidou de "filósofo incomparável". Não deixa de ser curioso verificar que os críticos de Aristóteles por errado, e desligado da Natureza e do mundo, acabam por preferir o especulativo Platão, o brilhante utopista da *República.* As *Éticas a Nicómaco, Retórica* e *Política,* além de outras obras, incluem luminosas passagens sobre o Direito e a Política. Não sendo jurista – não se pode mesmo dizer que houvesse verdadeiros juristas antes do ius *redigere in artem* romano, sob inspiração aristotélica, aliás –, Aristóteles compreendeu perfeitamente a essência do Direito, e o seu contributo tem nestas áreas um valor inestimável – sempre apto a novas releituras e diferentes descobertas. Ao pensar as relações jurídicas como relações de proporção (nem desigualdade, nem igualdade matemática), ao entender o discurso jurídico como uma dialéctica, ao dividir a Justiça em justiça geral (moral, política, etc.) e justiça particular (especificamente jurídica, de atribuição a cada um do que é seu), Aristóteles clarificou os problemas

---

[167] Para mais desenvolvimentos, cf. CUNHA, Paulo Ferreira da – *O Tímpano das Virtudes,* Coimbra, Almedina, 2004.

[168] HENRY THOMAS/DANA LEE THOMAS, "Aristóteles", in *Vidas de Grandes Filósofos*, Lisboa, Livros do Brasil, s/d, p. 25.

e desbravou a floresta inicial, permitindo depois aos Romanos a construção do belo edifício do Direito. Ao mesmo tempo que delimita o Direito, Aristóteles dá os primeiros passos para a autonomização da Política: claro na divisão das formas do governo, agudo já antes de Maquiavel sobre as formas de preservá-las e quanto à corrupção que as espreita, e, sobretudo, profundamente atento às várias formas de ser do homem, à etiologia humana – pois esse é o fundo das suas *Éticas*: os modos de o Homem ser...

BIBLIOGRAFIA

Bibliografia activa principal/específica

A Constituição de Atenas
Ética(s) a Eudemo
Ética(s) a Nicómaco
Organon
Metafísica
Poética
Política(s)
Retórica

Edições correntes/recomendadas

(ARISTOTLE) – *Politica*, ed. de W.D. Ross, Oxford, O.U.P., 1957
(ARISTOTLE) – *The Politics of Aristotle*, ed. de W. L Newman, Oxford, 1887, 4 vols.
ARISTOTE – *La Métaphysique*, Paris, Vrin, 1962
ARISTOTE – *Ethique à Nicomaque*, tr. fr., 6.ª tiragem, Paris, Vrin, 1987
ARISTOTE – *Rhétorique*, tr. fr., Paris, Les Belles Lettres, 1960
ARISTOTE – *Ethique à Eudème*, 2.ª tiragem, Paris, Vrin, 1984
ARISTOTE – *La Politique*, Paris, PUF, trad. port., *A Política*, São Paulo, Martins Fontes, 1998, p. IX ss..
ARISTOTE – *Les Economiques*, tr. fr. avec, 3.ª tiragem, Paris, Vrin, 1989
ARISTÓTELES – *Les Politiques*, tr. fr., Paris, Flammarion, 1990
ARISTÓTELES – *Étique à Eudème*, trad. fr. de Vianney Décarie, com a colab. de Renée Houde-Sauvée, 2.ª tiragem, Paris/Montréal, Vrin, Presses Univ. Montréal, 1984
ARISTÓTELES – *Les Politiques*, tr. fr., Paris, Flammarion, 1990
ARISTÓTELES – *Metafísica*, trad. de Vincenzo Cocco, introd. e notas de Joaquim de Carvalho, 2.ª ed., Coimbra, Atlântida, 1964
ARISTÓTELES – *Organon*, trad. port. e notas de Pinharanda Gomes, Lisboa, Guimarães, 1987, 5 vols.

162 Repensar a Política – Ciência & Ideologia

ARISTÓTELES – *Poética*, trad. port., pref. e notas de Eudoro de Sousa, Imprensa Nacional-Casa da Moeda, 1986
ARISTÓTELES – *Política*, edição bilingue, trad. de António Amaral e Carlos Gomes, Lisboa, Vega, introdução de Mendo Castro Henriques, 1998

Bibliografia passiva selectiva

AQUINO, Tomás de – *In decem libros ethicorum Aristotelis ad Nicomachum expositio*, trad. cast. de Ana Mallea, estudo preliminar e notas de Celina A. Lértora Mendoa, *Comentário a la Ética a Nicómaco de Aristóteles*, Pamplona, EUNSA, 2000
CUNHA, Paulo Ferreira da – *A Contemporaneidade Jurídica e Aristóteles. Crise e Reconquista da Singularidade do Direito*, introdução à antologia de textos de Aristóteles denominada *Obra Jurídica*, Porto, Rés, 1989, pp. 5-52
CUNHA, Paulo Ferreira da – *O Comentário de Tomás ao Livro V da Ética a Nicómaco de Aristóteles*, São Paulo/Porto, "Videtur", n.º 14, 2002, pp. 45-58 – edição electrónica http://www.hottopos.com/videtur14/paulo2.htm, hoje in *O Século de Antígona*, Coimbra, Almedina, 2003, pp. 43-70, max. 57 ss.
FORSCHNER, Maximilian – *Über das Glück des Menschen (Aristoteles, Epikur, St. Thomas von Aquin, Kant)*; Darmstadt, Wissenschaftliche Buchgesellschaft, 1993
GARCIA HUIDOBRO, Joaquin – *Filosofia, Sabiduria, Verdad. Tres Capitulos de la Metafisica de Aristoteles (Met. I, 1-2 y II, 1) como Introduccion a la Filosofia*, in "Anuario de Filosofia Juridica y Social", Sociedad Chilena de Filosofia Juridica y Social, 1991, p. 11 ss.
GUTHRIE, W. C. K. – *History of Greek Philosophy*, vol. VI, *Aristotle: an Encounter*, reimp., Cambridge, Cambridge University Press, 1983/1990
HENRIQUES, Mendo Castro – *Introdução* à edição bilingue grego-português da Política de Aristóteles – http://www.terravista.pt/PortoSanto/1139/Artigo%20introduz%20aristoteles.htm
JAEGER, Werner – *Aristóteles*, trad. cast. de José Gaos, 2.ª reimp., México, Fondo de Cultura Económica, 1984
ROSS, Sir David – *Aristotle*, Methuen & Co., Londres, 1983, trad. port. de Luís Filipe Bragança S. S. Teixeira, *Aristóteles*, Lisboa, Dom Quixote, 1987
SIEGFRIED, W. – *Untersuchungen zur Staatslehre des Aristoteles*, Zurique, 1942
VILLEY, Michel – *Mobilité, diversité et richesse du Droit Naturel chez Aristote et Saint Thomas*, in "Archives de Philosophie du Droit", XXIX, 1984, pp. 190-199

SECÇÃO 7
Maquiavel, a Autonomização do Político

SUMÁRIO: 7.1. Breve Perfil. 7.2. Fama e Fortuna dos Grandes Homens. 7.2. Anti- e Pró-Maquiavel. 7.3. Um *sfumatto* de Maquiavel. 7.4. Maquiavel Hoje.

SECÇÃO 7
Maquiavel, a Autonomização do Político

7.1. *Perfil de Maquiavel*
(Florença, 3 ou 4 de Maio de 1469 – 22 de Junho de 1527)

Quanto mais se estuda Maquiavel mais os traços se confundem, para a final ficar apenas aquele enigmático sorriso de Giocconda do seu retrato do Palazzo Vecchio de Florença, devido a Santi di Tito[169].

Há um misto de sentimentos e atitudes nessa expressão dúbia do retrato: dir-se-ia que Maquiavel a um tempo se ri do mundo com um dos olhos, zomba discretamente do ridículo espectáculo dos pequeninos homens, e com o outro olhar os teme – porque sabe que são essencial-mente maus. Os lábios, tem-nos apertados, denotando não apenas a cir-cunspecção do político e do diplomata, mas também o refrear de emoções, que contudo sabemos hoje terem sido profusas e flamejantes. Em geral, o retrato confunde-nos e é, a seu modo, impenetrável. Como é também, estamos a vê-lo – paradoxalmente – tão esclarecedor...

Por isso, enunciemos sobretudo os factos normalmente mais focados, muito resumidamente.

Nicolau Maquiavel nasceu em Florença, perto do Arno, a 3 ou 4 de Maio de 1469, de uma nobre família toscana, que ocupara cargos cimei-ros, mas se vira progressivamente privada de património. O pai era um culto jurista caído na insolvência.

Será na biblioteca deste, sem dúvida mais que com preceptores even-tuais, que Maquiavel iniciará a sua formação, sobretudo nos clássicos lati-nos – e muito particularmente em Tito Lívio, cuja primeira Década tomará

---

[169] Cf., aliás, VIROLI, Maurizio – *Il Sorriso di Nicolò. Storia di Macchiavelli*, Roma/ /Bari, Laterza, 1998, trad. port. de Valéria Pereira da Silva, *O Sorriso de Nicolau. História de Maquiavel*, São Paulo, Estação Liberdade, 2002.

como pretexto analítico numa das suas obras. É duvidoso que tenha chegado a dominar o grego, e significativamente escreverá sobretudo em italiano, sinal já do seu patriotismo unificador.

Marcelo Virgílio Adriani, entusiasta dos clássicos e da grandeza da antiga Roma, iniciou-o nos Negócios Estrangeiros. Foi embaixador mais de vinte vezes, e dirigiu algumas operações militares. Embora haja quem o considere nulo nessa matéria, e se conte uma anedota sobre tal inépcia, em que o *condottiere* delle Bande Nere o teria desafiado a comandar as suas tropas – que o burocrata florentino teria sido incapaz de dispor sequer em posição de combate.

Alguns acontecimentos políticos terão marcado a memória e a sensibilidade de Nicolau[170]. Em criança, testemunha a execução sangrenta dos Pazzi, que em plena igreja, tentaram eliminar Lourenço de Medicis; mais tarde, vê a entrada na sua pátria de Carlos VIII de França, e assistirá ainda, impressionado, às pregações do *profeta desarmado* e de triste fim que foi o exaltado Savonarola.

No seguimento da substituição da teocracia deste visionário por um governo republicano, Maquiavel assume a secretaria da segunda chancelaria – cargo que ainda hoje é alvo de dúvidas quanto à importância e real poder.

Com o derrube do *Gonfaloniero* Soderini pelos Médicis, Maquiavel é demitido, preso e torturado. Uma vez libertado, recolhe-se à sua propriedade nos arredores de Florença, onde leva uma vida dupla: de dia, é um modesto mas *bonus paterfamilias*, que administra a pequena propriedade, levando uma existência medíocre; à noite, enverga os mais ricos ves-

---

[170] Cf., por todos, para enquadramento geral, MARTINES, Lauro – *The Social World of Florentine Humanists*, Londres, Routledge & Kegan Paul, 1963; BARON, Hans – *The Crisis of the Early Italian Renaissance – Civic Humanism and Republican Liberty in the Age of Classicism and Tirany*, Princeton, Princeton University Press, 1955; DELUMEAU, Jean – *La Civilisation de la Renaissance*, Paris, B. Arthuad, 1964, trad. port. de Manuel Ruas, *A Civilização do Renascimento*, Lisboa, Estampa, 1983, 2 vols.; BURCKARDT, Jacob – *A Civilização do Renascimento Italiano*, trad. port., 2.ª ed., Lisboa, Editorial Presença, 1983; HALE, John – *The Civilization of Europe in the Renaissance*, Harper Collins, 1993, trad. port. de Maria José La Fuente, *A Civilização Europeia no Renascimento*, Lisboa, Presença, 2000; JARDINE, Lisa – *Wordly Goods. A New History of the Renaissance*, Nova Iorque, Doubleday, 1996; KRISTELLER, Paul –*The Classics and Renaissance Thought*, Cambridge, Mass., Harvard University Press, trad. port. de Artur Morão, *Tradição Clássica e Pensamento do Renascimento*, Lisboa, Edições 70, 1995.

Rever os Fundamentos 167

tidos, dignos da pompa das cortes que frequentou, e estuda e escreve a sua obra – política, poética, dramática –, que muitos consideram sobretudo uma tentativa de cair nas boas graças do poder.

Conta-se que Lourenço de Médicis, a quem Maquiavel enviara *O Príncipe*, tardou algumas horas a dar-lhe a recompensa: duas garrafas de bom vinho. Assim pagam os grandes aos que procuram justificar o seu poder.

O Secretário florentino voltará a cair em graça mais duas vezes, mas por pouco tempo, e nunca de forma a saciar as suas ambições. Numa delas, é encarregado de escrever a História de Florença – do que se desincumbirá com muito talento e originalidade, evitando escolhos políticos comprometedores.

Escritor notável, fino psicólogo e humorista (como também se vê na sua peça mais célebre, *A Mandrágora*), Maquiavel é um desses vencidos da vida que a glória póstuma parece não curar da desdita, e que em vida procuram afogar a ingratidão da sorte nos prazeres, na ironia, e no sonho de um poder que não tiveram, mas para que se sentiam vocacionados.

A 22 de Junho de 1527, um medicamento parece ter envenenado o amargo pensador, tirando-lhe a vida.

As interpretações de Maquiavel são múltiplas, mas ressalta apesar de tudo o seu pessimismo antropológico, o seu realismo político, sem ilusões, a par de um idealismo em prol da unidade italiana, sob o comando de um chefe ao qual não hesita em conferir todos os poderes e justificar todas as perfídias como meios para alcançar o fim maior. Sendo talvez de raiz um republicano e até eventualmente com laivos democráticos, Maquiavel rende-se à dureza do jogo político, n'*O Príncipe*, acabando a sua obra por justificar muitos tiranos, de várias colorações políticas. Desde que votados ao fim último maior que visa, a unificação da Itália.

Um balanço que dá que pensar é o de Evaldo Cabral de Mello: "A biografia do secretário florentino é um caso-limite do fenómeno que se repete todos os dias, do homem de talento disposto a vender a alma ao Diabo e preparado para sacrificar a formulação das suas ideias, por mais inteligentes que pareçam, à satisfação passageira de ter impingido ao príncipe de plantão ao menos uma parte delas."[171]

Mas será mesmo assim? As páginas seguintes responderão – ou não – a essa interrogação...

---

[171] MELLO, Evaldo Cabral de – *Um Imenso Portugal. História e Historiografia*, São Paulo, Editora 34, 2002, p. 14.

7.2. *Fama e Fortuna dos Grandes Homens*

Qualquer proximidade com uma personagem que não seja horrenda como Átila, Hitler, ou Estaline, convida, com o tempo e o "convívio", a uma certa simpatia feita de compreensão – *tout comprendre c'est tout pardonner*[172]. E quando essa personagem se envolve no manto esquisito da fama e da glória históricas, mesmo que com má reputação geral, normalmente cai o intérprete na malha de uma sedução sem sedutor. E um grão de mal também pode seduzir, valha a verdade.

Só assim se explica o interesse e a admiração sincera e exaltada até por personagens que os factos demonstram terem sido moralmente torpes, mas não absolutamente monstruosas. Júlio César, Napoleão, Bismark certamente não foram um poço de virtudes. Mas encarnam o tipo do estadista que suscita admiração. E não nos limitemos à política: na Literatura, Lord Byron ou Goethe, por exemplo, não são personagens em si simpáticas. Na Filosofia, Schopenhauer ou Nietzsche deveriam ser bem antipáticos. Mas têm grandezas que apelam.

O limite entre a grandiosidade horrenda e a grandiosidade ética ou esteticamente reprovável não se encontra nos manuais de história ou de política, tampouco nas caractereologias ou nas psicologias. Mas está certamente gravado no coração dos Homens. Não vivo em todos (porque o desinteresse, o laxismo e a cauterização ética ou estética afastam da "natureza") mas nos que se exercitaram e não claudicaram. Mas falamos, evidentemente, de forma metafórica.

Há na galeria de personagens, entre monstros e vilões, uma categoria à parte, a dos que, não tendo exercido verdadeiramente acções pérfidas, as terão inspirado. *Honest Iago* não age directamente: inspira. Diz-se que Iago de *Othelo* foi directamente inspirado em Maquiavel[173], autor que Shakespeare já conhece muito bem – o teatro isabelino cita-o aliás umas quatrocentas vezes –, e aliás até estigmatiza[174].

---

[172] Já classicamente ÉSQUILO – *Prometeu Agrilhoado*, 39 (fala de Hephaistos).

[173] *Apud v.g.* STRATHERN, Paul – *Machiavelli in 90 minutes*, Chicago, Ivan R. Dee, 1998, trad. bras. de Marcus Penchel, *Maquiavel (1469-1527) em 90 minutos*, Rio de Janeiro, Jorge Zahar Editor, 2000, p. 66.

[174] Nas *Alegres Comadres de Windsor*: " Sou político? Sou subtil? Sou um Maquiavel?". Cf. ainda KEETON, George W. – *Shakespeare's Legal and Political Background*, Londres, Pitman & Sons, 1967, p. 312 ss..

Ora os Iagos intelectuais, como Maquiavel, não tendo exercido um mando efectivo, estão mais desprovidos de argumentos para seduzir. O mais que podem é exercer um fascínio nebuloso sobre outros intelectuais.

Não verdadeiramente nos fascinam, antes intrigam, a personagem e a fama de Maquiavel.

Bem sabemos que Maquiavel é daqueles autores aptos a todas as interpretações: o simples facto de ter seduzido quer o fascista Mussolini[175], quer o comunista Gramsci[176] é elucidativo, embora mais o seja ainda nas suas interpretações republicanas e afins, e até cristãs e moralizantes[177]. E sabemos ainda que a febre de originalidade dos recém-chegados investigadores ora servilmente repete o consabido, ora treslê em interpretações celeradas. Destutt-Tracy, na Introdução dos seus *Éléments d'idéologie*, cita Hobbes, no que corresponde a uma bela síntese do obstáculo da rotina interpretativa:

"quand les hommes ont une fois acquiescé à des opinions fausses, et qu' ils les ont authentiquement enregistrées dans leurs esprits, il est tout aussi impossible de leur parler intelligiblement que d' écrire lisiblement sur un papier déjà brouillé d' écriture".

Já entre nós Martim de Albuquerque, num estudo imprescindível para a recepção portuguesa do florentino, cita nomeadamente Bossier e Gustave Le Bon, precisamente a propósito da imoderação interpretativa[178]:

"(...) recorda Gustave Le Bon como, assim, se sustentou ter sido Nero 'o melhor dos filhos e o mais humano dos imperadores', ter sido

---

[175] Cf., *v.g.*, MUSSOLINI, (Benito) – Artigo em "Gerarchia", a servir de introdução a *O Príncipe*, de Maquiavel, trad. port. de Francisco Morais, Coimbra, Atlântida, MCMXXXV, p. V ss.

[176] Cf. GRAMSCI, António – *Note sul Machiavelli, sulla politica e sullo stato moderno*, Turim, Einaudi, 1949.

[177] Cf., *v.g.*, uma síntese de várias das posições *in* ALBUQUERQUE, Martim de – *A Sombra de Maquiavel e a Ética Tradicional Portuguesa. Ensaio de História das Ideias Políticas*, Lisboa, Faculdade de Letras da Universidade de Lisboa/Instituto Histórico Infante Dom Henrique, 1974, p. 19 ss.

[178] LE BON, Gustave – *Bases scientifiques d'une Philosophie de l'Histoire*, Paris, Flammarion, 1931, p. 78-79, *apud* ALBUQUERQUE, Martim de – *A Sombra de Maquiavel e a Ética Tradicional Portuguesa. Ensaio de História das Ideias Políticas*, cit., p. 18.

Robespierre um homem de feitio 'doce, desejoso de converter as pessoas às suas ideias pela persuasão', não terem qualquer mérito figuras históricas como Joana D'Arc e Luís XIV, e não haver passado Dupleix de 'um vil intrigante'. Que foram, neste modo de ver, senão simples repetidores, um Shakespeare, um Corneille, um La Rochefoucauld?"

O presente estudo não pretende ser original, mas recusa dizer o que os outros dizem, sem análise directa das fontes. Entre o psitacismo e a loucura interpretativa, que cria novos autores com o nome dos velhos, há decerto uma via para um conhecimento mais objectivo – ainda que pessoal. Por escolhermos esse caminho não nos preocupamos demasiado com a imensidão babélica da biblioteca maquiaveliana, curando antes de ler os originais do autor, mais que as teorias dos seus intérpretes[179].

7.3. *Anti- e Pró-Maquiavel*

A má cotação de Nicolau Maquiavel é um tópico. É quase um ritual religioso. Rapidamente se espalhou a fama do Secretário florentino, mas uma fama negativa, até diabólica.

Já no seu tempo, era em Inglaterra conhecido por "old Nick", que também é o nome de guerra do diabo. Os Jesuítas consideraram-no cúmplice de Satanás no crime[180]. E o filósofo britânico Bertrand Russell considerou *O Príncipe* um "manual para gangsters".

Maquiavelismo é hoje sinónimo da mais grave falta de ética, em todo o tipo de política: macroscópica e microscópica.

Os anti-maquiavélicos fazem figura de bons, honestos, íntegros, em certa medida à custa de tanto estigmatizarem o que se tornou já um mito.

O mito de Maquiavel começa por dizer-nos que ele fundou a Ciência Política, tendo separado a política da moral. Na verdade, porém, é espe-

---

[179] Sobre as "leituras" d'*O Príncipe*, cf. CORTINA, Arnaldo – *O Príncipe de Maquiavel e seus Leitores. Uma Investigação sobre o Processo de Leitura*, São Paulo, UNESP, 1999.

[180] Cf. CURRY, Patrick/ZARATE, Óscar – *Introducing Machiavelli*, reimp., Cambridge, Icon Books, 2000 (1.ª ed. USA, Totem Books, 1996), p. 3.

Rever os Fundamentos   171

cialmente a sua originalidade, com independência (pelo menos à primeira vista) quer da teologia e da moral cristãs, quer dos clássicos gregos, que faz o primeiro *Verfremdugseffekt* da sua obra, e prepara essa fama negativa. Uma certeira síntese é a de Cerroni:

"(...) *Machiavelli è il primo grande pensatore politico italiano completamente e difinitivamente affrancato da ogni dipendenza culturalle dalla teologia e dalla cultura cattolica: è anche il primo pensatore politico europeo interamente laico, che non fa più ricorso alle sacre scriture, cui si rifeiranno ancora Hobbes e Locke"*[181].

Num sentido complementar deste vai Émile Namer:

"*La lumière trop crue des formules machiavéliques avait offusqué les âmes peu habitués à une telle clarté; la mise à l'index des livres de Machiavel, l'interdiction de les nommer, la forte propagande religieuse et morale avaient fini par jeter l'opprobe sur Machiavel, qu'on tenait pour responsable de tous les abus de la tyrannie, par exemple de la Saint-Barthélemy"*[182].

Se no seu tempo Maquiavel foi sobretudo execrado por não ter partilhado dos *loci communes* das autoridades em vigor, do mesmo modo hoje também é criticado por não usar a linguagem nossa contemporânea, designadamente, nesta idade de direitos, por jamais falar numa liberdade feita de direitos[183] – e muito menos de direitos humanos. Compreensivelmente, são essas as mesmas razões por que é odiado e por que é exaltado pelos mais numerosos sequazes, ontem como hoje.

Por todo esse mito que em volta de si se construiu, passará a ser catalogado como sumo pregador da imoralidade política, atribuindo-se-lhe

---

[181] CERRONI, Umberto – *Il Pensiero Politico Italiano*, Roma, Newton, 1995, p.35.

[182] NAMER, Émile – *Machiavel*, Paris, P.U.F., 1961, p.196.

[183] SKINNER, Quentin – *Liberty before Liberalism*, trad. bras. de Raul Fiker, *Liberdade antes do Liberalismo*, São Paulo, UNESP/Cambridge Univ. Press, 1999, p.27: "Maquaivel, por exemplo, nunca emprega a linguagem dos direitos; ele sempre se limita a descrever o gozo da liberdade individual como um dos ganhos ou benefícios a serem derivados do facto de se viver sob um governo bem ordenado". As expressões utilizadas por Maquiavel – lembra Skinner, em nota – são *comune utilità* e *profitti* e nunca *diritti*.

repetidamente a frase "os fins justificam os meios"[184]. E como os fins são apenas o poder do príncipe, em si, na verdade, todos os meios ficam justificados para o poder, qualquer que seja – porque o príncipe também pode ser qualquer um. O texto que de mais perto nos parece tratar do problema é um passo d'*O Príncipe*:

"(...) *e nelle azioni di tutti gli uomini, e massime de' príncipe, dove non e' iudizio a chi reclamare, si guarda al fine. Facci dunque uno principe di vincere e mantenere lo stato: e' mezzi saranno sempre iudicati onorevoli e da ciascuno laudati* (...)"[185]

Trata-se, realmente, de uma observação absolutamente correcta do ponto de vista simplesmente objectivo, tanto mais que a seguir o autor explicita que o vulgo afinal segue sempre as aparências e (diríamos nós) acaba sempre por legitimar os vencedores. O que é ética e politicamente muito mau, mas é a realidade. *Vae victis.*

Todavia, Maquiavel era um homem com consciência da moralidade, e – embora possa chocar alguns que o não leram, ou o tresleram – é da sua pena um trecho como o seguinte, que para mais se inclui n'*O Príncipe*, como que para não deixar dúvidas:

"*Non si può ancora chiamare virtù ammazare e' suoi cittadini, tradire gli amici, essere sanza fede, sanza religione; li quali modi possono fare acquistare imperio, ma non gloria.*"[186]

---

[184] Negando que alguma vez tenha defendido esta tese, o excelente trabalho de BIGNOTTO, Newton – *Maquiavel*, Rio de Janeiro, Zahar, 2003, p. 25. Por outro lado, a questão dos "fins" e dos "meios" não pode ser analisada de forma simplista. Lembremo-nos, por exemplo, dos contornos que teria na polémica entre Luís Cabral de Moncada e António Sérgio. Atentemos neste passo do primeiro: "os 'fins' não podem no seu *fieri* abstrair completamente os 'meios' nem estes deixarem comandar, até certo ponto, a substância dos primeiros, na medida em que os condicionam para eles se realizarem. A 'natureza das coisas' também inculca no espírito humano certos fins racionais que ele não pode nem 'deve', só porque 'são', desconhecer". Luís Cabral de MONCADA – *Memórias ao longo de uma vida. Pessoas, factos, ideias*, Lisboa, Verbo, 1992, p. 149.

[185] MACHIAVELLI – *Il Príncipe*, XVIII.

[186] *Ibidem*, VIII (*De his qui per scelera ad principatum parvenere*).

Mas é também insofismável que uns capítulos adiante será o mesmo Maquiavel a dizer que, realmente, para obrar em política, é necessário não ter medo de sujar as mãos – de barro ou de sangue. E nisso está essa ambiguidade que não é senão a oscilação entre o ensaísta ainda moral e o ensaísta apenas científico – ou que deseja sê-lo:

"*A uno príncipe, adunque, non è necessario avere in fatto tutte le soprascritte qualità, ma è bene necessario parere di averle. Anzi ardirò di dire questo, che, avendole e osservandole sempre, sono dannoso; e parendo di averle, sono utile come parere pietoso, fedele, umano, intero, religioso, ed essere; ma stare in modo edificato con l'animo, che, bisognando non essere, tu possa e sappi mutare al contrario.*"[187]

Contudo, notemos que esta necessidade eventual de mudar da moralidade para a imoralidade é contextual, é ditada pela necessidade, pois logo o autor continua, explicitando:

"*E hassi ad intendere questo, che uno principe, e massime uno príncipe nuovo, non può osservare tutte quelle cose per le quali gli uomini sono tenuti buoni, sendo spesso necessitato, per mantenere lo stato, operare conro alla fede, contro alla carità, contro alla umanità, contro alla religione.*"[188]

Em todo o caso, ser-se pró-Maquiavel é certamente diferente de se ser maquiavélico ou pró-maquiavélico, ou (com a presente moda dos neo-) ser-se neo-maquiavélico. Os tempos contemporâneos estão cheios de quem goste de *épater le bourgeois*, defendendo desde o satanismo ao capitalismo. Muito do que é hoje politicamente correcto chocaria as pessoas de bom senso ainda há pouco tempo. A verdade é que, para além dos que deificam o mal pelo mal, a intriga pela intriga, a sinuosidade pela sinuosidade, e, no fundo, e como corolário de tudo, o poder pelo poder, é possível um resgate de Maquiavel. O qual, evidentemente, será tão incompreendido pelos sequazes do que não foi, não pensou e não disse, como pelos críticos do que também não desejou dizer.

Como se sabe, uns, execraram Maquiavel expondo-o como cínico, libertino e ateu, ou até responsável pelo massacre de São Bartolomeu. De

---

[187] *Ibidem*, XVIII.
[188] *Ibidem*, XVIII.

174   *Repensar a Política – Ciência & Ideologia*

entre os críticos, desde logo figuram os nomes do Padre Lucchesini, Giove, Garasse, Gentillet, ou Leys. Outros, como Cipião de Castro, Gabriel Naudé, o monge Paulo Sarpi (embora haja dúvidas sobre a paternidade destes últimos escritos, porque anónimos), e até Sydney, Gréville, Spencer, e Sir Walter Raleigh, colhem do secretário florentino um exemplo sobretudo exagerado, caricatural. Mais prudentes adeptos se revelaram os flamengos Schouppe e Lipse[189].

Os maquiavélicos extremistas que se sucederam à primeira recepção d'*O Príncipe* são epígonos, e maus epígonos, que não só nada de novo trazem ao pensamento de Maquiavel, como o deformam, pois obcecados com alguns pontos do seu discurso: os mais chocantes, os mais duros, os mais terríveis, como o capítulo XV. O que se tornaria aliás timbre das posições futuras dos que se pronunciam sobre o autor sem realmente o conhecerem[190].

Num resumo de um curso muito didáctico[191], aliás reproduzido na *Internet*, assim se sintetizam as várias teorias sobre *O Príncipe*, com seus prós e contras:

«*Les 8 interprétations du Prince*

1) *Traité sur la tyrannie (traité de machiavélisme)*. Pour: Justification d'une politique moralement condamnable, mais nécessaire. Référence pour les despotes. Contre: Préférence de Machiavel pour la République.

2) *Traité machiavélique*. Pour: Rousseau: Machiavel le rusé veut donner une leçon au peuple, dénoncer les politiques cruels du Prince. Contre: Intérêt de la Patrie (raison d'Etat) > intérêt de la République, justice, pitié, etc., deviennent secondaires. Pas encore publier, donc rien dénoncer.

---

[189] Lucchesini – *Saggio sulle sciocchezze di Machiavelli*; Castro, Cipião de – *Tesouro Político*, 1601 (incluindo as *Advertências a Don Marco António Colona, vice-rei da Sicília*); Garasse, P. – *Doctrine curieuse des beaux esprits de ce temps*, 1623; Leys, P. – *De Providentia Numinis...Adversus Atheos et Políticos*, 1613; Naudé, Gabriel – *Considerações Políticas sobre os Golpes de Estado*, 1639; Sarpi, Paolo (?) – *Opinione del come abia a governarsi internamente e esternamente la Republica di Venezia per conservare il perpetuo domínio*, 1683 (escrita em 1610); Raleigh, Sir Walter – *The Prince or Maxims of State*.

[190] Neste sentido, expressamente, Namer, Émile – *Machiavel*, Paris, P.U.F., 1961, p. 161.

[191] *Cours du professeur Ivo Rens à l'Université de Genève résumé par Marcel Stoessel, Histoire des doctrines politiques*, «Nicolas Machiavel (1465-1527), http://www.stoessel.ch/hei/hdp/nicolas_machiavel.htm

Rever os Fundamentos

3) *Traité patriotique*. Pour: Esprit de «Risorgimento». Contre: d'autres ouvrages, pas d'ouvrage sur le gouvernement italien.

4) *Traité d'histoire*. Contre: Machiavel fait des jugements de valeurs.

5) *Traité qui fonde la science politique*. Pour: Approche sans religion ou morale. Contre: Mieux chercher chez Platon, Aristote, ... pas d'intérêt de théoriser.

6) *Précurseur de la politique révolutionnaire bourgeoise* (jacobinisme, marxisme, ...). Pour: Gramsci, Mussolini. Gagner le pouvoir, c'est morale. Contre: Avec le prolétariat, le Prince doit avoir le support des masses.

7) *Traité illustrant la théorie de la faiblesse politique*. Pour: Machiavel décrit les faiblesses du capitalisme. Contre: Il ne connaît pas les capitalistes, ni les communistes...

8) *Critique de la raison politique*. Jeanne Hersch, 1956. Pour: Justement la morale et l'éthique chez Machiavel sont importants. *La réussite est une exigence politique*. Autre sphère que l'éthique individuelle."

Perante a longa lista de anti-maquiavélicos e pró-maquiavélicos por erróneas ou enviesadas razões[192], ecoa, singular, nos nossos ouvidos o repicar dos sinos de uma nova Itália, três séculos volvidos, e a exclamação comovida de De Sanctis:
"Viva Maquiavel!"[193]

7.4. *Um sfumatto de Maquiavel*

7.4.1. *Chiaro*

Um cidadão amantíssimo de sua pátria, a Florença renascentista, aspirando à unidade de Itália e para ela procurando um Chefe; um repu-

---

[192] Desde a segunda metade do século XVI que *O Príncipe* é abundantemente citado: quer pelos que o leram, quer por quem jamais o viu. Cf., *v.g.*, MOSCA, G., completado por BOUTHOUL, Gaston – *Histoire des idées politiques*, Paris, Payot, trad. bras. de Marco Aurélio de Moura Matos, *História das Ideias Políticas desde a Antiguidade*, 3.ª ed., Rio de Janeiro, Zahar Editores, 1968, p. 123.

[193] Cf., por todos, António D'ELIA – *Tanto nomini nullum par elogium*, introdução a *O Príncipe*, de Maquiavel, trad. bras. de António D'Elia, São Paulo, Cultrix, 2003 (?), pp. 12, 13, 21.

blicano ao mesmo tempo inovador e com saudades de uma Roma decerto mitificada; um humanista, homem culto e sensível, lúcido; com experiência da política tanto junto do poder como na prisão, na tortura e no exílio; tanto apto nos relatórios diplomáticos como no Conto, no Teatro, e na História apologética e retórica, para além de nos ter deixado esse livro imperecível que é *O Príncipe:* eis o retrato muito a traços largos do nosso Maquiavel.

O nosso autor é grande na confluência da necessidade (*fortuna*) com o seu génio (*virtù*), dando assim cabal exemplo da sua teoria da vida, do mundo e da História. Se a sorte sempre lhe houvesse sorrido, se houvesse permanecido nas lides directas da política florentina, não teria tido tempo para dormir, e menos decerto para teorizar muito mais que os seus relatórios, que levantam voo do simplesmente descritivo, e vão muito além do que lhe seria exigido pela sua função. Outro qualquer que houvesse perdido o que perdeu se agitaria apenas em tentar recuperá-lo ou a tentar vingar-se, ou se retiraria, humilhado e vencido. Mas Maquiavel transfigurou-se, excedeu-se, pondo a render o tempo de retiro – sem deixar de aproveitar muito da sua experiência e da sua angústia. É assim que sucede com as grandes obras, e não vale a pena sofismar esse génio cuja argamassa é também vida, experiência, contexto:

"*Molti credono che le grandi opere di politica nascano dal distacco e dalla fredda luce della ragione non turbata dalle passioni. È una sciocchezza inventata dagli accademici. Quelle veramente grandi, e sono pochissime, nascono dal dolore che si scioglie in pagine che sono tutta forza e vita e rompono le convenzioni e i confini fissati dai mediocri.*"[194]

Aproximemo-nos um pouco mais, para captar alguns dos traços mais salientes dessa obra:

7.4.1.1. *Patriotismo*

Fosse qual fosse o real intento de Maquiavel ao escrever *O Príncipe*, certo é que o seu capítulo final é nem mais que uma exortação a que a Itá-

---

[194] VIROLI, Maurizio – *Il Sorriso di Niccolò. Storia di Machiavelli*, Editore Laterza, 1998, p. 153 (= http://www.lastoria.org/viroli.htm).

Rever os Fundamentos 177

lia, toda a Itália, e não apenas a sua pátria florentina, seja libertada dos estrangeiros: *"Exhortatio ad capessendam Italiam in libertatemque a barbaris vindicandam"*. E embora a dedicatória deste obra tenha mudado, sempre foi votada a alguém da casa de Medicis. É pois a um Medicis sempre que se dirige a exortação final, antes do fecho com uma quadra de Petrarca:

"Pigli, adunque, la illustre casa vostra questo assunto com quello animo e com quella speranza che si pigliano le imprese iuste; aciò che, sotto la sua insegna, e questa patria ne sia nobilitata, e, sotto li sua auspizi, si verifiche quel detto del Petrarca:
> *'Virtù contro a furore*
> *Prendrà l'arme, e fia el combatter corto;*
> *Ché l'antico valore*
> *Nell'italici cor non è ancor morto'*[195]*"*[196]

Compreende-se que o desejo da unificação italiana e do sacudir do jugo estrangeiro em algumas partes dela tornasse a necessidade de uma *realpolitik* e de uma *raison d'Etat* mais premente. Com razão diz o provérbio não se limparem armas em tempo de guerra: e Maquiavel viveu sempre em tempo de guerra, pleiteando em favor também de uma guerra de afirmação e libertação de Itália – que seria também um ressurgimento. Quando estão em causa os mais altos interesses da Pátria (e o mais alto de todos é a sua própria existência) ficam menos vivos escrúpulos de meios. O que não justifica, mas explica, e de algum modo pode desculpar algum exagero.

7.4.1.2. *Republicanismo*[197] *e Demofilia*

Por vezes procura-se ficar na perplexidade sobre qual seria o "verdadeiro" Maquiavel. Não se nos afigura posição justificável nem profícua. Maquiavel não é republicano no comentário a Tito Lívio, e monárquico tirânico no *Príncipe*. Do mesmo modo que Aristóteles também não é maquia-

---

[195] Petrarca – "Italia mia", *Canzoniere*, CXXVIII, vv. 93-96.
[196] Maquiavel – *Il Principe*, XXVI.
[197] Cf., em geral, e em língua portuguesa, Bignotto, Newton – *Maquiavel Republicano*, São Paulo, Loyola, 1991.

vélico *hoc sensu* quando, nas suas *Políticas*, considera e explica as formas por que – entre outras formas de governo – até a tirania pode manter-se.

Logo na dedicatória d'*O Príncipe*, que acabaria por caber a Lourenço de Médicis, Maquiavel, certamente não apenas por *humilitas* e *captatio benevolentia*, declarará, num trecho aliás muito belo:

"Né voglio sia reputata presunzione se uno uomo di basso ed ínfimo stato ardisce discorrere e regolare e' governi de' principi; perchè, così come coloro che disegnano e' paesi si pongono bassi nel piano a consi-derare la natura de' monti e de' luoghi alti, e per considerare quella de' bassi si pongono alti sopra e' monti, similmente, a conoscere bene la natura de' populi, bisogna essere principe, e a conoscere bene quella de' principi, bisogna essere populare"[198].

Cremos que é o seu amor mais ao povo que ao príncipe que este trecho dita. Só o povo é capaz de ver e conhecer bem os príncipes. Mas, do mesmo modo, também só os príncipes ou alguém em lugar elevado conhece bem o povo. E daí que Maquiavel tenha também dito que apoiar-se no povo seria basear-se sobre a lama. Não vemos nas duas asserções contradição, ao contrário de alguns[199].

Depois de, no capítulo I d'*O Príncipe*, dividir todos os estados, governos ou domínios[200] em duas formas políticas apenas – repúblicas ou principados –, no que se distancia da tradição tripartida, aristotélica e não só, Maquiavel vai, no capítulo II, delimitar o seu objecto aos principados, porque já com detença sobre as repúblicas havia discorrido, como sabemos, nos *Discorsi sopra la Prima Deca di Tito Lívio* (1513-1519).

Depois de vários conselhos de elementar prudência (mas a prudência para quem está no mando é particular, é especial, não o podemos esquecer[201]) no Capítulo VI surge logo mais um elemento em prol do republicanismo do autor.

---

[198] MAQUIAVEL – "Nicolaus Maclavellus ad magnificum Laurentium Medicem", dedicatória de *Il Príncipe*.

[199] Vendo contradição, *v.g.*, Paul STRATHEN – *Op. cit.*, pp. 57-58.

[200] Conforme as variantes: "Tutti gli stati, tutti e' dominii" ou "Tutti gli stati, tutti i governi" – o que atesta algumas indecisões lexico-semânticas muito eloquentes das transformações político-linguísticas da época. Cf., *v.g.*, a ed. MACHIAVELLI – *Il Príncipe*, com um ensaio de Vittore Branca, reed., Milão, Arnoldo Mondadori, 2003 (?), p. 5.

[201] Afirma, com acerto, Paul STRATHEN – *Op. cit.*, p. 46: "Maquiavel se achava moral, ainda que seu conselho não o fosse. (…) O livro de Maquiavel é um conjunto de

Trata o capítulo de governar as cidades que, antes da ocupação, se regiam por leis próprias. Com o manancial de exemplos da Antiguidade, conclui liminarmente que a melhor maneira de triunfar nas cidades conquistadas é destrui-las. A liberdade de uma comunidade política é sempre perigosíssima para o invasor, se não a destrói:

"*E chi diviene patrone di una cità consueta a vivere libera, e non la disfaccia, aspetti di essere disfatto da quella; perché sempre ha per rifugio, nella rebellione, el nome della libertà e gli ordini antichi suoi; li quali né per la lunghezza de' tempi né per benefizii mai si dimenticano.*"[202]

Pode pois mais a liberdade que a força, a menos que a força seja tão brutal que leve à total aniquilação. Mas aí deixa de haver política... Não há nada mais.

No final do capítulo assim vê as Repúblicas o Secretário Florentino:

"*Ma nelle republiche è maggiore vita, maggiore odio, più desiderio di vendetta; né li lascia, ni può lasciare riposare la memoria della antica libertà (...)*"[203]

Parece, pois, pender bem mais a balança para as repúblicas. Pelo menos, para os que têm como principal valor político a Liberdade. E não esqueçamos que, perante um invasor, está totalmente justificado o ódio e o desejo de vingança é quase virtude.

Sabendo nós a vontade de libertação da Itália que tinha Maquiavel, como não seria ele republicano, se nas repúblicas está mais esperança de sacudir o jugo?

Podendo embora ser interpretado ambiguamente, a verdade é que o nosso autor, ao considerar o Principado civil (ou seja, quando, por afortunada astúcia e não por crimes e intolerável violência um cidadão chega ao poder), no Capítulo IX d'*O Príncipe*, considera os objectivos políticos do povo e os dos grandes. E de novo a balança pende para o lado do Povo:

---

conselhos ao príncipe sobre como governar o Estado. Não se trata de um guia de moralidade pessoal. *Visa uma categoria rara de pessoas em circunstâncias específicas.*". Sublinhados nossos.

[202] MACHIAVELLI – *Il Principe*, V.

[203] *Ibidem, in fine.*

"Perché in ogni città si trovono questa dua umori diversi; e nasce da questo, che il populo desidera non essere comandato né oppresso da' grandi, e li grandi desiderano commandare e opprimere il populo"[204]

Curiosamente, destes diversos apetites deriva Maquiavel três possíveis consequências e não duas: ou principado, ou liberdade ou licença (licenciosidade, libertinagem, anarquia).

Verifica-se que o Príncipe precisa mais do favor do povo que dos grandes, entre outras razões por algo que volta a ser favorável àquele:

"Oltre a questo, non si può con onestà satisfare a' grandi e sanza iniuria d'altri ma si bene al populo: perchè quello del populo è più onesto fine che quello de' grandi, volendo questi opprimere, e quello non essere oppresso"[205]

Também comentando o equilíbrio romano e louvando a instituição dos Tribunos da Plebe se inclina Maquiavel mais para o lado popular:

Pareva che fusse in Roma intra la Plebe ed il Senato, cacciati i Tarquini, una unione grandissima; e che i Nobili avessono diposto quella loro superbia, e fossero diventati d'animo popolare, e sopportabili da qualunque ancora che infimo. Stette nascoso questo inganno, né se ne vide la cagione, infino che i Tarquinii vissero; dei quali temendo la Nobilità, ed avendo paura che la Plebe male trattata non si accostasse loro, si portava umanamente con quella: ma, come prima ei furono morti i Tarquinii, e che ai Nobili fu la paura fuggita, cominciarono a sputare contro alla Plebe quel veleno che si avevano tenuto nel petto, ed in tutti i modi che potevano la offendevano. La quale cosa fa testimonianza a quello che di sopra ho detto che gli uomini non operono mai nulla bene, se non per necessità; ma, dove la elezione abonda, e che vi si può usare licenza, si riempie subito ogni cosa di confusione e di disordine. Però si dice che la fame e la povertà fa gli uomini industriosi, e le leggi gli fanno buoni. E dove una cosa per sé medesima sanza la legge opera bene, non è necessaria la legge; ma quando quella buona consuetudine manca, è subito la legge necessaria. Però mancati i Tarquinii, che con la paura di loro tenevano la Nobilità a freno, convenne pensare a uno nuovo ordine che facesse quel

---

[204] MACHIAVELLI – *Il Principe*, IX.
[205] *Idem, Ibidem.*

Rever os Fundamentos

medesimo effetto che facevano i Tarquinii quando erano vivi. E però, dopo molte confusioni, romori e pericoli di scandoli, che nacquero intra la Plebe e la Nobilità, si venne, per sicurtà della Plebe, alla creazione de' Tribuni; e quelli ordinarono con tante preminenzie e tanta riputazione, che poterono essere sempre di poi mezzi intra la Plebe e il Senato, e ovviare alla insolenzia de' Nobili."[206]

7.4.1.3. *Clássico e Moderno*

Logo na Introdução dos *Discorsi*, lamenta Maquiavel que já se não siga o exemplo dos Antigos:

"Nondimanco, nello ordinare le republiche, nel mantenere li stati, nel governare e' regni, nello ordinare la milizia ed amministrare la guerra, nel iudicare e' sudditi, nello accrescere l'imperio, non si truova principe né republica che agli esempli delli antiqui ricorra."[207]

Contudo, Maquiavel, tendo embora nos Antigos uma referência, uma base, uma lição, deles vai aproveitar para lançar as bases de muitas coisas totalmente modernas: desde logo, a criação da Ciência Política, com a autonomização do objecto do político e a assunção de um método depurado de preocupações extra-políticas, desde logo religiosas e morais. Mas também, por exemplo, será um precursor da Filosofia da História e da ética social[208].

A coexistência do clássico e do moderno pode ver-se também no domínio linguístico: lendo os clássicos, é duvidoso que soubesse grego, e escreve já em língua italiana, como dissemos.

No jogo da criação com as suas fontes ocorre o mesmo: o comentário de Tito Lívio é um moderno comentário a uma fonte clássica.

Cita ao longo das suas obras muitos exemplos antigos, mas mais ainda quiçá que alguns depois de si, não deixa de abundantemente remeter para episódios exemplares de história recente e contemporânea, e sintomaticamente não deseja afectar erudição – no que será muito moderno.

---

[206] MACHIAVELLI – *Discorsi...*, I, 3.

[207] http://www.fausernet.novara.it/fauser/biblio/machiav/mac31.htm#00

[208] Neste sentido, NAMER, Émile – *Machiavel*, p. 227 ss..

Pois mesmo depois de si muitos irão proceder argumentativamente não tanto por argumentos mas pela massa de opiniões – para esmagar os adversários e lisonjear mestres e colegas (como lembraria um Michel Villey[209]).

O ter-se libertado do peso do seu meio, da tradição rotineira, que não é o mesmo que o classicismo, o ter retornado, inovadoramente, aos clássicos, e o ter sabido utilizá-los de forma criativa, e sem dúvida *pro domo*, dá a Maquiavel uma modernidade que afinal o classiciza também.

7.4.2. Oscuro

Parecerá tudo o dito precedentemente configurar uma visão muito positiva. Detenhamo-nos então nas zonas mais cinzentas.

Deu conselhos amorais ou imorais aos governantes? Sim, sem dúvida. Porque o mundo que Maquiavel conheceu – e que no essencial não muda – é o do mal, da insídia, da calúnia, da traição, da cupidez, como mostra em jeito de comédia na *Mandrágora*, e não como tragédia[210], mas como receituário asséptico n'*O Príncipe*.

Maquiavel viu o mundo e os homens como eles são na maioria das vezes, e a culpa de serem como são não é sua, nem significa evidentemente que pessoalmente não tivesse valores: os outros é que não os têm, e há que contar com isso. Faz todavia o Florentino uma gradação axiológica em que, quando se trata de aconselhar os governantes, os valores do Estado prevalecem sobre os do indivíduo. Nisso, evidentemente, nos afastamos muito dele. Quanto ao mais, valerá sem dúvida a afirmação de Merleau-Ponty:

"Maquiavel tinha razão: é preciso ter valores, mas isso não é suficiente"[211].

É ainda eloquente o testemunho de Sebastian de Grazia:

---

[209] VILLEY, Michel – *Questions de St. Thomas sur le droit et la politique*, Paris, P.U.F., 1987, p. 63.

[210] *Apud* Pietro NASSETTI (?) – "Perfil Biográfico. Nicolau Maquiavel", in *A Mandrágora. Bejfagor, o Arquidiabo*, São Paulo, Martin Claret, 2003, p. 116.

[211] MERLEAU-PONTY, Maurice – "Note sur Machiavel" (1949), in *Éloge de la Philosophie*, Paris, Gallimard, 1960, p.370.

"Poucos diriam que Niccolò é um absolutista moral. Todavia, ele nunca questiona que o bem e o mal existam. Existem normas autênticas. Estamos 'envolvidos nos aços do pecado', deplora ele na 'Exortação'. Niccolò se considera um homem bom"[212]

Numa carta a Vettori, Maquiavel claramente postula os "primeiros princípios" da lei natural, apesar de Cabral de Moncada[213] não lhe ter detectado qualquer *fumus* de jusnaturalismo:

"Creio que a obrigação de um homem prudente é a todo o momento (...) favorecer o bem e opor-se logo ao mal"[214].

A chave para a compreensão dos conselhos de Maquiavel é o seu pessimismo antropológico, não retirado da pura especulação, mas sim da observação do que vira.

Assim, por exemplo, no final do capítulo sobre como evitar os aduladores, afirma:

"(...) perché gli uomini sempre ti riusciranno tristi si da una necessità non son fatti buoni"[215]

Simetricamente, deplora o florentino, a propósito da lealdade do príncipe, que os homens não sejam bons, e nesse facto assenta a justificação de o príncipe faltar à sua palavra, como, de resto, lhe faltam com a palavra a ele:

"E se gli uomini fussino tutti buoni, questo precetto [de não guardar a boa fé em caso de necessidade] *non sarebbe buono; ma perché sono tristi, e non la osservarebbono a te, tu etiam non l'hai ad osservare a loro."*[216]

---

[212] DE GRAZIA, Sebastian – *Machiavelli in Hell*, trad. bras. Denise Bottman, *Maquiavel no Inferno*, 2.ª reimp., São Paulo, Companhia das Letras, 2000, p. 79.

[213] MONCADA, L. Cabral de – *Filosofia do Direito e do Estado*, Coimbra, Coimbra Editora, I vol., 2.ª ed., reimp., 1995 (edição compacta dos 2 vols.), p. 104: "Mas o que não se encontra nem num nem noutro destes trabalhos [*Il Principe* e *Discorsi*] é qualquer ideia de Direito natural".

[214] *Apud* DE GRAZIA, Sebastian – *Maquiavel no Inferno*, p.81.

[215] MACHIAVELLI – *Il Principe*, XXIII.

[216] *Idem, Ibidem*, XVIII.

E remata:

"Né mai a uno principe mancorono cagioni legitime di colorire la inosservanzia"[217].

Entendamo-nos, por tudo isso, sobre a sua contribuição para o nascimento da Ciência Política. É realmente muito relevante e inovadora, operando realmente uma ruptura. Porque, ao ser absolutamente realista, ao tratar a política tal e qual ela realmente se nos apresenta, nua a um olhar perscrutador e não mistificado, Maquiavel foi um cientista, que sem preconceitos e pudores renunciou a escamotear a triste realidade.

Maquiavel não nega mesmo que possa haver candura ou boas intenções na Política; por vezes há-as. O problema é que, se não forem servidas de meios eficazes (nem sempre cordatos e puros) tais iniciativas e os seus fautores estarão irremediavelmente votados ao fracasso. Por exemplo, o nosso autor, embora anticlerical e nada fanático religiosamente, impressionou-se com os discursos inflamados de Savonarolla. É é sobretudo nele como perdedor que pensa quando afirma:

"(...) tutti e' profeti armati vinsono, e li disarmati ruinorono"[218]

Mas a tese pode aplicar-se a todos os bem intencionados (religiosos ou não, fundamentalistas ou não) que não possuam a força real e só as ideias e as palavras. Na verdade, vai mais tarde dizer o autor, criticando as utopias políticas que prezam o dever-ser sem curarem do que efectivamente é:

"perché egli è tanto discosto da come si vive a come si doverrebbe vivere, che colui che lascia quello che si fa per quello che si doverrebbe fare impara piutosto la ruina che la perservazione sua: perché uno uomo che voglia fare in tutte le parte professione di buono, conviene rovini infra tanti che non sono buoni."[219]

De modo semelhante, não deve o príncipe (por benevolência, mas com ingenuidade) dar poderio excessivo a ninguém, pois isso importará na sua própria perda:

---

[217] *Idem, Ibidem*, XVIII.
[218] MACHIAVELLI – *Il Principe*, VI.
[219] *Idem, Ibidem*, XV.

"De chi se cava una regola generale, la quale mai o raro falla: che chi è cagione che uno diventi potente, rovina"[220]

Conhecedor da História e também mitificador da História (mas é preciso conhecê-la bem para a engalanar e sobre ela extrapolar), Nicolau Maquiavel dela retira (da antiga e da sua contemporânea também) os *exempla* do seu discurso.

Não cremos que haja sido mais amigo dos príncipes do que do Povo. Pelo contrário. Pensamos que conhecia suficientemente bem os primeiros, e mesmo a aristocracia oligárquica republicana (ou pseudo-republicana) para que se tivesse limitado a aconselhá-los em seu próprio interesse.

Será então *O Príncipe* o desmascaramento dos monarcas para que os povos melhor vissem as suas perfídias? Não chegaremos também a tanto. Quiçá Maquiavel, primeiro cientista político, como tantos o querem catalogar, estivesse de qualquer modo já a partilhar da estranha condição do Político-cientista, ou do Cientista-Político, que haveria depois de ocupar um ensaio célebre de Max Weber[221]. Será que como político Maquiavel já era cientista, e como cientista era político?

Que como político era cientista atesta-o o valor extraordinário e a tentação teórica dos seus relatórios diplomático-militares[222].

Que era político enquanto cientista, no caso, historiador, nota-se na veiculação das suas ideias quer no comentário à primeira Década de Tito Lívio, quer na *História Florentina*[223].

Mas há algo mais complexo neste pensamento que emerge nas regiões matinais da politologia. É que certamente o que era científico (e cruelmente científico) já integrava o pensamento político do autor. Quer dizer: depois de ter visto claramente o timbre da política, Maquiavel não

---

[220] *Idem, Ibidem*, III, *in fine*.

[221] WEBER, Max – *Politik als Beruf, Wissenschat als Beruf*. Deste último ensaio, cf. a mais recente tradução de Paulo Osório de Castro, com um estudo introdutório de Rafael Gonçalo Gomes Filipe, *A Ciência como Profissão*, Lisboa, Edições Universitárias Lusófonas, 2002.

[222] MAQUIAVEL – *Escritos Políticos/A Arte da Guerra*, trad. bras. de Jean Melville, São Paulo, Martin Claret, 2002.

[223] Adoptámos a tradução no singular, dado o significado, na época, do uso do plural. Mas preferimos "florentina" a de "Florença", por ser mais próximo do original. Cf. Nelson CANABARRO – "Apresentação" de *História de Florença*, de Maquiavel, 2.ª ed. rev., São Paulo, Musa, 1998, p. 23.

mais poderia virar costas aos dados, fiado apenas em intuições ou desideratos. Os seus projectos políticos nunca poderiam, assim, ser utópicos, mas antes deveriam ter sempre presentes os achados científicos que encontrara.

Perante o apertado cerco de uma política passada e presente de deplorável miséria ética, em que o veneno e o punhal[224] do Renascimento eram já gigantescos passos para a Civilização, qual a margem de manobra de Maquiavel? Tendo cientificamente dito ao príncipe (a qualquer príncipe… e por extensão ao povo e às repúblicas) quais as regras do jogo, poderia pô-las entre parêntesis? Jamais.

Ora assim mesmo Maquiavel, cuja obra devemos ler na íntegra, e não apenas o popularizado *Príncipe*, não deixa de preferir o povo à nobreza ou à aristocracia, e a república ao principado. Mas as regras gerais da política, essas, são as mesmas.

Longe de ter sido um ateu, um ímpio, um amoral ou um imoral Maquiavel tinha as suas próprias ideias teológicas (e até litúrgicas), e se era anti-clerical e com vistas mais largas pelo conhecimento de outros credos e seus benefícios para a República, não deixava de considerar a religião cristã a única verdadeira, não saindo assim excessivamente do espírito do seu tempo. Não se lhe conhece qualquer caso de corrupção ou de enriquecimento nos cargos que exerceu – e morreria pobre –, e mesmo os seus inimigos e detractores encontraram a esse nível relativamente pouco por onde o atacar.

Mas há qualquer coisa que nos escapa sempre. A teoria de Merleau-Ponty é também sedutora:

"O filósofo da acção é talvez o mais afastado da acção: falar da acção, mesmo com rigor e profundidade, é declarar que não se pretende agir: Maquiavel é o oposto a um maquiavélico, pois descreve as manhas do poder, pois (…) 'divulga um segredo'"[225]

---

[224] Como ilustração desta mudança de "costumes": expressamente recomenda o volume anónimo (atribuído a Paolo Sarpi) *Opinione del come abia a governarsi internamente e esternamente la Republica di Venezia per conservare il perpetuo domínio*, 1683 (escrita em 1610) que jamais se condene abertamente um nobre, antes se utilize, para o neutralizar, o veneno ou o punhal. Cf. MOSCA, G. – *Op. Cit.*, p.131.

[225] MERLEAU-PONTY, Maurice – *Éloge de la philosophie*, Paris, Gallimard, 1953, trad. port. de António Braz Teixeira, *Elogio da Filosofia*, 4.ª ed., Lisboa, Guimarães, 1993, p. 76.

Realmente, há autores que menosprezam o valor prático da acção política de Maquiavel, que mesmo apoucam os cargos que exerceu, e o vêm como um eterno perdedor, um recalcado até, que sonha um Princípe capaz dos feitos que não seria capaz jamais de ousar. Mas esta visão também é forçada. A realidade deve situar-se realmente num *chiaroscuro...*

7.4.3. *Chiaroscuro*

Um aspecto ao mesmo tempo de claridade e de sombra no pensamento de Maquiavel, porque simultaneamente iluminador e porta de acesso a regiões mais penumbrosas da existência, é a sua mundividência e filosofia de vida, que impregna, obviamente, o seu pensamento político.

Há algumas teses e alguns conceitos-chave que sintetizam essa cosmovisão.

Não nos embrenharemos, desde logo, pela sua teologia, o que foi argutamente tentado, por exemplo, por um Sebastian De Grazia[226].

Com o pano de fundo do seu pessimismo antropológico, já referido, para o qual os homens são naturalmente maus, e só poderão não o ser por qualquer necessidade, Maquiavel desenha, a par do seu impiedoso realismo e busca da objectividade política, as sombras de um mundo feito de forças estranhas, incontroláveis, como que mágicas, em que apenas resta uma "esperança": a possibilidade de irromper a *virtù* por entre as limitações da *fortuna.*

Tem assim Maquiavel uma interessante concepção das relações entre a necessidade e o livre-arbítrio:

"Nondimanco, perché il nostro libero arbítrio non sia spento, iudico potere essere vero che la fortuna sia arbitra della metà delle azioni nostre, ma che etiam lei ne lasci governare l'altra meta, o presso a noi"[227].

A fortuna conduz, portanto, metade da nossas acções, mas a outra metade podem os homens ainda governar. E a forma de triunfarem sobre a fortuna é a audácia: *audatia fortuna juvat.* É ainda nesta clave literária –

---

[226] DE GRAZIA, Sebastian – *Machiavelli in Hell*, trad. bras. Denise Bottman, *Maquiavel no Inferno*, 2.ª reimp., São Paulo, Companhia das Letras, 2000.

[227] MACHIAVELLI – *Il Principe*, XXV.

sinal de que a matéria não é científica, mas sagrada – que Maquiavel aconselha a domar a fortuna, que tem por caprichosa, feminina:

"Concludo, adunque, che, variando la fortuna, e stando li uomini ne' loro modi ostinati, sono felici mentre concordano insieme, e, come discordano, infelici. Io iudico bene questo, che sia meglio essere impetuoso che respettivo; perché la fortuna è donna, et è necessario, volendola tenere sotto, batterla et urtarla. E si vede che la si lascia più vincere da questi, che da quelli che freddamente procedano. E però sempre, come donna, è amica de' giovani, perché sono meno respettivi, più feroci e con più audacia la comandano"[228]

A expressão *virtù* está espalhada repetidamente por todo *O Príncipe*, de Maquiavel. Por vezes logo associada a fortuna. A *fortuna* é determinação exógena, a *virtù* é a qualidade, a força, a capacidade própria para agir e mudar o mundo, dentro dos limites da *fortuna*. Bem se vê como esta *virtù* viril (lembremo-nos do passo supracitado) nada tem a ver com as virtudes cristãs, e é ainda diversa das *aretai* clássicas, ou das virtudes estóicas e ciceronianas. A virtude é coragem, bravura, orgulho, vigor, força, impetuosidade[229]. Só ela detém e de algum modo molda a *fortuna*. Mas Maquiavel é cauteloso. E em casos de sucesso, histórico ou futuro – como o que simultaneamente constata e presagia aos Médicis – não deixa de fazer confluir na ventura quer uma quer outra:

"Né ci si vede, al presente in quale lei possa più sperare che nella illustre casa vostra, quale con la sua fortuna e virtù, favorita da Dio e dalla Chiesia, della quale è ora principe, possa farsi capo di questa redenzione"[230].

7.5. *Maquiavel Hoje*

O desafio de Maquiavel continua vivo[231]. E também o desafio da sua

---

[228] *Idem, Ibidem.*

[229] Cf., impressivamente, CURRY, Patrick/ZARATE, Óscar – *Introducing Machiavelli*, p. 70 ss..

[230] MACHIAVELLI – *Il Principe*, XXVI.

[231] Cf. alguns desafios e diálogos de Maquiavel com o mundo contemporâneo,

refutação. Recordemos que um dos mais célebres autores de um *Anti-Maquiavel* foi o pérfido (se não "maquiavélico") Frederico II da Prússia, esse que teria dito querer espremer Voltaire como uma laranja, e depois deitar a casca fora. O anti-maquiavelismo propagandístico também pode ser um maquiavelismo, e certamente do mais apurado e coerente.

A questão coloca-se com agudeza agonística extrema na guerra, onde não parece haver forma de superar os diagnósticos mais pessimistas de Maquiavel. Sun Tzu e Clausewitz, mestres teóricos da matéria, são também – passe o anacronismo – "maquiavélicos".

Intrigante se revela uma outra aplicação da política: nas empresas e nos negócios. Os defensores da ética empresarial, ao contrário dos que advogam o maquiavelismo empresarial (por vezes *sub specie* de assimilação dos negócios à guerra: e explicitamente a Sun Tzu), vêm revelar que as empresas mais bem sucedidas seriam as que, externa e internamente, mais cuidariam da ética[232].

Será alguma vez possível infirmar com exemplos práticos as lições aparentemente realistas de Maquiavel? Ou será *O Princípe* apenas uma forma, uma receita, de fazer política – podendo haver outros modelos bem sucedidos? O problema é que ainda se não tentou suficientemente o bem em política sem que ele fosse acompanhado de excessiva ingenuidade.

É bíblico o lema: *prudentes como as serpentes e sem malícia como as pombas*[233].

Para pôr tal máxima em prática, precisamos certamente de um novo Maquiavel.

BIBLIOGRAFIA

Bibliografia activa principal/específica

Il Príncipe (1532)
La Mandragola (1520)
Belfagor Arcidiavolo (1549)

---

alguns certamente audaciosos, in, CURRY, Patrick/ZARATE, Óscar – *Introducing Machiavelli*, max. p. 124 ss..

[232] Cf., *v.g.*, http://paginas.fe.up.pt/~ptcastro/JMMor.html; http://www.unimep.br/fd/ppgd/cadernosdedireitov11/14_Artigo.html;

[233] Mt. X, 16.

Dialogo dell'arte della guerra (1521)
La Clizia (1526)
Discorsi sulla prima deca di Tito Livio (1512-1519)
Relatórios diplomáticos

Edições correntes/recomendadas

MACHIAVEL – *Œuvres complètes*, ed. de Edmond Barincou, prefácio de Jean Giono, reimp., Paris, Gallimard, Bibliothèque de la Pléiade, 1986

MACHIAVELLI, Niccolò – *Il Principe*, introd. de Piero Melograni, Milão, B.U.R Rizzoli, 1991

MACHIAVELLI, Niccolò – *Il Principe e pagine dei Discorsi e delle Istorie*, org. de Luigi Russo, Florença, Sansoni, 1967

MACHIAVELLI, Niccolò – *Il Príncipe*, com um ensaio de Vittore Branca, reed., Milão, Arnoldo Mondadori, 2003 (?)

MACHIAVELLI, Niccolò – *Il Príncipe*, introd. de Nino Borsellino, seguido de *Dell'arte della guerra*, ed. de Alessandro Capata, 2.ª ed., Roma, Newton, 2003

MACHIAVELLI, Niccolò – *Il teatro e tutti gli scritti letterari*, org. de Franco Gaeta, Milão, Feltrinelli, 1965

MACHIAVELLI, Niccolò – *La Mandragola e il Principe*, org. de Gian Mario Anselmi, Elisabetta Menetti, e Carlo Varotti, Milão, Bruno Mondadori, 1993

MACHIAVELLI, Niccolò – *Opere complete*, Palermo, Fratelli Pedone Lauriel, 1868

MACHIAVELLI, Niccolò – *Tutte le opere storiche, politiche e letterarie*, org. de Alessandro Capata, com um ensaio de Nino Borsellino, Milão, Newton, 1998

MACHIAVELLI, Niccolò – *Tutte le opere*, org. de Mario Martelli, Florença, Sansoni, 1971

MAQUIAVEL – *A Mandrágora. Bejfagor, o Arquidiabo*, São Paulo, Martin Claret, 2003

MAQUIAVEL – *Escritos Políticos/A Arte da Guerra*, trad. bras. de Jean Melville, São Paulo, Martin Claret, 2002

MAQUIAVEL – *História de Florença*, de Maquiavel, 2.ª ed. rev., São Paulo, Musa, 1998

MAQUIAVEL – *O Príncipe*, comentado por Napoleão Bonaparte, trad. do texto de Fernanda Pinto Rodrigues, trad. dos comentários de M. Antonieta Mendonça, Mem Martins, Europa-América, 1976

MAQUIAVEL – *O Príncipe*, trad. port. de Francisco Morais, Coimbra, Atlântida, MCMXXXV

MAQUIAVEL – *O Príncipe*, trad., introd. e notas de António D'Elia, São Paulo, Cultrix, 2003

MAQUIAVEL, Nicolau – *O Príncipe*, trad. port. de Carlos Eduardo de Soveral, Lisboa, Guimarães, 1984

Bibliografia passiva selectiva

ALBUQUERQUE, Martim de – *A Sombra de Maquiavel e a Ética Tradicional Portuguesa. Ensaio de História das Ideias Políticas*, Lisboa, Faculdade de Letras da Universidade de Lisboa/Instituto Histórico Infante Dom Henrique, 1974

AMARAL, Diogo Freitas do – *Para uma História das Ideias Políticas: Maquiavel e Erasmo ou as duas faces da luta entre o poder e a moral*, in "Direito e Justiça", vol. VI, 1992, p. 91 ss.

BIGNOTTO, Newton – *Maquiavel Republicano*, São Paulo, Loyola, 1991

BIGNOTTO, Newton – *Maquiavel*, Rio de Janeiro, Zahar, 2003

BRUSCAGLI, Riccardo – *Niccolò Machiavelli*, Florença, La Nuova Italia editrice, 1975

BURNHAM, James – *Los Maquiavelistas, defensores de la libertad*, trad. cast., Buenos Aires, Emecé ed., 1953

CANABARRO, Nelson – "Apresentação" de *História de Florença*, de Maquiavel, 2.ª ed. rev., São Paulo, Musa, 1998

CORTINA, Arnaldo – *O Príncipe de Maquiavel e seus Leitores. Uma Investigação sobre o Processo de Leitura*, São Paulo, UNESP, 1999

CURRY, Patrick/ZARATE, Óscar – *Introducing Machiavelli*, reimp., Cambridge, Icon Books, 2000 (1.ª ed. USA, Totem Books, 1996)

DE GRAZIA, Sebastian – *Machiavelli in Hell*, trad. bras. Denise Bottman, *Maquiavel no Inferno*, 2.ª reimp., São Paulo, Companhia das Letras, 2000

FRAGA IRIBARNE, Manuel – *El Nuevo Antimaquiavelo*, Madrid, Instituto de Estudios Políticos, 1961

GRAMSCI, António – *Note sul Machiavelli, sulla politica e sullo stato moderno*, Turim, Einaudi, 1949

GUETTA, Alessandro – *Invito alla lettura di Machiavelli*, Milão, Mursia, 1991

GUILLEMAIN, Bernard – *Machiavel. L' Anthropologie politique*, Genève, Droz, 1977

JANNI, Ettore – *Machiavelli*, Milão, Cogliati di Martinelli, 1927

LEFORT, Claude – *Le travail de l'œuvre: Machiavel*, Paris, Gallimard, 1972

MERLEAU-PONTY, Maurice – "Note sur Machiavel" (1949), in *Éloge de la Philosophie*, Paris, Gallimard, 1960, p.370

MUSSOLINI, (Benito) – Artigo em "Gerarchia", a servir de introdução a *O Príncipe*, de Maquiavel, trad. port. de Francisco Morais, Coimbra, Atlântida, MCMXXXV, p. V ss.

NAMER, Émile – *Machiavel*, Paris, P.U.F., 1961

NASSETTI, Pietro (?) – "Perfil Biográfico. Nicolau Maquiavel", in *A Mandrágora. Bejfagor, o Arquidiabo*, São Paulo, Martin Claret, 2003

POCOCK, J. G. A. – *The Machiavellian Moment. Florentine Political Thought and the Atlantic Republican Tradition*, Pinceton/Londres, Princeton University Press, 1975

STRATHERN, Paul – *Machiavelli in 90 minutes*, Chicago, Ivan R. Dee, 1998, trad. bras. de Marcus Penchel, Maquiavel (1469-1527) em 90 minutos, 1998, trad. bras. de Marcus Penchel, Maquiavel (1469-1527) em 90 minutos, Rio de Janeiro, Jorge Żahar Editor, 2000

VIROLI, Maurizio – *Il Sorriso di Niccolò. Storia di Machiavelli,* Editore Laterza, 1998

PARTE II

REAVALIAR OS PARADIGMAS

"E o lugar começa a ser cada vez mais um lugar, com as casas de várias cores, as árvores, e as leis, e a política"

HERBERTO HÉLDER – "Lugar, Lugares", *Os Passos em Volta*, 4.ª ed., Assírio & Alvim, 1980, p. 56

CAPÍTULO I
Instituições

"Les peuples heureux n'ont pas de sociologie, mais ils ont des mœurs, des institutions et des lois"

Jules Monnerot – *Les faits sociaux ne sont pas des choses*, 1946

Secção 8
FORMAS POLÍTICAS

SUMÁRIO: 8.1. Instituições. 8.2. Governo e suas formas. 8.3. Estado e sua tipologia. 8.4. Soberania e Autonomia.

SECÇÃO 8
Formas Políticas

8.1. *Instituições*

8.1.1. *Multiplicidade das Instituições*

A forma especificamente jurídica de lidar com o problema político é a institucionalização, processo de domesticação desse tão indomável fenómeno, através de fórmulas legais e orgânicas: todas elas são soluções de um modo "formalizador" de encarar o mundo, como é o jurídico. Na realidade, trata-se apenas de tentativas de domar "a fera" política. Porque ela é indomável, e acaba sempre por se exercer, ora dentro das malhas da Constituição, da legislação e da regulamentação, ora rompendo com elas.

Não devemos esquecer que a expressão "Instituição" é polissémica[234]. Os estudos sociológicos, por um lado, e os meios de comunicação de massas (imprensa, TV, rádio) por outro, têm vindo a contribuir para um alargamento muito grande do emprego desta palavra. Diz-se que o futebol é uma instituição, ou que o é o café ou *bica*. Ao mesmo tempo que se fala na instituição Parlamento ou Presidente da República, ou da instituição familiar, ou do contrato como instituição, também se fala em instituições de caridade, como as Misericórdias, ou instituições culturais, como a Fundação Gulbenkian. Com tanta coisa a ser instituição, o que vem a ser isso? Uma coisa é certa. As instituições são sustentáculos, pilares, fundamentos essenciais de uma comunidade.

Entretanto, os sociólogos e os antropólogos tendem a considerar ainda alguns rituais sociais como instituições. Serão o empenho (vulgo, "a cunha") ou a gratificação ("gorjeta") verdadeiras instituições? Os juristas

---

[234] Sobre os vários tipos e problemas institucionais, cf., desde logo, CUNHA, Paulo Ferreira da – *Sociedade e Direito. Quadros Institucionais*, Porto, Rés, s.d., máx. p. 337 ss..

não tratam directamente desse problema. Compete certamente aos sociólogos ou aos antropólogos dizer se são fundamentais para a comunidade em questão.

Para a Política, interessam especiamente as instituições que revelam particularmente a manifestação do poder. Assim, tanto as estaduais, como as legais, como ainda aquelas outras, sociais, em que se revela a *supra/ /in*fra ordenação, a dominação, a alienação, o comando, o conflito, etc.

8.1.2. *Tipologias das Instituições*

Todas as tipologias em ciências humanas são parcelares e falíveis, e reflectem, naturalmente, o ponto de vista do catalogador, que de entre uma multiplicidade muito vária de critérios possíveis elege algum ou alguns, entre si combinados. A tipologia das instituições não foge a esta regra. Consideram-se normalmente dois tipos fundamentais de Instituições, com base num critério que poderia dizer-se do agente e da função: instituições-coisa e instituições-pessoa. As primeiras são instituições sobretudo pela acção, sem se considerar muito o agente; as segundas, claramente encarnam no seu agente, sem se curar principalmente da acção. Mas tal não quer dizer que o aspecto menos considerado num e noutro caso não importe para cada respectivo tipo de institução e que seja depois totalmente negligenciado.

Coisas e pessoas não são, na verdade, numa mais profunda visão antropológica, realidades antagónicas. Pelo contrário. Esta passagem de Marcel Mauss parece inspirar essa ideia:

«À l'origine, les choses elles-mêmes avaient une personnalité et une vertu.

Les choses ne sont pas les êtres inertes que le droit de Justinien et nos droits entendent. D'abord elles font partie de la famille: la familia romaine comprend les *res* et non pas seulement les personnes»[235].

---

[235] MAUSS, Marcel – *Essai sur le don. Forme et raison de l'échange dans les sociétés archaïques*, «L'Année Sociologique», 2.ª série, 1923-1924, t. I, depois reunido em *Sociologie et Anthropologie*, com introd. de Claude Lévi-Strauss, Paris, P.U.F., 1973, p. 232. Cf. Digesto, 50, 16, 195, 1 e ISIDORO DE SEVILHA – *Ethym.*, XV, 9, 5.

Por outro lado, mesmo os domínios do mundo mental se qualificam em alguns casos como instituições. Um Michel Foucault pôde assim afirmar que as ciências humanas deixaram de ser simples domínios do saber para, pela sua prática, passarem a ser instituições[236].

Motivos para investigações futuras, sem dúvida... E desçamos agora um pouco mais ao pormenor das distinções correntes.

As *instituições coisa* não se concretizam numa organização em concreto, embora possam ser regras de vários complexos orgânicos. Podem assim ser até comportamentos, ideias que animam profundamente uma sociedade. A liberdade contratual, ou a liberdade de expressão do pensamento são, na nossa sociedade, dois desses princípios sociais fundantes. Ou, por exemplo, com recorte ainda mais político, o princípio da separação dos poderes do Estado – que determina questões orgânicas, mas não se confunde com os órgãos em si mesmos. Este carácter fundante, mas um tanto evanescente das instituições-coisa torna a sua identificação mais difícil e polémica, e é responsável por que, por vezes, ao se considerarem as instituições, esta modalidade, tão importante, seja esquecida ou ao menos subalternizada.

As *instituições pessoa* são muito mais identificáveis e muito menos sujeitas a polémica. Podem ser pessoas colectivas ou órgãos do Estado, podendo constituir organismos unipessoais (formados por uma só pessoa, por exemplo, a instituição Presidente da República ou a instituição Provedor de Justiça) ou (mais frequentemente) multipessoais (com várias pessoas, por exemplo, o Parlamento, entre nós chamado Assembleia da República, ou uma Associação, como a Associação Portuguesa de Escritores), que desempenham um papel preponderante na sociedade considerada.

Numa perspectiva mais jurídica, interessam sobretudo as instituições pessoa e aquelas instituições coisa que se confundem com grandes princípios do Direito (a instituição do casamento, ou do testamento, ou do contrato...).

No plano político, sobretudo relevam as instituições ligadas com fenómenos de poder e particularmente as que se articulam mais directamente com ou constituem o Estado, ou outras em que a microfísica do poder particularmente se manifesta: como, desde logo, a família, a empresa, etc.

---

[236] FOUCAULT, Michel – *Les Mots et les choses. Une archéologie des sciences humaines*, Paris, Gallimard, 1966, trad. port. de Salma Tannus Muchail, *As Palavras e as Coisas. Uma Arqueologia das Ciências Humanas*, São Paulo, Martins Fontes, 1985, máx. p. 361 ss.

8.2. Governo e suas formas

Mais importante, porque mais perene e universal que a própria instituição "Estado" (que só existe desde os tempos modernos, precedida por outras formas políticas – desde a Pólis, a República, o Império...), é o Governo[237]. Curemos brevemente das suas formas.

De acordo com a classificação de Aristóteles, há três formas puras e três formas corruptas ou degeneradas de governo, e todas as formas puras são passíveis de bem guiar os povos, como todas as corruptas lhes são nocivas.

A forma pura monarquia, governo de um só, opõe-se à tirania, governo despótico de um só. Inicialmente, tirano não queria dizer ditador ou déspota, mas governante chegado ao poder pelos seus meios, senhor não hereditário, mas muitas vezes aclamado pelo povo. A palavra é que foi evoluindo de sentido com as más experiências de governantes desse género. O título da peça de Sófocles *Oidipos Tyranos*, traduzida normalmente por *Édipo Rei* é realmente ambíguo – porque Édipo chegou ao poder por meio da sua sabedoria (decifrou o enigma da Esfinge), sendo contudo filho do rei de Tebas (e não o sabia); mas ao ter desposado a viúva deste e sua mãe, Jocasta, desencadeou toda uma série de malefícios que o aproximam da tirania enquanto mau governo...

À forma pura aristocracia, governo dos melhores, se contrapõe a oligarquia, que, se é uma casta dominante em razão do dinheiro se chama plutocracia, se é um grupo de velhos, gerontocracia, etc.

Finalmente, o governo do povo é a democracia (na verdade, *politeia*, que também pode ser traduzido por república e é geral vocábulo também usado para todas as sociedades políticas), corrompido na anarquia, confusão, balbúrdia, negação do poder, e na demagogia, arte de lisonjear o povo, tudo lhe prometendo para dele se receber o poder total e depois melhor o oprimir (na verdade, a palavra usada é democracia, mas no seu sentido pejorativo).

A falada democracia ateniense era uma oligarquia. Nela, imensos habitantes da cidade não tinham quaisquer direitos políticos: como o próprio Aristóteles que era um estrangeiro, um meteco.

A democracia estabelecida pelo constitucionalismo liberal é a democracia representativa. Os deputados são eleitos para decidirem pelo povo

---

[237] Cf., *v.g.*, NEGRO, Dalmacio – *Gobierno y Estado*, Madrid/Barcelona, Marcial Pons, 2002.

que os escolhe, e assim actuam em seu nome. A democracia directa, por seu turno, é a que se pode praticar em pequenos grupos ou comunidades, através de assembleias (onde se corre muito o risco da anarquia e da demagogia), ou, num plano mais geral, através de consultas directas ao povo, pedindo-lhe que aprove ou rejeite uma lei, uma medida, uma Constituição, através do mecanismo do referendo – como ocorre frequentemente na Suíça. As consultas populares com voto não limpo, com coacção ou qualquer forma de fraude, como foi o caso da que aprovou a Constituição portuguesa do Estado Novo, em 1933 (cujos resultados não são sequer seguros para os especialistas), e em que as abstenções contariam como votos a favor, ou a consulta de integração da Áustria na Alemanha, com Hitler, em que, além do clima geral de intimidação, os boletins de voto não assegurariam a igualdade entre o sim e o não (por terem espaço muito diverso), não são verdadeiros referendos, mas simples plebiscitos. Ainda hoje a má experiência, anti-democrática, dos plebiscitos, tem contaminado no imaginário de alguns a pura democracia dos referendos. Embora se conceda que nos referendos a acutilância do "sim ou não" não deixe lugar a matizes, possa levar a extremismos, e também, com eles, a demagogias.

A certos governos comunistas também se dava o nome de democracias populares (uma nomenclatura mais antiga, hoje muito em desuso, prescrevia para se atingir o socialismo a fase intermédia das "ditaduras do proletariado"). Este tipo de governo filiam alguns longinquamente em interpretações das ideias de Rousseau (mas pobre Rousseau, que não previra as consequências do seu romantismo político!), que, defendendo a indivisibilidade da soberania, era contra a separação de poderes – na verdade uma das garantias de que o poder trava o poder. Daí surgiram os governos de Assembleia, de que o mais tristemente célebre exemplo foi a Convenção francesa. Teoricamente, mandava uma Assembleia. Mas, de facto, era o *Comité de Salut Public* quem decidia e impunha as suas ordens, pelo que se veio a chamar o *Terror*.

Quase todas as democracias populares começaram por negar a típica representação democrática e multipartidária, pelo menos na prática; mas, com a queda do Muro de Berlim, assistiu-se à evolução de tais sistemas para as formas parlamentares tradicionais, com vários partidos realmente plurais e entre si alternativos. Só o futuro poderá dizer das diferenças que virão a permanecer no plano do sistema político (e até económico) entre o Leste e o Oeste europeus: cremos que poucas... Com o alargamento da União Europeia a Leste, deixou já de haver Leste em sentido político...

E a Europa arrisca-se a construir na paz e pelo capitalismo o universo burocrático que recusou na sua luta anti-comunista. Forças genuinamente liberais haverá, no seu seio, que limitem os seus ímpetos estadualistas e concentracionários, e forças genuinamente socialistas que impeçam o "salve-se quem puder" económico e social. Não precisam de ser partidos, mas tendências sociais gerais – que os influenciem.

A teorização das formas de governo não começou com Aristóteles[238]. Foi contudo a sua recepção que mais contribuiu para tornar o tema clássico, ainda hoje uma referência essencial nos estudos políticos[239].

8.3. *Estado e suas Tipologias*

No plano institucional, Estado significa conjunto complexo de órgãos políticos e administrativos que dirigem (ou enquadram) uma sociedade. Efectivamente, só a partir da Idade Moderna é que as sociedades assistiram à criação deste tipo de estrutura com uma força centralizada e autónoma. Na Idade Média, cobrar impostos, administrar a justiça, organizar um exército e outras coisas que hoje consideramos típicas do poder político central, não estavam ao alcance de muitos reis, que para isso dependiam, por exemplo, dos senhores feudais, dos municípios, etc.[240]

Estado pode também ser sinónimo, por sinédoque (toma-se a parte pelo todo), de país independente, ou pelo menos aparentemente independente, quer dizer, na perspectiva que herdámos do nacionalismo romântico, uma comunidade dotada de hino nacional, bandeira, capital, governantes... É curioso verificar que este último sentido é relativamente recente, isto é, contemporâneo do engrandecimento do Estado. Antes de a máquina administrativa crescer, à esmagadora maioria dos países chamava-se (e num certo sentido quase indiferentemente) reinos ou repúblicas.

O facto de haver um estadualismo e um nacionalismo românticos, típicos do séc. XIX, não significa de modo nenhum que a ideia de nação e os sentimentos nacionais (não confundir com nacionalistas, xenófobos,

---

[238] Cf., entre nós, por exemplo, a referência às formas de governo em Platão *in* CÂMARA, João Bettencourt da – *Noites de San Casciano. Sobre a melhor forma de Governo*, Lisboa, Vega, 1997, p.36.

[239] Cf., *v.g.*, BOBBIO, Norberto – *A Teoria das Formas de Governo*, 4.ª ed., trad. bras., Brasília, Universidade de Brasília, 1985.

[240] Cf., *v.g.*, JOUVENEL, Bertrand de – *Du Pouvoir*, cit.

etc.) tenham nascido e morrido aí. Ainda hoje múltiplos conflitos pelo mundo fora denunciam o fervor nacional de muitos: até extremos de agonismo. Quem vir o que sucede com judeus, palestinianos, bascos, irlandeses, não poderá pensar que a nação é um conceito idealista, sem chão e raízes em sentimentos profundos dos povos.

Há vários tipos de Estado. O Estado do iluminismo inicial, de despotismo esclarecido como, por exemplo, o do Marquês de Pombal entre nós, é o Estado absoluto moderno, por alguns chamado de polícia, fortemente controlador. O tipo de Estado que se lhe segue, no seguimento das Revoluções liberais, é o Estado Liberal, ou Estado guarda-nocturno, sobretudo um árbitro. É já um estado de Direito, pois aí impera o princípio da legalidade. Mas só foi realmente guarda-nocturno talvez no início, ou em teoria[241].

Sucede ao Estado liberal, como vemos já com aspectos sociais marcantes, o Estado de Direito Social, que passa a intervir mais fortemente na esfera social, económica, cultural, etc. O Estado Socialista (ou Comunista – mas o "socialismo real" sempre teve pudor em usar esta última designação, que reservava, escatológica e messianicamente, para o momento em que se atingisse tal utópico paraíso na terra) levou ao máximo essa intervenção, nomeadamente com a quase total colectivização económica. O Estado de bem-estar *(Welfare State)* corresponde ainda ao sonho ocidental de conjugar liberdade e prestações sociais. Mas falhou o seu projecto em alguns aspectos, tendo-se transformado pela burocratização e pelo excesso de intervenção nuns aspectos (e absentismo noutros, também...) no chamado Estado-Providência, que assim é uma perversão do Estado Social. Presentemente, o Estado é até divinizado e tudo dele se pede, como outrora a Deus. Em muitos sentidos, com privatizações e neo-liberalizações, já não estamos no Estado-Providência. Mas essas tendências mais recentes de índole neo-liberal ainda não conseguiram provar na prática a bondade e eficiência das suas teorias. Chegados ao poder, os arautos mesmo desta corrente libertária (ou anarco-capitalista) têm dificuldade em viver sem mais Estado e mais impostos...

---

[241] Por exemplo, SABINE, George – *A History of Political Theory*, Nova Iorque, Holt. Reinehart and Winston, 1937, 20.ª reimp. ed. do Fondo de Cultura Económica, México, 1945, p. 536, referido-se ao Reino Unido, desfez o preconceito de um estado liberal de braços cruzados, como veremos *infra*.

Tudo indica, assim, que se o Estado-Providência se transformou num novo Leviatão, já a sua versão moderada, o Estado Social, pode ser salva, e salvar as nossas sociedades de exageros e retrocessos civilizacionais de vulto, desde que se proceda a curas de racionalização e à aplicação de algumas receitas de equilibrado socialismo democrático e liberalismo social.

8.4. *Soberania e Autonomia*

Soberania é expressão que mais recentemente parece consentir adjectivos, limitações e gradações. Fala-se em soberania limitada, ou semi-soberania, por exemplo, para iniciar a situação de Estados que não podem, ainda não podem, ou já não podem exercer plenamente as suas prerrogativas – o seu poder – quer interna, quer externamente. Também se usa o eufemismo de "transferência" ou "partilha" de soberania para não dizer perda, alienação da soberania.

Ora a ideia de soberania, originariamente, não foi nem um conceito inócuo e aparentemente técnico na linguagem das relações jurídicas internacionais, nem, por isso mesmo (por ser instrumento de luta ideológica), consentiria limitações – desde o momento em que se assumiu como instrumento do Estado no contexto da própria autonomização da Política[242]. De facto, tratava-se (ou acabaria por tratar-se) de determinar o poder estadual do príncipe de forma plena, ilimitada no plano internacional (contra Papa e Imperador), assim como não consentir também partilha ou limitação intra-estadual (pondo termo a feudalismos e senhorialismos que acantonavam o doravante príncipe soberano na posição de mero *primus inter pares*). Poder sem limitação de outros no plano interno e externo do

---

[242] Cf. a límpida síntese de Moncada, Luís Cabral de – *Filosofia do Direito e do Estado*, I, 2.ª ed. 1953, Coimbra, Coimbra Editora, pp. 119-120: "O conceito de soberania, de poder supremo do Estado ou da comunidade em face de todas as outras vontades – a *potestas* ou *majestas* – não era, por certo, um conceito novo [antes de Bodin]. Já no direito romano ele nos aparece bem vincado, como expressão conceitual do poder de vontade tão característico do génio de Roma. Depois, o Cristianismo, suavizando-o, dera-lhe uma metafísica, integrando-o dentro da sua concepção religiosa da vida. Mas na Idade Média este conceito era ainda um conceito politicamente fraco (...) Proclamada, porém, a «autonomia do político» e desfeita (...) a ideia de Cristandade (...) era natural que o mesmo conceito assumisse um vigor tanto maior e viesse afinal a referir-se exclusivamente aos Estados independentes, como que concretizando-se só neles e absolutizando-se".

Estado, eis a soberania, cujo papel foi determinante na edificação do Estado (moderno). Depois, soberano passou a designar o titular da soberania: primeiro o monarca, depois o povo ou a nação (após as revoluções constitucionais). Ao nível internacional, muitas soberanias se comprimiram mercê de fenómenos de integração, federação e confederação, da própria interdependência geral e do cosmopolitismo, evidentemente também da globalização, e da emergência na cena internacional de superpotências ou potências dominantes no plano mundial ou regional. No tocante ao plano interno, o termo não tem tido tanto uso: todavia, na sua *Teologia Política,* Carl Schmitt define com clareza o que (indiciando quem seja) é soberano: soberano é aquele que decide do estado de excepção. Tal é a pedra de toque do núcleo efectivo do poder. Clássicos da soberania são Jean Bodin e Thomas Hobbes.

No sistema de governo medieval, os poderes inter-dependentes, em rede, numa malha de vassalagem e suserania, na fórmula feudal pura, e mais complexos ainda no atinente a comunas livres e ao modo senhorial, poderá certamente falar-se, como faz Paolo Grossi[243], de autonomia em lugar de soberania [244] (a soberania é, como se sabe, típica da modernidade nascente, e do Estado, molde político típico de toda a Modernidade). Na verdade, afirma o grande historiador do Direito:

"La assolutezza, che è peculiare alla sovranità, cede alla relatività di autonomia; se la prima sembra fatta apposta per scavare fossati incavabili fra due o più entità, la seconda separa collegando. Se la sovranità erige delle mònadi, facendo di ciascuna di esse un pianeta pensato e risolto come autosufficiente con l'unica capacità relazionale che consiste nella tendenza imperialistica a inglobare i pianeti limitrofi, l'autonomia – quale indipendenza relativa – immerge l'entità accanto alle altre, in un reticolato che la collega alle altre, giaché un soggetto politico autonomo è indipendente rispeto a taluni altri ma è dipendente rispetto ad altri ancora, e – quel che più conta per l'analisi che ora ci interessa – è pensato e risolto all'in-

---

[243] GROSSI, Paolo – *Dalla Società di Società alla Insularità dello Stato fra Medioevo ed Età Moderna*, Nápoles, Istituto Universitario Suor Orsola Benincasa, 2003.

[244] Um problema diferente, mas interessante para cotejo, era o levantado, designadamente em Portugal no contexto do Estado dito "multinacional e pluricontinental" de antes da descolonização, por PIRES, Francisco Lucas – *Soberania e Autonomia*, "Boletim da Faculdade de Direito", Coimbra, vol. XLIX, pp. 135-200, e vol. L, pp. 107-174.

terno di un tessuto il più ampio possibile fino as essere universale, al centro di una raggiera di fili colleganti"[245]

Dir-se-ia em termos modernos que a autonomia – que é também um conceito-lição para a contemporaneidade de fim das soberanias tradicionalmente concebidas – estabelece formas de convivência entre poderes de geometria variável, numa articulação que, não pondo em causa o cerne do poder de cada uma, todavia o compatibiliza com outros, em relações dialécticas flexíveis.

Não podemos também esquecer que esta problemática não poderá ser completamente desgarrada da distinção, que vem já (com significante e significado) dos romanos, entre auctoritas e *potestas*. A tríade autoridade, poder e soberania tem toda a sua magia e toda a sua sedução, no *logos* e no *mythos*[246].

Não é a soberania tanto um conceito a rever, como um conceito a reestudar[247].

BIBLIOGRAFIA

Instituições

BERTRAND, Badie/BIRNBAUM, Pierre – *Sociologie de l'Etat*, Paris, Grasset, 1982
CRUZ, Manuel Braga da – *Instituições Políticas e Processos Sociais*, Amadora, Bertrand, 1995
CUNHA, Paulo Ferreira da – *Miragens do Direito. O Direito, as Instituições e o Politicamente correto*, Campinas, São Paulo, Millennium, 2003
CUNHA, Paulo Ferreira da – *Sociedade e Direito. Quadros Institucionais*, Porto, Rés, 1983
MCILVAIN, Charles Howard – *Some Ilustration for the Influence of unchanged Names for changing Institutions, in* "Interpretations of Modern Legal Philosophies: papers resented to Roscoe Pound", New York, 1947, pp. 489 ss
MOREAU, Jacques/DUPUIS, Georges/GEORGEL, Jacques – *Sociologie Politique*, Paris, Cujas, 1966

---

[245] GROSSI, Paolo – *Dalla Società di Società alla Insularità dello Stato fra Medioevo ed Età Moderna*, p. 25,

[246] Nesta última clave, cf., *v.g.*, BELLINI, Paolo – *Autorità e Potere*, com Prefácio de Claudio Bonvecchio, Milão, Franco Angeli, 2001.

[247] Cf., recentemente, e em língua portuguesa, KRITSCH, Raquel – *Soberania. A Construção de um Conceito*, São Paulo, USP/Imprensa Oficial do Estado, 2002.

Reavaliar os Paradigmas

SAINT-JUST, Louis Antoine Léon de – *Les Institutions Républicaines*, Paris, 1800
WEBER, Max – *Wirtschaft und Gesellschaft. Grundgriss des verstehenden Soziologie*, trad. ingl., *Economy and Society*, Berkeley..., University of California Press, 1978, 2 vols..

Governo

A Voz da Natureza sobre a origem dos Governos, tratado em dous volumes, traduzido da segunda edição franceza publicada em Londres em 1809, Lisboa, Na Impressão Régia, 1814
BESSA, António Marques – *Quem Governa? Uma Análise Histórico-política do tema da Elite*, Lisboa, ISCSP, Março de 1993
BOBBIO, Norberto – *A Teoria das Formas de Governo*, 4.ª ed., trad. bras., Brasília, Universidade de Brasília, 1985
CANOTILHO, José Joaquim Gomes – *'Discurso Moral' ou 'Discurso Constitucional?, Reserva de Lei' ou 'reserva de Governo'* ?, Separata do "Boletim da Faculdade de Direito", Universidade de Coimbra, n.º 69 (1993), pp. 699-717
DEUTSCH, Karl – *Política e Governo*, trad. bras., 2.ª ed., Brasília, Universidade de Brasília, 1983
FERREIRA, Silvestre Pinheiro – "Da Independência dos Poderes Políticos nos Governos representativos", in *A Revolução de Setembro*, n.º 967, texto seleccionado por Pinharanda GOMES, Pinharanda (Introd. e sel.), *Silvestre Pinheiro Ferreira*, Guimarães Editores, Lisboa, 1977
FOUCAULT, Michel – *Diante dos Governos, Os Direitos do Homem*, trad. bras., in "Direito, Estado e Sociedade", Pontifícia Universidade Católica do Rio de Janeiro, Departamento de Ciências Jurídicas, n.º 2, Janeiro/Julho de 1993
LACERDA, D. José de – *Da Fórma dos Governos com respeito á prosperidade dos povos e das cousas politicas em Portugal*, Lisboa, Typographia de Silva, 1854
MILL, John Stuart – *Considerações sobre o Governo Representativo*, trad. bras., Brasilia, Univ. de Brasilia, 1981
MIRANDA, Jorge – *Os Problemas Políticos Fundamentais e as Formas de Governo Modernas*, separata de "Estudos em Homenagem ao Prof. Doutor Armando M. Marques Guedes", FDUL, Coimbra Editora, 2004, pp. 203-250
NEGRO, Dalmacio – *Gobierno y Estado*, Madrid/Barcelona, Marcial Pons, 2002
O'BRIEN, DAVID M. – *Constitutional Law and Politics: Struggles for Power and Governmental Accountability*, 4.ª ed., Nova Iorque, W. W. Norton, 2000
QUEIRÓ, Afonso Rodrigues – *Teoria dos Actos de Governo*, Coimbra, Faculdade de Direito, 1948
SALDANHA, Nelson – *Secularização e Democracia. Sobre a Relação entre Formas de Governo e Contextos Culturais*, Rio de Janeiro/São Paulo, 2003

Estado

GUEDES, Armando Marques – *Ciência Política – Teoria Geral do Estado*, Lisboa, ed. da AAFDL, 1982

ALTHUSSER, Louis – *Idéologie et apareils idéologiques d'Etat*, La Pensée, trad. port. de Joaquim José de Moura Ramos, *Ideologia e Aparelhos Ideológicos do Estado*, Lisboa, Presença, 1974

BARRET-KRIEGEL, Blandine – *L'Etat et les Esclaves*, Paris, Payot, 1989

BOBBIO, Norberto – *A Teoria das Formas de Governo*, 4.ª ed., trad. bras., Brasília, Universidade de Brasília, 1985

BURDEAU, Georges – *L'Etat*, Paris, Seuil, 1970

CASSIERER, Ernst – *The Myth of the State*, trad. port., *O Mito do Estado*, Lisboa, Europa-América, 1961

CUNHA, Paulo Ferreira da (Org.) – *Teorias do Estado Contemporâneo*, Lisboa/São Paulo, Verbo, 2003

EWALD, François – *L'Etat Providence*, Paris, Grasset, 1986

HELLER, Herman – *Teoría del Estado*, trad. cast., México, F. C. E., 1974

JELLINEK, G. – *Teoría General del Estado*, trad. cast. de Fernando de los Ríos Urruti, Granada, Comares, 2000

KELSEN, Hans – *Teoria General del Estado*, 14.ª ed. cast., Mexico, Editora Nacional, 1979

KRIELE, Martin – *Introducción a la Teoria del Estado*, tr. cast., Buenos Aires, Depalma, 1980

LUCAS VERDÙ, Pablo/MURILLO DE LA CUEVA, Pablo Lucas – *Manual de Derecho Politico*, I. *Introducción y Teoria del Estado*, Madrid, Tecnos, 1987

MALTEZ, José Adelino – *Curso de Relações Internacionais*, Estoril, Principia, 2002

MARITAIN, Jacques – *L'Homme et l'Etat*, Paris, P.U.F., 1953 (2.ª ed., 1965)

MOREIRA, Adriano – *Teoria das Relações Internacionais*, Coimbra, Almedina, 1996

MOREIRA, Adriano, *et al.*, – *Legado Político do Ocidente. O Homem e o Estado*, Lisboa, Estratégia, Lisboa, 1995

NOVAIS, Jorge Reis – *Contributo para uma Teoria do Estado de Direito, do Estado de Direito liberal ao Estado social e democrático de Direito*, separata do vol. XXIX du Suplemento ao "Boletim da Faculdade de Direito" da Universidade de Coimbra

PAUPERIO, J. Machado – *Teoria Geral do Estado*, Rio de Janeiro, Forense, 1983

SOUSA, José Pedro Galvão de – *O Totalitarismo nas origens da Moderna Teoria do Estado*, s.e, São Paulo, 1972

ZIPPELIUS, Reinhold – *Teoria Geral do Estado*, trad. port., Lisboa, Fundação Calouste Gulbenkian, 1974

Soberania

BERGALLI, Roberto/RESTA, Eligio (comp.) – *Soberanía: un principio que se derrumba. Aspectos metodológicos y jurídico-políticos*, Barcelona, Paidós, 1996

BRITO, António José de – *Nota sobre o Conceito de Soberania*, Braga, Livraria Cruz, 1959

DE JOUVENEL, Bertrand – *De la Souveraineté – à la recherche du bien politique*, Paris, Jénin, Librairie des Médicis, 1955

Diaz, Elias – *De la maldad estatal y la soberania popular*, Madrid, Debate, 1984

Dumezil, Georges – *Les dieux souverains des Indo-Européens*, 2.ª ed., Paris, Gallimard, 1977

Franklin, J. – *John Locke and the Theory of sovereignty*, Cambridge, Cambridge Univ. Press., 1981

Grossi, Paolo – *Dalla Società di Società alla Insularità dello Stato fra Medioevo ed Età Moderna*, Nápoles, Istituto Universitario Suor Orsola Benincasa, 2003

Kelsen, Hans – *Das Problem der Souverenität und die Theorie des Volkerrechts*, 1920

Kritsch, Raquel – *Soberania. A Construção de um Conceito*, São Paulo, USP/Imprensa Oficial do Estado, 2002

Lessay, Franck – *Souveraineté et légitimité chez Hobbes*, Paris, P.U.F., 1988

Mairet, Gérad – *Le Principe de Souveraineté*, Paris, Gallimard, 1997

Martins, Joaquim Pedro – *A doutrina da soberania popular segundo as Côrtes de 1641 e os teóricos da restauração*, separata das "Memórias da classe de Letras" – t. III, Academia das Ciências de Lisboa, Lisboa, 1937

Schmitt, Carl – *Politische Theologie. Vier Kapitel zur Lehre der Souveränität*, reed., Berlin, Duncker und Humblot, 1985, trad. fr. de Jean-Louis Schlegel, *Théologie Politique*, Paris, Gallimard, 1988

SECÇÃO 9
Constituição e Constitucionalismos

SUMÁRIO: 9.1. Constituição. 9.2. Direito Constitucional. 9.3. Constitucionalismo natural e Constitucionalismo convencional.

SECÇÃO 9
Constituição e Constitucionalismos

"Constituição! Ó nome suspirado (...)
De hum a outro Emisferio transportado
Pelos bravos magananimos Inglezes,
Já sem temer suplícios, nem revezes
Te pronuncia o Luzo affortunado."

D. FRANCISCA POSSOLO DA COSTA – *Sonetos compostos por..* (...), Lisboa, Typ. R. J. de Carvalho, 1826, Soneto V, p. 7

9.1. *Constituição*

A Constituição de uma formação social ou sociedade (que pode ter como forma política um Estado ou não) é o mais alto e determinante complexo da organização e simbolização fundantes dessa mesma sociedade. Todas as sociedades tiveram e têm a sua constituição: no fundo, o conjunto das suas *leis fundamentais*.

No Reino Unido não há uma Constituição codificada, mas um conjunto de textos e de costumes jurídicos de épocas muito diversas. A constituição britânica rege as fundamentais instituições políticas no Reino Unido e ocupa os constitucionalistas ingleses, embora não se encontre nas livrarias nenhum código com esse nome. Porque, de facto, a Constituição enquanto fonte instrumental de Direito, aquilo a que correntemente chamamos constituição, não é mais que o código de direito político.

Este processo de codificação do direito político ocorreu na sequência do movimento constitucional do século XVIII, derivando em especial das revoluções americana e francesa, e já com raízes na "revolução gloriosa" inglesa, no século XVII. Foi um período de crença cega na razão e julgou-se que esses textos constitucionais cheios de boas intenções traiam por si só a felicidade aos povos. O texto tornou-se mágico. Bastava escrever-se e aprovar-se que os homens eram iguais para o serem. Na verdade, a realidade revelou-se bem diversa.

Contudo, as nossas sociedades continuam em boa parte tributárias dessa maneira de pensar, e jamais compreenderemos o nosso direito, a nossa política e, em geral, a nossa vida, sem recuarmos ao século XVIII e ao constitucionalismo. Aí tudo está em germe, em profecia, em potência.

O constitucionalismo e as suas revoluções foram a confluência de diversos factores de descontentamento face ao absolutismo real de então. Afinal, todas as classes, do povo miúdo à nobreza e ao clero, passando pelos burgueses, estavam descontentes com a concentração de poderes no rei, e todos visavam o aumento da sua influência política ou a melhoria da sua condição. Foi a burguesia quem ganhou, como se sabe. Mas a história desapaixonada das revoluções, por isso chamadas burguesas, está ainda por fazer. Também o está uma avaliação serena do legado constitucional, que se pode resumir em três aspectos: a constituição como texto escrito e sagrado, fruto da soberania popular, os direitos fundamentais e a separação de poderes. Todos os três se vieram a transformar em verdadeiros mitos do constitucionalismo moderno.

A Constituição moderna acaba por ser molde do Estado hodierno, e nesse sentido perde especificidade. A duplicidade essencial da Constituição no Estado, jurídica e política, obrigará certamente a meditar estas palavras de Cristina Queiroz: *"Todo o jurídico aspira ao político e todo o político pressupõe e reclama de alguma forma o jurídico. Ambos confluem num mesmo e único objecto de observação: o Estado, um sujeito simultaneamente político e normativo"*[248].

9.2. *Direito Constitucional*

O Direito Constitucional é o ramo de direito proeminente nas sociedades modernas, provavelmente o mais importante em todas as sociedades de todos os tempos. Uma corrente entre nós maioritária considera que as normas constitucionais, passadas a escrito e entronizadas na consciência colectiva e nas declarações oficiais desde o século XVIII, são as normas

---

[248] QUEIROZ, Cristina M. M. – *Os Actos Políticos no Estado de Direito. O Problema do Controle Jurídico do Poder*, Coimbra, Almedina, 1990, p. 12.

das normas, e que todas as leis devem obedecer a essas leis mais fundamentais que são as constitucionais. Outra corrente, menos conhecida, procura delimitar o âmbito do constitucional às normas de direito político sobretudo orgânico e funcional ao nível do Estado.

Independentemente de ser ou não considerado como direito dos direitos, este ramo cura, efectivamente, da configuração profunda do Estado. Define-o territorialmente, dá-lhe símbolos, dá-lhe ou reconhece-lhe nome, assinala-lhe fins, designa-lhe a forma de organização, explicita os direitos e os deveres dos cidadãos. Enfim, é o Direito político, da organização política, do saber-se "quem manda", e para quê se manda.

Hoje – e naturalmente sobretudo amanhã – em Portugal, mais do que o Direito Constitucional interno avulta(rá) o Direito Constitucional da União Europeia, consubstanciado na Constuição Europeia, um texto escrito e codificado. Mas o princípio da subsidiariedade, nele também incluído, continuará, porém, a obrigar a que as matérias se curem o mais proximamente possível dos seus directos interessados. Pelo que o Direito Constitucional interno terá, certamente, em Portugal, ainda um vasto interesse e aplicação.

9.3. *Constitucionalismo natural e Constitucionalismo convencional*

Antes das Revoluções Constitucionais, que convencionalmente instituíram pactos sociais escritos, já havia Constituição. Era uma constituição natural, não voluntarista, tradicional, histórica, progredindo ou evoluindo lentamente ao longo dos séculos. As leis fundamentais dos reinos, as próprias Ordenações, continham normas constitucionais. Mesmo as apócrifas actas das Cortes de Lamego realmente espelhavam uma norma constitucional não escrita sobre quem podia ser Rei de Portugal.

Como bem observou Almeida Garrett, o grande problema das constituições naturais, históricas, não escritas, é o poderem ser mais facilmente subvertidas e assim esquecidos os direitos, mais evanescentes porque não inscritos a fogo num Código. Embora Garrett não sonhasse como também depois, na vigência das constituições modernas, a subversão ainda assim se pode instalar – porque também as normas escritas e codificadas se podem ler e tresler, interpretar e subverter...

Seja como for, a passagem do constitucionalismo natural e histórico ao constitucionalismo moderno, convencional, de codificação, abriu-se pelas revoluções constitucionais e consumou-se nas constituições modernas, escritas, codificadas, voluntaristas, das quais, evidentemente, a nossa *forma mentis* actual já não pode prescindir.

Como vimos, as revoluções constitucionais foram profundas transformações sociais, políticas, económicas e de mentalidades operadas no Ocidente nos séculos XVII e XVIII, e que redundaram na criação de textos constitucionais de garantia dos cidadãos contra os excessos de poder, fundando longínqua ou directamente o liberalismo político. Trata-se da Revolução Inglesa, da Revolução Americana, que culminou na independência dos EUA e na sua Constituição bicentenária, e da Revolução Francesa, que se espalhou a todo o mundo e cujo lema "liberdade, igualdade e fraternidade" e os Direitos Humanos, a soberania do povo, etc., ainda hoje alimentam o nosso imaginário político. Começa hoje a fazer-se o balanço objectivo dessas revoluções tão idealistas. Contadas as cabeças caídas em nome da liberdade e o aumento das pressões e obrigações do cidadão face a um Estado cada vez mais poderoso, alguns atribuem a tais transformações um saldo negativo. Mas não se pode confundir o desvio e o exagero com a inicial e genuína pureza. E perante tanto espezinhar da liberdade, mesmo sob a capa sorridente da hipocrisia, mesmo a coberto dos mais excelentes princípios, há que recordar o sangue mártir dos que morreram generosa e genuinamente pela Liberdade.

Constitucionalismo moderno é o nome normalmente dado ao movimento constitucional dos séculos XVII e XVIII, que tem como pontos altos as revoluções constitucionalistas. Propugna sobretudo a existência de uma Constituição escrita e de valor praticamente sagrado, a separação de poderes e os direitos fundamentais. Assenta na ideia de soberania popular ou nacional exercida, mediante sufrágio, pelos representantes da nação. Opõe-se a períodos e concepções constitucionais tradicionalistas e orgânicas (assentes na constituição material e nas leis fundamentais dos reinos), bem como ao constitucionalismo do "socialismo real" que, pelo menos, recusa (aliás na linha de Rousseau) a separação de poderes.

BIBLIOGRAFIA

Introdutória

Bravo Lira, Bernardino – *Entre dos Constituciones. Historica y Escrita. Scheinkonstitutionalismus en España, Portugal y Hispanoamérica*, in "Quaderni Fiorentini per la Storia del Pensiero Giuridico Moderno", n.° 27, Florença, 1998

Reavaliar os Paradigmas

CUNHA, Paulo Ferreira da – *Teoria da Constituição*, Lisboa/São Paulo, Verbo, I vol. 2000, II vol. 2002
CUNHA, Paulo Ferreira da – *Anti-Leviathã*, Porto Alegre, Sergio Fabris, 2005
CUNHA, Paulo Ferreira da – *Direito Constitucional Geral*, Lisboa, Quid Juris, 2006

Doutrina Constitucional portuguesa geral

CANOTILHO, José Joaquim Gomes – *Direito Constitucional e Teoria da Constituição*, Coimbra, Almedina, última ed.
COSTA, J. M. Cardoso da – *Constitucionalismo*, in "Pólis", Lisboa, Verbo, 1983, I vol., col. 1151 ss..
MIRANDA, Jorge – *Manual de Direito Constitucional*, Coimbra, Coimbra Editora, vários vols., últimas ed. respectivas
PIRES, Francisco Lucas – *O Problema da Constituição*, Coimbra, Faculdade de Direito, 1970
SOARES, Rogério Ehrhardt – *Constituição*, in "Dicionário Jurídico da Administração Pública", II, Coimbra, Atlântida, 1972, pp. 661 ss..
SOARES, Rogério Ehrhardt – *Constituição. Política*, in Pólis, I, Lisboa/São Paulo, Verbo, 1983, col. 1164 ss..
SOARES, Rogério Ehrhardt – *Direito Constitucional: Introdução, o Ser e a Ordenação Jurídica do Estado*, in CUNHA, Paulo Ferreira da (org.) – *Instituições de Direito*, II, Coimbra, Almedina, 2000, pp. 29-87
SOARES, Rogério Ehrhardt – *O Conceito Ocidental de Constituição*, in "Revista de Legislação e Jurisprudência", Coimbra, nos. 3743-3744, p. 36 ss.; p. 69 ss., 1986
SOUSA, Marcelo Rebelo de – *Direito Constitucional – Introdução à Teoria da Constituição*, Braga, Livraria Cruz, 1979

Constitucionalismo natural e constitucionalismo convencional

AZEVEDO, Luiz Gonzaga de – *O Regalismo e a sua evolução em Portugal até ao tempo do P. Francisco Suárez*, in "Brotéria", XXIV, 1937
BOTELHO, Afonso – *Monarquia poder conjugado*, in "Nomos. Revista Portuguesa de Filosofia do Direito e do estado", Lisboa, n.º 2 (Julho-Dezembro de 1986), p. 38 ss
BRANDÃO, António José – *Sobre o Conceito de Constituição Política*, Lisboa, s/e, 1944, p. 77.
BRAVO LIRA, Bernardino – *El Estado Constitucional en Hispanoamerica (1811-1991). Ventura y desventura de un ideal Europeo de gobierno en el Nuevo Mundo*, México, Escuela Libre de Derecho, 1992.
CARDIM, PEDRO – *Cortes e Cultura Política no Portugal do Antigo Regime*, Prefácio de António Manuel Hespanha, Lisboa, Cosmos, 1998
CIDADE, Hernâni – *A Contribuição Portuguesa para os Direitos do Homem*, separata do "Boletim da Academia Internacional da Cultura Portuguesa", n.º 5, 1969
CORTESÃO, Jaime – *Os Factores Democráticos na Formação de Portugal*, 4.ª ed., Lisboa, Livros Horizonte, 1984.

FIGUEROA QUINTEROS, María Angélica – *Apuntes sobre el origen de las garantías a los derecho humanos en la legislación hispano-chilena*, in *Estudios de Historia de las instituciones políticas y sociales*, 2, Santiago, 1967

FRANKLIN, Francisco Nunes – *Memória para servir de índice dos Foraes das terras do Reino de Portugal e seus domínios*, por…, Lisboa, Tipografia da Academia Real das Ciencias, 1825

GIL, José – *Constituição*, in *Enciclopédia Einaudi*, XIV, Ed. port., Lisboa, Imprensa Nacional – Casa da Moeda, 1989, p. 138 ss.

HOLT, J. C. – *Magna Carta and Medieval Government*, Hambledon Press, London/Ronceverte, 1985

LANGHANS, Franz Paul de Almeida – *Fundamentos Jurídicos da Monarquia portuguesa*, in *Estudos de Direito*, Coimbra, Acta Universitatis Conimbrigensis, 1957

LASSALE, Ferdinand – *O que é uma constituição política?*, trad. port., Porto, Nova Crítica, 1976

MARTINS, Joaquim Pedro – *A doutrina da soberania popular segundo as Côrtes de 1641 e os teóricos da restauração*, separata das "Memórias da Classe de Letras" – t. III, Academia das Ciências de Lisboa, Lisboa, 1937.

MARTINS, Oliveira – *História da Civilização Ibérica*, nova ed, Mem Martins, Europa-América, s/d.,

MONTORO BALLESTEROS, Alberto – *Raíces medievales de la protección de los derechos humanos*, in "Anuario de Derechos Humanos", n.º 6, Madrid, Edit. Universidad Complutense, 1990, pp. 85-147

OLIVIER-MARTIN, François – *Les Lois du Roi*, ed. fac-similada, Paris, Editions Loysel, 1988

PASCOAES, Teixeira de – *Arte de Ser Português*, Lisboa, Assírio & Alvim, 1991, pp. 78-79

QUENTAL, ANTERO DE – *Causas da Decadência dos Povos Peninsulares*, 6.ª ed., Lisboa, Ulmeiro, 1994, máx. p. 30 ss.

SARDINHA, António – *A Teoria das Cortes Gerais*, 2.ª ed., Lisboa, qp, 1975

SILVA, Agostinho da – *Ir à Índia sem abandonar Portugal*, Lisboa, Assírio & Alvim, 1994, máx. p. 32 ss.

SOUSA, Armindo de – *As Cortes Medievais Portuguesas (1385-1490)*, Lisboa, INIC, 2 vols., 1990

XAVIER, Ângela Barreto – *"El Rei aonde póde & não aonde quér". Razões da Política no Portugal Seiscentista*, Lisboa, Edições Colibri, Faculdade de Ciências Sociais e Humanas da Universidade Nova de Lisboa, 1998

CAPÍTULO II
Ideologias e Utopias

«*L'opposition d'une pensée scientifique à une pensée idéologique peut être symbolisée par la distinction du modèle et du mythe. Non qu'une idéologie se présente seulement comme un tissu de mythes; mais elle inclut toujours, à titre essentiel, et bien entendu sans les présenter comme tels, qu'ils soient ou non enrobés dans un réseau de concepts*»

GILLES-GASTON GRANGER – *Pour la connaissance philosophique*, p. 145

"*A ideologia é uma 'representação' da relação imaginária dos indivíduos com as suas condições de existência*"

Louis Althusser – *Ideologia e Aparelhos Ideológicos do Estado*, trad. port., Lisboa, Presença, 1974, p. 77

SECÇÃO 10
Ideologia e Ideologias

SUMÁRIO: 10.1. Ideologia e Direito. 10.2. A Propriedade, pedra de toque das Ideologias. 10.3. As Grandes Famílias Ideológicas. 10.4. A Ideologia Hoje. 10.5. Ideologias e Partidos no Portugal Contemporâneo.

SECÇÃO 10
Ideologia e Ideologias

10.1. *Ideologia e Direito*

10.1.1. *Para uma Noção de Ideologia*

A palavra "ideologia" não designou desde logo as ideias que hoje lhe associamos. Reza a "tradição" que se deve a Destutt-Tracy. Este autor inegavelmente tinha um projecto mais vasto para fazer o vocábulo abarcar a teoria ou estudo das "ideias"[249]. Napoleão desdenhava, porém, dos "ideólogos"[250]. E só com o tempo a palavra acabou por designar o que hoje vai significando, e mesmo assim de forma muito esquiva por pouco denotativa. Em termos muito simplistas, pode considerar-se como Ideologia um conjunto de ideias, princípios e até *slogans* ou palavras de ordem, normalmente decorrentes da simplificação para uso vulgar e propaganda de uma filosofia, normalmente de uma filosofia política. As ideologias são entre si rivais e cada uma considera que propõe aos homens a melhor solução global (as ideologias não são receituários detalhistas) para os seus problemas, para a sua própria existência. Marx, primeiro teórico do comunismo moderno, considerou (entre muitos outros sentidos) a ideologia como falsa consciência. Mas na sua obra a palavra tem ainda muitos outros sentidos. O sociólogo Karl Manheim opôs ideologia, como o pensamento

---

[249] DESTUTT-TRACY, A. L. C. – *Elements d'idéologie*, 2.ª ed., Paris, Courcier, 1804--1815, 4 vols.. Sobre a trajectória do binómio palavra/ideia «ideologia», *v.g.*, MINOGUE, Kenneth – *Politics: a very short introduction*, Oxford University Press, 1995, trad. port. de Maria Manuel Cobeira, *Política. O Essencial*, Lisboa, Gradiva, 1996, p. 121 ss.

[250] Tal desamor acabava por ser recíproco. Cf., *v.g.*, RICOEUR, Paul – *Lectures on Ideology and Utopia*, ed. por George Taylor, New York, Columbia Univ. Press, 1986, trad. port. de Teresa Louro Perez, *Ideologia e Utopia*, Lisboa, edições 70, 1991, p. 69 ss.

dos que mandam, a utopia, que seria o conjunto das aspirações dos que obedecem[251]. Os sentidos das palavras são múltiplos, como se vê.

Para Marx e os marxistas em geral, "ideologia" é um super-conceito, um *Oberbegriff*. Trata-se mesmo de uma ideia seminal que é simultaneamente um conceito difuso, polissémico, quase religioso, apto a ser interpretado conforme várias tendências, usos, acepções, contextos, tal como a palavra sagrada, as palavras sagradas, e também como elas susceptível de polémicas decisivas e do lançar de anátemas para os que saem da ortodoxia hermenêutica.

A noção de ideologia em Marx é tão lata[252] que "acaba praticamente por cobrir o conjunto daquilo a que chamamos actualmente cultura"[253]. Nada menos que treze sentidos acabariam por ser identificados em Marx e nos marxistas clássicos pelo sociólogo Georges Gurvich[254].

Assim, cremos ser uma armadilha epistemológica tentar redefinir "ideologia", sobretudo se tivermos a preocupação de dialogar com a ortodoxia dos teóricos do marxismo e mais ainda obter qualquer aprovação. Felizmente, nesta recusa estamos bem acompanhado por autoridades insuspeitas. Michel Vovelle afirma, com efeito:

"I am not going to fall into the trap of beginning with a new definition of the Marxist concept of ideology: others have done that, from the founding fathers to commentators"[255].

Tal como este conceituado autor, não nos custaria adoptar, por comodidade e sentido prático (na teoria também há prática) a definição – aliás de um marxista – Louis Althusser:

---

[251] MANHEIM, Karl – *Ideologie und Utopie*, Bona, 1930, trad. port., *Ideologia e Utopia*, 4.ª ed. bras., Rio de Janeiro, Editora Guanabara, 1986.

[252] Cf., desde logo, MARX, Karl/ENGELS, Friedrich – *Die deutsche Ideologie*, 2.ª ed. portug., *A Ideologia Alemã*, Lisboa, Presença/Martins Fontes, 1975, 2 vols.

[253] ROCHER, Guy – *Introduction à la sociologie générale*, trad. port. de Ana Ravara, *Sociologia Geral*, I, 3.ª ed., Lisboa, Presença, 1977, p. 223.

[254] GURVITCH, Georges – *La Vocation actuelle de la sociologie*, II, Paris, PUF, 1963, pp. 287-288. Sobre ideologia marxista, em síntese, v. ainda CHAUI, Marilena – *O que é Ideologia*, 14.ª ed., São Paulo, Editora Brasilense, 1984, máx. p. 32 ss.

[255] VOVELLE, Michel – *Ideologies and Mentalities*, in JONES, Gareth Stedman/SAMUEL, Raphale (ed.) – *Culture, Ideology and Politics*, Londres, Routledge and Kegan Paul, 1982, p. 3.

"A ideologia é uma 'representação' da relação imaginária dos indivíduos com as suas condições de existência"[256].

Mas em grande medida a maior parte dos estudos podem bastar-se com a noção empírica ou pré-compreensão do que seja o "ideológico", e tal acabou por imperar também nas nossas análises. O que não parece ter qualquer problema de rigor científico, dada a imaterialidade e polissemia do vocábulo[257]. Em todo o caso, essa noção que paira, em suspensão, não será muito diferente da de muitos sociólogos, que já foi assim recortada:

"um sistema de ideias e de juízos, explícito e geralmente organizado, que serve para descrever, interpretar ou justificar a situação dum grupo ou duma colectividade e que, inspirando-se largamente em valores, propõe uma orientação precisa à acção histórica desse grupo ou dessa colectividade"[258]

Se no caso marxista esta definição resolve muitos problemas, teremos todavia de a matizar na perspectiva da "ideologia burguesa", dadas as suas pretensões de universalidade, e os métodos de ex-denominação, estudados por Roland Barthes, por exemplo[259]. Mas o processo de círculo vicioso da ideologia é imparável: também o marxismo-leninismo tem (ou tinha) aspirações universalistas, por exemplo em matéria moral (uma das principais dimensões ideológicas):

"O carácter humanista da moral proletária deriva fundamentalmente de que os interesses e os objectivos do proletariado coincidem com os do futuro da humanidade no seu conjunto, de que cabe ao proletariado a missão histórica de pôr fim à milenária divisão da humanidade em classes

---

[256] ALTHUSSER, Louis – *Idéologie et apareils idéologiques d'Etat*, La Pensée, trad. port. de Joaquim José de Moura Ramos, *Ideologia e Aparelhos Ideológicos do Estado*, Lisboa, Presença, 1974, p. 77.

[257] Para maiores aprofundamentos, cf., entre nós, PINTO, José Madureira – *Ideologias: Inventário crítico dum conceito*, Lisboa, Presença, 1978, e BUCZKOWSKI, Piotr/KLAWITER, Andrzej – *Theories of Ideologie and Ideologie of Theories, Amesterdão*, Rodopi, 1986. V. ainda GELLNER, Ernest – *Myth, Ideology and Revolution*, in "Political Quarterly", vol. 40, London, 1969, p. 472 ss..

[258] ROCHER, Guy – *Sociologia Geral*, I, p. 228; IV, 205).

[259] BARTHES, Roland – *Mythologies*, Paris, Seuil, 1957, ed. port. com prefácio e trad. de José Augusto Seabra, Lisboa, Edições 70, 1978, p. 206 ss..

antagónicas, em exploradores e explorados, e de criar a sociedade sem classes. Com o comunismo, a moral do proletariado, no seu desenvolvimento, conservando embora as suas raízes de origem, deixará de ser uma moral de classe, para se tornar a moral de todos os homens fraternalmente unidos por objectivos comuns, a 'moral verdadeiramente humana' de que falava Engels"[260].

No processo de torna-viagem e metamorfose das palavras e dos conceitos, há mesmo quem oponha as doutrinas políticas, que entre si dialogariam, e as seitas ideológicas ou ideologias *tout court*, que apenas anunciam dogmaticamente o que entendem ser a verdade absoluta[261]. Nessa perspectiva, o marxismo seria a ideologia por excelência, e as demais opções teórico-políticas seriam doutrinas políticas.

10.1.2. *Autonomia e Dependência ideológicas do Direito*

A sabedoria mais fina, que é a não ocultada pelas teorias e pelos intelectualismos, sabe bem que o Direito não paira nas nuvens, alheio às movimentações telúricas e conturbadas das ideologias. No próprio seio do ser do direito e das controvérsias de correntes sobre esse ser se enraízam questões ideológicas.

Como vimos já, numa perspectiva juspositivista, o direito anda, no fim de contas, a reboque da ideologia ou ideologias prevalentes, enquanto conjunto de opções teóricas ao serviço de um poder, de uma política (como o liberalismo, o comunismo, o fascismo, o socialismo democrático, o nacionalismo, a democracia-cristã, o progressismo, o pacifismo, o feminismo, o racismo, o ecologismo: para falar dos mais conhecidos), e decorrendo da vulgarização das ideias filosóficas respectivas.

E porquê? Simplesmente porque, como as políticas decorrem em última análise dos princípios ideológicos dos governantes e legisladores, a

---

[260] CUNHAL, Álvaro – *A Superioridade Moral dos Comunistas*, s.l., Edições Avante, 1974, última página, "artigo publicado na revista *Problemas da Paz e do Socialismo*, n.º 1, Janeiro de 1974".

[261] MINOGUE, Kenneth – *Política. O Essencial*, p.121; COHN-BENDIT, Daniel – *O Prazer da Política*, conversas com Lucas Delattre e Guy Herzlich, Lisboa, Editorial Notícias, 1999, p. 111 (que citaremos *infra*).

ideologia condiciona a política legislativa e o direito será da cor que os políticos quiserem.

Esta análise é contudo um pouco simplista. Primeiro, porque muitas vezes os políticos não cumprem na prática os objectivos teóricos ou ideológicos que se lhes atribuem. Às vezes até fazem, no governo ou no parlamento, exactamente o que se estaria normalmente a pensar que viesse a ser feito por um partido contrário. Depois, porque as ideologias atravessam um período de metamorfose e dificuldade de transmissão das respectivas mensagens num tempo mediático em que todos se têm de adaptar ao simples consumismo político. Simplificando até à expressão mais simples as respectivas mensagens, os partidos, que deveriam identificar-se com ideologias, transformam-se frequentemente em grandes ou pequenas máquinas de competição pelos votos, sem grande apelo às cosmovisões gerais que as ideologias projectam. Por isso, pensam alguns que o fenómeno ideológico definha, passando a ter cada vez menos importância na política. Vota-se mais pela imagem do candidato, ele fala menos no seu programa, as políticas tornam-se cada vez mais acordos e soluções pragmáticas e não grandes utopias muito bem construídas. Já não se acredita em paraísos, porque se foi vendo que os paraísos artificiais eram infernos. E contudo, atrás de toda a máquina eleitoral, em alguns casos continua a haver ideologias bem definidas. Há é menos transparência ideológica.

Um último argumento modera ainda a importância das ideologias no plano do jurídico, hoje em dia: desde sempre que tem havido múltiplas ideologias (mesmo quando se proclama o "fim das ideologias" isso tem uma carga ideológica), mas há alguns princípios jurídicos que, em abstracto e quando não estejam interesses directos em causa, unem as pessoas de todos os quadrantes. Hoje não há ninguém que teoricamente seja a favor da tortura ou da escravatura, e estamos em crer que quem a pratica deve ter a consciência de que não faz bem, ou que só o faz como último recurso. O que não deixa de tornar o acto condenável, mas é o reconhecimento do erro por quem continua a errar. Mesmo um colectivista extremo admitirá que os contratos privados são para se cumprir. E pensará assim tanto mais quanto não cumprirem um contrato importante que consigo tiverem celebrado.

Por haver em cada estádio civilizacional um consenso relativamente amplo quanto ao que é juridicamente básico é que pode ter havido inúmeras ideologias, revoluções e constituições e o direito civil ter permanecido basicamente o mesmo. O nosso Código Civil de 1867 durou 99 anos. Serviu à Monarquia, à I República e ao Estado Novo. Viu inúmeros governos caírem, e três constituições diferentes. Mas, como continha um acordo básico da sociedade, foi-se mantendo, até que, no seguimento da II Guerra Mundial, as mutações gerais, de pendor mais social, mudaram a face do mundo e obrigaram a que se começasse a pensar na sua substituição, que veio a ocorrer em 1966, com o actual Código.

A ligação entre a ideologia e a política e o direito é tanto maior quanto maior intenção intervencionista o Estado possuir, o que normalmente anda também ligado a uma concepção do direito como instrumento do poder, uma concepção positivista.

Uma política ciente dos seus deveres e limitações não se intromete demasiado na sociedade, e deixa o Direito o mais possível para os juristas, como a religião para os sacerdotes, como a arte para os artistas, como a economia para os trabalhadores e empresários. Mas nunca deixando de, *supra partes*, regular, arbitrar, e conduzir quando caso disso. A interdependência depende sobretudo do tipo de política que se tem. Um Estado liberal e um Estado totalitário tratam o direito de forma muitíssimo diversa. Neste, o direito é servo, naquele, tem uma certa autonomia.

10.2. *A Propriedade, pedra de toque das Ideologias*

10.2.1. *Propriedade, Direito e Ideologia*

As Ideologias nascem em tempos materialistas, nos quais o ter se sobrepõe claramente ao ser. Por muitas razões é natural que a propriedade seja um dos grandes pomos de discórdia do discurso ideológico. "Dize-me o que pensas da propriedade, dir-te-ei quem és politicamente": se não é a regra de oiro da ideologia, porque nela entram outras considerações, determinações e predilecções (até metafísicas), contudo é uma regra importante, sobretudo para as ideologias mais clássicas (as do séc. XIX, sobretudo) e menos híbridas (como as que o século XX veio a desenhar).

Além disso, como sempre insistia Orlando de Carvalho, a questão da propriedade é essencial à determinação de que tipo de Direito temos, e que sentido tem.

10.2.2. Lições da Etimologia

A etimologia não ajuda muitas vezes a compreender realmente a origem e a evolução de uma palavra no seu sentido histórico-linguístico e propriamente histórico-semântico, mas, numa inventiva rara para uma disciplina académica, propicia normalmente leituras *ex post* que contaminam de sentidos hodiernos palavras geralmente muito antigas. Verdadeiras ou falsas, as etimologias explicam mais o significado actual que o sentido antigo ou original das palavras.

Propriedade não foge à regra.

Tudo teria começado com o indo-europeu, evidentemente[262].

Embora talvez se possa arriscar que esta língua, veículo e "casa do ser", como diria Heidegger, de uma civilização arcaica, pré-jurídica e pré-proprietarista, mais se preocupasse realmente com o dom, com o tomar e o receber, do que, propriamente, com o possuir. A raiz *do* sobreviveu na maioria das línguas indo-europeias com o significado de "dar".

Na rede de significados e sugestões, de hipóteses de familiaridade entre palavras e sentidos que sempre se estabelece nas etimologias e sobretudo nas indo-europeias não podemos esquecer o radical **poti*, que em Latim dará *potior*, com o sentido de "ter poder sobre qualquer coisa, dispor de qualquer coisa", tal como em Sânscrito teremos *pátyate*. Do indo-europeu **pot-sedere* terá derivado *possidere*, em Latim, possessor. Não é ainda proprietário, mas estamos a caminho...

De qualquer forma, do sempre mais ou menos hipotético indo-europeu teriam segundo alguns derivado ainda *pro*, *prae* e *prope*, em Latim, o Grego *pró* e *prín*, o Sânscrito *pra*. O campo semântico em causa dá-nos a ideia da individualidade de algo face ao que é outro, ou que está fora, passando pela ideia do que representa algo ou se encontra face a outra coisa. Daqui vai um passo – se não estamos já lá – para a noção de individualidade. E em Latim tal se manifesta (numa das possíveis formas, porque outras há) pela distinção tripartida entre *proprius*, *communis*, e *alienus* o que é específico, peculiar, de algo ou alguém, e o que é comum ou de outro, alheio...

---

[262] Cf. o clássico (em que nos inspirámos fundamentalmente) BENVENISTE, Emile – *Le Vocabulaire des institutions indo-européennes*, Paris, Minuit, 1969, 2 vols., máx. vol. I, p. 91.

Esta tríade vai ser muito importante como estrutura do imaginário geral do Ocidente em matéria de propriedade, que sempre pode ser de alguém, de um outro, ou comum – e múltiplas variedades e modalidades.

De *proprius*, adjectivo, a *proprietas*, substantivo, vai também um passo. Só que inicialmente, em Latim, *proprietas*, propriedade, é a própria natureza ou qualidade de algo. Daí o poder dizer-se que *as coisas têm propriedade*. Naturalmente, porque são, e sendo, têm qualidades, especificidades que as contradistinguem de outras.

10.2.3. *Lições do Direito Romano*

Lembremo-nos da aguda tese do filósofo português contemporâneo Orlando Vitorino: a forma predominante do Direito Romano não é o contrato, mas a propriedade.

A passagem do sentido de ter propriedade para ser propriedade, para indicar pertença, apenas aparece em escritos ulteriores ao imperador Augusto.

Entretanto, há efectivamente muita discussão entre os especialistas sobre o sentido da propriedade (e o próprio espírito geral) no Direito Romano.

Se uns tendem a ver sobretudo o *ius utendi, fruendi et abutendi*, a *plena in re postestas*, os direitos *ex iure quiritium*, e tudo associam ao tardio brocardo *dura lex sed lex*, outros tendem a privilegiar a inventiva e flexibilidade dos expedientes do pretor, o carácter jurisprudencial do Direito, etc. Há modelos ou *clichés* para enquadrar e explicar o Direito Romano, e seria nesta sede despropositado enveredar por essa discussão.

Não havendo dúvidas de que o paradigma romanístico em geral influenciou todo o direito ocidental, o grau, a medida, o timbre, são discutíveis. E o direito ocidental também é plural, dentro porém de uma certa ligação especial com as coisas, a sua acumulação e preservação, e um direito muito lato para o proprietário *tout court*. Esse paradigma tem sido, aliás, aquele com o qual os próprios antropólogos têm interpretado outros modelos, e aqueles e os historiadores têm encarado as relações dos homens com as coisas nos períodos arcaicos da própria Europa, designadamente procurando desvendar o chamado "enigma do dom" – que em nada parece assemelhar-se ao modelo proprietarista que hoje conhecemos.

Pode haver – e por vezes há mesmo – uma tendência para assimilar um direito romano proprietarista com concepções de individualismo possessivo do séc. XVII e um cliché de liberalismo de *laissez faire* do séc. XIX. Pode ser que as coincidências entre os três modelos sejam apenas intersecções pontuais, e pode até suceder, depois de um exame mais atento, que os três modelos não passem de estilizações muito caricaturais da complexa realidade dos factos.

10.2.4. *Ideologia, Propriedade e Fiscalidade*

Boa parte das revoluções clássicas se fizeram por causa ou tendo como rastilho a questão dos impostos: a Revolução Inglesa, com o imposto dos barcos, a americana no seguimento da *Boston tea party*, e a francesa no estrangulamento tributário que levou à convocação dos Estados Gerais. Um dos temas políticos mais interessantes é, pois, o da relação entre a propriedade e os impostos, e a equidade e os impostos.

As ideologias também se definem, assim, naturalmente, em grande medida, pelas suas políticas fiscais. Não poderemos deter-nos na matéria, mas umas pinceladas impressionistas darão decerto ensejo a que o leitor investigue mais profundamente a matéria.

Assim como a propriedade feudal e do feudalismo tardio era complexa e não concebida segundo o modelo romanístico da *plena in re potestas* unicitária, assim também os impostos no *Ancien régime*, fruto de camadas sucessivas, de uma pluralização do poder e da propriedade, eram não só caóticos e múltiplos (incorporando prestações de coisa e de facto, e mesmo direitos dominiais que impunham serviços; por vezes tratava-se apenas de resíduos de formas simbólicas senhoriais) como se revelaram incapazes de acorrer à despesa da coroa. Todos sabemos que foram as dificuldades financeiras do poder central em França que, após vários ministros e sempre malogradas tentativas de aumentar a receita pública, levariam à convocação dos Estados Gerais, que a breve trecho se transformariam em Assembleia Nacional, já em revolução.

A Revolução francesa, com a sua divisa *Liberdade, Igualdade e Fraternidade*, implicitamente nos remete para a equidade da distribuição das contribuições, à igualdade perante o imposto, e à justiça fiscal[263].

---

[263] Nesse sentido também LAUFENBURGER, Henry – *Histoire de l'Impôt*, Paris, PUF, 1954, p. 40.

234   *Repensar a Política – Ciência & Ideologia*

Por dificuldades técnicas e por um obstáculo teórico, a Assembleia Constituinte colocou de fora as pessoas e ateve-se às coisas como objecto da tributação. Era complexo tributar pessoas sem cair nos privilégios (leis privadas, com isenções, desde logo), próprios precisamente do *Ancien Régime* que se pretendia enterrar. Apenas a propriedade é sujeita a contribuição, não o seu titular.

Se numa primeira fase a ideia é acabar com a pulverização dos tributos, própria do feudalismo, questões técnicas, exigências de tesouraria e o pragmatismo em geral vai obrigar a algumas conciliações.

Como sintetizou magistralmente Aníbal Almeida:

"Os promotores do 'estado de direito *liberal*' (...) ocorrem como promotores do *imposto directo e único, proporcional*, em oposição à *multiplicidade irredutível* de impostos *indirectos* (...) peculiares ao 'ancien régime'. Contudo, desde sempre, e, sobretudo, com o advento e consolidação do 'estado de direito *social*' e os seus novos *agenda*, houve que transigir com a existência, a par do *imposto directo progressivo*, de uma 'progressivamente' acentuada multiplicidade fiscal, por razões evidentes, mais da esfera ou do fora da *necessidade* do que da esfera ou do foro da *liberdade...* Ficam, contudo, frente a frente, *dois princípios contrários*, para não dizer contraditórios, que podemos chamar do direito e dos factos, da consciência ou da ilusão (...)"[264]

O mesmo autor relembra o reaccionário Thiers como grande advogado do imposto indirecto (confundindo-se com o preço das coisas), e o liberal Channing como o paladino do imposto directo, prelo da liberdade de cada cidadão[265]. Mas acabava por concluir, com Benjamin Franklin, um retorno à fatalidade dos impostos e da morte. Impostos cada vez mais labirínticos, morte inevitável.

Hoje em dia, a política fiscal é clara pedra-de-toque para ajuizar da ideologia, sobretudo nos países ocidentais: agravamento fiscal para traba-

---

[264] ALMEIDA, Aníbal – *Teoria Pura da Imposição*, Coimbra, Almedina, 2000, pp. 73-74.

[265] Aníbal Almeida considerava ainda o IRS como uma concretização quase perfeita do ideal do Estado de Direito na sua perspectiva cívica – consubstanciando o dever fundamental de contribuir esclarecidamente, "de olhos bem abertos" para as despesas públicas: através do imposto progressivo por escalões. Obviamente que tal perspectiva tem também por detrás, por baixo, fundamentando-a, uma filosofia sobre a propriedade e a relação dos particulares com o Estado. *Ibidem*, p. 75.

Reavaliar os Paradigmas   235

lhadores por conta de outrem e profissionais liberais a par de desagrava-
mento para empresários e accionistas corresponde a uma política conservadora, de "direita". Benefícios e isenções para quem poupa e contrinui para a
riqueza, trabalhando, corresponde a uma política de moderação e de protecção das classes médias e mais desfavorecidas. Equação simples e segura.

10.3. *As grandes famílias ideológicas*

10.3.1. *Metodologia e Ideologia*

As ideologias são fenómenos típicos da modernidade, e mais ainda
da modernidade pós-iluminista. Por isso, falaremos (e sumaríssimamente)
apenas de alguns dos *-ismos* que fundam o nosso imaginário político
sobretudo a partir dos séculos XVIII-XIX.

O primeiro problema que se põe é o do agrupamento das famílias
ideológicas[266]. É uma questão metodológica eivada de problemas já ideológicos.

A forma de classificação variará, na verdade, consoante as próprias
predilecções políticas do expositor, por muito que este deseje arredar tal
obstáculo. Arrumar na mesma família ideologias que lhe são simpáticas e
ideologias que lhe repugnam é sempre difícil, pelo que poderá haver a tentação de (re)distribuir as ideologias de forma a que a pureza (ou alguma
pureza) se reencontre, e que a cartografia pessoal simbólica e sentimental
não fiquem de modo algum chocadas. Apenas um observador hipercrítico
se não importaria em momento nenhum com amálgamas ideológicas,
decerto para mostrar que "são todas iguais"... Embora este último tipo de
observadores normalmente se deixe quedar pelas conversas de café, de
cabeleireiro, ou de transporte público (para recordar um dito de espírito
contra os sabichões públicos da política, "treinadores de bancada"), e não
cultive normalmente as ciências da política...

Há alguns indícios que nos podem fazer encontrar alguma objectividade por entre a subjectividade, tantas vezes inconsciente, dos vários autores. Apenas um resultado da nossa observação empírica: em geral, os

---

[266] Opta por uma análise de cada pequena ou grande realidade ideológica o muito
completo *Repertório Português de Ciência Política,* dirigido por José Adelino Maltez, e
que dispõe as entradas enciclopedicamente, por ordem alfabética, de "activismo" a "world
systems theory". Cf. http://www.iscsp.utl.pt/~cepp/indexide_a.php3

236 Repensar a Política – Ciência & Ideologia

observadores próximos de um fenómeno político tendem a aumentar-lhe as divisões, até para pessoalmente se situarem e demarcarem, e os observadores estranhos a esse fenómeno são levados a grandes sínteses, não raro amalgamando o que bem deveria distinguir-se.

Uma das divisões mais correntes é a distinção entre ideologias de direita e ideologias de esquerda[267], com a possível inclusão também do centro. Consideramo-la simplista, e fruto de equívocos. Se tem de haver uma divisão binária, que fosse entre ideologias da ditadura e ideologias da democracia. Mas, mesmo assim, é uma malha ainda muito útil. E não há dúvida que a oposição binária corrente é simples e tem uma tradição tão forte que dificilmente dela nos livraremos. Poderemos matizá-la, mas ultrapassá-la é muito difícil, sobretudo nos hábitos correntes[268]. As direitas e as esquerdas fazem as suas auto-críticas[269], mas continuam a sentir-se pertencendo ao respectivo grupo.

Preferentemente à divisão baseada na oposição binária, a divisão ternária dá mais hipóteses de escolha (a divisão "direita, centro, esquerda" é ternária, mas a afirmação muito forte dos termos extremos quase reduz a nada o terceiro termo, o centro: de ternária passa quase sempre a binária). Mas aí mais se pode imiscuir um discurso de "nem-nem", em que o terceiro termo é valorizado... emergindo da negação dos pólos extremos.

Hoje há modelos muito complexos de divisão, como o *Political compass*, em que na verdade se desenham quatro quadrantes e não apenas dois lados de uma linha. Outros modelos, projectados no espaço e não já num plano, duplicam as modalidades ideológicas possíveis.

---

[267] Cf. *infra*, Secção 11, e, desde logo, MALTEZ, José Adelino – *Direita e Esquerda*, "Verbo. Enciclopédia Luso-Brasileira de Cultura", Edição do Séc. XXI, vol. IX, 1999, cols. 450 ss.; BOBBIO, Norberto – *Destra e Sinistra – Ragioni e significati di una distinzione politica*, Donzeli Ed., 1994, trad. port. de Maria Jorge Vilar de Figueiredo, *Direita e Esquerda*, Lisboa, Presença, 1995; PINTO, Jaime Nogueira – *A Direita e as Direitas*, Lisboa, Difel, 1996.

[268] Reticências e matizes já, entre nós, em SARAIVA, António José – "Esquerda e direita", in *Dicionário Crítico. Texto Integral de 1960 com um Prólogo de 1983*, Lisboa, Gradiva, 1996, p. 83 ss.

[269] Por exemplo, de entre muitos, CIERVA, Ricardo de la – *La Derecha sin Remédio (1801-1987). De la prisión de Jovellanos al martirio de Fraga*, Barcelona, Plaza y Janes, 1987; HABERMAS Jürgen – *Die nachholende Revolution. Kleine politische Schriften VII*, Francoforte sobre o Meno, Suhrkamp, 1990, trad. cast. e introd.. de Manuel Jiménez Redondo, *La Necesidad de Revisión de la Izquierda*, trad. cast., Madrid, Tecnos, 1991, máx. p. 251 ss.

Reavaliar os Paradigmas 237

Hoje a questão já vai sendo menos viva ou menos nítida, mas ainda há não muito havia clivagens profundas no seio de uma outra oposição binária, para além da "direita" e "esquerda". Trata-se da oposição entre entre republicanos[270] e monárquicos[271], havendo também aqui variantes complexas como monárquicos republicanos (no sentido clássico: talvez melhor se dissesse "realistas" republicanos, a quem repugna, por exemplo, a tendência para a oligarquia da "nobreza" de sangue, mas defendendo a instituição real) e republicanos monárquicos (em Portugal, por exemplo, os de tendências sidonistas[272] e afins, e os que, mantendo embora a forma republicana da chefia do Estado, realmente desejam uma autocracia monárquica, ainda que de fachada "presidencialista").

Há na *Internet* alguns questionários, em que cada um, respondendo a mais ou menos questões em teste americano, em poucos minutos poderá ficar a saber qual o posicionamento político que os autores dos testes lhe reservam. O mais simples, embora muito centrado na agenda política dos EUA, pode encontrar-se em http://www.theadvocates.org/quiz/quiz.php. A organização é semelhante à do *Political compass*: num losango, o cen-

---

[270] Cf., de entre muitos, REIS, António (coord.) – *A República Ontem e Hoje*, II curso Livre de História Contemporânea, Lisboa, Colibri, 2002; CRUZ, Manuel Braga da – *Monárquicos e Republicanos no Estado Novo*, Lisboa, Dom Quixote, 1986; CATROGA, Fernando – *O Republicanismo em Portugal da Formação ao 5 de Outubro*, Coimbra, Faculdade de Letras, 1991, 2 vols.; VALENTE, Vasco Pulido – *O Poder e o Povo: A Revolução de 1910*, Lisboa, Dom Quixote, 1976; noutra clave ainda, PABÓN, Jesus – *A Revolução Portuguesa*, trad. port. de Manuel Emídio/Ricardo Tavares, Lisboa, Aster, 1951 (Prémio Camões). Além disso, muito relevante é a família política, hoje muito renovada, do republicanismo *hoc sensu*. Cf., *v.g.*, PETIT, Philip – *Republicanism. A Theory of Freedom and Government*, Oxford, Oxford University Press, 1997; OVEJERO, Félix *et al.* (org.) – *Nuevas Ideas Republicanas*, Barcelona/Buenos Aires/México, Paidós, 2003.

[271] Cf., de entre muitos, BOTELHO, Afonso – *Monarquia poder conjugado*, in "Nomos. Revista Portuguesa de Filosofia do Direito e do estado", Lisboa, n.º 2 (Julho-Dezembro de 1986), p. 38 ss.; *Idem – O Poder Real*, Lisboa, Edições Cultura Monárquica, 1990; LANGHANS, Franz Paul de Almeida – *Fundamentos Jurídicos da Monarquia portuguesa*, in *Estudos de Direito*, Coimbra, Acta Universitatis Conimbrigensis, 1957; CARVALHO, A. Crespo de – *Para uma Sociologia da Monarquia Portuguesa*, Lisboa, qp, 1973; RUAS, Henrique Barrilaro – *A Liberdade e o Rei*, Lisboa, ed. Autor, 1971; MACEDO, Jorge Borges de/BOTELHO, Afonso/LARA, António de Sousa/RAPOSO, Mário/SERRÃO, Joaquim Veríssimo – *Estudos sobre a Monarquia*, Lisboa, Conferências do Grémio Literário, 1984.

[272] Não é por acaso que Pessoa chama a sidónio "Presidente-Rei". Cf., *v.g.*, PESSOA, Fernando – *À Memória do Presidente-Rei Sidónio Pais*, in *Obra Poética e em Prosa*, introduções, organização, bibliografia e notas de António Quadros e Dalila Pereira da Costa, Porto, Lello, 1986, 3 vols., vol. I, p. 171 ss.

tro é ocupado, naturalmente, pelos centristas; no sentido vertical, opõem--se no topo os Libertários e na base os Estatistas; horizontalmente, confrontam-se à esquerda os Liberais (*Liberals*) e à direita os Conservadores.

Na presente enunciação das ideologias tivemos em conta a sua importância, expressão política e actualidade (há outros fenómenos ideológicos, evidentemente, mas menos relevantes em número de adeptos e como protagonistas da história recente), bem como as afinidades políticas que muitos autores e sectores reconhecem.

Não é, evidentemente, a única divisão possível (muito longe disso), e, se procurámos que não fosse uma visão não-objectiva e muito menos subjectiva, não deixará de ser, sem dúvida, uma visão situada. A objectividade real em ciências sociais começa com o reconhecimento das suas próprias dificuldades. Não objectivo é, antes de mais, o pensamento (mais ou menos "único" e "politicamente correcto") que se quer fazer passar por tal, não reconhecendo que deriva de uma circunstância.

Dividimos sobretudo as ideologias em três grupos: o conservador, o colectivista e o de uma via intermédia, moderada, quer socialista democrática, quer liberal. Evidentemente que uma tal subdivisão não agradará a quem, por exemplo, deseje contrapor uma certa ideia de liberdade a uma certa ideia de ordem – aí os conservadorismos e os colectivismos se juntariam; ou a quem veja grandes antinomias entre todos os que se dizem socialistas e todos os que se dizem não-socialistas – aí quiçá os conservadorismos se associariam aos liberalismos (ou a alguns liberalismos, enquanto outros destes se uniriam aos socialismos democráticos), e os colectivismos seriam agrupados conjuntamente com os socialismos democráticos (enquanto certos destes se afastariam... indo unir-se a outros mais "à direita" e "mais democráticos"). E outras redistribuições são possíveis – sempre com fenómenos de atracção e repulsão. Por exemplo: um certo entendimento do catolicismo na política procura apartar-se quer de liberalismos quer de socialismos (todos), e até, noutra versão, da direita e da esquerda, dos "conservadores" e dos "progressistas"[273]. Alguns entendimentos do liberalismo (não conservadores, porém) colocam-no a ele como alternativa quer a conservadorismos quer a socialismos, etc., etc.[274]

---

[273] Cf., *v.g.*, o testemunho do Mestre da Ordem Dominicana RADCLIFF, Thimothy – *Je vous appelle amis*, Paris, La Croix/Cerf, 2000, p. 54.

[274] Os títulos de alguns livros e artigos são, em geral, esclarecedores, das divisões preferidas: DONOSO CORTÉS, Juan – *Ensayo sobre el Catolicismo, el Liberalismo y el Socia-*

Na nossa perspectiva, porém, o pólo conservador é essencialmente o do desejo de "ordem" e o pólo colectivista o do almejar pelo fim da propriedade privada "burguesa" (propugnando uma forma de "igualdade" extrema, *igualitarista* – mas na prática bem inigualitária), constituindo as soluções demoliberais e socialistas democráticas o ponto de equilíbrio: as primeiras, pelo o anelo da "liberdade", sem prescindir de uma ordem democrática e de uma propriedade privada com dimensão social, e as segundas, pelo sonho da igualdade sem utopia geométrica e claustrofóbica, respeitando a propriedade legítima, e não abdicando da liberdade pluralista e representativa.

Quando, chegados à encruzilhada do tempo das ideologias, optamos pessoalmente por dividir os autores pelos critérios da Ordem, da Liberdade e da Propriedade, será sem dúvida útil recordarmos estes da conservação, do colectivismo revolucionário, e da moderação democrática[275]. Nem sempre os protagonistas são os mesmos, nem as noções completamente transponíveis. Mas há decerto alguma afinidade, certamente modelada por alguma refrangência, entre conservadorismo e ordem[276], entre colectivismo e prioridade à alteração da propriedade dos meios de produção[277], entre moderação reformista e liberdade[278]. No contexto da sociedade industrial moderna, já Raymond Aron elegera três figuras representativas de três princípios opostos: Comte, Marx e Tocqueville[279]. E François Vallançon[280], alargando historica-

---

lismo. Otros Escritos, introd. de Manuel Fraga Iribarne, edição e notas de José Luis Gómez, Barcelona, Planeta, 1985; SCHUMPETER, Joseph – *Capitalism, Socialism and Democracy* (1.ª ed., 1945), nova ed., Londres, Allen and Unwin, 1976; MOREIRA, José Manuel – *Liberalismos: entre o Conservadorismo e o Socialismo*, Lisboa, Pedro Ferreira, 1996; HOYER, Werner – *Analysis of Conservative, Socialist and Liberal Paradigms*, in "Liberal Aerogramme", n.º 46, Julho 2003, p. 28 ss.

[275] Cf. CUNHA, Paulo Ferreira da – *Reler os Clássicos*, em preparação.

[276] Diz o conservador Burke, no seu Discurso à chegada a Bristol: «The only liberty I mean is a liberty connected with order; that not only exists along with order and virtue, but wich cannot exist at all without them».

[277] Anuncia Karl Marx no *Das Kapital*: «Die Stunde des kapitalistische Privateigentums schlaegt».

[278] A moderação da liberdade é cantada por Bocage: "Liberdade a meus olhos mais serena/Que o sereno clarão da madrugada". E a necessidade da acção reformadora dos moderados é sintetizada, por exemplo, por J. F. Kennedy: "Those who make peaceful evolution impossible will make violent revolution inevitable".

[279] ARON, Raymond – *Dix-huit leçons sur la société industrielle*, Paris, Gallimard, 1962, máx. pp. 33-37.

[280] VALLANÇON, François – *L'État, le droit et la société modernes*, Paris, Armand Colin, 1998.

240   *Repensar a Política – Ciência & Ideologia*

mente o panorama, agrupa em três preocupações básicas os representantes de linhas de pensamento fundamentais (mas aqui já a questão de novo se complica). Para a questão do Estado, Maquiavel, Bodin e Hobbes. Para o Direito, Montesquieu, Rousseau e Kant. E para a sociedade coincide com Aron: Comte, Marx e Tocqueville. Embora, evidentemente, todos os autores tenham importância para cada um destes temas...

10.3.2. *Preservação e Reacção: Conservadores e afins*

10.3.2.1. *O Conservador e os seus Valores*

Falemos antes de mais do Conservadorismo, por ser o "mais antigo"[281].

Havendo muitas modalidades e sub-ramos do conservadorismo, parece sobretudo útil indicar quais os seus valores gerais.

Na classificação da oposição binária em política, o conservador propriamente dito nunca é de esquerda, é quase sempre de direita: só muito excepcionalmente poderá ser tido como de centro-direita. Contudo, nunca representará uma direita extremista. O conservador não é de extrema-direita, não é *–ultra*, não é fascista ou nazi. Contudo, esta classificação é muito artificial e falível, como sabemos. Importa sobretudo ir ao fundo das opções e das convicções.

O conservador é um pessimista antropológico, que pensa antes de mais que os homens são maus, decaídos ou pecadores. Associada com esta ideia filosófica de base (e por vezes até também teológica) está a de que a força é mais eficaz que a persuasão, pelo menos em casos extremos.

O conservadorismo preza antes de mais a autoridade, a ordem, e se não é totalitário (o totalitarismo, pelo contrário, repugna ao lado "liberal" e "democrático" de todo o conservador – por muito rarefeitos que tais elementos em si existam), pode tender para o autoritarismo, sobretudo em tempos de crise.

---

[281] Sobre o conservadorismo, em geral, *v.g.*, KEKES, John – *Against Liberalism. A Case for Conservatism,* Cornell University Press, 1997; SCRUTON, Roger – *Meaning of Conservatism,* 3.ª ed., Palgrave Macmillan, 2001; KIRK, Russel – *La Mentalidad Conservadora en Inglaterra y Estados Unidos,* trad. cast., Madrid, Ediciones Rialp, 1956; e as sínteses de GOODWIN, Barbara – *Using Political Ideas,* 4.ª ed., Chichester, Wiley, 1997, p. 147 ss.; ROSEN, Michael/WOLFF Jonathan (ed.) – *Political Thought,* Oxford, Oxford University Press, 1999, p. 326 ss.; BEALEY, Frank/CHAPMAN, Richard A./SHEEHAN, Michael – *Elements in Political Science,* Edinburgh, Edinburgh University Press, 1999, p. 182 ss.. Mais perto de nós, FRAGA IRIBARNE, Manuel – *El Pensamiento Conservador Español,* Barcelona, Planeta, 1981.

Uma constelação de valores associados ao medo da mudança, à desconfiança face ao progresso, ao dogma de crenças – da política e da economia à religião e à moral – caracterizam, assim, o conservador. Em todas estas matérias o conservador clássico é normalmente dogmático e moralista. Só certo tipo de neo-conservador hiper-liberal é que por vezes deixa de ser socialmente moralista, sem deixar de ser dogmático em tudo o mais.

Preza o conservador típico, antes de mais, a quotidiana e até "ritual" repetição do passado, sendo assim de alguma forma continuador da tradição (veremos que sem ser tradicionalista), não tanto pelo intrínseco valor dela, mas porque deseja a segurança, e a segurança, para si, assenta na ordem instituída, garante da estabilidade. O universo pessoal do conservador é sobretudo o mundo burguês (ao passo que o do tradicionalista é o aristocrático, de sangue ou opção). A segurança está, assim, sobretudo nos bens materiais e na posição social que muito preza, e defende com orgulho e preconceito. A propriedade é a espinha dorsal da sua existência enquanto indivíduo e enquanto classe: uma propriedade capitalista, naturalmente, embora aqui e ali com desenvolvimentos sociais – porque o conservador (em geral) compreende que é também do seu interesse não descurar totalmente os menos bafejados pela fortuna. E o Estado, assim mais ou menos interventivo, é antes de mais – ou deve ser – garantidor da paz social, numa perspectiva de democracia, sim, mas eventualmente de democracia musculada, de que o *slogan* "Law and Order" é exemplo no capítulo penal. Na mesma linha de preservação da tradição numa clave de estabilidade, não é raro que o conservador seja um nacionalista, ou utilize uma tal retórica como forma de perservar ou redespertar elementos sociais comuns numa comunidade cada vez mais abúlica politicamente e socialmente pluralizada. Contudo, a ligação do fenómeno do nacionalismo com as restantes ideologias é complexa.

10.3.2.2. Nacionalismos

Parece que o nacionalismo extremista, xenófobo, racista, etc. é próprio do totalitarismo em geral, embora se conheça sobretudo o extermínio do Holocausto nazi. Entretanto, um certo internacionalismo das classes e grupos possidentes foi detectado pelo próprio marxismo ("O Capital não tem pátria") e entre nós por Amorim Viana:

"O patriotismo é como a justiça; abandona antes ou palácos opulentos do que as humildes choupanas"[282]

Por outro lado, se hoje em dia o nacionalismo[283] é sobretudo identificado com as direitas e os populismos de direita, nem sempre assim foi[284]. Há historicamente, numa certa medida, até uma certa ligação entre nacionalismo, sufrágio universal e democracia. O que é, aliás, um dos muitos exemplos da mescla e metamorfose de sentidos das ideias na política. Na síntese de Timothy Baycroft:

"(…) a história do nascimento das nações é, em certos aspectos, também a história do nascimento da democracia e da sua evolução para o sufrágio universal"[285]

---

[282] VIANA, Amorim Pedro de – *Análise das Contradições Económicas de Proudhon*, 1852, reproduzido in PETRUS – *Proudhon e a Cultura Portuguesa*, Portugal, Editorial Cultura, s/d, p. 83. Outra edição *in* VIANA, Amorim Pedro de – *Escritos Filosóficos*, compilação, fixação do texto e nota prévia por António Carlos Leal da Silva, Lisboa, IN-CM, 1993, pp. 11-79.

[283] Cf., de entre recentes aportações, *v.g.*, SMITH, Anthony D. – *The National Identity*, trad. port. de Cláudia Brito, *A Identidade Nacional*, Lisboa, Gradiva, 1997; HERMET, Guy – *Histoire des nations et du nationalisme en Europe*, trad. port. de Ana Moura, *História das Nações e do Nacionalismo na Europa*, Lisboa, Estampa, 1996; THIESSE, Anne-Marie – *La Création des identités nationales. Europe XVIIIe-XIXe siècle*, Paris, Seuil, 1999, trad. it. de Aldo Pasquali, *La Creazione delle identità nazionali in Europa*, Bolonha, Il Mulino, 2001. Mais ideológico, por exemplo: SIMA, Horia – *Menirea Nationalismului*, trad. port. de Ana Maria Henriques, *Destino do Nacionalismo*, Lisboa, Nova Arrancada, 1999. Entre nós, uma polémica no início dos anos 60 do séc. XX: BRITO, António José de – *Destino do Nacionalismo Português*, Lisboa, 1962; *Idem – O Professor Jacinto Ferreira e o "Destino do Nacionalismo Português"*, Lisboa, s/e, 1962 (transcrevendo os textos da polémica). O nacionalismo manifesta-se nos mais diversos sectores, e o ideológico, cultural e artístico em particular não é despiciendo. Cf., nesse domínio, *v.g.*, MICHAUD, Eric – *Nord-Sud (Du nationalisme et du racisme en histoire de l'art. Une anthologie)*, in "Critique", n.° 586, Março de 1996, p. 163 ss.. Não já sobre nacionalismo, mas sobre a questão da identidade nacional, das identidades nacionais, há todo um outro mar de problemas. Entre nós, cf., não há muito, a síntese de MATTOSO, José – *A Identidade Nacional*, Lisboa, Fundação Mário Soares/Gradiva, 1998. Contra as Pátrias, cf. o testemunho de SAVATER, Fernando – *Contra las Pátrias*, trad. port. de Pedro Santa María de Abreu, *Contra as Pátrias*, s/l, Fim de Século, 2003, afirmando nas primeiras páginas que a sua Pátria é a sua Mulher.

[284] Sobre a ligação entre nacionalismo e extrema-direita, cf. BOUTIN, Christophe – *l'Extrême droite française au-delà du nationalisme. 1958-1996*, in "Revue Française d'Histoire des Idées Politiques", Paris, Picard, n.° 3, 1 sem. 1996, p. 113 ss..

[285] BAYCROFT, Thimothy – *Nationalism in Europe, 1789 – 1945*, Cambridge University Press, 1998, trad. port. de Maria Filomena Duarte, *O Nacionalismo na Europa*, Lisboa, Temas e Debates, 2000, p. 140.

Afinal, nacionalismo e internacionalismo parece serem componentes que se acoplam às ideologias principais, ganhando as cores destas, conforme os casos.

Com graça, um arguto autor brasileiro propôs esta definição:

«Nacionalista é um indivíduo que tem logo um infarto, e fica desgraçado para sempre, ao verificar que o Brasil não foi descoberto e colonizado por brasileiros"[286].

10.3.2.3. *Reacção, Contra-Revolução, Fascismo e Salazarismo*

Não se deverá ainda confundir conservadorismos com reaccionarismos[287] nem com tradicionalismos, embora em certos casos possa haver hibridizações, e muitas vezes o uso indevido de certos epítetos[288].

Em princípio, o conservadorismo é mais institucional, podendo mesmo chegar, no *fair play* do jogo democrático, a apresentar-se quase como centrista, ou de centro-direita. Nesse caso, o conservador é-o mais por estilo, hábito, quase inclinação de temperamento ou gosto. Algo (mas não inteiramente) como quando, à esquerda, David Mourão Ferreira fala num coração à esquerda e num gosto por vezes à direita, ou, à direita, Alain de Benoist critica a imagem do "homem de direita" como:

"geralmente um senhor de certa idade, bem vestido, muito polido, sempre sorridente, cheio de boas intenções, totalmente inconsciente do cerne da discussão"[289].

---

[286] RENAULT, Abgar – *Conta Gotas,* Suplemento Literário de "Minas Gerais", 11 de Fevereiro de 1984.

[287] Sobre o reaccionarismo, cf. HIRSCHMAN, Albert O. – *The Rethoric of Reaction,* 1991, trad. port. de Rui Miguel Branco, *O Pensamento Conservador. Perversidade, Futilidade e Risco*, Lisboa, Difel, 1997; HEYWOOD, Andrew – *Political Theory. An Introduction*, 2.ª ed., Nova Iorque, Palgrave, 1999, p. 349 ss.; *Les Pensées réactionnaires*, número monográfico de «Mil neuf cent. Revue d'histoire intellectuelle», n.° 9, Paris, 1991.

[288] Por vezes, também há fórmulas dúbias, ou ambíguas. Por exemplo: O estudo preliminar de RENAUD, Jean – *Thomas Molnar ou la réaction de l'esprit*, que antecede MOLNAR, Thomas – *Du Mal moderne. Symptômes et antidotes*, Québec, Beffroi, 1996, não parece fazer de Molnar (sem dúvida conservador) um verdadeiro reaccionário.

[289] BENOIST Alain de – *Vu de Droite*, trad. port., *Nova Direita, Nova Cultura. Antologia Crítica das Ideias Contemporâneas*, Lisboa, Fernando Ribeiro de Mello/Edições Afrodite, 1981, p. XXVI.

244 *Repensar a Política – Ciência & Ideologia*

Há, realmente, uma acepção de conservadorismo meramente superficial, que se limita, por exemplo, a referir um conjunto de hábitos, de timbre por vezes mais social que político: usar gravata[290] ou a ser gentil para com as senhoras, comportar-se como o senhor sorridente dos debates da televisão de que falava Benoist. Obviamente que tal é só um fenómeno em si pouco ideológico, embora haja quem procure a ideologia em várias manifestações da vida, da conduta, da atitude, até da gastronomia.

O reaccionarismo desenvolve-se contra uma ordem de coisas revolucionária, e quando o *statu quo* já se encontra instalado, persistindo na sua reivindicação da velha ordem, irremediavelmente ultrapassada e superada, entra numa fase de passadismo ou saudosismo. Desse modo, na clássica visão das direitas francesas, aproxima-se do "legitimismo", enquanto os conservadores são normalmente "orleanistas"… O reaccionarismo é mais uma atitude emocional e um estado mental de cristalização reactiva à mudança. Mas como nem todas as revoluções são positivas, pode haver reaccionarismo (ou posição contra-revolucionária) perfeitamente progressiva, democrática, etc. Por exemplo, os que se opuseram a revoluções totalitárias foram reaccionários enquanto democratas. Contudo, este último uso do termo é muito pouco comum…

Com toda a dificuldade e carácter movediço destas qualificações, talvez se possa dizer que o contra-revolucionário – que classicamente se associaria à história política francesa[291], e a nomes como os de Joseph de

---

[290] A gravata é um tópico "burguês", logo, de algum modo, conservador. Cf., *v.g*, LARGUIER, Léo – *Images républicaines,* Paris, Éduard Aubanel, 1945, p. 153: «(…) c'est un bourgeois français qui ressemble à Pasteur et qui est demeuré fidèle à la cravate de sa jeunesse». Esta fidelidade é duplamente conservadora. Na Universidade francesa, durante os tempos contestatários, os "politicamente correctos" de então, muito elegantes, mudaram (por subterfúgio) para a gola alta, mas houve quem, de esquerda embora, tivesse mantido a gravata. Cf. SOARES, Mário – *Portugal: Que Revolução? Diálogo com Dominique Pouchin*, Lisboa, Perspectivas & Realidades, 1976, pp. 10-11. Sobre a burguesia em geral, entre todos, SOMBART, Werner – *Le Bourgeois*, trad. fr., Paris, Payot, 1966; BOUDET, Robert – *Bourgeoisies en appel*, s/l, Édtitions du Conquistador, 1953. Numa perspectiva semiótico-simbólica, com importantes aportações para a mentalidade e a civilização burguesas, por todos, BARTHES, Roland – *Mythologies*, Paris, Seuil, 1957, trad. port. de José Augusto Seabra, *Mitologias*, Edições 7, Lisboa, 1978. V. ainda: ROMERO, Jose Luis – *Estudio de la Mentalidad Burguesa*, Madrid, Alianza Editorial, 1987.

[291] GODECHOT, Jacques – *La Contre-révolution*, 2.ª ed., Paris, P.U.F., 1984; *Idem – La Grande Nation. L'expansion révolutionnaire de la France dans le monde*, II vols., Paris, Aubier, 1957; *As Revoluções 1770-1799,* São Paulo, Livraria Pioneira Edit., 1976, *Idem – La Contre-Révolution. Doctrine et action (1789-1804)*, 2.ª ed., Paris, P.U.F., 1984; MELLER, Horst – *Liberté, Egalité, Fraternité: Revolutionaere und Konterrevolutionaere Dreifaltigkeiten, in* HARTH, Dietrich/ASSMANN, Jan (org.) – *Revolution und Mythos*, Fis-

Maistre, Bonald, ou La Tour du Pin – passa a quase sinónimo de "reaccionário", embora a expressão contra-revolucionário seja mais usada pelos próprios, e a de "reaccionário" pelos revolucionários. Em certa medida, o contra-revolucionário pode também aproximar-se do conservador mais extremista ou mais activista...

Um dos paradigmas históricos do conservador é também Burke, mas é ainda a revolução francesa o grande marco que faz nascer o próprio génio político de Burke[292].

A relação entre conservadorismo e revolução é complexa. Embora por vezes certos movimentos talvez mais contra-revolucionários (decerto extemporâneos) falem em "revolução conservadora", o tipo-ideal básico do conservador parece ser contrário à revolução. Em todo o caso, há quem qualifique Bismark como um exemplo de conservador revolucionário, e Clemenceau como paradigma do revolucionário conservador[293].

Entre nós, António José de Brito selecciona como contra-revolucionários as figuras de Alfredo Pimenta, António Sardinha[294], Charles Maurras e Salazar[295], assinalando sobretudo a sua distinção com o fascismo[296], e aproximando a contra-revolução do conservadorismo. Visto do lado do revolucionarismo fascista, sem dúvida que faz sentido. Há, para aquele autor português, uma aproximação do pensamento contra-revolucionário com o tradicionalismo de feição católica[297].

Já porém Jorge Campinos, analisando em 1975 o Estado Novo salazarista afirmava, pelo contrário, que, no estado das investigações de então,

---

cher, Frankfurt am Main, 1992, p. 104 ss. Entre nós, CAMPOS, Fernando – *Os Nossos Mestres, o Breviário da Contra-Revolução*, Lisboa, Portugália, 1924.

[292] BURKE, Edmund – *Reflections on the revolution in France*, trad. port., *Reflexões sobre a Revolução em França*, Brasília, Editora Universidade de Brasília, 1982

[293] Cf. MINC, Alain – *Antiportraits,* Paris, Gallimard, 1996, p. 75 ss.

[294] Cf., *v.g.*, SARDINHA, António – *Ao Princípio era o Verbo*, Lisboa, Editorial Restauração, nova ed. 1959; *Idem – Na Feira dos Mitos*, 2.ª ed., Lisboa, Gama, 1942; *Idem – Glossário dos Tempos*, Lisboa, Gama, 1942.

[295] BRITO, António José de – *Para a Compreensão do Pensamento Contra-revolucionário*, Lisboa, Hugins, 1996.

[296] Sobre o fascismo, cf., por todos, AA. VV. – *O Fascimo em Portugal*, Actas do Colóquio, Lisboa, Faculdade de Letras da Universidade de Lisboa, 1980, Lisboa, A Regra do Jogo, 1982; PARIS, Robert – *Les Origines du fascisme*, Paris, Flammarion, trad. port., *As Origens do Fascismo*, 3.ª ed., Lisboa, Dom Quixote, 1976; BRITO, António José de (org.) – *Para a Compreensão do Fascismo*, Lisboa, Nova Arrancada, 1999. E muito documentado, DE FELICE, Renzo – *Bibliografia Orientativa del Fascismo*, Roma, Bonaci, 1991.

[297] BRITO, António José de – *op. cit.*, máx. pp. 16-17.

246 Repensar a Política – Ciência & Ideologia

nada autorizaria a apartar o Estado Novo do "campo político-constitucional do fascismo"[298]. O autor vê ambos os fenómenos a partir de um posicionamento de esquerda, naturalmente.

Trata-se, mais uma vez, do problema da catalogação e dos intervalos a considerar: mais ou menos subdivisões, e estas ou aquelas associações por afinidades.

Mas perante o esquecimento do regime deposto em 74, ou melhor, do esquecimento do seu timbre, manifesto nas dúvidas sobre a sua essência (decerto a nosso ver legítimas, mas inegavelmente intelectualistas) houve mesmo quem, com sarcasmo ou ironia, tivesse escrito um artigo, que deu depois nome a um livro: *O Fascismo nunca existiu*. Foi seu autor Eduardo Lourenço, e publicou-o logo em 1976[299].

Com ou sem *fascismo*, no sentido estrito e puro, a verdade é que o salazarismo e Salazar[300], e o final do Estado Novo, com Marcello Caetano – todo o período de 1926 a 1974[301] –, merecem uma profunda reflexão[302]. Por outro lado, um problema análogo de classificação também se pôs em Espanha para o franquismo, que pôde por sua vez apresentar-se por vezes sob o rótulo de "caudilhismo"[303]: outro rótulo, mas português, era o "cor-

---

[298] CAMPINOS, Jorge – *Ideologia Política do Estado Salazarista*, Lisboa, Portugália, 1975, p. 60.

[299] LOURENÇO, Eduardo – *O Fascismo Nunca Existiu*, Lisboa, Dom Quixote, 1976, máx. p. 229 ss.

[300] SALAZAR, Oliveira – *Discursos e Notas Políticas*, Coimbra, Coimbra Editora, 5 vols. até 1958; HENRIQUES, Mendo Castro/MELO, Gonçalo Sampaio e – *Salazar. Pensamento e Doutrina Política. Textos Antológicos*, Lisboa/São Paulo, Verbo, 1989. Sobre Salazar, cf. *v.g.*, BRITO, António José de et al. – *Quem era Salazar?*, Porto, Resistência, 1978; ASSAC, J. Ploncard – *Salazar*, trad. port. de Manuel Maria Múrias, *Salazar. A Vida e a Obra*, Lisboa/São Paulo, Verbo, 1989; SILVA, A. E. Duarte et al. – *Salazar e o Salazarismo*, Lisboa, Dom Quixote, 1989; OLIVEIRA, César – *Salazar e o seu Tempo*, Lisboa, "O Jornal", 1991; PINTO, Jaime Nogueira (org.) – *Salazar visto pelos seus próximos (1946-68)*, 2.ª ed., Venda Nova, Bertrand, 1993; REBELO, José – *Formas de Legitimação do poder no Salazarismo*, Lisboa, Livros e Leituras, 1998; NOGUEIRA, Franco – *Salazar*, Coimbra, Atlântida, 1977-1985, 6 vols.. V. ainda LÉONARD, Yves – *Salazarismo e Fascismo*, prefácio de Mário Soares, trad. port. de Catarina Horta Salgueiro, Mem Martins, Inquérito, 1998.

[301] Para um tal estudo, por todos, CAMPINOS, Jorge – *A Ditadura Militar. 1926/1933*, Lisboa, Dom Quixote, 1975; CRUZ, Manuel Braga da – *O Partido e o Estado no Salazarismo*, Lisboa, Presença, 1988.

[302] Cf., para a dimensão constitucional do regime, na complexa ligação entre texto constitucional e realidade constitucional, CUNHA, Paulo Ferreira da – *Raízes da República. Introdução Histórica ao Direito Constitucional*, Coimbra, Almedina, 2006, p. 365 ss.

[303] Cf., por todos, GEORGEL, Jacques – *Le Franquisme – Histoire et bilan*, Paris,

porativismo". O estudo comparativo impõe-se. E também, obviamente, com a doutrina italiana[304].

Claro que, perante uma revolução, sempre podem ser qualificados de contra-revolucionários alguns revolucionários da véspera, que não se acomodem ao ritmo, aos exageros, aos desmandos, ou simplesmente ao caminho tomado pela revolução que apoiaram ou para que contribuíram. As revoluções francesa e russa estão cheias de casos desses. Os girondinos, os Danton, os Camille Desmoulins, os Kerensky, os mencheviques, os socialistas revolucionários, foram sendo engolidos na revolução, mais ou menos considerados contra-revolucionários. Pois as revoluções, como Saturno, os seus filhos devoram[305].

Também em Portugal os socialistas, por exemplo, e alguns em particular, foram acusados por pessoas da área comunista por terem apoiado, e até liderado, o que chamaram – e ainda não há muito tempo houve quem o reiterasse – "contra-revolução".

A explicação pode também encontrar-se, para a revolução francesa como para a russa, como para a portuguesa, no facto de se estar sempre perante duas revoluções. A primeira, é uma revolução liberal, ou demo-liberal, "burguesa", na terminologia marxista-leninista. A segunda, é, no caso francês, uma revolução extremista, jacobina, ou, no caso russo e português, uma revolução dita "socialista". Ora a "segunda revolução" triunfou na França e resultou na Rússia, mas abortou em Portugal no 25 de Novembro[306].

Há portanto no decurso de uma revolução, vários tipos de contra-revolucionários: desde logo os que pretenderiam a manutenção do *statu quo*, e os que, desejando embora a mudança, divergem do rumo da mesma.

Seuil, 1970, trad. port. de António Pescada, *Franco e o Franquismo*, Lisboa, Dom Quixote, 1974; Um interessante documento sobre a transição é VILLALONGA, José Luís de – *Le Roi*, Fixot, 1993, trad. port. de Francisco Paiva Boléo, *O Rei*, Porto, Asa, 1993.

[304] Cf., *v.g.*, LUMINATI, Michele – *Die Wiederentdeckung des Corporativismo. Der neure italienische Faschismusforschung und der Corporativismo*, in «Zeitschrift fuer Neure Rechtsgeschichte», 9, 1987, p. 184 ss.; COSTA, Pietro – *Lo 'Stato Totalitario': un campo semantico nella giuspublicistica del fascismo*, in «Quaderni Fiorentini per la Storia del Pensiero Giuridico Moderno», XXVIII, 1999, p. 61 ss.

[305] Cf., entre nós, SARAIVA, António José – *Filhos de Saturno*, 2.ª ed., Lisboa, Bertrand, 1980.

[306] Um outro olhar sobre as nossas revolução e contra-revolução: KAYMAN, Martin – *Revolution and Counter-revolution in Portugal*, Londres, Merlin Press, 1987.

10.3.2.4. *Situacionismos e Conservadorismos de Esquerda*

Não se pode esquecer que também há oportunismo na classificação de "conservador", aproveitando-se dela os situacionistas de todas as situações, quando tal epíteto lhes convém, normalmente dando credibilidade a políticas meramente caducas, ou até simplesmente pragmáticas, mas sem rumo. Tal significa que ser-se conservador pode ser atitude muito complexa em tempos revolucionários, como salientou durante a revolução de 1974-1975 Mário Sottomayor Cardia. Quando, porém, uma política que se quer revolucionária se enquista, cristaliza, até os seus dirigentes burocratizados poderão ser apelidados de conservadores – como sucedeu com os comunistas soviéticos, cuja ideologia de base é "o exacto contrário do conservadorismo"[307]. Contra o "conservadorimso comunista" é que, em Portugal, surgiriam os chamados "renovadores comunistas". Já Raymond Aron, comparando os sociólogos soviéticos (comunistas) e os americanos (maioritariamente *liberals*), afirmava:

"Em resumo, os sociólogos soviéticos são conservadores perante si próprios e revolucionários perante os outros. Os sociólogos americanos são reformistas no que se refere à sua própria sociedade e, implicitamente pelo menos, no que se refere a todas as sociedades"[308].

10.3.2.5. *Tradicionalismos contra Neo-Liberalismos. Famílias Tradicionalistas*

O tradicionalismo é, nos nossos dias pós-revolucionários, muito mais inconformista que o conservadorismo, pois é normalmente não acomodado, e por isso pode tornar-se até, num certo sentido, "revolucionário". Mas é "legitimista" e não "bonapartista". A normal reivindicação de tempos antigos de liberdades nebulosas pode até, em certos momentos, confundir o tradicionalismo com algumas formas de liberalismo. Contudo, os tradicionalismos usuais são normalmente organicistas e não individualistas, economicamente menos ousados, e em matéria de cultura, religião e costumes não só conservadores *hoc sensu*, como frequentemente "reaccionários" *hoc sensu*... O que não ocorre com os liberais, em geral.

---

[307] MALTEZ, José Adelino (dir.) –"Conservadorismo", in *Repertório Português de Ciência Política* –http://www.iscsp.utl.pt/~cepp/indexide_a.php3

[308] ARON, Raymond – ARON, Raymond – *Les Etapes de la pensée sociologique*, trad. port. de Miguel Serras Pereira, *As Etapas do Pensamento sociológico*, p. 16.

Uma excepção neste ponto cultural *lato sensu* é a dos pseudo-liberais[309] que são na verdade neo-conservadores, ou conservadores radicais ou extremistas. Mas aí de novo acabam por se distinguir todos, por outras vias. Os pseudo-liberais que realmente são conservadores[310], e extremos (não centristas), são anarco-capitalistas (ou "libertários" em sentido capitalista, não no sentido anarquista), defendendo um capitalismo de *laissez faire* levado ao extremo, o que repugna a todos os outros: aos tradicionalistas, aos centristas, aos liberais... que todos têm, de uma forma ou de outra, e em graus muito diversos, uma certa preocupação social.

Mesmo neoliberais extremistas como Nozick, para não falar de liberais sociais, e de *liberals*, podem ter um sentido social. Ele só estará de todo inexistente em epígonos pouco fundados nos teóricos, que praticam um neoliberalismo de cartilha e preconceito. Mas existe, é certo, uma diferença entre preocupações sociais a partir da "Pessoa", integrando o social no pessoal, e preocupações com uma exterioridade para lá das fronteiras do indivíduo. O pensamento clássico social cristão costuma sublinhar esta antinomia[311].

Há vários estilos e famílias de tradicionalismo. Alguns são católicos e nacionalistas, ou de um "internacionalismo" *sui generis* nacionalmente centrado, a que certos não deixarão de chamar "imperialismo". Outros são talvez pagãos ou esotéricos[312], e internacionalistas, ou de um patriotismo mitigado

---

[309] O termo "liberalismo" é muito polissémico, e por isso pode tornar-se evanescente, e até menos usado, por receio de derrapagens semânticas e más interpretações, ou apenas porque, com apropriações abusivas, acaba por ficar privado de sentido, ou com sentido diminuído. Ainda em 1820 a nossa imprensa não considerava acepção de "liberalismo" enquanto teoria político-económica, mas como atributo dos liberais. No "Punhal dos Corcundas", XXX, 441, Frei Fortunato fala já de distribuição de "patentes de liberalismo" (o que é dito muito saboroso, até para os nossos dias...). Mais desenvolvimentos *in* VERDELHO, Telmo dos Santos − *As Palavras e as Ideias na Revolução Liberal de 1820*, Lisboa, Instituto Nacional de Investigação Científica, 1981, p. 71.

[310] Apesar de alguns deles seguirem na sombra de alguma moda hayekiana, a verdade é que Hayek explicitamente se declarou não conservador. Cf. HAYEK, F. A. − "Why I am not a Conservative", *The Constitution of Liberty*, London/Henley, Routledge & Kegan Paul, 2.ª reimp., 1976, p. 397 ss.

[311] Cf,. entre nós, as reflexões de CABRAL, Francisco Sarsfield − *Autonomia Privada e Liberdade Política*, Lisboa, Fragmentos, 1988. Sublinhando, desde o título, a "justiça social", entre nós, *v.g.*, já a colectânea de artigos de XAVIER, Alberto P. − *Economia de Mercado e Justiça Social*, s/e, s/l, 1973.

[312] Recordemos também um lado esotérico no nazismo. Cf., por todos, GALLI, Giorgio − *Hitler e il Nazismo Magico*, Milão, Rizzoli, 1989, trad. port. de Mário Franco de

250 *Repensar a Política – Ciência & Ideologia*

por adesão a maiores espaços e confluências. Outros serão apenas pré-liberais... ou até pós-modernos, mas estes dois últimos grupos são raros, hoje[313]. As liberdades tradicionais do constitucionalismo natural, não convencional, são de algum modo disputadas pelos liberais que não esqueceram o passado e as não vêem como ficções ou mito da idade do Oiro, e pelos tradicionalistas que olham além de um conservadorismo do presente com tintas monárquicas. Mas o que os aproxima também os afasta. Não é por acaso que há quem "excomungue" o liberalismo nomeadamente acusando-o de proto-socialismo (Galvão de Sousa) ou de pecado (Sarda y Salvani)[314]. E em certo sentido a primeira acusação poderá, em certos casos, proceder; a segunda já não.

Sousa, *Hitler e o Nazsmo Mágico. As Componentes Esotéricas do III Reich*, Lisboa, Edições 70, 1990. Mas algum tipo de esoterismo suscita interesse em muitos quadrantes. E até com hibridismos complexos. Por exemplo, já se disse de um desses autores esotérico-políticos ser uma síntese de esoterismo, feomenologia, do marxismo e do estruturalismo. Cf. ABELLIO, Raymond – *Vers un nouveau prophétisme*, Paris, Gallimard, 1950, trad. port. de Maria Manuela da Costa, *Para um novo profetismo*, Lisboa, Arcádia, 1975. Alguns estudos sobre simbolismo, mito e política: AA. VV. – *Esotisme et Socialisme*, revista "Política Hermetica", n.° 9, Paris, L'Âge d'Homme, 1996; BONVECCHIO, Cláudio – *Imago Imperii Imago Mundi. Sovranità simbolica e figura imperiale*, Padova, CEDAM, 1997; *Idem – Immagine del politico. Saggi su simbolo e mito politico*, Milão, CEDAM, 1995; CUOMO, Elena – *Simbolica Speculativa nella Filosofia Politica di Franz Baader*, Nápoles, Giannini, 1996; *Idem – Il Sovrano Lumnoso. Fondamenti della Filosofia Politica di Louis-Claude de Saint-Martin*, prefácio de Giulio M. Chiodi, Turim, Giappichelli, 2000. E ainda estudos de Giulio Maria Chiodi, e dos mais jovens investigadores Cinzia Russo, Paolo Bellini, etc.

[313] Cf., de muito variadas tendências, por exemplo: AYUSO, Miguel – *Las Murallas de la Ciudad. Temas del Pensamiento Tradicional Hispano*, Prólogo do Padre Alfredo Sáenz, Buenos Aires, Nueva Hispanidad, 2001; *Idem* (org.) – *Comunidad Humana y Tradición Política, Liber Amicorum de Rafael Gambra*, Madrid, Actas, 1998; DIP, Ricardo (org) – *Tradição, Revolução e Pós-Modernidade*, Campinas, Millennium, 2001; ELIAS DE TEJADA, Francisco – *A Tradição Portuguesa. Os Orígenes (1140-1521)*, Madrid, Actas, 1999; BOUTIN, Christophe – *Politique et tradition. Julius Evola dans le siècle (1898-1974)*, Paris, Kimé, 1992; CANALS VIDAL, Francisco – *La Tradición Catalana en el siglo XVIII ante el Absolutismo y la Ilustración*, Madrid, Fundación Elías de Tejada y Erasmo Percopo, 1995; GUÉNON, René – *Le règne de la quantité et les signes des temps*, Paris, Gallimard, 1945, trad. port. de Vítor de Oliveira, *O Reino da Quantidade e os Sinais dos Tempos*, Lisboa, Dom Quixote, 1989; EVOLA, Julios – *Rivolta contro il mondo moderno*, trad. port. de José Colaço Barreiros, com nota sobre vida e obra do autor por Rafael Gomes Filipe, *Revolta Contra o Mundo Moderno*, Lisboa, Dom Quixote, 1989; *Idem – Il Mistero del Graal e la tradizione ghibelina dell'Impero*, Edizioni Mediterranee, trad. port. de Maria Luísa Rodrigues de Freitas, O Mistério do Graal, Lisboa, Vega, 1978.

[314] Cf. GAMBRA, Rafael – *Liberalismo y Hispanidad*, "Maritornes. Cuadernos de la Hispanidad", n.° 1, Buenos Aires, 2001, p. 20.

10.3.2.6. Doutrina Social da Igreja, práticas e diálogos

Por vezes também se afirma como conservadora a doutrina social da Igreja[315] (católica) e a democracia cristã[316], que foi sua expressão com apogeu sobretudo no pós-guerra, declinando mais tarde[317]. Não parece porém completa essa identificação sem mais.

Se a democracia cristã e outras formações que derivam do magistério social da Igreja ou que o acolheram normalmente andaram por vias conservadoras em matéria de valores e de costumes, e puderam seguir, em muitos casos, os ensinamentos da Santa Sé, no plano político tomaram em geral rumos democrático-liberais.

Por outro lado, se ainda hoje há alguns mal-entendidos sobre a compatibilização entre a doutrina social da Igreja e o liberalismo moderado e social, tal equívoco parece superado. Uma certa convergência entre doutrina social, democracia liberal e liberalismo social parece afastar a inevitabilidade de uma catalogação conservadora dos cristãos na política. Também historicamente alguma prática política semeava excepções na talvez regra de um alinhamento entre o centro-direita e a direita-direita. Entre nós, durante o Estado Novo e mesmo depois, se falou em "católicos progressistas", e mesmo em "católicos para o socialismo". E se alguns católicos críticos do regime eram, como Alçada Baptista, democratas muito moderados, outros, como Manuel Serra, que viria a fazer revoluções abortadas antes de Abril, e a liderar depois uma dissidência do PS, a FSP, estavam pelo menos a caminho da extrema-esquerda.

O lugar político dos católicos é assim complexo e plural[318]. Por

---

[315] Cf., por todos, MONZEL, Nikolaus – *Katolische Soziallehre*, Colónia, J. P. Bachen, 1965, trad. cast. de Alejandro Esteban Lator Rós, *Doctrina Social*, Barcelona, Herder, 1969, 2 vols.. Cf. Ainda VILLENEUVE-BARGEMONT, Alban de – *Économie Politique Chétienne*, Paris, Paulin, 1834, 3 vols.; THIBERGIEN, Chanoine P. – *Sens Chrétien et vie sociale*, Paris, Editions Ouvières,1954; «Économie et Humanisme» – *Options Humanistes*, Paris, Editions Ouvières, 1968; DESQUEYRAT, A. – *A Igreja e a Política*, trad. port., Lisboa, União Gráfica, s/d.

[316] Cf., para desenvolvimentos, a síntese de AMARAL, Diogo Freitas do – *Democracia Cristã*, in Pólis, Lisboa/São Paulo, Verbo, 1984, vol. II, cols. 74-96, que explicitamente sublinha a especificidade doutrinal da democracia cristã face ao fascismo, ao nacionalismo, ao conservadorismo, ao liberalismo, ao socialismo democrático e ao comunismo.

[317] Para as raízes, no caso português, cf. CRUZ, Manuel Braga da – *As Origens da Democracia Cristã e o Salazarismo*, Lisboa, Presença, 1980. V. ainda, numa matéria a esta adjacente, *Idem – O Estado Novo e a Igreja Católica*, Lisboa, Bizâncio, 1998.

[318] Cf., por todos, BUTTIGLIONE, Rocco – *Il Problema Politico dei Cattolici, Dottrina Sociale e modernità*, org. de Pier Luigi Pollini, Casale Monferrato, Piemme, 1993; e os

252   *Repensar a Política – Ciência & Ideologia*

exemplo, uma forma que assume a filosofia católica é o personalismo, o qual é afirmado como um não-sistema[319], e até como uma anti-ideologia[320], apesar de vários partidos se reclamarem dele...

Se alargarmos o estudo aos cristãos em geral, a pluralidade mais se potencia ainda. No Reino Unido, por exemplo, quer o Partido Liberal Democrático, quer o Partido Trabalhista, têm organizações específicas para cristãos. O que é uma forma interessante de integração com assunção de uma especificidade.

10.3.2.7. *Balanço e Institucionalização*

Seja como for, é difícil recusar qualquer coisa do legado cristão (na verdade em si muito plural) na acção política no Ocidente – ainda que seja de forma secularizada, ou por reacção. Por outro lado, um pólo conservador existe sempre, mesmo no mais revolucionário dos esquerdistas...

Os partidos das famílias conservadoras, democratas-cristãs e afins encontram-se na Europa unidos no Partido Popular Europeu, de que em Portugal fazem hoje (2006) parte o PPD/PSD e o CDS/PP. Obviamente que nem todos os membros de qualquer destes partidos serão, em rigor, quer conservadores, quer democratas-cristãos... O que ocorre, *mutatis mutandis*, para todas as demais formações políticas.

10.3.3. *Revolução e Utopia: os Colectivistas*

10.3.3.1. *Problemas de qualificação*

Passando para uma ideologia de algum modo muito oposta, os colectivismos são paradigmaticamente representáveis pela ideologia marxista-

---

clássicos DONOSO CORTÉS, Juan – *Ensayo sobre el Catolicismo, el Liberalismo y el Socialismo. Otros Escritos*, introd. de Manuel Fraga Iribarne, edição e notas de José Luis Gómez, Barcelona, Planeta, 1985; SCHMITT, Carl – *Roemischer Katholicismus und politische Form (1923-1925)*, trad cast., estudo preliminar e notas de Carlos Ruiz Miguel, *Catolicismo y Forma Politica*, Madrid, Tecnos, 2000.

[319] MOUNIER, Emmanuel – *Le Personnalisme*, Paris, PUF, 19590, trad. port. e prefácio de João Bénard da Costa, *O Personalismo*, 4.ª ed., Lisboa, Moraes, 1976, p. 16 ss.

[320] LACROIX, Jean – *Le Personnalime comme anti-idéologie*, trad. port. de Olga Magalhães, *O Personalismo como Anti-Ideologia*, Porto, Rés, 1977.

leninista[321]. Na perspectiva da oposição binária, os colectivismos são em geral considerados como intrinsecamente de esquerda, tanto podendo ser de uma esquerda ortodoxa (não se pode dizer moderada, mas de algum modo "mais próximo do centro da esquerda"), como de uma esquerda extremista. Praticamente só alguns maoístas consideram de forma explícita que certos estalinistas seriam "de direita".

Apesar de toda a falibilidade, parece-nos preferível esta designação à de Comunismos e mais ainda à de Socialismos, porque nos primeiros se

---

[321] Sobre os colectivismos, de entre a multidão de estudos, cf., em geral, *v.g.*, ABENSOUR, Miguel – *Marx: quelle critique de l'utopie*, in "Lignes", Paris, Hazan, Out. 1992, n.º 17, p. 43 ss.; DIAZ, Elias – "Estado de transición y dictadura del proletariado", in *De la Maldad Estatal y la Soberania Popular*, Madrid, Debate, 1984, p. 184 ss.; DOMMANGET, Maurice – *Les grands socialistes et l'éducation: de Platon à Lenine*, trad. port. de Célia Pestana, *Os Grandes Socialistas e a Educação*, Lisboa, Europa-América, 1974; GEOGHEGAN, Vincent – *Utopianism and Marxism*, London and New York, Methuen, 1987; HARNECKER, MARTA – *Los Conceptos Elementales del Materialismo Histórico*, trad. port. de Alexandre Gaspar, *Conceitos Elementares do Materialismo Histórico*, 2.ª ed., Lisboa, Presença, 1976, 2 vols.; INCHAUSTI, Pedro Amado – *Fundamentos del socialismo. Las teorias marxistas y sus rectificaciones novisimas*, Madrid, Aguilar, 1932; KOLAKOWSKI, Leszek – *O Espírito revolucionário e Marxismo: Utopia e Antiutopia*, trad. port., Brasília, Universidade de Brasília, 1985; ORTONEDA, Baldomero – *Principios Fundamentales del Marxismo-Leninismo*, México, Centro de Investigaciones Científico-Sociales, 1978; MASSET, Pierre – *Les 50 Mots-clés du marxisme*, Toulouse, Éditions Edouard Privat, trad. port. de Jorge Costa, *Pequeno Dicionário do Marxismo*, Porto, Inova, 1974; REVEL, Jean-François – *Ni Marx ni Jésus – La tentation totalitaire – La Grâce de l'Etat – Comment les démocraties finissent*, ed. rev. e aumentada, Paris, Robert Laffont, 1986; SOREL, Georges – *La décomposition du marxisme*, Paris, Marcel Rivière, 1908. Além, obviamente, dos clássicos de Marx, Engels, Lenine, Estaline, Trotski, Mao-Zedong, Gramsci, etc., cuja obra é imensa. De entre todos, cf. CAVALCANTI, Pedro/PICCONE, Paolo (org. antolog.) – *Um outro marxismo: Antonio Gramsci*, Lisboa, Arcádia, 1976; numa perspectiva histórica, *v.g.*, ALVES, João Lopes – *Rousseau, Hegel e Marx. Percursos da Razão Política*, Lisboa, Livros Horizonte, 1983; LEFEBVRE, Henri – *Hegel, Marx, Nietzsche ou le Royaume des Ombres*, Paris, Casterman, 1975; BEYME, Klaus von – *Die Oktoberrevolution und ihre Mythen in Ideologie und Kunst*, in HARTH, Dietrich/ASSMANN, Jan (org.) – *Revolution und Mythos*, Fischer, Frankfurt am Main, 1992, p. 149 ss. Sobre Marx, em especial, *v.g.*, CALVEZ, J. Y – *La pensée de Karl Marx*, Paris, Seuil, 1970; RUBEL, M. – *Karl Marx. Essai de biographie intellectuelle*, Paris, Rivière, 1957; LEFEBVRE, Henri – *Pour connaître la pensée de Marx*, Paris, Bordas, 1948; ALTHUSSER, Louis – *Pour Marx, Paris*, Maspero, 1965. Muito crítico, como se vê pelo título: COURTOIS, Stéphane – *Le livre noir du communisme*, Paris, Laffont, 1997, trad. port., *O Livro Negro do Comunismo*, Prefácio de José Pacheco Pereira, trad. de Maria da Graça Rego e Lila V. Lisboa, Quetzal Editores, 1998. Um balanço recente: DREYFUS, Michel *et al* (dir.) – *Le Siècle des communismes*, Paris, L'Atelier, 2003, trad. port., Lisboa, *O Século dos Comunismos*, Editorial Notícias, 2004. Entre nós: Cf. alguns artigos nas revistas "Vértice" e "Fronteira".

254   *Repensar a Política – Ciência & Ideologia*

podem incluir fórmulas comunitárias pré- ou extra-marxistas-leninistas[322], desde logo de inspiração cristã ou afim[323] e nos segundos ficam mescladas formas políticas que vão da mais moderada social-democracia mesmo com laivos liberais, até ao mais extremo dos socialismos autogestionários, quase anarquista, passando pelos universos dos Gulag[324] do estalinismo e os massacres do maoísmo, e pela utopia não realizada da IV Internacional e dos trotskistas...entre outros.

10.3.3.2. *Marxismos-Leninismos e "Socialismos Reais"*

O Marxismo-Leninismo[325] é o conjunto de princípios políticos e a visão do mundo decorrentes da vulgarização do pensamento do filósofo alemão Karl Marx[326] e seu colaborador, amigo e mecenas Friedrich Engels[327], tal

---

[322] Cf. a crítica de POZINA, L. – *O Marxismo contra o Comunismo Igualitário*, trad. port. de Jaime Ferreira, Lisboa, Estampa, 1976.

[323] Cf. VALLAURI, Luigi Lombardi – *Communisme matérialiste, communisme spiritualiste, communisme concentrationnaire*, in "Archives de Philosophie du Droit", XVIII, 1973, pp. 181-211,

[324] Cf. o clássico SOLJENITSINE, Alexandre – *Arquipélago de Goulag*, trad. port. directa do russo de Francisco A. Ferreira/Maria M. Llistó/José A. Seabra, Amadora, Bertrand, 1975.

[325] Uma breve mas demolidora crítica ao marxismo-leninismo, pelo levantamento de 1 250 000 textos ou citações, assinalando nada menos que "uns 400 erros puramente científicos, 600 próprios da teoria marxista-leninista e uns 200 filosóficos ou de senso comum", é a de ORTONEDA, Baldomero – *Princípios Fundamentales del Marxismo-Leninismo*, México, Centro de Investigaciones Científico-Sociales, 1978, trad. port. de CLIM, *Princípios Fundamentais do Marxismo-Leninismo*, Livraria A. I., Porto, 1980, max. p. 32.

[326] De Marx, as edições Costes, de Paris, não chegaram a publicar a obra completa apesar de terem editado 55 volumes, aliás esgotados. Mais acessíveis hoje são tais obras na Biblioteca da Pléiade, dir. de M. Rubel, Paris, Gallimard, desde 1962, vv. vols. e entre nós as *Obras Escolhidas*, Lisboa/Moscovo, Edições Avante/Edições Progresso, 1982, 3 vols. De entre todos, cf. algumas edições mais correntes: MARX, Karl/ENGELS, Friedrich – *A Ideologia Alemã*, 2 vols., 2.ª ed. portug., Lisboa, Presença/Martins Fontes, 1975; *Idem – Manifesto do Partido Comunista*, ed. port., Porto, H. A. Carneiro/Sementes, 1974/*Manifesto of the Communist Party*, in *The Great Books* of the Western World, Chicago, Encyclopædia Britannica, 5.ª reimp., 1994, vol. 50, p. 420 ss.; *Idem – O Partido de Classe* (antologia), selecção, introd. e notas de Roger Dangueville, trad. port. de Paulo Simões, Porto, Escorpião, 1975; MARX, Karl – *O 18 Brumário de Luis Bonaparte*, trad. port., Lisboa, Vento de Leste, 1975; MARX, Karl – *Zur Kritik der Hegelschen Rechtsphilosophie*, trad. fr. de Jules Molitor, *Contribution à la critique de la Philosophie du droit de Hegel*, Paris, Allia, 1999.

[327] Engels, além de colaborador em várias obras, com Marx (redigiu o primeiro esboço do *Manifesto do Partido Comunista*, a que Marx deu depois a forma final), assina

Reavaliar os Paradigmas

como foi interpretado e continuado pelo revolucionário russo Lenine[328], sendo a ideologia oficial dos partidos e Estados comunistas[329], pelo menos

obras sozinho como ENGELS, Friedrich – *A Origem da Família, da Propriedade e do Estado*, trad. port. de H. Chaves, 2.ª ed., Lisboa, Presença, 1975; *Idem – Herrn Eugens Duehrings unwaelzung der Wissenschaft*, trad. port. de Isabel Hub Faria/Teresa Adão, *Anti-Duehring*, Lisboa, Fernando Ribeiro de Mello/Edições Afrodite, 1974. É também importante, para compreender as relações entre infra-estruturas e super-estruturas, ENGELS, Friedrich a J. BLOCH: Carta de em 21/22 de Setembro de 1890, in "Der Sozialistiche Akademiker", n.º 19, 1895, trad. port. in *Antologia de Textos Políticos*, vol. II. *Marxismo*, Porto, Federação Distrital do Porto do Partido Socialista, s/d.; resumo em inglês *in* http://marxists.org/archive/marx/letters/engels/90_09_21-ab.htm,

[328] De entre uma obra imensa, cf. LENINE, V. I. – *A Revolução Proletária e o renegado Kautsky*, trad. port. de Rui Santos, Coimbra, Centelha, 1974; *Idem – Como Iludir o Povo com os slogans de Liberdade e Igualdade*, trad. de Maria João Delgado, Coimbra, Centelha, 1974, p. 31 ss., *Idem – Estado e Revolução*, trad. de uma ed. inglesa por Armando de Azevedo, Lisboa, Delfos, 1975, p. 67 ss.; *Idem – O Imperialismo, fase superior do Capitalismo*, trad. port., Lisboa, Avante, 1975; *Idem – Que Fazer?*, trad. port., Lisboa, Avante, 1978; *Idem – Trabalho Assalariado e Capital*, trad. port., Lisboa, Avante, 1975; *Idem – As Tarefas das Juventudes Comunistas*, Porto (?), União dos Estudantes Comunistas, s.d.; *Idem – Os Comunistas e as Eleições*, trad. port. de José Olivares, s/l, Edições Maria da Fonte, 1975; *Idem – Acerca del Estado*, trad. cast., Moscovo, Editorial Progresso, s/d; *Idem – Comunicação acerca da Posição do proletariado perante a Democracia pequeno-burguesa/Democracia e Política na época da Ditadura do proletariado*, trad. port. de Adelino dos Santos Rodrigues, Lisboa, Minerva, s/d; *Idem – O Imperialismo e a cisão do Socialismo/Aventureirismo Revolucionáro*, trad. port. de Adelino dos Santos Rodrigues, Lisboa, Minerva, s/d; *Idem – Esquerdismo, Doença Infantil do Comunismo*, trad. de J. Ferreira, Porto, Latitude, s/d.; *Idem – Karl Marx: Biografia breve seguida de uma exposição do marxismo*, trad. port. de Nerina Pires, Porto, Textos Marginais, Dinalivro, 1976. Cf. ainda LIEBMAN, Marcel – *Le Leninisme sous Lenine*, Paris, Seuil, 1973, trad. port. de Alberto Bravo, *O Leninismo sob Lenine*, Lisboa, Iniciativas Editoriais, 1976.

[329] Algumas obras oficiais ou oficiosas de divulgação da obra realizada nesses países e que nos chegaram depois do 25 de Abril de 1974: Office central de statistiques près le Conseil des ministres de l'U.R.S.S. – *L'U.R.S.S. Chiffres et Faits*, Moscovo, Novosti 1976; S/A – *Des possibilites illimités pour la jenesse dans la société soviétique*, Moscovo, Novosti, 1976; S/A – *How the Soviet State is administered*, Moscovo, Novosti, 1976; S/A – *URSS. Perguntas y Respuestas*, trad. cast. de O. Razinkov, Moscovo, Editorial Profgresso, 1976; JOVIC, Dr. Borissav – *El Desarrollo Económico de Yugoslavia*, Belgrado, Comité Federal de Informaciones, 1975; BAEV, Vassil – *A Glance at Bulgária*, Sófia, Sofia Press, 1975; ARROYO, Jacques – *La Edificación de la Sociedad Socialista Desarrollada en Bulgária*, Sofia, Sofia Press, s/d. Alguns documentos oficiais também com ampla divulgação exterior: BREJNEV, L. I. – *Raport d'activité du Comité central do P.C.U.S. et taches immédiates du parti en politique intérieure et extérieure*, Moscovo, Novoti, 1976; KOSSYGUINE, A. N. – *Les grandes options de l'économie nationale de l'U.R.S.S. pour 1976-*

até aos finais dos anos oitenta do século XX. Daí que teoria e prática se fundam, e emergindo assim um conceito-mágico no ideolecto marxista, o de *Praxis*[330]. Há ainda no marxismo-lenismo, além da dimensão ideológica que com o seu ritual prático e na convicção e abnegação (ou fervor) da maioria dos seus adeptos alguns identificam mesmo com uma religião (como aliás sucede com outros fenómenos ideológicos muito marcados e marcantes), um terreno (ou uma perspectiva ou ângulo de abordagem) que se apresenta como filosófico, e até "científico"[331].

O marxismo-leninismo tem uma história apaixonante e apaixonada, de várias rupturas e divergências ou heresias[332]. Certamente a mais traumática é a que opõe os que se revêm no internacionalismo mais vincado de Leão Trotsky[333] e os que se acolheram à teoria do "socialismo num só país" de José Estaline[334] (família de que depois derivará Mao Ze-

---

-1980, Moscovo, Novosti, 1976M; ZHIVKOV, Todor – *Report of the Central Comittee of the Bulgarian Communist Party for the Period Between the Tehnth and the Eleventh Congress and the Forthcoming Tasks*, Sofia, Sofia Press, 1976;

[330] Uma síntese esclarecedora, com as bases de Marx, e a dicotomia Gramsci *vs.* Gentile (e outras), *in* http://www.italicon.it/modulo.asp?M=m00158&P=2

[331] Cf., por todos, POLITZER, Georges – *Princípios Elementares de Filosofia*, 5.ª ed., Lisboa, Prelo, 1975. Contrapondo detidamente, as ciências (nomeadamente as sociais) "burguesas" às ciências "proletárias" BUKHARIN, N. – *Tratado de Materialismo Histórico*, trad. rev. por Edgard Carone, Lisboa/Porto/Luanda, Centro do Livro Brasileiro, s/d., max. pp. 9-31.

[332] De entre as mais sintéticas histórias de conjunto destas famílias políticas, *v.g.*, WILLARD, Claude – *Le Socialisme – De la Renaissance à nos jours*, Paris, PUF, 1971, trad. port. de Cármen González, 2.ª ed., *O Socialismo. Do Renascimento aos Nossos Dias*, Mem Martins, Europa-América, 1975; HALÈVY, Élie – *Histoire du Socialisme Européen*, Paris, Gallimard, 1948, trad. port. de Maria Luísa C. Maia, Prefácio de César Oliveira, *História do Socialismo Europeu*, Amadora, Bertrand, 1975.

[333] Para as obras completas, http://www.marxists.org/francais/trotsky. V. especiamente a História da Revolução Russa, e os escritos sobre arte, entre os quais um manifesto assinado com Breton. Cf., em síntese, TROTSKY, Léon – *Ma vie*, Paris, Pionniers, 1947; MARIE, Jean-Jacques – *Trotsky: Textes et débats*, Paris. LGE, 1984. Criticamente, *v.g.*, BASMANOV, Mikhail – *Os Trotskistas e a Juventude*, trad. port. de Ana Maria Alves, 2.ª ed., Lisboa, Estampa, 1974.

[334] Estaline é sobretudo um homem de acção. (E)STALINE – *Obras*, Lisboa, Seara Vermelha, 1978; v. especialmente *Idem – Marxismo e Questão Nacional*, trad. port. de Maria Teresa Barroso, Lisboa, Assírio & Alvim, 1976. Cf., *v.g.*, FEJTO, François – *Histoire des démocraties populaires. 1. L'ère de Staline*, Paris, Seuil, 1969, trad. port. de J. Ferreira, *As Democracias Populares*, 1. *A Era de Estaline*, Mem Martins, Europa-América, 1975. A crítica do lado trotskista: TROTSKY, Léon – *Les Crimes de Staline*, trad. fr. Victor Serge, Paris, Maspero, 1973.

dong[335] e outros). Mas nomes como Paul Lafargue[336], Karl Kautsky[337], Rosa Luxemburgo[338] (que alguns socialistas democráticos invocam) e António Gramsci[339] (que viria a ser aproveitado até por certa direita mais intelectual[340]) – todos constituem uma complexa e desavinda família[341] (como aliás as demais)... Experiências e eventos revolucionários como mais tarde a via mais independente da Jugoslávia do Marechal Tito em 1948, as tentativas de socialismo autogestionário[342], o cisma chinês em 1958[343], o

---

[335] Além do célebre *Livro Vermelho do Presidente Mao*, *v.g.*, TSETUNG, Mao – *Sobre a Prática/Sobre a contradição/e outros textos*, Lisboa, Minerva, 1974.

[336] LAFARGUE, Paul – *Le Droit à la paresse*, trad. port. de António José Massano (incluindo o discurso de Lenine no funeral do autor), *O Direito à Preguiça*, Lisboa, Teorema, 1977.

[337] KAUTSKY, Karl – *As Três Fontes do Marxismo. A Obra Histórica de Karl* Marx, trad. port. de E. Fernandes, Porto, Textos Marginais, 1975; *Idem – Die Agrarfrage (1898)*, trad. port. de João Antunes, *A Questão Agrária*, Porto, Portucalense Editora, 1972.

[338] LUXEMBURG(O) – *Einfuehrung in die Nationaloekonomie*, trad. port. de Carlos Leite, *Introdução à Economia Política*, Porto, Escorpião, 1975-1976, 3 vols.; *Idem – Die Wiederaufbau der Internazionalem*, trad. port. de Manuel Augusto Araújo, *Reforma ou Revolução*, 4.ª ed., Lisboa, Estampa, 1970; *Idem – A Revolução Russa*, trad. port. de António José Massano, Lisboa, Ulmeiro, 1975; *Idem – Greve de Massas, Partido e Sindicatos*, trad. port. de Rui Santos, Coimbra, Centelha, 1974; *Idem – Cartas da Prisão*, Lisboa, Assírio & Alvim, 1975; *Idem – A Crise da Social-Democracia*, trad. port. de Maria Julieta Nogueira/Silvério Cardoso da Silva, Lisboa, Presença, 1974; *Idem*/LIEBKNECHT, Karl – *Revolução Socialista e Internacionalismo Proletário*, coordenação e tradução de Serafim Ferreira, Lisboa, Fronteira, 1977. Sobre a autora e revolucionária alemã, entre nós, OLIVEIRA, César (Coordenação e Prefácio) – *Rosa Luxemburgo, viva!*, Antologia, Edição do Coordenador, Porto, 1972. Sobre um ponto das relações entre o pensamento de Rosa Luxemburgo e o marxismo leninismo oficial, PALLOIX, Christian – *La Question de l'Impérialisme chez V. I. Lenine et Rosa Luxembourg*, Paris, Anthropos, 1970, trad. port. e edição de SLEMES, *A Questão do Imperialismo em V. I. Lenine e Rosa Luxemburgo*, Lisboa, 1976.

[339] GRAMSCI, Antonio – *Escritos Políticos*, trad. port., Lisboa, Seara Nova, 1976--1977, 4 vols. Pelo seu especial interesse, v. especialmente GRAMSCI, António – *A Formação dos Intelectuais*, trad. port. de Serafim Ferreira, Amadora, Fronteira, 1976.

[340] BENOIST Alain de, *et alii* – *Pour un 'gramscisme de droite'*, Paris, Le Labyrinthe, 1982.

[341] Sobre as principais realizações desse chamado "socialismo real", *v.g.*, MARTINET, Gilles – *Les Cinq communismes*, trad. port. de Carlos Loures, *Os Cinco Comunismos. Russo. Jugoslavo. Chinês. Checo.Cubano*, 3.ª ed., Mem Martins, Europa-América, 1975.

[342] Cf., por exemplo, BOURDET, Yvon/GUILLERM, Alain – *Clefs pour l'autogestion*, Paris, Seghers, 1975, trad. port. de Álvaro de Figueiredo, *A Autogestão*, Lisboa, Dom Quixote, 1976; PANNEKOEK, Anton – *Controlo Operário e Socialismo*, trad. port. de J. C. Dias, M. Guedes e E. Cirne, Porto, J. M. Amaral, 1976; Para a autogestão na antiga Jugoslávia,

Maio de 68[344], a Primavera de Praga, o marxismo psicanalítico[345], e, nos anos 70 do séc. XX, a "unidade popular" com Salvador Allende no Chile[346], o diálogo com os cristãos, de que foi um expoente Roger Garaudy[347], os eurocomunistas práticos com Enrico Berlinguer e Santiago

---

v.g., Décimo Congreso de la Liga de los Comunistas de Yugoslavia, Belgrado, Biblioteca Cuestiones Actuales del Socialismo, 1975, max. p. 127 ss.. A autogestão seduziu mesmo alguns sectores do socialistas democráticos. Cf., *v.g., Quinze thèses sur l'autogestion*, Le Poing et la rose, P.S.F., trad. port. Alternativa Socialista, *Quinze Teses sobre Autogestão*, Lisboa, Edições Jovem Socialista, s/d.; *Autogestão. Perguntas em Aberto*, Textos de Apoio 1, Partido Socialista, Lisboa, Editorial Império, s/d.

[343] Ecos do mesmo *in* Redacção do 'Diário do Povo'/Comentarista da revista 'Bandeira Vermelha' (China) – *Os Dirigentes do P.C.U.S. são Traidores das Declarações de 1957 e de 1960/A Nova Direcção do P.C.U.S. Confessa a sua Política de Cooperação com os Estados-Unidos*, trad. port., Lisboa, Minerva, s/d.

[344] Cf., *v.g.,* entre nós, SARAIVA, António José – *Maio e a Crise da Civilização Burguesa,* Lisboa, Europa-América, 1970; COELHO, Zeferino (org. e pref.) – *«Maio e a Crise da Civilização Burguesa». Textos Polémicos*, Porto, J. Cruz Santos/Inova, 1973. Em geral, PRÉVOST, Claude – *Os Estudantes e o Esquerdismo*, trad. port. de P. Santos, Lisboa, Prelo, 1973, Também os *Nouveax Philosophes* nascem no Maio 68, e evoluem a partir do marxismo: por todos, GLUCKSMANN, André – *Les Maîtres penseurs*, Paris, Grasset, 1978, trad. port. de Armandina Puga, *Os Mestres Pensadores*, Lisboa, Dom Quixote, 1978.

[345] MARCUSE, Herbert – *An Essay on Liberation*, trad. port. de Maria Ondina Braga, *Um Ensaio para a Libertação*, Amadora, Bertrand, 1977; *Idem – Progresso Social e Liberdade*, trad. port. de Maria José Cruz e Oliveira Macedo, Porto, Henrique A. Carneiro, Dist. Dinalivro, 1974; REICH, Wilhelm – *Rede an den kleinen Mann*, trad. port. de Maria de Fátima Bívar, *Escuta, Zé Ninguém!*, 9.ª ed., Lisboa, Dom Quixote, 1978. V. ainda, em síntese, MIRANDA, Milton – *Introdução ao Pensamento de Herbert Marcuse*, Porto, Brasília Editora, 1969.

[346] Por todos, DIAS, Marcelo – *Chile/Setembro*, Lisboa, Diabril, 1976. Sobre os comunistas na Unidade Popular, LABARCA, Eduardo – *Luís Corvalan*, trad. cast., Moscovo, Novosti, 1975. Sobre o Direito: S/A – *Experiências de Justiça Popular no Chile*, trad. port. de Manuel Leandro, Coimbra, Centelha, 1975. Em poesia, NERUDA, Pablo – *Incitamento ao Nixonicídio e Louvor da Revolução Chilena*, trad. port. de Alexandre O'Neill, Lisboa, Agência Portuguesa de Revistas, 1975.

[347] GARAUDY, Roger – *L'Alternative*, Paris, Laffont, 1972, trad. port. de António Pescada, *A alternativa. Modificar o Mundo e a Vida*, 3.ª ed., Lisboa, Dom Quixote, 1977; *Idem – Pour un dialogue des Civilisations*, Paris, Denoel, 1977, trad. port. de Manuel J. Palmeirim/Manuel J. de Mira Palmeirim, *Para um Diálogo das Civilizações. O Ocidente é um Acidente*, Lisboa, Dom Quixote, 1977; *Idem – Palavra de Homem*, trad. port., 2.ª ed., Lisboa, Dom Quixote, 1976; *Idem – Le Projet espérance*, trad. port. de Manuel Lopes, *O Projecto Esperança*, Lisboa, Dom Quixote, 1976. Desse diálogo há ecos em Portugal na revista católica *Miriam*, por exemplo. Garaudy aproximar-se-á mais tarde do Islão: cf. GARAUDY, Roger – *Promesses de l'Islam*, Paris, Seuil, 1981.

Carrilho[348], o proliferar de tanta e tão vária intelectualidade de esquerda ou de formação de esquerda[349], etc., etc., etc. e finalmente a *Perestroika* – vieram a matizar mais ainda o colorido mundo que se reclama do socialismo. Que foi assumindo formas novas, e até híbridas. Hoje mesmo, por exemplo, a sobrevivência de Fidel Castro[350] obrigará a pensar as ligações entre o marxismo-leninismo e uma hispanidade tropical[351].

Portugal não deixa de ter a sua história operária, anarquista e comunista com escrupulosos e dedicados historiadores[352].

Propugna o colectivismo, na sua versão canónica, a estatização praticamente total da economia, feita com pulso de ferro, criticando a demo-

---

[348] Cf., por todos, CARRILHO, Santiago – *"Eurocomunismo" y Estado*, trad. de João Amaral, *O 'Eurocomunismo e o Estado*, Lisboa, Presença, 1978.

[349] Apenas alguns que consideramos significativos, por estas ou por aquelas razões: CHATELET, François *et al.* – *Quelle crise? Quelle société?*, prefácio de Roland Barthes, Presses Universitaires de Grenoble, 1974, trad. port. de Jorge Constante Pereira, *A Crise da Sociedade Contemporânea*, Lisboa, Edições 70, s/d; ALTHUSSER, Louis – *Positions*, trad. port. de João Paisana, *Posições*, Lisboa, Livros Horizonte, 1977; POULANTZAS, Nicos – *Pouvoir politique et classes sociales de l'Etat Capitaliste*, Paris, Maspero, 1968, trad. port. de Francisco Silva, *Poder Político e as Classes Sociais*, Lisboa, Dinalivo, 1977; COELHO, Eduardo Prado – *Hipóteses de Abril*, Lisboa, Diabril, 1975.

[350] Como autor, cf. CASTRO, Fidel – *Oración Fúnebre para Ernesto Che Guevara*, trad. port. de Egito Gonçalves, *Oração Fúnebre para Ernesto 'Che' Guevara*, Porto, Brasília Editora, s/d.

[351] Rafael Gambra lembra que Havana fora a cidade mas alegre do mundo de fala espanhola (na verdade, ele diz mesmo "de España")... *A fortiori*... Cf. GAMBRA, Rafael – *Liberalismo y Hispanidad*, p. 19.

[352] Cf., *v.g.*, LIMA, Campos – *O Movimento Operário em Portugal*, 2.ª ed., Porto, Afrontamento, 1972 (dissertação para a Cadeira de Ciência Económica na Faculdade de Direito da Universidade de Coimbra, 1903-1904); inúmeras fontes se podem encontrar in ABREU, Carlos (org.) – *100 Anos de Anarquismo em Portugal (1887-1987)*, Catálogo da Exposição Bibliográfica, Iconográfica, Lisboa, Biblioteca Nacional, 1987; VENTURA, António – *Anarquistas, Republicanos e Socialistas em Portugal. As Convergências Possíveis (1892-1910)*, Lisboa, Cosmos, 2000; MEDINA, João – *As Conferências do Casino e o Socialismo em Portugal*, Lisboa, Dom Quixote, 1984; OLIVEIRA, César – *O Socialismo em Portugal (1850-1900)*, Porto, Afrontamento, 1973; SÁ, Victor de – *A Crise do Liberalismo e as primeiras manifestações das ideias socialistas em Portugal (1820-1852)*, trad. port. de Maria Helena da Costa Dias, 2.ª ed., Seara Nova, Lisboa, 1974; SERRÃO, Joel – *Do Sebastianismo ao Socialismo*, Lisboa, Livros Horizonte, 1983; PEREIRA *et al.*, J. C. Seabra – *Utopie et Socialisme au Portugal au XIXe siècle*, Actes du Colloque, Paris, 10-13 janvier 1979, Fondation Calouste Gulbenkian, Centre Culturel Portugais, 1982. PEREIRA, José Pacheco – *Álvaro Cunhal, uma Biografia Política*, Lisboa, Temas e Debates, I vol., 1999, 2 vol. 2001. Um *blog* especificamente dedicada a esta investigação: http://estudossobrecomunismo.weblog.com.pt

260   *Repensar a Política – Ciência & Ideologia*

cracia representativa e as liberdades liberais, ditas "burguesas". Por isso, encarnou na ex-URSS, que depois de um estado prolongado de graça entre os intelectuais do Ocidente, passou a ser cada vez mais encarada como uma sociedade afectada pela ineficiência da economia e pela brutalidade da repressão a todos os críticos – de que os *goulags* foram símbolo[353]. Hoje mesmo, comunistas de toda a vida reconhecem que se teria tratado de um modelo falhado, procurando apartar o então chamado "socialismo real", o concretizado, de um possível remanescente de poder utópico da ideologia comunista em si mesma, na sua pureza – projectada para o futuro, e que se pretende agora não maculada pelas "experiências" renegadas em maior ou menor grau.

Na teoria marxista dos modos de produção, fases históricas de evolução, o socialismo é a primeira fase do comunismo, seguindo-se ao capitalismo, que combate e inelutavelmente superaria na dialéctica do materialismo histórico. Por isso, muitas vezes os colectivistas comunistas a si mesmos se designam também de "socialistas".

10.3.3.3. *Valores e Princípios Colectivistas*

Os colectivistas são optimistas antropológicos, mas revolucionários e adeptos da utopia. Apesar de Marx ter combatido o que considerava ser o "socialismo utópico"[354] e se ter negado à descrição utópica do socialismo

---

[353] As críticas começaram de dentro do próprio sistema soviético. É, antes de tudo, o fenómeno dos "dissidentes" nos países do Leste europeu, e também o dos comunistas dos países ocidentais que se vão afastando. De entre inumeráveis, cf. o húngaro VARGA, Evgueni – *Le Testament de Varga*, Viena/Paris, Wiener Tagebuch/Grasset, 1970, apresentação de Roger Garaudy, trad. port. de C. Oliveira, *A Construção do Socialismo na União Soviética*, 2.ª ed., Porto, Paisagem, 1974; PELIKAN, Jiri – *S'ils me me tuent,* trad. port. de Maria Inês Barroso, *Se Eles Me Matarem*, testemunho recolhido por Frederick de Tovarnicki, Lisboa, Perspectivas & Realidades, 1976; MEDVEDEV, Roy – *A Democracia Socialista. O Regime Soviético Analisado por um Dissidente Marxista*, trad. port. de Adelino dos Santos Rodrigues, Mem Martins, Europa-América, 1977. Cf. ainda FERREIRA, Francisco (Chico da CUF) – *A URSS vista pela sua própria Imprensa*, Lisboa, Perspectivas & Realidades, 1976; DAIX, Pierre – *Le Socialisme du silence*, Paris, Seuil, 1976, trad. port. de J. Ferreira, *O Socialismo do Silêncio. A História da URSS como Segredo de Estado (1921-19...),* Mem Martins, Europa-América, 1977.

[354] Cf., entre muitos, RESENDE, Hernâni A. – *Igualitarismo agrário e socialismo utópico na transição do feudalismo para o capitalismo em França no século XVIII*, Lisboa, Livros Horizonte, 1979; BABEUF/SAINT-SIMON/BLANQUI/FOURIER – *O Socialismo antes de Marx*, antologia, coord. e trad. port. de Serafim Ferreira, Amadora, Edit. Fronteira, 1976;

e do comunismo, o marxismo-leninismo e seus derivados desejaram a criação não só de uma sociedade nova, geometricamente organizada, como até de um Homem Novo[355]. O optimismo antropológico colectivista é, assim, ambíguo: porque parece crer num Homem que não existe, e descrer tanto no Homem real que o pretende aniquilar. Aliás, é precisamente uma crítica comum ao comunismo o seu carácter artificial e contrário à natureza humana – desde logo à sua liberdade...

Ocorre com os valores e princípios políticos interpretados pelos colectivistas um fenómeno de redefinição. Assim, eles se dirão intransigentes defensores da liberdade, da democracia, dos direitos, etc., mas definindo-os de maneira diversa da clássica forma liberal-democrática ocidental. Torna-se assim complexo determinar quais os valores colectivistas, numa linguagem compreensível e aceite por todos. Do seu optimismo antropológico eivado de um racionalismo extremo se segue o pendor para a utopia. Como se sabe, a utopia é normalmente totalitária. A liberdade colectivista é anti-individualista e anti-personalista, pelo que facilmente se confundirá com uma liberdade de obediência... A igualdade é sobretudo pregada como igualitarismo, mas profundamente desigual se compararmos o homem comum do "socialismo real" com os membros da *Nomenklatura* dos partidos únicos ou hegemónicos... A fraternidade, até a internacional, proclamada como internacionalismo (dito proletário) em alguns casos acusou traços de imperialismo e não de cooperação. Na sua mística, no seu dogma, há inegavelmente também um moralismo agudo no colectivismo, que apenas se atenua nos nossos dias, com a geral permeabilidade hodierna das ideologias ao pensamento único, que é em geral laxista...

Este moralismo associado à fé em grandes ideais pode ser aquilatado (nas suas subtilezas e evidências) pelo "código moral do construtor do comunismo contido no Programa do PCUS", e que passamos a citar:

LICHTENBERGER, André – *Le Socialisme au XVIIIe siècle. Etudes sur les idées socialistes dans les écrivains français du XVIIIe siècle, avant la Révolution*, Paris, 1895; *Idem – Le socialisme utopique*, Paris, 1898; DESANTI, Dominique – *Les socialistes de l'Utopie*, Paris, 1972; VOYENNE, Bernard – *Le Fédéralisme de P.-J. Proudhon*, Nice, Presses d'Europe, 1973. E desde logo, antes de Marx, ressalta, além dos anarquistas puros, o nome de Proudhon: PROUDHON, P.-J. – *Idée générale de la Révolution au XIXe siècle*, nova ed., Paris, 1924; *Idem – Justice et Liberté. Textes Choisis*, selec. de Jacques Muglioni, Paris, PUF, 1962; *Idem –A Propriedade é um Roubo e outros Escritos Anarquistas*, selecção e notas de Daniel Guérin, trad. de Suely Bastos, Porto Alegre, L&PM, 1998, *Idem – Système des contradictions économiques ou Philosophie de la misère*, trad. port. de J. C. Morel, São Paulo, Ícone, 2003.

"– devoção ao comunismo, e amor à Pátria socialista e ais outros países socialistas;
– trabalho consciencioso para o bem da sociedade: quem não trabalha não come;
– preocupação (...) pela preservação e crescimento da riqueza pública;
– alto sentido do dever público; intolerância face a acções que prejudiquem o interesse público;
– colectivismo e camaradagem na assistência mútua: um por todos e todos por um;
– relações de humanidade e de respeito mútuo entre os indivíduos: o homem é para o homem um amigo, um camarada e um irmão;
– honestidade e sinceridade, pureza moral, modéstia, e despretenciosismo na vida pública e privada;
– respeito mútuo na família, e solicitude pela educação das crianças;
– uma atitude sem compromissos face à injustiça, parasitismo, desonestidade, carreirismo e ganância;
– amizade e fraternidade entre todos os povos da URSS; intolerância frente ao ódio nacional e racial;
– uma atitude sem compromissos com os inimigos do comunismo, da paz e da liberdade das nações;
– solidariedade fraternal com os trabalhadores de todos os países e de todos os povos."[356]

Como se pode ver é um conjunto exaltante de valores e princípios.

10.3.3.4. *Colectivismo e Ordem Jurídica*

A relação entre o colectivismo comunista e o Direito é reveladora desta família ideológica[357]. O Direito, enquanto ordem jurídica, é, nas

---

[355] Sobre estas e outras tentações revolucionárias cf. os excelentes estudos de RESZLER, André – *Mythes politiques modernes*, Paris, P.U.F., 1981; POITRINEAU, Abel – *Les Mythologies révolutionnaires*, Paris, P.U.F., 1987; GIRARDET, Raoul –, *Mythes et mythologies politiques*, Paris, Seuil, 1986.

[356] *Apud Rules of the All-Union Lenin Young Communist League*, revistas no 17.º congresso, s/l, s/d., pp. 5-6.

[357] Entre nós, as normais referências nos anos Setenta do séc. passado eram, *v.g.*, SAROTTE, Georges – *O Materialismo Histórico no Estudo do Direito*, trad. port., Lisboa,

sociedades dominadas por esta ideologia, uma forma de consolidação da ordem política colectivista.

Não havendo propriamente um direito das demais ideologias (salvo, em parte, do nazi-fascismo), no caso do totalitarismo marxista-leninista possuímos hoje o legado do direito soviético e ainda a experiência, ainda em curso, embora matizada, do direito chinês[358]. É um bom terreno de estudo jurídico e politológico. O Direito da família jurídica soviética (hoje difícil de avaliar dado o desmembramento da ex-URSS e do COMECON, etc., bem como dadas as reformas políticas e jurídicas em muitos países que abandoram a ideologia socialista) assentava em pressupostos civilizacionais relativamente recentes e homogéneos: a sua base era o marxismo-leninismo, com todas as suas consequências. O Direito perdeu especificidade e autonomia para se assimilar intimamente ao Estado, para se tornar num instrumento técnico deste ao serviço dos seus fins, *i.e.*, da construção do comunismo. Tratava-se de um Direito que, na prática, parecia estritamente legalista, sendo as lacunas da lei integradas por princípios da política. Quanto ao conteúdo legal (e referimo-nos agora especialmente ao Direito da ex-URSS, matriz dos demais países socialistas, apesar da persistência de alguns elementos de localizada divergência, por motivos históricos) há a cosiderar a vigência de institutos diversos dos ocidentais, e outros que apenas comungam do mesmo nome. Já antes da *Perestroika* se tinha assistido a uma tentativa de aproximação com certas técnicas jurídicas ocidentais, nomeadamente com a proscrição do uso da analogia na incriminação penal, a ampliação dos direitos de propriedade pessoal, e o alargamento da possibilidade de sucessão por morte. Hoje, a proximidade é muito maior ainda, o que poderá levar a pôr em causa a autonomia da categoria em causa, afora uma sua consideração puramente histórica. A

Estampa, 1975; PASUKANIS, *A Teoria Geral do Direito e o Marxismo*, trad. port. de Soveral Martins, com um anexo de Vital Moreira, *Sobre o Direito*, Coimbra, Centelha, 1977; RAMÓN CAPELLA, Juan – *Sobre a Extinção do Direito e a Supressão dos Juristas*, trad. port. de Maria Luzia Guerreiro, Coimbra, Centelha, 1977; WEYL, Monique/WEIL, Roland – *Révolution et perspective du droit*, Paris, Éditions Sociales, trad. port. de Maria Manuela Vaz, *Revolução e Perspectivas do Direito*, Lisboa, Iniciativas Editoriais, 1975. De uma fase ulterior, e reflectindo sobre o "outro", TUMÁNOV, Vladímir – *O Pensamento Jurídico Burguês Contemporâneo*, trad. port. de Palmeiro Gonçalves, Moscovo, VAAP, 1984.

[358] Para o modelo mais clássico, cf. PADOUL, Gilbert *et al.* – *Direito e Ideologia na China*, trad. port. de Maria Luzia Guerreiro, Coimbra, Centelha, 1979; LENG, Shao-Chuan – *Justiça Popular na China*, trad. port. de G. C., Coimbra, Centelha, 1976.

264 *Repensar a Política – Ciência & Ideologia*

adesão à União Europeia de vários países do antigo bloco soviético certamente consumou o seu regresso à família jurídica ocidental.

10.3.3.5. *Colectivismos e Totalitarismos*

Não se deverá confundir em absoluto colectivismos com os *totalitarismos*[359]. Os colectivismos são normalmente totalitários (não deixando espaço para a liberdade e a iniciativa individuais – tudo pelo Estado, tudo pela Nação, tudo pela Ideologia, tudo pelo Partido), mas nem todos os totalitarismos são colectivistas. O nazismo e o fascismo, ideologias totalitárias, tendo embora elementos de colectivização (o partido nazi era "Partido Nacional Socialista..."), não podem caracterizar-se tão claramente por esse vector economicista, planificador, igualitário de uma "igualdade" niveladora por baixo. Mas há elementos sem dúvida comuns. O principal, talvez, é o auto-convencimento por parte dos seus adeptos de que se é dono da verdade, a única, a real, e que em nome dela se age, e se devem converter e submeter os demais. Daí a totalidade, a enorme abrangência de sectores em que os totalitários desejam levar a sua "boa nova" e interferir de acordo com os seus ditames. E todavia, como observou, certeiro, Theodor Adorno, "A totalidade é a não verdade".

Mesclando-se com a tecnocracia, parece também recortar-se já hoje um "colectivismo burocrático" que se imiscui em tudo, tudo procura planificar, controlar, regular, inspeccionar, avaliar, punir, e que é protagonizado mesmo por quem nada tem a ver com o marxismo ou com o fas-

---

[359] O termo totalitarismo surge como crítica democrática liberal, pela voz de Amendola, ao gigantismo do polvo fascista, designadamente invadindo a administração local. Mas serão os fascistas que logo o retomarão: primeiro Mussolini, e depois o teórico Gentile. Cf., por todos, WIRTH, Laurent – *Enseigner le totalitarisme*, http://aphgcaen.free.fr/totalit.htm; Académie de Toulouse – *Enseigner les totalitarismes*, http://pedagogie.ac-toulouse.fr/histgeo/ressources/premnouv/prem-04/totalit.htm BARROS, Roque Spencer Maciel de – *O Fenômeno Totalitário*, São Paulo, Edusp/Itatiaia, 1990; KERSHAW, Ian – *Retour sur le totalitarisme, le nazisme et le stalinisme dans une perspective comparative*, «Esprit», Janeiro-Fevereiro, 1996; *Idem – Nazisme et stalinisme, limites d'une comparaison*, «Le Débat», n.º 89, Março-Abril, 1996; BENOIST, Alain de – *Comunismo e Nazismo. 25 Reflexões sobre o Totalistarismo no Séc. XX (1917-1989)*, Prefácio de Jaime Nogueira Pinto, Lisboa, Hugin, 1999; e os clássicos ARENDT, Hanna – *Le système totalitaire*, trad. fr., Paris, Seuil, 1972 (1.ª ed., Nova Iorque, 1951); ARON, Raymond – *Démocratie et totalitarisme*, Paris, Gallimard, 1965. Mais recentemente, o esclarecedor estudo de BARROS, Gilda Naécia Maciel de – *Platão, Rousseau e o Estado Total*, São Paulo, T. A. Queiroz Editor, 1995.

Reavaliar os Paradigmas 265

cismo. É uma manifestação da psicologia totalitária, muito frequente em quem manda com poderes absolutos. Prova de que a separação dos poderes é um princípio sempre actual, assim como as liberdades individuais e os direitos – desde logo os de quem trabalha.

O grande perigo desta tendência é o vestir-se de legitimidade democrática (normalmente eleitoral), ou da competência, e usar *pro domo* instrumentos legais. É uma manifestação tardia de uma espécie de despotismo esclarecido, mas muito menos demofílica e muito menos *rafinée* que o original. Podendo ser advertida, por exemplo, pela recuperação das energias revolucionárias pelos próprios marxistas, e pela acção prática dos próprios jusnaturalistas – entre outros.

10.3.3.6. *Balanço e Institucionalização*

Apesar de todos os erros e fracassos dos "socialismos reais" não pode esquecer-se o seu papel salvífico, que animou milhares e milhões de pessoas na crença num mundo melhor, assim como a importância da luta dos trabalhadores liderados pelos marxistas e afins por mais justas condições, a qual, nos países capitalistas, teve um saldo muito positivo[360]. A concretização da igualdade não foi uma realidade – porque a igualdade não é o igualitarismo –, e a liberdade ficou muito debilitada. Mas o sonho da igualdade dos colectivistas generosos e os esforços titânicos, e as lutas épicas que travaram, são – apesar de tudo – um dos monumentos da Humanidade. O bloco soviético criou também um equilíbrio de "paz armada".

O drama do colectivismo comunista moderno será certamente por muito tempo o retratado no ambíguo poema de Helmut Heissenbuettel, *O Futuro do Socialismo,* de que respigamos três passagens, em tradução livre:

"Ninguém possui o que quer que seja
Ninguém explora
Ninguém oprime

---

[360] Já estas sábias palavras do malogrado DESMOULINS, Camille – *Vieux Cordelier*, n.º 6, *apud* VIDAL-NAQUET, Pierre – *Les Grecs, les historiens, la démocratie: le grand écart*, trad. port. de Jónatas Batista Neto, *Os Gregos, os Historiadores, a Democracia. O Grande Desvio*, São Paulo, Companhia das Letras, 2002, p. 191: "O que quereis dizer com a vossa sopa grosseira e a vossa liberdade espartana? Grande legislador esse Licurgo cuja guerra só consistiu em impor privações aos seus concidadãos e que os fez tão iguais quanto a tempestade torna iguais os que naufragam".

Ninguém é explorado
Ninguém ganha o que quer que seja
Ninguém perde coisa nenhuma
Ninguém é senhor
Ninguém é escravo
Ninguém é superior
Ninguém é subordinado
Ninguém deve nada a ninguém
Ninguém faz nada para ninguém. (…)
Todos possuem tudo
Todos exploram todos
Todos oprimem todos
Todos são explorados por todos
Todos são oprimidos por todos
Todos ganham tudo
Todos perdem tudo
Todos são senhores de todos
Todos são superiores de todos
Todos são subordinados de todos
Todos devem tudo a todos
Todos fazem tudo a todos (…)
Todos não são senhores de ninguém
Todos não são escravos de ninguém
Todos não são superiores de ninguém
Todos não são subordinados de ninguém
Todos não devem nada a ninguém
Todos não fazem nada a ninguém."

Os partidos comunistas ortodoxos fundaram em 1920 a Terceira Internacional. Os trotskistas agruparam-se depois na IV Internacional, fundada em 1938. Em Portugal, há múltiplos partidos de inspiração ou convicção colectivista, mais ou menos declarada. O clássico representante do comunismo *tout court* é, entre nós, o PCP, e o herdeiro do trotskismo e do maoísmo é certamente o BE.

10.3.4. *Democracia e Reformismo: os Moderados*

10.3.4.1. *Critérios da classificação*

Vale a pena dar uma pequena volta em torno do problema.

Uma coisa é ser educado, outra é ser passivo e outra ainda (decerto a pior de todas) é ser subserviente. Um moderado não é nem um acéfalo ou um abúlico político, nem um lisonjeador das massas ou dos outros partidos. É certo que há pretensos moderados que são apenas o cinzentismo do estar no meio por se não estar em parte nenhuma, ou de se estar em cima do muro para agradar a Gregos e Troianos – até ao momento de a todos desagradar. Há o centro que é apenas um lugar geométrico, há mesmo o centro que muda – o "extremo centro onde quer que ele se encontre...". A política e a ideologia conhecem, também neste aspecto, muitas variantes.

Mas tal como uma pessoa educada pode por vezes ter de dar um murro na mesa, e tem sempre de manter a cabeça levantada frente aos demais – educação é também afirmação de si, não petulante, mas directa – assim também as ideologias da moderação não se identificam com meias-tintas. Também a moderação política não significa sempre o proverbial oportunismo dos radicais franceses (que a lenda exagerou), ou o discurso de derrota daqueles moderados que, subindo à tribuna parlamentar, a si mesmos se baptizaram – fora de tempo – de Girondinos. Não pelas ideias, mas por caminharem morbidamente para a mesma derrota[361]...

O grupo dos moderados não tem necessariamente que ser residual, e minoritário. Pelo contráro, se bem virmos as coisas, os moderados de todos os partidos juntos são a maioria. O problema é que os moderados estão espalhados por muitas forças políticas, mas hoje principalmente por dois grupos, que só em alguns tempos e lugares se unem...

Os moderados encontram-se em momentos cruciais da nossa história política recente: foram a oposição democrática a Salazar[362]. Lideraram a

---

[361] Cf. BONNARD, Abel – *Le Drame du présent. Les modérés*, Paris, Grasset, 1936, p. 19.

[362] Uma ilustração: a Comissão Eleitoral de Unidade Democrática, que, por exemplo no Porto, em 1969, apresentou como candidatos, entre outros, António José de Sousa Pereira, Artur dos Santos Silva, João de Araújo Correia, José Luís Nunes, Manuel Coelho dos Santos, Mário Cal Brandão, Sophia de Mello Breyner, e por quem fizeram campanha, por exemplo, António Macedo e Olívio França. Cf. CEUD – *Documentos de uma Campanha*, Porto, CEUD, 1969. A maioria viria a fundar ou aderir ao PS, e já menos ao

grande coligação objectiva anti-gonçalvista (que nas suas franjas necessariamente teve extremistas, quer "de direita", quer "de esquerda"). Não recuemos mais, nem avancemos mais no tempo. Os moderados são os democratas não extremistas, são os defensores das classes médias, das reformas, da evolução, da paz social, etc.

Há nos EUA um nome que engloba todos estes moderados, mas que se lhes não adequa cabalmente pois pode incluir aqui e ali um ou outro mais extremista, à esquerda: esse nome é *Liberal*...

Nos EUA, com efeito, os *Liberals* são todos os que não são reaccionários, direitistas, conservadores, etc.[363] e naturalmente também não comunistas... –, Esta designação não tem tradição na Europa, embora houvesse um certo uso em Portugal de chamar liberal a muitos dos que não eram pelo autoritarismo, ou totalitarismo. Assim, não foi por acaso que se chamou "ala liberal" ao grupo de deputados que, na vigência do Estado Novo, procuraram promover a abertura (ou "liberalização") do regime. Contudo, não só o salazarismo se afanou em conotar com o comunismo todos os seus opositores, viessem donde viessem, numa diuturna campanha de propaganda desinformadora, como os grupos marxistas-leninistas se encarregaram de espalhar conotações negativas sobre a expressão... Como se sabe, ainda hoje grande parte da esquerda chama liberais indistintamente, de forma crítica, aos que são, realmente, apenas neo-liberais-
-conservadores...

Julgamos que, nestes termos, a expressão que mais engloba os não revolucionários e não reaccionários, não conservadores e não utópicos, é a de moderados. Estes estão fundamentalmente agrupados em duas famílias, na Europa e no Mundo: a socialista democrática ou social-democrática (na

---

PPD. No mesmo ano, ainda no Porto, concorreu uma outra lista de oposição, da CDE, tendo como candidatos personalidades que depois viriam a emergir à luz da liberdade política na área do PCP/MDP, cremos que com uma única excepção para o PS. Cf. MOURA, Virgínia (Selecção, Prefácio e Edição) – *Eleições de 1969. Documentos Eleitorais da Comissão Democrática do Porto*, Porto, 1971.

[363] Cf., *v.g.*, http://liberalforum.org/. O *Forum Liberal* nos EUA, assim se define: "LIBERAL FORUM is for self-described liberals, progressives, greens, leftists, socialists, etc. The definition of Liberal we use here covers the entire left side of the political spectrum – it's generic for people who believe in individualism, freedom, equality, the social contract and rational evidence-based (as opposed to morality-based) public policy but often disagree on the application of these principles. It's not for Conservatives or Libertarians, though they can register and participate in the appropriate Debate forum if they like."

Reavaliar os Paradigmas 269

verdade as distinções entre uma e outra são mais de cultura – sul/norte[364] – do que de fundo; e no grupo também se incluem os chamados "trabalhistas") e a liberal social (designação em termos latos, para distinguir da liberal anti-social ou conservadora, pseudo-liberal).

Não se trata de um sacrifício a moda americana – até porque nem designamos a família como liberal, *lato sensu* e restringimo-la rigorosamente aos reformistas –, mas da constatação de que, realmente, com maior ou menor enfoque na liberdade económica, se trata de duas famílias em convergência, e que (embora na história e na prática com diversos e complexos pontos de confluência episódica) se apartam uma e outra quer dos conservadores, tradicionalistas, reaccionários, e autoritários, e totalitários nazis e fascistas, quer de todo o tipo de marxistas-leninistas e afins, nas variantes estalinistas, maoístas, trotsquistas e outras, e obviamente se apartam também tanto dos libertários capitalistas, como dos anarquistas.

10.3.4.2. *Socialismo Democrático*

De origem histórica sobretudo (mas não exclusivamente: pode haver também, *v.g.*, uma raiz liberal, democrática, republicana, radical, etc.) marxista, desenvolveu-se a família ideológica a que se pode dar o nome ge-

---

[364] Paradigma do socialismo democrático do norte, ou social-democracia, foi a Suécia. Cf., *v.g.*, FARMOND, Guy de – *La Suède et la Qualité de vie*, trad. port. de M. de Campos, *Suécia. O Rosto da Social-Democracia*, Mem Martins, Europa-América, 1977. Significativa a mudança de título na tradução. Esclarecendo o problema, em Portugal, SOARES, Mário – *Portugal: quelle révolution*, trad. port. de Isabel Soares, *Portugal: Que Revolução?*, Diálogo com Dominique Pouchin, Lisboa, Perspectivas & Realidades, 1976, p. 87: "Dizer-se social-democrata hoje em dia em Portugal é arriscar a excomunhão. Os comunistas e esquerdistas fizeram tudo para dar à expressão um sentido abusivamente pejorativo. Por seu lado, a imprensa anglo-saxónica, para se diferenciar da terminologia comunista, que monopolizou a palavra 'socialista', tem o mau hábito de rotular de social–democrata todo o homem de esquerda não comunista. Foi, portanto, preciso explicar várias vezes o que nós somos verdadeiramente: não sociais-democratas, empenhados – como se diz – em gerir lealmente o capitalismo, mas sim partidários de um socialismo democrático." E depois de considerar que a social-democracia pode não corresponde aos problemas portugueses, acrescenta: "Dito isto, creia-me, não é assim tão terrível ser social-democrata... Brandt, Wilson, Palme e outros são membros próximos da nossa família espiritual: formamos juntos a grande famíla do 'socialismo em liberdade'". Cf., entretanto, o significativo título do fundador do PPD/PSD, partido em geral considerado pela esquerda (e quanto mais extema com mais vigor) como "de direita", e portanto "nem sequer" social-democrata: CARNEIRO, Francisco Sá – *Por uma Social-Democracia Portuguesa*, Lisboa, Dom Quixote, 1975.

ral de socialismo democrático, cujo marco histórico é a II Internacional. A I Internacional fora a Associação Internacional dos Trabalhadores, fundada em Londres em 1864, vogando de início com bastante pluralismo entre o anarquismo e o marxismo, passando pelo dito "socialismo utópico"[365] – e dissolvendo-se em Filadélfia em 1876. A II Internacional é fundada em 1889, adoptando uma organização de base nacional, e não secções dependentes do conselho geral centralizado, como sucedera com a I internacional. É a fonte da hoje chamada Internacional Socialista. Na Europa, os partidos desta área agrupam-se no Partido Socialista Europeu[366]. Portugal

---

[365] Sobre a subsequente "normalização", afirma, *v.g*, SARAIVA, António José – "Como e por quem foi fundada a Internacional em Lisboa", *A Tertúlia Ocidental.Estudos sobre Antero de Quental, Oliveira Martins, Eça de Queiroz e outros*, 2.ª ed., Lisboa, Gradiva, 1995, p. 51: "o seio dela ainda não tinha vingado a orientação centralizadora e monolítica que depois lhe imprimiu o grupo de Karl Marx."

[366] Algumas obras sobre ou predominantemente oriundas da área do socialismo democrático, de entre inumeráveis, e obviamente de muito desigual âmbito, perspectiva e valor: AA.VV. – *La Gauche, l'individu, le socialisme*, Paris, L'Aube, 1995; BLAIR, Tony – *Socialism*, Londres, Fabian Society, 1994; BLUM, Leon – *Le socialisme démocratique*, Paris, Denoël, 1972; BRIMO, A. – *Les doctrines libérales contemporaines face au socialisme*, Paris, Pedone, 1984; CALVEZ, Jean-Yves – *Socialismes et marxismes. Inventaire pour demain*, Paris, Seuil, 1998; CANTO-SPERBER, Monique – *Le socialisme libéral. Une anthologie: Europe- Etats-Unis*, Paris, Esprit, 2003; CHRÉTIEN, Maurice (dir.) – *Le socialisme à la britannique. Penseurs du XXème siècle*, Paris, Economica, 2002; CHRONIS, Polychroniou – *Socialism*, Westport, Greenwood Press, 1993; DEVIN, Guillaume – *L'Internationale socialiste. Histoire et sociologie du socialisme*, Paris, Presses de la Fondation Nationale des Sciences Politiques, 1993; DROZ, Jacques – *Histoire générale du socialisme*, Paris, PUF, 1998, 4 vols.; FOSSAERT, Robert – *L'avenir du socialisme*, Paris, Stock, 1996; GELLNER, Ernest *et al.* – *Socialism*, Londres, Taylor & Francis, 1992; GOURDOT, Paul – *Les sources maçonniques du socialisme français*, Paris, Le Rocher, 1998; GRUNDBERG, Gérard – *Vers un socialisme européen*, Paris, Hachette, 1997; HOEPCKE, Klaus *et al.* – *Nachdenken ueber Sozialismus*, Schkeuditz, Gnn, 2000; JENNINGS, Jeremy – *Socialism*, Londres, Taylor & Francis, 2003, 4 vols.; LAVERGNE, Bernard – *Le socialisme a visage humain. L'ordre coopératif*, Paris, PUF, 2000; LEFEBVRE, Denis – *Socialisme et Franc-Maçonnerie. Le tournant du siècle (1880-1920)*, Paris, Bruno Leprince, 2000; MONTARON, Georges/CLÉMENT, Marcel – *Le socialisme*, Paris, Beauchesne, 1997; NOVE, Alec – *Le socialisme sans Marx*, Paris, Economica, 1999; SASSOON, Donald – *One Hundred Years of Socialism. The Western European Left in the Twentieth Century*, trad. port. de Mário Dias Correia, *Cem Anos de Socialismo*, Lisboa, Contexto, 2001, 2 vols.; SAUVY, Alfred – *Le socialisme en liberté*, Paris, Denoël, 1974; SCHAFF, Adam – *Méditations sur le socialisme*, trad. fr., Paris, Le Temps des Cerises, 2001; SOMBART, Werner – *Le socialisme allemand*, trad. fr., Paris, Pardès, 1996; *Idem – Pourquoi le socialisme n'existe-t-il pas aux Etats-Unis?*, Paris, PUF, 1992; TILLICH, Paul – *Christianisme et socialisme. Ecrits socialistes Allemands, 1919-1931*, Paris, Le

Reavaliar os Paradigmas

esteve ligado à fundação da Internacional, e é hoje (2004) um português o seu presidente: o antigo Primeiro-Ministro António Guterres.

Um livrinho de divulgação muito em voga nos tempos próximos do 25 de Abril traduz com clareza, numa síntese politicamente incorrecta (não se falava nisso então) e até hoje "provocatória" q.b., no seu exagero, a necessidade de – apesar de todas as heranças e de todos os "complexos" – fazer a disjunção teórica do socialismo e do comunismo (ou colectivismo, na nossa classificação), seguindo, aliás, o que vem sucedendo na prática. Afirma ele, num passo que tem a vantagem de fazer também um paralelo entre liberalismo e totalitarismo, e aproximando afinal – ao menos de forma sugerida ou subentendida – o socialismo do primeiro, e o comunismo do segundo:

Cerf, 1992; TOURAINE, Alain – *L'Après socialisme*, Paris, Grasset, 1980; WATSON, George – *La littérature oubliée du socialisme*, Paris, Nil Éditions, 1999; WINOCK, Michel – *Le socialisme en France et en Europe*, Paris, Seuil, 1992; SASSOON, Donald – *One Hundred Years of Socialism. The Western European Left in the Twentieth Century*, trad. port. de Mário Dias Correia, *Cem Anos de Socialismo*, Lisboa, Contexto, 2001, 2 vols.; JAUMONT, Bernard/LENÈGRE, Daniel/ROCARD, Michel – *Le Marché Commun contre l'Europe*, Paris, Seuil, 1973, trad. port. de Franco de Sousa, *O Mercado Comum contra a Europa*, Lisboa, Futura, 1973 (os autores eram então membros do Partido socialista unificado francês); MYRDA, Alva – *A Caminho da Igualdade*, trad. port. de M. Elisabete V. Costa, Lisboa, Perspectivas e Realidades, 1976 (social democracia sueca); GIDDENS, Anthony – *The Third Way. The Renewal of Social Democracy*, reimp., Cambridge, Polity, 2002 (1.ª ed. 1998) (New Labor britânico). Comentários exógenos: PUY, Francisco – *La Socialdemocracia y su Parentela Ideológica*, "Anuario de Filosofia del Derecho", Nova época, tomo X, Madrid, 1993; GARCIA HUIDOBRO, Joaquín/MASSINI CORREA, Carlos I. BRAVO LIRA, Bernardino – *Reflexiones sobre el Socialismo Liberal*, Santiago de Chile, Editorial Universitaria, 1988. Alguns estudos portugueses: AA. VV. – *Que Socialismo? Que Europa?* Teses apresentadas ao colóquio internacional da Intervenção Socialista, Maio de 1976, Lisboa, Diabril, 1976; BARRETO, António – *Independência para o Socialismo*, Lisboa, Iniciativas Editoriais, 1975; LOURENÇO, Eduardo – *O Socialismo ou o Complexo de Marx*, in "Opção", Lisboa, n.º 1, 1976; *Idem* – "Esquerda na Encruzilhada ou Fora da História?", *Finisterra. Revista de Reflexão e Crítica*, Outono 2002, n.º 44, pp. 7-11, *in ex* "Público", 18 Fevereiro 2003, p. 12; SANTOS, António de Almeida – *Picar de Novo o Porco que Dorme*, Lisboa, Editorial Notícias, 2003; CARDIA, Mário Sottomayor – *Por uma Democracia Anti-capitalista*, Lisboa, Seara Nova, 1973; *Idem* – *Socialismo sem Dogma*, Lisboa, Europa-América, 1982; GODINHO, Vitorino Magalhães – *A Democracia Socialista, um Mundo Novo e um Novo Portugal*, Lisboa, Cadernos Critério, Bertrand, 1975; REIS, A. do Carmo – *Explicar o Socialismo*, Porto, Paisagem, 1977; RODRIGUES, Manuel Francisco – *Socialismo em Liberdade*, Porto, Brasília Editora, 1975. E artigos na revista "Finisterra" e nos jornais "Acção Socialista" e "Portugal Socialista".

"O socialismo e o comunismo não pertencem à mesma espécie; representam dois sistemas de pensamento e de vida incompatíveis, tão incompatíveis como o liberalismo e o totalitarismo.

Há vários pontos de antagonismo irreconciliável entre os socialistas e os comunistas. Em primeiro lugar, os *comunistas* procuram acabar com o capitalismo por um acto só de *levantamento revolucionário e guerra civil*. Os *socialistas*, pelo contrário, são apologistas de *um procedimento estritamente constitucional*; procuram alcançar o poder mais por meio de votos do que por meio de tiros, e uma vez no poder sabem que não estão lá para sempre mas estão sujeitos a serem derrotados numa futura eleição."[367]

Ora na medida em que os partidos comunistas pelo mundo fora, um a um, forem abandonando esses princípios irreconciliáveis com o socialismo, não só o entendimento entre ambos pode passar a existir mais profundamente, como até, no limite, se poderá questionar se não se terá dado uma conversão do comunismo ao socialismo. O que, curiosamente, explicaria a mudança de nome e o pedido de adesão à Internacional Socialista de vários partidos comunistas ou afins na sequência das grandes transformações e da grande metanóia operada na esquerda após a desagregação da URSS.

Como lembrou Didier Motchane,

"O socialismo é uma das palavras mais prostituídas do mundo. Votada, como as do amor, aos usos mais estranhos, encontramo-las hoje em todas as bocas"[368].

E dava como exemplo que até o Presidente Georges Pompidou teria afirmado também fazer ele socialismo[369].

Ao contrário do liberalismo do *laissez faire*, nos nossos dias sobretudo representado pelos neo-conservadores, defende o socialismo democrático nas suas formas clássicas soluções sociais mas não colectivistas (até porque se encontra desprovido do elemento aglutinador e catalizador

---

[367] EBNSTEIN, William – *Todays Isms*, 5.ª ed. 1967, trad. port. de Natália de Oliva Teles, *Comunismo, Fascismo, Capitalismo, Socialismo*, 2.ª ed., Porto, Brasília Editora, 1974, p. 290-291. É uma obra desactualizada, mas interessante.

[368] MOTCHANE, Didier – *Clefs pour le socialisme*, Paris, Seghers, 1973, trad. port. de Fernando Felgueiras, *Que é o Socialismo ?*, Lisboa, Dom Quixote, 1975, p. 11.

[369] *Idem, Ibidem.*

do totalitarismo, verificado nestas últimas), nomeadamente através da socialização de alguns dos meios de produção, normalmente os mais estratégicos. Ao contrário do conservadorismo, acredita na igualdade entre os homens, diversa aliás do igualitarismo dos colectivistas.

Como aflorámos já, hoje como ontem, os que se dizem "socialistas" *tout court* são múltiplos e discordantes entre si. Uns aproximam-se do anarquismo – por exemplo, com a reivindicação da autogestão; outros, como os defensores do comunismo ortodoxo, defendem a colectivização total; outros ainda – e este é que aqui importa agora –, como a social-democracia e o socialismo democrático, parecem, por vezes, aproximar-se em geral das soluções híbridas: sociais e liberais.

Tal como os liberais sociais, os socialistas democráticos correm actualmente o risco de ser excessivamente tolerantes quanto a fenómenos sociais ainda socialmente mal digeridos, designadamente revindicações de grupos activistas muito mediáticos, que tendem a marcar-lhes a agenda política, aliás a troco de nada, porque os grupos corporativos, sejam de que género forem, são em geral politicamente atomistas e não se comprometem com nenhum programa além do seu. Acresce que os liberais, mesmo sociais, perigam resvalar para fórmulas sócio-económicas mais capitalistas ou mais tímidas socialmente, enquanto os socialistas democráticos podem viver sob a eterna atracção do paradigma marxista, que os inclinaria, por exemplo, a mais estadualização... Conseguir o equilíbrio entre liberdade e Estado é o grande desafio tanto para os socialistas democráticos como para os liberais sociais.

O socialismo democrático é uma síntese, porque é já um híbrido. Em Portugal, Manuel Alegre sintetizou há muito com brilho essa confluência de contributos, no Partido Socialista, representante desses ideais entre nós:

"o método científico de Karl Marx, o sonho de Antero, a pedagogia de António Sérgio e o realismo criador de Mário Soares".

As bases filosófico-antropológicas e os valores gerais do socialismo democrático em pouco diferem, na sua base, dos valores do liberalismo social. Certamente, qualquer socialista ou social-democrata de hoje subscreveria, em teoria, os valores da Liberdade, da Igualdade e da Fraternidade, lema da revolução (liberal) francesa, ou os do plano de Adam Smith, trocando a Fraternidade pela Justiça. Aí têm razão certos tradicionalistas, ao afirmar que o velho liberalismo seria uma "rampa ensebada" para o socialismo.

274 Repensar a Política – Ciência & Ideologia

Se nos é permitido uma comparação noutro foro, o religioso-teológico: também a Igreja Católica Romana e a Igreja Católica Ortodoxa apenas diferem teologicamente no *filioque*, e contudo, é um mar de divergências "de estilo" que as separa. E contudo o ecumenismo é possível...

E, apesar de tudo, o grande problema ideológico-prático do socialismo democrático, pelo mundo fora, será talvez a pendular atracção pelos seus limites. Deixando-se por vezes seduzir ora por soluções que normalmente se qualificariam de "direita", dando largas a um pragmatismo excessivamente "liberal", ora dando ouvidos ao complexo marxista, aproximando-se do colectivismo, ou, pelo menos, de certo *décor* colectivista. A grande vantagem é que, apesar das tentações e das quedas, tem seguido o seu caminho, continuado a representar uma alternativa consequente ao capitalismo selvagem e ao colectivismo totalitário.

10.3.4.3. *O Liberalismo social*

Quase todos nós temos vivido enclausurados numa visão estereotipada do liberalismo[370], motivada pela sua deformação, normalmente

---

[370] Sobre o liberalismo, cf., de entre frondosa biblioteca, em geral, ACKERMAN, Bruce – *Social Justice in the Liberal State*, trad. cast. e introdução de Carlos Rosenkrantz, *La Justicia Social en el Estado Liberal*, Madrid, Centro de Estudios Constitucionales, 1993; ARNESON, Richard J. – *Liberalism*, Aldershot, Edward Elgar, 1992, 3 vols.; BARROS, Roque Spencer Maciel de – *A Face Humana do Liberalismo*, entrevista dada a Roberto C. G. Castro São Paulo, USP, http://www.usp.br/jorusp/arquivo/1997/jusp400/manchet/rep_res/rep_int /univers2.html; BERGER-PERRIN, R. – *Vitalité libérale. Physionomie et avenir du Libéralisme renaissant*, Paris, Sedif, 1953; BERKOWITZ, Peter – *Virtue and the Making of Modern Liberalism*, Princeton University Press, 1999, trad. cast. de Carlos Gardini, *El Liberalimo y la Virtud*, Barcelona, Andres Bello, 2001; BOUDON, Raymond – *Pourquoi les intellectuels n'aiment pas le libéralisme*, Paris, Odyle Jacob, 2004; *Idem – Apologia da História Política. Estudos sobre o Séc. XIX Português*, Lisboa, Quetzal, 1999; BRANDÃO, Maria de Fátima S. – *Perspectivas sobre o Liberalismo em Portugal*, Porto, Faculdade de Economia da Universidade do Porto, 1994; BURDEAU, Georges – *Le Libéralisme*, Paris, Seuil, 1979, trad. port. de J. Ferreira, *O Liberalismo*, s/l, Europa-América, s/d.; CHACON, Vamireh – *Uma Filosofia Liberal do Direito*, introdução a John RAWLS, *Uma Teoria da Justiça*, trad. bras. de Vamireh Chacon, Brasília, Editora Universidade de Brasília, 1981; DAHRENDORF, Ralf – *O Liberalismo e a Europa*, ed. bras., trad. de Beatriz Sardenberg, Brasilia, Ed. Univ. de Brasília, 1981; EISENBERG, José – *A Democracia depois do Liberalismo*, Rio de Janeiro, Relume do Mará, 2003; FOURÇANS, André – *Pour un nouveau libéralisme. L'Après-socialisme*, Paris, Albin Michel, 1982; GRAY, John – *Liberalism*, Open University Press, 1986, trad. cast. de Maria Teresa de Mucha, *Liberalismo*, 2.ª ed., Madrid, Alianza Editorial, 2002; KOLM, Serge-Christophe – *Le

Reavaliar os Paradigmas 275

devida à visão dominante, de conservadores e colectivistas, que têm naturalmente interesse em desvirtuá-lo caricaturalmente, e ainda de anarco-

---

Libéralisme moderne, Paris, PUF, 1984; *Idem – Le contrat social libéral. Philosophie et pratique du libéralisme*, Paris, PUF, 1985; MOORE, Margaret – *Foundations of Liberalism*, Oxford, Oxford University Press, 1993; PAIM, Antonio – *O Liberalismo Contemporâneo*, 2.ª ed. revista e aumentada, Rio de Janeiro, Tempo Brasileiro, 2000; REALE, Miguel – *O Estado Democrático de Direito e o Conflito das Ideologias*, 1998; ROSSELI, C. – *Socialismo Liberale*, nova ed., Turim, Einaudi, 1997; SCHEFFLER, Samuel – *Bounderies and Allegiances. Problems of Justice and Responsability*, Oxford University Press, 2002; SCHIAVONE, M./CONFRANCESCO, D. – *Difesa del liberalsocialismo ed altri saggi*, 3.ª ed., Milão, Marzorati, 1972; WALDROM, Jeremy – *Theoretical Foundations of Liberalism*, in "The Philosophical Quarterly", vol. 37, n.º 147, Abril 1987; MOREIRA, José Manuel – *Liberalismos: entre o conservadorismo e o socialismo*, Lisboa, Pedro Ferreira, 1996; KYMLICKA, Will – *Liberalism, community and culture*, Oxford, Clarendon Press, 1989; KYMLICKA, Will – *Multicultural Citizenship: a liberal theory of minority rights*, Oxford, Clarendon Press, 1995; VERGARA, Francisco – *Introduccion aux fondements philosophiques du libéralisme*, Paris, La Découverte, 1992, trad. cast., *Introducción a los fundamentos filosóficos del liberalismo*, Madrid, Alianza Editorial, 1999; VITORINO, Orlando – *Exaltação da Filosofia derrotada*, Lisboa, Guimarães, 1983. Numa perspectiva sobretudo histórica, ARBLASTER, Anthony – *The Rise and Decline of Western Liberalism*, Oxford, Basil Blackwell, 1984; ARON, Raymond – *La Définition libérale de la liberté,* "Archives européennes de Sociologie", t. II, n.º 2, 1961, p. 199 ss.; BRAMSTED, E. K./MELVISH, K. J. – *Western Liberalism: a History in documents from Locke to Croce*, Nova Iorque, Methuen, 1978; HAVELOCK, Eric A. – *The Liberal Temper in Greek Politics*, New haven, Yale University Press, 1957; JAUME, Lucien – *La liberté et la loi. Les origines philosophiques du libéralisme*, Paris, Fayard, 2000; JARDIN, André – *Histoire du Libéralisme Politique*, Paris, Hachette, 1985; LASKI, Harold J. – *The rise of European Liberalism*, 8.ª reimp. cast., com trad. de Victoriano Miguélez, *El Liberalismo Europeo*, México, Fondo de Cultura económica, 1984; MACPHERSON, C. B. – *The Life and Times of Liberal Democracy*, Oxford University Press, 1977, trad. castelhana de Fernando Santos Fontenla, *La Democracia Liberal y su Época*, 6.ª ed., Madrid, Alianza Editorial, 2003; *Idem – The Political Theory of Possessive Individualism*, Oxford, Claredon Press, 1962, trad. cast. de J.-R. Capella, *La Teoria Política del Individualismo Posesivo*, Barcelona, Fontanella, 1970; MERQUIOR, J. G. – *Liberalism. Old and New*, Boston, 1991, trad. cast., *Liberalismo viejo y nuevo*, México, Fondo de Cultura Económica, 1993; SMITH, Julie – *A Sense of Liberty. The History of Liberal International*, Londres, Liberal International, 1997; SKINNER, Quentin – *Liberty before Liberalism*, 1998, trad. port. de Raul Fiker, *Liberdade antes do Liberalismo*, São Paulo, UNESP/Cambridge, 1999; STRAUSS, Leo – *Le libéralisme antique et moderne*, trad. fr., Paris, P.U.F., 1990; WINOCK, Michel – *Des voix de la liberté. Les écrivains engagés au XIX.e siècle*, Paris, Seuil, 2001. Sobre o liberalismo em Portugal, *v.g., Actas do 'Colóquio sobre o liberalismo na península na 1.ª metade do séc. XIX*, Lisboa, 1981, 2 vols.; ÁLVAREZ LÁZARO, Pedro – *Maçonaria, Igreja e Liberalismo/Masonería, Iglesia y Liberalismo*, Porto, Fundação Engenheiro António de Almeida/Universidade Católica Portuguesa/Universidad Pontificia Comillas, 1996; BONIFÁCIO, Maria de Fátima – *Seis

capitalistas ou neo-liberais, que se apropriaram do nome, e procuram vender a sua mercadoria sob esse rótulo. Por outro lado, os erros e as deformações, uma vez lançados, têm abundantemente florescido. As leis da imitação[371] (pelo simples mimetismo que não critica as fontes) têm feito o resto.

Assim, durante muito tempo, pensámos que liberalismo seria algo como a doutrina política, económica, etc., baseada na crença na vontade do indivíduo, no contrato e no simples dogma de que o mundo "vai por si próprio" se não houver intervenção estatal. Uma "mão invisível" regularia o mercado: o interesse do indivíduo, embora egoísta, redundaria infalivelmente num benefício para a colectividade, e só naturalmente deveria ser por ela limitado. *"Laissez faire, laissez passer"* seria o seu lema. As liberdades sem limite senão a liberdade do outro (timidamente encarada), seriam suas bandeiras. Tal doutrina era assim criticada pela inevitável pobreza e exploração em que necessariamente desembocaria o seu não intervencionismo, não se livrando sequer pela devolução da crítica aos colectivistas. Em última análise, quer excessiva intervenção quer nula resultariam em idênticos resultados – ou seja, pobreza, infelicidade, etc.

Estudos sobre o Liberalismo Português, Lisboa, Estampa, 1991; *Idem – Apologia da História Política. Estudos sobre o Séc. XIX Português*, Lisboa, Quetzal, 1999; BRANDÃO, Fernando de Castro – *O Liberalismo e a Reacção (1820-1834)*, Odivelas, Heuris, Europress, 1990; COSTA, Fernando Marques da/DOMINGUES, Francisco Contente/MONTEIRO, Nuno Gonçalves – *Do Antigo Regime ao Liberalismo*, 1750-1850, Lisboa, Vega, 1979; HESPANHA, António Manuel – *Guiando a Mão Invisível. Direitos, Estado e Lei no Liberalismo Monárquico Português*, Coimbra, Almedina, 2004. MARQUES, Mário Reis – *O Liberalismo e a Codificação do Direito Civil em Portugal. Subsídios para o Estudo da Implantação em Portugal do Direito Moderno*, Coimbra, separata do "Suplemento ao Boletim da Faculdade de Direito da Universidade de Coimbra", Coimbra, 1987; NEMÉSIO, Vitorino – *Exilados (1828-1832). História sentimental e política do Liberalismo na emigração*, Lisboa, Bertrand, s/d.; RAMOS, Luis A. de Oliveira – *Da Ilustração ao Liberalismo. Temas Históricos*, Porto, Lello e Irmão, 1979; ROMÃO, Miguel Lopes – *O Conceito de Legitimidade Política na Revolução Liberal*, "Revista da Faculdade de Direito da Universidade de Lisboa", vol. XLII, n.º 2, Coimbra Editora, 2001, pp. 903-953; SÁ, Victor – *Liberais e Republicanos*, Lisboa, Livros Horizonte 1986; SORIANO, Simão José da Luz – *Utopias desmascaradas do systema liberal em Portugal ou Epitome do que entre nós tem sido este sistema*, Lisboa, Imprensa União-Typographica, 1858; VALENTE, Vasco Pulido – *Os Devoristas. A Revolução Liberal 1834-1836*, Lisboa, Quetzal, 1993; VARGUES, Isabel Nobre – *A Fé política liberal*, in "Revista de História das Ideias", Coimbra, Instituto de História e Teoria das Ideias, Faculdade de Letras de Coimbra, XI, 1989. VERDELHO, Telmo dos Santos – *As Palavras e as Ideias na Revolução Liberal de 1820*, Lisboa, Instituto Nacional de Investigação Científica, 1981.

[371] TARDE, Gabriel de – *Les Lois de l'imitation*, Paris, 1895, trad. port., *As Leis da Imitação*, Porto, Rés, s/d.

Sucede que a vastidão das doutrinas liberais não consente inclusão num tão espartilhado e caricatural modelo, que apenas parece convir à sua heresia libertária, ou pouco mais...

Em geral se poderá dizer que desde há muito tempo os liberais abandonaram a ideia de um não intervencionismo abstencionista sistemático, para serem, a par de paladinos dos direitos humanos, advogados da luta contra a pobreza, sem dúvida dando grande relevo à iniciativa das pessoas, mas não excluindo a intervenção estadual e políticas sociais, de que, aliás, foram os pioneiros, no Reino Unido.

O liberalismo é hoje por todo o mundo, salvo em casos de apropriação indevida da designação, aliás conhecidos, um outro termo de equilíbrio e moderação, a par do socialista-democrático, entre o estatismo e revolucionarismo dos colectivistas e o reaccionarismo ou imobilismo de conservadores.

Optimistas antropológicos, mas sobretudo perfeccionistas ou melioristas sociais – se preferirmos, reformistas: nem conservadores nem revolucionários – os liberais crêem que o Homem pode melhorar, e crêem antes de mais no Homem. Um Homem que é concebido sem dúvida como cidadão, mas que é antes de mais indivíduo. Daí que a Liberdade seja, primeiro que tudo, liberdade individual, e os direitos, direitos de cada um. A crença no Homem leva os liberais à crença nas suas próprias forças, desde logo na sua Razão. O Racionalismo liberal pôde todavia compatibilizar-se com algum romantismo, algum cientismo e alguma fé religiosa (embora geralmente tenda para o secularismo, não deixa, por exemplo, de haver grupos religiosos institucionalizados em alguns partidos liberais). Em qualquer caso, o liberalismo, fundado na razão e na liberdade, é universalista, afirmando a unidade da espécie humana, e naturalmente, a universalidade dos Direitos Humanos, e é defensor da Igualdade (já Adam Smith falava no plano liberal da Liberdade, da Igualdade e da Justiça), outra forma de aplicação da universalidade: todos os Homens são iguais.

Assinala-se por vezes aos liberais o serem capitalistas[372]. Aí haveria que introduzir uma distinção, em termos ao que pensamos confluentes

---

[372] Sobre o capitalismo, em geral, cf. SOMBART, Werner – *Der moderne Kapitalismus*, Munique, Duncker, 1924; SCHUMPETER, Joseph – *Capitalism, Socialism and Democracy*, cit.. Uma análise marxista: DUMASY, Jean-Pierre/RASSELET, Gilles – *Aperçus sur les analyses du développement du capitalisme dans la pensée économique marxiste contemporaine en France*, «Revue Française d'Histoire des Idées Politiques», n.° 2, 2.° semestre, 1995, p. 301 ss.

com os da avançada por João Paulo II, o qual distingue dois sentidos de capitalismo: um condenável e outro admissível[373]. Se por capitalismo entendermos a exploração, a desigualdade, etc.[374], todas essas realidades se incompatibilizam com os princípios do liberalismo não libertário. Se, ao invés, identificarmos capitalismo com uma forma de economia livre, baseada no mercado livre, mas que não enjeita a sua correcção, sobretudo em favor dos mais desfavorecidos, então pode dizer-se que os liberais (como outros) são capitalistas. Mas com a evolução do socialismo democrático, com terceiras vias, e outras formas novas, se considerássemos que capitalismo é realmente apenas economia de mercado, e até economia social de mercado, chegaríamos a esse paradoxo – semântico e não só – de até alguns socialistas serem capitalistas. Preferimos, por isso, reservar a expressão capitalista para o seu sentido clássico, com alguns traços pejorativos inegáveis…a menos que se seja anarco-capitalista assumido.

Em Portugal não há (2005) um partido liberal (social). Inspirando-nos um tanto em Renato Treves, cuja opinião sobre este fenómeno político veremos *infra*, talvez arriquemos a afirmação de que o socialismo liberal ou o social liberalismo é talvez uma de ideologia de elite, não para um único partido, mas destinada a procurar influenciar todos os partidos moderados de hoje…

---

[373] *Carta Encíclica Centesimus Annus*, ed. port., São Paulo, Loyola, 1991, n. 42, p. 57 (ou, na *Internet*: http://www.vatican.va/edocs/POR0067/_P6.HTM): "Voltando agora à questão inicial, pode-se porventura dizer que, após a falência do comunismo, o sistema social vencedor é o capitalismo e que para ele se devem encaminhar os esforços dos Países que procuram reconstruir as suas economias e a sua sociedade? É, porventura, este o modelo que se deve propor aos Países do Terceiro Mundo, que procuram a estrada do verdadeiro progresso económico e civil? A resposta apresenta-se obviamente complexa. Se por «capitalismo» se indica um sistema económico que reconhece o papel fundamental e positivo da empresa, do mercado, da propriedade privada e da consequente responsabilidade pelos meios de produção, da livre criatividade humana no sector da economia, a resposta é certamente positiva, embora talvez fosse mais apropriado falar de «economia de empresa», ou de «economia de mercado», ou simplesmente de «economia livre». Mas se por «capitalismo» se entende um sistema onde a liberdade no sector da economia não está enquadrada num sólido contexto jurídico que a coloque ao serviço da liberdade humana integral e a considere como uma particular dimensão desta liberdade, cujo centro seja ético e religioso, então a resposta é sem dúvida negativa."

[374] Como resposta ao *Livro Negro do Comunismo*, foi publicado o AA. VV. – *Livro Negro do Capitalismo*, trad. port. de Ana Maria Duarte e outros, Porto, Campo das Letras, 1998. Cf. ainda, *v.g.*, *Uma Vida humana? Só sem Mercado, Estado e Trabalho* – http://obeco.planetaclix.pt/rkurz54.htm; BEBIANO, Rui – *Negro, Vermelho, Mais Negro* – http://www.ciberkiosk.pt/arquivo/ciberkiosk4/livros/L_negro.htm.

Contudo, em geral, estas ideias (por vezes mescladas com outras, mais neo-liberais) estão presentes ao nível internacional na Internacional Liberal, e na Europa pelo recentemente formado grupo Aliança dos Liberais e Democratas para a Europa (ALDE /ADLE) do Parlamento Europeu, e anteriormente pelo Partido Liberal, Democrático e Reformador Europeu (ELDR). O problema é sempre, para os Liberais, da atracção pelo liberalismo do *laissez faire*, esquecendo a dimensão social, ou o "estar no meio", numa posição sempre sujeita ao fogo cruzado das críticas. Emblema deste drama do "centro" é este passo do poema de Robert Eduard Prutz, *Pereant die Liberalen*:

> *Pereant die Liberalen,*
> *Die nur reden, die nur prahlen,*
> *Nur mit Worten stets bezahlen,*
> *Aber arm an Taten sind;*
> *Die bald hier –, bald dorthin sehen,*
> *Bald nach rechts, nach links drehen,*
> *Wie die Fahne vor dem Wind:*
> *Pereant die Liberalen!*

10.3.5. *Sobrevivências e Novidades*

10.3.5.1. *Ideias Novas, Instituições Velhas. Desafios à Esquerda tradicional*

Trataremos das novidades sobretudo na divisão seguinte. Mas, para rigor classificatório, fora do sistema enunciado, encontram-se sobretudo as mil e uma formas do politicamente correcto. Há autores que subdividem os seus vários aspectos, falando assim de uma ideologia ecologista, doutra feminista, de formas diversas de igualitarismo, de novos movimentos sociais, etc. Mas afigura-se-nos que se trata de múltiplos avatares de uma só realidade, o "politicamente correcto", que aspira a ser "pensamento único"[375].

---

[375] Por todos, CHARDON, JEAN-MARC/LENSEL, DENIS (eds.) – *La pensée unique. Le vrai procès*, Paris, Economica, 1998; BEARD, Henri/CERF, Christopher, *Dicionário do Politicamente correto*, trad. bras. de Vra Karam e Sérgio Karam, Introdução de Moacyr Scliar, Porto Alegre, L&PM, 1994; ESTEFANÍA, Joaquín – *Contra el Pensamiento único*, 4.ª ed., Madrid, Taurus, 1998. E até GARNER, James Finn – *Politically Correct Bedtime Stories*, trad. port. de Francisco Agarez, *Histórias Tradicionais Politicamente Correctas. Contos de sempre nos Tempos Modernos*, Lisboa, Gradiva, 1996.

Evidentemente que muito generosos e acertados ideais ecologistas, de defesa da Mulher, de luta pela igualdade e contra as discriminações, etc. se não identificam com os seus excessos ideológicos. Esses ideais encontram-se, nessa sua forma equilibrada, já integrados nos programas dos partidos tradicionais... Os partidos ecologistas oscilam: em Portugal, tivemos um partido monárquico ecologista, o PPM, quando era liderado por Gonçalo Ribeiro Teles, o qual depois fundou o Partido da Terra, e temos os Verdes, que sempre concorreram eleitoralmente coligados com o PCP – Partido Comunista Português... Não se trata de uma ideologia, porque lhe falta cosmovisão: sentido do todo. O Ecologismo é vital: mas não é tudo.

A origem geral do movimento politicamente correcto, que invade todo o espectro político, é sobretudo a esquerda antiga, desiludida com o afundamento do "socialismo real" e seduzida por um certo informalismo e "libertação" sociais e culturais. O pensamento único tem apenas origem na direita quando, adoptando com mais ou menos convicção o figurino de laxismo de costumes e crenças normalmente proscrito pelo puritanismo conservador, sobretudo pretende sem hipocrisias defender uma versão desapiedada do capitalismo, uma apologia do *salve-se quem puder*. Em qualquer das versões, o politicamente correcto subtilmente conquista todas as consciências, em grande medida pela auto-repressão e pela moda, e está hoje presente em praticamente todas as formações políticas, se não de forma dominante, como nas mais "vanguardistas", pelo menos de modo inconsciente ou em minorias em ascensão interna e externa.

O politicamente correcto deixa pouco espaço de captação de adeptos aos extremistas clássicos. Quer aos marxistas-leninistas mais esquerdistas, alguns dos quais se reconvertem sob a sua bandeira, quer aos velhos anarquistas, que passam a ser uma quase sobrevivência – cujo eco só muito longinquamente se escuta. E contudo a perspectiva de abolição completa de propriedade e Estado era um projecto de uma radicalidade pelo menos impressiva.

10.3.5.2. *Ideias Velhas, Instituições Novas. Encruzilhadas da Extrema-direita*

No pólo completamente oposto, dos adeptos fanáticos da ordem, as metamorfoses são muito menos criativas, e, felizmente, menos bem sucedidas. A "Nova Direita", que procurara conciliar a direita com a cultura e o sentido estético[376], é no séc. XXI um fenómeno já passado. Ficam dela, para a História, algumas revistas[377], e o "enciclopédico" *Vu de Droite*, de Alain de Benoist[378].

Os autoritarismos vestem-se agora de tecnocracia e conservadorismo, mas, inseridos num sistema demo-liberal, sobretudo consolidado no âmbito da União Europeia com sucessivos alargamentos territoriais e de poderes, mal conseguem fazer assomar a sua essência. Resta-lhes um jogo de hipocrisia, defendendo o privilégio, procurando preservar o fundo sob outra forma. Há quem pense que tiques autoritários assomam, quais reflexos condicionados, em tempos de crise, nas direitas normalmente democráticas.

Os fascismos e nazismos têm colhido raros adeptos, e especialmente em algumas camadas impreparadas e iludidas de uma juventude a que as democracias não têm sabido educar ou galvanizar, nem vivencial, nem intelectual, nem civicamente. São estes -ismos passadistas um fenómeno ao que parece pouco fundado ideologicamente, e sobretudo associado à violência, e ao preconceito, racial, de orientação sexual, e afins.

Embora de todos eles pouco se saiba e mais se conjecture, se os anarquistas de hoje são certamente intelectuais e já não bombistas, os fascistas e os nazis de agora são sobretudo capazes de actos de vandalismo, sem as pretensões – sequer estéticas – dos seus ídolos históricos. Embora dê que pensar a persistente associação entre os extremismos nazis e o ritual[379].

Uns e outros aí estão diante da grande vencedora, da concitadora de reais e pretensos unanimismos, a democracia liberal, a lembrar-lhe que não pode nunca pensar-se o fim da História, e que os extremismos a espreitam sempre.

---

[376] Daí o poder considerar-se um projecto de "gramscianismo de direita", como assinalámos *supra*. Cf. BENOIST Alain de, *et alii* – *Pour un 'gramscisme de droite'*, Paris, Le Labyrinthe, 1982.

[377] Como, *Éléments*, e entre nós, o *Futuro Presente*.

[378] BENOIST Alain de – *Vu de Droite*, trad. port., *Nova Direita, Nova Cultura. Antologia crítica das ideias contemporâneas*, cit.

[379] Cf., *v.g.*, VONDUNG, Klaus – *Revolution als Ritual. Der Mythos des Nationalsozialismus*, *in* HARTH, Dietrich/ASSMANN, Jan (org.) – *Revolution und Mythos*, Fischer, Francoforte sobre o Meno, 1992, p. 206 ss.

10.4. A Ideologia Hoje

10.4.1. Tecnocracia

A mais velha das novas ideologias será certamente a tecnocrática. Tecnocracia é a apoteose e a justificação do avassalador poder da técnica. E o que é a técnica? É um método de saber fazer. Há quem saiba consertar motores, há quem saiba pintar paisagens, há quem saiba cozinhar petiscos. Tudo pode ter uma técnica. Mas o primeiro que consertou aquele tipo de motor, pintou uma paisagem ou confeccionou aquele bolo não era um técnico. Era um inventor, um cientista ou um artista. Era alguém criativo. O técnico não cria, não inova. Pega no manual de instruções do automóvel, no *Pinte em 20 lições* que comprou na feira do livro, ou no caderno de receitas da Avó, e segue à risca o que lá vem. Um dia, saberá fazer de cor, se o fizer frequentemente. Tem técnica. Numa sociedade de muita gente como a nossa, é preciso que tudo esteja organizado e seja repetido muitas vezes. Desconfia-se, no fundo, da verdadeira inovação. Os técnicos, que se não arriscam a fazer bolos diferentes, mas dão o sabor garantido e conhecido, são muito considerados, porque, ao menos esses, são competentes. A incompetência é outro flagelo da sociedade. As pessoas querem confiar em alguém, querem os automóveis consertados. Confiam-nos a um técnico.

Daqui se passou para a tendência de se pensar que o poder deveria ser confiado a técnicos. Parecia uma boa solução. Só que a política, a condução dos homens, é uma arte, uma arte que exige sempre novas invenções, porque tudo está a mudar. O político deve saber pintar muitos tipos de quadros, a aguarela, a óleo, a pastel, e com todas as técnicas misturadas de vez em quando. É como se tivesse de inventar um bolo novo todos os dias. Os tecnocratas no governo não podem ser tecnocratas da política, que se não aprende pelo livro de receitas. São tecnocratas de outras áreas: da Informática, da Economia, da Gestão, da Indústria... e também há tecnocracia no Direito? Infelizmente. O Direito também tem as suas técnicas, e quem apenas a elas conhece é evidentemente um tecnocrata do Direito. Não há direito sem técnica, mas não há justiça só com técnica. Presenciamos, actualmente, uma invasão da tecnocracia no direito, por influência de uma situação geral. O Direito ameaça transformar-se numa charada, num jogo da glória em que, por azar, às vezes se calha no poço ou na prisão. Mas a tecnocracia não se combate sabendo menos, não. Não é com menos técnica que há mais Justiça. É com mais inteligência e criatividade, mais atenção aos valores.

No plano político, a tecnocracia é muito sedutora nos momentos decadentes em que os políticos se encontram desacreditados, e em que homens sisudos, de pouca cultura e aparentemente muita competência, dão vozes de comando. A ditadura da competência é, porém, profundamente incompetente. Porque os pretensos competentes nas coisas dos números, das máquinas e até de algumas abstracções são normalmente profundamente ignorantes das coisas do Homem e da Vida, que tratam como joguetes nas suas mãos de prestidigitadores. A tecnocracia redunda ao mais alto nível em subjectivismos e poderes pessoais sob a capa de competência, e o mesmo sucede ao nível inferior, adquirindo a forma de burocracia – poder de quem detém os carimbos e manipula os dossiers.

10.4.2. *Metamorfose das Ideologias*

A crise dos cânones culturais (como vimos *supra*) conduziu a uma anomia e a uma anarquização das estruturas mentais dos intelectuais. Sem padrões, sem modelos, têm de inventar a partir do nada. E daí decorrem consequências muito nefastas, a nível cultural, educacional, político. Mas a crise dos cânones não só leva ao desenraizamento dos intelectuais. Também provoca que eles se iludam e nos iludam com a criação de tópicos ideológicos que, aparentemente inovadores, todavia remam em sentidos já conhecidos.

De vez em quando a *vox populi* mediática ou o ensaísmo cultural e universitário entretêm-se a criar conceitos novos, cuja correspondência com a realidade é pouco menos que fantasista. Há um grande malefício na compulsividade de os jornais saírem todos os dias, de os articulistas serem obrigados a regularidade de reflexões, e que os universitários tenham de, no limite, escolher entre publicar ou perecer (ou desvanecer-se). Por outro lado, o gosto hodierno da novidade, a febre do diferente, leva a que se procure sempre o mais chocante, o mais obtuso, o mais original.

Uma dessas novidades (hoje se vê com clareza que sem profundo fundamento) é a ideia de que as ideologias teriam desaparecido. Já Daniel Bell tinha avançado a hipótese, mas o hiper-optimista Fukuyama atreveu-se mesmo a proclamar o "fim da História". E tal consumação dos séculos identificava-se com o modelo americano. Do mesmo modo que John Rawls, com as suas abstracções da *posição originária* e do *véu de ignorância* nos levava afinal à conclusão de que, se não soubéssemos nada sobre nós, acabaríamos por escolher... uma forma de democracia liberal. Boa escolha, certamente, mas não necessitando de tão artificiais formas de legitimação.

Por outro lado, a chegada ao poder de todos os partidos, em tempos e lugares diferentes, contribuiu provavelmente para que se desfizessem os respectivos mitos. E para que o cidadão comum acabasse por opinar, desiludido, que "são todos iguais". Para além do exagero da observação, fruto amargo de promessas não cumpridas, a verdade é que não tem sido nada raro que se produza, na prática, o *chassé-croisé*, e que políticas normalmente qualificadas como de direita tenham sido postas em prática pela esquerda, e vice-versa.

Este pragmatismo também contribui para a indiferenciação das políticas, e cria dúvidas sobre o recorte autónomo das ideologias.

Mas o que verdadeiramente caracteriza, hoje, uma ideologia, é o simbólico. Dois partidos professando ideologias diversas podem fazer praticamente a mesma política. Porém, se um tolerar (não precisa de amar) Augusto Pinochet e outro Fidel Castro, se um tiver *posters* de Che Guevara nas paredes das suas sedes e o outro calendários oferecidos por empresas amigas, se um se entusiasmar aos acordes da Internacional e o outro ao compasso de um hino xenófobo, se num se usar mais gravata e no outro menos, se num houver mais tolerância e noutro mais preconceito, etc., etc... saberemos que estamos perante duas ideologias diferentes. A interpretação da História é também pedra de toque dessas diferenças. A forma como se avaliam as datas de 1789 ou 1917 é decisiva.

Quando chega o 1.º de Maio, se fala de aborto, ou da revolução francesa ficamos a saber que ainda há ideologias, e que estão de saúde bem razoável. O que tem sucedido é antes uma progressiva perda de empenhamento do cidadão comum na política, e uma catastrófica aceleração da deseducação obrigatória: por uma e outra via parece que a política e a ideologia já só interessam aos seus actores, que teriam quase deixado de ter público.

Mas o interesse profundo pela ideologia sempre foi inequivocamente elitista. Nesse aspecto nada há a temer. Nunca os comunistas comuns, o homem da rua comunista terão lido o *Das Kapital*. Um primeiro-ministro socialista chegou mesmo a confessar não ter passado cremos que da sexta página. E nas hostes conservadoras ou reaccionárias o fenómeno de incultura ideológica é normalmente ainda maior.

As coisas, mesmo assim, evoluem. E há novidades no mundo da ideologia.

Por um lado, já pode haver mesclas de filiações e de sentimentos "históricos". Pode, por exemplo, ser-se ainda tradicionalista e já quase liberal, como solução de continuidade num comum amor da naturalidade da política e um amor único, mas evolutivo, à liberdade. Pode ser-se monárquico e muito mais coisas, e até monárquico e republicano ao mesmo tempo. Pode ser-se até comunista e democrata, e católico e tudo o mais... Pode ser-se liberal e socialista – socialista liberal. Pode, para usar os símbolos fortes, tanto se desaprovar Pinochet como Fidel, e tanto se gostar do 13 de Maio como do 1 de Maio. Pode compreender-se 1789 e 1917, compreender-se e não aprovar, ainda apoiar-se criticamente, quando antes só se amava ou odiava.

As terceiras vias sucedem-se, mais ou menos bem sucedidas. E a sua renovação e proliferação é prova de que a moderação e a hibridação têm mais sucesso que os extremos, como defende José Adelino Maltez.

Outra novidade: Aproveitando o terreno aparentemente livre pela discreção da ideologia, das ideologias tradicionais, uma nova ideologia surgiu – o pensamento único, o politicamente correcto.

É curioso que como à desertificação da moral colectiva e até das boas maneiras, impondo limites de alguma forma precocemente inculcados, o que era uma vantagem enorme, evitadora da anomia, parece suceder um conjunto de interditos e de prescrições, também indiscutíveis, também geradores de anátema.

A língua de pau (*langue de bois*) começou por ser marxistófila (infraestruturas, contradições, mais-valias) para passar a tecnocrática (implementação, visão integrada, valência, massa crítica) e hoje o "eduquês", linguagem dos novos "pedagogos", não significa quase nada. Todas comungam no eufemismo intelectualista com preconceitos anti-discriminatórios. Usam "invisual" para cego, "interrupção voluntária da gravidez" para aborto, "africano" para pessoa de cor negra, e acham certamente que com esta magia das palavras acabam as discriminações... O politicamente correcto começa por estes pruridos linguísticos. Depois alarga-se aos comportamentos numa rede de tabus que vêem sobretudo do medo de se ser frontal e de se tomar posições... que contrariem um vago progressismo sem rosto e pretensamente pós-socialista e pós--comunista, embora, na prática, muito pró-esquerdista, desse esquerdismo "doença infantil" de que falou Lenine. Embora também possa haver uma versão "chic", capitalista, ou simplesmente tecnocrática destes tiques mistificadores.

A correcção política liga-se profundamente à cultural. Ela está nas lutas contra as falsas discriminações, pelas ditas "minorias" (algumas minorias apenas, claro), contra os cânones culturais, a favor de um feminismo extremista e, no limite, da "guerra dos sexos", e, em geral, contra os principais valores que durante séculos nortearam a civilização ocidental. Opondo-lhes um "anything goes" de informalidade por vezes a passar para a má educação quando não o individualismo possessivo e agressivo, e atacando a moral dita "hipócrita" da "burguesia" com uma ideia de pluralismo moral que, afinal, é amoralismo, e, no limite, imoralidade. E fazendo concomitantemente perigar a sã pluralidade de formas dentro de um mínimo ético, levando água ao moinho da reacção mais obscurantista – único porto a que parece terem de recorrer, em desespero, aqueles a quem repugna o caos axiológico.

Embora mesclada de várias influências, pode talvez dizer-se que o politicamente correcto, que pretende elevar-se a pensamento único, é uma nova ideologia totalitária. E mais perigosa e subtil, porque não se afirma nem se pretende como tal.

Muito teríamos todos a ganhar se os representantes das antigas ideologias, que não estão mortas, e sobretudo os ideólogos da esquerda, reencontrassem nas suas fontes alento para um renovo, demarcando-se desse breviário de *linha branca*, pronto a ser usado por todos, que é a correcção política. A direita, quer por alergia ideológica dos pragmáticos, quer por desconfiança da novidade dos conservadores, quer por prosaísmo geral, não é muito atreita ao contágio dos grandes temas da correcção política. Embora em temas como pena de morte, aumento dos efectivos da polícia, aumento da duração de penas, prisão perpétua, etc… certos sectores da direita tendam a alinhar por uma outra forma de "correcção política" ou do negativo da correntemente propalada – que na imprudência e irrealismo desagua, afinal, de outro modo.

Contudo as ideologias não morreram, apenas o público a que os políticos se dirigem (hoje todos os cidadãos) se tornou demasiado inculto para as compreender. E por isso saíram da ribalta.

Tudo somado, não há dúvida de que a democracia liberal é a grande meta-ideologia de base da maioria das fórmulas correntes, e de tão triunfante como composto de políticas concretas aparenta ultrapassada e nela não se fala muito. Triunfo silencioso de uma ideologia que parece tão adequada que todas nela acabam por beber. Por exemplo: John Gray afirma para o liberalismo *tout court* essa virtualidade extraordinária de até converter os adversários, tornando-os, se a si unidos ou a si aproximados, muito mais "digeríveis". No fundo, quer o conservadorismo quer o socialismo só teriam tido hipóteses de triunfar na medida em que tornados conservadorismo liberalizante (com conversão ao mercado e a fórmulas políticas não-autoritárias) e socialismo liberal (com idêntica conversão afinal).

Estamos, assim, em tempo de encruzilhada ideológica: pois a democracia liberal demonstra sem mostrar a sua grandeza e por demais se lhe assinalaram já os seus defeitos e limitações, enquanto uma nova ideologia mesclada, que ameaça ser tão poderosa e tão subtil como aquela, surge, da banda dos colectivismos e dos totalitarismos: o politicamente correcto. Com a vantagem de proclamar bandeiras aparentemente novas e de ir, no seu efeito de bola de neve, convertendo alguns não-socialistas.

O futuro só dirá se o oponente principal deste pensamento único será ainda uma renovada democracia liberal, ou um outro *novum*. E se a coisa precisará de novo nome ou utilizará algum dos velhos. Em todo o caso, não nos parece haver qualquer dúvida de que a grande questão ideológica do futuro próximo e a médio prazo será uma questão de cânones culturais. Uma oposição entre os que defendem os clássicos, e os clássicos modernos, e os que se esqueceram por completo de toda a tradição: os que rompem com os cânones.

Todas as clássicas ideologias estão em perigo. Ou reagem, ou soçobrarão à hidra sem rosto.

10.5. *Ideologias e Partidos no Portugal Contemporâneo*[380-381]

10.5.1. *Tese e Síntese*

Nos anos sessenta e início dos anos setenta, floresciam nas universidades portuguesas todas as tonalidades de marxismo-leninismo, embora

---

[380] Num tema ainda tão à flor da pele como este, apesar do esforço de imparcialidade, sempre as simpatias e antipatias do autor acabam por adjectivar os factos e as personagens, que também não podem deixar de ser seleccionados através dos filtros valorativos e passionais que lhe são inerentes. Obviamente estas agruras da objectividade são conhecidas do público, que decerto preferirá a clara opção à dissimulada insinuação. E será cabalmente capaz de desconstruir os conceitos e preconceitos do autor, que contudo protesta desde já a sua própria heterodoxia.

[381] Excluímos desta síntese as manifestações mais teóricas e de maior fôlego espe-

proibidas. Contrastadas apenas por pequenos nichos situacionistas, algumas resistências tradicionalistas, monárquicas, e incipientes aspirações de esquerda e direita democráticas, que contudo se integravam nas duas grandes frentes (*situação* e *oposição*), de um lado e do outro. No "Parlamento", uma incipiente "ala liberal" não conseguia sequer ser oposição "tolerada", nem tinha consistência ideológica própria: as suas figuras mais marcantes abandonariam a Assembleia.

A revolução do 25 de Abril veio permitir a manifestação das mais diferentes ideologias. Mesmo assim, a liberdade não seria de início plena. Logo se ilegalizaram partidos de direita e se impediu a ida às urnas de maoístas e de um partido democrata cristão (PDC). A Constituição foi previamente pactuada entre os militares (MFA – Movimento das Forças Armadas) e os principais partidos, e o espectro político parlamentar ficou-se, à direita, pelo centro. Mas, uma vez reentrado na ordem plenamente democrática, Portugal herdou um sistema partidário enviesado, em que a direita continua teoricamente a terminar no centro, e em que só os extremos se atrevem a ter um discurso claramente ideológico. Domina o rotativismo, em que ao centro esquerda socialista se tem sucedido o centro direita "social-democrata", e vice-versa, ou, noutra perspectiva: poderá considerar-se estarmos no reino do *centrão*, sem ideologia real. Com o bom e o mau que isso pode comportar...

10.5.2. Partidos e Ideologias antes e depois de Abril de 1974[382]

10.5.2.1. Partidos, eleições e ideologias no Estado Novo – brevíssima nota

Antes de 25 de Abril de 1974, havia um para-partido do regime (criado por decisão governamental, e que contudo como partido se ne-

---

culativo (mas menor implicação política imediata), que se manifestaram e manifestam quer no terreno filosófico dito "puro", quer no âmbito académico jurídico, ou jurídico-político, e ainda jusfilosófico. Evidentemente que a obra de muitos autores normalmente colocados nestes domínios teve e tem intersecções ideológicas e políticas. Mas a sua consideração tornaria incomportável uma síntese *hic et nunc*. Por todos, e recentemente, cf. TEIXEIRA, António Braz – *História da Filosofia do Direito Portuguesa*, Lisboa, Caminho, 2005, p. 167 ss.; CUNHA, Paulo Ferreira da – *Temas e Perfis da Filosofia do Direito Luso-Brasileira*, Lisboa, Imprensa Nacional – Casa da Moeda, 2000, p. 253 ss.; *Idem – Pensamento Jurídico Luso-Brasileiro*, Lisboa, Imprensa Nacional – Casa da Moeda, 2006

[382] O Centro 25 de Abril da Universidade de Coimbra tem um *sítio* com abundante bibliografia, historial dos partidos, políticos, etc.. v. http://www.uc.pt/cd25a/

gava), a União Nacional, rebaptizada mais tarde Acção Nacional Popular. Nem por isso se fazia muito sentir nem era excessivamente considerado pelo poder, embora a filiação no mesmo ou na Legião Portuguesa (paramilitar) fossem passaporte para empregos públicos.

Em períodos eleitorais (de escasso recenseamento e muita abstenção, salvo de funcionários públicos), eram admitidas comissões eleitorais *ad hoc* da oposição. Essas comissões repetiam-se pelo país e pelos actos eleitorais: eram sobretudo o MDP/CDE – Movimento Democrático Português/Comissão Democrática Eleitoral, que agregava sobretudo próximos dos comunistas e marginalmente alguns futuros socialistas, e a CEUD – Comissão Eleitoral de Unidade Democrática, maioritariamente afecta aos socialistas, mas integrando marginalmente monárquicos liberais democráticos (que viriam a fundar o PPM – Partido Popular Monárquico, depois da revolução) e futuros populares democráticos (PPD). Nenhum dos grupos conseguiu alguma vez eleger um único deputado no clima de unanimismo oficial.

O regime jogava muito numa diluição ideológica explícita, com o privilegiar do nacionalismo, e um corporativismo de cúpula e de discurso.

São especialmente de assinalar (até pelo seu recorte literário reconhecido pelo teórico da literatura António José Saraiva) os discursos de Salazar, editados em vários volumes.

A oposição solidificava os seus discursos ideológicos para consumo interno, mas apostava sobretudo na democracia e no anti-colonialismo no discurso externo, quando escassa e intermitentemente tolerado.

10.5.2.2. *Tradições e Assimetrias: Partidos institucionais e partidos marginais e marginalizados no pós 25 de Abril*

A seguir ao golpe de Estado e subsequente revolução do 25 de Abril de 1974, que derrubou o regime do Estado Novo, legalizaram-se partidos políticos[383], que, embora num ou noutro caso já existissem na clandestini-

---

[383] Sobre partidos em geral, em Portugal, SOUSA Marcelo Rebelo de – *Os Partidos Políticos no Direito Costitucional Português*, Braga, Livraria Cruz, 1983; AGUIAR, Joaquim – *A Ilusão do Poder. Análise do Sistema Partidário Português*, 1976-1982, Lisboa, Publicações Dom Quixote, 1983; *Partidos, Estruturas Patrimonialistas e Poder Funcional* – A Crise de Legitimidade, "Análise Social", vol. XCVI, pp. 241 ss., Lisboa, 1987; *Idem – As Funções dos Partidos nas Sociedades Modernas*, "Análise Social", vol. XXV (107), 1990.

dade (como o Partido Socialista – PS[384], e o Partido Comunista Português – PCP[385]), se tornaram então verdadeiros partidos institucionais.

O MFA – Movimento das Forças Armadas, responsável pelo golpe militar[386] –, convidou para o I governo provisório (chefiado por um catedrático de Direito independente, Adelino da Palma Carlos) o PS – Partido Socialista, o PPD – Partido Popular Democrático[387] (mais tarde PSD), o PCP – Partido Comunista Português[388] e o MDP – Movimento Democrá-

---

[384] Fundado na Alemanha Federal, na sequência de um congresso da Acção Socialista Portuguesa (fundada em 1964, em Genebra), em Abril de 1973, mas herdeiro do velho Partido Socialista Português, fundado em 10 de Janeiro de 1875, por Antero de Quental e José Fontana. Aliás, em 1975, o PS lançou um cartaz comemorativo do centenário. Eco dos tempos de clandestinidade é a edição *fac-similada* dos números clandestinos do jornal dos socialistas portugueses, comemorativa do décimo aniversário da publicação: *O Portugal Socialista na Clandestinidade*, Lisboa, Edições Portugal Socialista, 1977.

[385] Fundado em 6 de Março de 1921. A sua renovação, com Álvaro Cunhal, nos anos 50 do séc. XX, é vista por alguns grupos, designadamente maoístas, como uma liquidação "revisionista" do partido.

[386] Sobre o papel do MFA na revolução, a agudíssima e corajosa recolha de estudos de LOURENÇO, Eduardo – *Os Militares e o Poder*, Lisboa, Arcádia, 1975. Fica clara a vontade de um MFA como protagonista principal da política, criticando os partidos, propondo o voto em branco nas eleições para a Constituinte, etc. Documentação de relevo pode colher-se em FERREIRA, Serafim (coord.) – *MFA. Motor da Revolução Portuguesa*, Lisboa, Diabril, 1975. A orientação ideológica do MFA, antes do pronunciamento do chamado "Grupo dos Nove" (moderados), fica claríssima com a leitura do folheto da Comissão Dinamizadora Central do MFA de apoio à Campanha de Dinamização Cultural e Acção Cívica. *O Que é a Política?*, s/e, s/d, p. 3: "Socialismo burguês é aquele que existe em certos países da Europa e que de socialismo só tem o nome. No fundo ele não se distingue muito da democracia burguesa, apenas lança um pouco mais de poeira nos olhos dos trabalhadores a fim de melhor ocultar a exploração capitalista. Socialismo proletário é o mesmo que democracia popular. Há socialismo proletário na União Soviética, na Hungria, na Alemanha Oriental, na Bulgária, em Cuba, etc. Nestes países a exploração do homem pelo homem acabou definitivamente e por essa razão o socialismo aí existente não é uma fachada".

[387] Sobre o PPD/PSD, v. especialmente STOCK, Maria José – *Elites, Facções e Conflito Intra-partidário: o PPD/PSD e o Processo Político Português de 1974 a 1985*. Évora: Universidade de Évora, 1989 (policóp.). Documento precioso é a colecção dos jornais "Povo Livre", que parece virá a passar a ter no futuro só edição electrónica.

[388] Para a visão do PCP sobre os últimos anos do Estado Novo e os primórdios da revolução, v. o testemunho de CUNHAL, Álvaro – *A Revolução Portuguesa. O Passado e o Futuro*. Lisboa: Edições Avante!, 1976. Fulcral para estudar as posições do PCP é o estudo do jornal "Avante!"

Reavaliar os Paradigmas 291

tico Português (que ulteriormente viria a formalmente dar lugar ao partido "Política XXI", mas já fora aparentemente absorvido pelo PCP)[389]. Entretanto, o Presidente e Fundador do CDS – Centro Democrático Social[390] (mais tarde CDS/PP – Partido Popular), Diogo Freitas do Amaral, foi convidado e aceitou integrar o Conselho de Estado. Estes foram os partidos que os agentes e vencedores da revolução desejaram que existissem, ou, pelo menos, que liderassem ou detivessem a hegemonia do processo.[391] E a verdade é que assim viria a acontecer.

---

[389] Para enquadramento geral, seleccionaríamos, embora com muita dificuldade, diante da multidão bibliográfica: COELHO, Mário Baptista (ed.) – *Portugal: O Sistema Político e Constitucional: 1975-1987*, Lisboa, ICS, 1989; AGUIAR, Joaquim – *O Pós-Salazarismo. As Fases Políticas no Período 1974-1984*, Lisboa, Dom Quixote, 1985; LUCENA, Manuel de – *O Estado da Revolução*. Lisboa, Expresso, 1978; *Idem – Rever e romper: da Constituição de 1976 à de 1989*, Lisboa. Separata da Revista de Direito e de Estudos Sociais, ano 33, Janeiro-Junho de 1991; OLIVEIRA, César de – *Os Anos Decisivos. Portugal 1962-1985. Um Testemunho*. Lisboa, Editorial Presença, 1993; SARAIVA, José António – *Do Estado Novo à Segunda República*, Amadora, Bertrand, 1974. Para um enquadramento geral, BARRETO, António (org.) – *A Situação Social em Portugal, 1960-1999*, Lisboa, ICS, 2000. As posições dos dirigentes dos principais partidos do governo provisório podem ser recordadas, por exemplo, no livro de entrevistas de DIAS, Manuel – *Posições Frontais*, Porto, Brasília Editora, 1975, incluindo entrevistas políticas a Sá Carneiro (PPD), Mário Soares (PS), Álvaro Cunhal (PCP) e ainda ao Bispo do Porto, D. António Ferreira Gomes, corajoso oposicionista a Salazar, e por este exilado depois da sua célebre carta: GOMES, D. António Ferreira – *Carta a Salazar*, hoje ed. em Amarante, Edições do Tâmega, 1993. Sobre o seu pensamento, cf., *v.g.*, GOMES, D. António Ferreira – *O Sacerdote o Filósofo e o Poeta perante Deus e Portugal*, "Os Portugueses e o Mundo", Porto, 1985 (policóp.). Para uma visão mais pormenorizada, PINHO, Arnaldo de – *D. António Ferreira Gomes: Antologia do seu pensamento*, Porto, Fundação Engenheiro António de Almeida, 3 vols.

[390] Para a história do CDS (bem como para todo o período revolucionário) é muito importante o testemunho do seu fundador e primeiro presidente, AMARAL, Diogo Freitas do – *O Antigo Regime e a Revolução*, Lisboa, Bertrand/Nomen, 1995. Para uma perspectiva mais completa do ponto de vista desta família política, importam também muito as análises, de outro dos seus presidentes, igualmente "senador" da República: de entre muitos, v. MOREIRA, Adriano – *O Novíssimo Príncipe: Análise da Revolução*, Braga, Intervenção, 1977; *Idem – Identidade Europeia e Identidade Portuguesa*, Conferências de Matosinhos, Câmara Municipal de Matosinhos, Porto, Página a Página, 1994; *Idem – Notas do Tempo Perdido*, Matosinhos, Contemporânea, 1996. Ver também a revista do Instituto Democracia e Liberdade (IDL) – "Democracia e Liberdade".

[391] Os iniciais programas dos diferentes partidos, mesmo alguns que não vingaram (PSDP – Partido Social Democrata Português, a que terá, numa primeira fase, pertencido o primeiro Primeiro Ministro pós-25 de Abril, Adelino da Palma Carlos, PSDI – Partido Social Democrata Independente, PL – Partido Liberal, PP – Partido do Progresso – evo-

292 Repensar a Política – Ciência & Ideologia

A extrema-esquerda e a direita, para não falar na extrema-direita, foram de uma forma ou de outra subalternizadas, segregadas, ou mesmo eliminadas: por ilegalização – nos casos do Partido do Progresso, do primeiro Partido Trabalhista, etc., ou por proibição de ir às urnas – como sucedeu com o PDC – Partido da Democracia Cristã (nas primeiras eleições, para a Constituinte, à última hora, depois mesmo de este partido se encontrar em coligação eleitoral com o CDS – o que obrigaria este último a refazer as listas em tempo recorde). Movimentos, partidos e frentes eleitorais normalmente classificáveis como de extrema-esquerda ou esquerda revolucionária, como o MRPP – Movimento Reorganizativo do Partido do Proletariado, a UDP – União Democrática Popular, a FEC – (ml) (Frente Eleitoral de Comunistas – marxistas leninistas), todos de inspiração maoísta, e a LCI – Liga Comunista Internacionalista, de inspiração trotskista, e outros, embora muito activos, tiveram sempre escassa expressão real e depois eleitoral, quando concorreram. Apenas a UDP conseguiria vir a entrar no Parlamento, com um deputado.

Caso diferente é o do MES – Movimento de Esquerda Socialista –, que poderia talvez ter sido uma espécie de PSP espanhol ou de PSU francês. Aos olhos do público, era visível a sua dimensão sobretudo intelectual, com muitos professores e alguns católicos progressistas. Teve várias cisões (como o do GIS – Grupo de Intervenção Socialista e IS – Intervenção Socialista), e alguns dos seus membros iniciais (que foram designados por ex-MES) acabariam por integrar o Partido Socialista, ao mais alto nível: desde logo, Jorge Sampaio, futuro Presidente da República.

Mais tarde, criar-se-ia o PSN – Partido da Solidariedade Nacional, com um discurso que aliava a defesa dos idosos a uma singular versão política da pós-modernidade, protagonizada por Manuel Sérgio, que se viria a eleger como um único deputado do novo partido, e numa única legislatura[392].

---

lução do Movimento Federalista Português) constam todos, tematicamente organizados, de CARAPINHA, Rogério/VINAGRE, António/COUTO, Joaquim – *Partidos Políticos Ponto por Ponto*, Jornal do Fundão Editora, 1974. Muito útil também no plano documental é a recolha *Campanha Eleitoral na TV. 1976. Textos Integrais das Intervenções de todos os Partidos*, Lisboa, Ediguia, 1976.

[392] Não tendo apresentado contas três anos seguidos, à luz da legislação restritiva dos partidos políticos, que tivemos ensejo de criticar (V. CUNHA, Paulo Ferreira da – *A*

Outras organizações, como o PRP – Partido Revolucionário do Proletariado, cujas figuras mais visíveis eram Isabel do Carmo (directora do jornal "Revolução") e Carlos Antunes (depois ligado à Intervenção Radical, movimento muito mais moderado), e fundado em 1973, na sequência de uma cisão na FLN – Frente de Libertação Nacional, fundada em 1961, em Argel, nunca disputaram as eleições, defendendo nos seus textos a "luta violenta".

10.5.2.3. *Assimetria à esquerda do espectro político*

O espectro político ficou assim desde o início enviesado: se o partido mais à direita (CDS) afirmara, logo aquando da sua apresentação pública, congregar pessoas do centro-direita e do centro-esquerda, e tinha na sua Declaração de Princípios o objectivo de se atingir uma "sociedade sem classes" (embora tal se interpretasse como uma república de pequenos proprietários), é óbvio que, nos tempos revolucionários, o centro efectivo, real, passou a atravessar o PS pelo meio. À sua esquerda, os partidos marxistas-leninistas e afins dividiam-no até entre as "cúpulas de direita" e as "bases de esquerda". Não era verdade, mas assim corria nos *media,* em geral manipulados pelos ventos esquerdistas. Outra ideia corrente, era a da pressão da "direita" sobre o PS[393].

10.5.2.4. *O equilíbrio do espectro político*

A verdade é que seria o PS, depois do comício de contestação da "unicidade sindical" (estava em causa a liberdade de criação e filiação sindical, contrariadas pelo PCP e pela Intersindical/CGTP), a liderar todas as forças contrárias à transformação do país numa "democracia popular" marxista-leninista, mais ou menos populista. Nesta luta, o principal ideólogo do PS seria o subtil advogado e então ministro Francisco Salgado Zenha, que desde logo alertou para o caminho totalitário a que conduziria a obrigatoriedade do sindicalismo monolítico. Outro ministro da área socialista,

---

Constituição Viva. Cidadania e Direitos Humanos, Porto Alegre, Livraria do Advogado, 2007, p. 70 ss.), o PSN foi extinto por acórdão do Tribunal Constitucional, de 10 de Janeiro de 2006.

[393] Cf., *v.g.*, AZEVEDO, J. Cândido de – *A Ofensiva do Capital e a Luta pelo Socialismo*, Lisboa, Diabril, 1976 p. 30 ss..

António de Almeida Santos (e que depois seria, e continua a ser, Presidente do PS) viria depois a encontrar a subtil fórmula jurídica para garantir a liberdade sindical.

O caminho para uma segunda revolução, de sentido colectivista, foi protagonizado pelo primeiro-ministro militar Vasco Gonçalves. Daí o chamar-se a tal período, além de PREC ("processo revolucionário em curso"[394]), também "gonçalvismo". Os tempos foram confusos, temeu-se por uma guerra civil, porque a unanimidade sobre o curso esquerdizante da revolução estava muito longe de ser alcançada[395].

Com uma legitimidade histórica e simbólica saída do próprio facto de, nesses tempos originais, também se reclamar da inspiração marxista embora não dogmática, o PS de algum modo brandiu Marx contra o leninismo — disso são exemplo algumas intervenções na Constituinte[396] —, o que constituiu um severo golpe ideológico para muitos adversários à sua esquerda. Não foi uma "reacção" conservadora, muito menos passadista, mas uma "reacção" que se reclamava de uma outra revolução, que queria socialismo, mas "socialismo em liberdade" – como afirmava o *slogan* do PS, muito repetido então.

Esta posição de liderança da oposição ao bloco marxista-leninista-estalinista que, de conquista em conquista, parecia estar a assenhorear-se da situação, valeu ao PS, ainda até hoje, muitas antipatias na esquerda mais extremista. Embora, com o tempo o PS tenha vindo a absorver ou a pacificar muitos seus críticos, que as circunstâncias tornariam mais realistas.

---

[394] Cf., documentalmente, NEVES, Orlando (org. e introd.). *Textos Históricos da Revolução*, Lisboa, Diabril, 1975-1976, 3 vols. Um depoimento (teórico-prático e de esquerda) de um Secretário de Estado do IV Governo provisório: PEREIRA, João Martins – *O Socialismo, a Transição e o Caso Português*, Amadora, Bertrand, 1976.

[395] Com perspectivas entre si diversas, mas todos com interpretações *não de esquerda* do fenómeno revolucionário, *v.g.*, CAETANO, Marcelo – *Depoimento*. Rio de Janeiro, distrib. Record, 1974; CARVALHO, Amorim de – *O Fim Histórico de Portugal*, Lisboa, Nova Arrancada, 2000; CUNHA, Silva Joaquim da – *O Ultramar, a Nação e o 25 de Abril*, Coimbra, Atlântida Editora, 1977.

[396] Cf. CUNHA, Paulo Ferreira da – "Ideologia e Direito", *Miragens do Direito. O Direito, as Instituições e o Politicamente correto*, Campinas, São Paulo, Millennium, 1993, pp. 9-70. Uma espécie de auto-avaliação do trabalho do PS consta de DANTAS, Araújo – *O P.S. na Constituinte. Missão Cumprida*, Lisboa, Edições Portugal Socialista, 1976. As principais intervenções na Constituinte podem colher-se *in* CALDEIRA, Reinaldo/SILVA, Maria do Céu (compilação) – *Constituição da República Portuguesa. Projectos, votações e posição dos partidos*, Amadora, Bertrand, 1976.

Ainda hoje os chamados "complexos de direita" e "complexos de esquerda" convivem, mais do que em nenhum outro partido, e ainda que surdamente, subconscientemente, no espaço do PS. Apesar de ventos fortes de esquecimento ideológico geral sempre afectarem, antes de mais, os grandes partidos, como é o caso.

10.5.2.5. *Governação e Oposição*

Depois dos governos provisórios e da refundação da democracia com o 25 de Novembro (vitória das forças moderadas contra um golpe extremista), que teve a grandeza de alma, a inteligência e a força moral de não excluir ninguém do jogo democrático (o que se deve, em grande parte, à autoridade do então major Melo Antunes, "militar-civil", ponderado e lido), a institucionalização da democracia teve uma fase de sedimentação com o grande campeão da luta anti-totalitária, Mário Soares, e uma espécie de "fontismo" com Cavaco Silva, que acabou por suceder no PSD como líder fortíssimo (de um outro tipo) ao característico líder carismático intuitivo que foi o seu fundador, Sá Carneiro – um verdadeiro cometa político, prematuramente desaparecido, num desastre (ou atentado) aéreo, conjuntamente com o número dois do CDS, o brilhante tribuno Amaro da Costa.

Não chegou a haver um "sá-carneirismo" institucional. O PS teve de "meter o socialismo na gaveta", segundo Mário Soares, e confrontado com o caos da dissipação "gonçalvista", foi conduzido a políticas de contenção e restrição. O PS e a sua promessa "social" ressentiram-se dessas políticas. Quando António Guterres, socialista e católico eloquente e dialogante, chega ao governo, o que tem de ser gerido é, por seu turno, o legado da política certamente desenvolvimentista, mas que (numa frase que se tornou proverbial) nunca se "enganava e raramente tinha dúvidas" e que chegara a querer acabar com o feriado do Carnaval, num longo consulado que, para alguns, ia tornando o país num "Cavaquistão". Para os seus apoiantes, porém, era finalmente a estabilidade e o desenvolvimento. E também o fim da hegemonia "esquerdista".

Tal período (do chamado "cavaquismo") coincidiu com a vinda de uma cornucópia de subsídios das instâncias europeias e o lançamento de grandes obras públicas (sobretudo estradas) geradoras de emprego e catalizadoras da actividade económica, e, apesar de politicamente se sen-

296 Repensar a Política – Ciência & Ideologia

tir o mal-estar nas oposições, houve algum alívio perante as sucessivas crises económicas que o país ia vivendo até então. A auto-suficência governamental, se para muitos era interpretada como arrogância, sem dúvida transmitia segurança a outros. O PSD consolidou-se assim como partido institucional. É certamente, de todos os grandes partidos, o que mais se identifica com a própria governação (além ser o que mais tempo tem de governo), e naturalmente menos bem se dá com o estado de oposição.

10.5.3. *Criação de uma Tradição Política Democrática. Os Partidos Institucionais*

10.5.3.1. *O Partido Socialista*

Convivendo dentro do PS pessoas de várias gerações, inspirações e origens – velhos democratas republicanos, mações, marxistas, católicos progressistas, autogestionários, social-democratas, socialistas liberais, liberais-sociais, etc.[397] – uns assumidos e outros menos – a matriz identitária ideológica do partido é o "Socialismo democrático" da Internacional Socialista: é o único partido português que a ela pertence.

Outra referência em Portugal costuma ser a do líder fundador, ou refundador[398]. O PS teve em Mário Soares o líder histórico que o soube dirigir em momentos dramáticos, com um enorme sentido político e de Estado, com moderação mas também com determinação, e sem medo de grandes riscos – nomeadamente quando saiu do governo e combateu o PCP e seus aliados nas ruas (o que culminaria no grande comício da Fonte Luminosa, em Lisboa, e a demissão do V Governo provisório)[399]. O PS

---

[397] Recuando ao primeiro Congresso do PS, uma análise da "policromia das tendências" muito semelhante a esta pode colher-se em SANTOS, António de Almeida – *Quase Memórias. Do Colonialismo e da Descolonização*, Lisboa, Casa das Letras/Editorial Notícias, 2006, 2 vols., vol. I, p. 383.

[398] Em muito semelhante sentido, *Idem, Ibidem*: "Mas havia sobretudo Mário Soares. Aberto desde a origem, o PS cedo se apercebeu de que era do entrechoque dessas tendências que havia de sair a síntese do 'socialismo de rosto humano' ou do 'socialismo em liberdade' com o qual insistiria em identificar-se".

[399] O prestígio de Soares como socialista moderado manifestou-se na existência (obviamente simbólica e informal) de uma "linha Soares" no próprio Partido Socialista

antecipar-se-ia mesmo ao PPD/PSD (com Vítor Constâncio) no retirar dos seus textos "sagrados" a referência ao marxismo, só consumada por Durão Barroso e inspiração de Cavaco Silva, segundo o politólogo José Adelino Maltez.

O PS foi-se porém transformando na oposição à AD – Aliança Democrática (liderada por Sá Carneiro, Freitas do Amaral e Gonçalo Ribeiro Telles, então respectivamente líderes do PPD/PSD, CDS, e PPM) e depois ao "cavaquismo", designadamente com a entrada ou aproximação de muitos e significativos militantes que vieram da extrema-esquerda e alguns do próprio PCP, os quais modelariam a sua composição qualitativa interna ao nível ideológico: tornando-o a prazo muito mais plural e até "frentista", mas aqui e ali também mais dependente do politicamente correcto. Depois da lufada de ar fresco dessa "viradeira", nos últimos tempos da governação socialista já o PS parecia ser muito sensível ideologicamente à agenda politicamente correcta. Contudo, as bases do PS, e a larga maioria do seu eleitorado em nada parecem identificar-se com as políticas "pós-materialistas" da extrema esquerda, embora sejam certamente mais reformistas em política económica e social do aquilo que o "realismo" dos governos do PS tem conseguido alcançar.

---

francês... Foi o soarismo e a luta anti-comunista que catapultou o PS de um partido de quadros para a dimensão de um partido de massas. Recentemente, com mais de 80 anos, Soares de novo se candidatou a presidente da República. O revês das urnas (para mais concorrendo contra outro socialista, Manuel Alegre, e contra o mítico candidato de toda a "não esquerda", Cavaco Silva) não deixou de ser uma vitória moral de quem, nas suas palavras, "não desiste de lutar". Testemunhos dos primeiros tempos de institucionalização democrática de autores da área socialista democrática são, *v.g.*, SOARES, Mário – *Democratização e Descolonização. Dez Meses no Governo Provisório*, Lisboa, Dom Quixote, 1975; *Idem – Portugal: quelle révolution*, trad. port. de Isabel Soares, *Portugal: Que Revolução?*, Diálogo com Dominique Pouchin, cit.; *Idem – Crise e Clarificação*, Lisboa, Perspectivas & Realidades, 1977; REGO, Victor Cunha/MERZ, Friedbelm – *Freiheit fuer den Singer*, Zurique, Ferenczy, 1976, trad. port. de Maria Natália Vasconcelos Pinto, *Liberdade para Portugal*, com a colaboração de Mário Soares, Willy Brandt e Bruno Kreisky, Amadora, Bertrand, 1976; BARROSO, Alfredo – *Portugal, a Democracia Difícil*, Lisboa, Decibel, 1975; FERREIRA, José Medeiros – *Ensaio Histórico sobre a Revolução de 25 de Abril. O Período Pré-Constitucional*, Lisboa, IN-CM/SREC – Região Autónoma dos Açores, 1983; BARRETO, António – *Memória da Reforma Agrária*, Lisboa, Europa-América, 1983; *Idem – Anatomia de uma Revolução: A Reforma Agrária Portuguesa*, Lisboa, Europa-América, 1987; *Idem – Sem Emenda*, Lisboa, Relógio D'Água, 1996. V. também o jornal "Portugal Socialista".

298 Repensar a Política – Ciência & Ideologia

Independentemente das polémicas internas sobre lideranças, o socialismo democrático em Portugal não tem parado de se problematizar[400] e de tocar a rebate em reflexão teórico-prática para os problemas do mundo actual[401].

10.5.3.2. *O Partido Popular Democrático/Partido Social Democrata*

O PPD, depois PSD, sempre foi um partido de massas, com vocação ganhadora, e naturalmente sempre teve oscilações ideológicas. Sá Carneiro, que começara por ter tendências monárquicas, assimilara ideologicamente o neo-tomismo da doutrina social da Igreja e viria a ser notável deputado da "ala liberal", já em 1971 se declarara próximo da social-democracia. Depois do 25 de Abril, recusaria um convite de Mário Soares para integrar individualmente o PS. Fundou com Magalhães Mota e Pinto Balsemão o PPD, que terá sondado a integração na Internacional Socialista, mas que de pleno se integra hoje no Partido Popular Europeu, recentemente a par do CDS (que dele fora expulso por anti-europeísta, mas acabaria por regressar). Os seus sucessivos líderes, com perfis muito diversos, foram protagonistas de políticas bem diferentes. Mas, curiosamente, se o partido mudou de filiação internacional e inclusivamente de nome, parece ter permanecido muito fiel a si mesmo: pelo seu sincretismo, pela sua real ausência de complexos ideológicos (alguns dirão: pela sua indiferença ideológica, *tout court*) – sendo pouco visível na sua prática política o efeito de ter ou não alguma inspiração humanista, até moderadamente marxista (para o que apontava um dos seus textos fundadores), ou ainda, alternativamente, "sulista, elitista, e liberal", numa expressão muito polémica proferida num dos seus congressos...

---

[400] Por exemplo: LOURENÇO, Eduardo – *O Complexo de Marx*, Lisboa, Dom Quixote, 1979; *Idem – O Esplendor do Caos*, Lisboa, Gradiva, 1998; *Idem* – "Esquerda na Encruzilhada ou Fora da História?", *Finisterra. Revista de Reflexão e Crítica*, Outono 2002, n.º 44, pp. 7-11, *in ex* "Público", 18 Fevereiro 2003, p. 12.

[401] Cf., para citar apenas o Presidente do PS, e por últimos: SANTOS, António de Almeida – *Picar de Novo o Porco que Dorme*, cit.; *Idem – Do Outro Lado da Esperança*, Lisboa, Editorial Notícias, 1999; *Idem – Por favor, preocupem-se*, Lisboa, Editorial Notícias, 1998; *Idem – Até que a Pena me Doa*, Mem Martins, Europa-América, 1995; *Idem – Civismo e Rebelião*, Mem Martins, Europa-América, 1995; *Idem – Vivos ou Dinossauros*, Mem Martins, Europa-América, 1994. E ainda CANAS, Vitalino (org.) – *O Partido Socialista e a Democracia*, Oeiras, Celta, 2005.

O PPD/PSD tem-se revelado sobretudo como um partido pragmático e de poder (o menos ideológico de todos os partidos[402]), um partido em que os seus membros se unem na hora da verdade, apesar das renhidas divergências dos seus congressos, que nos têm sido vastamente abertos pela TV. Ao PSD têm aderido também alguns dissidentes ex-comunistas, e aí têm feito interessante percurso.

No PSD se vê a força e a fraqueza da ideologia. E se poderá também concluir que a ideologia é ambivalente: há certamente uma ideologia mais profunda que une todos os que navegam nas águas do PPD /PSD, para além das oscilações epidérmicas das "ideologias" correntes, de figurino, de catálogo. Há algo mais profundo.

10.5.3.3. *O Centro Democrático Social/Partido Popular*

O CDS também mudou de nome e de líderes, com mais ou menos diferenças entre si. De reserva de grande credibilidade tecnocrática a seguir ao 25 de Abril, apesar da permanente suspeita de albergar "fascistas" encapotados, pelo que foi perseguido duramente (como no congresso do Palácio de Cristal, em que esteve cercado por forças extremistas de esquerda), passou por várias fases, mais centristas (Freitas do Amaral), mais democratas cristãs (Adriano Moreira), ou até de um "liberalismo nacional" com Francisco Lucas Pires, que ficaria conhecido pelos seus inteligentes jogos de palavras e metáforas parlamentares, mas era um investigador de fôlego[403]. Em 2004, estando no governo com o PSD, vários observadores consideraram que parecia já não se distingir do seu parceiro de coligação, havendo mesmo os que vaticinavam qualquer forma de fusão. Mas os comentadores dividiam-se: uns pressagiavam a união equilibrada, outros uma dissolução do PSD num novo grande PP, outros o

---

[402] Aparentemente, o único ideólogo visível do PSD é Pacheco Pereira. Houve contudo uma interessante resposta ideológica do PPD à doutrinação dos textos de apoio para o estudantes do Ano Propedêutico, com a publicação de uma antologia de textos "alternativa".

[403] Cf., *inter alia*, PIRES, Francisco Lucas – *Introdução ao Direito Constitucional Europeu*, Coimbra, Almedina, 1997; *Idem – Teoria da Constituição de 1976. A Transição dualista*, Coimbra, s/e, 1988; *Idem – O Problema da Constituição*, Coimbra, Faculdade de Direito, 1970; *Idem – O que é Europa*, 5.ª ed., Lisboa, Difusão Cultural, 1994 (1.ª 1992); *Idem – A Verdade Politicamente Correcta*, in "Brotéria", vol. 147, n.º 4, p. 297 ss..

inverso. E outros ainda consideravam que todos se enganam, e que o bicefalismo poderia continuar...

O PP foi o único partido que teve a particularidade de ver sair três líderes máximos das suas hostes. Lucas Pires morreria como deputado europeu do PSD, Manuel Monteiro criou um partido novo, e o fundador, Freitas do Amaral, tendo sido ministro independente de um governo PS, veria o seu retrato tirado da sede nacional durante algum tempo.

A actual liderança do ponderado Ribeiro e Castro, depois de lideranças mais jovens e mais à direita, sem enjeitar uma forte componente conservadora do partido, parece guiá-lo, sem muita ideologização embora, para rumos mais semelhantes aos do velho, ordeiro e institucional CDS.

10.5.3.4. *O Partido Comunista Português*

O PCP, que durante o PREC teria inspirado, e para alguns liderado mesmo, as forças que viriam a ser (ao menos simbolicamente) derrotadas no 25 de Novembro, está hoje plenamente integrado no sistema democrático institucional. Contudo, não parece ter mudado muito intrinsecamente, no plano ideológico, nem mesmo estrutural. Nada de novo se passou também com a mudança da liderança, com a substituição, por vontade própria, do histórico e carismático Álvaro Cunhal por Carlos Carvalhas. Jerónimo de Sousa, embora um fenómeno de simpatia mediática, terá mesmo acentuado a ortodoxia do partido.

Várias vagas de dissidentes têm-nos chamado a atenção para uma questão paradoxal: é que o PCP continua coerente e comunista, e parece haver comunistas que não querem ser coerentes, ou quiçá querem sê-lo, mas de uma forma heterodoxa... Contudo, mesmo a ortodoxia dá sinais de alguma metanóia discreta...

Precisamente depois do 25 de Novembro, o PCP tem funcionado no panorama político português como uma garantia, sólida, coerente, honesta, de defesa de classe contra as múltiplas formas de que se tem revestido o neo-liberalismo não social e anarco-capitalista (embora entre nós ainda de forma moderada e com escassíssimos defensores ideológicos: fundamente o movimento Causa Liberal) para inverter as "conquistas" dos trabalhadores. Apesar dos relativos reveses eleitorais, o PCP conquistou uma base eleitoral fiel, para a qual fala, e a quem não trai: o que constitui uma enorme segurança, num tempo em que a política é excessivamente "cria-

Reavaliar os Paradigmas   301

tiva" e as circunstâncias fazem os actores políticos mudar muito...e não cumprir as suas promessas.

10.5.3.5. *O Partido Renovador Democrático*

O PRD – Partido Renovador Democrático – foi e não foi um partido institucional. Revelou-se um fenómeno episódico, derivado da confluência do peso de uma personalidade com prestígio na Presidência – o general Ramalho Eanes – e do descontentamento com os partidos do chamado "bloco central", especialmente o PS. Daí o seu institucionalismo. Mas apenas aí.

Apesar de ter contado com algumas pessoas de prestígio e mérito, sobretudo ligadas ao meio universitário, não mostrou ser capaz de contruir um projecto suficientemente amadurecido, nem sequer ideologicamente verdadeiramente definido[404], e entrou em degenerescência acelerada, até à nihilização, logo que o espectro tradicional se recompôs. Daí o não ter passado no teste para a institucionalização verdadeira. A um PRD democrático, moderado, parece ter institucionalmente "sucedido" um outro, bem diverso: de extrema-direita, o PNR – Partido Nacional Renovador, congénere português da Frente Nacional francesa, de Le Pen. A um partido sem ideologia com fortes esperanças de poder sucedeu na realidade um outro, muito ideologizado, mas, à partida, com nulas hipóteses de chegar sequer à representação parlamentar.

10.5.4. *Mudanças no Sistema Partidário*

10.5.4.1. *Nova Assimetria – à direita – do sistema político*

Sabemos bem que a divisão clássica do espectro político entre direita e esquerda é pobre e em parte ultrapassada. Mas, por comodidade, usemo-la ainda. Apesar de tudo, ela move-se...

Na medida em que passou a haver o PNR – Partido Nacional Renovador, e o PDC foi sendo deixado concorrer às eleições, o espaço da ver-

---

[404] Cf. PEREIRA, José Pacheco – *As Ideias do PRD*, in "Risco", n.º 6, Primavera de 1987, p. 93 ss.

dadeira direita ficou preenchido, e o CDS, agora PP, poderia ter assumido a sua inicial vocação de centro; nesse sentido, o PSD poderia assumir-se igualmente no centro-esquerda. Encontrando-se, porém, a maioria da direita sociológica fundamentalmente nestes dois partidos, não parece conseguirem livrar-se de assumir essa função: sob pena de perda de eleitorado. E de uma sua "segunda identidade".

Trata-se agora, pois, de um enviesamento de sinal contrário ao que ocorreu após o 25 de Abril. O que, curiosamente, deixa algo desprovido o espaço político mais central ou moderado: que fica entre o centro-esquerda e o centro-direita – espécie de terra de ninguém em que se jogam algaras eleitorais[405].

10.5.4.2. *Novos Partidos*

A grande novidade no sistema político actual (encontrando-se à prova da institucionalização) é a metamorfose pública dos trotskistas e maoístas em Bloco de Esquerda, que inclui outros dissidentes e, obviamente, inscrições directas. O BE é assim muito mais que uma frente de duas correntes extremistas historicamente inimigas (maoístas da UDP e trotskistas do PSR), e mais ainda que a soma de todas as suas partes. Um caso a acompanhar com interesse pelos cientistas políticos. A menos que a esquerda tradicional evolua muito – do que pode duvidar-se – o Bloco de Esquerda tornar-se-á certamente um partido institucional, e de crescente sucesso. A desideologização do seu discurso, a par de um *marketing* eleitoral inteligentemente virado para causas jovens, e para os jovens em especial, tem sido uma fórmula muito bem sucedida de crescimento eleitoral e de simpatia e adesão. Sobretudo quando é certa a desilusão com os partidos desgastados pelo poder.

Outro novo partido, embora muito menos bafejado pela sorte eleitoral e mediática, é o PND – Nova Democracia. Ao contrário do que ocor-

---

[405] Com José Sócrates, o PS claramente ocupou esse espaço central, dando aos socialistas uma confortável maioria absoluta. Também Cavaco Silva, que à primeira volta ganharia as últimas eleições presidenciais, durante uma campanha de poucas palavras afirmou-se "social-democrata" e sobretudo "keynesiano". O exercício do seu mandato até ao momento, sem perderem um geral timbre paternalista e conservador, terão certamente surpreendido os seus eleitores mais extremistas por se dedicarem sobretudo a causas sociais e de exclusão.

reu com o BE, a comunicação social e os partidos institucionais oscilariam entre acolhê-lo no sistema e considerá-lo de fora, ou contra: o que, tudo somado, reverteria em pouca cobertura jornalística. No plano ideológico, parecia caminhar no sentido de uma moderação renovadora algo frentista que o posicionaria quiçá entre o PSD e o PS, com uma Declaração de Princípios e um Manifesto em que se harmonizavam os tópicos da democracia liberal, da justiça social e dos valores. Os seus limitados resultados nas eleições de 2004, reflectindo um clima de geral aceitação da Constituição Europeia (até agora o seu maior cavalo de batalha), fizeram-no ceder à tentação de radicalizar o discurso, transmutando o seu projecto claramente: passando a uma "direita à direita do PP", entretanto regressado ao europeísmo e ao Partido Popular Europeu. Boa parte dos fundadores do partido não vindos do PP abandonariam o projecto. Resultado da transmutação do frentismo inicial, mas cortando a ala de preocupações sociais, o PND aparece hoje como conservador e liberal. Na verdade, neo-conservador e antieuropeísta, tendo aderido em Junho de 2006 ao *European Union Democrats*, ao mesmo tempo que criticava o Partido Popular Europeu e os seus integrantes portugueses CDS/PP e PSD como "federalistas" e "centralistas" europeus.

10.5.5. *Balanço. O Aparente Paradoxo da Inversa proporcionalidade ideológica face à Democracia e a Crise da Política*

Terminemos por um aparente paradoxo. Sendo o fenómeno ideológico, apesar de tudo, uma manifestação ainda elitista, os tempos em que há menos liberdade política florescem mais em ideologia do que aqueles em que a política se tornou banalidade e até espectáculo. As discussões sobre a democracia em plena ditadura, as guerrilhas altamente filosofantes entre os pequenos grupos marxistas-leninistas, muitos deles exilados, as querelas entre diferentes sectores monárquicos, desde os mais integralistas aos mais "constitucionais" ou democráticos, floresceram, apesar da sua (semi-)-clandestinidade, durante o Estado Novo. Depois da Revolução dos cravos, as questões ideológicas têm sido muito menos prementes do que as lutas pelo poder, e só os grupos que a ele realmente não conseguem, ao menos de momento, aspirar, se treinam na luta ideológica. Mesmo o Bloco de Esquerda, dirigido sobretudo por professores universitários de Humanidades e Ciências Sociais, que não podem ignorar a força da ideologia,

304   *Repensar a Política – Ciência & Ideologia*

para crescer e se ir impondo, teria que não se apresentar com carga ideológica aos *media* e às massas.

Políticos, contudo, assim como pobres, sempre os teremos entre nós. Apesar de a própria política em geral não alimentar hoje grandes movimentos espontâneos de massas. Contudo, esses movimentos, quando existiam, não eram só movidos por paixão, mas ainda por moda e dinâmica de grupo... E até por questão de sobrevivência. As paixões de hoje são outras. A nossa sociedade de deseducação geral obviamente contribui para alienar os jovens, e na sua lógica frenética de hiper-trabalho para alimentar o hiper-consumo, não deixa aos cidadãos activos tempo para a actividade cívica. Quem quer saber de política depois de penoso labor na empresa ou na repartição, tempo demais, em tarefas alienantes, separado dos filhos, e ganhando o pouco que se ganha em Portugal? Sem educação geral, sem cultura geral, sem lazeres, os Portugueses comuns não podem sentir sequer força para o interesse pela política. E as castas privilegiadas dividem-se: em geral fazer política implica mais sacrifícios que ganhos, e os privilegiados não estão muito habituados nem vocacionados para sacrifícios. Ao nível "de base" há muitos reformados na política.

A política seguida por vários governos no sentido de tirar liberdade e autonomia às profissões que as tinham (e cujos profissionais, por isso, podiam fazer o seu trabalho em tempo humano, podendo contribuir assim ainda para a sociedade, dedicando-se à política) é uma forma de assegurar uma visão oligárquica da participação política. Com advogados e outras profissões liberais, com professores e magistrados absorvidos em burocracias sem limite, querelas internas, inspecções prementes, e necessidade de se desmultiplicarem para sobreviverem pela degradação do seu estatuto, é óbvio que os principais actores políticos virão a ser os funcionários dos partidos. E isso é péssimo para a qualidade da democracia...A paixão precisa de condições para desabrochar e se concretizar. Um povo de escravos e metecos não pode gerar em si cidadãos livres, únicos capazes de se dedicarem à política.

Acresce, obviamente, que a política tem má reputação: as palavras corrupção, hipocrisia e populismo tudo dizem. Isto, apesar de tantos políticos desinteressados, que os há... A realidade dos partidos, como de tantas coisas na vida, é ambígua. E por isso, perante um sistema bipolar também, pôde com muita agudeza e finura sintetizar assim o que é a realidade partidária o nosso Almeida Garrett:

"Mas, por de traz destes dois partidos sinceros é consistentes, há duas facções mentirosas, ininteligíveis, confusas, embusteiras e caluniadoras, descomposto agregado de verdadeiros duendes políticos, dos sofismadores de todos os princípios, de todos esses fidalgotes de aldeia que, por qualquer titulo, até pelo de bastardia, se querem aparentar com uma das duas nobres famílias de partidos que já descrevi – muitos até com ambas. O empenho destas duas facções, ás vezes opostas, ás vezes unidas, é iludir, enganar, confundir, enredar todas as questões que ou entre os dois partidos se levantam, ou se suscitam no seio mesmo de cada um deles, fazendo tal alarido de desordem que as questões se não entendam, que os pontos de dúvida se não esclareçam, e que, em vez de se decidirem com o raciocínio os objectos de discórdia, a discórdia desça ás ruas, arme os braços, e atropele, em sanguinosas lutas civis, o que nem se conhece a miado se foi ou devia ser objecto de questão. São como esses fantasmas que projecta na sombra o clarão enganador da lanterna magica; nenhuma realidade têm, mas imitam espantosamente a verdade que desfiguram."[406]

Sobretudo para quem não conhece as figuras reais, os fantasmas são sempre reais. E não será a televisão (e outros *media*) a nova lanterna mágica?

BIBLIOGRAFIA

Ideologia em geral

ADAMS, I. – *Political Ideology Today*, Manchester, Manchester UP, 1993; R. Eccleshall *libi.*, *Political Ideologies*, 2.ª ed., Londres, Routledge

ALTHUSSER, Louis – *Idéologie et apareils idéologiques d'Etat*, La Pensée, trad. port. de Joaquim José de Moura Ramos, *Ideologia e Aparelhos Ideológicos do Estado*, Lisboa, Presença, 1974

BELL, Daniel – *The End of Ideology. On the Exhaustion of Political ideas in the Fifties*, Nova Iorque, The Free Press. 1960, trad. port., *O Fim da Ideologia*, Brasília, Editora Universidade de Brasília, 1980

---

[406] GARRETT, Almeida – *Discurso do Porto Pireu*, proferido na Câmara dos Deputados na Sessão de 8 de Fevereiro de 1840 (Discussão da Resposta ao Discurso da Coroa), in Obras de…, cit., vol. I, p. 1291.

BLACKBURN, Robin (org.) – *Depois da Queda. O Fracasso do Comunismo e o Futuro do Socialismo*, trad. port. de Luís Krausz/Maria Inês Rolim, Susan Semler, São Paulo, Paz e Terra, 1993

BOUDON, Raymond – *L'Idéologie ou l'origine des idées reçues*, 3.ª ed., Paris, Seuil, 1992

CASTELLI, E. – *Demitizzazione e ideologia*, Roma, Istituto di Studi Filosofici, 1973

CHAUI, Marilena – *O que é Ideologia*, 14.ª ed., São Paulo, Editora Brasilense, 1984, li. p. 32 ss.

CUNHA, Paulo Ferreira da – *Mito e Ideologias. Em torno do Preâmbulo da Constituição*, in "Vértice", II série, n.º 7, Outubro de 1988, Lisboa, p. 25 ss.

DREIER, Ralf – *Recht-Moral-Ideologie: Studien zur Rechtstheorie*, Frankfurt, Suhrkamp, 1981

DUMONT, Louis – *Ensaios sobre o Individualismo. Uma perspectiva antropológica sobre a ideologia moderna*, trad. port. de Miguel Serras Pereira, Lisboa, Dom Quixote, 1992 Edições 70, 1989

ECCLESHALL, Robert – *Political Ideologies: An Introduction*, Routledge, 2003

GELLNER, Ernest – *Myth, Ideology and Revolution*, in "Political Quarterly", vol. 40, London, 1969, p. 472 ss.

FESTENSTEIN, Matthew – *Political Ideologies*, Oxford University Press, 2004

HABERMAS, Jürgen – *Técnica e Ciência como 'Ideologia'*, trad. port., Lisboa, edições 70, 1987

HEYWOOD, Andrew – *Political Ideologies: an Introduction*, 3.ª ed., Palgrave, Macmillan, 2003

MANCINI, Iibi – *Teologia, ideologia, utopia*, Brescia, Queriniana, 1974

MANHEIM, KARL – *Ideologie und Utopie*, Bonn, 1930, trad. port., *Ideologia e Utopia*, 4.ª ed., Rio de Janeiro, Editora Guanabara, 1986

MARX, Karl/ENGELS, Friedrich – *Die deutsche Ideologie*, 2.ª ed. port., *A Ideologia Alemã*, Lisboa, Presença/Martins Fontes, 1975, 2 vols.

MALTEZ, José Adelino (dir.) – *Repertório Português de Ciência Política* – http://www.is-csp.utl.pt/~cepp/indexide_a.php3

MONTEJANO (H.), Bernardino – *Ideologia, Racionalismo y Realidad*, Buenos Aires, Abeledo-Perrot, 1981

MOURA, José Barata – *Ideologia e Prática*, (((Lisboa))), Caminho, 1978

PINTO, José Madureira – *Ideologias: Inventário crítico dum conceito*, Lisboa, Presença, 1978 BUCZKOWSKI, Piotr/KLAWITER, Andrzej – *Theories of Ideologie and Ideologie of Theories, Amesterdão*, Rodopi, 1986

RICOEUR, Paul – *Lectures on Ideology and Utopia*, ed. Por George Taylor, New York, Columbia Univ. Press, 1986, ed. Port. *Ideologia e Utopia*, Lisboa, edições 70, 1991

SCHUMPETER, Joseph – *Capitalism, Socialism and Democracy*, London, Allen and Unwin, 1976

VOVELLE, Michel – *Ideologies and Mentalities*, in JONES, Gareth Stedman/SAMUEL, Raphale (ed.) – *Culture, Ideology and Politics*, Londres, Routledge and Kegan Paul, 1982

WILDE, Oscar – *The Soul of Man Under Socialism*, trad. port. de Heitor Ferreira da Costa, *A Alma do Homem sob o Socialismo*, Porto Alegre, P&PM, 2003

Alguns Periódicos Políticos Portugueses relevantes no Pós-25 de Abril

"Acção Socialista"
"Avante!"
"Democracia e Liberdade"
"Finisterra"
"Fronteira"
"Futuro Presente"
"Luta Popular"
"Manifesto"
"O Grito do Povo"
"Portugal Socialista "
"Povo Livre»
"Revolução»
"Vértice"

SECÇÃO 11
A Oposição Binária: Direita e Esquerda

SUMÁRIO: 11.1. Oposição binária em Política. 11.2. A Questão e a Hipótese. 11.3. O Poder de Nomear. 11.4. Onde fica o politicamente correcto? 11.5. Incómodos à Direita e à Esquerda. 11.6. Uma catalogação viciada. 11.7. O espectro ideológico estático e o dinâmico. 11.8. Uma dicotomia prestável? 11.9. Um operador alternativo: Democracia *vs*. Ditadura. 11.10. Intersecção e Paradoxos dos Critérios. 11.11. Ainda a nova ideologia transversal. 11.12. Direita policamente incorrecta ou Nova Ideologia? 11.13. "Moralidade social": um desafio interessante. 11.14. Heterodoxos. 11.15. Conclusão Inclusa. 11.16 *Post-Scriptum*: "E contudo move-se!"

SECÇÃO 11
A Oposição Binária: Direita e Esquerda

«I often think it's comical
-Fal, lal, la!
How Nature always does contrive – Fal, lal, la!
That every boy and every gal
That's born into the world alive
Is either a little Liberal
Or else a little Conservative!»

W. S. GILBERT[407]

«Ser de la izquierda es, como ser de la derecha, una de las infinitas maneras que el hombre puede elegir para ser un imbécil; ambas, en efecto, son formas de la hemiplejia moral.»

JOSE ORTEGA Y GASSET[408]

«Davantage, combien y a il de choses en notre cognoissance, qui combatent ces belles règles que nous avons taillées et prescrites à nature?»

MICHEL DE MONTAIGNE[409]

---

[407] W. S. Gilbert, trecho do princípio do II Acto da sua popular ópera (com Sullivan) *Iolanthe*. http://math.boisestate.edu/gas/iolanthe/libretto.txt Também citado, *v.g.*, por MINOGUE, Kenneth – *Política. O Essencial*, Lisboa, Gradiva, 1996, p. 89.

[408] ORTEGA Y GASSET, José – "Prólogo para Franceses" a *La Rebelión de las Masas*, 25.ª ed. (1.ª – 1937), Espasa Calpe, 1986, p. 53.

[409] MONTAIGNE, Michel De – *Essais*, II, 12 (nossa ed.: Montaigne – *Essais*, in *Œuvres complètes*, textos estabelecidos por Albert Thibuadet e Maurice Rat, introdução e notas de Maurice Rat, Bibliothèque de la Pléiade, Paris, Gallimard, 1962, pp. 506-507).

11.1. *Oposição binária em Política*

Um dos vectores do que se poderia chamar estruturas antropológicas da representação do mundo é a oposição binária. A tese e a antítese, o contraste dual, tanto se referem a metáforas espaciais em todos os eixos, como a volumes, temperaturas, claridades, etc. Dir-se-ia que o mundo é maniqueísta. A luta e a análise políticas têm sido também influenciadas por esse corte radical. A oposição entre a chamada direita e a chamada esquerda é a mais notória manifestação desse dualismo. Contudo, se sempre houve desafios a esta catalogação, hoje tal dogma está muito posto em causa: por terceiras vias, superações, contradições e hibridações. Se tem que haver uma oposição binária em política, que seja outra: separando a liberdade da opressão, dividindo os políticos, os regimes e as ideologias em democráticos e ditatoriais. Tal é o que hoje mais claramente distingue. E contudo... há ainda razões para a dicotomia.

11.2. *A Questão e a Hipótese*

A classificação das ideologias, assim como dos partidos e dos regimes políticos que as encarnam (*tant bien que mal*), é um desafio que desde sempre se colocou à Ciência Política (e de algum modo também à Filosofia Política).

Pode dizer-se que não há ideologias e partidos, pelo menos (mas também em grande medida regimes políticos), sem que imediatamente engendrem uma classificação dentro de uma lógica bipolar ou antitética e a sua inclusão em famílias. Partido é, por definição, o que é parcelar, e sempre remete para o todo e para a(s) outra (s) parte(s). Mesmo os partidos que se baseiam em princípios, e que, por isso, já não correspondem a simples facções (simples grupos articulados de interesses ou afectos), são, por definição, mutuamente exclusores[410]. A lei por vezes o declara (mas nem sequer de tal precisaria), como é o caso da nossa lei fundadora da III República[411]

---

[410] É interessante notar que uma das melhores distinções entre partido e facção se pode encontrar num estudo favorável a um entendimento partidário, na moderação: HUME, David – *Of the Coalition of Parties*, 1752.

[411] Era o Decreto-Lei 595/74 de 7 de Novembro. Cf., sobre as suas vicissitudes, CUNHA, Paulo Ferreira da – *Da Reforma do Sistema Político*, em preparação.

Reavaliar os Paradigmas

(e de dimensão sem dúvida constitucional), que ninguém pode fazer parte senão de um único partido (art.° 16.°).

Alguns paradigmas organizadores e explicativos se têm proposto, sempre falivelmente, sempre polemicamente[412]. As teses, já superadas, do fim das ideologias[413] e do fim da História[414] talvez tivessem resolvido o problema pela sua anulação. Mas a verdade é que as ideologias *voltam a galope...* A política não definha[415].

A *summa divisio* política continua ainda a ser, nos meios correntes tanto como em muito pensamento letrado, a dicotomia direita/esquerda.

Encontramo-nos, assim, em pleno domínio das oposições binárias[416], com todos os seus preconceitos e todas as suas limitações explicativas

---

[412] Alguns estudos recentes: ADAMS, I. – *Political Ideology Today*, Manchester, Manchester UP, 1993; ECCLESHALL R. *et al.* – *Political Ideologies*, 2.ª ed., Londres, Routledge; HEYWOOD, A. – *Political Ideologies: an Introduction*, 2.ª ed., Basingstoke, Macmillan, 1998.

[413] Desde um BELL, Daniel – *The End of Ideology. On the Exhaustion of Political Ideas in the Fifties*, Nova Iorque, The Free Press. 1960, trad. bras., *O Fim da Ideologia*, Brasília, Editora Universidade de Brasília, 1980 até, por exemplo, um V. Glenn, *La fin des idéologies, c'est fini*: http://60gp.ovh.net/~tvbien/article.php3?id_article=339. Criticando a teoria do "fim das ideologias" a partir da esquerda, cf., entre nós, MOURA, José Barata – *Ideologia e Prática*, p. 17 ss., afirmando nomeadamente: "(...) Entre os aspectos a eventualmente esclarecer no domínio da luta ideológica encontra-se, por exemplo, o da chamada 'doutrina do fim das ideologias', tão do agrado de certa pretensa intelectualidade literário-tecnocrática, bem como de certos quadros gestores e "executivos" da nossa praça que gostariam de vestir os figurinos desenvolvimentistas, com paladar liberal ou social-democrata, do capitalismo 'avançado'" (p. 17). E, mais adiante: " Falar do 'fim das ideologias' é, para estes senhores, reconhecer a 'evidência' de que a oposição entre capitalismo e socialismo é alguma coisa que pertencia ao século XIX e já morreu, de que a luta de classes ou é uma invenção dos comunistas ou é algo que já não existe nos países de industrialização avançada, de que para haver socialização basta que se pratique uma economia planificada (de que tipo? Com que objectivos? Servindo que interesses?), etc., etc., etc." (p. 18).

[414] FUKUYAMA, F. – *The End of History and the Last Man*, London, Penguin Books, 1992.

[415] Ainda recentemente, entre nós, cf. o número monográfico da revista *Manifesto* (n.° 2) dedicado ao tema "Crise e Renascimento da Política", Lisboa, Abril 2003 (direcção: Miguel Portas). Cf. ainda, por exemplo, MOUFFE, Chantal – *The Return of the Political*, Verso, 1993, trad. port. de Ana Cecília Simões, *O Regresso do Político*, Lisboa, Gradiva, 1996.

[416] Sobre as oposições binárias é, como se sabe, essencial a obra de Claude Lévi-Strauss, desde, *v.g.*, o célebre artigo *La geste d'Asdiwal*. No domínio da comunicação, cf. FISKE, J. – *Introduction to Communication Studies*, trad. port. de Maria Gabriel Rocha Alves, *Teoria da Comunicação*, 5.ª ed., Porto, Asa, 1999, máx. p. 157 ss.. Concretamente

intrínsecas, mas, ao mesmo tempo, revestido da aura de uma simplicidade e de uma familiaridade quase "naturais"[417]. E a "naturalidade" é, em política como em ciência, uma das grandes e nada óbvias armadilhas. Neste caso, a "naturalidade" é acentuada por uma espécie de estrutura natural do imaginário[418], corroborada até por investigações antropológicas[419].

Ao analisar a função simbólica das divisões entre "povo de direita" e "povo de esquerda" nas sociedades contemporâneas pós-revolucionárias e ao compará-la com a organização dualista da estrutura social de certos povos da América, Ásia e Oceânia estudados pelos antropólogos, não podem senão ressaltar similitudes.

Apesar das múltiplas formas e funções das estruturas sociais dualistas[420], a verdade é que a divisão entre gentes "de esquerda" e "de direita" assume algumas das descritas pelos investigadores das sociedades proto-históricas e afins, e funciona como divisor de dois hemisférios sociais. Assim, tudo parece indicar que há uma necessidade social simbólica ou mítica natural que inclina as sociedades a criar entre si divisões, quiçá pela necessidade de evidenciar a natureza dialéctica da realidade, e, fomentando a competição, aperfeiçoar o todo social. Algo como a ideia do filósofo de "separar para melhor unir"[421]...

---

este pensamento diádico encontra múltiplas aplicações em BOBBIO, Norberto – *Destra e Sinistra – Ragioni e significati di una distinzione politica*, Donzeli Ed., 1994, trad. port. de Maria Jorge Vilar de Figueiredo, *Direita e Esquerda*, Lisboa, Presença, 1995, pp. 27 ss., *et passim*.

[417] Esta naturalidade é um artifício ideológico perigosíssimo. Cf. FISKE, J. – *Op. cit.*, p. 223.

[418] Cf. DURAND Gilbert – *Les Structures anthropologiques de l'imaginaire. Introduction à l'archétypologie générale*, Paris, Bordas, 1969, trad. port. de Hélder Godinho, *As Estruturas Antropológicas do Imaginário*, Lisboa, Presença, 1989.

[419] LÉVI-STRAUSS, Claude – *Mythologiques, I. Le cru et le cuit*, Paris, Plon, 1964, desde o próprio título que anuncia essas dicotomias. E significativamente assim abre esta extensa sinfonia, numa *Ouverture*: "Le but de ce livre est de montrer comment des catégories empiriques, telles que le cru et le cuit, de frais et de pourri, de mouillé et de brûlé, etc., définissables avec précision par la seule observation ethnographique et chaque fois en se plaçant au point de vue d'une culture particulière, peuvent néanmoins servir d'outils conceptuels pour dégager des notions abstraites et les enchaîner en propositions» (p. 9).

[420] Cf., *v.g.*, LÉVI-STRAUSS, Claude – *Anthropologie structurale*, Paris, Plon, trad. bras. de Chaim Samuel Katz e Eginardo Pires, *Antropologia Estrutural*, Rio de Janeiro, Tempo Brasileiro, 1975, p. 23 ss. *et passim*.

[421] A questão é complexa, e mesmo entre os antropólogos a interpretação do dualismo não é pacífica. Cf., *v.g.*, LÉVI-STRAUSS, Claude – *Le Totémisme aujourd'hui*, Paris,

Seria impossível desenvolver a questão aqui, requerendo ela uma profunda investigação prévia interdisciplinar. Não deixa contudo de ser fascinante pensar o "povo de direita" e o "povo de esquerda" como dois segmentos de uma formação social concreta (mas curiosamente com afinidades, cada um por seu lado, com sociedades vizinhas e até distantes...), competindo entre si, rivalizando, cada uma venerando os seus deuses e possuindo os seus respectivos totens e tabus[422].

Aqui chegados, o nosso ponto é, na verdade, mais simples: será o paradigma "direita/esquerda" um paradigma científico, ou cada vez mais se revela como de simples uso ideológico, ainda que nem sempre apercebido como tal?

Parece-nos *prima facie* que sim. Mas nem assim nos seria possível superar o paradigma da oposição binária, em que o antagonismo em causa se insere: e avançamos a possibilidade (ainda sem a testar, *brevitatis causa*) de a substituir pelo *apesar de tudo* mais consensual e menos falível critério da distinção entre democracia e ditadura, o qual, hoje, depois da desmistificação do "socialismo real" e o desabamento simbólico e real do muro de Berlim, parece mesmo empiricamente mais válido. Embora, evidentemente, ainda haja quem tenha dúvidas sobre a qualificação como democráticas ou ditatoriais de algumas realidades bem visíveis...

Sempre haverá quem tenha perplexidades, e quem ignore, ou quem se abstenha, envolto na bruma da dúvida. Nenhuma ciência (nem muito menos as ciências físicas ou naturais) o é do ou pelo consenso social. Há ainda quem continue a pensar que o mundo assenta sobre sucessivas tartarugas... E todavia, mesmo a não científica anedota ou o aparente *fait-divers* é importante em filosofia política[423] e mesmo a fábula de ontem pode ser a ciência de amanhã, e vice-versa[424]. Por isso, como diria Bachelard, *a ciência é um conjunto de erros acumulados...*

PUF, trad. port. de José António Braga Fernandes Dias, *O Totemismo Hoje*, Lisboa, Edições 70, 1986, máx. p. 66 ss..

[422] V. Algumas inspirações *v.g. Ibidem*, p. 72 ss..

[423] FREUND, Julien – «Préface à la réedition de 1978» de *L'Essence du politique*, nova ed., Paris, Sirey, 1986, p. VII.

[424] A R. AMONS, *apud* MONTEIRO, Paulo Filipe – *Os Outros da Arte*, Oeiras, Celta, 1996, afirma: "It seems that the science of one generation is often a fable to the next, and that sometimes the fables of one generation are the science of the next".

11.3. *O Poder de Nomear*

"Soberano é quem nomeia a realidade à custa dos outros, quem pode fazer vingar as suas regras de linguagem – quem pode prescrever ou impor a palavra ao outro" – afirmou Carl Schmitt[425]. A luta pela palavra e pela "labelização" (a possibilidade de colar labéus, etiquetas, estigmas) é uma das grandes lutas ideológicas... e de todas as lutas *tout court*. Pelo predomínio ideológico, cultural, pela ideologia dominante se conseguem inibir adversários e inimigos, que inconscientemente aceitam as regras do jogo de quem define as regras, pelo controlo da palavra.

Continua na nossa comunicação social e círculos intelectuais e bem-pensantes a pontificar a dicotomia "esquerda"/"direita". Somos ainda um país com complexo "de esquerda", fruto da generalização imitativa do "antifascismo", emergente da revolução de 25 de Abril – por um processo que demonização e identificação (nada rigorosa, mas sentimentalmente eficaz) entre *direita* e *fascismo* e entre *fascismo* e *Salazarismo e Estado Novo*. Exercendo-se sobre o fascismo *lato sensu*, uma vaga semelhante levaria, na Itália do pós-guerra, a que fosse um acto de "coragem ou imprudência" alguém declarar-se de direita[426], e durante algum tempo se perguntasse se a direita não estaria definitivamente morta. A reacção, natural, contra o passado levou entre nós à distorção do espectro político. Por isso, formados que estamos nessa assimilação (aliás abusiva, porque não rigorosa e longe de consensual) alguém que seja apelidado de "direita" fica irremediavelmente estigmatizado para muito largas camadas sociais... Ser "de direita" é, desde logo em alguns meios intelectuais e mediáticos, ser pouco menos que um abencerragem, um ultramontano, um reaccionário, e, pior ainda: eticamente é tido como uma espécie de pecado[427]... Mesmo se muitos dos que se escandalizam dizem não acreditar em tal coisa.

Mas uma acção provoca sempre uma reacção. Vai daí, tem havido também uns espíritos decerto com coragem, sem preconceitos intelectuais

---

[425] *Apud* MACHADO, João Baptista – *Participação e Descentralização, Democratização e Neutralidade na Constituição de 76*, Coimbra, 1982, pp. 111-112.

[426] BOBBIO, Norberto – "Gli estremi nemici", in *La Republica*, 6 de Março de 1994.

[427] Não se trata de defender um quadrante político, como é óbvio: mas de descrever objectivamente uma situação de segregação social e cultural. Que evidentemente funciona, *mutatis mutandis*, ao contrário noutros meios (empresariais, alta sociedade, etc.).

Reavaliar os Paradigmas 317

(e normalmente não se preocupando mesmo nada com as modas intelectuais, quando não mesmo com a cultura *tout court* – havendo apenas raras excepções), que se dizem claramente "de direita". O estigma, aí, porque auto-assumido, faz menos efeito. Porque o que realmente adora certa ortodoxia "de esquerda" (e por isso *hic et nunc* com poder para colar labéus) é descobrir os direitistas não assumidos. E estigmatizá-los como quem descobre um cristão-novo que judeíza.

A mentalidade inquisitorial é um dos problemas que mais aflige a nossa sociedade em tempos de crise[428]. Precisamente por se encontrar em nós como um vírus escondido, mas que entra em actividade à mais pequena oportunidade. As marcas da Inquisição mais nefastas estão precisamente nessa estigmatização, feita de intolerância[429] mas sobretudo de inveja. E a inveja é um dos nossos principais pecados nacionais[430].

É espantoso como dizer que alguém é "de direita" produz em tantos meios bem pensantes comoção e quase escândalo e gera um círculo de interdito – a que chamaríamos *efeito gafaria*. Dir-se-ia que o inverso sucede com a esquerda, se não fosse já tão banal a profissão de fé esquerdizante nos meios selectos. Mas também há profundas e graves estigmatizações das gentes de esquerda em certos círculos – menos intelectuais.

O curioso é que os círculos sociais se deixam contaminar pela "opinião que se publica"... Pelo que as categorias politológicas correntes têm dificuldade em distanciar-se do uso comum ou vulgar. Um fenómeno imitativo que, apesar de tudo, está catalogado nas velhas *Leis da Imitação* de Gabriel de Tarde[431].

Refira-se apenas uma ligeira prevenção excepcional: há círculos ultra-minoritários, muito selectos, em que o ser-se de direita, da pureza da "direita" (expressão dita com enlevo quase religioso) é que é o *santo e a senha*. Aí compensa ser de direita, uma direita que se emula com a "esquerda caviar", e por isso, tal como ela, tem a mesma concepção ritualística da propriedade dos nomes e dos labéus. Tal como a esquerda inte-

---

[428] V., desde logo, o clássico QUENTAL, Antero de – *Causas da Decadência dos Povos Peninsulares*, 6.ª ed., Lisboa, Ulmeiro, 1994; MARTINS, Oliveira – *História da Civilização Ibérica*, 12.ª ed., Lisboa, Guimarães Editores, 1994, p. 272 ss...

[429] PASCOAES, Teixeira de – *Arte de Ser Português*, Lisboa, Assírio & Alvim, 1991, pp. 102-103.

[430] *Ibidem*, pp. 100-101.

[431] TARDE, Gabriel de – *Les Lois de l'Imitation*, Paris, 1895, trad. port., *As Leis da Imitação*, Porto, Rés, s/d..

318   *Repensar a Política – Ciência & Ideologia*

lectualista e purista, essa direita crê que o poder lhe é devido por um qualquer direito divino, e ter poder é, antes de mais, nomear as coisas. Poder genesíaco original que o "primeiro rei", Adão[432], teria tido ao pôr o nome aos animais – assim o diziam os velhos autoritários.

Em contrapartida, e nos antípodas destas, poderá haver direitas, digamos, *de modernidade*, que aspiram à livre iniciativa e ao fim dos bafios cendrados, direitas que têm uma concepção estética e que não puxam *de pistola* nem *de calculadora* quando ouvem falar de cultura, direitas que têm memória, e prezam e veneram (sem *dolias* excessivas) os exemplos históricos e sabem os erros cometidos e a não repisar. Mas são raras.

Mais facilmente nos nossos dias há esquerdas de modernidade também, que prezam a liberdade e a dignidade da pessoa humana (para além do simples *slogan* de igualdade, fim que, para outros, justificaria todos os meios e nem sequer era cumprido), que defendem o pluralismo partidário, o mercado, o desenvolvimento, e têm uma preocupação ética e até estética.

Há sobretudo pessoas que já compreenderam que a direita e a esquerda não são a principal nem a mais fundante categoria de pertença política. Que afirmar-se de direita ou de esquerda não é essencial para resolver os problemas do povo, o qual, como dizia, numa lucidez algo ao gosto da direita, uma paradigmática figura da esquerda moderada e pragmática (Mário Soares), "não come ideologia". Há assim, com raízes num e noutro quadrante, quem tenha claramente compreendido já que as causas de direita e de esquerda, em mutação e intercâmbio, hoje se transformam sobretudo em indicadores históricos de tradições pessoais mais que de associação política.

À esquerda, nos lugares clássicos da esquerda, a reflexão já se está a fazer.

Os comunistas estão de há muito em crise de identidade. A própria existência sucessiva do eurocomunismo, da *glasnot* e da *perestroika*, e agora, entre nós, dos renovadores comunistas é a prova de um mal-estar que procura caminhos de futuro. E, do quadrante socialista democrático,

---

[432] Cf., contestando as interpretações autoritárias de um chamado "poder paternal" que recuaria a Adão, *v.g.*, LOCKE, John – *An Essay concerning the true original extent and end of civil government*, cap. VI.

um artigo de Eduardo Lourenço, já nos finais de 2002, dava passos para uma profundíssima metanóia, a que nem esquerdas nem direitas podem estar alheias[433].

Decerto uma esquerda nova estará a surgir com o politicamente correcto. Aí terá de surgir uma direita também renovada que se lhe oponha. Mas a questão não é tão simples assim. Para já, aquilo a que se assiste é à invasão de todo o espectro político pelas ideias do pensamento único. Se convencionarmos que ele é de esquerda porque os seus principais ou mais activos protagonistas virão da esquerda tradicional[434], então uma renovada direita (não, obviamente, algo como uma "Nova Direita"[435], que é coisa já ultra-passada) terá futuro como combate a essa esquerda. Se o baptizarmos de direita porque é a ditadura oficial e oficiosa do nosso tempo, então,

---

[433] LOURENÇO, Eduardo – *Esquerda na Encruzilhada ou Fora da História?*, "Finisterra. Revista de Reflexão e Crítica", Outono 2002, n.º 44, pp. 7-11, *in ex* "Público", 18 Fevereiro 2003, p. 12. O autor afirma nomeadamente sobre o socialismo democrático: "Como tendo tão rara e penosamente chegado ao poder na maioria das sociedades ocidentais não esteve à altura das suas responsabilidades? Como tendo sacrificado tanto na sua luta para tornar a sociedade mais justa e igualitária sucumbiu, como se o vírus burguês fosse fatal, à atracção dos valores e das práticas dos seus inimigos? Como se mimetizou ao ponto de se tornar, nos seus responsáveis, numa classe política dificilmente discernível daquela que pretendeu substituir e superar?" (p. 10).

[434] Há textos em que se notam ainda resíduos da linguagem da velha esquerda no discurso politicamente correcto, pós-moderno, como este, do *Forum Social Português*: "O Fórum Social Português representa em Portugal um processo de encontro, convergência e participação da cidadania organizada e das pessoas, independentemente da sua nacionalidade, que se revêem e subscrevem a Carta de Princípios de Fórum Social Mundial. Este espaço não pretende representar o conjunto da sociedade portuguesa, mas amplificar a voz d@s muit@s que condenam as políticas económicas, sociais, ambientais e culturais do neoliberalismo, a guerra, o sexismo, o racismo, a homofobia, a xenofobia, a pobreza, a exclusão social e a injustiça. O Fórum Social Mundial, como espaço de debates, é um movimento de idéias que estimula a reflexão, e a disseminação transparente dos resultados dessa reflexão, sobre os mecanismos e instrumentos da dominação do capital, sobre os meios e ações de resistência e superação dessa dominação, sobre as alternativas propostas para resolver os problemas de exclusão e desigualdade social que o processo de globalização capitalista, com suas dimensões racistas, sexistas e destruidoras do meio ambiente está criando, internacionalmente e no interior dos países." *Apud* http://picuinhas.blogspot.com/(29/5/2003). Repare-se que o texto está redigido em português do Brasil.

[435] Cf., entre nós, além da revista "Futuro Presente", BENOIST, Alain de – *Nova Direita, Nova Cultura. Antologia crítica das ideias contemporâneas*, cit.

320 Repensar a Política – Ciência & Ideologia

vinda embora em grande medida da direita, será uma nova esquerda a triunfar contra essa direita nova.

11.4. *Onde fica o politicamente correcto?*

A questão do politicamente correcto e do pensamento único é complexa. E é um tema a que voltaremos mais adiante, de forma recorrente, neste estudo.

Optar por chamar em geral ao politicamente correcto "de esquerda" ou "de direita" é decerto arbitrário, pelo menos por enquanto. Embora, em termos gerais, se possa afirmar que o pensamento único é hoje sobretudo capitalista (de direita, portanto) em economia e esquerdista em ética e cultura[436].

O politicamente correcto age transversalmente, insinuando-se, com a sua ditadura inibidora do pensamento pessoal e crítico, pelas entranhas de todos os partidos existentes, e destruindo efectivamente as ideologias tradicionais nos seus pressupostos essenciais (deixando-as incólumes no que é acidente: assim lhes permitindo uma fantasmática sobrevivência, servindo os seus interesses). Por isso, o politicamente correcto afigura-se-nos um fenómeno novo, que podemos apenas qualificar de direita ou de esquerda consoante as nossas irritações pessoais sejam contra uma ou contra outra. Porque substancialmente ela é apenas uma coisa nova: em grande medida destruidora, nefasta, mas nova.

Pessoalmente, achamos o politicamente correcto, nas suas várias vertentes (é uma hidra de sete cabeças), só comparável às antigas extrema-esquerda e extrema-direita, ambas totalitárias, ambas absorventes, ambas invasoras da privacidade e da consciência, ambas arregimentadoras, ambas tão semelhantes que a esquerda democrática se envergonha do estalinismo e do maoísmo e a direita democrática chega a afirmar que o nazismo e o fascismo eram de esquerda, ou de uma direita tão extrema que nada têm a ver com ela. Com a agravante de que o politicamente correcto é ainda um *big brother* subtil, e menos atacável por isso. Logo, mais pérfido.

---

[436] Cf., em geral, o CUNHA, Paulo Ferreira da – *Miragens do Direito. O Direito, as Instituições e o Politicamente Correto*, p. XI ss., e *passim*.

Reavaliar os Paradigmas 321

Antes de qualificarmos em direita e esquerda o politicamente correcto seria melhor deixar que ele se sentasse autonomamente no hemiciclo virtual, e se definisse nessa dicotomia. Mas como certamente ele não o fará (porque ele finge não existir), temos de pensar já não bidimensionalmente, mas no espaço.

Começam também a aparecer, ainda de forma incipiente, mas anunciando já novidades, "terceiras vias" que já são "quartas" ou "quintas" vias, na verdade. Independentemente do lugar de onde vêm os seus fautores (que há-de ser, para os mais velhos e mais experientes, de uma banda ou de outra) o lugar para onde pretendem ir é simbolicamente apresentado como se encontrando "mais acima", ou fora da geometria plana e truncada dos hemiciclos.

Os politólogos sabem reconhecer o que é isso: um Norberto Bobbio qualificou-o já... Não é extremismo nenhum, na verdade, ao contrário do que alguns pensam, e outros desejariam. Há várias categorias que perturbam a simplicidade da oposição binária: mais tradicionais eram já o centro, o centro-centro, o centro-direita e o centro-esquerda[437]. Mas há mais possibilidades: designadamente possibilidades também transversais. Se nos lembrarmos no que foram os Verdes[438] em alguns países, ou a causa ecologista mesmo entre nós (do PPM ao PEV) podemos compreender que o leque das hipóteses é vasto: moderação do meio (centro), conciliação (síntese) e superação (através dos termos tradicionais, mas mais além...)[439]. Ou "terceiras", "quartas" e "quintas" vias ainda localizadas (por razões históricas) nas antigas famílias políticas.

11.5. *Incómodos à Direita e à Esquerda*

"Se o Dantas é português eu quero ser espanhol"

ALMADA NEGREIROS

Cansamo-nos de pôr aspas. Vamos a factos: Fidel Castro é de esquerda, Kim Jong-il é de esquerda, Estaline, li Tsé Tung.... também o eram... Quantos vêem isso, e quantos daí tiram conclusões?

---

[437] BOBBIO, Norberto – *op.cit.*, p. 30 ss..
[438] *Ibidem*, p. 35.
[439] *Ibidem*, pp. 34-35.

Aparentemente, cada vez mais se compreende que a esquerda, só por si, não salvará ninguém... Como de resto também não salvará a direita... Há muitos que não conseguem sentir orgulho em afirmar-se de esquerda sabendo que com isso serão identificados com Lenine, Estaline, Ii, Fidel, Kim Jong-il... Como não podem outros, de cabeça levantada, dizer-se de direita porque lhes repugna serem confundidos com Hitler, Mussolini, Salazar, Franco, Pinochet, Le Pen...

Os intelectuais gostam de ser árbitros nestas coisas.

Em *Les mains sales*, Sartre mostrou que os intelectuais também não têm a consciência tranquila...

Quando o homem comum afirma que é de esquerda ou de direita normalmente vê apenas o lado positivo do seu quadrante.

11.6. *Uma catalogação viciada*

"Sei que não vou por aí"

JOSÉ RÉGIO

Os velhos paradigmas nunca explicam as coisas novas. Cada tempo está de algum modo prisioneiro do seu passado, ao mesmo tempo que a falta de distanciamento sobre si próprio lhe inibe o sentido crítico. Não somos capazes de nos vermos ao espelho com os paradigmas que nos julgarão no futuro. Os fotógrafos, que são captadores do instante presencista, disso se aperceberam às vezes melhores que os cientistas sociais, vítimas do cronocentrismo e do arsenal teórico do passado. Assim descreve uma fotógrafa a nossa limitação:

"Yet it is crucial to remember that people living in a particular era do not synchronise their thoughts. They interpret, refine, resist, oppose or ignore the prevalent attitudes of their time"[440].

É assim com as oposições políticas. Não estamos certamente a ver que tudo está a mudar... E quando dizemos que tudo muda, não entendemos que também há o que permanece... Michael Oakeshott adverte-nos

---

[440] MARIEN, Mary Warner – *Photography. A Cultural History*, Londres, Laurence King, 2002, p. X.

Reavaliar os Paradigmas 323

também para quão ligada à sua circunstância é a teorização política, mesmo quando os "autores insistem fortemente que estão preocupados com problemas permanentes e imutáveis do governo (...)"[441].

Mudam os principais contendores, parecendo que são os mesmos. E permanece o carácter ideológico da oposição binária. Ideológico, demasiado ideológico.

A excomunhão feita a partir da dicotomia – explicou-o, comentando Jacques Maritain, Gustavo Corção[442] (que dirão de direita) – é uma técnica perversa ("falsidade", "falsificação") de anátema por parte dos que querem ser "de esquerda", ou seja, os puros. Assim sintetiza o "jogo falseado" o autor de *Lições de abismo*:

> "Não há nos binómios que fazem parte do jogo a simetria de peças e regras como no xadrez, ainda que umas peças sejam brancas e outras pretas. A rigor não há 'esquerda' e 'direita'. Historicamente, como feixe de linhas-de-história, só há "esquerda". A direita não existe como corrente histórica. Ela passa a existir como coisa designada e apontada à execração pela 'esquerda'"[443].

Por outro lado, um Roland Barthes (cuja corrente conotação com a esquerda ninguém negará), explica simultaneamente como a burguesia (e implicitamente, diríamos, "a direita", que a representaria politicamente) por um lado se esconde e se nega politicamente para sobreviver[444], e, por outro, continuaria a ser a grande referência cultural[445]. Se entendermos ainda por cultura burguesa manifestações decadentistas e anti-burguesas de extremistas e marginais oriundos da burguesia, esta última análise permanecerá válida. Em todo o caso, a ex-denominação, apagamento ou anonimato da burguesia e da direita poderão ter a ver com um poder cultural

---

[441] OAKESHOTT, Michael – *Morality and Politics in Modern Europe*, Yale University Press, 1993, trad. port. de António Machuco, *Moralidade e Política na Europa Moderna*, Lisboa, Edições Século XXI, 1995.

[442] Vale a pena revisitar essas lúcidas páginas de CORÇÃO, Gustavo – *O Século do Nada*, Rio de Janeiro/São Paulo, Record, s.d., p. 75 ss..

[443] *Ibidem*, p. 95.

[444] BARTHES, Roland – *Mythologies*, p. 205 ss..

[445] *Ibidem*, p. 206: " (...) numa sociedade burguesa, não há nem cultura nem moral proletária, nem há arte proletária: ideologicamente, tudo o que não é burguês é obrigado a contrair um *empréstimo* junto da burguesia".

fortíssimo de certa esquerda, que naturalmente estigmatiza o capitalismo político e a direita. Não se trata, simplesmente, da vontade de universalização da sua cosmovisão particular[446], que se reconhece existir (restando contudo saber se não se poderia assacar uma missão histórica à burguesia nessa senda[447]: mas essa é outra questão). Em grande medida é também uma questão de sobrevivência política:

"como facto económico, a burguesia é denominada sem dificuldade: o capitalismo professa-se. Como facto político [e aqui é que entra a direita, embora o autor não use a expressão], é difícil reconhecê-la: não há partidos "burgueses" na Câmara (...)"[448]

E todavia ser de direita ou de esquerda é muito relativo. Maritain começara por afirmar que "num primeiro sentido alguém é *de direita* ou *de esquerda* por uma disposição de temperamento"[449].

11.7. *O espectro ideológico estático e o dinâmico*

Na verdade, na linguagem corrente não se explicita o posicionamento relativo dos partidos e suas ideologias nas suas posições recíprocas. Há, isso sim, um pré-juízo, que em grande medida é preconceito, que fica no limbo do não-dito, e que parcialmente coincide com os lugares em que, no hemiciclo parlamentar, se sentam os partidos que para lá são eleitos. Os de fora, ficam nas pontas, e são, normal e respectivamente, de extrema esquerda ou de extrema direita. Embora não seja raro que num ou noutro caso partidos extremistas (mas não todos) tenham assento parlamentar. É sempre complicado para um partido extra-parlamentar ser do centro: quer do centro absoluto, quer do centro de uma das alas, esquerda ou direita. Embora nada o proíba... Isso explica também a tendência dos pequenos partidos para o extremismo: como que a fim de ganhar espaço e voz.

---

[446] *Ibidem*, pp. 207-209.

[447] Missão que não anda longe, aliás, de estar presente em MARX, Karl/ENGELS, Friedrich – *Manifesto do Partido Comunista* (nossa edição *Manifesto of the Communist Party*, in *The Great Books* of the Western World, Chicago, Encyclopædia Britannica, 5.ª reimp., 1994, vol. 50, p. 420 ss.). O problema está na avaliação presente da mesma e nas alternativas soteriológicas que à burguesia se apresentem...

[448] *Ibidem*, pp. 205-206.

[449] *Apud* CORÇÃO, Gustavo – *op. cit.*, p. 75.

Reavaliar os Paradigmas 325

Assim, digamos que o vulgar posicionamento, não-dito, mas pressuposto, virtual, é alinhar os partidos mais ou menos tendo como base o hemiciclo parlamentar – ora o real, ora o ideal: e daí advêm problemas classificatórios.

Lembremo-nos sempre que um sistema tem esquerdas e direitas sempre muito consonantes, sempre muito simétricas, sempre muito complementares. Nietzsche dizia: "quem vive de dar luta a um inimigo, não quer que ele morra..." E afirma José Adelino Maltez entre nós:

"Para estes famosos seres de direita instalada, como dizia o antigo, mas não antiquado, liberal Ortega y Gasset, a direita e a esquerda continuam a ser uma estupidificação típica dos que sofrem de hemiplegia mental e que nos querem binarizar, de forma maniqueísta. Porque a direita a que chegámos resulta da esquerda que temos, principalmente quando a direita a quem concedem o direito à palavra é a direita que convém à esquerda, onde os que emergem são sempre os que representam certas caricaturas que visam perpetuar a democratura."[450]

Mesmo assim, importa tentar tornar explícitas as catalogações implícitas.

Uma classificação relativamente consonante com a opinião corrente seria colocar os anarquistas na hiper-extrema esquerda, seguidos dos comunistas trotsquistas e maoístas (e seus herdeiros) na extrema-esquerda, a seguir os comunistas ortodoxos (marxistas leninistas, mais ou menos estalinistas) e Verdes e afins, mais à direita, e no centro da esquerda, a resvalar para o centro esquerda, os socialistas democráticos (da Internacional Socialista), e por aí fora... Entre nós, hoje: BE, PCP, Verdes, PS. O PSD, que em teoria seria do centro esquerda (ideologicamente afirma-se "social democrata"), é assim empurrado para a direita, e o PP, que quando era CDS *tout court* se afirmava do centro (Freitas do Amaral, seu primeiro líder, declarou-o, na primeira conferência de imprensa, na televisão, logo em Maio de 1974, aberto ao centro direita e ao centro esquerda), fica claramente no centro da direita. A extrema-direita não tem representação parlamentar, e daí que tanto queiram encontrar para ela um representante com marca mediática... É preciso nomear o inimigo. E contudo a extrema-

---

[450] No seu blog *Pela Santa Liberdade*, http://patuleia.blogspot.com/. 4 de Junho de 2003.

direita existe, embora quase sem expressão eleitoral: está representada entre nós pelo PNR.

Pode assim considerar-se uma classificação estática e essencial ou ideológica, e uma classificação dinâmica, por posição relativa… Na estática, o PS é sempre de esquerda, embora na dinâmica seja empurrado, pelos partidos comunistas e afins, para um pouco mais à direita. O PSD assume uma posição já claramente na direita… Tal advém do facto de não haver em Portugal (mercê das vicissitudes da revolução de 74, que ilegalizou logo o Partido do Progresso, o Partido Liberal, e o Partido Trabalhista, e impediu o Partido Democrata Cristão de concorrer às eleições para a Assembleia Constituinte) suficientes e sobretudo fortes partidos à direita, pelo que a "direita sociológica" tem de rever-se e forçar a política dos partidos disponíveis…

O lugar do PRD era sem dúvida entre o PS e o PSD: tanto que foi esse o eleitorado que lhe deu um efémero mas surpreendente triunfo eleitoral relativo. Desprovido de ideologia, quando estes últimos partidos, e sobretudo o primeiro, se refizeram duma passageira crise, desapareceu como expressão política que aliás não soube assumir na sua acção.

A Nova Democracia, PND, nascida num tempo de crise e desencanto político, atravessado por escândalos (sempre indutores de renovações em que se dessem as mãos opostos unidos em boa-vontade) sofreria uma evolução ideológica profunda e rápida, em que a derrota nas primeira eleições a que concorreu surge como marco de viragem: de uma posição renovadora, moderada e frentista, presente na sua Declaração de Princípios da fundação, em que se afirmava procurar "pela confluência de democratas com diversas formações e orientações, unidos num desígnio comum, contribuir para a renovação política de Portugal, com vista a uma nova sociedade – digna, livre, justa e solidária – e a uma democracia liberal e de valores", passará depois a assumir uma posição conservadora, ou "liberal-conservadora", empenhando-se em 2006 (mas ainda sem concordância quer do CDS/PP quer do PSD) por uns "Estados Gerais" da "Direita", posicionamento ideológico que passou a defender abertamente.

11.8. *Uma dicotomia prestável?*

Entretanto, os partidos do 25 de Abril continuam desavindos quanto à sua inserção no espectro político. Perguntamo-nos pela utilidade dessa luta. Verdadeiramente para que serve dizer que o PS é de esquerda fazendo política de direita, ou que o MRPP é de direita fingindo ser de esquerda, ou que o PCP é "social fascista", portanto, afinal, de direita? – A utilidade é simbólica. Porque direita e esquerda, assim, funcionam como estigmas...

Valerá a pena continuarmos a falar de direita e esquerda? Tem isso algum significado útil, ao nível do conhecimento, ou trata-se apenas de opiniões? É que se não encontrarmos uma qualificação que a todos contente (e parece que não encontraremos) a categoria direita/esquerda será apenas uma dicotomia do terreno da opinião, e não do conhecimento[451]. Ou seja, não será científica mas, ela própria, ideológica. Assim terá que ser.

Hitler e Peron e Evita[452], e Mussolini, são hoje catalogados na direita, mas usaram muito folclore comum aos que se querem de esquerda... E quanto a ditaduras sanguinárias... Estaline superou Hitler. Hoje, Fidel agarra-se ao poder enquanto Pinochet, apesar de tudo, saiu pelo seu pé. E aí começou a sua perdição pessoal. Já Franco só verdadeiramente endossou o poder à hora da morte.

11.9. *Um operador alternativo: Democracia vs. Ditadura*

Consideramos a dicotomia esquerda/direita sobretudo sentimental, histórica e simbólica. Se há ditadores na direita e na esquerda e democratas na direita e na esquerda, como parece que ninguém nega, cientificamente preferiríamos outro ponto de vista: o da democracia e o da ditadura. Os democratas, qualquer que seja o seu colorido, estão de um lado da barricada. Os ditadores, vermelhos ou negros ou castanhos, do outro. Achamos até que o que une um Estaline a um Mitterand (ambos ditos de esquerda), ou o que aproxima um Hitler de um Churchill (ambos ditos de direita) é muito pouco... E o que une Estaline e Hitler, aliás juntos historicamente contra as democracias liberais no pacto germano-soviético, é imenso... Bem como o que liga Churchill e Mitterand é muito mais importante.

Aliás, o debate da Constituição da Europa veio mostrar muitas geometrias variáveis, com confluências ou discordâncias insuspeitadas. Por

---

[451] ADLER, Mortimer – "How to think about Opinion", *How to think about the great Ideas*, Chicago/la Salle, Open Court, 2.ª ed., 2000, p. 15: " (...) must everyone agree with this? If everyone must agree, then it isn't opinion but knowledge". *A contrario...*

[452] Cf., *v.g.*, CARRIEGO *et al.* – *Argentina. Compreender o Peronismo*, trad. port., selecção e estudo introdutório de Manuel Bastos, Coimbra, Centelha, 1973.

328   *Repensar a Política – Ciência & Ideologia*

exemplo, representantes das clássicas esquerdas e direitas unidos no que para eles é federalismo[453], mas para outros, federalistas também ou não, é já um mega-estadualismo europeu[454].

Será que o federalismo (e sobretudo a defesa não federalista de um mega-estado europeu a várias velocidades e com membros para que se consagrem desde logo desigualdades institucionais de peso relativo) é esquerda e a defesa da Europa das nações é direita? Ou o contrário? Há posições nos clássicos partidos num e noutro sentido.

Rótulos cómodos, muito úteis labéus para estigmatizar os adversários, "direita" e "esquerda" estão cada vez mais a identificar querelas his-

---

[453] Se já nos habituamos a que os políticos podem, embora não devessem, confundir federalismo com várias outras coisas, e várias outras coisas com federalismo, seria importante que juristas e politólogos tivessem, ao menos esses, ideias claras sobre o assunto. Por todos, cf. SOUSA, José Pedro Galvão de – *Iniciação à Teoria do Estado*, São Paulo, José Bushatsky, 1967, p. 119 ss.; *Idem – Política e Teoria do Estado*, São Paulo, Saraiva, 1957, pp. 226-239; MARQUES, Viriato Soromenho – *A Revolução Federal. Filosofia Política e Debate Constitucional na Fundação dos E.U.A.*, Lisboa, Colibri, 2002; *Idem – A Era da Cidadania*, Mem Martins, Europa-América, 1996, max. p. 165 ss.. E o clássico de HAMILTON, Alexander/ /MADISON, James/JAY, John – *O Federalista*, tradução, introdução e notas de Viriato Soromenho Marques e João C. S. Duarte, Lisboa, Colibri, 2003; ALLEN, W. B. (com CLOONAN, KEVIN A.) – *The Federalist Papers: A Commentary*, Nova Iorque, Peter Lang Publishing, 2000; VOYENNE, Bernard – *Histoire de l'idée fédéraliste,* Nice, Presses d'Europe, 1976 – 1981, 3 vols.; HÉRAUD, Guy – *Les príncipes du fédéralisme et la Féderation Européenne. Contribution à la théorie juridique du fédéralisme*, Nice, Presses de l'Europe, 1968; FOUÉRÈ, Yann – *L'Europe aux cent drapeaux*, 2.ª ed., Nice, Presses de l'Europe, 1968.

[454] Cf. MIRANDA, Jorge – *A Chamada Constituição Europeia*, "Público", 2 de Julho 2003; *Idem*, resposta ao artigo de Vilaverde Cabral, *O Fantasma do Nacionalismo*, "Diário de Notícias", 13 de Julho de 2003, afirmando nomedamente: "O que contesto é algo conducente a um Super-Estado do tipo do Império Alemão de 1871 dominado pela Prússia". Cf. ainda CUNHA, Paulo Ferreira da – *Introdução Constitucional à 'Constituição' Europeia*, in "Videtur", n.° 23, São Paulo/Porto, Mandruvá, Agosto de 2003; *Idem – Constituição Europeia e Cultura Cristã*, in "Diário de Notícias", 2 de Julho 2003; *Idem – Constituição Europeia: Teses Preliminares*, in "Mundo Jurídico", secção de Direito Comunitário, Junho 2003: http://www.mundojuridico.adv.br/; *Idem – Que Constituição para a Europa? Duas Reflexões Preliminares*, in "Antígona", vol. V, Junho 2003 – http://www.direito.up.pt/IJI/Cadernos%20do%20IJI/ANTIGONA%20V/Paulo%20Ferreira%20da%20Cunha.htm; *Idem – Constituição Europeia?* In "Jornal de Notícias", 8 de Junho de 2003 – http://jn.sapo.pt/textos/out1094.asp#. Por último, e em metanóia, *Idem – Tempos de Sancho – A Constituição Europeia e os Ventos da História*, São Paulo/Porto, Mandruvá, n.° 28, Junho 2004 – http://www.hottopos.com/videtur28/pfc.htm

tóricas. Como ser-se entre nós pedrista ou miguelista, como ter-se sido guelfo ou gibelino[455]. Não são credos ultrapassados no sentimento, mas são-no na actualidade e premência do que está em jogo. Salvo num aspecto que é, porém, pedra de toque: a preocupação social, que é sobretudo de esquerda, apesar de muito diversamente interpretada.

11.10. *Intersecção e Paradoxos dos Critérios*

Concedemos assim à divisão, entendendo-a como legado histórico, para as gerações mais velhas. E propomos uma visão mais circular. Assim, dividimos a política em círculo e não em hemiciclo. Deste modo se consentiriam as duas divisões.

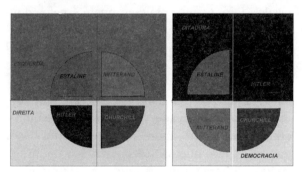

fig. 1

---

[455] O posicionamento "extra-partidário" *hoc sensu* já no séc. XVI se fazia sentir, precisamente referindo estes dois "partidos". Cf. MONTAIGNE – *Essais*, III, XII: "J'encourus les inconveniens, que la moderation aporte en telles maladies. Je fus pelaudé à toutes mains: Au Gibelin j'estois Guelphe, au Guelphe Gibelin" (ed. das *Œuvres Complètes*, da Plêiade, Paris, Gallimard, 1962 p. 1021). António Alçada Baptista, *Documentos Políticos*, Lisboa, Moraes, 1970, p. 7, cita uma versão ainda mais interessante (Liv. II, Cap. XV): "Au gibelin j'étais guelfe, au guelfe, gibelin. J'essaie de soustraire ce coin à la tempête publique, comme je fais un autre coin en mon âme... Entre tant de maisons armées, moi seul, que je sache, en France, de ma condition, ai fie purement au ciel la protection de la mienne... Je ne veux pas ni me craindre ni me sauver à demi (...)".

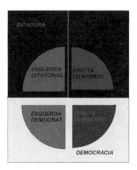
fig. 2

Estes seriam os primeiros esquemas para superar a dicotomia rígida. Mas há mais problemas. Antigamente, a direita era pelo 13 de Maio e a esquerda pelo 1 de Maio. Como catalogar quem é pelos dois, indiferente aos dois, ou contra os dois?

Claro que os que querem ser de esquerda (à excepção talvez de alguns jacobinos, que prefeririam o outro critério) dirão que o critério é o social, e que o que vale é a posição sobre o 1 de Maio...

Antigamente, a direita era contra a liberalização do aborto e a esquerda contra a iniciativa privada. Mas que fazer quando há auto-qualificados "liberais" que são pró-abortistas, e auto-ditos "socialistas" que fazem privatizações? Claro que os que querem ser de direita tradicionalista considerarão os liberais uma *rampa ensebada para o socialismo*, e os que querem ser de esquerda considerarão as *cúpulas socialistas traidoras e de direita...*

Têm as ideologias (e quanto mais englobantes mais a têm) uma resposta para tudo. Mas há quem seja tolerante para com o aborto e favorável à iniciativa privada, assim como há quem seja contra o abortismo e defensor de uma economia social, contra o capitalismo selvagem. E mais variantes se encontram.

Antigamente, a esquerda celebrava Fidel Castro e odiava Pinochet. E quem, vindo da esquerda, asperamente começa a criticar o ditador cubano, e quem, vindo da direita, é desafecto ao ditador de Santiago? Como classificar quem a ambos considera ditadores? Numa coisa a dicotomia esquerda/direita se sustentará: não conhecemos quem goste simultaneamente dos dois... Como também não há quem goste ao mesmo tempo de Hitler e Estaline...

Reavaliar os Paradigmas 331

Em todo o caso, sempre o crítico de esquerda de Fidel louvará a obra social de Cuba, e decerto nunca o colocaria, como sem dúvida faria a Pinochet, no banco dos réus...

Para um adepto de Pinochet, os campos de concentração, as caravanas da morte são um mal sempre menor comparado com a libertação do vírus marxista.

Para os "nossos" fala-se em erros, excessos, desvios, de um caminho puro. Para os outros, é a ideologia intrinsecamente perversa que leva ao mal...

Do mesmo modo, os que deixam de pensar como nós são traidores, os que de nós se aproximam, distanciando-se dos outros, são convertidos...

11.11. *Ainda a nova ideologia transversal*

As ideologias são assim: encerradas na sua lógica, encontram sempre forma de preservarem o seu purismo.

Os ortodoxos de esquerda verão sempre nas soluções sociais não colectivistas apenas reformismo, e nas perspectivas moralmente liberais apenas condescendência mais ou menos laxista (quando não imoralismo, no caso de esquerdistas mais puritanos).

Os ortodoxos de direita verão nas soluções sociais o germe do comunismo e numa maior tolerância social e de costumes a nódoa do imoralismo.

Mas a queda do muro de Berlim e o desabar da religião leninista[456]

---

[456] Afirma o insuspeito COHN-BENDIT, Daniel – *O Prazer da Política*, p. 111: "Não há somente as seitas religiosas; há também as seitas ideológicas. O Partido Comunista é, ou foi, uma seita, a Frente Nacional também, de uma ou outra maneira. Ainda não foi encontrado o meio de vacinar contra as ideologias". Aqui a ideologia é assimilada praticamente a seita religiosa. Já Kenneth Minoque, pelo contrário, distingue as "revelações" como o marximo (presume-se que proféticas, de cunho próximo do religioso) das doutrinas, que prometem uma libertação terrena apenas. Cf. MINOGUE, Kenneth – *Política: o Essencial*, p. 121, afirmando ainda nomeadamente: "O marxismo é importante não só historicamente, mas também porque serviu de modelo a muitas revelações posteriores do mesmo tipo. Os seus devotos viveram a imensa excitação daqueles para quem todos os elementos confusos da vida ficam, subitamente, esclarecidos. Foi, assim, completamente diferente de tudo o que se escrevera sobre política. (...) Na verdade, numa época em que a fé

332 Repensar a Política – Ciência & Ideologia

(a par da desilusão com os partidos tradicionais e as utopias "normais"[457]) deixaram as ideologias em apuros, e daí o recurso – aliás muito subtil e maquiavélico – do pensamento único, do politicamente correcto.

Com o advento do "politicamente correcto", as velhas direita e esquerda cedem face a um fenómeno novo, que a ambas está a converter.

O politicamente correcto é antes de mais materialista: quer quando propõe formas encapotadas de colectivismo sob forma pós-moderna, quer quando propugna uma liberdade económica feroz, tecnocrática e utilitarista, insensível à sorte dos mais desfavorecidos, ao respeito genuíno pelo ambiente e à perenidade dos valores éticos e estéticos, e até, segundo alguns, aos próprios direitos humanos[458]. Ignora as raízes, as nações, as pátrias, e defende um cosmopolitismo uniformizador, uma aglutinação internacionalmente aglutinadora que no limite conduziria ao *Big brother* mundial. Advoga o multiculturalismo[459] e a discriminação positiva para criar novas camadas de privilegiados e uma clientela fiel. Nesse sentido é também feminista extremista[460], procurando captar o justo descontentamento das mulheres e o seu despertar colectivo para a política. Está bem colocado nas máquinas educativas, onde fala o "eduquês", língua bastarda, discurso legitimador, apostando na aculturação das crianças e dos jovens, veiculando a sua ideologia enquanto cria nas demais complexos de neutralidade[461] educativa.

---

cristã estava em declínio, o marxismo constituiu o pacote económico que equipou os seus acólitos com uma política, uma religião e uma identidade moral, tudo de uma vez" (*Ibidem*).

[457] Cf., *v.g.*, SHKLAR, Judith N. – *After Utopia. The Decline of Political Faith*, Princeton, Princeton University Press, 1991.

[458] Cf. uma crítica de esquerda clássica à globalização em curso, manifestação de uma das faces da correcção política, *in* NUNES, António José Avelãs – *Neoliberalismo e Direitos Humanos*, Lisboa, Caminho, 2003.

[459] Cf., *v.g.*, ADLER, Mortimer – *The Transcultural And The Multicultural*, in "Antígona", vol. I, Novembro de 2002: www.antigona.web.pt

[460] Distinguindo o feminismo reformista do radical, *v.g.*, THOMAS, Geoffey – *Introduction to Political Philosophy*, London, Dockworth, 2000, p. 246 ss.. Há também uma espécie de feminismo moderado, que alguns poderão considerar anti-feminista, como certamente CRITTENDEN, Danielle – *What our Mothers didn't tell us. Why happiness eludes the modern woman*, Nova Iorque, Simon & Schuster, 1999, e um anti-feminismo radical, como em VILAR, Esther – *Der dressierte Man*, trad. port. de Chaves Ferreira, *O Homem subjugado*, Lisboa, Futura, 1972; *Idem – Denkverbote*, trad. cast. de Joaquín Adsuar, *Prohibido Pensar. Tabúes de Nuestro Tiempo*, Madrid, Planeta, 2000.

[461] Sobre o paradoxo da neutralidade, *v.g.*, LARMOE, Charles E. – *Patterns of moral complexity*, Cambridge, 1987, p. 53, *apud* MOUFFE, Chantal – *O Regresso do Político*, Lisboa, Gradiva, 1996, p. 167.

Defende uma cosmovisão de bom selvagem (enquanto actua "maquiavelicamente"), que se desdobra num pacifismo aparentemente ingénuo e não genuíno, num ecologismo anti-civilização, e noutras caricaturas de causas novas e generosas.

De algum modo podemos ver os antípodas desta concepção neste texto de Fernando Cristóvão, que provavelmente não terá pensado em política e em correcção política, mas que espelha um ideal ponderado de incorrecção política:

"O intelectual dos nossos dias tem de se libertar das servidões ideológicas e de outras ou das análises superficiais, porque este tempo pós-moderno não é só o do individualismo, hedonismo, permissividade, vazio de ideais, mas se afirma também como rejeição dos abusos do racionalismo, da tecnologia e dos dirigismos, é tempo de reconciliação do homem com a natureza que conspurcou, com os outros homens que combateu em demasiadas guerras, com Deus que renegou, com as suas raízes históricas da língua e da cultura que lhe afeiçoaram a identidade"[462].

Esta ideologia nova está progressivamente a converter todos os partidos tradicionais e é o estandarte de alguns novos. Sempre a velha questão: é ela de direita ou de esquerda?

O que nos parece é que a lógica mudou. Ser de direita e de esquerda pressupõe, no seio de uma e de outra, alguma unidade na diversidade. Agora parece caminhar-se para uma uniformidade de blocos: ao que nos atrevemos a chamar, a *nova ditadura*, ou ideologia politicamente correcta, de um lado, e que, do outro, terá de levar a uma recuperação da velha e sempre nova *democracia de valores,* onde se acolherão, certamente, sobreviventes não politicamente correctos das velhas direita e esquerda democráticas, além dos que de novo querem uma política aberta, sem terem necessariamente referências do passado. A incorrecção política é democrática, e bem poderia ter como lema esta passagem de Políbio:

"(...) um Estado em que a massa dos cidadãos é livre para fazer tudo o que quer ou lhe passe pela cabeça não é uma democracia. Mas onde é tradicional e costumeiro reverenciar os deuses, cuidar dos nossos pais, res-

---

[462] CRISTÓVÃO, Fernando – "A Autonomia da Cultura, a Independência dos Intelectuais e os Novos Tempos", in *Diálogos da Casa e do Sobrado*, Lisboa, Cosmos, 1994, p. 273.

334 Repensar a Política – Ciência & Ideologia

peitar os anciãos, obedecer às leis, e garantir que a vontade da maioria prevaleça – é apropriado falar-se de uma democracia."[463]

É um desafio complexo, sobretudo porque ainda há muita gente que pensa em deitar vinho novo em odres velhos…ou vinho velho em odres novos…

11.12. *Direita policamente incorrecta ou Nova Ideologia?*

Os novos ventos revolvem as casas da "direita" e da "esquerda". Já nada mais será como era. Finalizaremos esta secção com alguns exemplos, sobretudo (e propositadamente) retirados do mais moderno dos meios ou veículos de comunicação social (embora, na verdade, um tanto elitista ainda) – o *blog* da *Internet.*

José Adelino Maltez, num seu *blog* de significativo título *Pela Santa Liberdade,* referiu-se "a quatro heresias, segundo a direita politicamente correcta":

"– Um liberal pode ser a favor da justiça social e da justiça distributiva.
– A direita pode ser a favor da regionalização.
– A direita pode ser europeísta.
– A direita pode não ser confessional."

Além de outros exemplos, refere ainda, sob a significativa epígrafe "A ortodoxa heterodoxia": "Pode haver gente de direita que prefira Leonardo Coimbra ao Cardeal Cerejeira, Fernando Pessoa a Monsenhor Moreira das Neves e Agostinho da Silva a São José Maria Escrivá."

Tudo magníficos exemplos para exprimir uma nossa dúvida ou até angústia, que se liga à ideia de pertença a uma família, mesmo quando a família, como a tradição, "já não é o que era". Expliquemo-nos, pois, a começar pelo fim. Ninguém afirmará certamente que os três sacerdotes referidos, um santo, um cardeal patriarca e um monsenhor, sejam de esquerda. Embora possa haver santos, cardeais e monsenhores de esquerda. Mas estes três não serão de esquerda, e cremos que facilmente até serão incluíveis sem dificuldade na direita, e não na simples não-esquerda.

---

[463] POLÍBIO – *Histórias*, Livro VI, 3-11 *apud* CÂMARA, João Bettencourt da – *Noites de San Casciano. Sobre a melhor forma de Governo*, Lisboa, p. 98.

Mas precisamente os três que se lhes opõem é que são realmente problemáticos...

Apesar do seu próprio pensamento (e desde logo da *Mensagem*), Pessoa foi uma bandeira de intelectuais de esquerda, ao ponto de talvez não ser exagero dizer-se que há um Pessoa (não histórico, mas uma "personagem") de esquerda. Leonardo Coimbra, apesar da sua conversão, do seu afastamento do situacionismo republicano, veio da extrema-esquerda, e esteve partidariamente no que pode ser qualificado de esquerda. Agostinho da Silva, apesar da emblemática polémica sobre o brinquedo com Álvaro Cunhal, teve muitos amigos de esquerda, teve alguns "mestres" de esquerda, exilou-se por recusar-se a assinar a declaração de repúdio das "doutrinas subversivas" (que aliás Pessoa também criticou), que visava sobretudo os comunistas e a Maçonaria. Sabemos que todos estes tópicos são desmontáveis. Mas criam dúvidas...

Na verdade, outros tantos argumentos poderiam encontrar-se para qualificá-los aos três de direita: um Pessoa que canta o presidente-rei Sidónio Pais, um Leonardo que critica asperamente a Rússia bolchevista, um Agostinho da Silva que louva os Descobrimentos e anuncia profeticamente um V Império.

Pessoa, Leonardo e Agostinho não são, para nós, bem vistas as coisas, nem de esquerda nem de direita. Eles representam (e não são os únicos) uma promessa de uma síntese superadora, a vir... E não são os únicos. Por isso é que a direita e a esquerda inteligentes e cultas (mas só essas) os querem para si. As duas. Cada uma... Mas eles transcendem ambas. E sobretudo nenhum deles tem nada a ver com a correcção política, quer da esquerda quer da direita que temos...Daí que as causas heterodoxas que José Adelino Maltez considera possíveis na direita já as poderíamos colocar nesse *novum*: que parecendo de esquerda aqui, todavia pode ser aceite por quem vem da direita; que ali aparentando da direita, pode ser assumido por quem vem da esquerda. Mas expliquemo-nos de novo:

Um liberal (que pode ser de direita, de esquerda, de centro e de cima...) claro que pode defender em completa compatibilidade a justiça social e outras justiças. Porque (Thomas Hill Green *dixit*, já em 1870): "o verdadeiro liberal é, por natureza, um reformador social, um paladino do humilde explorado e o adversário de todos os altos interesses dominantes e predatórios (...)". O que é essencial no ser-se liberal é a defesa da liberdade. Toda. Inclusivamente a económica e a social. E, como

336   *Repensar a Política – Ciência & Ideologia*

sabem os velhos liberais, não pode haver liberdade sem propriedade... ou sem justiça social.

Registemos que uma nova síntese só poderá partir de uma linha de continuidade com o passado: e essa linha é a democracia liberal... Só daí é que pode partir algo de novo.

- A regionalização não é de direita nem de esquerda. No caso português, o que desacreditou certamente o generoso ideal da regionalização terá sido a má imagem de alguns autarcas, que prefigurariam um espectáculo muito triste de um poder regional. Outro problema é a regionalização de cima para baixo e de régua e esquadro, para retalhar o país pelos interesses[464].

- Muito parecida a questão europeia com a da regionalização. Não é o princípio em si que está em causa. A direita e a esquerda podem ser tanto pró- como anti-europeias. A questão da Europa, hoje, é que está a prescindir de duas coisas essenciais, e que, a persistir, lhe custarão e nos custarão caro.

- A religião, numa sociedade secularizada, nada pode ter a ver *directamente* com a política. A direita não tem o monopólio da crença, nem tem nada que alinhar por convicções religiosas ou ser o seu braço político. O mesmo na esquerda. Coisa diferente da dimensão religiosa é a dimensão dos valores. Aí deve haver uma política de valores. Mas também não privativa nem de esquerda nem de direita. Embora um consenso se revele hoje cada vez mais difícil.

Não há unidade sem diversidade e equilíbrio de poderes – o que implica que as Nações têm de continuar.

Não se pode fazer uma Europa sem os Europeus – o que significa que uma Constituição Europeia precisa de uma legitimação popular para não ser uma mera *folha de papel*, como diria Lassalle[465]. Uma Europa com *déficit* democrático e *déficit* de multiplicidade não será Europa. Será uma utopia.

---

[464] Cf., CUNHA, Paulo Ferreira da – *Regionalização (Direito e Política)*, in "Enciclopédia Verbo. Edição Século XXI", Lisboa/São Paulo, vol. XXIV, 2002, cols. 1216-1218; *Idem – Teoria da Constituição*, vol. II. *Direitos Humanos, Direitos Fundamentais*, Lisboa/São Paulo, Verbo, 2000, p. 65 ss., máx. n. 3.

[465] Ferdinand LASSALE – *O Que é uma Constituição Política?*, trad. port., Porto, Nova Crítica, 1976.

Qualquer tentativa de consenso ou síntese tem de ter como essencial uma atenção especial à ética política, aos valores[466].

Defesa intransigente da liberdade e da democracia, regionalização, europeísmo com portuguesismo e laicização poderiam bem ser bandeiras de uma direita inteligente, nova.

Mas também o podem ser de uma nova esquerda...

Cremos todavia que a relação entre esta questão e a colocada pela tríade de autores não é simbolicamente casual. Julgamos que naqueles nomes (a que juntaríamos alguns outros, menos conhecidos, como o "nosso" António Ribeiro dos Santos, desde logo) e nestas causas está algo de essencialmente coerente. São causas transcendentes, são causas populares, são causas não sectárias... E são causas sobretudo de ponderação: não se apregoa o europeísmo a todo o custo, mas um europeísmo português e democrático... não se defende a regionalização pela regionalização, mas só a que faça viver as pedras vivas e não proliferar os burocratas e os caciques, etc. Numa palavra, os nomes referidos e as causas referidas têm em comum a elevação e a moderação. São arautos de coisas novas que têm de nascer... E transcendem as antigas disputas.

11.13. *"Moralidade social": um desafio interessante*

Passemos agora a olhar para o quadrante ainda assumidamente de esquerda. Também aqui há novidades, desde logo conceitos novos, que nos parecem fruto do diálogo com a realidade do fracasso do "socialismo real" e que procuram ser lições a tirar da profunda crise em que uma aparente unanimidade capitalista (trata-se, como vimos, de um pensamento único ao nível económico, tão poderoso quanto o mesmo pensamento único cultural e ético propende para a outra banda[467]: mas que por isso mesmo de algum modo choca e até acabrunha quem com ele discorda) lan-

---

[466] Cf., *v.g.*, CUNHA, Paulo Ferreira da – *Política Mínima*, Coimbra, Almedina, 2003, máx. p. 49 ss., pp. 57-58, p. 132 ss.

[467] Cf., sobre esta "partilha" do pensamento único entre "esquerda" e "direita" CUNHA, Paulo Ferreira da – *Miragens do Direito. O Direito, as Instituições e o Politicamente Correto*, p. XIII ss..

çou a esquerda. Lemos, assim, num comentário publicado no *Blog de Esquerda*[468]:

"SER DE ESQUERDA. Em relação à discussão que está em pé sobre o que é ser de esquerda, eu partilho da tua opinião, (…), e acrescento que a esquerda na sua maioria é o garante da moralidade social. Não dos falsos moralismos, que se confundem com os bons costumes inscritos na bíblia do jet-set, mas aqueles que permitem uma sociedade avançar coesa para o futuro. Sentimentos como a solidariedade, a partilha e o voluntarismo, entre outros, são abraçados pela esquerda de uma maneira mais aberta e desinteressada. Resumindo, penso que a capacidade para o altruísmo é superior na esquerda do que na direita, não implicando que a primeira tenha o monopólio dele. Veja-se apenas as diferenças no estilo de governação e as diferenças nas medidas adoptadas pelos governos PS e PSD. O desprezo mostrado pelo actual governo pelas questões sociais e pelas pessoas é gritante e o país está cada vez mais refém de uma direita que se guia somente pelos números do défice e nada mais. (JAK)"

Face ao que temos vindo a dizer, fica muito facilitado o comentário, que é, todavia, importante fazer-se. *Moralidade social* é uma expressão interessantíssima. É a primeira vez que dela nos apercebemos. Quase não tem ecos da velha "superioridade moral dos comunistas" (Álvaro Cunhal): com todas as suas conotações mais dogmáticas devidamente depuradas, já sem laivos de moralismo religioso, que o autor, cauto, imediatamente desfez, dessolidarizando-se com as "bíblias do jet-set", expressão também saborosíssima, ambígua e eloquente: não são as Bíblias em geral, são as do *jet set*. E contudo o *jet set* tem bíblias. Em suma, parece-nos uma expressão feliz.

Moralidade social é algo que evidentemente não há em certa direita tecnocrática e anarco-capitalista. Não porque não possa ser puritana (estamos a traduzir *pro domo* o texto publicado no *blog de esquerda*), que umas vezes o é e outras não (o puritanismo é sobretudo uma questão de educação, meio, e sensibilidade), mas porque não tem dó dos pobres nem os entende como seus irmãos e iguais. Ou deles tem uma comiseração excessivamente paternalista, sem reconhecer que os que não estão no seu círculo refinado (ou simplesmente abastado) também são pessoas, também têm direitos, e, no limite, a verdade é a verdade "diga-a Agamémnon ou o seu porqueiro".

---

[468] http://www.blog-de-esquerda.blogspot.com/

Preconceito, evitamento social, endogamias várias, sobretudo de ideias e de lugares, criam em certas direitas um pseudo-mundo, e um auto-conceito muito dilatado, que nada tem a ver com a realidade. Outra ideia corrente é realmente a ditadura do número, do *déficit*, dos critérios de convergência, do PIB, da produtividade... tanto, que podem chegar a usá-los como álibi contra qualquer solidariedade social e até contra qualquer justiça social. Uma coisa essas direitas não entenderam: que as suas fortunas não são propriamente suas, mas apenas da riqueza têm administração e usufruto, para melhor uso, para maior utilidade social. É essa a justificação da propriedade privada. S. Tomás de Aquino provou-o sem margem para dúvidas. Seria utilíssimo que lêssemos esse artigo luminoso da *Suma Teológica* sobre a propriedade[469]. As esquerdas extremistas, por seu turno, também não compreenderam que essa utilidade social da propriedade não conduz à colectivização, mas, pelo contrário, à propriedade privada e ao mercado. Porque só aquela e este são factor de liberdade, de eficiência e de riqueza, e não a apropriação colectivista, burocrática, sufocante e inepta. Mas na justificação social da propriedade tem de a direita compreender a necessidade precisamente dessa "moralidade social" que a alguns escapa: a esses que julgam que são mesmo os donos do que têm... E esquecem a lição de Pedro Cem. A roda da fortuna dá e tira: um dia os orgulhosos possidentes poderão ter de estender a mão à caridade... E se nessa altura essas mãos se fecharem, com o pretexto de que quem é pobre é preguiçoso?

Só que a expressão "moralidade social" evoca não só a moralidade económico-social, mas também a ética política e alguma ética geral. Não erraremos, de certo, se acrescentarmos nessa moral social a ética pública[470], essa que, se existisse mais vastamente, nos pouparia dos escândalos de corrupção e afins. E ainda alguma ética privada, ou impulso público à ética privada, mormente ao nível da formação. Não nos contestarão se dissermos que é preciso formar nas escolas para o respeito pelos animais, pelo ambiente, pelas minorias (não as de criminosos, claro). Tam-

---

[469] TOMAS DE AQUINO – *Summa Theologiæ*, IIa IIæ q. 66 art 1 e 2 Comentando, VALLANÇON, François – *Domaine et Propriété (Glose sur Saint Thomas D'Aquin, Somme Theologique IIA IIAE QU 66 ART 1 et 2)*, Paris, Université de Droit et Economie et de Sciences Sociales de Paris (Paris II), 1985, 3 vols., policóp..

[470] Cf., *v.g.*, MONTEJANO, Bernardino – *Ética Pública*, Buenos Aires, Ediciones del Cruzamante, 1996.

bém não se porá certamente em causa que se eduque para a cidadania, a democracia e os direitos humanos (os reais). Mas precisamos ir mais longe: não educar somente para a formalidade ritualística de uma democracia que se esgota no voto, mas para uma democracia de valores; não educar somente para os direitos humanos, mas fazer compreender a necessidade da Justiça, de que o Direito é instrumento. E precisamos, naturalmente, sem "bíblias do jet set", de educar para a distinção evidente, e tanto religiosa como laica, entre Bem e mal. Sem isso, perder-nos-emos e não haverá *moralidade social* alguma. Mas é verdade. A esquerda tem sido mais solidária, até *intra muros* de suas casas. A velha esquerda ortodoxa quando fazia purgas, matava. Quando se zangava, cindia, expulsava, anatematiza. Mas quando comunga, comunga. Na direita, mesmo com punhos de renda, às vezes fica-se com a ideia de que o individualismo é tanto, a febre de mandar (a ambição) tão avassaladora, que mesmo num partido cada pessoa é um partido. Haverá contudo gentes vindas da direita que estão a aprender essas boas lições da esquerda? E há ainda quem veja que o futuro a construir, em matéria de propriedade e solidariedade (ao contrário de outras matérias), não tem, afinal, de inventar muito de novo: tem de haver mercado, tem de haver Estado, tem de haver Estado contido, mas não pode deixar de existir intervenção reguladora, correctora de assimetrias e moderadora das injustiças e desigualdades. Isso mesmo afirma claramente, por exemplo a Internacional Liberal, que, pelo nome, poderia pensar-se continuava num puro e absentista *laissez faire*. Não é assim. Por exemplo, afirma designadamente na sua Declaração de Roma, de 1981 (*Liberal Rome Appeal*):

"27. The liberal concept of the market has been wrongly connected with an economy controlled by purely monetary means or a "laisser-faire" economy disassociated from the interests of the poor and of the community as a whole. Liberals do not accept such a simplistic view of the market economy and of their attitude towards it. They have long recognised that economic freedom, in the case where it could be hostile to the welfare of the community, degenerates into anarchy and is one of the sources of oppression."[471]

---

[471] SMITH, Julie – *A Sense of Liberty. The History of Liberal International*, Londres, Liberal International, 1997, pp. 96-97.

Reavaliar os Paradigmas

341

Porque a Igualdade, não o nivelador igualitarismo por baixo, mas a vera Igualdade, não é apenas um valor da esquerda, mas um valor sem mais. Um dos grandes valores da Humanidade.

Se certa esquerda a abastardou em igualitarismo massificador e decapitador, e se certa direita a escondeu ou a combateu em nome de privilégios injustos, isso só comprova como nem uma nem outra são puras, e têm muito caminho a percorrer.

Em suma: a *moralidade social* deve dar à direita sociabilidade e à esquerda moralidade? Essa seria uma tentação. Mas são coisas que faltam a ambas, por vezes, embora em doses diversas, e segundo os casos.

Seja como for, ficámos alertados para outra dicotomia, que atravessa realmente direitas e esquerdas: entre o egoísmo (não o individualismo) e a solidariedade.

11.14. *Heterodoxos*

Este discurso é circular e tem muitos e muitos círculos mais ou menos virtuosos ou viciosos. Não só direitas e esquerdas se querem apropriar dos nomes de Pessoa, Leonardo e Agostinho... Não se duvida que sempre alguma direita renegará Pessoa heterodoxo (já que tinha simpatias esotéricas, rosa-crucianas, e até bebia demais), Leonardo (até revolucionou, enquanto ministro, alguma estruturas tradicionais do poder universitário), Agostinho (até defendia que no futuro deixaria de haver trabalho...).

Não se duvida que alguma esquerda atacará o Pessoa nacionalista, elitista, esteticista, o Leonardo anti-comunista, retórico, espiritualista, o Agostinho imperialista, lunático, desgarrado dos dramas sociais, etc., etc. Entre estes homens há mais um ponto comum denotador de como estão noutra sintonia ou noutra onda... A onda que anuncia uma diferente maré: são todos heterodoxos.

A propósito, vale a pena fazer o cotejo com pares antitéticos ao longo da História.

Um deles, entre nós, é o "nosso" António Ribeiro dos Santos, com o seu rival (a si bem inferior, mas que o situacionismo celebrou, e ainda celebra) Paschoal José de Mello Freire dos Reis[472]: ou simplesmente

---

[472] Sobre a polémica entre os dois, CUNHA, Paulo Ferreira da – *Mythe et Constitutionnalisme au Portugal (1778-1826). Originalité ou influence française?*, I parte, in "Cul-

342 Repensar a Política – Ciência & Ideologia

Mello Freire. Pois Mello Freire, que foi um simples compendiador e receptor de doutrinas alheias, estrangeiras, que tentou unir a moda do humanitarimo penal com a monarquia da tábua rasa interna do despotismo esclarecido, num pombalismo sem Pombal, Melo Freire é considerado o "ilustre Papiniano destes reinos" e até há quem o tenha por "liberal"... António Ribeiro dos Santos, além de exímio jurista, além de canonista, investigador, antiquário, historiador, poeta (é o árcade Elpino Duriense), organizador da Biblioteca Nacional, incansável lutador pela liberdade... anda não só esquecido, como incompreendido. Como deverá ele sentir-se (nesse acento etéreo onde subiu) ao ver-se, qualificado também como liberal, parificado com seu arqui-rival, que o chegou a delatar junto da coroa, e a acusá-lo de republicano e monarcómaco? Hoje, vistos de longe, são ambos tidos como liberais... Como os republicanos de cartola são todos republicanos *tout court*, e os iluministas de cabeleira todos *philosophes*, os renascentistas de sedas e veludos podem ser em Itália todos maquiavélicos, e os frades medievais de burel todos escolásticos. Damos um ar de família a tudo... E é a moda da farpela que dita o pensamento que lhes colamos... Mas era cedo demais para falar em Liberalismo para Ribeiro dos Santos... O que há é a defesa das velhas liberdades tradicionais.

Não se tem compreendido que a mesma linha de defesa das liberdades vem, aqui, nesta Hispânia (sem iberismo o dizemos) desde os concílios toledanos, no séc. VII, e com chão e raízes mais fundas, naturalmente, até hoje... E Isidoro de Sevilha não era liberal, a não ser que o condecoremos a título póstumo[473]. Curiosas as etiquetas: a mesma sede de liberdade anima Ribeiro dos Santos e os mesmos liberais que celebram, por

---

tura. Revista de História e Teoria das Ideias", Lisboa, Centro de História da Cultura, Universidade Nova de Lisboa, 2 tomos publicados. Cf. ainda *Idem – Para uma História Constitucional do Direito Português*, Coimbra, Almedina, 1995, p. 237 ss.; *Idem – Temas e Perfis da Filosofia do Direito Luso-Brasileira*, Lisboa, Imprensa Nacional-Casa da Moeda, 2000, p. 87 ss..

[473] Cf. CUNHA, Paulo Ferreira da – "Do Direito Clássico ao Direito Medieval. O Papel de S. Isidoro de Sevilha na sobrevivência do Direito Romano e na criação do Direito Ibérico", in *Para uma História Constitucional do Direito Português*, p. 95 ss.; *Idem – Isidore (Bishop of Seville)*, in "Philosophy of Law: An Encyclopedia", Nova Iorque, Garland, 1999, p. 437 ss..

Reavaliar os Paradigmas

343

razões de embirração com terceiros, o Marquês de Pombal[474] – o que de mais anti-liberal tivemos.

Mas vamos ao caso decisivo que nos anima agora: Santos e Freire – quem é de direita, quem é de esquerda? Escolherá cada um conforme as suas sentimentais opções. Não nos parece a nós que a direita seja sempre o absolutismo, por isso não podemos colocar Melo Freire na direita. Também não se nos afigura que a esquerda seja sempre a liberdade, por isso não nos seria lícito colocar Santos na esquerda. Mas também não entendemos que a esquerda signifique sempre despotismo, e é-nos assim vedado aí meter o adepto do Marquês. Tal como não reconhecemos que a direita seja sempre a defesa dos direitos dos povos, pelo que nos repugna afirmar que Elpino era de direita.

E depois vem a posição relativa. A tentação de dizer que Freire era de direita (porque era do poder instituído, da conservação) será grande. Mas Santos era do antes, do que vinha do passado: das velhas liberdades tradicionais. Tradicionalista, passa a "extrema direita"? Assim se daria o paradoxo de o mais progressivo ser o mais execrado hoje...

É complicado usar os nossos padrões para qualificar o passado. Voltando a Karl Manheim e à sua oposição ideologia *vs.* utopia[475]: Freire é da ideologia, porque da mó de cima, e Santos é da utopia, porque da mó de baixo. Mas, paradoxo: Freire é que constrói uma utopia – em que até os noivos precisam de licença para casar, e o passeio público é policiado, e os divertimentos vigiados. Santos quer voltar aos nossos avós Celtas e às suas liberdades... Nisso há, realmente, alguma ideologia...

11.15. *Conclusão Inclusa*

Haverá conclusão a tirar? Afigura-se-nos cada vez mais complicado utilizar a dicotomia antitética direita/esquerda como categoria científica. Mesmo quando sabemos hoje da debilidade das "verdades" científicas.

---

[474] Cf. CUNHA, Paulo Ferreira da – «O Marquês de Pombal: Estado *vs.* Liberdade» in *Faces da Justiça*, Coimbra, Almedina, 2002, p. 75 ss..

[475] MANHEIM, Karl – *Ideologie und Utopie*, Bona, 1930, trad. br., *Ideologia e Utopia*, 4.ª ed. bras, Rio de Janeiro, Editora Guanabara, 1986.

Encaramos, pois, tal antítese sobretudo como expressão história, como mito (numa perspectiva próxima de Girardet, englobando três funções: narrativa primordial, *leitmotiv* e mistificação[476]), como expressão conotativa capaz de concitar adesões e ódios ou repulsas. Admitimos que outros, dotados de instrumentos mais afinados, e de uma sensibilidade mais aguda, consigam detectar a pureza de tais entidades. O nosso microscópio político, é, porém, elementar...

Também já concedemos que se a correcção política, que é apregoada sobretudo pelos pós-modernos dominantes que vieram da esquerda colectivista arrependida ou pseudo-arrependida, vier a impor-se, o que estará do outro lado, nada tendo a ver com ela, não custará em afirmar-se como de direita. E sobretudo pelo facto histórico de a correcção política vir maioritariamente de gentes que foram marxistas, comunistas e afins...

Mas não deixa de ser estranho alguém afirmar-se de uma direita de um espectro político que ainda não existe... E, embora com menos escândalo, também da esquerda.

Portanto, cremos ter chegado a uma curiosa novidade política: haverá certamente direita do futuro e esquerda do futuro... E não como *slogan*, mas como estrita afirmação lógica.

Mas voltemos à eterna prevenção. Se, por exemplo, um intelectual moderado, de raiz social burguesa e/ou aristocrática, formação católica, marxista e/ou liberal, sempre com preocupações democráticas e sociais, de muitas leituras e algumas heterodoxias pelo caminho, entrar para a *resistência* do futuro, num estado mundial sem liberdades e direitos para as pessoas normais, um estado totalitário, qualquer que seja a bandeira que hasteie, pode bem ser que num futuro de liberdade ainda mais distante o venham a qualificar na esquerda...

Em todo o caso seria bem melhor dizer-se que ele era um democrata, e que o *Big Brother*, pintado embora das cores que se quiser, não passava de um ditador.

---

[476] GIRARDET, Raoul – *Mythes et Mythologies Politiques*, Paris, Seuil, 1986.

11.16. *Post-Scriptum: "E contudo move-se!"*

E contudo, apesar de tudo, em certos tiques, em certas predilecções – que vão até à moda e à gastronomia –, em grande medida as pessoas envolvidas (ainda que apenas pela paixão de espectadores) no fenómeno político se consideram em grande medida de direita ou de esquerda, ou de centro, e se de centro, de centro-direita, de centro-esquerda, ou dos centros excêntricos e extremos. Temos de lidar com esta categoria, não da forma ideológica que é a dos políticos que a reivindicam, não da forma ingénua dos passivos cidadãos que lhe não conhecem as subtilezas e as armadilhas, mas de forma científica. Compreendendo as limitações e as virtualidades práticas catalogadoras da distinção. A qual, contudo, persiste em ter algum sentido, apesar de todos os problemas que comporta. E qualquer um de nós saberá por si próprio como pelo menos uma das palavras "mágicas" em causa lhe provoca talvez irritação. E pelo menos outra, sua simétrica, pode mesmo suscitar-lhe um sentimento de adesão ou de identificação. Não se pode recusar racionalmente a profunda importância do pensamento mítico-totémico. Ele certamente comanda estas adesões "tribais". E porque não?

Mas voltemos à racionalidade. Trata-se, afinal, em boa medida, de um conflito de interpretações. Façamos uma caricatura. Quando alguém da direita ouve a palavra "direita" pensa em ordem, classe, estilo, tranquilidade, paz social com cada um no seu lugar destinado por Deus ou pela sorte. E ao ouvir a palavra "esquerda" imediatamente pensa em balbúrdia, confusão, inveja, subversão social, boçalidade, opressão, burocracia, despesismo, desperdício, mundo às avessas. Simetricamente, quando alguém da esquerda ouve a palavra "esquerda" associa-a a justiça social, redistribuição da riqueza, liberdade, igualdade, fraternidade, ordem justa, solidariedade, um mundo novo não agónico nem competitivo. E quando ouve a palavra "direita" ocorre-lhe capitalismo, exploração, desigualdade, injustiça, pobreza de muitos e riqueza de poucos, sobranceria e até repressão. São duas visões do mundo!

São dois símbolos cheios de equívocos mas que contribuem para que, desentendendo-nos, nos vamos compreendendo, apesar de tudo.

Afinal, há direita e há esquerda. Q.e.d.

BIBLIOGRAFIA

MALTEZ, José Adelino – *Direita e Esquerda*, "Verbo. Enciclopédia Luso-Brasileira de Cultura", Edição do Séc. XXI, vol. IX, 1999, cols. 450 ss.

BOBBIO, Norberto – *Destra e Sinistra – Ragioni e significati di una distinzione politica*, Donzeli Ed., 1994, trad. port. de Maria Jorge Vilar de Figueiredo, *Direita e Esquerda*, Lisboa, Presença, 1995

GIDDENS, Anthony – *Beyond Left and Right. The Future of Radical Politics,* trad. port. de Álvaro Hattnher, *Para Além da Esquerda e da Direita. O Futuro da Política Radical,* 1.ª reimp., São Paulo, UNESP, 1996

PINTO, Jaime Nogueira – *A Direita e as Direitas*, Lisboa, Difel, 1996

SECÇÃO 12
Terceiras Vias

SUMÁRIO: 12.1. Estatuto Epistemológico e Projecto. 12.2. Economia, Sociedade e Política – alguns Caminhos de Utopismo. 12.3. Recordando Fundamentos.

SECÇÃO 12
Terceiras Vias

12.1. *Estatuto Epistemológico e Projecto*

Dado o desencanto generalizado do nosso tempo pelas ideologias e utopias[477] tradicionais, e a sua propalada falência prática, um exercício "de estilo" talvez não totalmente inútil seria o de tentar encontrar algumas linhas comuns de resposta às encruzilhadas do presente, na perspectiva geral das terceiras vias. Porque essas propostas são assumidamente não-utópicas e constituem até, *a fortiori*, "ideologias mais que discretas"[478]. Evidentemente, que o exercício que se segue implica alguma observação participante, e daí não ser bactereologicamente puro: mas o que o é, nestas matérias? Obviamente não ignoramos que as terceiras vias, e sobretudo as do tipo que procurámos esboçar, serão sempre consideradas pelos críticos puristas como utopias ("nem carne, nem peixe") e pelos seus adeptos verdadeiros utopismos, ou seja, propulsores princípios (de) esperança.

Começaremos desde já esse exercício, que mesclará, necessariamente, algum imprescindível enquadramento e referências próprias do estudo filosófico-político e politológico com tópicos de um possível domínio político *tout court*. Híbrido que, ora aqui ora ali, provocará decerto um *Verfremdungseffekt*, já a cientistas puros, já a políticos puros. Drama webe-

---

[477] Distinções já clássicas *v.g. in* MANHEIM, Karl – *Ideologie und Utopie*, Bona, 1930, trad. port., *Ideologia e Utopia*, 4.ª ed. bras., Rio de Janeiro, Editora Guanabara, 1986; Paul RICOEUR – *Lectures on Ideology and Utopia*, ed. por George Taylor, New York, Columbia Univ. Press, 1986 (ed. port. *Ideologia e Utopia*, Lisboa, Edições 70, 1991). Mais próximo de nós, v. TEJADA, Francisco Elias de – *Ideologia e Utopia no 'Livro da Virtuosa Benfeitoria'*, in "Revista Portuguesa de Filosofia", tomo III, jan-mar, 1947, fasc. 1.

[478] PUY, Francisco – *La Socialdemocracia y su Parentela Ideológica*, "Anuario de Filosofia del Derecho", Nova época, tomo X, Madrid, 1993, considera já as ideologias social democrática e trabalhista "ideologias discretas" (p. 84). Por maioria de razão…

riano! Mas a este propósito de objectividade, além da velha lição de Gunnar Myrdal, sempre recordamos de novo que Raymond Aron, mesmo agindo em veste sociológica, considerava não poder ser a objectividade tão asséptica que, por exemplo na descrição científica da ditadura, se esquecesse que a ditadura é sempre tão dura, pelo menos quanto o zoólogo (e agora recordamos a confluente posição de Michel Villey) ao descrever o tigre, se não pode olvidar que ele não é um felino ronronante, mas um animal feroz.

Aliás, sendo a política *um capítulo da moral*, como vários ensinaram, depois da lição da ciência comum do Homem de Aristóteles, cada vez mais nos persuadimos, com MacIntyre[479], que nenhuma poltrona científica resolve os problemas da *praxis*. Pelo que há que ousar algum "sujar das mãos" no real… E, como observava o grande Machado de Assis, não escapam as grandes bandeiras ao crivo das nossas esperanças e crenças privadas, argamassadas na nossa experiência, feita de ilusão e desilusão pessoais:

"Nenhum de nós pelejou a batalha de Salamina, nenhum escreveu a confissão de Augsburgo (…) Quem não sabe que ao pé de cada bandeira grande, pública, ostensiva, há muitas vezes outras bandeiras modestamente particulares, que se hasteiam e flutuam à sombra daquela, e não poucas vezes lhe sobrevivem?"[480]

Se persistirmos nas vias consabidas, o preço será certamente, antes de mais, não só a agudização de um profundo descontentamento, mas também um cada vez mais vasto alheamento do Povo face às instituições, com os perigos de autoritarismos e totalitarismos que sempre espreitam os laxismos e imprudências de democracias demasiadamente auto-satisfeitas, sobretudo auto-satisfeitas nas suas partidocracias governantes[481]. Não nos

---

[479] MACINTYRE, Alasdair – *After Virtue. A Study in Moral Theory*; reed., Londres, Duchworth, 1985, trad. port. de Jussara Simões, *Depois da Virtude*, Bauru, São Paulo, EDUSC, 2001, p. 9.

[480] ASSIS, Machado de – *Memórias Póstumas de Brás Cubas*, nova e 3.ª ed., com apresentação e notas de António Medina Rodrigues, e ilustrações de Dirceu Martins, São Paulo, Ateliê Editorial, 2001, p. 73-74 (Capítulo V).

[481] Não é só José Saramago que alerta para o perigo do voto em branco. Antes dele já BRECHT, B. – "A Solução", in *Poemas*, p. 88, havia satirizado essa tendência de tantos dos que detêm algum poder para se queixarem do Povo, que tantos problemas lhes traz, pela sua indocilidade, pela reivindicação – e agora quiçá pela indiferença também. Recordemos: "(…) O Secretário da União dos Escritores/Fez distribuir panfletos na Alameda

Reavaliar os Paradigmas 351

devemos orgulhar dessa meio real meio fictícia "pós-ideologia"[482], que, na verdade, mais parece a simples glorificação do *poder pelo poder* de políticos sem programa e sem convicções[483].

A propósito da designação escolhida para tópico central das presentes reflexões, não se ignora que já Anthony Gidens, no seu livro *The Third Way*[484], reconhecia que tal tem sido nome para coisas muito diversas ao

---

Estaline/Em que se lia que, por culpa sua,/O povo perdeu a confiança do governo/E só à custa de esforços redobrados/Poderá recuperá-la. Mas não seria/Mais simples para o governo/Dissolver o povo/E eleger outro?"... Ainda à volta destes temas, cf., *v.g.*, além do clássico volume de ensaios de Sérgio, António – *Democracia*, Lisboa, Sá da Costa, 1974, ainda, por todos, e de entre inumeráveis, Torres Del Moral, António – *Estado de Derecho y Democracia de Partidos*, Madrid, Universidad Complutense, 1991; Garcia-Pelayo, Manuel – *El Estado de Partidos*, Alianza Editorial, Madrid, 1986; Melo, António Moreira Barbosa de – *Democracia e Utopia (Reflexões)*, Porto, dist. Almedina, 1980; Revel, Jean-François – *Ni Marx ni Jésus – La tentation totalitaire – La Grâce de l'Etat – Comment les démocraties finissent*, ed. rev. e aumentada, Paris, Robert Laffont, 1986; Guéhenno, Jean-Marie – *La fin de la démocratie*, Paris, Flammarion, 1993 (reed. 1995); Leibholz, Gehrad – *O Pensamento democrático como princípio estruturador na vida dos povos europeus*, trad. port., Coimbra, Atlântida, 1974; Llano (ed.), Alejandro – *Ética y Política en la Sociedad Democrática*, Madrid, Espasa Calpe, 1981; Alves, Adalberto – *Partidos Políticos e Crise da Democracia*, Lisboa, Margem, 1989; Montoro Ballesteros, Alberto – *Razones y limites de al legitimación democrática del Derecho*, Murcia, Universidad de Murcia, 1979; Bobbio, Norberto – *Il Futuro della Democrazia*, Turim, Einaudi, 1984; Presno Linera, Miguel Á. – *Los Partidos y las distorsiones jurídicas de la Democracia*, Barcelona, Ariel, 2000.

[482] Cf. Bauman, Zygmunt – *In Search of Politics*, Cambridge, Polity Press, 1999, p. 8: "We tend to be proud of what we perhaps should be ashamed of, of living in the 'post-ideological' or 'post-utopian' age, of not concerning ourselves with any coherent vision of the good society and of having traded off the worry about the public good for the freedom to pursue private satisfaction. And yet if we pause to think why that pursuit of happiness fails (...) we won't get far without bringing back from exile ideas such as the public good, the good society, equity, justice and so on – such ideas that make no sense unless cared for and cultivated in company with others". E contudo Machado de Assis também tem razão: porque as bandeiras gerais e as pessoais têm de se harmonizar. Esse, aliás, um ponto central de todo este problema: verdadeiro nó do problema.

[483] Muito contundente, e generalizando em excesso, é o diagnóstico de um Castoriadis, Cornelius confiado a Daniel Mermet, em Novembro de 1996, *apud Ibidem*, p. 4: "Politicans are impotent... They no more have a programme. They purpose is to stay in Office". Sobre esta questão, já Cunha, Paulo Ferreira da – *Amor Iuris. Filosofia Contemporânea do Direito e da Política*, Lisboa, Cosmos, 1995, máx. p. 243 ss., em que especificamente nos referimos ao fim da vontade política e ao "camaleão carismático".

[484] Giddens, Anthony – *The Third Way. The Renewal of Social Democracy*, 12.ª reimp., Cambridge, Polity, 2002.

longo dos tempos[485]. A expressão é, porém, sugestiva. Mas independentemente do nome que se escolha, a verdade é que conciliar sociedade, economia e política de forma equilibrada e moderada é coisa que se impõe, se continua a impor, contras as visões cristalizadas, e os novos enquistamentos, sejam do politicamente correcto[486] esquerdista, sejam do politicamente correcto neo-liberal, na verdade mais conservador-capitalista – agora já sem hipocrisias – que propriamente liberal, como por vezes pretende apresentar-se[487]. Ambos os sistemas de crenças (e pré-juízos) constituem hoje o chamado "pensamento único"[488]. Apesar de tudo contendo este semi-pluralismo de duopólio.

---

[485] De importância se reveste também a discussão, paralela a esta, sobre os "centros" em política. Cf. o já clássico BOBBIO, Norberto – *Destra e Sinistra – Ragioni e significati di una distinzione politica*, Donzeli Editore, 1994, trad. port. de Maria Jorge Vilar de Figueiredo, *Direita e Esquerda. Razões e Significados de uma Distinção Política*, Lisboa, Presença, 1994, máx. p. 31 ss.

[486] Para uma primeira abordagem do conceito, cf. CUNHA, Paulo Ferreira da – *Miragens do Direito. O Direito, as Instituições e o Politicamente Correto*, Campinas, São Paulo, Millennium, 2003.

[487] De entre múltiplos testemunhos, atentemos apenas no de WALDROM, Jeremy – *Theoretical Foundations of Liberalism*, in "The Philosophical Quarterly", vol. 37, n.º 147, Abril 1987, in ex in *Liberalism*, ed. Richard J. Arneson, Aldershot, Edward Elgar, 1992, vol. III, p. 129/155: "Certainly a strong commitment to liberty in the economic sphere is more likely to be associated with political conservatism than with liberalism, particularly as those terms are understood in North America. Those who plead for freedom of contract, for the freedom of property-owners to do as they please with their land, and the liberation of business from bureaucratic regulation, may think of themselves as 'libertarians'; but they will be as anxious as their opponents that the term liberal should not be used to characterize these positions. However, it does not follow that those who *do* call themselves liberals are unconcerned about liberty, even in economic life. For one thing, many liberals will argue that right-wing economists have abused and wrongfully appropriated the language of freedom: they affect to be concerned with freedom generally, but it turns out to be the freedom of only a few businessmen that they are worried about and not the freedom of those they exploit or those constrained by the enforcement of their property rights. Freedom for few, these liberals will say, is an unattractive political ideal since, under plausible assumptions, it means oppression and constraint for the many. A more attractive ideal would be equal freedom for everyone".

[488] Uma das primeiras e mais interessantes vezes que lembramos ter sido a expressão utilizada foi por Alexandre HERCULANO, *apud* MOURÃO-FERREIRA, David – *Tópicos Recuperados. Sobre a Crítica e outros Ensaios*, Lisboa, Caminho, 1992, p. 114: "Assim pertence a todos os bandos políticos, aceita todos os princípios, curva-se a todos os jogos, contanto que o deixem roer os testemunhos da história de da arte; que o deixem fazer-nos

Reflectir sobre perspectivas e políticas alternativas aos modelos enquistados e consabidos foi o que aqui procurámos fazer, até como convite a que outros utopismos realizáveis se esbocem, se tracem, se ensaiem. Em grande medida nos inspiramos em textos clássicos das correntes políticas estrangeiras que mais nos têm chamado a atenção na senda das "terceiras vias"[489]... Em Portugal, infelizmente, o debate em torno destas matérias tem sido muito pobre, e sobretudo ideologizado da pior forma, ou seja, da forma proselítica – no seu pior sentido.

O ensaísmo é precisamente um experimentar de caminhos. Por vezes sendas novas, por vezes peregrinação já muitas vezes feita, mas sempre iniciação para quem começa. Para uns, evidentemente, estaremos perante *Holzwege*[490], caminhos que não levam a parte nenhuma, na floresta de enganos da política. Para outros, porém, estas vias do meio, ainda que nem sempre rápidas nem largas, são as mais seguras e as mais directas.

12.2. *Economia, Sociedade e Política – alguns Caminhos de Utopismo*

A distinção entre utopia e o utopismo[491] já ficou esboçada anteriormente. Aquela é planificadora, racionalista, sempre mais ou menos concentracionária, mito da cidade ideal[492] e de algum modo "fabricante de

---

esquecer da glória nacional e de que somos um povo de ilustre ascendência. Este pensamento é o seu pensamento único, perpétuo, inabalável". Apesar de o contexto epocal e do uso do termo ser, obviamente, muito diferente, não deixa de haver algum ar de família nesse cosmopolitismo provinciano, desenraizado, e anti-cânones.

[489] Para medidas concretas inspiradas no pensamento social-liberal *stricto sensu*, sobretudo nos baseámos em textos da Internacional Liberal, que têm em boa medida navegado por essas águas. Cf., *v.g.*, os documentos coligidos por SMITH, Julie – *A Sense of Liberty. The History of the Liberal International*, Londres, Liberal International, 1997. Para o pensamento socialista democrático, desde logo, a Declaração de Princípios, de 1989, da Internacional Socialista, *in* www.socialistinternational.org/Principles/dofpre.html. Fonte de inspiração foi também o completíssimo *site* do Centro de Estudos do Pensamento Político, no ISCSP, dirigido pelo Prof. Doutor José Adelino Maltez. http://www.iscsp.utl.pt/~cepp/abertura.php, de onde, com a devida vénia, retiramos uma ou outra citação sem indicação de fonte mais completa.

[490] Cf. o clássico de HEIDEGGER, Martin – *Holzwege*, 1950.

[491] Cf. CUNHA, Paulo Ferreira da – *Constituição, Direito e Utopia. Do Jurídico-Constitucional nas Utopias Políticas*, Coimbra, 'Studia Iuridica', Boletim da Faculdade de Direito, Universidade de Coimbra/Coimbra Editora, 1996. Com abundante bibliografia.

[492] MUCCHIELLI, Roger – *Le Mythe de la cité idéale*, Brionne, Gérard Monfort, 1960 (reimp. Paris, P.U.F., 1980).

infernos" (para retomar um título de Agostinho Caramelo), e este é um princípio (de) esperança (nas palavras de Bloch[493]). A primeira, como diria Marx, "redige as ementas das tascas do futuro", coisa que o pensador alemão, que se desejava científico, se recusava a fazer... O segundo é um sopro de renovação, que se limita a fornecer pistas, sem a pretensão de completude ou de certeza, como um simples guia para uma acção, que terá de ser, inevitavelmente, sonho por um lado, e navegação de cabotagem, por outro. A utopia de algum modo matou ou fez definhar o utopismo: porque as desilusões mesmo das ementas marxistas, e sobretudo *marxistas mais qualquer coisa,* redundaram em muitos casos na recusa de todo o sonho[494]. E assim não é difícil aos jovens revolucionários comunistas passarem a maduros conservadores – o próprio Hayek o detecta, e mesmo Willy Brandt parece não ter receado a conversões da maturidade de esquerdistas à social-democracia alemã. E em geral, quer em jovens quer em não jovens, o sonho retira-se para a vida privada, como num novo *"Enrichissez vous"* de Guizot. Contudo, em tempos de "privatização da utopia"[495] importaria reagir, com utopismos sociais activos e convincentes – por isso mesmo, realistas. Sob pena do triunfo avassalador do cinzentismo conformista em política, numa "apagada e vil tristeza", nem sempre muito "austera"[496].

O grande desafio de utopismo económico-social do nosso tempo parece ser o de alcançar uma nova síntese – mas uma síntese dinâmica e galvanizante – entre a necessária intervenção do Estado e a iniciativa do indivíduo, sem o que o aquele se transformará numa burocracia opressiva e este se verá apoucado à condição de simples súbdito – por muitos direitos abstractos que mil e uma constituições e cartas lhe atribuam em teoria.

---

[493] BLOCH, Ernst – *Das Prinzip Hoffnung*, trad. cast. de Felipe Gonzales Vicen, *El Principio Esperanza*, Madrid, Aguilar, 1979, 3 vols.

[494] Apesar de Lenine, nisso fiel seguidor de Marx, ter afirmado em 1918, que "o que o socialismo será nós realmente não sabemos". Deixava assim as portas abertas. Mas a revolução russa fora apenas em Outubro (Novembro) do ano anterior... Cf. LASKY, Melvin – *Utopia and Revolution*, Chicago, The University of Chicago Press, nova ed., Midway reprint, 1985, p. 50.

[495] Cf., *v.g.*, BAUMAN, Zygmunt – *In Search of Politics*, cit., p. 7: " (...) we live also through a period of the privatization of utopia and of the models of the good (with the models of the 'good life' elbowing out, and cut off from, the model of the good society)".

[496] Muito significativamente comenta o passo de Camões o heterodoxo SILVA, Agostinho da – *Reflexão à Margem da Literatura Portuguesa*, in *Ensaios de Literatura e Cultura Portuguesa e Brasileira*, vol. I, Lisboa, Círculo de Leitores, 2002, p. 63.

Com efeito, importa ter a maior precaução no equilíbrio entre os casos de necessária intervenção estatal e aqueles em que é aconselhável a sua não interferência. Porque, contra o neo-liberalismo mais extremista, que em certos círculos substituiu o marxismo-leninismo como cartilha dogmática, se deverá moderadamente afirmar que o Estado se deve reformar, mas não desaparecer: nem como fruto maduro, nem como fruto podre...Mesmo os ditos liberais mais abstencionistas teriam que justificar neutralmente uma neutralidade do Estado que pretendem auto-evidente[497]. E os velhos marxistas ortodoxos ainda não explicaram como poderemos prescindir um dia do Estado – tanto mais que as vias que para ele trilharam, entusiástica e persistentemente, durante anos, levaram a mais Estado e não a menos Estado.

A solução, que não é nada simples na prática, parece poder encontrar-se na reconciliação dos interesses dos indivíduos, de cada indivíduo, com os interesses da sociedade como um todo – devendo o Estado encarar seriamente, e como um ónus de honra, a representação geral do bem comum social. Sendo certo que a liberdade do indivíduo vem ontológica, lógica e historicamente primeiro, não é menos verdade que o Estado deve intervir – sem complexos abstencionistas e sem megalomanias absolutistas – para assegurar, para tornar efectiva, essa mesma liberdade: em todas as suas dimensões, embora dentro dos limites da razoabilidade e da competência, que em grande parte se pode aquilatar por uma sã aplicação do princípio da subsidiariedade.

Mas também não há soluções mágicas e apenas formais. As pessoas vêm primeiro, e delas é que depende o essencial: sem indivíduos responsáveis, honestos, diligentes, nenhum sistema, por si só, pode funcionar. E *a fortiori* o sistema político em que vivemos, e a economia social de mercado, que se baseiam precisamente na liberdade e na iniciativa das pessoas. Pelo que, quer no sector público, quer no sector privado, antes de mais parece ser necessária uma profunda reforma de mentalidades, que passa – primeiro que tudo, e como condição de tudo o mais – por mais formação, mais educação, mais civismo. E, no nosso caso, tudo deve ser escrupulosamente integrado na nossa cultura, a cultura portuguesa, que não é um dado abstracto, nem decorativo – não é um banal folclorismo, uma atracção turística, e muito menos um passadismo provinciano ou sau-

---

[497] Neste sentido, por exemplo, LARMORE, Charles E. – *Patterns of Moral Complexity*, 1987, p. 53, *apud* MOUFFE, Chantal – *O Regresso do Político*, trad. port., Lisboa, Gradiva, 1996, p. 167: "se os liberais pretenderem seguir em absoluto o espírito do liberalismo, terão também de conceber uma justificação neutra da neutralidade política".

dosista –, mas uma profunda idiossincrasia. Uma cultura que é europeia e é universalista, e sem cuja compreensão toda a política resvalará, se não para o oportunismo, pelo menos para uma tecnocracia, sensaborona ou ferozmente competitiva, mas sendo sempre governo da técnica, isto é, própria para dirigir máquinas e não Homens.

Nunca será demais recordar que cada Homem pertence sucessivamente à sua família, à sua terra, à sua região, à sua nação, à sua civilização e ao mundo. Há muitos círculos de pertença e solidariedade para cada pessoa e cada povo. Os Portugueses são antes de mais Portugueses, são Hispânicos, Atlântico-Mediterrânicos, Latinos, Europeus, Lusófonos, e sempre cidadãos do Mundo. Uma política aos Portugueses adequada tem de ter em consideração o Universalismo português[498].

As grandes realizações culturais não são fruto de raças puras, mas de raças mestiças, não de ideias puras, mas do caldo de cultura das ideias. E o grande diálogo civilizacional não é o da proliferação do marginal, mas o da compreensão entre todos. A matemática e a física ou a química não têm raça, são transculturais, e entretanto há filosofias nacionais[499], sem que por isso a filosofia deixe de ser universal. Criar *ghettos* e promover culturas marginais pode ser folclórico mas também desagregador. E não podemos privar nenhuma minoria de aceder a uma cultura mais universal. Tal seria segregação. Seria hoje o mesmo que, por pretenso e extremo nacionalismo, prescindirmos de ensinar Inglês, e no passado Latim… Por isso, no respeito pelo local e pelo marginal que tenha importância, tradição, valor, história, e não atente contra os valores universais (designadamente os direitos humanos), será importante que contribuamos para desenhar políticas que visem promover tanto a civilização universal como regional (neste caso a Europeia) e a cultura nacional Portuguesa.

Há quem identifique a posição de equilíbrio entre o público e o privado, o próprio e o comum, que é afinal de moderação, com alguns dos

---

[498] Cf., por todos, CORTESÃO, Jaime – *O Humanismo Universalista dos Portugueses: a síntese histórica e literária*, Lisboa, Portugália, 1965 (VI vol. das Obras Completas).

[499] Por todos, cf. PAIM, António – *Das Filosofias Nacionais*, Lisboa, Universidade Nova de Lisboa, F. C. S. H., 1991; *Idem – Filosofias Nacionais, in Logos*, II, Verbo, Lisboa/São Paulo, 1990, col. 626 ss.; *Idem — A Filosofia Brasileira*, Lisboa, ICALP, 1991; RIBEIRO, Álvaro – *O Problema da Filosofia Portuguesa*, Lisboa, Inquérito, 1943; FERREIRA, João, O. F. M. – *Existência e Fundamentação Geral do Problema da Filosofia Portuguesa*, Braga, Ed. Franciscana, 1965; NICOL, Eduardo – *El Problema de la Filosofia Hispânica*, Madrid, Tecnos, 1961; SERRES, Michel – *Éloge de la philosophie en langue française*, Paris, Fayard, 1995.

seus opostos: com os seus velhos antepassados de *laissez-faire*, ou até com algumas suas "heresias" modernas mais extremistas, como os neo-liberais e afins. Outros confundem o mesmo almejar do equilíbrio, quando afirmado numa clave mais social, com colectivismos ultrapassados. Não se pode fazer legitimamente uma tal confusão: aliás, o facto de os adeptos das terceiras vias tanto serem confundidos com certas posições clássicas ou modernas "de direita" como de "esquerda"[500] é a prova de que não foram compreendidos, e de que realmente são portadores de valores diferentes.

Crêem, porém, em geral, as terceiras vias ser necessário, ao invés, uma grande atenção aos reptos do presente e às esperanças do futuro, assim como às particularidades de cada País; e a solução económico-política a encontrar, no diálogo e na investigação, não poderá ser, por definição, senão a de uma radical e positiva moderação, feita do aproveitamento do que de melhor há nas correntes progressivas da sociedade moderna. Miguel Reale sintetiza uma dessas opções: um social liberalismo emergente enquanto possível "terceira via":

> "o resultado da convergência entre a herança liberal e socialista e, por ser o resultado natural de um processo histórico, surge desprovido de preconceitos e antagonismos abstractos, obedecendo às exigências e às conjunturas de cada povo rumo à democracia social"[501].

Há realidades novas que implicam novas respostas. Assim como há experiências cujo resultado já é conhecido, e até praticamente consensual. Quantos ainda defendem, realmente, o modelo soviético? Historicamente pode aprender-se com os erros, embora a História tenda a repetir-se: passando da tragédia a comédia, como lucidamente observou Marx. Sabemos que não somos hoje um país economicamente rico, embora sejamos um país cheio de potencial humano, que contudo não encontra clima geral de confiança e entusiasmo para acreditar, e suficiente formação para se desenvolver. E sabemos também que a distribuição da riqueza é aqui pro-

---

[500] Sobre as insuficiências e alternativa a tal dicotomia, que, contudo, entrou tão arreigadamente nos usos e, na verdade, todos continuam a usá-la, mais ou menos, e com mais ou menos aspas, cf. *supra*, secção 11.

[501] REALE, Miguel – *O Estado Democrático de Direito e o Conflito das Ideologias*, 1998.

fundamente injusta, chocando com o valor fundante da Igualdade (ou até da simples solidariedade social), pondo em risco o da Justiça, o que poderá, a prazo, comprometer o da própria Liberdade.

Se as democracias ocidentais (não falemos sequer das ditaduras por esse mundo fora!) não têm sabido cativar os jovens e cavam fossos de desencanto por se terem tornado incapazes de dar corpo àquele sopro de ideal que é suplemento de alma imprescindível ao ânimo das gentes, se essas mesmas democracias se revelaram incapazes de adaptar as suas instituições setecentistas e oitocentistas aos reptos do século XXI, e mesmo se tornaram ineptas, em muitos casos, para promover mais justiça social e mais qualidade de vida, em Portugal (que, ao contrário do que se diz por aí, é uma democracia velha[502], reencontrada há relativamente pouco) todas estas questões se põem ainda de forma mais aguda: porque o nosso hiato anti-democrático e anti-liberal foi acompanhado por um subdesenvolvimento talvez bucólico mas efectivo nos tempos do Estado Novo, criador de um pauperismo que deixou traços profundos na sociedade portuguesa. O Estado Novo é responsável por ambos. Foi um longo período de obscurantismo, repressão, mediocridade, e privilégio. E nem na paz política de que usufruiu (e a que preço para as liberdades!) foi sequer capaz do desenvolvimento que se impunha.

Ora, em Portugal muito em particular, em que a tradição liberal não ganhou raízes e nunca terá sido muito consistente[503], corre-se o risco de

---

[502] Cf., por todos, CORTESÃO, Jaime – *Os Factores Democráticos na Formação de Portugal*, 4.ª ed., Lisboa, Livros Horizonte, 1984; PASCOAES, Teixeira de – *Arte de Ser Português*, nova ed. com Prefácio de Miguel Esteves Cardoso, Lisboa, Assírio e Alvim, 1991.

[503] Cf., *v.g.*, este diagnóstico de SÁ, Victor de – *Sociologia de Amorim Viana*, Lisboa, Livros Horizonte, 1981, p. 65: "O individualismo que o liberalismo despertou não encontrou entre nós estruturas que o condicionassem para se sobrepor e preencher o vazio deixado pelo desaparecimento da autoridade real, por um lado, e, por outro, pela extinção das ordens religiosas e seus núcleos culturais disseminados pelo país. A burguesia 'ambiciosa de honras, ridícula na vaidade, inculta e grosseira [Joaquim de CARVALHO – *História do Regímen Republicano em Portugal*, I, Lisboa, 1930] ficou só no terreiro com toda a sua insuficiência e com todo o seu individualismo. A decrépita e corrupta aristocracia do sangue fora substituída pelo reinado político da burguesia. Deste modo, o individualismo liberal produziu muito mais uma manifestação de anarquia, que teve a sua expressão política na 'regeneração' e no rotativismo, paradoxalmente ordeiristas, do que uma afirmação de capacidade cívica e cultural". Também MARTINS, Oliveira – *História de Portugal*, 20.ª ed., Lisboa, Guimarães Editores, 1991 (1.ª em 1879), p. 404 ss., citando aliás Alexandre Herculano, nos dá da Revolução liberal de 1820 e da sua posteridade um retrato impressionante e deprimente. Apesar de tudo, não exageremos. Alguma obra e algum idealismo ficaram.

uma errónea identificação entre liberalismo de "terceira via" e puro individualismo, entendido este não como autonomia livre da pessoa, do cidadão, do consumidor, do trabalhador...mas como egoísmo: e sobretudo egoísmo de quem pode ser egoísta, ou seja – dos possidentes. A recusa de muitos jovens desencantados em participar na vida pública, ou as tentações pelos extremismos pretensamente redentores, só poderá ser atacada com uma visão ao mesmo tempo genuína e nova dos velhos valores democráticos e liberais. Estes valores apontam, designadamente pela ética republicana (mas tal era também a posição de John Stuart Mill e os democratas liberais éticos, por exemplo[504]), para uma democracia de valores ou ética, e não para uma fórmula seca, vazia, e apenas ritualista – a democracia simplesmente técnica[505]. Por exemplo: o social-liberalismo ou socialismo liberal[506] (efectivamente muito mais próximo da "social-democracia" que do anarco-capitalismo[507]) não é, como algum "liberalismo" tacticamente não adjectivado (mas que é a própria negação do liberalismo pelo seu fundo autoritário e/ou conservador) um egoísmo dos privilegiados, mas liberdade no contexto de uma sociedade política, de uma comunidade, o que implica necessariamente responsabilidade e solidariedade para com os semelhantes.

---

[504] Cf., *v.g.*, MACPHERSON, C. B. – *The Life and Times of Liberal Democracy*, Oxford University Press, 1977, trad. cast. de Fernando Santos Fontenla, *La Democracia Liberal y su Época*, 6.ª ed., Madrid, Alianza Editorial, 2003, p. 9.

[505] Cf., por todos, SEGURO, António José – *Afinal nem todos estávamos incomodados*: " (...) a Europa não se funda numa democracia técnica, mas sim num projecto de afirmação de valores universais de liberdade e de respeito pela dignidade de todos os homens" (fonte: http://www.partido-socialista.net/pspe/deputados99/antonio-seguro/documentos/euronoticias02022000.html *link* da *Internet* já fora de serviço, certamente por se referir a uma anterior legislatura do Parlamento Europeu).

[506] Cf., *v.g.*, SCHIAVONE, M./CONFRANCESCO, D. – *Difesa del liberalsocialismo ed altri saggi*, 3.ª ed., Milão, Marzorati, 1972; ROSSELI, C. – *Socialismo Liberale*, nova ed., Turim, Einaudi, 1997.

[507] Não nos esqueçamos que, historicamente, o socialismo deriva do liberalismo. Cf. WALDROM – *op. cit.*, p. 128/154 – "Indeed it is plausible to argue that in the case of socialism, we are talking of a new family that has broken away from an old liberal stock; so that often we must expect to find characteristics in a 'socialist' theory which quite closely resemble those of their repudiated liberal cousins". Em alguma medida se pode falar numa grande família alargada social liberal, um social-liberalismo em sentido lato, que abarca todos os que se identificam com a democracia liberal ocidental e têm preocupações sociais, sendo o social-liberalismo *stricto sensu* uma das modalidades do liberalismo, e o socialismo liberal uma outra forma de designar o socialismo democrático. Mas a terminologia não é unânime: e daí mal-entendidos....

A moderação não se encontra isolada, e moderados de diversos quadrantes confluem, mesmo quando os respectivos dogmatismos continuam a excomungar-se ou a encarar-se com desconfiança. Estudos de vários autores cada vez mais indicam a confluência[508] mesmo entre o liberalismo social, ou social-liberalismo, e os cânones do realismo clássico e da própria doutrina social da Igreja, alicerçada na fonte tomista – que foi, como se sabe, a base da política social da democracia cristã (Jacques Maritain diria mesmo que o verdadeiro fundador da democracia cristã foi São Tomás[509] – o que é um exagero e uma posição *pro domo*, mas mesmo assim significativa[510]), sobretudo a democracia cristã não conservadora. Social liberalismo, social-democracia (e socialismo democrático, como se prefere chamar nos países do Sul), democracia cristã progressiva e mais alguns outros casos (que vão até a certo tipo de "radicalismo", como o clássico radicalismo francês) são exemplos de lugares políticos aptos ao florescimento de "terceiras vias". Embora a democracia cristã *proprio sensu* pareça atravessar uma crise profunda[511]...

Com a superação da actualidade europeia do problema comunista (que levara às primeiras "terceiras vias" fazendo a bissectriz em modelos do tipo "auto-gestionário" ou de "euro-comunismo" – totalmente ultrapassados hoje[512]), com a perda de importância e autonomia afirmativa da democracia cristã, é natural que nos últimos tempos as terceiras-vias com maior visibilidade sejam as socialistas/trabalhistas/sociais-democráticas[513]. O social-liberalismo e afins são menos visíveis, e, como aflorámos já, há quem pense que a sua vocação é mais intelectual e de inspiração do que prática. Assim, por exemplo, afirma Renato Treves: "o socialismo liberal não se concretiza no programa de um partido, mas continua a ser uma ideologia de elite, que está

---

[508] Cf., *v.g.*, http://web.iese.es/RTermes/acer/acer435.htm

[509] *Apud* AMARAL, Diogo Freitas do – *Democracia Cristã*, in *Polis. Enciclopédia Verbo da Sociedade e do Estado*, II, Lisboa/São Paulo, 1984, col. 77.

[510] Em política tudo pode recuar muito longe, real, simbólica ou analogicamente... Cf., *v.g.*, Mircea ELIADE, § 163: "As ideologias 'humanitaristas' dos séculos XVIII e XIX nada mais fazem do que retomar e elaborar, ainda que de forma dessacralizada, a velha concepção da *pietas* tomana".

[511] Anterior à crise mundial da democracia cristã, mas continuando perfeitamente válida como grande síntese histórica e ideológica, cf. AMARAL, Diogo Freitas do – *Democracia Cristã*, cit., cols. 74-96.

[512] Quem hoje se lembra já da consideração da ex-Jugoslávia, dos comunistas Enrico Berlinguer ou Santiago Carrilho, ou do economista húngaro Otta Sick, ou de um certo terceiro-mundismo como representantes de terceiras vias?

[513] Cf. GIDDENS, Anthony – *The Third Way*, cit.

Reavaliar os Paradigmas 361

fora dos partidos e que no máximo exerce em relação a eles uma função de crítica e de estímulo"[514]. Bobbio também é em geral reticente quanto ao socialismo liberal, que tem por demasiado teórico e artificial, preferindo-lhe, contudo, algo ainda mais teórico, como os simples valores: Justiça e Liberdade[515].

Ao contrário do que pensarão totalitarismos de várias cores, não parece chegado nem sequer possível, nem de perto nem de longe, o anunciado "fim da História"[516], numa sociedade perfeita, em que os problemas seriam de uma vez por todas solucionados. Trata-se de trabalhar por reformas, por tentativas e erros, melhorando sempre, numa tarefa sem fim.

Esta tarefa de *meliorismo* social é aliás uma das características básicas do liberalismo em geral[517] (de onde decorrem todas as referidas posições políticas), bem como algum cepticismo de princípio, e, em alguns casos, um moderado relativismo antropológico[518], que leva a desconfiar à partida de todas as utopias... Sendo a democracia liberal[519] um sistema imperfeito, é todavia o mais adequado à liberdade, à dignidade humana e à justiça social, e ainda o mais apto à mudança das instituições, na preservação do essencial, dos valores. Não é por acaso que os adeptos de todas aquelas posições políticas construíram em conjunto a presente democracia liberal ocidental e são, em geral, democratas liberais antes de poderem ser algo mais (o que não sucede obviamente com os fascistas, os colectivistas, etc.). Embora a democracia liberal que temos seja apenas uma das formas possíveis de democracia liberal, bem entendido... Mas nada tem a ver é com um liberalismo economicista que vive de dar luta ao mito do *Estado-papão*[520].

---

[514] TREVES, Renato – *Sociologia e Socialismo*, p. 213, *apud* NOBBIO, Norberto – *Teoria Geral da Política*, cit., p. 355.

[515] NOBBIO, Norberto – *Teoria Geral da Política*, cit., p. 367.

[516] Cf. o muito falado FUKUYAMA, Francis – *The End of History and the last Man*, trad. port. de Maria Goes, *O Fim da História e o Último Homem*, Lisboa, Gradiva, 1992.

[517] Considerando mesmo tal *meliorismo* um dos principais elementos da tradição liberal, *v.g.*, GRAY, John – *Liberalism*, trad. cast. de Maria Teresa de Mucha, *Liberalismo*, 2.ª ed., Madrid, Alianza Editorial, 2002, p. 11 ss..

[518] Cf. uma interpretação diferente (mas a verdade é que há muitas fontes e muitas modalidades...) em BEALEY, Frank/CHAPMAN, Richard A./SHEEHAN, Michael – *Elements in Political Science*, p. 160.

[519] A democracia liberal acaba por ser o paradigma que, em geral, ainda a todos nos norteia e que pode *tant bien que mal* ainda definir a traços largos a sociedade política ocidental, se esta designação ainda tem algum sentido.

[520] Cf., a propósito, KOLM, Serge-Christophe – *Le Libéralisme moderne*, Paris, PUF, 1984, p. 174: «Le libéralisme économique, apparement défendu par les analyses raffinées

Mas, para além de semelhanças, há diferenças. Para além dos princípios políticos que lhe são próprios, e que em geral são correctamente identificados por amigos e adversários – tais como a defesa do Estado de Direito, dos Direitos Humanos, da Separação dos Poderes, da Descentralização, da Subsidiariedade, etc. –, os sociais liberais defendem hoje por todo o mundo princípios sociais e económicos próprios, que os distinguem dos conservadores e dos colectivistas totalitários, desde logo, além de outros.

Antes de mais, ressalta a defesa a Igualdade: em dignidade, direitos e oportunidades. O que não pode ser encarado apenas como uma figura de estilo, uma tirada de retórica, mas que procura ter consequências práticas, em todos os domínios da vida.

Trata-se, primeiro que tudo, da protecção do indivíduo contra os principais azares da existência humana. Sem se confundir com o igualitarismo, que é um dos contrários da verdadeira Igualdade[521], pensa-se como essencial uma mais justa distribuição da propriedade e dos rendimentos. Sem a perspectiva utópica de tudo definir com régua e esquadro, talhando e retalhando, dando à vida tratos de polé no leito de Procusta da engenharia social – sabe-se lá se também mesmo na "engenharia da alma"...

A economia de mercado é concebida assim como baseando-se em freios e contrapesos (tal como o poder separado em poderes, para o sábio Montesquieu), nomeadamente ao nível empresarial/laboral, pelo que se pretende dar voz a sindicatos e associações patronais no sentido de planificar a economia de modo a alcançar relações de trabalho mais sãs e mais justas. Nesse sentido se conta também com a modernização tecnológica e acima de tudo com a melhor instrução geral, formação profissional, e gestão de recursos humanos capazes de aliviar o peso das condições de trabalho e humanizar a vida nas empresas e nas instituições em geral.

---

des marchés déployées par les économistes, repose *in fine* sur une sociologie de l'Etat primaire et d'amateurs (…) Ce sont des généralisations sans justification à partir de ces cas spécifiques (parfois, de plus, exagérés ou même mythiques), du bas journalisme, de la 'sagesse populaire' en un sens qui calomnie ces deux termes, des ragots que l'on n'accepte que parce qu'ils confortent des préjugés (ou soutiennent des intérêts)».

[521] Cf., por todos, BOBBIO Norberto – *Teoria Generale della Politica*, org. por Michelangelo Bovero, Einaudi, 1999, trad. port. de Daniela Beccaccia Versiani, *Teoria Geral da Política. A Filosofia Política e as Lições dos Clássicos*, 8.ª tiragem, Rio de Janeiro, Campus, 2000, p. 297 ss..

De igual modo, advoga-se ainda a democracia empresarial, com participação responsável e qualificada dos trabalhadores e com distribuição dos lucros. Sem prejuízo de se tentarem, nesta senda, novas formas de participação, gestão e propriedade, com prudência mas também com imaginação sociológica, em geral propugna-se o impulso a cooperativas, empresas autogestionárias (cara também a certos socialismos não colectivistas), e à ramificação empresarial. E apoia-se fortemente a ética empresarial[522], a qual, segundo estudos de especialistas, parece revelar como o "anti-oportunismo" empresarial compensa: pois não só seria mais justa e como até mais rentável a prazo, para empregadores, trabalhadores e consumidores.

Mas o ponto crucial da política económica e social em causa parece ser a procura do pleno emprego. O crescimento do desemprego em Portugal, que tão dramaticamente afecta quer os mais novos, quer os que chegaram ao limiar dos anos preconceituosamente tidos por mais produtivos, e sobretudo os menos qualificados escolarmente, atinge um grau dramático, e particularmente obrigaria mesmo os menos preocupados com o social a medidas de excepção, tanto das empresas, como do Estado. Agostinho da Silva lucidamente advertiu que no futuro – talvez num futuro já presente – haverá largas massas que passarão pela vida sem jamais terem tido emprego. E aí não adiantará invocar o velho mito da acumulação primitiva, segundo o qual uns são preguiçosos e outros diligentes. Haverá muitos diligentes, *rectius*, potencialmente diligentes, aos quais a sociedade não conseguirá empregar. Estes contingentes serão marginalizados e até perigosos, se não forem encarados de frente e com realismo: não na lógica segregadora e defensiva de uma ordem burguesa, nem sequer segundo um assistencialismo ultrapassado e redutor. Num certo sentido, estes desempregados são um potencial humano de uma Humanidade que se reencontra, fora do *tripalium* – a tortura do trabalho. E que devem ser sabiamente canalizados para o ócio digno e criativo, designadamente para tarefas de fim social e dimensão cultural, que obviamente pressuporão estruturas estaduais e particulares de apoio e enquadramento. Há quem pense que as indústrias da cultura e as organizações de voluntariado poderão ajudar a pelo menos minorar este problema, que também pode ser uma potencialidade a explorar positivamente.

---

[522] V., *v.g.*, BLANCHARD, Kenneth/PEALE, Norman Vincent – *O Poder da Gestão Ética*, trad. port., Lisboa, Difusão Cultural, 1993.

De novo, terá de haver planificação. A referida planificação obviamente nada tem a ver com os planos quinquenais colectivistas, mas será uma planificação da liberdade e para a liberdade, baseando-se na interacção entre a iniciativa privada e a intervenção estatal. Será complexa, pela natural dificuldade e multiplicação dos problemas e interesses que terá de coordenar e sintetizar, mas não poderá ser burocratizada. A sociedade moderna, e em particular a sociedade portuguesa, são efectivamente demasiadamente complexas para poderem ser governadas pelo unilateralismo de uma teoria exclusivista, que privilegiasse só o sector público ou só o sector privado.

Tudo aponta, outrossim, para o fomento da actividade concertada de empresas privadas e do Estado, e o Estado deve promover, especificamente nos sectores para que não tem qualquer vocação e em que provou ser ineficaz (não na obtenção dos lucros, mas na qualidade dos serviços – porque o Estado não foi feito para ser lucrativo), o surgimento e o desenvolvimento de empresas saudáveis, fortes, competitivas, fonte de riqueza e de benefício social geral e para os seus membros. Se os colectivistas normalmente defendem os interesses sindicais (por vezes corporativos), e se os conservadores se preocupam especialmente com as associações patronais (tantas vezes egoístas), os adeptos das terceiras vias são antes de mais tocados pelos interesses dos consumidores, sem esquecer o todo social, que inclui trabalhadores e empregadores – como aliás hoje todos acabam por reconhecer. Um anúncio desta posição poderá quiçá ver-se já, em 1870, neste passo de Thomas Hill Green:

"o verdadeiro liberal é, por natureza, um reformador social, o paladino do humilde explorado e o adversário de todos os altos interesses dominantes e predatórios. (...) os capitalistas não são os únicos a terem privilégios egoístas e predatórios; o operariado bem organizado, abrangendo muitos milhões de trabalhadores, pode também ser predatório e perigoso ao bem-estar comum".

Claro que hoje esse perigo é muito menos claro. Tudo se transforma...

Não se pode tratar financeiramente a questão económica, nem apenas economicamente o problema da qualidade de vida. Há que ter em conta os valores, ao nível espiritual e cultural, e, mesmo ao nível material, o ambiente. Poder-se-ia então falar até apenas em ambiente em geral, quer ambiente natural, quer humano e social. Uma política económica tem de ser necessariamente ética, social e necessariamente ecológica, no seu sentido mais vasto...

Outro problema actualíssimo é o debate dito do "género". A sociedade é constituída por uma Humanidade dual, com uma mesma natureza, certamente, mas com géneros diversos. Assim, o estatuto da Mulher na sociedade deve ser de plena igualdade de direitos com o Homem. O que tem evidentes consequências sociais e económicas. O Homem *foi feito Homem e Mulher*. A Humanidade não precisa de se chamar, caricaturalmente, *Mulherhumanidade*. Mas é preciso reconhecer que somos unos e duais, complementares, e que à igualdade de direitos deve corresponder o reconhecimento da desigualdade de algumas características: o que só nos enriquece. As cotas, por exemplo, embora com a melhor das intenções, redundam numa menorização das mulheres. A sua participação na política tem de ser espontânea, e tudo depende de uma mudança de mentalidades, que já está em curso, e que engenharias legais em regra prejudicam, com voluntarismos utopistas.

Em Portugal, ainda há muito a fazer por essa igualdade que, ela também, não pode ser aritmeticamente igualitária, mas antes muito mais subtil.

Questão sempre em cima da mesa, a educação é a pedra de toque e a base de toda e qualquer política renovadora. É o principal instrumento capaz de simultaneamente promover o diálogo, a luta contra a desigualdade social e as injustiças económicas, etc. A educação deve começar na família, e é a base da boa cidadania.

A Escola é vital para a formação geral e para a precoce detecção do mérito. Muitos e de muitos quadrantes clamam por que voltemos (com muito rigor na avaliação e autoridade e prestígio para os docentes) às coisas básicas no ensino geral, formemos técnicos para as profissões que fazem falta, e deixemos a alta cultura desenvolver-se livremente numa Universidade não policiada burocrática ou politicamente e à míngua de recursos, antes acarinhada e com liberdade de docência e investigação, condições do seu progresso e desenvolvimento. Cortes na Educação pagam-se caro a prazo.

Outro factor educativo e de cidadania fulcral é a comunicação social. Perante os desafios de concentração mediática, de par com mudanças tecnológicas e de globalização, reconhece-se que *para assegurar o pluralismo* se torna necessária a intervenção estatal no sector – nomeadamente com a criação de serviços públicos de comunicação social. Jamais a liberdade de expressão pode deixar-se apenas à mercê do livre jogo do mercado, porque para além das censuras oficiais dos lápis azuis, há as censuras dos grupos económicos, as censuras dos que controlam as redacções, as censuras de cada detentor de uma nesga de poder de publicação ou não, e finalmente as auto-censuras de todos os que produzem conteúdos comunicáveis. São limitações demais. E que ao invés de se minorarem, se multiplicariam numa sociedade da informação totalmente privatizada, sem o contra-peso dos serviços públicos de comunicação, sem que órgãos pagos pelos contribuintes, e controlados pluralmente pelas diversas forças, não só políticas, como sociais e culturais, dessem voz a quem não a tem, e exprimissem o caleidoscópio das nossas sociedades abertas e plúrimas.

A equação ideológica sempre aqui em causa baseia-se em que não pode haver liberdade política com controlo centralista e estadualizante da economia, e também não pode haver liberdade económica sem direitos humanos. O caso da informação pode servir como ilustração, mas sempre se trata da mesma questão: não exagerar, não conferir poder demasiado a nenhum dos intervenientes, porque, como diz o velho adágio, "todo o poder corrompe, e o poder absoluto corrompe absolutamente". Público ou privado poder.

Ora, os direitos humanos – que são uma base essencial de toda uma política de progresso e democracia multidimensional – englobam uma componente filosófica de base jusnatural, uma componente internacional de respeito pelas diferenças e luta pela paz e por relações justas entre os Estados a todos os níveis, e ao nível interno implicam o reconhecimento de várias gerações de direitos: de liberdade, de participação, económicos, sociais e culturais, e finalmente ambientais e afins. Embora haja hoje uma inflação teórica de direitos e uma perversão no seu entendimento (como quando se fala de direitos dos animais[523] – em vez de dever dos homens de os tratar benignamente, de acordo com a sua condição, que não é a nossa), e o politicamente correcto pretenda ver direitos onde os não há, soprando no fole da reivindicação permanente e imoderada, a verdade é que apesar de tudo há direitos, e não só direitos negativos. Mas direitos que permitam o livre desenvolvimento da personalidade de cada um, e que derivam, sem mais, da simples e digníssima condição de se ser Homem.

---

[523] Cf., especialmente, SINGER, Peter – *Animal Liberation*, nova ed., Avon, 1991; *Idem – Ethics into Action*, Rowman & Littlefield, 1998; *Idem – Practical Ethics*, Cambridge University Press, 1993, trad. port. de Álvaro Augusto Fernandes, *Ética Prática*, Lisboa, Gradiva, 2000; DUFFY, Maureen – *Men and the Beasts. An Animal Rights Handbook*, London, Paladin, 1984; RYDER, Richard – *Victims of Science. The use of Animals in Research*, Londres, Davis-Pynter, 1975.

Uma economia social de mercado tem de estar em articulação com a democracia política e social – aliás uma e outra mutuamente se geram. Tal implica uma permanente luta contra os monopólios e situações afins, apenas com excepções devidamente justificadas pela Justiça e pelo Direito e por imperativos de índole social. O que deve ter um sentido muito rigoroso e um relevo sócio-económico de primeiro plano, sobretudo nos países em vias de desenvolvimento...

Na verdade, sabemos que, em situações de pauperismo quer a democracia quer o próprio mercado encontram dificuldades. Não sendo Portugal um país subdesenvolvido, tem todavia traços de atraso, visíveis socialmente em bolsas de miséria ou privação, que obrigam a medidas diversas das dos países ricos e desenvolvidos. Sem que isso seja uma menorização para a dignidade do País e da sua gente, que não se pode avaliar pelo simplesmente material.

Mesmo em sede geral e para os países ricos se não pode identificar a política social liberal com o abstracto, frio e distante *"laissez-faire"*, com a pura e simples veneração da "teologia do mercado", a entronização das Finanças e monetarismo puro, com a indiferença sobranceira ou autista à sorte dos mais pobres e do todo da comunidade. A liberdade económica não pode ser só a liberdade dos possidentes, pois acarreta falta de liberdade dos desprovidos. E tal liberdade, equilibrada, em certo sentido contratualizada, tem de promover necessariamente, para ser legítima, a prosperidade da comunidade em geral e de cada cidadão em particular. Se tais condições não forem preenchidas, a liberdade económica é um *flatu vocis*, e a sociedade corrompe-se numa anarquia capitalista, e acaba por tornar-se, pelo menos a prazo, uma fonte de opressão – também política. Para além da pesadíssima opressão económica e social em si mesma que desde logo institui.

Sem negar que se deve promover a responsabilização dos indivíduos, que devem tornar-se previdentes, designadamente poupando, investindo, encontrando fórmulas de prever e prover ao seu futuro, o certo é que em todas as sociedades há não só pessoas menos cuidadosas, como ainda – e esse caso é mais dramático ainda – indivíduos desafortunados que não podem ser esquecidos nas várias situações de má sorte. A doença, a incapacidade, o desemprego, a senectude são alguns dos mais gritantes casos que devem ser tomados a sério pela comunidade, representada pelo Estado. O qual deve assegurar a todos a segurança social e bem-estar material compatíveis com a igual dignidade humana de todos. Todavia, um especial cuidado se porá no evitar da proliferação de subsídio-dependentes, que já existem, e os respectivos correlatos burocráticos, sedes de novos poderes fácticos e arbitrários. Sendo sempre de ponderar o menor dos males: se a degradação na pior decadência, na marginalidade, ou no crime, se a existência de algumas disfunções no sistema, inevitáveis, mas que devem ser atalhadas com vigilâncias (designadamente inspectivas) efectivas e apertadas. Não há dúvidas que uma posição de preocupação social tem de se condoer com a sorte destes desfavorecidos. E que precisamente adoptando-se uma política social activa se deve evitar a todo o custo que se instale a passividade e o egoísmo amorfo dos que pensam ter o Estado dever de tudo lhes dar, sem que nada contribuam para a Sociedade. A mentalidade subsídio-dependente já existe, infelizmente, em muitos sectores sociais cuja principal pobreza é hoje mais espiritual e cultural do que sócio-económica. Realidade terrível que poucos conhecem e de que quase todos preferem não tomar conhecimento.

Custear um Estado, ainda que de terceira via (não um Estado Providência puro, mas também não um simples Estado guarda-nocturno), implica, naturalmente, a cobrança de impostos e taxas. Em geral, o princípio deve ser o de não sobrecarregar o contribuinte trabalhador. Porém, serviços essenciais, e que constituem não só deveres do Estado como "investimentos" nos recursos humanos do País, como a Educação e a Saúde, devem – por muito utópico que tal possa hoje parecer, em tempos de crise e austeridade – tender para a gratuitidade. E os respectivos serviços devem poder ser fornecidos aos cidadãos com qualidade, independentemente da sua fortuna ou conhecimentos pessoais nas respectivas classes prestadoras. Em Portugal, o pauperismo desses serviços é chocante, sobretudo comparando com a carga fiscal paga pelos contribuintes[524].

Em Portugal, o pauperismo desses serviços é chocante, sobretudo comparado com a carga fiscal paga pelos contribuintes.

Os impostos devem ser equitativos – mas de que forma? Os mais pobres (até um limite razoável) poderiam, por exemplo, ser isentos de imposto, substituindo-se ainda o subsídio de desemprego pela fórmula do imposto negativo. Teria um valor simbólico esta substituição, embora se reconheça que, em Portugal, o problema mais grave nesta matéria é o perigo de deixar de haver prestações sociais, e de se verem muito minora-

---

[524] Cf., por todos, HESPANHA, Pedro – *Entre o Estado e o Mercado. As Fragilidades das Instituições de Protecção Social em Portugal*, Coimbra, Quarteto, 2000.

Reavaliar os Paradigmas   369

das – ainda mais, num país que já se encontra tão abaixo da média europeia neste domínio. Nesse sistema, a partir de um nível mínimo de subsistência, há quem pense que poderia passar a haver imposto com taxa fixa, igual para todos: talvez uma forma de incentivar os ricos a não fugir ao fisco, e de aliviar a carga na classe média, aquela que hoje é tributariamente mais sobrecarregada – e que poupa e paga para todos os demais, com ou sem incentivos fiscais, enquanto não desaparecer de vez, sufocada com o peso de tudo suportar. Mas na lógica dos impostos só a experiência é mestra, porque nesta matéria se excede uma imaginação fiscal de fuga, sobretudo por parte de quem mais pode. Duvidamos que os ricos deixem de fugir ao fisco. E os trabalhadores por conta de outrem, esses, sempre pagam: não podem fugir. A fuga ao fisco tem de ser repensada: não com impostos "por conta" aos já sacrificados e em grande medida altruístas criadores literários, artísticos ou científicos (produtos que quase se não vendem em Portugal), ou aos esforçados e diligentes comerciantes e prestadores de serviços que nem sempre facturam o que se julga, mas olhando para quem claramente foge – e visivelmente usufrui dos frutos da sua riqueza.

12.3. *Recordando fundamentos*

Todos estes princípios e políticas económicas e sociais se inspiram, de uma forma ou de outra, na tríade valorativa da Liberdade, da Igualdade e da Justiça – que são, num nosso entendimento que não é de ontem (e que redescobrimos, curiosamente, a partir da Constituição espanhola de 1978, na nossa inspirada), os valores políticos da Constituição da República Portuguesa de 1976 – e em geral presentes, de uma forma mais ou menos evidente, em muitas ordens constitucionais[525]. Nenhum destes valores pode viver sem os outros dois. Portanto, quando, por exemplo, se afirma que o

---

[525] Cf., designadamente, CUNHA, Paulo Ferreira da – "Valores, Princípios e Direitos", in *O Ponto de Arquimedes. Natureza Humana, Direito Natural, Direitos Humanos*, Coimbra, Almedina, Junho de 2001, p. 210 ss.; *Idem – Da Justiça na Constituição da República Portuguesa, in* volume comemorativo *Nos 25 Anos da Constituição da República Portuguesa de 1976*, Lisboa, AAFDL, 2001, recolhido in *O Século de Antígona*, Coimbra, Almedina, Fevereiro 2003, p. 127 ss.; *Idem – Do Direito Natural Positivo – Princípios, Valores e Direito Natural nas Constituições e nos Códigos Civis Portugueses e Espanhóis*, in *Estudos em Homenagem à Professora Doutora Isabel de Magalhães Collaço*, volume II, Coimbra, Almedina, 2002, recolhido *Ibidem*, p. 95 ss..

grande objectivo económico e social é obter o pleno emprego e consequentemente erradicar a pobreza – pela via do trabalho –, de forma alguma se está a proclamar a utopia colectivista do igualitarismo, e muito menos a advogar os métodos ou ditatoriais ou ao menos niveladores por baixo, que têm sido, de uma forma ou de outra, os seus.

Não se trata, assim, de ter as pessoas todas iguais, independentemente das suas especificidades, nem pessoas totalmente niveladas, independentemente dos seus méritos – o que conduziria a um sociedade sem estímulo, e portanto cada vez mais abúlica e cada vez mais pobre.

Cada ser humano é único: e tal também se pode avaliar pela diferença de necessidades de cada um. O nível de riqueza de que um precisa para simplesmente trabalhar pode equivaler àquele que outro jamais seria capaz sequer de esbanjar numa vida fútil e improdutiva socialmente. As necessidades são diversas, assim como vário é o trabalho e a utilidade e o valor sociais de cada um. A Igualdade em questão consiste na igualdade de oportunidades para o auto-desenvolvimento, que implica também o contributo de cada um para a sociedade. E por isso é que não se podem considerar matérias como a Cultura, a Educação, a Comunicação Social, a Saúde e a Segurança Social como simples empresas submetidas às regras do mero lucro. Elas são, pelo contrário, antes de mais, serviços sociais que visam promover a igualdade de oportunidades. E por isso a sociedade, pelo intermédio do Estado que a representa, e do Governo, que este comanda, tem o dever de particularmente acarinhar estes sectores, que não foram feitos para dar lucro ao Estado, mas bons serviços ao todo social, e muito em especial aos mais desfavorecidos. Portugal em particular tem um *deficit* profundo em todos estes sectores, que necessitam de radical desburocratização, bom senso directivo, rigor na utilização dos dinheiros públicos, mas não de demissão estadual, que só agravaria o fosso entre ricos e pobres – que está a crescer.

É interessante recordar-se que uma das interpretações desta tríade vai precisamente no sentido de que o valor igualdade se deveria sobretudo aos socialistas e o valor liberdade sobretudo aos liberais. Sendo embora uma forma de ideologizar valores constitucionais, que gostaríamos sempre de tornar mais inócuos, não deixa de ser uma observação com pertinência para o nosso presente tema. Contudo, não há exclusividades. E o socialista e filósofo do Direito Gregório Peces-Barba, um dos pais da Constituição Espanhola, que de forma expressa declara estes valores, afirmaria, numa perspectiva da síntese:

"(...) En definitiva, se trataba creo de expressar los valores de la síntesis liberalismo-socialismo como las grandes ideologías que están en la base de la Democracia moderna, y conseguientemente de una teoria democrática de la Justicia, con la pretensión de informar a un texto Constitucional como el español"[526].

Na verdade, por exemplo, os liberais sempre tiveram uma costela social[527]. Como temos insistido (para desfazer ideias-feitas), o neo-liberalismo hoje muito visível e activista é que o não deixa ver... Os socialistas democráticos, por seu turno, nunca puseram em causa o essencial do património político do liberalismo. Pelo contrário: foram eles a vanguarda da luta contra o totalitarismo no Verão quente de 74, por exemplo. Ambos se têm vindo a aproximar uns dos outros no plano económico, se encararmos as políticas práticas. O *complexo de Marx* – e Marx terá que um dia ser relido, depois de passar a sua má estrela contemporânea – está a passar. Se Eduardo Lourenço foi muito certeiro na sua clássica análise da ideologia socialista, vinculando-a necessariamente ao marxismo, estamos hoje numa era sem dúvida pós-marxista, mesmo entre os socialistas. Talvez estejamos mesmo num "pós-socialismo"... Ou no advento de um novo socialismo – talvez um socialismo pela primeira vez verdadeiramente autónomo enquanto ideologia possa começar a germinar[528].

---

[526] PECES-BARBA, Gregorio – *Los Valores Superiores*, 1.ª reimp., Madrid, Tecnos, 1986, pp. 26-27.

[527] Cf., *v.g.*, para o Reino Unido, SABINE, George – *A History of Political Theory*, Nova Iorque, Holt, Rinehart e Winston, 1937, 20. .ª reimp. da ed. em língua castelhana, *Historia de la Teoria Politica*, México, Fondo de Cultura Económica, 1945, p. 536 (trad. do cast.): "A legislação laboral em Inglaterra data, segundo todos os cálculos, de 1802 e ainda que tenha progredido mais lentamente que o necessário, nos finais do séc. XIX a legislação liberal significava antes legislação social do que legislação destinada a implantar a competição económica. Desde John Stuart Mill, nenhum pensador liberal importante, salvo Herbert Spencer, defendeu uma teoria que sequer se aproximasse do *laissez faire*. Identificar o liberalismo com uma teoria puramente negativa da relação entre o governo e a economia é um exagero tendencioso, que não vale a pena discutir". Ainda para o Reino Unido, mais factual, Serviços de Imprensa e Informação da Embaixada Britânica, *A Consciência Social na Grã-Bretanha*, s/l, s.n., 1944.

[528] LOURENÇO, Eduardo – *O Socialismo ou o Complexo de Marx*, in "Opção", n.º 1, 1976, p. 25: "É inútil fingir que o pensamento *socialista*, enquanto instrumento teórico da acção política incarnada pelos chamados partidos socialistas, tenhas hoje aquele mínimo de coerência interna e eficácia práticas capaz de corresponder às esperanças que milhões de homens depositaram nele". E, mais à frente sintetiza: "Em suma, somos obrigados a veri-

Há várias opiniões sobre a futura convivência das posições progressivas moderadas no Mundo actual. Decerto por verificarem a convergência prática entre liberalismo e socialismo democrático/social democracia, autores como António Paim[529] – cujas simpatias pela escola austríaca não permitem considerar como um social-liberal – pressagiam que o grande confronto futuro será entre estas duas tendências políticas. Cremos, porém, que face de um lado ao politicamente correcto esquerdista, que (substituindo os colectivismos comunistas na militância e na utopia) ameaça invadir todos os campos, e frente, por outro lado, ao conservadorismo e demais posições "de direita" (incluindo naturalmente os neo-conservadores, os libertários anarco-capitalistas, e afins), que naturalmente tenderão a enquistar-se, não só naturalmente como por reacção – os moderados, socialistas democráticos e liberais sociais, terão uma sorte em larga medida comum[530]. Em defesa, desde logo, de um grande,

---

ficar que diante da *ideologia perfeitamente estruturada do socialismo-comunista*, aquilo a que se pode designar de *ideologia socialista*, ideal teórico de um *socialismo-outro*, ou não tem rosto, ou se resume numa amálgama de verdades ou lugares-comuns caídos da grande árvore marxista ou da mais frondosa ainda do marxismo-leninismo. Para sermos claros: *Não existe ideologia socialista*, ou se se prefere, aquilo que por tal se toma, não tem o poder de convicção *íntima e exterior* que torna o marxismo tão revolucionário.". O autor proclama a tese de que "todo o socialismo é marxista" (*Ibidem*, n.° 2, p. 25). O mesmo autor faz um balanço interessantíssimo em "Esquerda na Encruzilhada ou Fora da História?", *Finisterra. Revista de Reflexão e Crítica*, Outono 2002, n.° 44, pp. 7-11, *in ex* "Público", 18 Fevereiro 2003, p. 12. São provavelmente porém epifenómenos das dores de parto de um novo Socialismo... Muito mais impiedoso (mas certamente com razão) houvera sido, não para os socialistas democráticos/social democratas, mas para com outros, tidos e auto-proclamados como mais às esquerdas uma voz autorizada e insuspeita como a de FERREIRA, Vergílio – *Conta Corrente*, I, Lisboa, Bertrand, p. 135: "O progressismo é a grande carreira. E é uma carreira fácil. Cita-se Marx. Assinam-se protestos. Escrevem-se artigos em louvor de escritores 'porreiros'. Colabora-se nos jornais autorizados pelos autorizados pelo soviete do Monte Carlo, que só autoriza aqueles em que alguns dos 'nossos' ganham a vida. O resto é fácil. E tudo o mais é permitido: a boîte, o uísque e o *Alfa Romeo*".

[529] PAIM, Antonio – *O Liberalismo Contemporâneo*, 2.ª ed. revista e aumentada, Rio de Janeiro, Tempo Brasileiro, 2000.

[530] É curioso como os críticos de ambos acabam mesmo por aludir ao "socialismo liberal". Cf. GARCIA HUIDOBRO, Joaquín/MASSINI CORREA, Carlos I./BRAVO LIRA, Bernardino – *Reflexiones sobre el Socialismo Liberal*, Santiago de Chile, Editorial Universitaria, 1988. O problema que se pode colocar é o de uma certa absorção hodierna de alguns dos liberais (genuínos, sociais) pelos socialistas (democráticos, modernos). Na

do principal valor da Democracia Liberal e do Estado de Direito Social que uns e outros defendem: o valor do Homem, em todas as suas dimensões, que se encontra de novo ameaçado.

Um Homem que não seja o *homo servilis* de antes do Iluminismo, nem o *homo œconomicus* de algumas versões do depois...

BIBLIOGRAFIA

ARNESON, Richard J. – *Liberalism*, Aldershot, Edward Elgar, 1992, 3 vols.

CRICK, Bernard – *Socialism,* The Open University, 1987, trad. port. de M. F. Gonçalves Azevedo, *Socialismo*, Lisboa, Estampa, 1988.

DEVIN, Guillaume – *L'Internationale socialiste. Histoire et sociologie du socialisme*, Paris, Presses de la Fondation Nationale des Sciences Politiques, 1993

GIDDENS, Anthony – *The Third Way. The Renewal of Social Democracy*, reimp., Cambridge, Polity, 2002 (1.ª ed. 1998)

JENNINGS, Jeremy – *Socialism*, Londres, Taylor & Francis, 2003, 4 vols.

SASSOON, Donald – *One Hundred Years of Socialism. The Western European Left in the Twentieth Century*, trad. port. de Mário Dias Correia, *Cem Anos de Socialismo*, Lisboa, Contexto, 2001, 2 vols.

SMITH, Julie – *A Sense of Liberty. The History of Liberal International*, Londres, Liberal International, 1997

---

medida em que se pode pensar que se trata de paradigmas ideológicos historicamente sucessivos, tem razão a expressão saborosa dos tradicionalistas segundo a qual o liberalismo seria uma "rampa ensebada" para o socialismo. Na verdade, com raras excepções, poucos hoje saberão o que é um "liberal social" e um "social liberal", mas já é, apesar da incultura política dominante, bastante comum saber-se o que seja um "socialista democrático", o qual, naturalmente, tem também as suas raízes e influências liberais, pelo menos históricas.

SECÇÃO 13
Política e Direito
Numa 'Utopia' Contemporânea

SUMÁRIO: 13.1. Revolução Tranquila na Utopia? 13.2. O Direito na Eutopia e na Distopia. 13.3. O Sistema Jurídico da Québécie: Vantagens, Críticas e sua Refutação. 13.4. Justiça, Razão e *Fortuna*.

SECÇÃO 13
Política e Direito
Numa 'Utopia' Contemporânea[531]

13.1. *Revolução Tranquila na Utopia?*

13.1.1. *Novas no reino da não notícia*

Os estudiosos da utopia têm por vezes tendência para inconsciente-mente menosprezar o seu género ou subgénero. Não que o façam, obvia-mente, ao ponto de renegarem a sua importância (pois tal constituiria de certo modo uma auto-negação), mas na medida em que, levados pelo seu diuturno convívio, são induzidos a dele não mais esperarem o inesperado. A utopia é em grande medida uma nova sociedade fria, como diria Levi-Strauss das sociedades não-históricas, em que faltam acontecimentos. E, em geral, também, a um fundo ou conteúdo sem chama, de soluções mais ou menos repetitivas dentro de alguns padrões facilmente reconhecíveis, corresponde uma forma plana, sem tensões, sem brilho, e quase se diria (se tal não fosse um contra-senso) sem convicção – ou de uma convicção sim-plesmente racionalista, e por isso quase sem chama e pouco convincente.

Ora um efeito de estranhamento redentor da monotonia do género[532] pode, realmente, ocorrer. E ocorreu. Há novas no reino da não notícia. E a frequentação da utopia não pode rotinizar a análise, nem enquistar em fór-mulas cristalizadas *ad æternum* o que também é percorrido pelo irrequieto espírito utopista para além da regularidade das utopias concretas.

---

[531] LACHANCE, Francine – *La Québécie*, 2.ª ed., Zurique, Quebeque, Editions du Grand Midi, 2001 (1.ª 1990.

[532] Cf., por todos, TROUSSON, Raymond – *Voyages aux Pays de nulle part. Histoire littéraire de la pensée utopique*, 2.ª ed., Bruxelas, Editions de l'Université de Bruxelles, 1979.

Um congresso internacional sobre utopia, acolhido pela Universidade do Porto, especificamente pela Faculdade de Letras, revelou-nos um estudo que não é propriamente de ontem, mas que certamente nesse fórum teria a sua primeira recepção significativa entre nós[533].

13.1.2. *Problemas conceituais e classificatórios*

Evidentemente que tal efeito de estranhamento, no caso concreto deste livro, irá co-envolver algum choque conceitual e sobretudo sistemático, classificatório. Uma utopia que se localiza não num local de nenhures, mas com coordenadas geográficas, que serão, presumivelmente, as do actual Quebeque; uma utopia que não se projecta num futuro sonhado, ou numa ucronia não vivida ainda, mas que, pelo contrário, é como que arqueologicamente recuperada, e mesmo assim por indícios e salvados, de uma liquidação sob as botas de invasores; um texto utópico que tem realmente história, trama, intriga, enredo (como lhe quisermos chamar) com sabor quase policiário, e que está escrito com gosto (com inegável prazer pessoal na tecitura da obra), com estilo, com sensibilidade que chega por momentos a ser poética; uma cidade ideal que assume uma dimensão em certa medida não regular e não completamente reguladora, não uniformizadora, e nada racionalista, permanecendo uma eutopia e não uma distopia – eis algumas das várias e fascinantes surpresas que se podem colher neste pequeno mas intrigante e revelador volume.

Pouco importará, a nossos olhos, porém, a plena concordância entre o texto que aqui temos e os cânones da tábua taxonómica das utopias. Mito da cidade ideal é a utopia, para Roger Mucchielli[534], e aí o temos. Pode

---

[533] Não tendo podido estar presente no congresso (Julho 2004), devemos a um ilustre conferencista a chamada de atenção para esta obra, o que constituiu uma inestimável informação. Por outro lado, o facto de não termos tido acesso ao texto da conferência em causa, se por um lado naturalmente empobrece as nossas fontes, todavia por outro torna o nosso contacto com o texto original muito mais directo: e assim sujeito às naturais áleas de um intérprete sem roteiro ou bússola. Portanto, mais rude, mas certamente mais autêntica, será a exegese. Já depois de concluído este estudo, tivemos acesso a STAQUET, Anne – *L'Utopie ou les fictions subversives*, Zurique /Quebeque, Éditions du Grand Midi, 2003, tratando da Québécie a páginas 148 ss..

[534] MUCCHIELLI, Roger – *Le Mythe de la cité idéale*, Brionne, Gérard Monfort, 1960 (reimp. Paris, P.U.F., 1980).

Reavaliar os Paradigmas 379

ser, sem dúvida, uma idade do oiro perdida – faltando-lhe porém o carácter primordial: esta que analisamos remete para um passado recente, em que não fará sentido a evocação mítica do *in nihilo tempore*...

Mas não se poderá esquecer que esta civilização perdida, esmagada, se localiza também no presente dos que vivem o seu espírito, e como esperança futura para os que resistem e militam pelo seu segundo advento.

Múltiplas outras tentativas poderão tentar compendiar os traços deste livro. Interessa-nos, contudo, sobretudo pela presença simultânea de traços utópicos consabidos, das soluções fáceis, tipicamente de utopia de almanaque, com abordagens realmente engenhosas, surpreendentes, e respirantes – porque transcendendo a clausura, a claustrofobia próprias das utopias de catálogo.

13.1.3. *Diegese e focalização/abordagem*

Um jogo de esconde-esconde procura mediatizar o mais possível a autoria do texto, fragmentário e inacabado, que é pela autora-editora ficcionalmente atribuído a uma jovem historiadora, Marie-Sylvie, vítima de um acidente mortal (que, pelo contexto, legitimamente poderemos suspeitar criminoso), e que lhe teria sido confiado pelo seu pai, H.A., que o recuperara do seu computador. Tal mediatização contribui também para começar a adensar o mistério, conquistando o leitor pelo *suspence*, coisa a que grande parte das utopias tradicionais não sacrificam, tão empenhadas que exclusivamente estão em fornecer um pormenorizado projecto de cidade ideal.

13.1.4. *Cânone e Transgressão*

A diferença desta utopia reside também em que se trata de uma organização humana que nos é apresentada como tendo realmente existido (e só sido destruída por forças bélicas vindas do exterior – o que parece dar razão à clássica ideia da insularidade das utopias que desejem preservar-se). Contudo, longe de ser um ambiente irrespirável de uniformização, tem amplos espaços de diálogo, de diferença, de conflitualidade até... E uma das críticas que do exterior faziam a esta cidade ideal seria o seu elitismo, crítica essa moderadamente recusada com subtis precisões. Ora

380   *Repensar a Política – Ciência & Ideologia*

a massificação, pelo menos de vastíssimas camadas de utopianos, é traço característico das utopias e, em geral, dos messianismos[535].

O pluralismo necessariamente cede em alguns aspectos sintomáticos, como a religião ou a educação. Mas mesmo naquela, por exemplo, é significativo que, paralelamente à instituição unívoca de uma religião estatal, de carácter cívico (de tipo romano – é o padrão exemplar de sempre), actuem múltiplas seitas. A religião oficial é assim uma espécie de ritual comum, e parece esgotar-se nesse mesmo ritual. Do mesmo modo, talvez se não lhe deva assacar um verdadeiro totalitarismo educativo; porquanto, para além da ideia excessiva e realmente totalitária da pertença das crianças ao Estado, posto que numa versão concreta moderada, a doutrina da não-neutralidade da educação colhe, a nosso ver, plenamente.

O ar de família da utopia está presente, como numa diáfana teia de fundo, mas em que a transgressão parece por vezes até propositada, como uma voluntária ruptura com os lugares comuns do género ou subgénero literário utópico.

Várias "Québécies" surgem diante de nós, ao longo da obra – o que atesta (e sobretudo simboliza) de forma singular a sua intrínseca pluralidade. Desde a reminiscência das recordações da avó da historiadora-protagonista, até a uma certo exílio do interior de várias personagens, como a professora B. ou o próprio pai da historiadora. Mais interessante ainda é a posição de um antigo juiz sobrevivente e eremita, que afirma a subsistência da Québécie, apesar da invasão – o que remete a um tempo para uma espiritualização e absolutização da utopia...

13.1.5. *Perspectiva de abordagem*

O presente estudo, não esquecendo, assim, antes desde o início tendo sublinhado, o relevante contributo deste livro para a renovação de alguns conceitos e ideias-feitas sobre a utopia, centrar-se-á, todavia, numa matéria que mais especificamente nos é cara e conhecida, e nos ocupou durante

---

[535] Salvo, curiosamente, o próprio povo judeu, que seria todo elite, segundo a perspectiva de Arnold Mandel, *apud* LEVINAS, Emmanuel – *Quatre lectures talmudiques*, Paris, Minuit, 1968, trad. port. de Fábio Landa com a colaboração de Eva Landa, *Quatro Leituras Talmúdicas*, São Paulo, Perspectiva, 2003, p. 161.

alguns anos, preparada pelo estudo do mito[536], mas especificamente votada à investigação da utopia na sua relação com o direito, e especificamente com a constituição[537].

Longe de ser um tema lateral na economia e na perspectiva de *La Québécie*, a questão jurídica, e, como veremos já de seguida, mesmo a matéria jurídico-constitucional, é expressamente considerada uma questão central, uma pedra de toque de todo o sistema social desta utopia.

Um pressuposto conceitual atravessa este nosso comentário. Na sequência de estudos anteriores, consideramos dever distinguir-se a cidade sonhada em si, ou mesmo o mito da cidade ideal, *utopia*, do que é vector de mudança ou "princípio esperança"[538], a que pode chamar-se *utopismo*. Somos pessoalmente pouco afecto à grande maioria dos projectos concretos de cidades ideais, mas muito a favor do sopro de renovação que muitas vezes lhes preside: embora, a nosso ver, frequentemente sem êxito.

Um dos aspectos mais interessantes desta obra é uma presença muito forte de um utopismo que se não cristaliza na regularidade simétrica e claustrofóbica da utopia *hoc sensu*.

13.2. *O Direito na Eutopia e na Distopia*

13.2.1. *A Centralidade do Jurídico e a Religião Cívica*

A presente ficção não foge de modo algum à regra na presença de uma fundamental e central vertente juridista e especificamente constitu-

---

[536] Cf. CUNHA, Paulo Ferreira da – *Mito e Constitucionalismo. Perspectiva Conceitual e Histórica*, Coimbra, 1990 (esgotado); *Mythe et Constitutionnalisme au Portugal (1778-1826). Originalité ou influence française?*, Paris, Université Paris II, 1992 (policóp.), ed. impressa em curso de publicação em vários números da revista «Cultura», Lisboa, Centro de História da Cultura, Universidade Nova de Lisboa (2 vols. publicados, 1 vol. no prelo); *Idem – Constitution, Mythes et Utopie*, in AA. VV. – *1791. La Première Constitution Française*, Paris, Economica, 1993, p. 129 ss.; *Idem – Teoria da Constituição*, vol. I. *Mitos, Memórias, Conceitos*, Lisboa/São Paulo, Verbo, 2002.

[537] Cf. CUNHA, Paulo Ferreira da – *Constituição, Direito e Utopia. Do Jurídico-Constitucional nas Utopias Políticas*, Coimbra, Faculdade de Direito de Coimbra, Studia Iuridica, Coimbra Editora, 1996.

[538] BLOCH, Ernst – *Das Prinzip Hoffnung*, trad. cast. de Felipe Gonzales Vicen, *El principio esperanza*, Madrid, Aguilar, 1979, 3 vols.

cionalista. Embora se fale de *Recueil* de leis ou de "código" (*Code*), o carácter principial deste conjunto normativo permite sem dificuldade considerá-lo uma verdadeira constituição, ou, pelo menos, nele se encerram os mais importantes aspectos constitucionais.

A intuição central da historiadora-protagonista está certa: o princípio de ordem geral da utopia encontra-se na sua legislação. Assim o afirma, efectivamente:

"C'est dans la législation que devrait se trouver le principe d'ordre que je cherche, puisque le rôle du droit est précisément de donner les principes communs selon lesquels la population doit se comporter»[539].

Embora se deva moderar em certa medida a absolutização do papel do direito numa formação social (ainda que utópica) em que exista pluralidade de normatividades. Contudo, o papel normativo da religião não é neste caso verdadeiramente concorrente com o direito, na medida em que aquela não é moral ou eticamente prescritiva, salvo em alguns escassos pontos (designadamente no âmbito da família/educação: e especificamente sobre a pertença estadual das crianças). Em tudo o mais, as seitas (na verdade, fazendo o papel de verdadeiras confissões religiosas *proprio sensu*, numa sociedade não utópica e sem religião oficial, culto cívico, etc.) parece terem livre curso nas suas doutrinações nesse âmbito. O que pluraliza evidentemente a normatividade no plano estritamente social.

Como se trata do diário de bordo das pesquisas de uma historiadora, parte-se do presente para o passado, e sempre com as dificuldades de encontrar materiais e com o escrúpulo da objectividade no tratamento dos documentos, de um ou outro tipo, que vão chegando.

O dado de facto actual no concernente às normatividades é muito interessante e revelador. No território que antes fora a Québécie, os textos jurídicos da Québécie estão severamente proibidos, de acesso restritíssimo a investigadores devidamente autorizados e registados – obviamente sob vigilância desde que pedindo tal acesso. O *Recueil* de legislação é completamente proibido. Entretanto, foi mais que tolerado mesmo deixado livre o livro dos rituais religiosos – o *Rituel*[540]. Seria até promovida uma sua edição universitária…

---

[539] LACHANCE, Francine – *La Québécie*, 2.ª ed., Zurique, Quebeque, Editions du Grand Midi, 2001 (1.ª ed. 1990), p. 31.

[540] LACHANCE, Francine – *La Québécie*, p. 107.

Não devemos ver, todavia, nesta dualidade de tratamento, o respeito que alguns invasores têm para com as crenças populares mais arreigadas e em princípio mais privadas ou inofensivas, como as religiosas. É que, como vimos, neste caso se não está perante uma religião sentimental que se reverta à ideia de crença, mas de uma religião oficial que é, realmente, celebração do Estado. Desaparecido o Estado enquanto tal (ou a Pólis; pois a Québécie, em certos aspectos, pode ter algo de Pólis[541]), a celebração dos seus ritos correria o risco de se tornar tragicamente ridícula. Por isso, a religião caiu normalmente em desuso depois da invasão. Em contrapartida, os *Recueils*, que proliferavam na Québécie tanto quanto no *Ancien Régime*, nos lares de França, havia mais *Coutumes* do que Bíblias, foram sobrevivendo na clandestinidade – como no caso da avó de Marie-Sylvie, encadernando o texto subversivo sob a lombada de um anodino manual de jardinagem.

O que é inofensivo e até útil (pelo ridículo) é naturalmente tolerado na nova ordem, que funciona, de algum modo, como uma distopia, simétrica da eutopia perdida. Nesta última, não parece haver dúvidas que a religião estadual funcionaria como um duplo (embora muito moderado e em geral não invasivo) da própria juridicidade na sua veste estadualista. Direito, Estado e Religião, apesar de sabiamente sopesados, continuam, nesta utopia inovadora, a dar-se as mãos. O efeito é que é querido e afirmado como de liberdade e não e totalitarismo...E são para tanto introduzidas sábias precauções no sentido de que se não caia no concentracionário universo das utopias de manual.

Sinal curioso, em tese, de utopismo, esta dualidade de funções em certa medida fungíveis, entre direito e religião (com o Estado ou a Pólis como pano de fundo): a religião é sobretudo fórmula, ritual, forma do poder – e nisso é muito jurídica, enquanto virmos o jurídico como discurso legitimador ou como legitimação pelo procedimento[542]; e por outro lado, o direito tem um carácter também religioso, mas enquanto dador de sen-

---

[541] Cf., sobre Pólis e Estado, *v.g.*, VALLANÇON, François – *L'Etat ou l'Odyssée*, in "EYDIKIA", I, Atenas, 1991, pp. 73 ss., recolhido in *Teoria do Estado Contemporâneo* (org. Paulo Ferreira da Cunha), Lisboa/São Paulo, Verbo, 2003.

[542] Cf., especialmente, MACHADO, João Baptista – *Introdução ao Direito e ao Discurso Legitimador*, reimp., Coimbra, Almedina, 1985; 1976; LUHMANN, Niklas – *Legitimation durch Verfaheren*, 2.ª ed., Neuwid, 1975, trad. bras., *Legitimação pelo procedimento*, Brasilia, Ed. Univ. Brasília, 1980.

tido, agora como conteúdo e não como forma ou rito[543]. A historiadora observa:

"Au moment ou j'ai fini par lui concéder que le Recueil avait peut-être quelque chose de religieux, en acceptant cette conséquence, en renonçant à l'idéal de la pure objectivité (…)»[544]

13.2.2. *Perseguição dos Juristas e proibição dos textos jurídicos na distopia*

Continuando a busca do presente para o passado. Hoje, na anti-utopia, os textos jurídicos da cidade ideal perdida estão proibidos. Aquando da invasão, os juristas em exercício (o juiz de que falámos, escapou porque já aposentado) foram massacrados, como os próprios avós de Marie-Sylvie; numa segunda vaga os certamente mais inofensivos e de segunda e terceira linhas foram presos, e os que escaparam a todas as purgas seriam mortos em acidentes nos anos seguintes.

Foi fácil incriminar os juristas que escaparam, porque, sendo os textos jurídicos considerados obras sediciosas, aí se encontrou o álibi legal para os condenar. E, por outro lado, como se vai convencer de um dia para o outro um jurista, sempre devoto dos seus textos, que os seus instrumentos de trabalho, sagrados e redentores instrumentos, passariam a ser não espelho de Justiça mas corpo de delito? Foram assim fáceis de apanhar. De resto, como os demais cidadãos, muito apegados às suas leis, que consideravam, além do mais, belas.

Esta sanha anti-jurídica do invasor demonstra bem a importância do direito na estruturação e na fundamentação (no dar-sentido) à cidade ideal.

13.2.3. *Leis aliadas da Cultura*

O primeiro contacto que temos neste livro com a substância do direito da Québécie não é fortuito, mas muito exemplar. Vale a pena citar

---

[543] Cf., *v.g.*, REHFELOT, B. – "Recht und Ritus", in *Festschrift fuer Heinrich Lehmann*, 1956, pp. 45 ss.; GUILLERMO CICHELLO, Raúl – *Teoría Totémica del Derecho*, Buenos Aires, Circulo Argentino de Iusfilosofia Intensiva, 1986.

[544] LACHANCE, Francine – *La Québécie*, p. 37.

o diálogo entre a pequena Marie-Sylvie e a sua avó pianista, que pela primeira vez abre o santo dos santos dos tesouros proibidos para a iniciar na verdadeira "religião" desta utopia – a juridicidade, uma juridicidade-outra.

É curioso como desde logo a menina de doze anos tem uma pré-compreensão negativa das leis nessa anti-utopia em que vive. E daí a sua surpresa:

"– Tu lis des lois, grand-maman?"[545]

Mas logo a avó a tranquiliza, e lhe mostra o que há de novo, de único, nessas leis. E embora possa ser pouco ou quimérico para o nosso olhar gasto e conformado de juristas de uma outra distopia, é um mundo novo que realmente se abre. É toda uma outra concepção do mundo que subjaz a tais leis. Mas escutemos nós também:

"– Oui, parce que ce ne sont pas des lois comme les autres. Écoute, tu verras comme elles sont belles."[546]

E a narradora-protagonista prossegue – importa citar para podermos entrar no clima:

«Je me souviens de la première loi qu'elle m'a lue, choisissant pour commencer celle qu'elle préférait: 'Le mérite du Québécien est la mesure de sa contribution à sa culture»[547]

Que programa!

13.2.4. *Fontes de Direito: Lei, Doutrina, Jurisprudência*

Cedo compreendeu a nossa historiadora que o simples corpo legislativo, desgarrado da doutrina que lhe dá origem e que a desenvolve, é um corpo ainda com pouca alma e com espírito pouco presente. Pelo que perguntaria sobre tais fontes, não já ao seu tíbio director de tese, o historiador Lafleur, mas à misteriosa iniciadora filósofa do direito, Mme. B.. Esta explicar-lhe-ia que o que de comentários doutrinais se encontra disponível é de pouco valor e raro, até pelas mais diminutas tiragens e pelo seu carácter mais técnico e, por isso, naturalmente menos famoso que o *Recueil*.

Sentindo os livros queimarem de proibidos, Marie-Sylvie vai contudo ter acesso clandestino ao livro doutrinal mais importante, anterior ao

---

[545] LACHANCE, Francine – *La Québécie*, p. 34.
[546] LACHANCE, Francine – *La Québécie*, p. 35.
[547] *Ibidem.*

386   *Repensar a Política – Ciência & Ideologia*

Recueil e ao que parece dele inspirador: a obra de Godet, investido assim numa categoria mítica de grande "legislador" doutrinal primordial[548].

Para um jurista continental europeu, o traço essencial do "estatuto" do direito da Québécie, o qual precede e determina o seu próprio conteúdo, não é de modo algum motivo de entusiasmo ou de esperança. Porque naturalmente muito semelhante ao nosso.

Contrapondo-se ao direito da "common law" (que se presume ser o direito do futuro invasor), e inspirando-se em em direito do anterior Quebeque (forma política que precedeu a Québécie), "une vieille tradition québéquoise, liée au génie particulier du droit civil"[549], o direito da nova utopia rejeita a jurisprudência como principal fonte de direito. A autora chega a afirmar, decerto com algum exagero, porque a fórmula, a ser entendida à risca, inviabilizaria certamente toda a aplicação jurídica. Assim, depois de afirmar que

"L'idée s'en est formée par antithèse complète avec la 'common law'.»[550]

conclui, lapidarmente:

"Tout aspect jurisprudentiel en a été radicalement éliminé.»[551]

Afirma-se a importância da separação da actividade dos juízes e dos legisladores, e a irrelevância dos precedentes judiciais. É feita uma crítica aos juristas, que tiveram dificuldade em adaptar-se à nova fórmula, porque, na verdade, assim estavam a perder privilégios, desde logo o privilégio de serem co-legisladores, ou até definitivos legisladores.

Esta utopia não foge a uma tradição muito significativa de algum posicionamento anti-juridista (provavelmente fundado, e não preconceituoso), e na senda da redução dos privilégios dos juristas, estabelece afinal uma nova ciência jurídica a par de um direito simples, claro, apreensí-

---

[548] Cf. algumas aproximações, por todos, *in* CARBONNIER, Jean – *Essais sur les Lois*, Évreux, Répertoire du Notariat Defrénois, 1979, máx. p. 191 ss.; ARGENS, Jean-Baptiste de Boyer, marquis de – *Le législateur moderne ou les mémoires du chevalier de Meillcourt*, Amesterdão, Changuion, 1739; TZITZIS, Stamatios – *L'Art du législateur: l'inspiration platonicienne chez Sade. Utopie et réalité*, in "Greek Philosophical Society, On Justice. Plato's and Aristotle's conception of justice in relation to modern and contemporary theories of Justice", Atenas, 1989.

[549] LACHANCE, Francine – *La Québécie*, p. 52.

[550] LACHANCE, Francine – *La Québécie*, p. 47.

[551] *Ibidem.*

Reavaliar os Paradigmas 387

vel e estável – tornando, por isso, em grande medida, as subtilezas de muita da velha ciência jurídica absolutamente obsoletas. Vale a pena citar os grandes princípios:

"En effet, la réforme de la conception du droit avait pour but d'instaurer une relation très différente, beaucoup plus directe, des citoyens aux lois. Il s'agissait d'établir un système de lois cohérent, clair et réduit, destiné a demeurer stable et à être appris de tous les Québéciens. C'est pourquoi le Recueil a été composé selon des principes différents des codes habituels. Aussi la transparence de principe de la législation rendait-elle inutile une grande partie de la science juridique, qui, dans les autres pays, consiste pour une bonne part dans l'habileté à retrouver les règles pertinentes à chaque cas à travers le fouillis des législations»[552].

Evidentemente que o velho mito das leis claras e do juiz *bouche qui prononce les paroles de la loi*[553], que tentou mesmo o pragmático Napoleão (por tão cioso do seu código[554]), volta a estar presente. Como se fosse possível impedir os juristas de razoar e arquitectar teorias, e proibir os juízes de, realmente, criarem direito[555].

Godet é um grande apologista do sistema, e às grandes objecções que se lhe dirigem, responde, e de forma que surge como convincente. É pois na doutrina que se deve buscar o espírito das leis e o seu maior escudo e espada de legitimação.

13.3. *O Sistema Jurídico da Québécie: Vantagens, Críticas e sua Refutação*

É a própria historiadora que enuncia as oito principais vantagens deste sistema de direito. Seguem-se-lhe três críticas fundamentais e a refutação das críticas, pelo próprio Godet.

---

[552] LACHANCE, Francine – *La Québécie*, pp. 48-49.

[553] MONTESQUIEU, *De l'esprit des lois*, XI, 6.

[554] THEEWEN, E. Maria – *Napoléons Anteil am Code civil* (Schriften zur Europäischen Rechts-und Verfassungsgeschichte, Bd. 2), Berlin, Duncker u. Humblot. 1991.

[555] Sobre este mito, CUNHA, Paulo Ferreira da – *Filosofia do Direito. Primeira Síntese*, Coimbra, Almedina, 2004, *passim*.

13.3.1. *Vantagens do Sistema Jurídico da Québécie*

Vamos proceder a uma exegese muito elementar das vantagens assinaladas. Procuraremos não acrescentar muitos pontos ao dito, mas sabemos que essa contenção, na sua pureza absoluta, é, realmente, impossível:

13.3.1.1. *Poucas Leis, simples e conhecidas*

– A simplicidade e pequeno número das leis da Québécie permitem que todos os cidadãos as conheçam, sabendo os seus direitos e deveres. Pelo que o brocardo (tão efectivamente vão noutros países, em que vigora a inflação legislativa) segundo o qual *ignorantia legis non excusat*, é aqui verdadeiramente aplicável, sem ser escandaloso[556].

13.3.1.2. *Ausência de Leis inúteis e inefectivas*

– A concisão do código redunda na utilidade e aplicabilidade das suas leis. Num código pequeno não pode haver leis inúteis ou sem aplicação.

13.3.1.3. *Conhecimento das Leis pelos Cidadãos*

– A estabilidade e concisão das leis (e do seu conjunto) permite que cada um não só, como vimos, saiba os seus direitos e deveres, conhecendo as leis, como avalie com segurança em cada caso se a sua conduta (ou projecto de conduta) é ou não legal. E diríamos ainda nós, em glosa: Permitindo assim que melhor se respeitem as leis (e os valores que elas exprimem), porque mais conhecidas, e mais interiorizadas.

13.3.1.4. *Deveres conhecidos e Leis tomadas a sério*

– Como nenhuma lei é apenas virtual, em estado latente, e não posta em prática, por um lado; e como, por outro, também não existem dúvidas sobre os deveres de cada um (espera-se! – interpolamos nós), a lei é tomada a sério. O que, para nós, glosadores, contém alguma intertextuali-

---

[556] Cf. BASTIT, Michel – *Naissance de la Loi Moderne*, Paris, P.U.F., 1990, p. 10.

dade com a ideia (mas não necessariamente com as ideias) do *taking rights seriously* de Dworkin[557]. Ou seja, os direitos só poderiam ser realmente tomados a sério, assim como a lei, numa situação de uma sua cabal e não latente aplicação (excluindo, evidentemente, os falsos direitos, os 'aleluias' jurídicos – quando o sejam verdadeiramente) e de completa clareza sobre os direitos e deveres de cada um. E o texto original fala mesmo de exclusão de qualquer hesitação sobre a própria *natureza* do dever de cada um. O que dá uma dimensão mais filosófica ainda ao problema: não se tem de saber só uma lista, uma tabela, de deveres. Mas compreender-lhes *a natureza*, que naturalmente terá uma parte comum, e também diversificação, consoante os vários deveres. Trata-se, em suma, de tomar a lei a sério em toda a sua extensão: o que parece querer dizer, na verdade, em todas as suas consequências, nomeadamente na sua efectiva aplicação.

13.3.1.5. *Conhecimento generalizado da Lei é Igualdade*

– Comecemos pela glosa: A igualdade dos cidadãos perante a lei é dogma e propaganda de tantos outros sistemas, com fitos diversos: para uns, meio de uniformizar e rebaixar todos diante de um soberano, qualquer que seja; para outros, *Ersatz* da igualdade mais lata, que não é meramente jurídica, com medo de nivelamentos, ainda que moderados, de fortunas e condições, etc., etc.. Seja como for, tomada a sério na Québécie, ela manifesta-se no acesso generalizado e igual dos cidadãos à lei, desde logo pelo seu integral conhecimento por cada cidadão: que assim a pode respeitar e defender-se se acusado de o não haver feito. Glosando de novo: há aqui uma profunda modificação dos sentidos correntes da expressão e do princípio, que podendo eventualmente englobar um desejo nada cumprido de conhecimento geral da lei, contudo normalmente se centra mais sobre a lei à partida do que na lei à chegada. Ou seja, enquanto nos demais países o que mais frequentemente se pretende dizer com a "igualdade perante a lei" é que ela tem um conteúdo que a todos trata por igual (ou assim se pretende), agora, na nova utopia em apreço, não se trata de que todos sejam iguais aos olhos da lei, ou que a lei a todos veja como súbditos, vassalos, ou cidadãos, etc.. Antes que todos os cidadãos são capazes de lidar com a lei da mesma forma, porque todos a conhecem. Embora haja um lado mon-

---

[557] DWORKIN, Ronald – *Taking Rights Seriously*, London, Duckworth, 1977.

tante nesta perspectiva, como é evidente: os cidadãos conhecem a lei certamente porque têm formação escolar jurídica, ao que presumimos (facilitada pela facilidade da ciência jurídica da formação social em questão), mas também porque, a montante, a própria lei se pretende simples, clara, e vocacionada para ser conhecida, venerada, e generalizadamente aplicada.

13.3.1.6. *Hermenêutica racional, nem memorização nem habilidade*

– A ciência jurídica da Québécie, tal como a nossa, aliás, não prescinde de fórmulas (as nossas constam até do Código Civil) hermenêuticas normativas, e especificamente prescritivas. Assim, expressamente é considerada uma vantagem do sistema que a interpretação jurídica seja uma questão racional, de razão, e não o domínio enciclopédico de extensos e dispersos textos de direito, nem a habilidade em jogar com eles, (designadamente, interpolaríamos nós) fazendo-os concordar entre si. Presume-se assim que, em grande medida, a interpretação dos textos legais será democrática, segundo as regras de uma hermenêutica natural, comum, não especializada? Pela própria natureza dos textos em causa, por jurídica, teríamos dúvidas. Mas não podemos esquecer que estamos perante uma juridicidade bem diversa – atentemos na norma citada com ar solene pela avó da historiadora… E em todo o caso, ficando o ideal de um país de juristas, sem o saberem, subsistem algumas dúvidas.

13.3.1.7. *Juízes não "juristas"*

– A questão anterior é de alguma forma iluminada pelo item seguinte. Porque se assinala a nova vantagem de a própria actividade dos juízes requerer o exercício da razão, mais do que o conhecimento de leis (e sentenças de precedentes), que fazem apelo sobretudo à memória. Mais ainda: parece que o exercício da razão na função judicial será uma garantia da transparência das sentenças (presume-se que sobretudo pela sua lógica…bem mais que pela sua límpida retórica). E uma conclusão se impõe, cujos termos precisos nos indicam a solução do problema do panjuridismo nesta nova utopia:

"Ainsi, les juges n'ont plus besoin d'être des juristes dans le sens actuel du terme»[558]

---

[558] LACHANCE, Francine – *La Québécie*, p. 50.

Notemos, pois, que os mais altos aplicadores do direito, os juízes, nem eles necessitam de ser juristas. Mas está em causa não serem "juristas" *no sentido actual do termo*. Porque, de algum modo, a ciência jurídica se democratiza na Québécie, e também se transmuta numa função que já não é dispersiva e enciclopédica, mas mais concentrada e racional. O juiz sobrevivente chega mesmo a dizer à historiadora:

"(...) Je suis naturellement prêt à vous faire participer à ma science juridique. Demandez-moi ce que vous voudrez. Mais vous savez qu'un juge québécien n'est pas nécessairement un savant du droit qui en connaisse plus de la loi que le citoyen normal»[559].

Do facto de nem os juízes precisarem de ser juristas se deduz (por esse tipo de "habilidade" racional que é própria dos juristas tradicionais), *a fortiori*, que nem sequer de tal requerem os demais agentes da justiça, designadamente advogados – se é que haverá ainda necessidade deles. Na verdade, um indício deste traço utópico também habitual é, na evocação das velhas raízes quebequenses da Québécie. Segundo a Professora B., o sucesso da construção jurídica de Godet deveu-se à recordação popular

"(...) d'une vieille tradition québécoise, liée au génie particulier du droit civil. Nos ancêtres avaient l'habitude d'avoir le code chez eux et de le consulter pour régler par eux-mêmes la plupart de leurs différends, de sorte qu'au besoin ils faisaient appel à des notaires, mais rarement à des avocats»[560].

E contudo, um certo apego jurídico geral nos faz pensar que, posto que certamente mais raros, e lidando com constituintes muitos mais informados, talvez nesta utopia não vigorasse ainda o sempre utópico "Pas d'avocats".

13.3.1.8. *Sociedade livre do trabalho vão dos "juristas"*

– A consequência geral é um benefício social para a sociedade, que se vê liberta do trabalho vão (e nocivo: interpolaríamos) da produção e decifração da babel jurídica.

---

[559] LACHANCE, Francine – *La Québécie*, p. 56.
[560] LACHANCE, Francine – *La Québécie*, p. 52.

13.3.2. Críticas ao Sistema Jurídico da Québécie e sua Refutação

Enunciaremos as críticas e as respectivas refutações com o uso habitual do método da glosa, do comentário e da interpolação, e, dada a concisão ainda maior do texto nestes casos, permitindo-nos alguma ainda maior liberdade na reconstituição do pensamento de Godet. Liberdade para tentar alcançar fidedignidade, naturalmente. Assim:

13.3.2.1. 'Rule of precedent' ou liberdade racional do juiz?

– Um sistema jurídico que não utilize a jurisprudência como base do julgamento dos litígios redunda na pluralidade de julgados para casos análogos, o que seria injusto.

A esta crítica Godet não vai responder com o exemplo nada utópico das nossas sociedades de sistema romano-germânico, que neste ponto concordam com o seu projecto. Não ficaria bem à utopia argumentar com a cinzenta realidade do que nada tem de sonho. Assim, reforçando o lado racional da questão, considera que, mesmo sendo diferentes, interpretações da lei honestas e razoáveis, podem e devem coexistir, não sendo essa diversidade motivo para que o mais recente julgado, ao arrepio dos anteriores, seja tido por injusto. E parece ripostar, como que em contravenção: se um julgado à partida não razoável perdurar pelo seguidismo jurisprudencial, aí sim é que teremos a perpetuação da injustiça.

13.3.2.2. Muitas Leis efémeras ou poucas Leis perenes?

– Um sistema de leis fixas, ou pelo menos estáveis, é impermeável à necessária mudança, incapaz de se adaptar à evolução social.

Contra esta crítica, Godet começa por fazer um *distinguo*, que lhe permite em boa medida desarmar a teoria da constante necessidade de mudança das leis: afirma, muito acertadamente, aliás, que uma coisa é o progresso técnico, material, outra, bem diversa, o progresso social. Naturalmente que uma utopia se encontra regida pela melhor ordem social, pelo que o progresso social, embora não negado, é de algum modo circunscrito na argumentação do grande doutrinador. Assim, sem deixar de implicitamente admitir alguma mudança excepcional, Godet muito pertinentemente, numa lógica utopiana, liga a boa organização da sociedade ao facto

Reavaliar os Paradigmas   393

de ela se encontrar baseada sobre boas leis. Além disso, relembra que há leis apenas para matérias importantes, pelo que se aplicaria o princípio *de minimis*, o que significa que para o que é mutável não haverá verdadeiramente leis. E de novo vem o contra-ataque: este sistema jurídico, com solidez de princípios no que é essencial, e não curando de expressamente regular aspectos acessórios, acaba por ser menos inovador do que o seu rival, que sendo permeável à mudança, contudo é uma selva de enganos pela regulação do acessório, o qual, apesar de poder ser revisto, nem sempre o será atempada e correctamente. Apenas o que merece realmente ser interditado ou bloqueado o é neste sistema leve, de poucas leis perenes.

13.3.2.3. *Lacunas da Lei ou Liberdade de Cidadãos responsáveis?*

– A concisão do código abre lacunas que aumentam o arbítrio dos cidadãos e dos juízes.

Na sequência da crítica anterior, esta última crítica é evidentemente lançada a partir de um sistema conceitual que parte da ideia de plenitude do ordenamento jurídico: afinal uma perspectiva muito utópica. Aqui, a nova utopia em apreço revela-se muito pouco concorde com a tradição utópica, que é, como se sabe, de hiper-regulamentação, minuciosíssima. Não deixa de ser deveras interessante que a cidade ideal que observamos se furte conscientemente a esta característica tão marcante do pensamento e da concepção utópicas. Constitui tal facto uma inovação muito apreciável.

Godet vai argumentar contra esta hiper-regulamentação num discurso que é, afinal, uma apologia do espírito geral da utopia, ou utopismo, contra essa letra que mata e também a mata:

"À la troisième [critique] il réplique que la Québécie prétend développer la raison des citoyens plutôt que d'en faire des marionettes réglées entièrement de l'extérieur, de sorte que leur arbitre ne doive pas être considéré comme un mauvais moyen de diriger leur conduite»[561]

13.4. *Justiça, Razão e Fortuna*

Não deixa de ser significativo que a questão da Justiça no direito da Québécie, surgindo embora aqui e ali, designadamente a propósito das

---

[561] LACHANCE, Francine – *La Québécie*, p. 51.

394   *Repensar a Política – Ciência & Ideologia*

sentenças, acaba por ganhar maior e mais autónomo relevo no diálogo entre o juiz aposentado sobrevivente e Marie-Sylvie.

A argumentação daquele, num estilo de discurso que flui de uma forma muito própria, sem dúvida tipicamente *québécienne*, deixa-nos alguma dificuldade em captar toda a lógica do raciocínio. Tanto mais que os exemplos de justiça que utiliza, visto a historiadora estar ligada à Universidade, serem sobretudo tirados do exercício da justiça nos exames – matéria fascinante, essa, da educação e da Universidade na Québécie, mas que preferimos reservar para um autónomo estudo.

Respondendo à abertura do juiz que já relatámos *supra*, a jovem historiadora não poderia deixar de lhe pôr a questão central da sua investigação, e verdadeiramente o nó do problema da sua tese (que aliás fora a razão do afastamento face ao seu orientador académico). Como o juiz imediatamente lhe replicará, não sem um certo paternalismo complacente, o que Marie-Sylvie pretende é a confirmação da sua intuição, que fará tese: que o essencial da vida na Québécie é a particular forma da sua relação com o direito, tal como se encontra estabelecido pelo *Recueil* – que assim se eleva com total clareza para nós, comentadores, ao lugar de Constituição, ou, se preferirmos, numa fórmula mais arcaizante, de leis fundamentais (com óbvia dimensão constitucional).

E todavia o juiz, reconhecendo embora a importância da tese que a jovem investigadora lhe estende, já preparada, pronta para a sua aquiescência, surprende-a surpreede-nos.

E desmonta o raciocínio da sua interlocutora. Ela desejaria que, estando a alma da Québécie no código (e havendo sido o código revogado e proibido, por um procedimento muito juridista, realmente próprio da mentalidade jurídica extra-Québécie) a cidade ideal pudesse voltar, *deus ex machina*, pela simples repristinação do *Recueil* perdido. Sem explicitar estes pressupostos, sem teorizar, o juiz põe em evidência o erro de pensar juridicamente (e politicamente, aqui, também) como os demais, os de fora da utopia.

Até por um outro motivo: é que a Québécie não desapareceu.

Perante a interpretação poética corrente de que tal afirmação significa apenas a fidelidade de alguns, como o próprio juiz, ao ideal da cidade nova, e, no limite, a sua vivência, ainda como a do juiz, numa semi- ou total clandestinidade, de novo o velho jurista nega a simplicidade dessa interpretação. Não temos a certeza de o seguir cabalmente, por não termos vivido na Québécie. O que nos parece mais interessante é que a um tempo se vai afirmar uma existência mais complexa e mais omnipresente da utopia, e explicar o sentido de justiça que permitirá, esse sim, compreender o espírito do *Recueil*. E que é totalmente contrário ao espírito codificador, constitucionalista e utopista (todos concordes, aliás) das sociedades não utópicas, sobretudo a partir do séc. XVIII.

Mas analisemos o fio da questão por partes, retomando o texto.

À ideia de que a sobrevivência da Québécie se manifestaria como uma recordação e um espírito entre ruínas, devendo voltar a ser, porém, uma ordem social real, instituída, generalizada, começa por contrapor o juiz uma noção sem dúvida dificilmente captável de super-vivência:

"– Elle ne fait que se manifester dans un certain ordre social, et elle se cache sous d'autres ordres.»[562]

Por ordem social estará o juiz a querer designar as ordens sociais normativas que tradicionalmente concorrem, nas sociedades não utópicas, com o direito, na organização da vida social, na transmissão e defesa dos valores, etc.?[563] Um trecho algumas linhas abaixo, que se refere aos costumes – tidos por bizarros por outros povos – parece consolidar esta hipótese:

"Vous avez entendu parler de ces mœurs qui paraissaient si bizarres aux autres peuples, et qui ont tant fait juger absurde notre ordre social que, aujourd'hui, même ses partisans évitent de les citer, quand ils ne vont pas jusqu'à chercher à faire passer ces récits pour exagération et légendes.»[564]

Ficamos intrigadíssimos sobre tais costumes...

De qualquer forma, o juiz prossegue no seu raciocínio surpreendente, remetendo a cabal compreensão da super-vivência da Québécie para um seu princípio próprio, específico:

"Mais précisément, pour le comprendre, il faut partir d'un principe essentiel à la conception québécienne, et sens lequel rien n'a de sens en elle."[565]

Princípio esse que é a chave do próprio *Recueil*, e de que portanto o direito e as leis se encontram imbuídos:

"Même l'esprit du Recueil ne peut se saisir qu'à partir de ce principe"[566]

---

[562] LACHANCE, Francine – *La Québécie*, p. 57.

[563] Cf., por último, CUNHA, Paulo Ferreira da – *Filosofia do Direito. Primeira Síntese*, p. 177 ss.

[564] LACHANCE, Francine – *La Québécie*, pp. 57-58.

[565] LACHANCE, Francine – *La Québécie*, p. 57.

[566] *Ibidem*.

396   *Repensar a Política – Ciência & Ideologia*

Estamos então chegados, finalmente, ao desvendamento do princípio que é simultaneamente caracterizador e essencial quer para a ordem social da utopia da Québécie, quer para o direito nela, que, seja como for, aí tem um enorme papel – tido em consideração esse mesmo princípio.

Mas de novo o juiz nos confunde. E em vez de enunciar, como seria esperável de um jurista (mas de um "jurista" tradicional, não de um da Québécie), um brocardo pesado e retumbante, irá fazer apelo a exemplos. Contudo uma linha de leitura fica clara: o princípio exemplarmente indiciado, e não enunciado, bem ao contrário do pretenso princípio ou até valor da segurança e da certeza jurídicas, é em boa medida o da incerteza. Incerteza no rochedo que se deixa em equilíbrio instável na auto-estrada entre Montréal e Québec, e que acabaria por (ao que parece voluntária e involuntariamente ao mesmo tempo) esmagar o financeiro de Ontário Johnson – o que viria a ser o pretexto da invasão armada. Incerteza nas classificações finais dos exames em que, para racionalmente controlar a sua inevitável álea, uma parte da nota era jogada aos dados – assumindo ritualisticamente a importância da grande divindade *Fortuna*. A qual será aliás religiosamente venerada, sob a forma de "Dieu Hasard", a que se erigirão inúmeros altares[567]. Ora, como se explicará mais adiante:

"(…) sans tout laisser au hasard, donnez-lui quotidiennement sa part, et vous en aurez fait votre partenaire de jeu"[568].

E eis o princípio. Enunciemo-lo nós: Não é a *Fortuna, imperatrix mundi*. Mas *Ratio et Fortuna*. Tal poderia ser a divisa da Québécie. Com um direito que se quer não manipulado por habilidosos da chicana, não submerso por montanhas de legislação ou incontáveis precedentes, que sempre podem subverter a sua certeza, com um direito em que a interpretação deve ser sobretudo racional, com um direito que é assim esteio essencial da sociedade, que a seu exemplo parece formar-se, não se nega a importância do papel do imponderável, do desconhecido, do fortuito.

Perante esta declaração, sobretudo chocada com o jogar aos dados das notas, Marie-Sylvie protesta, presa que curiosamente está a um sentido de alguma forma utópico de justiça, muito presente no imaginário (como discurso legitimador) das sociedades não utópicas:

"– Vous voulez plaisanter. Ce ne serait pas juste!"[569]

---

[567] LACHANCE, Francine – *La Québécie*, p. 62.
[568] LACHANCE, Francine – *La Québécie*, p. 61.
[569] LACHANCE, Francine – *La Québécie*, p. 59.

Reavaliar os Paradigmas 397

Ao que o juiz a procura tranquilizar, explicitando, no seu habitual paternalismo:

"– Le sens de la justice auquel vous vous référez, ma chère et jeune consœur, ne vous permettra jamais de comprendre le Recueil.»[570]

Ou seja: se se não fizer intervir o princípio de incerteza, de abertura ao não previsto, à sorte, jamais se conseguirá compreender o direito da utopia. Além do mais, porque explicitamente ele chega a usá-lo em certas soluções legais, como no caso de empate nas votações. Nesse caso, a sorte decide.

Evoca então o juiz a que considera ser a mais bela cerimónia de pedido de intervenção da *Fortuna*: na última etapa de escolha do Presidente da Québécie. Mas não entra em pormenores, remetendo a descrição do ritual para o romance de Blanchard, *Homo Viatur*[571].

A Fortuna é assim perfeita colaboradora da Justiça, que se sabe imperfeita. Esta abertura da Québécie é um rasgo de utopismo completamente anti-utópico.

E por isso pode o sábio juiz assim descrever a verdadeira constituição escrita da Québécie, o seu *Recueil*, tão harmónico com a sua constituição real – como aliás intuíra Marie-Sylvie:

"Le Recueil, c'est la loi d'une société qui part en tenue légère affronter ludiquement le destin à l'air libre, là où d'autres se cachent de lui en se blotissant sous le béton, et ne s'en font pas moins engloutir dans leur refuge"[572]

Não nos esqueçamos que nesta perfeita integração da constituição formal e da constituição material, o nome do código é essencial: *Recueil*, Recolha. Ele não é uma arbitrária e utópica imposição de um programa à sociedade, mas uma orgânica, natural, emanação das leis que a sociedade se dá, com humildade para aquelas que poderes mais altos, e imperscrutáveis, lhe impõem.

E depois, a ocupação nada pode contra a poderosa e imprevisível *Fortuna*. Assim melhor se compreende a tese do juiz, sintetizada nesta frase de grande beleza poética e um poder mágico de mobilização das forças do espírito:

---

[570] *Ibidem.*
[571] LACHANCE, Francine – *La Québécie*, p. 60.
[572] LACHANCE, Francine – *La Québécie*, p. 61.

"Mais la Québécie continue à exister, et les Québéciens dansent invisibles sur les forts de leurs ennemis.»[573]

Sem dúvida uma revolução pacífica na Utopia[574]. Tão ao gosto dessas terras do Quebeque...afinal sempre *livres*.

Não será porque algumas soluções concretas mais discutíveis, que sacrificam ao receituário utópico, nos não agradarem que se não gritará, num comício, a plenos pulmões, que se é um *québécien*. Esse não é o estilo que convém. Guardar-se-á no coração o sonho, dançando invisível nas fortalezas dos inimigos...

Além disso, a Québécie frutificou. A Lísia, utopia jurídica que desenvolvemos, é dela, espiritualmente, tributária.[574a]

BIBLIOGRAFIA

ALEXANDER, Peter/GILL, Roger – *Utopias*, London, Duckworth, 1984

AUTRAN, Ch. – *'Utopie' ou du rationnel à l'humain*, Paris, Les Editions d'Art et d'Histoire, s/d.

BACZKO, Bronislaw – *Utopia*, in "Enciclopédia Einaudi", ed. port., Lisboa, Imprensa Nacional Casa da Moeda, 1985, vol. V, p. 333 ss.

BACZKO, Bronislaw – *Lumières de l'Utopie. Critique de la politique*, Paris, Payot, 1978

BACZKO, Bronislaw – *L'Utopia – imaginazione sociale e rappresentazioni utopiche nell'età dell'illuminismo*, trad. ital. de Margherita Botto et Dario Gibelli, Torino, Einaudi, 1979

BARBÉRIS, Pierre – *Prélude à l'Utopie*, Paris, P.U.F., 1991

BAUER, Wolfgang – *China und die Hoffnung auf Glück. Paradiese, Utopien, Idealvorstellungen in d. Geistesgeschichte Chinas*, München, Dt. Taschenbuch V., 1974

BENHABIB, Seyla – *Kritik, Norm und Utopie. Die normativen Grundlagen der Kritischen Theorie*, Fischer, Frankfurt am Main, 1992

BENREKASSA, G. – *Le statut du narrateur dans quelques textes dits utopiques*, in RSH, 155, 1974, pp. 379-395

BESSA, António Marques – *A Utopia no Mundo Moderno*, in "Futuro Presente", n.° 1, Lisboa, 1980, p. 25 ss.

BLOCH, Ernst – *Das Prinzip Hoffnung*, Frankfurt, Suhrkamp, 1959, trad. cast. de Felipe Gonzales Vicen – *El Principio esperanza*, Madrid, Aguilar, 1979, III vols., trad. fr. de Françoise Wuilmart, *Le Principe espérance*, Paris Gallimard, 1976, reimp. 1991

---

[573] *Ibidem.*

[574] Revolução que muda tanto as regras conhecidas, ao ponto de se poder duvidar se ainda se está no seu domínio, ou se se deverá redefinir a categoria geral: problemas que, obviamente, deixamos aos especialistas, teóricos da Literatura, teóricos dos géneros, e teóricos da utopia enquanto género.

[574a] ?????

BLOCH, Ernst – *Geist der Utopie*, Frankfurt, Suhrkamp, 1964, trad. fr. de Anne-Marie Lang e Catherine Piron-Audard, *L'esprit de l'utopie*, Paris, Gallimard, 1977

BLOOMFIELD, Paul – *Imaginary worlds or the evolution of utopias*, London, Hamish Hamilton, 1932

BLUM, Irving D. – *English Utopias from 1551 to 1699: A Bibliography*, in "Bulletin of Bibliography", 21:6. 1955.

BOUCHARD, Guy/GIROUX, Laurent/LECLERC, Gilbert – *L'Utopie aujourd'hui*, Québec, Les Presses de l'Université de Montréal, Les éditions de l'Université de Sherbrooke, 1985

BRÜCK, Gerhard W. – *Von der Utopie zur Weltanschauung*, Köln, Bund, 1989

CIONARESCU, Alexandre – *L'avenir du passé, utopie et littérature*, Paris, NRF, 1972

CIORAN – *Histoire et Utopie*, Paris, Gallimard, 1960

COELHO, Jacinto do Prado – *Camões e Pessoa, poetas da utopia*, Lisboa, Europa-América, 1983, pp. 129 ss..

CUNHA, Paulo Ferreira da – *Constitution, Mythes et Utopie*, in AA. VV. – *1791. La Première Constitution Française*, Paris, Economica, 1993, p. 129 ss.

CUNHA, Paulo Ferreira da, *Constituição, Direito e Utopia. Do Jurídico-Constitucional nas Utopias Políticas*, Coimbra, 'Studia Iuridica', Boletim da Faculdade de Direito, Universidade de Coimbra/Coimbra Editora, 1996it.

DAVIS, J. C. – *Utopia and the ideal society. A study of English Utopian Writing 1516-1700*, Cambridge, Cambridge University Press, nouvelle éd., 1983.

DEMANDT, Alexander – *Der Idealstaat. Die politischen Theorien der Antike*, Köln, Böhlau, 1993

DESANTI, Dominique – *Les socialistes de l'Utopie*, Paris, 1972

DESROCHES, Henri – *Messianisme et Utopies*, in ASR, IV, 1950

DITHMAR, Reinhard (org.)– *Fabeln, Parabeln und Gleichnisse*, 8.ª ed., München, Dt. Taschenbuch V., 1988

DUBOIS, Claude Gilbert – *Problèmes de l'Utopie*, Paris, Lettres Modernes, 1968

DURAND, Gilbert – *Les structures anthropologiques de l'imaginaire. Introduction à l'archétypologie générale*, Paris, Bordas, 1969 (*As estruturas antropológicas do imaginário*, trad. port. de Hélder Godinho, Lx.ª, Presença, 1989)

DURAND, Gilbert – *L'imagination symbolique*, Paris, P.U.F., 1964

DURAND, Gilbert – *Mito, Símbolo e Mitodologia*, trad. port. de Hélder Godinho e Victor Jabouille, Lisboa, Presença, 1982

DUVEAU, Georges – *Sociologie de l'Utopie*, Paris, 1961

ELIADE, Mircea – *Aspectos do Mito*, trad. port. de Manuela Torres, Lisboa, Edições 7, s/d.

FRIEDMAN, Iona – *Utopias realizáveis*, trad. port., Lisboa, Socicultura, 1978.

GAST, Wolfgang von – *Gesetz und Justiz in den Utopien*, in ARSP, 1984, LXX/Heft 1, 1 Quartal, p. 39 ss..

GEOGHEGAN, Vincent – *Utopianism and Marxism*, London and New York, Methuen, 1987

GHIBANDI, S. Rota – *L'Utopia a l'utopismo. Dalla grande progetenalità al ripiegamento critico*, Milano, 1987

GODINHO, Vitorino Magalhães – *Mito e Mercadoria. Utopia e prática de navegar*, sécs. XIII-XVIII, Lisboa, Difel, 1990

GOODWIN, Barbara – *Social Science and Utopia*, Sussex, The Harvester Press, 1978

GOODWIN, Barbara – *Utopia defended against liberals*, in "Political Studies", Oxford, Clarendon Press, 1980

GOULEMOT, Jean-Marie – *Utopies et Histoire*, in C,, t. XXXV, Maio 1979, n.° 384, p. 445--456

GRASSI, Giacomo – *Utopia morale e utopia politica*, Messina-Firenze, Casa Editrice g. D'Anna, 1980

GREAGH, Ronald – *Laboratoires de l'Utopie*, Paris, 1983

GREELEY, Andrew – *Myths, symbols and rituals in the modern world*, in "The Critic", vol. XX, n.° 3, Dez. 1961-Jan. 1962

HABERMAS, Jürgen – *Carta a R. Spaemann*, in R. SPAEMANN – *Critica de las Utopías políticas*, Pamplona, EUNSA, 1980

HARRISON, J. F. C. – *Millenium and Utopia*, in Peter ALEXANDER/Roger GILL – *Utopias*, London, Duckworth, 1984, p. 61 ss..

HAVEL, Vaclav – *Avons-nous besoin d'un nouveau mythe?*, in "Ésprit", n.° 108, nov. 1985, p. 5 ss.

HEIDEGGER, Martin – *Chemins qui ne mènent nulle part*, trad. fr., Paris, Gallimard, 1962

HELLER, Leonid/NIQUEUX, Michel – *Histoire de l'Utopie en Russie*, Paris, P. U. F., 1995

HUEBNER, Kurt – *Die Wahrheit des Mythos*, Munique, C. H. Beck, 1985

HUDDE, Hinrich/KUON, Peter (ed.) – *De l'utopie à l'uchronie. Formes, significations, fonctions*, Tübingen, Günter Narr, 1988

IMAZ, Eugenio – *Topia y Utopia*, San Sebastian, Cuadernos Universitarios, Universidad de Deusto, 1988

IMBROSCIO, Carmelina (org.) – *Requiem pour l'Utopie ? Tendances autodestructives du paradigme utopique*, Pisa/Paris, Goliardica/Nizet, 1986

KAMLAH, Wilhelm – *Utopie, Eschatologie Geschichtsteologie*, Manheim..., Biliog. Inst., 1969

KANTER, Rosabeth Moss – *Commitment and Community: Communes and ias in sociological perspective*, Cambridge, Mass., 1972

KATEB, G. – *Utopia and its Enemies*, London, Collier-Macmillan, 1963

KOLAKOWSKI, Leszek – *A Presença do Mito*, trad. bras. de José Viegas Filho, Brasília, Editora Universidade de Brasília, 1981

KROKER, E. M. – *Rite, Gesetz und Recht*, in "Oesterrichische Zeitscrhrift fuer Oeffentliches Recht", Band XIX, Viènne/New York, 1969, pp. 95-132

KUMAR, Krisham – *Utopia and anti-utopia in Modern Times*, Oxford/Cambridge, Basil Blackwell, 1991

KURZON, D. – "How lawyers tell their tales", *Poetics*, n.° 14, 1985, p. 467 ss.

LAFAYE, Jacques – *Mesías, cruzadas, utopias. El judeo-cristianismo en las sociedades ibéricas*, trad. cast. de Juan José Utrilla, México, Fondo de Cultura Económica, 1984

LANDOWSKI, E. – "Vérité et véridiction en droit", *Droit et Société*, n.° 8, 1988, p. 45 ss.

LAPOUGE, Gilles – *Utopie et civilisation*, Paris, Flammarion, 1978

LARDREAU, Guy – *Fictions Philosophiques et Science-fiction*, Arles, Actes du Sud, 1988

LASKY, Melvin – *Utopia and Revolution*, Chicago, The University of Chicago Press, nova ed., Midway reprint, 1985

LE GOFF, Jacques – *Idades Míticas*, in "Enciclopédia Einaudi", ed. port., Lisboa, Imprensa Nacional – Casa da Moeda, I, 1984, p. 311 ss..

LE GOFF, Jacques – *Memória*, in *Enciclopédia* (Einaudi), 1. *Memória-História*, ed. port., Lisboa, Imprensa Nacional-Casa da Moeda, 1984

LENOBLE, Jacques/OST, François – *Droit, Mythe et Raison: essai sur la dérive mytho-logique de la rationalité juridique*, Bruxelles, Publ. Facultés Universitaires Saint-Louis, 1980

LENOBLE, Jacques/OST, François – *Founding Myths in Legal Rationality*, "Modern Law Review", n.º 49, 1986, p. 530 ss.

Les Utopies à la Renaissance, Colloque international, P.U.B./P.U.F., 1963

LEVINAS, Emmanuel – *L'autre, utopie et justice*, entretien avec…, "Autrement", n.º 102, nov. 1988, p. 53 ss.

LEVITAS, Ruth – *The Concept of Utopia*, New York…, Philip Allan, 1990

LOEWY, Michael – *Rédemption et Utopie. Le judaisme libertaire en Europe centrale*, Paris, P.U.F., 1988

LOGAN, G. M. – *The meaning of More's Utopia*, Princeton. Princeton Univ. Press, 1983

LUKES, Steven – *The Curious Enlightenment of Professor Caritat*, Verso, 1995, trad. port. de Teresa Curvel, revisão de Manuel Joaquim Viera, *O curioso Iluminismo do Professor Caritat*, Lisboa, Gradiva, 1996

LUKES, Steven – *Cinco Fábulas sobre los Derechos Humanos*, in *De los Derechos Humanos*, ed. de Stephen Shute e Susan Hurly, trad. cast. de Hernando Valencia Villa, Madrid, Trotta, 1998, p. 29 ss.

L'Utopie de Thomas More, ed. d'André Prévost, Paris, Mame, 1978

L'Utopie. Catalogue de l'Exposition Bibliographique au Centre Culturel Portugais, Paris 24-XI-9-XII 1977, Paris, Fundação Calouste Gulbenkian, Centre Culturel Portugais, 1977

MAGALHÃES-VILHENA, Vasco de – (org. et selecção.) – *Utopia e Utopistas Franceses do Século XVIII*, Lisboa, Livros Horizonte, 1980

MANCINI, Italo – *Teologia, ideologia, utopia*, Brescia, Queriniana, 1974

MANHEIM, Karl – *Ideologie und Utopie*, Bonn, 1930, trad. br., *Ideologia e Utopia*, 4.ª ed., Rio de Janeiro, Editora Guanabara, 1986

MANUEL, Frank E. – *French utopias; an anthology of ideal societies*, New York, Free Press, 1966

MANUEL, Frank E./MANUEL, Fritzie P. – *Utopian thought in the Western World*, Cambridge, Mass., The Belknap Press of Harvard Univers. Press, 1979

MARCUSE, Herbert – *O Fim da Utopia*, trad. port., Lisboa, Moraes, 1969

MARIN, Louis – *Utopiques: Jeux d'espaces*, Paris, Minuit, 1973

MAROUBY, Christian – *Utopie et primitivisme. Essai sur l'imagerie anthropologique à l'âge classique*, Paris, Seuil, 1990

MARRODÁN, Mario Angel – *Utopía y Arcadia*, Palencia, Rocamador, 1989

MARTINS, Alberto – *O Mito do Paraíso*, Lisboa, Seara Nova, 1977

MARTINS, José V. de Pina – *L'Utopie de Thomas More au Portugal (XVIe et début du XVIIe siècle)*, in "Arquivos do Centro Cultural Português", Paris, Fundação Calouste Gulbenkian, 1982, vol. XVII, p. 453 ss.

MARTINS, Oliveira – *Sistema dos Mitos Religiosos*, 4.ª ed., Lisboa, Guimarães Ed., 1986

MEDINA, João – *Não há Utopias Portuguesas*, "Revista de História das Ideias", Coimbra, Instituto de História das Ideias, Faculdade de Letras, vol. II, p. 163 ss..

MELO, A. Barbosa de – *Democracia e Utopia (Reflexões)*, Porto, dist. Almedina, 1980

MILHOU, Alain – "Epílogo (a modo de síntesis)" a *Les Utopies dans le Monde Hispanique*, Actas del Coloquio celebrado en la Casa de Velázquez, Madrid, Universidad Complutense, 199, p. 313 ss.

MOLNAR, Thomas – *Utopie, éternelle hérésie*, trad. fr. de Olivier Launay, Paris, Beauchesne, 1973

MOREAU, Pierre-François – *Le Récit Utopique. Droit naturel et roman de l'Etat*, Paris, P.U.F., 1982

MORGAN, Arthur E[rnest] – *Nowhere is somewhere. How history makes utopias and utopias make history*, Chapell Hill, University of North Caroline Press, 1946

MUCCHIELLI, Roger – *Le Mythe de la cité idéale*, Brionne, Gérard Monfort, 1960 (reimp. Paris, P.U.F., 1980).

MÜLLER-DOOHM, Stefan – *Jenseits der Utopie*, Frankfurt am Main, Suhrkamp, 1991

MUMFORD, Lewis – *The story of Utopias*, New York, Boni and Liveright, 1922

NEGLEY, Glenn – *Utopian Literature. A Bibliography*, Lawrence, Kansas, The Regent Press of Kansas, 1977

NEGLEY, Glenn/PATRICK, J. Max – *The Quest for Utopia*, New York, 1952

NESTLE, Wilhelm – *Vom Mythos zum Logos. Die Selbstentfaltung des griechischen Denkens*, 2.ª ed., Stuttgart, Alfred Kröner, 1975

NEVES, Marcelo – *A Constitucionalização Simbólica*, S. Paulo, Editora Académica, 1994

Pierre FURTER/Gérard RAULET – *Stratégies de l'Utopie*, Paris, Galilée, 1979

PLUM, Werner – *Englische Utopien, Lehrbild der sozialen und technologischen Zusammenarbeit*, trad. em port. do Brasil de Betty Cruz Arnaud Heidemann, *Utopias Inglesas, modelos de cooperação social e tecnológica*,Fundação Friedrich-Ebert, Bona, 1979

POPPER, Karl – *Utopia and violence*, in "The Hibbert Journal", XLVI, 1948, in ex in *O Racionalismo Crítico na Política*, trad. br., Brasília, Cadernos da Universidade de Brasília, 1981, p. 3 ss.

RAULET, Gérard – *La fin de l'Utopie*, "La Pensée", n.º 248, Nov-Dez. 1985, pp. 73-92

RENOUVIER, Ch. – *Uchronie (l'utopie dans l'histoire), esquisse historique apocryphe du développement de la civilisation européenne tel qu'il n'a pas été, tel qu'il aurait pu l'être*, reed., Paris, Fayard, 1988 [1.ª ed. 1857]

RESZLER, André – *Mythes Politiques Modernes*, Paris, PUF, 1981

RICOEUR, Paul – *Lectures on Ideology and Utopia*, ed. por George Taylor, New York, Columbia Univ. Press, 1986 (ed. port. *Ideologia e Utopia*, Lisboa, Edições 70, 1991).

RICOEUR, Paul – *Tradizione o Alternativa, tres saggi su ideologia e utopia*, com um ensaio introdutório de Giuseppe Grampa, trad. it., Brescia, Morcelliana, 198.

RICOEUR, Paul – *Tradizione o Alternativa, tres saggi su ideologia e utopia*, trad. it., Morcelliana, Brescia, 1980

RIVIERE, Claude – *Les liturgies politiques*, Paris, PUF, 1988, trad. bras. de Luis Filipe Baêta Nevas – *As liturgias políticas*, Rio de Janeiro, Imago, 1989

RIVIÈRE, Claude – *Les rites profanes*, Paris, P.U.F., 1995

ROCHA, Andrée – "Raiz e Utopia em Sá de Miranda", in *Temas de Literatura Portuguesa*, Coimbra, s/e, 1986

ROSENAU, Helen – *La Ciudad Ideal*, trad. cast. de Jesús Fernández Zulaica, Alianza Editorial, Madrid, 1986.

ROUDAUT, Jean – *Les Villes imaginaires dans la littérature française*, Paris, Hatier, 1990

ROUGIER, Louis – *Du paradis à l'utopie*, trad. cast. de Oscar Barahona e Uxoa Doyhamboure – *Del paraíso a la utopía*, México, Fondo de Cultura Económica, 1984,

ROUGIER, Louis – *Du paradis à l'utopie*, trad. cast. de Óscar Barahona e Uxoa Doyhamboure, *Del paraíso a la utopía*, Mexico, Fondo de Cultura Económica, 1984

RUBIO CARRACEDO, José – *La utopía del estado justo: de Platón a Rawls*, 1982

RUYER, Raymon – *L'Utopie et les Utopies*, Paris, P.U.F., 195

SAAGE, Richard – *Das Ende der politischen Utopie ?*, Frankfurt,

SCHNEIDER, P. – "Jurisprudenz, Utopie und Rhetorik", in R. Alexy/R. Dreier/U. Neumann – *Rechts- und Sozialphilosophie in Deutschland heute. Beiträge zur Standortbestimmung*, ARSP, Beihefte NF 44, Stuttgart, Steiner Verlag, 1991, pp. 337-347.

SERVIER, Jean – *L'Utopie*, 2.ª ed., Paris, P.U.F., 1985

SERVIER, Jean – *Histoire de l'Utopie*, Paris, Gallimard, 1967

SHKLAR, Judith N. – *After Utopia. The Decline of Political Faith*, Princeton, Princeton University Press, 1991

SIERRA, Angela – *Las Utopias. Del Estado real a los Estados soñados*, Barcelona, Lerna, 1987

SINGH, Chhatrapati – *Law from anarchy to utopia*, Oxford, Clarendon Press, 1986

SPAEMANN, R. H.– *Critica de las utopias políticas*, Pamplona, EUNSA, 1980.

STAQUET, Anne – *L'Utopie ou les fictions subversives*, Zurique /Quebeque, Éditions du Grand Midi, 2003

TROUSSON, Raymond – *Temas e mitos. Questões de método*, trad. port., Lisboa, Livros Horizonte, 1988

TROUSSON, Raymond – *Voyages aux Pays de nulle part. Histoire littéraire de la pensée utopique*, 2.ª ed., Bruxelas, Editions de l'Université de Bruxelles, 1979

TROUSSON, Raymond –*Un problème de littérature comparée: les études des thèmes. Essai de méthodologie*, Paris, Minard, 1965

TUVESON, Ernst L. – *Milenium and Utopia; a study of the background of the idea of progress*, Berkeley, Univ. of California Press, 1949

VARGA, C. – *Utopias of rationality in the development of the idea of codification*, in RIFD, 1978, 1, pp. 23 ss..

VENTURI, Franco – *Utopia e Riforma Nell'Illuminismo*, ed. ital. Torino, Einaudi, 1970

VERSINS, Pierre – *Encyclopédie de l'Utopie et de la Science Fiction*, 2.ª ed., Lausanne, Ed. L'Age d'Homme, 1984

VL, XI, n.° 2, 1991, p. 19 ss..

SECÇÃO 14
Desafios Juspolíticos Hodiernos

SUMÁRIO: 14.1. Omnipresença Jurídica. 14.2. Omnipresença Política. 14.3. Tradição e Ruptura Juspoliticas na Contemporaneidade. O Morto e o Vivo nas Categorias do Liberalismo e do Constitucionalismo Moderno. 14.4. Crise da Modernidade Política e algumas pistas Jurídicas. 14.5. Problemática da Legitimação. 14.6. Fim da Convicção Política? 14.7. Propriedade, Economia e Política. 14.8. Política e Direito: um diálogo a continuar

SECÇÃO 14
Desafios Juspolíticos Hodiernos

14.1. *Omnipresença Jurídica*

Comecemos de novo pelo Direito, e passemos só depois à Política.

Os manuais de Direito e também as suas monografias não questionam a importância do Direito. Seria perda de tempo. Não conhecemos, aliás, nenhuma disciplina que o faça – nem mesmo a filosofia, que contudo em si mesma é (em ser e legitimidade) o seu grande problema – a não ser (e pueril e raramente) em obras propedêuticas.

Quando livros tão diferentes, de autores de orientação tão diversa, como *Perchè il Diritto,* de Sergio Cotta, ou *Introdución al Derecho* de Angel Latorre[575], nos dizem afinal que, do levantar ao deitar (e durante o sono ou a insónia), o Direito está bem presente nas nossas vidas, e quando outros insistem em que, do berço à tumba, ou mesmo antes, e até depois, topamos com o Direito, porque será que o fazem? Gosto imperialista e de etnocentrismo epistemológico?

François Terré, na sua *Introduction générale au Droit*[576], muda o estilo académico habitual nesta questão, retomando a lição de Jean Carbonnier: no trânsito e nos impostos, aí sim, o público enfrentaria o Direito. No plácido ou frenético decorrer das vidas normais, este não se encontraria presente.

Em que ficamos?

Ambos os tipos de introdução ao Direito têm razão. Observam é essa realidade por ângulos diversos.

---

[575] COTTA, Sergio – *Perché il Diritto*, 2.ª ed., Brescia, La Scuola, 1983; LATORRE, Angel – *Introdução ao Direito*, trad. portuguesa, Coimbra, Almedina, 1978, p.15 ss.

[576] TERRE, François – *Introduction générale au Droit*, Paris, Dalloz, 1991, p. 1.

Para quem não tenha a estrita visão de que só há mesmo Direito na sala de operações da barra do tribunal, ou na intervenção da força pública, há que distinguir entre presença jurídica latente e presença actual, entre direito fisiológico e direito patológico.

É evidente que uma sociedade em que os cidadãos passassem a vida nos pretórios e a contas com a polícia seria um caos infernal, e, na realidade, bem menos jurídica que uma em que isso fossem apenas eventos excepcionais. Malfadadamente, a tendência vai para a panjuridização, não o contrário. Mas perdendo do Direito a alma.

Outro problema, que se prende agora apenas com a faceta fisiológica do Direito, reside no facto de podermos ver um grande número das realidades jurídicas sob outros pontos de vista, designadamente o social ou o económico, e afirmar triunfalmente que, por exemplo, o casamento, a doação, o contrato, ou até a representação política não são jurídicos, mas existiam antes das leis os terem acolhido e regulamentado. Pode até operar-se uma *reductio ad infinitum*, dizendo-se então (errada, superficial e levianamente) que o casamento é contrato, a doação é contrato (entre nós é-o legalmente, mas não assim noutras ordens jurídicas), todos os contratos o são, e a representação deriva do contrato social, logo, tudo são contratos. Ora os contratos são, para os economistas, como que fórmulas de circulação de valores, bens e serviços, portanto uma iniludível realidade económica, enquanto para os sociólogos são fluxos sociais, ou para os politólogos *imputs* e *outputs* de poder e dominação. E daí?

É evidente que assim se não chega a parte nenhuma: a realidade é pequena para as tentações totalitárias de todos os especialistas. É interessante, e até estimulante, como todas as matérias podem ser traduzidas para quase todas as linguagem e convir a uma ou a outra *forma mentis*.

Não se nega, pelo contrário se afirma, que o contrato ou o casamento (não nas suas formas sofisticadas de hoje, mas com outros rituais) hajam existido antes do Direito. Mas isto é porque o Direito foi inventado pelos Romanos, e antes disso só havia uma sincrética normatividade (os Árias não possuíam sequer palavra para «Direito»[577] e os chineses ainda hojem experimentam dificuldade para o designar em estado puro). Porque se se acreditar que o Direito é prévio ao *ius redigere in artem*, então a juridici-

---

[577] JHERING, R. von – *Les Indo-Européens avant l'Histoire*, trad.francesa de O. de Meulenaere, Paris, A. Marescq, MDCCCXCV, p. 23.

dade sempre acompanhou tais realidades sociais, económicas, políticas, etc. E mais: muito antes de existir politologia, sociologia ou ciência económica.

Estamos, pois, acompanhados pelo Direito, escoltados por ele, que como manto invisível cobre o conjunto das nossas actividades. E ainda que nada tenha com algumas, precisamente ao abster-se, e bem, as deixa livres e as protege de outras intromissões – veja-se a protecção da vida privada, da intimidade, o sigilo da correspondência, etc.

O jurista não precisa de ficcionar na vida dos homens uma importância que não tivesse. Os tempos actuais já estão a mostrar é a urgência de que o pacato cidadão, que podia outrora passar toda a sua vida sem ter pago uma multa, visto um polícia em acção, ou comparecido num tribunal (sem que por isso estivesse menos acompanhado pelo Direito), se ponha de sobreaviso contra o vizinho malévolo que lhe pode mover um processo, ou um poder distraído que o pode prender por engano.

A omnipresença quotidiana do Direito deve ser, para o cidadão comum, como a de Santa Bárbara. Velando todo o ano, cada dia, mas só sendo recordada em caso de trovoada, que se espera longínqua e muito rara. Mas todavia, o Direito, como Santa Bárbara, lá está, sempre.

É certo que a centralidade dos juristas na sociedade, sempre junto do poder e da sacralidade (assumindo boa parte da primeira função social indo-europeia), veiculando uma *forma mentis* e saberes que foram absolutamente matriciais nas nossas comunidades (influenciando desde a geometria até à teologia, e conformando poderosamente o inconsciente colectivo)[578] teve consequências que não agradam obviamente a todos. Já os Humanistas tinham inveja dos juristas – Erasmo e Rabelais, por exemplo, não os poupam. Realmente, os juristas, ao longo dos séculos europeus e através de todas as revoluções, sempre aproveitaram dessa proximidade do poder. Mas a grande pergunta é outra – independentemente dos benefícios pessoal e corporativamente colhidos, não lucrou o bem comum? E mais: qual a alternativa? Onde está a metateoria fundante, legitimadora e operativa capaz de sedimentar uma cosmovisão? O economicismo, a tecnocra-

---

[578] Sobre o lugar dos juristas na sociedade ao longo de todo esse tempo, *v.g.*, HESPANHA, António Manuel – «O Antigo Regime (1620-1807)», in *História de Portugal*, dir. de José Mattoso, IV vol., Lisboa, Círculo de Leitores, 1993, p. 9 ss.

410 Repensar a Política – Ciência & Ideologia

cia, ou a pós-modernidade[579] (depois das ideologias clássicas – porque estas são novas ideologias, pretensamente não-ideológicas ou até anti- ou pós-ideológicas), serão preferíveis à «ideologia do Direito»?

Temos de responder que não.

Porém, a centralidade e o privilégio dos juristas são coisas do passado. O que está hoje em causa não é recuperar uma aura decerto irremediavelmente perdida, mas sobreviver com honra e dignidade, cumprindo uma tarefa específica – o *suum cuique tribuere*.

Se outrora se podia falar na *casta dos juristas,* o mais que hoje se poderá aspirar é em vir a falar na douta e civilizada *tribo dos juristas.*

14.2. *Omnipresença Política*

Tal como o Direito, também a Política é omnipresente. Mas se tudo é político, nem tudo é verdadeiramente político. Na verdade, há que moderar a teoria da omnipresença absoluta quer do Direito quer da Política.

---

[579] Sobre o economicismo, já, entre nós, PINTO, Manuel Maia – *Economismo. O Equívoco sôbre o valor da Economia-Política,* Porto, Imprensa Moderna, 1932. Recordando que foram os juristas que introduziram esta matéria na Universidade – na Faculdade de Direito de Paris, em 1877 (p. 19) –, o Autor vaticinava: «por este andar, o economista encartado pela Faculdade, em breve obterá, como os médicos e advogados, o monopólio temível, e será êle a exercer exclusivamente a profissão rendosa de consultar e receitar panaceias para os males públicos» (p. 20). O Autor termina vencido: «poucos nos acreditarão, e [...] sobretudo dos economistas o mais que teremos será um sorriso de mofa para a atrevida ignorância. Dêsses que são os senhores da nossa idade esperamos isso, dos escravos... Mas que importam os escravos? [...] que triste desvario, ou que infernal bruxaria levou os escravos a ver a redenção na lei do senhor, na lei feita pelo dono? Chamamos a isso um equívoco. Que pequena palavra, o equívoco economista! Demos-lhe um nome e algumas voltas, porém sabemos que não o destruimos» (p. 176). Cfr. a nossa posição sobre o problema CUNHA, Paulo Ferreira da – *Princípios de Direito. Introdução à Filosofia e Metodologia Jurídicas,* Porto, Rés, 1993, p. 233 ss. Sobre a Postmodernidade, *Idem – Pensar o Direito,* II. *Da Modernidade à Postmodernidade,* Coimbra, Almedina, 1991, pp. 17 ss. e *Idem – Para uma História Constitucional do Direito Português,* Coimbra, Almedina, 1994, p. 425 ss. Sublinhe-se ainda que o próprio HABERMAS, Jürgen – *O Discurso Filosófico da Modernidade,* trad. portuguesa, Lisboa, Dom Quixote, 1990, p. 16, levanta a suspeita de que o transcender da modernidade (ou a sua superação) pelo pensamento pósmoderno seja somente uma auto-imagem, contrária a uma realidade de dependência face aos pressupostos modernos.

E não esqueçamos que há uma forma jurídica de omnipresença (discreta) do Direito, e uma forma política (invasiva) de omnipresença (totalitária) do Direito. Ou melhor: ambas são formas políticas – uma "liberal", que mais liberdade dá e mais se compatibiliza com a autonomia do jurídico, e uma totalitária, que, na verdade, sufoca e termina com a juridicidade. O Direito existe numa situação, e sobrevive na outra. Numa é racionalidade própria, noutra é mero molde, mera técnica.

14.3. *Tradição e Ruptura Juspoliticas na Contemporaneidade*

É sabido que vivemos ainda das categorias juspolíticas da modernidade, e mais especificamente do iluminismo e do liberalismo, que foi (em muitos aspectos) uma continuação daquele. Todavia, uma continuação que partiu das premissas para novas conclusões. Também o nosso tempo se não conforma nem acomoda aos dogmas e mitos do demo-liberalismo dos tempos passados. Mas será caso para tudo recusar em bloco, passando sentença de morte a tal legado, de resto ao mesmo tempo que se vai lavrando a certidão de óbito das ideologias?

Há coisas vivas e coisas mortas na herança liberal. As vivas, na verdade cada dia mais actuais, são os princípios liberais no plano cívico e político, e não tanto os que já decorrem do Iluminismo, e muito menos os *clichés* de cartilha, elevados a manipanço pelos anti-liberais. Muito do liberalismo de cartilha, muito do que não tem a ver directamente com a vontade de liberdade livre, que vem de dentro e não de fora, muito será facilmente recuperável pelo neo-iluminismo, sempre grandiloquente mas brutal e contrário à nossa sensibilidade culta, que continua em boa medida liberal, qualquer que seja a nossa opção intelectual ou ideológica.

Façamos o decisivo teste: hoje, nenhum conservador ou reaccionário, esquerdista ou colectivista prescindiria das liberdades ditas "burguesas" (para si próprio). Nisso, a construção fantasiosa do véu de ignorância de John Rawls tem razão em absoluto: se não soubermos vir a estar na mó de cima, queremos direitos e liberdades, como defesa.

> «*Dize, se fores tu Rato*
> *Assim como aqueles são,*

Da despensa do Patrão
Clamarias pelo Gato?»[580]

Direitos, liberdades, garantias, dignidade do homem face ao poder, independência do poder político face ao outros pólos do mando, separação de poderes (que o liberalismo não inventou, mas propagou fortemente e no quadro estadual que se mantém), tudo isso, que é afinal o fulcro do constitucionalismo moderno (ou constitucionalismo voluntarista) é actualíssimo, assim se saiba ler a História e adaptar o *instrumentarium* aos casos novos – que até muitas vezes não o são tanto. Mudou mais o *décor* e a tecnologia: os homens são aborrecidamente iguais ao que eram.

Não podemos enterrar o liberalismo (nem o socialismo, obviamente). O que mais repugna no neoliberalismo é que pretendeu fazer a economia de todo o legado post- ou não liberal (ou, pelo menos, condenando-o em bloco): do socialismo utópico à doutrina social da Igreja, do "socialismo real à social-democracia", nada disso foi aceite – tudo foi anatematizado como erro. E todavia essas ideias e essas experiências (no seu antagonismo e contraditoriedade recíproca, aliás) deixaram na memória do mundo uma mensagem e um legado: a preocupação pelo social. Nada mais poderia permanecer igual ao que era dantes. Aliás, nem sequer se pode, bem vistas as coisas, considerar que o liberalismo e o constitucionalismo moderno sejam visceralmente contrários ou tenham produzido uma ruptura face ao legado tradicionalista das velhas liberdades. São-no, sim, frente ao período absolutista e iluminista (que todavia é seu parente). E contudo as correntes neo-liberais – mesmo algumas em muitos aspectos verdadeiramente conservadoras – não prescindem, pelo menos algumas delas, da invocação de grandes autores, que, embora "revisionistas" *hoc sensu*, se reivindicam do "liberalismo clássico" – ou seja, os da escola de Viena (com von Mises e Hayek) e os da escola de Chicago (a começar com Milton Friedman)[581].

---

[580] ALORNA, Marquês de – cód. BNL 8583, f. 10.
[581] De entre inumeráveis, cf. FRIEDMAN, Milton e Rose – *Liberdade para Escolher*, trad. port., 2.ª ed., Mem Martins, Europa-América, s/d.; HAYEK, F. A. – *L'Ordre politque d'un peuple libre*, Paris, P.U.F., 1983; *Idem – The Road to Serfdom*, London, Routledge & Sons, 1946, nova ed., London, Routledge, 1991; *Idem – Droit, législation et liberté*, trad. fr., Paris, P.U.F., 1973-1979, 3 vols.; *Idem – The Counter-revolution of science: Studies on the abuse of reason*, Glencoe, Illinois, The Free Press, 1952; *Idem –, The Constitution of Liberty*, reimp., London and Henley, Routledge & Kegan Paul, 1976; MISES, Ludwig von

Reavaliar os Paradigmas

O clamor pelas liberdades é, sobretudo entre nós, uma linha contínua, jamais adormecida. Perigam só se faltar muito o pão e a educação.

14.4. *Crise da Modernidade Política e algumas pistas Jurídicas*

Valha uma síntese esquemática dos «sinais dos tempos» de mudança, feita a partir da crise de velhos postulados, inspirada na perspectiva que ouvimos um dia a António Hespanha (que invocamos por *suum cuique,* mas obviamente desresponsabilizamos, quer pela nossa interpretação, quer, obviamente, pela nossa resposta):

1. Concentração do Poder – Estadualismo – Característica jurídica da Estadualidade da norma. Hoje: dissolução do Estado? Só aparentemente, na cabeça dos intelectuais, pelo ataque de grupos de pressão, pelo esboroamento dos poderes, e pela inépcia e tibieza dos políticos que queiram ser sempre em pé, de cedência em cedência.

2. *Imperium* estadual – Imperatividade da norma (e dos procedimentos). Para alguns, hoje, os consensos substituiriam a imperatividade. Crítica – como em 1.

3. Coacção. Característica jurídica: coercibilidade da norma. Hoje um tal modelo aparentemente estaria em crise. Mas não. Cada dia há mais normas, que são cada dia mais alheias aos seus destinatários, e assim a norma é cada vez mais constrangedora. E no entanto, estultamente, cada vez mais as pretensas forças vivas pedem mais normas. Ignorando as que existem, e o Direito e a Política que pré-existem.

4. Modelo «judicatório» (Boaventura Sousa Santos) – decisão pelo juiz, mesmo contra as partes envolvidas. Hoje, na mesma senda interpretativa, prevaleceriam os métodos alternativos à jurisdição, como a composição, negociação, arbitragem, etc. Ora o modelo em causa é típico da

---

– *Liberalism in the classic tradition*, trad. br., *Liberalismo segundo a tradição clássica*, Rio de Janeiro, José Olympio/Instituto Liberal, 1987; *Idem – Human Action. A Treatise on Economics*, trad. fr., *L'Action Humaine. Traité D'Economie*, Paris, P.U.F., 1985. Apologética: SORMAN, Guy – *La solution libérale*, trad, port. *A Solução Liberal*, Lisboa, Inquérito, 1986; *Idem – Les vrais penseurs de notre temps*, Paris, Fayard, 1989. Contra, *v.g.* GOODWIN, Barbara – *Utopia defended against liberals*, in "Political Studies", Oxford, Clarendon Press, 1980; NUNES, António José Avelãs – *Neoliberalismo e Direitos Humanos*, Lisboa, Caminho, 2003.

função jurídica, e por isso não é raro que mesmo os defensores destas medidas alternativas, num rasgo de bom senso e precaução, reclamem a presença de juízes, ou pelo menos de juristas, nestes para-tribunais. Mas de nada valerá tal presença se os cursos de Direito se transformarem em meros cursos de técnica ou engenharia de normas, o que inevitavelmente sucederia se fossem amputados da sua extensão, ritmo de leccionação, e cadeiras humanístico-sociais. Recuemos ao nó do problema: a educação jurídica!

As três primeiras notas põem em questão as características da norma jurídica, pilar do direito para o positivismo legalista, principal problema doutrinal que enfrenta um Direito autêntico. Não achamos que estejam verdadeiramente em significativa crise, porque o poder e as mentalidades dominantes ainda por aí navegam. Todavia, a crítica dessas realidades vem trazer mais água ao moinho de uma visão pluralista do Direito, que além, mais profundamente e mais acima de caracteres externos, e nem sempre nem necessariamente verificáveis (como os enunciados), recupera os *tria præcepta iuris* e a ideia de justiça como identificadores da juridicidade real e verdadeira.

A terceira dimensão é que não pode aceitar-se. O Direito tem fundamentalmente que agir com o poder de um terceiro independente, sabedor, juiz. O que não significa que ele não deva concertar as partes. Porém, não a qualquer preço. É que a justiça não é um caso privado de A e B que vão a tribunal. É questão comunitária. Julgar contra ambas as partes? Por que não, se for a bem da justiça, que não diz respeito só aos litigantes? Isto com todos os cuidados de equidade no caso, e sem pretensões *à la Shylok*.

14.5. *Problemática da Legitimação*

Tantas modas consensualistas, economicistas, tecnocráticas, hoje por quase todos repetidas! O que prova que já não há autêntica, real comunicação, mas apenas transmissão. Façamos uma arqueologia brevíssima destas crenças: muitas destas ideias decorrem afinal do vazio, da descrença mais profunda (interiorizada e já não questionada ou sequer assomando ao consciente), de que não há verdade nem bem político ou social, ou jurídico. Fruto da *dita* morte das ideologias, agravada pela derrocada das utopias, última salvação dos crentes.

O interessante é que a morte (ainda que aparente) de um dos protagonistas da velha peça política deixou paralisado todo o elenco. Já ninguém sabe dizer a sua deixa. Como se sente que, realmente, tanto se vivia de «dar luta a um inimigo», e pouco mais.

Assim, deixando de haver referências, o bem é tão só e tão tristemente o que contentar as pessoas, num dado tempo e lugar. Ontem, um qualquer torcionário era o líder e o herói das massas inflamadas, carismático democraticamente eleito e todos os dias sufragado no entusiasmo popular; hoje, é um feroz ditador. Como se contará a história amanhã?[582] E a consciência permanece tranquila. Pois não se verá que este símile político do *slogan* «O cliente tem sempre razão» muitas vezes se vira contra o próprio cliente?

Não importa, é a ideia da moda. E todavia, recordemos o que escreveu Teodoro de Almeida na sua *Recreação Filosófica*:

«Não devemos ter o espírito tão inquieto que sempre amemos as novidades, nem tão tímido que só estimemos o antigo, porque a verdade não cresce com os anos nem a fazem decrépita muitos séculos»

(t. 1, Prólogo).

Pois, ao arrepio disto, há modas de hoje que repristinam erros enterrados de ontem. Vai daí, pode como coisa nova afirmar-se a velha e errónea doutrina de que o Direito (aqui identificado grosseiramente com lei) só entraria em acção (para alguns) quando a mão invisível não funcionasse. Porque é normativo, indica caminhos, toma decisões. Ora, como só se aceita o caminho da dona de casa que decide se compra este ou aquele detergente (porque lho impingiram pela TV, mas não importa), e aí se encontra a única liberdade tida por concreta e não platónica (as liberdades políticas liberais continuam a ser tidas como burguesas e vagas, por paradoxo valem para alguns agora as liberdades económicas que outrora tinham feito a exploração e a miséria), é evidente que se tem o Direito como a pior das relíquias de um passado opressivo.

Já se fala, embora com ironia, em que as leis físicas só valeriam depois de passarem no parlamento. Hoje, a política reduzir-se-ia à escolha dos políticos como produtos de hipermercado, e a um direito *pau para toda a colher* dos interesses económicos e dos grupos de pressão. E por muito que os adeptos desta informalidade e pluralismo possam eventual-

---

[582] Cfr., *v.g.*, FERRO, Marc – *Comment on raconte l'histoire aux enfants*, 2.ª ed., Paris, Payot, 1992.

mente ter vindo ideologicamente do lado das esquerdas, o que resulta sempre do economicismo é o favorecimento de quem detém as rédeas da economia, isto é, do capital. Não há que temer as palavras nem os rótulos.

É fácil de compreender: é que a redução da política e do direito a mera escolha pública, já não nos cânones (até de ritual e de imaginário) da dignidade política da democracia, mas rebaixando-os a produtos de supermercado, funcionaliza-os, apouca-os, retira-lhes qualquer especificidade. Esta ideia da análise económica do Direito há-de sempre levar a marca dos *Chicago boys,* por muitas recuperações que lhe queiram fazer. É ela de um formalismo teórico sem precedentes: porque, agora sim, nem o alibi de Engels na carta a Bloch é ressalvado, e agora sim, o Direito passa a mecânico *flatu vocis,* superestrutura dirigida a partir da base. *Les beaux esprits se rencontrent.*

Mesmo Jesús Ballesteros, decerto dos poucos postmodernos ibéricos a ter honras de tradução inglesa, afirma com coragem e nitidez:

«A medida que la democracia degenera en democrature, avanzan los estudios del 'analisis económico del derecho y de la politica'»[583].

Não é possível uma economia ou uma política dos sentimentos ou da dignidade, ou da honra. Saber-se *o preço de tudo, ignorando-se qualquer valor*, é um tipo de cegueira perigosíssimo, e o princípio da mais terrorista das ditaduras: porque não conhecendo limites, a não ser o formalismo sem fundo das altas e das baixas da grande bolsa em que o mundo se transforma. Dir-se-á que a lei também não pode encerrar o amor, a virtude, altos valores. E que a lei muitas vezes é avessa ao que há de mais nobre, tendo como pior defeito a rigidez, enquanto o mercado, esse, é flexível.

O mercado o que é, é flutuante. Encontra-se assim num particular tipo de cristalização, a rigidez do catavento – melhor, a do vento, que não pára de mudar. Mas importaria desfazer algumas confusões. Primeiro, o Direito não é apenas nem principalmente a lei. A lei é só uma descrição do Direito, e, embora deva valer na expectativa de um razoável horizonte

---

[583] BALLESTEROS, Jesús – *Postmodernidad. Decadencia o resistência*, Madrid, Tecnos, 1989, p. 12. Julgamos, evidentemente, que o problema não advém, obviamente, de uma objectiva, rigorosa e purificada análise económica do direito e da política; a questão é a teleologia e o substrato institucional que ela tem servido. Não há *epistemai* sem uma história e um estilo que as marcam.

temporal, não deixa de ser datada. Desgraçadamente, muitos textos que correm com esse nome, por banalização temática, imperfeição técnica, ou até injustiça intrínseca, não são leis, mas simples ordens de quem manda.

Ora, todas as críticas feitas ao Direito que se dirigem afinal à lei voltam-se contra os seus opositores, porque isto significa que eles são incapazes de conceber intervenção e sobretudo harmonia social sem cirurgia social legiferante. E por esta confusão já adivinhamos em quão alta cirurgia, e quão perigosa, acabaria por redundar na prática o que aparentemente seria só supletivo e correctivo emendar a mão da mão invisível.

Quando se criticam os juristas por causa das leis (deviam mais criticá-los pela sentenças, ou pelas defesas ou acusações – porque é muito mais isso que eles fazem) recordamos sempre um exemplo de analfabetismo letrado, a que são tão atreitos os que, por terem diplomas, se cuidam donos do saber... e até do mundo. A explicação agastada, e sem a mais leve ironia, que um assistente de Medicina Legal deu um dia aos alunos de Direito para não poderem fumar num exame, foi esta: «– Os senhores fazem destas leis, agora queixem-se». Pobres dos terceiranistas de Direito, já responsáveis pela legislação pátria.

Mas a fábula repete-se sempre. E já estamos a ouvir os nossos críticos: «– Se não foste tu, foi o teu pai».

Mas é sobretudo importante afirmar que o Direito, em vez de conspurcar afectos e solidariedades, intimidades e valores de privacidade com o olho inquisitório da dialéctica do senhor e do escravo, ou a banalização até profanadora da lógica do lucro, deixa essas realidades seguirem a sua vida própria, apenas as resguardando de intrusos.

O mesmo se diga para a análise do crime. O crime não é profissão. É marginalidade. O pseudo-mercado trabalho/emprego do crime não concorre com o das pessoas que trabalham, porque os ladrões não trabalham, vivem do trabalho alheio. Do mesmo modo que nenhuma utopia economicista acabaria com o crime (ao contrário do profetizado e acreditado por muitos), também não é subindo os salários que se termina com a apetência pela vida do crime. Ingenuidade de quem vê a vida real pelas leis da hidrostática. Nem tudo são vasos comunicantes! A solução lógica de uma análise destas só poderia ser a legalização do sindicato do crime, quiçá a sua consideração como parceiro social. Não sei se a pós-modernidade pós-Estado Providência consentiria que os bandidos descontassem para a segurança social, mas é um caso a pensar. Porém – cabeça a nossa! – Esquecíamo-nos que a segurança social já não existirá no pós-Estado providência!

418   *Repensar a Política – Ciência & Ideologia*

A esta lógica liga-se, por exemplo, a ideia de que a despenalização pura e simples da droga, embaratecendo substancialmente o produto, seria a solução para o problema. Elimina-se o crime, e os riscos associados, e tudo correrá bem. É realmente fácil acabar com a criminalidade despenalizando. Só que o problema da droga não se limita ao do tráfico, que é hoje e deveria certamente ser sempre crime, mas fundamentalmente ao do consumo que não é, mas deveria passar a ser, incluído na simples vitimização. O que não significa, porém, que a vítima não possa continuar a sê-lo se se substituir a figura algo pícara do «passador» (que corre alguns riscos) pelo bandido burguês do simples distribuidor legal, privado ou até público[584].

A forma como o economicismo (neste caso especialmente o neo/ /ultra-liberal) lida com o crime é tão ingénua como a perspectiva do marxismo-leninismo ortodoxo (que acreditava vir a acabar o crime com a simples elevação e igualitarização das condições sociais). Na verdade, não vemos diferença significativa entre os pressupostos – ambos materialistas, e por isso cegos ao que mais importa – de ambas as visões. Afinal, caricaturando apenas um pouco, dir-se-ia que os ricos não roubam, não se drogam, nem se divorciam. Pelo menos, não teriam razões racionais (isto é, materiais) para tanto. O Prémio Nobel de 1994, mais um homem de Chicago (a moda já então os contava em quatro consecutivos), Gary Becker, tudo isso explicava pela vantagem racional[585]. Sintomaticamente, escapam-lhe, ao que parece, a religião e a guerra. Mas aí deve intervir um qualquer tabu (e estamos em crer que o clássico Ludwig von Mises não pensaria como Becker). Quanto mais não fosse – e mais há – porque a guerra sempre se revelou (para alguns) um grande negócio, e os EUA são palco de grandes empre-

---

[584] Mas a questão é muito complexa, e é necessário ter uma capacidade de previsão e uma abertura de espírito muito grandes para discutir o problema sem preconceitos e com a boa vontade de o querer mesmo resolver. O preço a pagar pelo minorar da catástrofe qual será? Há que ponderar os males, os maiores e os menores. Só que raros são os que se dispõem a não ideologizar o problema e encará-lo ao mesmo tempo com os princípios e com pragmatismo.

[585] Cfr. BECKER, Gary – Entrevista a *O Independente,* conduzida por Paulo Anunciação, n.° 318, 17 de Junho de 1994, «3. Vida», pp. 6-7. Sobre diversos tipos de racionalidade (não há uma ou «a» racionalidade), cfr., *v.g.*, a propósito da justiça e da racionalidade jurídica, MACINTYRE, Alasdair – *Whose Justice?, Which Rationality?,* Londres, Duckworth, 1988 (desde logo, p. 2 ss.).

Reavaliar os Paradigmas 419

sas de «religião», que aliás exportam. Seria fácil argumentar com a compra do céu e as indulgências e com o negócio do material bélico ou da intensificação da raridade por destruição para justificar a teoria da decisão económica racional. Mas o economicismo parece pouco querer com o sagrado, o político, o jurídico, o bélico. E enquanto ao jurídico e ao político absorveu, procurando negar-lhes especificidade (nesse sentido, a ideia de Becker é a de que a economia é uma cosmovisão, não exclusivamente do material, isto é, dizemos nós, uma materialização até do não material) ao bélico e ao religioso parece querer pôr entre parêntesis como irracionais – julgamos que, neste caso, porém, se trata de uma posição temporária, circunstancial.

Se percorrermos hoje muitos manuais de economia política, lá veremos a bandeira do custo de oportunidade económico: a opção, dita especificamente económica, entre canhões e manteiga. Mas quando Hitler, a quem se vai buscar o exemplo[586], falava de uma e de outra coisa, estaria a pensar em economia? Não o cremos.

Onde está o tipo de opção tipicamente política? O exemplo mais eloquente era aquele. Não se nega que seja possível entrever uma componente económica no dilema em causa, mas ele é fundamentalmente político; sendo já económico, isso sim, o de saber, na produção de manteiga, ou de canhões, o que nas escolhas não releve de uma condução livre da vida conjunta da cidadania da Pólis ou do Estado. Ora fazer a guerra ou promover a paz (e é isso que implica a opção entre canhões e manteiga, no seu simbolismo primeiro) é dos mais vitais e primários poderes que incumbem não à economia (terceira função entre os Indo-Europeus[587]), mas à política (partícipe da primeira função). E é curioso, mas é verdade: tratando do bélico, não é do foro militar (da segunda função indo-europeia).

Tudo absorver e tudo confundir com pretensões totalitárias e dissolventes das especificidades de outras disciplinas, identificando Economia com «aquilo que os economistas fazem»[588], ou com «uma forma de olhar

---

[586] Cfr. SAMUELSON, Paul A. – *Economics*, trad. portuguesa, *Economia*, 5.ª ed., Lisboa, Fundação Calouste Gulbenkian, 1982, p. 20.

[587] Sobre a trifuncionalidade indo-europeia, de que já falámos, recordemos apenas agora a selecção de textos de DUMEZIL, Georges – *Mythes et Dieux des Indo-Européens*, Paris, Flammarion, 1992, e BENVENISTE, Émile – *Le vocabulaire des institutions indo-européennes*, Paris, Minuit, 2 vols., 1969.

[588] Já falámos *supra* de um problema semelhante. Cfr. MOURA, Francisco Pereira de – *Lições de Economia*, 4.ª ed., reimp., Coimbra, Almedina, 1978, p. 6, que certamente teria colhido inspiração em Robbins.

420 *Repensar a Política – Ciência & Ideologia*

o mundo» (Becker), aliás muito nebulosamente apresentada para além da ideia de racionalidade, não só é socialmente e epistemologicamente nefasto, como a prazo terá o efeito *boomerang* contra a própria economia – império que se descaracterizará e finalmente se esboroará, de tão vasto. Já hoje se ouvem de especialistas em Gestão e outras áreas alguns gritos do Ipiranga bem significativos.

Aliás, um Estado ou uma mundividência assentes na Economia – que é a disciplina por excelência do materialismo e do lucro, ao ponto de haver quem associe necessariamente economia *a se* com capitalismo[589] – não podem levar longe. Recordamos sempre a lição do lógico mas paradoxal Secretário Bernard, nesta passagem dos diários do seu Primeiro Ministro:

«Bernard, I said, 'Humphrey should have warned me this was coming'. He sat on the sofa and sipped his drink. 'I don't think Sir Humphrey understands economics, Prime Minister – he did read classics, you know'. 'Well, what about Sir Frank? He's head of Treasury'. Bernard shook his head. 'I'm afraid he's at an even greater disavantage in understanding economics, Prime Minister. He's an economist»[590].

Não se pode levar a mal a brincadeira. Lemos uma vez num texto dum eminente economista algo de muito semelhante. Perguntamo-nos é se, de acordo com a clássica lição do economista Shackle[591], Sir Humphrey não estaria mais habilitado que Sir Frank. Aliás, conhecemos ainda economistas da velha escola, que muito prezamos e admiramos pela sua competência e ilustração. Precisamos cada vez mais de melhores economistas e gestores – que o sejam verdadeiramente e que assumam a função indo-europeia respectiva, a da prosperidade material. No fundo, voltamos

---

[589] Invocando a autoridade de POLANYI, Karl/FINLEY, M. I. – *A Economia Antiga*, trad. portuguesa, 2.ª ed., Porto, Afrontamento, 1986, p. 7, afirma que enquanto num sistema capitalista perfeito a economia ganha autonomia e se rege pelo mercado, já em situações não perfeitamente capitalistas o económico encontra-se «'encravado' nas instituições políticas, sociais e culturais». Cfr. ainda a identificação entre economia e economia liberal na bela síntese de VITORINO, Orlando – *Exaltação da Filosofia Derrotada*, Lisboa, Guimarães Editores, 1983, pp. 21 ss.

[590] LYNN, Jonathan/JAY, Antony (eds.) – *Yes Prime Minister. The Diaries of lhe Right Hon. James Hacker*, vol. I, Londres, BBC Publications, 1986, pp. 138-39.

[591] SHACKLE, G. L. S. – *What Makes an Economist?*, Birkenhead, The University Press of Liverpool, 1953. Cfr. CUNHA, Paulo Ferreira da – *Princípios de Direito*, pp. 233 ss., máx. 271, n. 11.

sempre ao legado dos Indo-Europeus: juristas e sacerdotes para a soberania e a transcendência, militares para a defesa, economistas e engenheiros para a riqueza. Porque é que teimamos em baralhar as competências?

Não olvidemos, ainda, que alguns dos mais célebres economistas de todos os tempos tinham formação jurídica. Desde logo, Joseph Schumpeter, que chegou a ser advogado, Ludwig von Mises e Friedrich Hayek, ambos doutores em Direito pela Universidade de Viena, além, evidentemente, de Karl Marx, que cursou Direito nas Universidades de Bona e de Berlim, vindo a doutorar-se em Filosofia.

O mercado ou o consenso de homens deseducados por sistemas de ensino privadores até dos instrumentos básicos do conhecimento e do espírito crítico, e por *media* indutores ao consumo e ao hedonismo, de homens realmente menorizados, não podem dar como resposta senão o que qualquer *big brother* deseje. Grande proposta de superação da democracia tradicional!

É evidente que há valores que estão muito acima do que tais homens *hic et nunc* poderão no fundo superficial e falsamente desejar, como drogados que já são. Veja-se os casos do aborto e da droga, que virão a ser, sem dúvida, um dia totalmente despenalizados e amplamente liberalizados, mas decisivamente por nítidos interesses económicos (os abortos dão ricos componentes de cosméticos, por exemplo), sem que haja indignação moral relevante. Chamar-se-á um dia esse «divino» Marquês de Sade a pedir um *pequeno esforço mais?*

Entretanto, na utopia planetária, o fumo e a bebida deverão ser cada vez menos permitidos, assim como decerto algumas actividades inofensivas, só para mostrar a força de quem pode e quer, e ainda manda muitíssimo. E, evidentemente, porque os tabus vão mudando com os tempos... A isto se acrescenta a criminalização do absentismo escolar e de faltas fiscais. Sanha nas multas de trânsito. Elevação das bagatelas a crimes gravíssimos (e vice-versa). Vigilância sem garantias de *tutti quanti*. Proibição do uso de símbolos religiosos (ou meramente tradicionais, como o véu das alunas muçulmanas) nas escolas públicas. E para quando as cruzes? «Estado polícia», já gritam alguns[592]. Para onde vai o Mundo outrora chamado «ocidental» e «livre»? Respondamos com serenidade e rigor: há

---

[592] Outros falam em Estado-fora-de-lei. Cfr., *v.g.,* PONTAUT, Jean-Marie/SEPINER, Francis – *L'Etat hors la loi*, Paris, Fayard 1989.

indicadores que apontam para um neo-iluminismo[593], agora burocrático, com recusa do legado político liberal e dos valores da cidadania, e a braços com novas invasões – que começam sempre pela decadência interna. E em pano de fundo, como ilusão, mera ilusão, a informalidade cor-de-rosa de uma pósmodernidade quase só intelectual ou folclórica.

Talvez sejam as migrações a travarem (ou a moderarem) esse neo-iluminismo, que sopra sobretudo do Norte e do Ocidente (no Sul, as próprias Luzes saldaram-se sobretudo por uma Ilustração, basicamente católica e se possível nacional; a Leste, o verniz iluminista mal cobriu o despotismo). A revolução profunda que as migrações do Leste e do Sul estão já a provocar na Europa ocidental é, como todos os fenómenos históricos, ambivalente. Curiosamente, tanto do Oriente como do Sul nos podem vir (além de muitas outras coisas, algumas nocivas, como o fundamentalismo) sementes de espiritualidade, que não apercebemos sequer, no nosso solo estéril e materialista, apressado, laboralista. Ora Portugal está curiosamente bem colocado para compreender e assimilar, transmitir e mediar. De forma pacífica ou convulsiva, uma coisa é todavia certa: o rosto da Europa mudará.

14.6. *Fim da Convicção Política?*

Um dos atractivos do novo discurso é a sua grande abertura aparente, a sua imensa sabedoria dos erros alheios e próprios, a sua disponibilidade e bonomia para tudo o que é novo; e sobretudo atrai a esfumada promessa de que o futuro está aí à porta, e como o Pai Natal traz um saco de presentes surpresa, além dos pedidos para o sapatinho.

Não se chega verdadeiramente senão a esboçar e a conjecturar, mas mais poética que politicamente. Os desenganos foram grandes, e *perseverare, diabolicum*. A fragmentaridade é, porém, pedra de toque. Realmente, o que mais aí se vê são estilhaços. Para não afrontar nem mutilar nada, parece correcto que sejam acolhidas as diferenças. Mas então e a anarquia?

---

[593] Considerando já neo-iluministas o «miraculismo revolucionário», o «assistencialismo social-democrático» e o «reivindicacionismo libertário», e considerando a sua inadequação, VALLAURI, Luigi Lombardi – *Corso di Filosofia del Diritto*, reed., Pádua, Cedam, 1990, pp. 354 ss. Efectivamente, há uma solidariedade de estilo de época mesmo nos mais abissais antagonistas políticos, sociais e culturais.

Não parece preocupar. A harmonia do conjunto seria propiciada por não se sabe que mão invisível, pairando, unitiva mas *souple,* acima de miríades de corporativismos. Ao absentismo e descrença na política global, sucederiam as soluções de pormenor.

No domínio da questão da legitimidade, diz-se que o mundo e a política hoje mudam muito depressa. Aparentemente, revendo o cardápio sabido do «Marx da burguesia», parece que só um líder carismático e adaptativo às mudanças poderia unir, galvanizar, e obter o máximo de adesões.

Axioma pós-moderno, então: Quem tiver o monopólio legítimo da representação tem legitimidade. E tal monopólio obtém-se pela adaptação do líder.

Ora aí está o *big brother* olhando-nos, da TV omnipresente. Ora aí estamos nós, olhando o nosso *big brother.* É a sociedade panóptica.

Quem possa crer num líder na crista da onda, Proteu eterno, engana-se. Porque aquele que possuir os meios, decidirá dos fins. Quem detiver as televisões do mundo, ditará o que muito bem lhe aprouver[594]. Poderá exprimir e impor conteúdos, políticas.

Além de que tais líderes não resolvem os problemas, apenas são simpáticos ao público, antes de se verem confrontados com as realidades. Há demasiados actores em política. Chega de política-espectáculo. Um político tem de propor coisas autónomas e realmente novas: tem de se afirmar. Sobretudo se é um *leader.* O triste é quando o pretenso chefe afirma (ou pensa), relativamente às massas que «conduz»: «Je suis leur chef, il faut que je les suive»[595].

Como se está a esquecer que, sendo a política «a própria contingência», reside aí precisamente a justificação e a fundamentação do Direito, e, mais: a própria legitimidade da relativa impermebilidade deste à mudança. Porque é que a economia há-de considerar com valor preços estáveis, ou a elevação do «nível de vida», ou o equilíbrio de umas curvas, e há-de recusar como aspiração legítima dos povos o saberem bem em que lei vivem, isto é, o direito a terem uma regra de vida estável? Tal não é susceptível de ser fornecido pelo frenesim do mercado, cheio de crises e *crash's, boom's* e outras onomatopeicas. Tal é impossível pela política sem freio, com seus golpes,

---

[594] Cfr., *v.g.*, POPPER, Karl/CONDRY, John – *Televisão: um perigo para a democracia*, ed. port., Lisboa, Gradiva, 1995.

[595] Ledru Rollinn, *apud* BONNARD, Abel – *Les Modérés*, Paris, Grasset,1936, p. 217.

crises e revoluções. Só uma Política com Direito, apesar de tudo bastante resistente, mesmo às mais sangrentas revoltas e devastadoras crises económicas, vai sendo o arrimo e o consolo do pobre cidadão que não joga na bolsa nem tem aspirações a uma cadeira no parlamento ou governo.

O Direito é tradicionalista, é conservador *hoc sensu* (mas só *hoc sensu*: não tem nada a ver com as ideologias homónimas): é garante.

14.7. *Propriedade, Economia e Política*

Tomemos um exemplo: Robert Nozick. Nozick é um entusiasta da propriedade privada. Talvez por isso mesmo haja discutido de forma arguta e especiosa o argumento da propriedade fundada no trabalho, de Locke, dissecando-o microscopicamente à luz de uma razão implacável.

Um obstáculo sério apenas pareceria colocar-se à propriedade: será que as pessoas incapazes de deter tal propriedade ficariam prejudicadas ou em pior situação com o facto de outros dela se apropriarem?

Gozando o seu triunfo sobre o pai do liberalismo britânico, Nozick canta um hino à propriedade, que responde também a esta objecção, de forma típica, e *conquérante*. Faz muito lembrar o hino de Marx e Engels à burguesia no *Manifesto*, talvez explicando como a corrente em que normalmente Nozick se insere (o neo-liberalismo) é por vezes designada – embora os seus membros, compreensivelmente, não gostem nada de tais epítetos – como "marxismo branco" ou "teologia do mercado"...

"(...) it increases the social product by putting means of production in the hands of those who can use it most efficiently (profitably); experimentation is encouraged, because with separate persons controlling resources, there is no one person or small group whom someone with a new idea must convince to try it out; private property enables people to decide on the pattern and types of risks they wish to bear, leading to specialized types of risk bearing; private property protects future persons by leading some to hold back resources from current consumption for future markets; it provides alternate sources of employment for unpopular persons who don't have to convince any person or small group to hire them, and so on"[596]

---

[596] *Apud* ROSEN, Michael/WOLFF, Jonathan (ed.) – *Political Thought*, Oxford, Oxford University Press, 1999, p. 212.

Reavaliar os Paradigmas 425

Passemos ao lado oposto. Rousseau, Proudhon e Marx chamam a atenção para uma questão de função social da propriedade. Pelo escândalo, todos. A propriedade, que deveria ser para os homens instrumental, pelo contrário por vezes os subjuga. Porque têm muita e porque têm pouca se desumanizam: tornam-se objectos de compra e venda. E o escravo, que é sempre a qualidade do homem que se vende, gera naturalmente o senhor. A dialéctica do senhor e do escravo nos ensina que o senhor é também escravo do seu domínio. E Diderot chama a atenção para que mais grave que ter escravos é chamar-lhes cidadãos.

A propriedade "é um roubo" sempre que rouba ao Homem a sua dignidade, quando transforma o próprio homem em mercadoria, o que significa muito mais que a simples escravatura clássica, mas, por exemplo, tem no consumismo desenfreado actual uma das piores formas de auto- e hetero-escravatura. O mercado não é um deus que se reverencie cultualmente. O mercado e a circulação livre da propriedade que propicia, tem regras. Isso mesmo compreenderam mesmo os liberais modernos[597] – não os neoliberais ou "anarco-capitalistas" –, quando, no seu já referido *Apelo de Roma*, nos anos oitenta, reconheceram esse elemento social fundamental que justifica a propriedade, e sem o qual perderá legitimidade[598].

Uma das mais graves questões da propriedade é que ela assenta realmente muitas vezes em roubos, em latrocínios, em sangue. Os juristas não gostam de falar dessas coisas, nem mesmo os jusnaturalismos titularistas, para não falar nos positivismos legalistas.

Há por detrás de muita propriedade um labor honesto de sacrifício, engenho, inteligência, e há por baixo de outra a história negra da espoliação. Nem toda a propriedade é igual. Há fortunas sobre o sangue escravo dos outros e há fortunas sobre o suor honesto dos nossos avós.

Mas os títulos são abstractos e literalistas, não distinguindo a origem. E todavia, o grande ensaísta Addison, num ensaio muito crítico[599],

---

[597] Dessa oposição entre neoliberalismo e liberalismo cultural e político se pode aquilatar, *v..g*, *in* BARROS, Roque Spencer Maciel de – *A Face Humana do Liberalismo*, entrevista dada a Roberto C. G. Castro São Paulo, USP, http://www.usp.br/jorusp/arquivo/1997/jusp400/manchet/rep_res/rep_int/univers2.html

[598] *Apud* SMITH, Julie – *A Sense of Liberty*, Londres, Liberal International, 1997, p. 96.

[599] A obra mais conhecida é a realizada no periódico *The Spectator*: Addison, ADDISON/STEELE – *The Spectator* (n.º 69-19-5-1711), ed. p/ Gregory Smithe, IV vols., London, Everyman's Library, 1970. No caso, falamos de ADDISON, Joseph – *A Vision of Justice*, in

426   *Repensar a Política – Ciência & Ideologia*

propunha que uma lupa da verdade (realmente um "espelho mágico" – mas uma lupa parece-nos mais apropriada) fosse verificar os títulos de propriedade, e incendiasse os que tivessem má origem. Ele atreve-se a considerar que as bancarrotas se sucederiam numa célebre rua da *City* de Londres:

"One might see crowds of people in tattered garments come up, and change clothes with others that were dressed with lace and embroidery. Several who were Plums, or very near it, became men of moderate fortunes; and many others, who where overgrown in wealth and possessions, had no more left than that they usually spent. What moved my concern most was to a certain street of the greatest credit in Europe, from one end to the other, become bankrupt"[600].

Também o nosso Agostinho da Silva medita sobre o problema da função do jurista relativamente à propriedade, criticando o titularismo jurídico que permite que se mantenham

"todas as sebes bem espessas, todos os arames bem farpados", para bem conservar a divisão dos choros e dos risos de cada lado da fronteira do ter[601].

O mesmo autor do *Contrato Social* sintetizaria esta perniciosa tendência jurídica com uma frase certeira, que devemos contudo dizer apenas em francês:

"Les lois sont toujours utiles à ceux qui possèdent et nuisibles à ceux qui n'ont rien»[602].

Claro que o autor desconhecia o futuro, e de como a lei pode ser programática e até uma forma de desapossamento. Rousseau pensava apesar

---

A Book of English Essays, selected by Sir W. E. Williams, reprint., London, Penguin, 1987, pp. 30-36. Sobre a questão cf. CUNHA, Paulo Ferreira da – *Addison's theory of justice: A new natural law* – http://www.direito.up.pt/IJI/Cadernos%20do%20IJI/ANTIGONA%20IV/Paulo%20Ferreira%20da%20Cunha.htm

[600] ADDISON, Joseph – *A Vision of Justice*, p. 34.

[601] SILVA, Agostinho da – "A Justiça", in *Diário de Alcestes*, nova ed., Lisboa, Ulmeiro, 1990, pp. 23-24.

[602] ROUSSEAU, Jean-Jacques – *Du Contrat social*, I, 9, nota *in fine*.

de tudo em leis gerais, abstractas, e ainda, de algum modo, como dissera Montesquieu, como "relações necessárias que derivam da natureza das coisas"[603].

Não adepto de teologias do mercado nem de teologias da propriedade, quer na sua versão colectivista sempre ditatorial, quer na sua versão proprietarista, sempre possessiva, cremos que Proudhon tem e não tem razão.

A propriedade em si mesma não é um roubo. Curioso paradoxo o de ter-se que invocar o principal crime contra a propriedade para denegrir a própria propriedade. Tal prova que ela não é artificial, artificial é o engenho de a criticar pela sua própria negação.

Mas a propriedade pode tornar-se um roubo, quando se afasta da sua finalidade, dos seus fins sociais, que são como que fins intrínsecos – arriscamos mesmo a dizer "ontológicos".

A abolição da propriedade é uma quimera. Nem sequer é uma utopia. Podemos fingir que abolimos a propriedade, mas ela, pelo menos no estádio da nossa presente natureza humana (que é mutável e perfectível, esperemos...), volta a galope.

A propriedade pseudo-colectiva volveu-se a máscara de um uso arbitrário e iníquo da propriedade, como se fosse propriedade pessoal.

A propriedade é factor de alienação na sociedade capitalista de consumo, porque se desumanizou.

Mas a propriedade continua a ser por um lado um dos auxiliares do livre desenvolvimento da personalidade de cada Homem, que dela necessita para empreender, e uma imprescindível garantia da Liberdade de cada Pessoa, sem a qual as cartas de direitos abstractas não passam de proclamações.

A questão da propriedade divide seriamente as posições políticas. O inquérito do Instituto Ludwig von Mises[604], o conhecido economista austríaco, começa logo por questionar precisamente o estatuto económico da propriedade privada. Conforme respondermos por uma das suas quatro hipóteses, assim seremos catalogados. Evidentemente que estaremos a entrar nas regras do jogo neo-liberal, mas...

---

[603] MONTESQUIEU – *De l'Esprit des Lois*, I, 1.
[604] http://www.mises.org/quiz.asp?QuizID=4

"What is the correct economic status of private property?

A. Property is a naturally arising relationship between human beings and material things. Property and enforceable property rights make possible economic calculation, a wider and more productive division of labor, and therefore increasing levels of prosperity. Indeed, civilization itself is inconceivable in the absence of private property. Any encroachment on property results in loss of freedom and prosperity.

B. Property is at the heart of most serious inequalities and oppressions in modern civilization. Only by regulation, transfer payments, redistribution of property, and common ownership can society arrive at fairness, justice, and human dignity for all.

C. Property is an important component of our social system but its status as a "right" is contingent. It must be subject to regulation and modification for the general good. The state must intervene to prevent abuses of economic power, even at the cost of reducing traditional prerogatives of owners.

D. Property is central to prosperity and economic growth. Accordingly, it is of the utmost importance that the state, or more abstractly the law, maintain and modify the bundle of property rights in such a way as to allocate transactions costs in such a way as to promote maximum growth and economic efficiency. Property does not arise naturally, but is the end product of the legal system."

A primeira aproximação é tecnocraticamente moderada, e nalguma medida situacionista face à distribuição da propriedade. A propriedade é um meio de organizar o mundo e aumentar a riqueza e a civilização. Contudo, se fizermos alguma "recuperação" deste argumento, por detrás desta linguagem poderia no limite encontrar-se a realidade bem positiva realçada por Tomás de Aquino: que a propriedade privada não é de direito natural, e que no fundo é meio e não fim. Pressupondo que esta é a perspectiva tida como liberal, é surpreendente como pode coincidir com a posição jurídica realista e filosófica personalista... mas evidentemente esta aproximação não estava prevista.

A segunda posição é marcada pela cerrada linguagem do colectivismo. É a clássica posição marxista ortodoxa, que mal se esconde, aliás.

A terceira posição é *grosso modo* a keynesiana, liberal social, social liberal e social-democrática/socialista democrática. A formulação encontrada é frouxa, pouco arrebatadora, e não ligada com a economia natural. A primeira posição, na verdade, não é incompatível com esta senão na medida em que omite a questão da intervenção estadual. E nesse sentido a primeira posição perde para esta, dado que, apesar de noutros aspectos ser matizada, assim se radicaliza como expressão do anarco-capitalismo ou neo-liberalismo.

A quarta posição parece encontrar-se aqui para baralhar. É de um legalismo ou institucionalismo excessivos, e na verdade inverte as questões: não é a lei que decide originariamente da propriedade; mas a propriedade que se quer fazer legal. Primeiro está a propriedade e só depois o registo. Embora possa ocorrer diferentemente: se se registam hoje propriedades na lua, não estará, nesse caso, primeiro o registo e só depois a coisa e a sua posse?

Os autores do inquérito quiseram que a primeira posição fosse a da escola austríaca, que a última descrevesse a posição da da escola de Chicago, que a segunda captasse a forma de ver "socialista" e que a terceira representasse a posição dita neo-clássica ou keynesiana.

Sabemos que já houve críticas quanto à forma como é vista neste teste a Escola de Chicago, que normalmente é ainda mais "anarquista" economicamente que a austríaca, e aqui aparece muito juridista.

Qualquer que seja a opção tomada sobre a propriedade pelo leitor, certo é que ela é determinante da sua opção ideológica. Não tanto por economicismo nosso, nem por determinação do económico em última instância, como se diria em terminologia marxista. Mas pela ordem natural das coisas. Porque a relação que se tem com as coisas, e com a sua propriedade, é sinal, mesmo, da pessoa que se é. Um Scroodge e um Francisco de Assis explicam bem essa ligação.

14.8. *Política e Direito: um diálogo a continuar*

Num mundo em que todos os valores parecem derruir (mas na verdade há muitos que resistem e outros que se renovam), não deixa de ser profundamente reconfortante que as grandes soluções não requeiram, afinal, uma especial inventiva, nem obriguem a uma inteligência fulgurante para o seu reconhecimento. A grande lição é hoje a mesma de ontem: *nil novi sub sole.*

Qualquer que seja a política concreta a adoptar no futuro – e aí o limite é o da própria imaginação humana, esperando-se que o porvir não cristalize em qualquer solução acabada –, podemos estar certos que só poderá colher a adesão profunda e perene dos homens se lhes souber respeitar a sua natureza, isto é, a sua dignidade, a sua liberdade, a sua humanidade una num caleidoscópio de diferenças. E para conseguir na prática esse respeito, o grande garante terá de ser a Boa Política, que cure do Bem Comum, com Justiça Social. E o seu interlocutor e guardião dos direitos das pessoas é e será o Direito.

O Direito, tal como, por exemplo, a trifuncionalidade indo-europeia, ou a separação entre o temporal e o espiritual (*a César o que é de César*), ou a própria separação dos poderes do Estado, é desses ovos de Colombo que descobrem Américas mas que se arriscam a ser olvidados na banalidade dos quotidianos, ou no fanatismo dos vendedores de sonhos.

No dia em que a palavra *Direito* for riscada dos dicionários, ou em que a Enciclopédia oficial o der como sinónimo de simples imposições do poder (qualquer que ele seja, ou como quer que se apresente) é toda uma civilização que se desmorona, e a barbárie que triunfa. Mesmo que seja uma barbárie «civilizada»[605], inevitavelmente transitória.

Mas não temamos. O desejo de Justiça é próprio da natureza humana – e como tal invencível e imorredoiro. Não foi esse desejo comparado, no Sermão da Montanha, a uma fome e a uma sede, que só podem desaguar na saciedade? E não disse Ulpiano que se trata de uma constante e perpétua vontade?

Boa política e boa sociedade decorrem, em grande medida, de bons políticos e bons cidadãos. O Direito é um auxiliar precioso para a formação de uns e outros. Uma Política sem Direito seria de novo a lei da selva, e um Direito sem conhecimento da Política vogaria no céu dos conceitos, alheio aos verdadeiros homens e às suas profundas paixões.

E ainda que a Política possa não ser uma verdadeira, pura e dura "ciência" à maneira do cientismo, só desempenhará o seu papel se tiver, a olhá-la, a pensá-la, a influenciá-la, o desejo de se tornar *Scientia*.

---

[605] OTTONELLO, Pier Paolo – *La Barbarie Civilizzata*, Edizioni dell'Arcipelago, Genova, 1993.

BIBLIOGRAFIA

Ser e Modo-de-Ser da Política

ALAIN – *Propos sur les Pouvoirs. Éléments d'Étique Politique*, ed. de Paris, Gallimard, 1985

ALMOND, G./POWELL, L. – *Comparative Politics*, Boston, Little, Brown and Co., 1966

BALANDIER, Georges – *Anthropologie Politique*, Paris, P.U.F., 1969

BAUMAN, Zygmunt – *In Search of Politics*, Cambridge, Polity Press, 1999

BERMEJO CABRERO, Jose Luis – *Maximas, principios y simbolos politicos*, Centro de Estudios Constitucionales, Madrid, 1986

BONVECCHIO, Claudio – *Imagine del Politico. Saggi su simbolo e mito politico*, Padova, CEDAM, 1995

CASTELLI, E. – *Demitizzazione e ideologia*, Roma, Istituto di Studi Filosofici, 1973

COHN-BENDIT, Daniel – *O Prazer da Política*, conversas com Lucas Delattre e Guy Herzlich, Lisboa, Editorial Notícias, 1999

FREUND, Julien – *L'Essence du Politique*, nova ed.., Paris, Sirey, 1986

FREUND, Julien – *La Décadence*, Paris, Sirey, 1984

FREUND, Julien – *Politique et Impolitique*, Paris, Sirey, 1987

FRIEDMANN, Georges – *O Poder e a Sabedoria*, trad. port. de Manuel Dias Duarte, Lisboa, Dom Quixote, 1972

GIRARDET, Raoul – *Mythes et Mythologies Politiques*, Paris, Seuil, 1986

GROSSER, Alfred – *L'Explication Politique*, Bruxelas, Complexe, 1984

JOUVENEL, Bertrand de – *De la Politique Pure*, nova ed. fr., Paris, Calmann-Lévy, 1977

JOUVENEL, Bertrand de – *De la souveraineté à la recherche du bien politique*, Paris, Génin, Librairie de Médicis, 1955

JOUVENEL, Bertrand de – *Du Pouvoir. Histoire naturelle de sa croissance*, Paris, Hachette, 1972

KAUFMANN, Pierre – *L'inconscient du politique*, Paris, P.U. F., 1979

LEGENDRE, Pierre – *Le Désir Politique de Dieu. Etude sur les montages de l'Etat et du Droit*, Paris, Fayard, 1988

MANENT, Pierre – *Naissances de la politique moderne*, Paris, Payot, 1977

MINOGUE, Kenneth – *Política: o Essencial*, trad. port. de Maria Manuel Cobeira, 1996

MOUFFE, Chantal – *The Return of the Political*, Verso, 1993, trad. port. de Ana Cecília Simões, *O Regresso do Político*, Lisboa, Gradiva, 1996.

432   *Repensar a Política – Ciência & Ideologia*

OAKESHOTT, Michael – *Morality and Politics in Modern Europe*, Yale University Press, 1993, trad. port. de António Machuco, *Moralidade e Política na Europa Moderna*, Lisboa, Edições Século XXI, 1995

RIVIERE, Claude – *Les liturgies politiques*, Paris, P.U.F., 1988, trad. bras. de Luis Filipe Baêta Nevas, *As liturgias políticas*, Rio de Janeiro, Imago, 1989

SCHMITT, CARL – *Die geistesgeschichtliche Lage des heutigen Parlamentarismus*, Berlin, Dunker u. Humblot, 1926, trad. ingl. De Ellen Kennedy, *The Crisis of Parlamentary Democracy*, Cambridge, Mass./Londres, 1985

SCHMITT, Carl – *Politische Theologie*, I e II, 1922. 1969, trad. fr. de Jean-Louis Schlegel, *Théologie Politique*, Paris, Gallimard, 1988

SHKLAR, Judith N. – *After Utopia. The Decline of Political Faith*, Princeton, Princeton University Press, 1991

TUDOR, Henri – *Political Myth*, London, Pall Mall, 1972

Estado, Democracia, Partidos

AYUSO, Miguel – *Después de! Leviathan? Sobre el estado y su signo*, Madrid, Speiro, 1996;

AYUSO, Miguel – *El Ágora y la Pirámide. Una visión problemática de la Constitución española*, Madrid, Criterio, 2000, p. 47 ss. e 95 ss.

BRANDÃO, António José – *Estado Ético contra Estado Jurídico?*, hoje recolhido em *Vigência e Temporalidade do Direito e outros ensaios de filosofia jurídica*, I, Lisboa, Imprensa Nacional – Casa da Moeda, 2001, p. 31 ss.

CARVALHO, Reinaldo de – *Partidos e Pessoas*, Porto, Rés, 1975

CHARLIER, Robert-Edouard – *L'Etat et son droit, leur logique et leurs inconséquences*, Paris, Economica, 1984

CHORÃO, Mário Bigotte – *Temas Fundamentais de Direito*, Coimbra, Almedina, 1986, p. 18 ss.

CONSTANT, Benjamin –*De la Liberté des Anciens comparée à celles des Modernes*, nova ed., Paris, Le Livre de Poche, 1980

COSTA, PIETRO – *Lo Stato Immaginario*, Milano, Giuffrè, 1986

FINLEY, Moses I. –*Democracy ancient and modern*, trad. fr. de Monique Alexandre, *Démocratie antique et démocratie moderne*, Paris, Payot, 1976

GARCÍA-PELAYO, Manuel – *El Estado de Partidos*, Madrid, Alianza Editorial, 1986

GUISÁN, ESPERANZA –*Mas allá de la Democracia*, Madrid, Tecnos, 2000

LEIBHOLZ, Gerhard – *O Pensamento democrático como princípio estruturador na vida dos povos europeus*, trad. port., Coimbra, Atlântida, 1974

LEIBHOLZ, Gerhardt – *Conceptos Fundamentales de la Politica y de Teoria de la Constitucion*, Madrid, Instituto de Estudios Politicos, 1964, p. 99 ss.

MELO, António Barbosa de – *Democracia e Utopia (Reflexões)*, Porto, dist. Almedina, 1980

MICHELS, Robert – *Political Parties. A sociological study of the oligarchical tendencies of modern democracy* (1962), trad. cast. de Enrique Molina de Vedia, *Los Partidos políticos. Un estudio sociológico de las tendencias oligárquicas de la democracia moderna*, 2 vols., Buenos Aires, Amorrotu Editores, 1996

MONTORO BALLESTEROS, Alberto – *Razones y limites de la legitimación democrática del Derecho*, Múrcia, Universidad de Murcia, 1979

NABAIS, Casalta – *Algumas Reflexões Críticas sobre os Direitos Fundamentais*, Separata do volume comemorativo "Ab Uno ad Omnes – 75 anos da Coimbra Editora", s.d.

PONTAUT, Jean-Marie/SZPINER, Francis – *L'Etat hors la loi*, Paris, Fayard, 1989

QUEIRÓ, Afonso Rodrigues – *Uma Constituição Democrática, hoje – como?*, Coimbra, Atlântida, 1980

SÉRGIO, António – *Democracia*, Lisboa, Sá da Costa, 1974

SOUSA, José Pedro Galvão de – *O Totalitarismo nas Origens da Moderna Teoria do Estado*, s.e., São Paulo, 1972

SOUSA, Marcelo Rebelo de – *Os Partidos Políticos no Direito Constitucional Português*, Braga, Livraria Cruz, 1983

BIBLIOGRAFIA CITADA

Livros e Artigos

«Droit et politique», número monográfico de «Esprit», n.° 39, Março 1980

«Économie et Humanisme» – *Options Humanistes*, Paris, Editions Ouvières, 1968

«La Liberté", Número monográfico (84) sobre ..., da revista "Pouvoirs", Paris, Seuil, 1998

A Voz da Natureza sobre a origem dos Governos, tratado em dous volumes, traduzido da segunda edição franceza publicada em Londres em 1809, Lisboa, Na Impressão Régia, 1814

AA. VV. – *La Gauche, l'individu, le socialisme*, Paris, L'Aube, 1995

AA. VV. – *Livro Negro do Capitalismo*, trad. port. de Ana Maria Duarte e outros, Porto, Campo das Letras, 1998.

AA. VV. – *O Fascimo em Portugal*, Actas do Colóquio, Lisboa, Faculdade de Leteras da Universidade de Lisboa, 1980, Lisboa, A Regra do Jogo, 1982

AA. VV. – *Que Socialismo? Que Europa?* Teses apressentadas ao colóquio internacional da Intervenção Socialista, Maio de 1976, Lisboa, Diabril, 1976

AA.VV. – *L'Idée de philosophie politique*, Annales de l'Institut International de Philosophie Politique, Paris, P.U.F., 1965

ABELLIO, Raymond – *Vers un nouveau prophétisme*, Paris, Gallimard, 1950, trad. port. de Maria Manuela da Costa, *Para um novo profetismo*, Lisboa, Arcádia, 197

ABENDROTH, Wolfgang/LENK, Kurt (org.) – *Einführung in die politische Wissenschaft*, Bern/München, Francke, 1968

ABENSOUR, Miguel – *Marx: quelle critique de l'utopie*, in "Lignes", Paris, Hazan, Out. 1992, n.° 17, p. 43 ss.

ABREU, Carlos (org.) – *100 Anos de Anarquismo em Portugal (1887-1987)*, Catálogo da Exposição Bibliográfica, Iconográfica, Lisboa, Biblioteca Nacional, 1987

Académie de Toulouse – *Enseigner les totalitarismes*, http://pedagogie.ac-toulouse.fr/histgeo/ressources/premnouv/prem-04/totalit.htm

ACKROYD, Peter – *The Life of Thomas More*, trad. de Mário Correia, *A Vida de Thomas More*, Chiado (Lisboa), Bertrand, 2003

Actas do 'Colóquio sobre o liberalismo na península na 1.ª metade do séc. XIX, Lisboa, 1981, 2 vols.

ADAMS, I. –*Political Ideology Today*, Manchester, Manchester University Press, 1993

ADDISON, Joseph – *A Vision of Justice*, in *A Book of English Essays*, selected by Sir W. E. Williams, reprint., London, Penguin, 1987, pp. 30-36.

ADEODATO, João Maurício Leão – *Poder e Legitimidade. Uma Introdução à Política do Direito*, São Paulo, Editora Perspectiva, 1978.

ADLER, Mortimer – *The Transcultural And The Multicultural*, in "Antígona", vol. I, Novembro de 2002: www.antigona.web.pt

ADLER, Mortimer J., edit. por Max Weismann – *How to Think about the Great Ideas*, Chicago, Open Court, 2000

AGUIAR, Joaquim – *A Ilusão do Poder. Análise do Sistema Partidário Português*, 1976--1982, Lisboa, Publicações Dom Quixote, 1983

AGUIAR, Joaquim – *As Funções dos Partidos nas Sociedades Modernas*, "Análise Social", vol. XXV (107), 1990.

AGUIAR, Joaquim – *O Pós-Salazarismo. As Fases Políticas no Período 1974-1984*, Lisboa, Dom Quixote, 1985

AGUIAR, Joaquim – *Partidos, Estruturas Patrimonialistas e Poder Funcional. A Crise de Legitimidade*, "Análise Social", vol. XCVI, pp. 241 ss., Lisboa, 1987

ALAIN – *Propos sur les Pouvoirs. Éléments d'Étique Politique*, ed. de Paris, Gallimard, 1985

ALBUQUERQUE, Martim de – *A Sombra de Maquiavel e a ética tradicional portuguesa. Ensaio de História das Ideias Políticas*, Lisboa, Faculdade de Letras da Universidade de Lisboa/Instituto Histórico Infante Dom Henrique, 1974

ALEXANDER, Peter/GILL, Roger – *Utopias*, London, Duckworth, 1984

ALLEN, W. B. (com CLOONAN, KEVIN A.) – *The Federalist Papers: A Commentary*, Nova Iorque, Peter Lang Publishing, 2000

ALMEIDA, Aníbal – *Teoria Pura da Imposição*, Coimbra, Almedina, 2000

ALMOND, G./POWELL, L. – *Comparative Politics*, Boston, Little, Brown and Co., 1966

ALMOND, Gabriel – *A Discipline Divided. Schoools and Sects in Political Science*, Newbury Park, Sage Publications, 1989

ALTHUSSER, Louis – *Idéologie et apareils idéologiques d'Etat*, La Pensée, trad. port. de Joaquim José de Moura Ramos, *Ideologia e Aparelhos Ideológicos do Estado*, Lisboa, Presença, 1974

ALTHUSSER, Louis – *Montesquieu, a Política e a História*, 2.ª ed. (trad. port. de *Montesquieu, la Politique et l'Histoire*, Paris, P.U.F.), Lisboa, Editorial Presença, 1977

ALTHUSSER, Louis – *Positions*, trad. port. de João Paisana, *Posições*, Lisboa, Livros Horizonte, 1977

ALTHUSSER, Louis – *Pour Marx, Paris*, Maspero, 1965

ÁLVAREZ LÁZARO, Pedro – *Maçonaria, Igreja e Liberalismo/Masonería, Iglesia y Liberalismo*, Porto, Fundação Engenheiro António de Almeida/Universidade Católica Portuguesa/Universidad Pontificia Comillas, 1996

ALVES, Adalberto – *Partidos Políticos e Crise da Democracia*, Lisboa, Margem, 1989

ALVES, João Lopes – *Rousseau, Hegel e Marx. Percursos da Razão Política*, Lisboa, Livros Horizonte, 1983

AMARAL, Diogo Freitas do – *Ciência Política*, I, nova edição, Lisboa, 1994; II, 2.ª ed., Lisboa, 1991 (policóp.)

AMARAL, Diogo Freitas do – *Democracia Cristã*, in *Polis. Enciclopédia Verbo da Sociedade e do Estado*, II, Lisboa/São Paulo, 1984

Bibliografia Citada

AMARAL, Diogo Freitas do – *História das Ideias Políticas*, I, 3.ª reimpressão, Coimbra, Almedina, 2003 (1.ª ed. 1997)

AMARAL, Diogo Freitas do – *O Antigo Regime e a Revolução*, Lisboa, Bertrand/Nomen, 1995

AMARAL, Diogo Freitas do – *Para uma História das Ideias Políticas: Maquiavel e Erasmo ou as duas faces da luta entre o poder e a moral*, in "Direito e Justiça", vol. VI, 1992, p. 91 ss.

American Spirit Political Dictionary – http://www.fast-times.com/politicaldictionary.html

AMES, Russel – *Citizen Thomas More and His Utopia*, Princeton, N. I., 1949

AQUINO, Tomás de – *In decem libros ethicorum Aristotelis ad Nicomachum expositio*, trad. cast. de Ana Mallea, estudo preliminar e notas de Celina A. Lértora Mendoa, *Comentário a la Ética a Nicómaco de Aristóteles*, Pamplona, EUNSA, 2000

ARBLASTER, Anthony – *The Rise and Decline of Western Liberalism*, Oxford, Basil Blackwell, 1984

ARENDT, Hanna – *Le système totalitaire*, trad. fr., Paris, Seuil, 1972 (1.ª ed., Nova Iorque, 1951)

ARENDT, Hannah – *Was ist Politik?*, Munique, R. Piper, 1993, trad. Brasileira de Reinaldo Guarany, *O que é o Político?* Fragmentos das Obras Póstumas compilados por Úrsula Ludz, Rio de Janeiro, Bertrand Brasil,

ARGENS, Jean-Baptiste de Boyer, marquis de – *Le législateur moderne ou les mémoires du chevalier de Meillcourt*, Amesterdão, Changuion, 1739

ARISTOTE – *La Métaphysique*, Paris, Vrin, 1962

ARISTOTE – *Ethique à Nicomaque*, tr. fr., 6. .ª tiragem, Paris, Vrin, 1987

ARISTOTE – *Rhétorique*, tr. fr., Paris, Les Belles Lettres, 1960

ARISTOTE – *Ethique à Eudème*, 2.ª tiragem, Paris, Vrin, 1984

ARISTOTE – *La Politique*, Paris, PUF, trad. port., *A Política*, São Paulo, Martins Fontes, 1998

ARISTOTE – *Les Economiques*, tr. fr. avec, 3.ª tiragem, Paris, Vrin, 1989

ARISTÓTELES – *Les Politiques*, tr. fr., Paris, Flammarion, 1990

ARISTÓTELES – *A Política*, trad. de Roberto Leal Ferreira, 2.ª ed., São Paulo, Martins Fontes, 1998

ARISTÓTELES – *Étique à Eudème*, trad. fr. de Vianney Décarie, com a colab. de Renée Houde-Sauvée, 2.ª tiragem, Paris/Montréal, Vrin, Presses Univ. Montréal, 1984

ARISTÓTELES – *Metafísica*, trad. de Vincenzo Cocco, introd. e notas de Joaquim de Carvalho, 2.ª ed., Coimbra, Atlântida, 1964

ARISTÓTELES – *Organon, Tópicos*, ed. port. com trad. e notas de Pinharanda Gomes, Organon, vol. V. Tópicos, Lisboa, Guimarães Editores, 1987

ARISTÓTELES – *Organon*, trad. port. e notas de Pinharanda Gomes, Lisboa, Guimarães, 1987, 5 vols.

ARISTÓTELES – *Poética*, trad. port., pref. e notas de Eudoro de Sousa, Imprensa Nacional-Casa da Moeda, 1986

ARISTÓTELES – *Política*, edição bilingue, trad. de António Amaral e Carlos Gomes, Lisboa, Vega, introdução de Mendo Castro Henriques, 1998

ARISTOTLE – *Politica*, ed. de W.D. Ross, Oxford, O.U.P., 1957

ARISTOTLE – *The Politics of Aristotle*, ed. de W. L Newman, Oxford, 1887, 4 vols.

ARNESON, Richard J. – *Liberalism*, Aldershot, Edward Elgar, 1992, 3 vols.

ARON, Raymond – *Démocratie et totalitarisme*, Paris, Gallimard, 1965

ARON, Raymond – *Dix-huit leçons sur la so̊ciété industrielle*, Paris, Gallimard, 1962

ARON, Raymond – *La Définition libérale de la liberté*, "Archives européennes de Sociologie", t. II, n.º 2, 1961, p. 199 ss.

ARON, Raymond – *Les étapes de la pensée sociologique*, Paris, Gallimard, 1967, trad. port. de Miguel Serras Pereira, *As Etapas do Pensamento Sociológico*, s.l, Círculo de Leitores, 1991

ARROYO, Jacques – *La Edificación de la Sociedad Socialista Desarrollada en Bulgária*, Sofia, Sofia Press, s/d.

ASSAC, J. Ploncard – *Salazar*, trad. port. de Manuel Maria Múrias, *Salazar. A Vida e a Obra*, Lisboa/São Paulo, Verbo, 1989

ASSIS, Machado de – *Memórias Póstumas de Brás Cubas*, nova e 3.ª ed., com apresentação e notas de António Medina Rodrigues, e ilustrações de Dirceu Martins, São Paulo, Ateliê Editorial, 2001

Autogestão. Perguntas em Aberto, Textos de Apoio 1, Partido Socialista, Lisboa, Editorial Império, s/d.

AUTRAN, Ch. – *'Utopie' ou du rationnel à l'humain*, Paris, Les Editions d'Art et d'Histoire, s/d.

AYUSO, Miguel – *Después del Leviathan? Sobre el estado y su signo*, Madrid, Speiro, 1996;

AYUSO, Miguel – *El Ágora y la Pirámide. Una visión problemática de la Constitución española*, Madrid, Criterio, 2000, p. 47 ss. e 95 ss.

AYUSO, Miguel – *Las Murallas de la Ciudad. Temas del Pensamiento Tradicional Hispano*, Prólogo do Padre Alfredo Sáenz, Buenos Aires, Nueva Hispanida, 2001

AYUSO, Miguel – (org.) – *Comunidad Humana y Tradición Política, Liber Amicorum de Rafael Gambra*, Madrid, Actas, 1998

AZAMBUJA, Darcy – *Introdução à Ciência Política*, 15.ª ed., São Paulo, Globo, 2003

AZEVEDO, J. Cândido de – *A Ofensiva do Capital e a Luta pelo Socialismo*, Lisboa, Diabril, 1976

AZEVEDO, Luiz Gonzaga de – *O Regalismo e a sua evolução em Portugal até ao tempo do P. Francisco Suárez*, in "Brotéria", XXIV, 1937

BABEUF/SAINT-SIMON/BLANQUI/FOURIER – *O Socialismo antes de Marx*, antologia, coord. e trad. port. de Serafim Ferreira, Amadora, Edit. Fronteira, 1976

BACZKO, Bronislaw – *Lumières de l'Utopie. Critique de la politique*, Paris, Payot, 1978

BACZKO, Bronislaw – *L'Utopia – imaginazione sociale e rappresentazioni utopiche nell'età dell'illuminismo*, trad. ital. de Margherita Botto et Dario Gibelli, Torino, Einaudi, 1979

BACZKO, Bronislaw – *Utopia*, in "Enciclopédia Einaudi", ed. port., Lisboa, Imprensa Nacional Casa da Moeda, 1985, vol. V, p. 333 ss.

BAEV, Vassil – *A Glance at Bulgária*, Sófia, Sofia Press, 1975

BALANDIER, Georges – *Anthropologie Politique*, Paris, P.U.F., 1969

BALLESTEROS, Jesús – *Postmodernidad. Decadencia o resistência*, Madrid, Tecnos, 1989

BAPTISTA, António Alçada – *Documentos Políticos*, Lisboa, Moraes, 1970

Bibliografia Citada

BARBÉRIS, Pierre – *Prélude à l'Utopie*, Paris, P.U.F., 1991

BARON, Hans – *The Crisis of the Early Italian Renaissance – Civic Humanism and Republican Liberty in the Age of Classicism and Tirany*, Princeton, Princeton University Press, 1955

BARRET-KRIEGEL, Blandine – *L'Etat et les Esclaves*, Paris, Payot, 1989

BARRETO, António – *Anatomia de uma Revolução: A Reforma Agrária Portuguesa*, Lisboa, Europa-América, 1987

BARRETO, António – *Independência para o Socialismo*, Lisboa, Iniciativas Editoriais, 1975

BARRETO, António – *Memória da Reforma Agrária*, Lisboa, Europa-América, 1983

BARRETO, António – *Sem Emenda*, Lisboa, Relógio D'Água, 1996

BARROS, Gilda Naécia Maciel de – *Platão, Rousseau e o Estado Total*, São Paulo, T. A. Queiroz Editor, 1995

BARROS, Henrique da Gama – *História da Administração Pública em Portugal nos séculos XII a XV*, Lisboa, Imprensa Nacional, 1885-1922

BARROS, Roque Spencer Maciel de – *A Face Humana do Liberalismo*, entrevista dada a Roberto C. G. Castro São Paulo, USP, http://www.usp.br/jorusp/arquivo /1997/jusp400/manchet/rep_res/rep_int/univers2.html

BARROS, Roque Spencer Maciel de – *O Fenômeno Totalitário*, São Paulo, Edusp/Itatiaia, 1990

BARROSO, Alfredo – *Portugal, a Democracia Difícil*, Lisboa, Decibel, 1975

BARTHES, Roland – *Mythologies*, Paris, Seuil, 1957, ed. port. com prefácio e trad. de José Augusto Seabra, Lisboa, Edições 70, 1978, p. 206 ss..

BASMANOV, Mikhail – *Os Trotskistas e a Juventude*, trad. port. de Ana Maria Alves, 2.ª ed., Lisboa, Estampa, 1974

BASTIT, Michel – *Naissance de la Loi Moderne*, Paris, P.U.F., 1990

BAUDART, Anne – *La Philosophie politique*, Paris, Falmmarion, 1996, trad. port. de Alexandre Emílio, *A Filosofia Política*, Lisboa, Instituto Piaget, 2000

BAUER, Wolfgang – *China und die Hoffnung auf Glück. Paradiese, Utopien, Idealvorstellungen in d. Geistesgeschichte Chinas*, München, Dt. Taschenbuch V., 1974

BAUMAN, Zygmunt – *In Search of Politics*, Cambridge, Polity Press, 1999

BAYCROFT, Thimothy – *Nationalism in Europe, 1789 – 1945*, Cambridge University Press, 1998, trad. port. de Maria Filomena Duarte, *O Nacionalismo na Europa*, Lisboa, Temas e Debates, 2000

BEALEY, Frank/CHAPMAN, Richard A./SHEEHAN, Michael – *Elements in Political Science*, Edinburgh, Edinburgh University Press, 1999

BEARD, Henri/CERF, Christopher – *Dicionário do Politicamente correto*, trad. bras. de Vra Karam e Sérgio Karam, Introdução de Moacyr Scliar, Porto Alegre, L&PM, 1994

BEBIANO, Rui – *Negro, Vermelho, Mais Negro* – http://www.ciberkiosk.pt/arquivo/ciber-kiosk4/livros/L_negro.htm

BECKER, Gary – Entrevista a *O Independente*, conduzida por Paulo Anunciação, n.º 318, 17 de Junho de 1994, «3. Vida», pp. 67

BELL, Daniel – *The end of ideology. On the Exhaustion of Political ideas in the Fifties*, Nova Iorque, The Free Press. 1960, trad. bras., *O Fim da Ideologia*, Brasília, Editora Universidade de Brasília, 1980

BELLINI, Paolo – *Autorità e Potere*, com Prefácio de Claudio Bonvecchio, Milão FrancoAngeli, 2001

BENHABIB, Seyla – *Kritik, Norm und Utopie. Die normativen Grundlagen der Kritischen Theorie*, Fischer, Frankfurt am Main, 1992

BENOIST, Alain de – *Comunismo e Nazismo. 25 Reflexões sobre o Totalistarismo no Séc. XX (1917-1989)*, Prefácio de Jaime Nogueira Pinto, Lisboa, Hugin, 1999

BENOIST Alain de – *Vu de Droite*, trad. port., *Nova Direita, nova cultura.Antologia crítica das ideias contemporâneas*, Lisboa, Fernando Ribeiro de Mello/Edições Afrodite, 1981

BENOIST Alain de, *et alii – Pour un 'gramscisme de droite'*, Paris, Le Labyrinthe, 198

BENREKASSA, G. – *Le statut du narrateur dans quelques textes dits utopiques*, in RSH, 155, 1974, pp. 379-395

BENVENISTE, Emile – *Le Vocabulaire des institutions indo-européennes*, Paris, Minuit, 1969, 2 vols.,

BERGALLI, Roberto/RESTA, Eligio (comp.) – *Soberanía: un principio que se derrumba. Aspectos metodológicos y jurídico-políticos*, Barcelona, Paidós, 1996

BERGER-PERRIN, R. – *Vitalité libérale. Physionomie et avenir du Libéralisme renaissant*, Paris, Sedif, 1953

BERKOWITZ, Peter – *Virtue and the Making of Modern Liberalism*, Princeton University Press, 1999, trad. cast. de Carlos Gardini, *El Liberalimo y la Virtud*, Barcelona, Andres Bello, 2001

BERLIN, Isaiah – *Dois Conceitos de Liberdade*, in *The Study of Politics*, ed. por Preston King, trad. bras. de José Luiz Porto de Magalhães, *O Estudo da Política*, Brasília, Editora Universidade de Brasília, 1980

BERMEJO CABRERO, Jose Luis – *Maximas, principios y simbolos politicos*, Centro de Estudios Constitucionales, Madrid, 1986

BERTRAND, Badie/BIRNBAUM, Pierre – *Sociologie de l'Etat*, Paris, Grasset, 1982

BESSA, António Marques – *A Utopia no Mundo Moderno*, in "Futuro Presente", n.º 1, Lisboa, 1980, p. 25 ss.

BESSA, António Marques – *Quem Governa? Uma Análise Histórico-política do tema da Elite*, Lisboa, ISCSP, Março de 1993

BEYME, Klaus von – *Die Oktoberrevolution und ihre Mythen in Ideologie und Kunst*, in HARTH, Dietrich/ASSMANN, Jan (org.) – *Revolution und Mythos*, Fischer, Frankfurt am Main, 1992, p. 149 ss.

BIGNOTTO, Newton – *Maquiavel Republicano*, São Paulo, Loyola, 1991

BIGNOTTO, Newton – *Maquiavel*, Rio de Janeiro, Zahar, 2003

BISMARCK, *Discurso de 18 de Dezembro de 1863.*

BLACK, Percy – *Challenge to Natural Law: The Vital Law*, in "Vera Lex", vol. XIV, n.º 1--2, 1994, p. 48 ss..

BLACK, Virginia – *On Connecting Natural Rights with Natural Law*, in "Persona y Derecho", 1990, n.º 22, p. 183 ss.

BLACKBURN, Robin – *Depois da Queda. O Fracasso do Comunismo e o Futuro do Socialismo*, trad. port. de Luís Krausz/Maria Inês Rolim, Susan Semler, São Paulo, Paz e Terra, 1993

Bibliografia Citada 441

BLAIR, Tony – *Socialism*, Londres, Fabian Society, 1994

BLANCHARD, Kenneth/PEALE, Norman Vincent – *O Poder da Gestão Ética*, trad. port., Lisboa, Difusão Cultural, 1993

BLOCH, Ernst – *Das Prinzip Hoffnung*, Frankfurt, Suhrkamp, 1959, trad. cast. de Felipe Gonzales Vicen – *El Principio esperanza*, Madrid, Aguilar, 1979, III vols., trad. fr. de Françoise Wuilmart, *Le Principe espérance*, Paris Gallimard, 1976, reimp. 1991

BLOCH, Ernst – *Geist der Utopie*, Frankfurt, Suhrkamp, 1964, trad. fr. de Anne-Marie Lang e Catherine Piron-Audard, *L'esprit de l'utopie*, Paris, Gallimard, 1977

BLOCH, Maurice – *Petit dictionnaire politique et social*, Paris, Perrin, 1896

BLOOM, Harold – *The anxiety of Influence. A theory of Poetry*, New York, Oxford University Press, 1973

BLOOMFIELD, Paul – *Imaginary worlds or the evolution of utopias*, London, Hamish Hamilton, 1932

BLUM, Leon – *Le socialisme démocratique*, Paris, Denoël, 1972

BLUM, Irving D. – *English Utopias from 1551 to 1699: A Bibliography*, in "Bulletin of Bibliography", 21:6. 1955.

BOBBIO Norberto – *Teoria Generale della Politica*, org. por Michelangelo Bovero, Einaudi, 1999, trad. port. de Daniela Beccaccia Versiani, *Teoria Geral da Política. A Filosofia Política e as Lições dos Clássicos*, 8.ª tiragem, Rio de Janeiro, Campus, 2000

BOBBIO, Norberto – "Gli estremi nemici", in *La Republica*, 6 de Março de 1994

BOBBIO, Norberto – *Il Futuro della Democrazia*, Turim, Einaudi, 1984

BOBBIO, Norberto – *Destra e Sinistra – Ragioni e significati di una distinzione politica*, Donzeli Editore, 1994, trad. port. de Maria Jorge Vilar de Figueiredo, *Direita e Esquerda. Razões e Significados de uma Distinção Política*, Lisboa, Presença, 1994

BOBBIO, Norberto – *A Teoria das Formas de Governo*, 4.ª ed., trad. bras., Brasília, Universidade de Brasília, 1985

BOBBIO, Norberto – *Destra e Sinistra – Ragioni e significati di una distinzione politica*, Donzeli Ed., 1994, trad. port. de Maria Jorge Vilar de Figueiredo, *Direita e Esquerda*, Lisboa, Presença, 1995

BONAVIDES, Paulo – *Ciência Política*, 4.ª ed., Rio de Janeiro, Forense, 1978

BONIFÁCIO, M. Fátima – *Apologia da História Política. Estudos sobre o Séc. XIX Português*, Lisboa, Quetzal, 1999

BONIFÁCIO, Maria de Fátima – *Seis Estudos sobre o Liberalismo Português*, Lisboa, Estampa, 1991

BONNARD, Abel – *Le drame du présent. Les modérés*, Paris, Grasset, 1936

BONVECCHIO, Claudio – *Imagine del Politico. Saggi su simbolo e mito politico*, Padova, CEDAM, 1995

BONVECCHIO, Cláudio – *Imago Imperii Imago Mundi. Sovranità simbolica e figura imperiale*, Padova, CEDAM, 1997

BONVECCHIO, Cláudio – *Immagine del politico. Saggi su simbolo e mito politico*, Milão, CEDAM, 1995

BONVECCHIO, Claudio/TONCHIA, Teresa (org.) – *Gli Arconti di Questo Mondo. Gnosi: Politica e Diritto. Profili di Simbolica Politico-Giuridica*, Triste, Edizioni Università di Trieste, 2000

442   *Repensar a Política – Ciência & Ideologia*

Botelho, Afonso – *O Poder Real*, Lisboa, Edições Cultura Monárquica, 1990

Botelho, Afonso – *Monarquia poder conjugado*, in "Nomos. Revista Portuguesa de Filosofia do Direito e do estado", Lisboa, n.º 2 (Julho-Dezembro de 1986), p. 38 ss.

Bouchard, Guy/Giroux, Laurent/Leclerc, Gilbert – *L'Utopie aujourd'hui*, Québec, Les Presses de l'Université de Montréal, Les éditions de l'Université de Sherbrooke, 1985

Boucher, David/Kelly, Paul (eds.) – *The Social Contract from Hobbes to Rawls*, Londres e Nova Iorque, Routledge, 1994

Boudet, Robert – *Bourgeoisies en appel*, s/l, Édtitions du Conquistador, 1953

Boudon, Raymond – *L'Idéologie ou l'origine des idées reçues*, 3.ª ed., Paris, Seuil, 1992

Boudon, Raymond – *Pourquoi les intellectuels n'aiment pas le libéralisme*, Paris, Odyle Jacob, 2004

Bourdet, Yvon/Guillerm, Alain – *Clefs pour l'autogestion*, Paris, Seghers, 1975, trad. port. de Álvaro de Figueiredo, *A Autogestão*, Lisboa, Dom Quixote, 1976

Boutier, Jean/Julia, Dominique (dir.) – *Passés recomposés. Champs et chantiers de l'Histoire*, Paris, «Autrement», série Mutations, n.º 150 – 151, Janeiro 1995

Boutin, Christophe – *l'Extrême droite française au-delà du nationalisme. 1958-1996*, in "Revue Française d'Histoire des Idées Politiques", Paris, Picard, n.º 3, 1 sem. 1996, p. 113 ss..

Boutin, Christophe – *Politique et tradition. Julius Evola dans le siècle (1898-1974)*, Paris, Kimé, 1992

Bramsted, E. K./Melvish, K. J. – *Western Liberalism: a History in documents from Locke to Croce*, Nova Iorque, Methuen, 1978

Brandão, António José – *Estado Ético contra Estado Jurídico?*, hoje recolhido em *Vigência e Temporalidade do Direito e outros ensaios de filosofia jurídica*, I, Lisboa, Imprensa Nacional – Casa da Moeda, 2001, p. 31 ss.

Brandão, António José – *Sobre o Conceito de Constituição Política*, Lisboa, s/e, 1944, p. 77.

Brandão, Fernando de Castro – *O Liberalismo e a Reacção (1820-1834)*, Odivelas, Heuris, Europress, 1990

Brandão, Maria de Fátima S. (org.) – *Perspectivas sobre o Liberalismo em Portugal*, Porto, Faculdade de Economia da Universidade do Porto, 1994

Bravo Lira, Bernardino – *El Estado Constitucional en Hispanoamerica (1811-1991). Ventura y desventura de un ideal Europeo de gobierno en el Nuevo Mundo*, México, Escuela Libre de Derecho, 1992.

Bravo Lira, Bernardino – *Derechos Politicos y Civiles en España, Portugal y America Latina. Apuntes para una Historia por hacer*, in "Revista de Derecho Publico", n.º 39-40, Universidad de Chile, Chile, 1986, pp. 73-112

Bravo Lira, Bernardino – *Entre dos Constituciones. Historica y Escrita. Scheinkonstitutionalismus en España, Portugal y Hispanoamérica*, in "Quaderni Fiorentini per la Storia del Pensiero Giuridico Moderno", n.º 27, Florença, 1998

Brejnev, L. I. – *Raport d'activité du Comité central do P.C.U.S. et taches immédiates du parti en politique intérieure et extérieure*, Moscovo, Novoti, 1976

Brimo, A. – *Les doctrines libérales contemporaines face au socialisme*, Paris, Pedone, 1984

Brito, António José de – *Destino do Nacionalismo Português*, Lisboa, 1962

Bibliografia Citada 443

BRITO, António José de – *Nota sobre o Conceito de Soberania*, Braga, Livraria Cruz, 1959
BRITO, António José de – *O Professor Jacinto Ferreira e o "Destino do Nacionalismo Português"*, Lisboa, s/e, 1962
BRITO, António José de – *Para a Compreensão do Pensamento Contra-revolucionário*, Lisboa, Hugins, 1996
BRITO, António José de (org.) – *Para a Compreensão do Fascismo*, Lisboa, Nova Arrancada, 1999
BRITO, António José de et al. – *Quem era Salazar?*, Porto, Resistência, 1978
BRONOWSKI, J./MAZLISCH, Bruce – *The Western Intelectual Tradition*, 1960, trad. port. de Joaquim João Braga Coelho Rosa, *A tradição intelectual do Ocidente*, Lisboa, Edições 70, 1988
BRÜCK, Gerhard W. – *Von der Utopie zur Weltanschauung*, Köln, Bund, 1989
BRUSCAGLI, Riccardo – *Niccolò Machiavelli*, Florença, La Nuova Italia editrice, 1975
BUCZKOWSKI, Piotr/KLAWITER, Andrzej – *Theories of Ideologie and Ideologie of Theories*, *Amesterdão*, Rodopi, 1986
BUKHARIN, N. – *Tratado de Materialismo Histórico*, trad. rev. por Edgard Carone, Lisboa/Porto/Luanda, Centro do Livro Brasileiro, s/d
BURCKARDT, Jacob – *A Civilização do Renascimento Italiano*, trad. port., 2.ª ed., Lisboa, Editorial Presença, 1983
BURDEAU, Georges – *L'Etat*, Paris, Seuil, 1970
BURDEAU, Georges – *Le Libéralisme*, Paris, Seuil, 1979, trad. port. de J. Ferreira, *O Liberalismo*, s/l, Europa-América,s/d.
BURDEAU, Georges – *Traité de science politique*, 10 t., 2.ª e 3.ª ed., Paris, LGDJ, 1980-1986
BURKE, Edmund – *Reflections on the revolution in France*, trad. port., *Reflexões sobre a Revolução em França*, Brasília, Editora Universidade de Brasília, 1982
BURKE, Peter – *A Social History of Knowledge (from Gutenberg to Diderot)*, Oxford, Polity Press/Blackwell, 2000, trad. port. de Plínio Dentzien, *Uma História Social do Conhecimento: de Gutenberg a Diderot,* Rio de Janeiro, Jorge Zahar, 2003
BURNHAM, James – *Los Maquiavelistas, defensores de la libertad*, trad. cast., Buenos Aires, Emecé ed., 1953
BURNS, J. H. (ed.) – *The Cambridge History of Political Thought. 1450-1700*, Cambridge, Cambridge Univ. Press, 1991
BUTTIGLIONE, Rocco – *Il Problema Politico dei Cattolici, Dottrina Sociale e modernità*, org. de Pier Luigi Pollini, Casale Monferrato, Piemme, 1993
CABRAL, Francisco Sarsfield – *Autonomia Privada e Liberdade Política*, Lisboa, Fragmentos, 1988
CAETANO, Marcello – *História do Direito Português (1140-1495)*, 2.ª ed., São Paulo/Lisboa, Verbo, 1985
CAETANO, Marcelo – *Depoimento,* Rio de Janeiro, distrib. Record, 1974
CAL MON, Pedro – *História das Ideias Políticas*, Rio de Janeiro/São Paulo, Livraria Freitas Bastos, 1952
CALDEIRA, Reinaldo/SILVA, Maria Do Céu (compilação), *Constituição da República Portuguesa. Projectos, votações e posição dos partidos*, Amadora, Bertrand, 1976

CALMON, Pedro – *História das Idéias Políticas*, Rio de Janeiro/S. Paulo, Livraria Freitas Bastos, 1952

CALVEZ, Jean Yves – *La pensée de Karl Marx*, Paris, Seuil, 1970

CALVEZ, Jean-Yves – *Socialismes et marxismes. Inventaire pour demain*, Paris, Seuil, 1998

CÂMARA, João Bettencourt da – *Noites de San Casciano. Sobre a melhor forma de Governo*, Lisboa, Vega, 1997

Campanha Eleitoral na TV. 1976. Textos Integrais das Intervenções de todos os Partidos, Lisboa, Ediguia, 1976

CAMPINOS, Jorge – *A Ditadura Militar. 1926/1933*, Lisboa, Dom Quixote, 1975 CRUZ, Manuel Braga da – *O Partido e o Estado no Salazarismo*, Lisboa, Presença, 1988

CAMPINOS, Jorge – *Ideologia Política do Estado Salazarista*, Lisboa, Portugália, 1975

CAMPOS, Fernando – *Os Nossos Mestres o Breviário da Contra-Revolução*, Lisboa, Portugália, 1924

CANABARRO, Nelson – "Apresentação" de *História de Florença*, de Maquiavel, 2.ª ed. rev., São Paulo, Musa, 1998

CANALS VIDAL, Francisco – *La Tradición Catalana en el siglo XVIII ante el Absolutismo y la Ilustración*, Madrid, Fundación Elías de Tejada y Erasmo Percopo, 1995

CANAS, Vitalino (org.) – *O Partido Socialista e a Democracia*, Oeiras, Celta, 2005.

CANOTILHO, José Joaquim Gomes – *Direito Constitucional e Teoria da Constituição*, Coimbra, Almedina, última ed.

CANOTILHO, José Joaquim Gomes – *O Círculo e a Linha. Da 'liberdade dos antigos' à liberdade dos modernos' na teoria republicana dos direitos fundamentais* (I parte), in "O Sagrado e o Profano", Homenagem a J. S. da Silva Dias, "Revista de História das ideias", n.º 9, III, Coimbra, 1987, p. 733 ss.

CANOTILHO, José Joaquim Gomes – *'Discurso Moral' ou 'Discurso Constitucional?, Reserva de Lei' ou 'reserva de Governo'* ?, Separata do "Boletim da Faculdade de Direito", Universidade de Coimbra, n.º 69 (1993), pp. 699-717

CANTO-SPERBER, Monique – *Le socialisme libéral. Une anthologie: Europe- Etats-Unis*, Paris, Esprit, 2003

CARAPINHA, Rogério/VINAGRE, António/COUTO, Joaquim – *Partidos Políticos Ponto por Ponto*, Jornal do Fundão Editora, 1974

CARBONNIER, Jean – *Essais sur les Lois*, Évreux, Répertoire du Notariat Defrénois, 1979

CARDIA, Mário Sottomayor – *Por uma Democracia Anti-capitalista*, Lisboa, Seara Nova, 1973

CARDIA, Mário Sottomayor – *Socialismo sem Dogma*, Lisboa, Europa-América, 1982

CARNEIRO, Francisco Sá – *Por uma Social-Democracia Portuguesa*, Lisboa, Dom Quixote, 1975

CARRIEGO *et al.* – *Argentina. Compreender o Peronismo*, trad. port., selecção e estudo introdutório de Manuel Bastos, Coimbra, Centelha, 1973

CARRILHO, Santiago – *"Eurocomunismo" y Estado*, trad. de João Amaral, *O 'Eurocomunismo e o Estado*, Lisboa, Presença, 1978

CARVALHO, A. Crespo de – *Para uma Sociologia da Monarquia Portuguesa*, Lisboa, qp, 1973

CARVALHO, Amorim de – *O Fim Histórico de Portugal*, Lisboa, Nova Arrancada, 2000

CARVALHO, José Liberato Freire de – *Memórias da Vida de...*, 2.ª ed., Lisboa, Assírio e Alvim, 1982 [1.ª ed., 1855]

Bibliografia Citada

CARVALHO, Reinaldo de – *Partidos e Pessoas*, Porto, Rés, 1975

CASSIDY, Brendan – *Telling stories about Law*, "Law and Critique", vol. II, n.º 1, 1991, pp. 63 ss.

CASSIRER, Ernst – *The Myth of the State*, trad. port., *O Mito do Estado*, Lisboa, Europa-América, 1961

CASTELLI, E. – *Demitizzazione e ideologia*, Roma, Istituto di Studi Filosofici, 1973

CASTRO, Fidel – *Oración Fúnebre para Ernesto Che Guevara*, trad. port. de Egito Gonçalves, *Oração Fúnebre para Ernesto 'Che' Guevara*, Porto, Brasília Editora, s/d.

CATROGA, Fernando – *O Republicanismo em Portugal da Formação ao 5 de Outubro*, Coimbra, Faculdade de Letras, 1991, 2 vols.

CAVALCANTI, Pedro/PICCONE, Paolo (org. antolog.) – *Um outro marxismo: Antonio Gramsci*, Lisboa, Arcádia, 1976

CERRONI, Umberto – *Il Pensiero Politico Italiano*, Roma, Newton, 1995

CEUD – *Documentos de uma Campanha*, Porto, CEUD, 1969

CHACON, Vamireh – *Uma Filosofia Liberal do Direito*, introdução a John RAWLS, *Uma Teoria da Justiça*, trad. bras. de Vamireh Chacon, Brasília, Editora Universidade de Brasília, 1981

CHAMBERS, R. W. – *Thomas More*, Brighton, The Harvester Press, 1982

CHARDON, Jean-Marc/LENSEL, Denis (eds.) – *La pensée unique. Le vrai procès*, Paris, Economica, 1998

CHARLIER, Robert-Edouard – *L'Etat et son droit, leur logique et leurs inconséquences*, Paris, Economica, 1984

CHÂTELET, F./DUHAMEL, O./PISIER, E. – *Dictionnaire des Oeuvres Politiques*, Paris, P.U.F., 1986 (há nova edição)

CHATELET, François et al. – *Quelle crise? Quelle société?*, prefácio de Roland Barthes, Presses Universitaires de Grenoble, 1974, trad. port. de Jorge Constante Pereira, *A Crise da Sociedade Contemporânea*, Lisboa, Edições 70, s/d

CHAUI, Marilena – *O que é Ideologia*, 14.ª ed., São Paulo, Editora Brasilense, 1984

CHEVALIER, Jean-Jacques/GAUCHER, Yves – *As Grandes Obras Políticas*, Mem Martins, Europa-América, 2005.

CHORÃO, Mário Bigotte – *Temas Fundamentais de Direito*, Coimbra, Almedina, 1986

CHRÉTIEN, Maurice (dir.) – *Le socialisme à la britannique. Penseurs du XXème siècle*, Paris, Economica, 2002

CHRONIS, Polychroniou – *Socialism*, Westport, Greenwood Press, 1993

CIDADE, Hernâni – *A Contribuição Portuguesa para os Direitos do Homem*, separata do "Boletim da Academia Internacional da Cultura Portuguesa", n.º 5, 1969

CIERVA, Ricardo de la – *La Derecha sin Remédio (1801-1987). De la prisión de Jovellanos al martirio de Fraga*, Barcelona, Plaza y Janes, 1987

CIONARESCU, Alexandre – *L'avenir du passé, utopie et littérature*, Paris, NRF, 1972

CIORAN – *Histoire et Utopie*, Paris, Gallimard, 1960

CLAVAL, Paul – *Les Mythes fondateurs des Sciences sociales*, Paris, P.U.F., 1980

COELHO, Eduardo Prado – *Hipóteses de Abril*, Lisboa, Diabril, 1975;

COELHO, Jacinto do Prado – *Camões e Pessoa, poetas da utopia*, Lisboa, Europa-América, 1983

COELHO, Mário Baptista (ed.) – *Portugal: O Sistema Político e Constitucional: 1975-1987*, Lisboa, ICS, 1989

446   *Repensar a Política – Ciência & Ideologia*

COELHO, Trindade – *Manual Político do Cidadão Portuguez*, 2.ª ed. do autor, Porto, 1908

COELHO, Zeferino (org. e pref.) – *«Maio e a Crise da Civilização Burguesa». Textos Polémicos*, Porto, J. Cruz Santos/Inova, 1973

COHN-B6, Daniel – *O Prazer da Política*, conversas com Lucas Delattre e Guy Herzlich, Lisboa, Editorial Notícias, 1999

COIMBRA, Leonardo – *Obras de...*, II, Porto, Lello, 1983

COLAS, Dominique – *Dictionnaire de la pensée politique*, Paris, Larousse, 1997

Comissão Dinamizadora Central do MFA de apoio à Campanha de Dinamização Cultural e Acção Cívica – *O Que é a Política?*, s/e, s/d

Congreso de la Liga de los Comunistas de Yugoslavia, Belgrado, Biblioteca Cuestiones Actuales del Socialismo, 1975

CONSTANT, Benjamin – *Cours de Politique Constitutionnelle*, 3.ª ed., Bruxelas, Société Belge de Librairie, 1837

CONSTANT, Benjamin –*De la Liberté des Anciens comparée à celles des Modernes*, nova ed., Paris, Le Livre de Poche, 1980

CORÇÃO, Gustavo – *O Século do Nada*, Rio de Janeiro/São Paulo, Record, s.d

CORCUFF, Philippe – *Philosophie politique*, Paris, Natan, 2000, trad. port. de Duarte da Costa Cabral, *Filosofia Política*, Mem Martins, Europa-América, 2003

CORTÉS, Juan – *Ensayo sobre el Catolicismo, el Liberalismo y el Socialismo. Otros Escritos*, introd. de Manuel Fraga Iribarne, edição e notas de José Luis Gómez, Barcelona, Planeta, 1985

CORTESÃO, Jaime – *O Humanismo Universalista dos Portugueses: a síntese histórica e literária*, Lisboa, Portugália, 1965 (VI vol. das Obras Completas)

CORTESÃO, Jaime – *Os Factores Democráticos na Formação de Portugal*, 4.ª ed., Lisboa, Livros Horizonte, 1984

CORTINA, Arnaldo – *O Príncipe de Maquiavel e seus Leitores. Uma Investigação sobre o Processo de Leitura*, São Paulo, UNESP, 1999

COSTA, Fernando Marques da/DOMINGUES, Francisco Contente/MONTEIRO, Nuno Gonçalves – *Do Antigo Regime ao Liberalismo*, 1750-1850, Lisboa, Vega, 1979

COSTA, J. M. Cardoso da – *Constitucionalismo*, in "Pólis", Lisboa, Verbo, 1983, I vol., col. 1151 ss..

COSTA, PIETRO – *Lo Stato Immaginario*, Milano, Giuffrè, 1986

COSTA, Pietro – *Lo 'Stato Totalitario': un campo semantico nella giuspublicistica del fascismo*, in «Quaderni Fiorentini per la Storia del Pensiero Giuridico Moderno», XXVIII, 1999, p. 61 ss.

COSTON, Henry (dir.) – *Dictionnaire de la politique française*, Paris, Publications Henry Coston, diff. La Librairie Française, 1967

COTTA, Sergio – *Il Giurista di fronte al Potere*, in "Rivista Internazionale de Filosofia del Diritto", 1966, 37

COTTA, Sergio – *Perché il Diritto*, 2.ª ed., Brescia, La Scuola, 1983

COURTOIS, Stéphane – *Le livre noir du communisme*, Paris, Laffont, 1997, trad. port., *O Livro Negro do Comunismo*, Prefácio de José Pacheco Pereira, trad. de Maria da Graça Rego e Lila V. Lisboa, Quetzal Editores, 1998

CRICK, Bernard – *In Defense of Politics*, 4.ª ed., Londres, Weinfeld & Nicolson, 1992 (5.ª ed., Continuum, 2000)

Bibliografia Citada

CRICK, Bernard – *Socialism,* The Open University, 1987, trad. port. de M. F. Gonçalves Azevedo, *Socialismo,* Lisboa, Estampa, 1988

CRICK, Bernard – *The American Science of Politics. Its Origins and Conditions,* Berkeley/Los Angeles, University of California Press, 1959

CRISTÓVÃO, Fernando – "A Autonomia da Cultura, a Independência dos Intelectuais e os Novos Tempos", in *Diálogos da Casa e do Sobrado,* Lisboa, Cosmos, 1994

CRITTENDEN, Danielle – *What our Mothers didn't tell us. Why happiness eludes the modern woman,* Nova Iorque, Simon & Schuster, 1999

CRUZ, Manuel Braga da – *Instituições Políticas e Processos Sociais,* Amadora, Bertrand, 1995

CRUZ, Manuel Braga da – *As Origens da Democracia Cristã e o Salazarismo,* Lisboa, Presença, 1980

CRUZ, Manuel Braga da – *Monárquicos e Republicanos no Estado Novo,* Lisboa, Dom Quixote, 1986

CRUZ, Manuel Braga da – *O Estado Novo e a Igreja Católica,* Lisboa, Bizâncio, 1998

CRUZ, Sebastião – *Direito Romano. I. Introdução. Fontes.* 3.ª ed., Coimbra, 1980

CUNHA Silva Joaquim da – *O Ultramar, a Nação e o 25 de Abril,* Coimbra, Atlântida Editora, 1977.

CUNHA, Paulo Ferreira da – *Tempos de Sancho – A Constituição Europeia e os Ventos da História,* São Paulo/Porto, Mandruvá, n.° 28, Junho 2004 – http://www.hottopos.com/videtur28/pfc.htm

CUNHA, Paulo Ferreira da – "Anagnose Jurídica. Releitura de três brocardos de Ulpianus e de outros textos clássicos", in *O Direito,* Lisboa, 126.° ano, 1994, I-II, p. 167-184, *in ex* in *Para uma História Constitucional do Direito Português.* Coimbra, 1995, pp. 71-91

CUNHA, Paulo Ferreira da – "Do Direito Clássico ao Direito Medieval. O Papel de S. Isidoro de Sevilha na supervivência do Direito Romano e na criação do Direito Ibérico", in *Para uma História Constitucional do Direito Português,* p. 95 ss..

CUNHA, Paulo Ferreira da – "Ideologia e Direito", *Miragens do Direito. O Direito, as Instituições e o Politicamente correto,* Campinas, São Paulo, Millennium, 1993, pp. 9-70

CUNHA, Paulo Ferreira da – "Valores, Princípios e Direitos", in *O Ponto de Arquimedes. Natureza Humana, Direito Natural, Direitos Humanos,* Coimbra, Almedina, Junho de 2001, p. 210 ss.

CUNHA, Paulo Ferreira da – «O Marquês de Pombal: Estado *vs.* Liberdade» in *Faces da Justiça,* Coimbra, Almedina, 2002, p. 75 ss..

CUNHA, Paulo Ferreira da – *A Contemporaneidade Jurídica e Aristóteles. Crise e Reconquista da Singularidade do Direito,* introdução à antologia de textos de Aristóteles denominada *Obra Jurídica,* Porto, Rés, 1989, pp. 5-52

CUNHA, Paulo Ferreira da – *Amor Iuris. Filosofia Contemporânea do Direito e da Política,* Lisboa, Cosmos, 1995

CUNHA, Paulo Ferreira da – *Anti-Leviathã,* em preparação

CUNHA, Paulo Ferreira da – *As Liberdades Tradicionais e o Governo de D. João VI no Brasil. Ensaio Histórico-jurídico preliminar* "Quaderni Fiorentini Per la Storia del Pensiero Giuridico Moderno", XXXII.

CUNHA, Paulo Ferreira da – *Constituição Europeia e Cultura Cristã*, in "Diário de Notícias", 2 de Julho 2003

CUNHA, Paulo Ferreira da – *Constituição Europeia: Teses Preliminares*, in "Mundo Jurídico", secção de Direito Comunitário, Junho 2003: http://www.mundojuridico.adv.br/

CUNHA, Paulo Ferreira da – *Constituição Europeia?* In "Jornal de Notícias", 8 de Junho de 2003 – http://jn.sapo.pt/textos/out1094.asp#.

CUNHA, Paulo Ferreira da – *Constituição, Direito e Utopia. Do Jurídico-Consticional nas Utopias Políticas*, Coimbra, Universidade de Coimbra/Coimbra Editora, 1996

CUNHA, Paulo Ferreira da – *Constitution, Mythes et Utopie*, in AA. VV. – *1791. La Première Constitution Française*, Paris, Economica, 1993, p. 129 ss.

CUNHA, Paulo Ferreira da – *Da Justiça na Constituição da República Portuguesa*, in volume comemorativo *Nos 25 Anos da Constituição da República Portuguesa de 1976*, Lisboa, AAFDL, 2001, recolhido in *O Século de Antígona*, Coimbra, Almedina, Fevereiro 2003, p. 127 ss.

CUNHA, Paulo Ferreira da – *Do Direito Natural Positivo – Princípios, valores e direito natural nas constituições e nos códigos civis portugueses e espanhóis*, in *Estudos em Homenagem à Professora Doutora Isabel de Magalhães Collaço*, volume II, Coimbra, Almedina, 2002, recolhido *O Século de Antígona*, Coimbra, Almedina, Fevereiro 2003, p. 95 ss..

CUNHA, Paulo Ferreira da – *Filosofia do Direito. Primeira Síntese*, Coimbra, Almedina, 2004

CUNHA, Paulo Ferreira da – *Introdução Constitucional à 'Constituição' Europeia*, in "Videtur", n.º 23, São Paulo/Porto, Mandruvá, Agosto de 2003

CUNHA, Paulo Ferreira da – *Lições Preliminares de Filosofia do Direito*, 2.ª ed., Coimbra, Almedina, 2002

CUNHA, Paulo Ferreira da – *Memória, Método e Direito*, Coimbra, Almedina, 2004

CUNHA, Paulo Ferreira da – *Miragens do Direito. O Direito, as Instituições e o Politicamente correto*, Campinas, São Paulo, Millennium, 2003

CUNHA, Paulo Ferreira da – *Mito e Constitucionalismo. Perspectiva Conceitual e Histórica*, Coimbra, 1990

CUNHA, Paulo Ferreira da – *Mito e Ideologias. Em torno do Preâmbulo da Constituição*, in "Vértice", II série, n.º 7, Outubro de 1988, Lisboa, p. 25 ss.

CUNHA, Paulo Ferreira da – *Mythe et Constitutionnalisme au Portugal (1778-1826). Originalité ou influence française?*, I parte, in "Cultura. Revista de História e Teoria das Ideias", Lisboa, Centro de História da Cultura, Universidade Nova de Lisboa, 2 tomos publicados

CUNHA, Paulo Ferreira da – *O Comentário de Tomás ao Livro V da Ética a Nicómaco de Aristóteles*, São Paulo/Porto, "Videtur", n.º 14, 2002, pp. 45-58 – edição electrónica http://www.hottopos.com/videtur14/paulo2.htm, hoje in *O Século de Antígona*, Coimbra, Almedina, 2003, pp. 43-70, max. 57 ss.

CUNHA, Paulo Ferreira da – *O Ponto de Arquimedes. Natureza Humana, Direito Natural, Direitos Humanos*, Coimbra, Almedina, 2001, p. 135 ss., máx. pp. 149-160

CUNHA, Paulo Ferreira da – *O Século de Antígona*, Coimbra, Almedina, 2003

Bibliografia Citada

CUNHA, Paulo Ferreira da – *O Tímpano das Virtudes*, Coimbra, Almedina, 2004.

CUNHA, Paulo Ferreira da – *Para uma História Constitucional do Direito Português*, Coimbra, Almedina, 1995

CUNHA, Paulo Ferreira da – *Política Mínima*, Coimbra, Almedina, 2003

CUNHA, Paulo Ferreira da – *Que Constituição para a Europa? Duas Reflexões Preliminares*, in "Antígona", vol. V, Junho 2003 – http://www.direito.up.pt/IJI/Cadernos%20do%20IJI/ANTIGONA%20V/Paulo%20Ferreira%20da%20Cunha.htm

CUNHA, Paulo Ferreira da – *Regionalização (Direito e Política)*, in "Enciclopédia Verbo. Edição Século XXI", Lisboa/São Paulo, vol. XXIV, 2002, cols. 1216-1218

CUNHA, Paulo Ferreira da – *Sociedade e Direito. Quadros Institucionais*, Porto, Rés, 1983

CUNHA, Paulo Ferreira da – *Temas e Perfis da Filosofia do Direito Luso-Brasileira*, Lisboa, Imprensa Nacional-Casa da Moeda, 2000

CUNHA, Paulo Ferreira da – *Teoria da Constituição*, Lisboa/São Paulo, Verbo, I vol. 2000, II vol. 2002

CUNHA, Paulo Ferreira da (Org.) – *Teorias do Estado Contemporâneo*, Lisboa/São Paulo, Verbo, 2003

CUNHA, Paulo Ferreira da, *Constituição, Direito e Utopia. Do Jurídico-Constitucional nas Utopias Políticas*, Coimbra, 'Studia Iuridica', Boletim da Faculdade de Direito, Universidade de Coimbra/Coimbra Editora, 1996.

CUNHAL, Álvaro – *A Revolução Portuguesa. O Passado e o Futuro*, Lisboa, Edições Avante!, 1976.

CUNHAL, Álvaro – *A Superioridade Moral dos Comunistas*, s.l., Edições Avante, 1974, última página, "artigo publicado na revista *Problemas da Paz e do Socialismo*, n.° 1, Janeiro de 1974"

CUOMO, Elena – *Il Sovrano Lumnoso. Fondamenti della Filosofia Politica di Louis-Claude de Saint-Martin*, prefácio de Giulio M. Chiodi, Turim, Giappichelli, 2000.

CURRY, Patrick/ZARATE, Óscar – *Introducing Machiavelli*, reimp., Cambridge, Icon Books, 2000 (1.ª ed. USA, Totem Books, 1996

D'ELIA, António – *Tanto nomini nullum par elogium*, introdução a *O Príncipe*, de Maquiavel, trad. bras. de António D'Elia, São Paulo, Cultrix, 2003 (?)

DAHRENDORF, Ralf – *O Liberalismo e a Europa*, ed. bras., trad. de Beatriz Sardenberg, Brasilia, Ed. Univ. de Brasília, 1981

DAIX, Pierre – *Le Socialisme du silence*, Paris, Seuil, 1976, trad. port. de J. Ferreira, *O Socialismo do Silêncio. A História da URSS como Segredo de Estado (1921-19…)*, Mem Martins, Europa-América, 1977

DANCY, Jonathan – *An Introduction to Contemporary Epistemology*, trad. port. de Teresa Louro Perez, *Epistemologia Contemporânea*, Lisboa, Edições 70, 1990

DANTAS, Araújo – *O P.S. na Constituinte. Missão Cumprida*, Lisboa, Edições Portugal Socialista, 1976

DARBELLAY, Jean – *La réflexion des philosophes et des juristes sur le droit et le politique*, Ed. Univ. Fribourg, 1987

DAVIS, J. C. – *Utopia and the ideal society. A study of English Utopian Writing 1516-1700*, Cambridge, Cambridge University Press, nouvelle éd., 1983.

DE FELICE, Renzo – *Bibliografia orientativa del Fascismo*, Roma, Bonaci, 1991

DE GRAZIA, Sebastian – *Machiavelli in Hell*, trad. bras. Denise Bottman, *Maquiavel no Inferno*, 2.ª reimp., São Paulo, Companhia das Letras, 2000

DE JOUVENEL, Bertrand – *De la Souveraineté – à la recherche du bien politique*, Paris, Jénin, Librairie des Médicis, 1955

DEBRAY, Régis – *Critique de la raison politique*, Paris, Gallimard, 1981

DELUMEAU, Jean – *La Civilisation de la Renaissance*, Paris, B. Arthuad, 1964, trad. port. de Manuel Ruas, *A Civilização do Renascimento*, Lisboa, Estampa, 1983, 2 vols.

DEMANDT, Alexander – *Der Idealstaat. Die politischen Theorien der Antike*, Köln, Böhlau, 1993

Des possibilites illimités pour la jenesse dans la société soviétique, Moscovo, Novosti, 1976

DESANTI, Dominique – *Les socialistes de l'Utopie*, Paris, 1972

DESQUEYRAT, A. – *A Igreja e a Política*, trad. port., Lisboa, União Gráfica, s/d.

DESROCHES, Henri – *Messianisme et Utopies*, in ASR, IV, 1950

DESTUTT-TRACY, A. L. C. – *Elements d'idéologie*, 2.ª ed., Paris, Courcier, 1804-1815, 4 vols..

DEUTSCH, Karl – *Política e Governo*, trad. bras., 2.ª ed., Brasília, Universidade de Brasília, 1983

DEVIN, Guillaume – *L'Internationale socialiste. Histoire et sociologie du socialisme*, Paris, Presses de la Fondation Nationale des Sciences Politiques, 1993

DIAS, Manuel – *Posições Frontais*, Porto, Brasília Editora, 1975

DIAS, Marcelo – *Chile/Setembro*, Lisboa, Diabril, 1976

DIAZ, Elias – *De la Maldad Estatal y la Soberania Popular*, Madrid, Debate, 1984

DIP, Ricardo (org) – *Tradição, Revolução e Pós-Modernidade*, Campinas, Millennium, 2001

DITHMAR, Reinhard (org.) – *Fabeln, Parabeln und Gleichnisse*, 8.ª ed., München, Dt. Taschenbuch V., 1988

DOMMANGET, Maurice – *Les grands socialistes et l'éducation: de Platon à Lenine*, trad. port. de Célia Pestana, *Os Grandes Socialistas e a Educação*, Lisboa, Europa-América, 1974

DONOSO CORTÉS, Juan – *Ensayo sobre el Catolicismo, el Liberalismo y el Socialismo. Otros Escritos*, introd. de Manuel Fraga Iribarne, edição e notas de José Luis Gómez, Barcelona, Planeta, 1985

DREIER, Ralf – *Recht-Moral-Ideologie: Studien zur Rechtstheorie*, Frankfurt, Suhrkamp, 1981

DREYFUS, Michel *et al* (dir.) – *Le Siècle des communismes*, Paris, L'Atelier, 2003, trad. port., Lisboa, *O Século dos Comunismos*, Editorial Notícias, 2004

DROIT, Roger Pol – *La Compagnie des philosophes*, Paris, Odile Jacob, 1998.

DROZ, Jacques – *Histoire générale du socialisme*, Paris, PUF, 1998, 4 vols.

DUBOIS, Claude Gilbert – *Problèmes de l'Utopie*, Paris, Lettres Modernes, 1968

DUCOS, M. – *Les romains et la loi: Recherches sur les rapports de la philosophie grecque et de la tradition romaine à la fin de la république*. Paris, 1984

DUERING, Ingemar – *Aristóteles. Darstellung und Interpretationen seines Denkes*, Heidelberg, 1966.

Bibliografia Citada

DUFFY, Maureen – *Men and the Beasts. An Animal Rights Handbook*, London, Paladin, 1984

DUMASY, Jean-Pierre/RASSELET, Gilles – *Aperçus sur les analyses du développement du capitalisme dans la pensée économique marxiste contemporaine en France*, «Revue Française d'Histoire des Idées Politiques», n.º 2, 2.º semestre, 1995, p. 301 ss.

DUMEZIL, Georges – *La religion romaine archaïque*, Paris, 1966

DUMEZIL, Georges – *Heur et malheur du guerrier*, 2.ª ed., Paris, Flammarion, 1985

DUMEZIL, Georges – *Les dieux souverains des Indo-Européens*, 2.ª ed., Paris, Gallimard, 1977

DUMEZIL, Georges – *Loki,* nova ed., Paris, Flammarion, 1986

DUMEZIL, Georges – *Mythe et Epopée*, Paris, Gallimard, 1971-1973, 3 vols.

DUMEZIL, Georges – *Mythes et Dieux des Indo-Européens*, textos reunidos e apresentados por Hervé Coutau-Bégarie, Paris, Flammarion, 1992

DUMONT, Louis – *Ensaios sobre o Individualismo. Uma perspectiva antropológica sobre a ideologia moderna*, trad. port. de Miguel Serras Pereira, Lisboa, Dom Quixote, 1992

DUPRAT, Gérard (dir.) – *Connaissance du Politique*, Paris, P.U.F., 1990

DURAND Gilbert – *Les Structures anthropologiques de l'imaginaire. Introduction à l'archétypologie générale*, Paris, Bordas, 1969, trad. port. de Hélder Godinho, *As estruturas antropológicas do imaginário*, Lisboa, Presença, 1989

DURAND, Gilbert – *L'imagination symbolique*, Paris, P.U.F., 1964

DURAND, Gilbert – *Mito, Símbolo e Mitodologia*, trad. port. de Hélder Godinho e Victor Jabouille, Lisboa, Presença, 1982

DURANTON, Henri – *Fallait-il brûler L'Esprit des Lois?*, "Dix-Huitième Siècle", n.º 21, 1989, p. 59 ss..

DURKHEIM, Emile – *Montesquieu et Rousseau précurseurs de la Sociologie*, nota introd. de Georges Davy, Paris, Librairie Marcel Rivière, 1966

DUVEAU, Georges – *Sociologie de l'Utopie*, Paris, 1961

DUVERGER, Maurice – *Introduction à la politique*, Paris, Gallimard, 1963, trad. port. de Mário Delgado, *Introdução à Política*, ed. esp., Lisboa, Estúdios Cor, 1977

DWORKIN, Ronald – *Political Judges and the Rule of Law*, Londres, British Academy, 1980

DWORKIN, Ronald – *Taking Rights seriously*, London, Duckworth, 1977

EBNSTEIN, William – *Todays Isms*, 5.ª ed. 1967, trad. port. de Natália de Oliva Teles, *Comunismo, Fascismo, Capitalismo, Socialismo*, 2.ª ed., Porto, Brasília Editora, 1974

ECCLESHALL, Robert – *Political Ideologies: An Introduction*, Routledge, 2003

ECO, Umberto – *L'Œuvre Ouverte*, trad. fr., Paris, Seuil, 1965, trad. bras., *Obra Aberta*, 2.ª ed., S. Paulo, Perspectiva, 1971

EISENBERG, José – *A Democracia depois do Liberalismo*, Rio de Janeiro, Relume do Mará, 2003

ELIADE, Mircea – *Aspectos do Mito*, trad. port. de Manuela Torres, Lisboa, Edições 7, s/d.

ELIAS DE TEJADA, Francisco – *A Tradição Portuguesa. Os Orígenes (1140-1521)*, Madrid, Actas, 1999

ELLIOTT, Florence – *A Dictionary of Politics,* Londres, Penguim 1969, trad. p*ort., Dicionário de Política*, 2.ª ed., Lisboa, Dom Quixote, 1975

ENDRES, Josef – *Gemeinwohl heute,* Innsbruck/Viena, 1989

ENGELS, Friedrich – *A Origem da Família, da Propriedade e do Estado*, trad. port. de H. Chaves, 2.ª ed., Lisboa, Presença, 1975

452   *Repensar a Política – Ciência & Ideologia*

ENGELS, Friedrich – *Herrn Eugens Duehrings unwaelzung der Wissenschaft*, trad. port. de Isabel Hub Faria/Teresa Adão, *Anti-Duehring*, Lisboa, Fernando Ribeiro de Mello/Edições Afrodite, 1974

ENGELS, Friedrich a J. BLOCH: Carta de em 21/22 de Setembro de 1890, in "Der Sozialistiche Akademiker", n.º 19, 1895, trad. port. in *Antologia de Textos Políticos*, vol. II. *Marxismo*, Porto, Federação Distrital do Porto do Partido Socialista, s/d

ESTALINE – *Marxismo e Questão Nacional*, trad. port. de Maria Teresa Barroso, Lisboa, Assírio & Alvim, 1976

ESTALINE – *Obras*, Lisboa, Seara Vermelha, 1978

ESTEFANÍA, Joaquín – *Contra el Pensamiento único*, 4.ª ed., Madrid, Taurus, 1998

EVOLA, Julius – *Il Mistero del Graal e la tradizione ghibelina dell'Impero*, Edizioni Mediterranee, trad. port. de Maria Luísa Rodrigues de Freitas, O Mistério do Graal, Lisboa, Vega, 1978

EVOLA, Julius – *Rivolta contro il mondo moderno*, trad. port. de José Colaço Barreiros, com nota sobre vida e obra do autor por Rafael Gomes Filipe, *Revolta Contra o Mundo Moderno*, Lisboa, Dom Quixote, 1989

EWALD, François – *L'Etat Providence*, Paris, Grasset, 1986

FARMOND, Guy de – *La Suède et la Qualité de vie*, trad. port. de M. de Campos, *Suécia. O Rosto da Social-Democracia*, Mem Martins, Europa-América, 1977

FEJTO, François – *Histoire des démocraties populaires*. 1. *L'ère de Staline*, Paris, Seuil, 1969, trad. port. de J. Ferreira, *As Democracias Populares*, 1. *A Era de Estaline*, Mem Martins, Europa-América, 1975

FERREIRA, Francisco (Chico da CUF) – *A URSS vista pela sua própria Imprensa*, Lisboa, Perspectivas & Realidades, 1976

FERREIRA, José Dias – *Noções Elementares de Filosofia do Direito*, Coimbra, 1864

FERREIRA, José Medeiros – *Ensaio Histórico sobre a Revolução de 25 de Abril. O Período Pré-Constitucional*, Lisboa, IN-CM/SREC – Região Autónoma dos Açores, 1983

FERREIRA, Serafim (coord.) – *MFA. Motor da Revolução Portuguesa*, Lisboa, Diabril, 1975

FERREIRA, Silvestre Pinheiro – "Da Independência dos Poderes Políticos nos Governos representativos", in *A Revolução de Setembro*, n.º 967, texto seleccionado por Pinharanda GOMES, Pinharanda (Introd. e sel.), *Silvestre Pinheiro Ferreira*, Guimarães Editores, Lisboa, 1977

FERREIRA, Vergílio – *Conta Corrente*, I, Lisboa, Bertrand,

FERRO, Marc – *Comment on raconte l'histoire aux enfants*, 2.ª ed., Paris, Payot, 1992

FERRY, Luc (e RENAUT, Alain) – *Philosophie Politique*, Paris, P.U.F., 1984-1985, 3 vols

FESTENSTEIN, Matthew – *Political Ideologies*, Oxford University Press, 2004

FIGUEROA QUINTEROS, María Angélica – *Apuntes sobre el origen de las garantías a los derecho humanos en la legislación hispano-chilena*, in *Estudios de Historia de las instituciones políticas y sociales*, 2, Santiago, 1967

FINLEY, Moses I. – *Democracy ancient and modern*, trad. fr. de Monique Alexandre, *Démocratie antique et démocratie moderne*, Paris, Payot, 1976

FINNIS, John – *Moral, Political and Legal Theory*, Oxford University Press, 1998

FINNIS, John – *Natural Law and Natural Rights*, 7.ª reimp., Oxford, Clarendom Press, 1993

FISKE, J. – *Introduction to Communication Studies*, trad. port. de Maria Gabriel Rocha Alves, *Teoria da Comunicação*, 5.ª ed., Porto, Asa, 1999

Bibliografia Citada

FONSECA, Fernando Adão da – *À Procura do Bem Comum – Pessoa, Sociedade e Estado na definição das Políticas Públicas*, in http://www.liberdade-educacao.org/docs/docs_04.htm.

FORSCHNER, Maximilian – *Über das Glück des Menschen (Aristoteles, Epikur, St. Thomas von Aquin, Kant)*; Darmstadt, Wissenschaftliche Buchgesellschaft, 1993

FOSSAERT, Robert – *L'avenir du socialisme*, Paris, Stock, 1996

FOUCAULT, Michel – *Diante dos Governos, Os Direitos do Homem*, trad. bras., in "Direito, Estado e Sociedade", Pontifícia Universidade Católica do Rio de Janeiro, Departamento de Ciências Jurídicas, n.º 2, Janeiro/Julho de 1993

FOUCAULT, Michel – *Les Mots et les choses. Une archéologie des sciences humaines*, Paris, Gallimard, 1966, trad. port. de Salma Tannus Muchail, *As Palavras e as Coisas. Uma arqueologia das ciências humanas*, São Paulo, Martins Fontes, 1985

FOUCAULT, Michel – *Microfísica do Poder*, organização, Introdução, tradução e revisão técnica de Roberto Machado, 18.ª ed., Rio de Janeiro, Graal, 1979.

FOUÉRÈ, Yann – *L'Europe aux cent drapeaux*, 2.ª ed., Nice, Presses de l'Europe, 1968

FOURÇANS, André – *Pour un nouveau libéralisme. L'Après-socialisme*, Paris, Albin Michel, 1982

FRAGA IRIBARNE, Manuel – *El Nuevo Antimaquiavelo*, Madrid, Instituto de Estudios Políticos, 1961

FRAGA IRIBARNE, Manuel – *El Pensamiento Conservador Español*, Barcelona, Planeta, 1981

FRANKLIN, Francisco Nunes – *Memória para servir de índice dos Foraes das terras do Reino de Portugal e seus domínios*, por…, Lisboa, Tipografia da Academia Real das Ciencias, 1825

FRANKLIN, J. – *John Locke and the Theory of sovereignty*, Cambridge, Cambridge Univ. Press., 1981

FREDERICO, Rui António Madeira – *Evolução Político-ideológica do CDS/PP. Do Centro social, federalista e regionalizante à direita popular, intergovernamental e unitarista (1974-1998)*, in "A Reforma do Estado em Portugal. Problemas e Perspectivas", Actas do I Encontro Nacional de Ciência Política, Lisboa, Bizâncio, 2001, p. 384 ss.

FREUND, Julien – *L'essence du Politique*, nova ed.., Paris, Sirey, 1986

FREUND, Julien – *La décadence*, Paris, Sirey, 1984

FREUND, Julien – *Les théories des sciences humaines*, Paris, PUF, trad. port. de Laura Montenegro, *A Teoria das Ciências Humanas*, Lisboa, Sociicultura, 1977

FREUND, Julien – *Politique et Impolitique*, Paris, Sirey, 1987

FRIEDMAN, Iona – *Utopias realizáveis*, trad. port., Lisboa, Sociicultura, 1978.

FRIEDMAN, Milton e Rose – *Liberdade para escolher*, trad. port., 2.ª ed., Mem Martins, Europa-América, s/d.

FRIEDMANN, Georges – *La Puissance et la sagesse*, Paris, Gallimard, 1970, trad. port. de Fernando Felgueiras, *O Poder e a Sabedoria*, Lisboa, Dom Quixote, s/d

FUKUYAMA, Francis – *The End of History and the last Man*, trad. port. de Maria Goes, *O Fim da História e o Último Homem*, Lisboa, Gradiva, 1992

FURTER, Pierre/RAULET, Gérard – *Stratégies de l'Utopie*, Paris, Galilée, 1979

Futuro Presente

454   *Repensar a Política – Ciência & Ideologia*

GALLI, Giorgio – *Hitler e il Nazismo Magico*, Milão, Rizzoli, 1989, trad. port. de Mário Franco de Sousa, *Hitler e o Nazsmo Mágico. As Componentes Esotéricas do III Reich*, Lisboa, Edições 70, 1990

GAMBRA, Rafael – *Liberalismo y Hispanidad*, "Maritornes. Cuadernos de la Hispanidad", n.º 1, Buenos Aires, 2001

GARAUDY, Roger – *L'Alternative*, Paris, Laffont, 1972, trad. port. de António Pescada, *A alternativa. Modificar o Mundo e a Vida*, 3.ª ed., Lisboa, Dom Quixote, 1977

GARAUDY, Roger – *Le Projet espérance*, trad. port. de Manuel Lopes, *O Projecto Esperança*, Lisboa, Dom Quixote, 1976.

GARAUDY, Roger – *Palavra de Homem*, trad. port., 2.ª ed., Lisboa, Dom Quixote, 1976

GARAUDY, Roger – *Pour un dialogue des Civilisations*, Paris, Denoel, 1977, trad. port. de Manuel J. Palmeirim/Manuel J. de Mira Palmeirim, *Para um Diálogo das Civilizações. O Ocidente é um Acidente*, Lisboa, Dom Quixote, 1977

GARAUDY, Roger – *Promesses de l'Islam*, Paris, Seuil, 1981

GARCÍA GALLO, Alfonso – *Antologia de Fuentes del Antiguo Derecho. Manual de Historia del Derecho*, II, 9.ª ed. rev., Madrid, 1982

GARCIA HUIDOBRO, Joaquin – *Filosofia, Sabiduria, Verdad. Tres Capitulos de la Metafisica de Aristoteles (Met. I, 1-2 y II, 1) como Introduccion a la Filosofia*, in "Anuario de Filosofia Juridica y Social", Sociedad Chilena de Filosofia Juridica y Social, 1991, p. 11 ss.

GARCIA HUIDOBRO, Joaquín/MASSINI CORREA, Carlos I./BRAVO LIRA, Bernardino – *Reflexiones sobre el Socialismo Liberal*, Santiago de Chile, Editorial Universitaria, 1988

GARCIA-PELAYO, Manuel – *El Estado de Partidos*, Alianza Editorial, Madrid, 1986

GARNER, James Finn – *Politically Correct Bedtime Stories*, trad. port. de Francisco Agarez, *Histórias Tradicionais Politicamente Correctas. Contos de sempre nos Tempos Modernos*, Lisboa, Gradiva, 1996

GAST, Wolfgang von – *Gesetz und Justiz in den Utopien*, in ARSP, 1984, LXX/Heft 1, 1 Quartal, p. 39 ss..

GAUS, Gerald (ed.) – *Handbook of Political Theory*, Sage Publications, 2004

GELLNER, Ernest – *Myth, Ideology and Revolution*, in "Political Quarterly", vol. 40, London, 1969, p. 472 ss…

GELLNER, Ernest *et al.* – *Socialism*, Londres, Taylor & Francis, 1992

GEOGHEGAN, Vincent – *Utopianism and Marxism*, London and New York, Methuen, 1987

GEORGEL, Jacques – *Le Franquisme – Histoire et bilan*, Paris, Seuil, 1970, trad. port. de António Pescada, *Franco e o Franquismo*, Lisboa, Dom Quixote, 1974

GETTELL, Raymond G. – *História das Ideias Políticas*, trad. e nota final de Eduardo Salgueiro, Lisboa, Editorial Inquérito, 1936

GHIBANDI, S. Rota – *L'Utopia a l'utopismo. Dalla grande progetenalità al ripiegamento critico*, Milano, 1987

GIANNETTI, Eduardo – *Beliefs in action – Economic Philosophy and Social Change*, Cambridge University Press, 1991, trad. bras. de Laura Teixeira Motta, *Mercado das Crenças. Filosofia económica e mudança social*, São Paulo, Companhia das Letras, 2003

GIDDENS, Anthony – *The Third Way. The Renewal of Social Democracy*, reimp., Cambridge, Polity, 2002 (1.ª ed. 1998)

Bibliografia Citada

GIDDENS, Anthony – *Beyond Left and Right. The Future of Radical Politics*, trad. port. de Álvaro Hattnher, *Para Além da Esquerda e da Direita. O Futuro da Política Radical*, 1.ª reimp., São Paulo, UNESP, 1996

GIL, José – *Constituição*, in *Enciclopédia Einaudi*, XIV, Ed. port., Lisboa, Imprensa Nacional – Casa da Moeda, 1989, p. 138 ss.

GIRARDET, Raoul – *Mythes et mythologies politiques*, Paris, Seuil, 1986

GLUCKSMANN, André – *Les Maîtres penseurs*, Paris, Grasset, 1978, trad. port. de Armandina Puga, Os Mestres Pensadores, Lisboa, Dom Quixote, 1978

GODDARD, Jorge Adame – *Filosofía Social para Juristas*, México, Universidad Nacional Autónoma de México/Mc Graw –Hill, 1998

GODECHOT, Jacques – *As Revoluções 1770-1799*, São Paulo, Livraria Pioneira Edit., 1976

GODECHOT, Jacques – *La Contre-Révolution. Doctrine et action (1789-1804)*, 2.ª ed., Paris, P.U.F., 1984

GODECHOT, Jacques – *La Grande Nation. L'expansion révolutionnaire de la France dans le monde*, II vols., Paris, Aubier, 1957

GODINHO, Vitorino Magalhães – *A Democracia Socialista, um Mundo Novo e um Novo Portugal*, Lisboa, Cadernos Critério, Bertrand, 1975

GODINHO, Vitorino Magalhães – *Mito e Mercadoria. Utopia e prática de navegar*, sécs. XIII-XVIII, Lisboa, Difel, 1990

GOETHEM, H. Van et al. (dir.) – *Libertés, Pluralisme et Droit. Une approche historique*, Bruxelas, Bruyllant, 1995

GOLDMANN, Lucien – *Epistémologie et philosophie politique. Pour une théorie de la liberté*, Paris, Denoel-Gonthier, 1978, trad. port., *Epistemologia e Filosofia Política*, Lisboa, Presença, 1984

GOMES, D. António Ferreira – *O Sacerdote o Filósofo e o Poeta perante Deus e Portugal*, "Os Portugueses e o Mundo", Porto, 1985 (policóp.).

GOODWIN, Barbara – *Social Science and Utopia*, Sussex, The Harvester Press, 1978

GOODWIN, Barbara – *Using Political Ideas*, 4.ª ed., Chichester, Wiley, 1997

GOODWIN, Barbara – *Utopia defended against liberals*, in "Political Studies", Oxford, Clarendon Press, 1980

GOULEMOT, Jean-Marie – *Utopies et Histoire*, in C,, t. XXXV, Maio 1979, n.º 384, p. 445--456

GOURDOT, Paul – *Les sources maçonniques du socialisme français*, Paris, Le Rocher, 1998

GOYARD-FABRE, Simone – *Philosophie Politique, XVIe-XXe siècle*, Paris, P.U.F., 1987

GRAMSCI, António – *A Formação dos Intelectuais*, trad. port. de Serafim Ferreira, Amadora, Fronteira, 1976

GRAMSCI, Antonio – *Escritos Políticos*, trad. port., Lisboa, Seara Nova, 1976-1977, 4 vols.

GRAMSCI, António – *Note sul Machiavelli, sulla politica e sullo stato moderno*, Turim, Einaudi, 1949

GRASSI, Giacomo – *Utopia morale e utopia politica*, Messina-Firenze, Casa Editrice g. D'Anna, 1980

GRAWITZ, Madeleine – *Méthodes des Sciences Sociales*, 7.ª ed., Paris, Dalloz, 1986

GRAY, Christopher Berry (ed.) – *The Philosophy of Law. An Encyclopedia*, Nova Iorque/Londres, Garland, 1999, 2 vols.

456   *Repensar a Política – Ciência & Ideologia*

GRAY, John – *Liberalism*, Open University Press, 1986, trad. cast. de Maria Teresa de Mucha, *Liberalismo*, 2.ª ed., Madrid, Alianza Editorial, 2002

GREAGH, Ronald – *Laboratoires de l'Utopie*, Paris, 1983

GREELEY, Andrew – *Myths, symbols and rituals in the modern world*, in "The Critic", vol. XX, n.º 3, Dez. 1961-Jan. 1962

GROSSER, Alfred – *L'Explication Politique*, Bruxelas, Complexe, 1984

GROSSI, Paolo – *Dalla Società di Società alla Insularità dello Stato fra Medioevo ed Età Moderna*, Nápoles, Istituto Universitario Suor Orsola Benincasa, 2003

GROSSI, Paolo – *Dalla Società di Società alla Insularità dello Stato fra Medioevo ed Età Moderna*, Nápoles, Istituto Universitario Suor Orsola Benincasa, 2003

GRUNDBERG, Gérard – *Vers un socialisme européen*, Paris, Hachette, 1997

GUEDES, Armando Marques – *Ciência Política – Teoria Geral do Estado*, Lisboa, ed. da AAFDL, 1982

GUÉHENNO, Jean-Marie – *La fin de la démocratie*, Paris, Flammarion, 1993 (reed. 1995)

GUÉNON, René – *Le règne de la quantité et les signes des temps*, Paris, Gallimard, 1945, trad. port. de Vítor de Oliveira, *O Reino da Quantidade e os Sinais dos Tempos*, Lisboa, Dom Quixote, 1989

GUETTA, Alessandro – *Invito alla lettura di Machiavelli*, Milão, Mursia, 1991

GUILLAUME, Marc – *L'Etat des Sciences Sociales en France*, Paris, La Découverte, 1986

GUILLEMAIN, Bernard – *Machiavel. L'anthropologie politique*, Genève, Droz, 1977

GUILLERMO CICHELLO, Raúl – *Teoría Totémica del Derecho*, Buenos Aires, Circulo Argentino de Iusfilosofia Intensiva, 1986

GUISÁN, ESPERANZA – *Mas allá de la Democracia*, Madrid, Tecnos, 2000

GURVITCH, Georges – *La vocation actuelle de la sociologie*, II, Paris, PUF, 1963

GUTHRIE, W. C. K. – *History of Greek Philosophy*, vol. VI, *Aristotle: an Encounter*, reimp., Cambridge, Cambridge University Press, 1983/1990

HABERMAS Jürgen – *Die nachholende Revolution. Kleine politische Schriften VII*, Francoforte sobre o Meno, Suhrkamp, 1990, trad. cast. e introd.. de Manuel Jiménez Redondo, *La necesidad de revisión de la izquierda*, trad. cast., Madrid, Tecnos, 1991

HABERMAS, Jürgen – *Carta a R. Spaemann*, in R. SPAEMANN – *Critica de las Utopías políticas*, Pamplona, EUNSA, 1980

HABERMAS, Jürgen – *O Discurso Filosófico da Modernidade*, trad. portuguesa, Lisboa, Dom Quixote, 1990

HABERMAS, Jürgen – *Técnica e Ciência como 'Ideologia'*, trad. port., Lisboa, edições 70, 1987

HALE, John – *The Civilization of Europe in the Renaissance*, Harper Collins, 1993, trad. port. de Maria José La Fuente, *A Civilização Europeia no Renascimento*, Lisboa, Presença, 2000

HALÈVY, Élie – *Histoire du Socialisme Européen*, Paris, Gallimard, 1948, trad. port. de Maria Luísa C. Maia, Prefácio de César Oliveira, *História do Socialismo Europeu*, Amadora, Bertrand, 1975.

HAMILTON, Alexander/MADISON, James/JAY, John – *O Federalista*, tradução, introdução e notas de Viriato Soromenho Marques e João C. S. Duarte, Lisboa, Colibri, 2003

HAMLIN, Alan/PETTIT, Philip (ed.) – *The Good Polity. Normative Analysis of the State*, Oxford/New York, Basil Blackwell, 1989

Bibliografia Citada

HAMPTON, Jean – *Hobbes and the social contract tradition*, 2.ª ed., Cambridge, Cambridge University Press, 1988

HARNECKER, MARTA – *Los Conceptos Elementales del Materialismo Histórico*, trad. port. de Alexandre Gaspar, *Conceitos Elementares do Materialismo Histórico*, 2.ª ed., Lisboa, Presença, 1976, 2 vols.

HARRIS, Peter – *Foundations of Political Science*, 3.ª ed., Singapura et al., Prentice Hall, 1997

HARRISON, J. F. C. – *Millenium and Utopia*, in Peter ALEXANDER/Roger GILL – *Utopias*, London, Duckworth, 1984, p. 61 ss..

HAVEL, Vaclav – *Avons-nous besoin d'un nouveau mythe?*, in "Ésprit", n.º 108, nov. 1985, p. 5 ss.

HAVELOCK, Eric A. – *The Liberal Temper in Greek Politics*, New haven, Yale University Press, 1957

HAYEK, F. A. – *Droit, législation et liberté*, trad. fr., Paris, P.U.F., 1973-1979, 3 vols.

HAYEK, F. A. – *L'Ordre politque d'un peuple libre*, Paris, P.U.F., 1983

HAYEK, F. A. – *The Constitution of Liberty*, London/Henley, Routledge e Kegan Paul, 2.ª reimp., 1976

HAYEK, F. A. – *The Counter-revolution of Science: studies on the abuse of reason*, Glencoe, Illinois, The Free Press, 1952

HAYEK, F. A. – *The Road to Serfdom*, London, Routledge & Sons, 1946, nova ed., London, Routledge, 1991

HEIDEGGER, Martin – *Holzwege*, 1950, trad. fr., *Chemins qui ne mènent nulle part*, Paris, Gallimard, 1962

HELLER, Herman – *Teoría del Estado*, trad. cast., México, F. C. E., 1974

HELLER, Leonid/NIQUEUX, Michel – *Histoire de l'Utopie en Russie*, Paris, P. U. F., 1995

HENRIQUES, Mendo Castro – *Introdução* à edição bilingue grego-português da Política de Aristóteles – http://www.terravista.pt/PortoSanto/1139/Artigo%20introduz%20aristoteles.htm

HENRIQUES, Mendo Castro/MELO, Gonçalo Sampaio e – *Salazar. Pensamento e Doutrina Política. Textos Antológicos*, Lisboa/São Paulo, Verbo, 1989

HÉRAUD, Guy – *Les Principes du Fédéralisme et la Féderation Européenne. Contribution à la théorie juridique du fédéralisme*, Nice, Presses de l'Europe, 1968

HERMET, Guy – *Histoire des nations et du nationalisme en Europe*, trad. port. de Ana Moura, *História das Nações e do Nacionalismo na Europa*, Lisboa, Estampa, 1996

HERVADA, Javier – *Historia de la Ciencia del Derecho Natural*, Pamplona, EUNSA, 1987

HESPANHA, António Manuel – *Guiando a Mão Invisível. Direitos, Estado e Lei no Liberalismo Monárquico Português*, Coimbra, Almedina, 2004

HESPANHA, António Manuel – «O Antigo Regime (1620-1807)», in *História de Portugal*, dir. de José Mattoso, IV vol., Lisboa, Círculo de Leitores, 1993, pp. 9 ss.

HESPANHA, Pedro et al. – *Entre o Estado e o Mercado. As Fragilidades das Instituições de Protecção Social em Portugal*, Coimbra, Quarteto, 2000

HEYWOOD, A. – *Political Ideologies: an Introduction*, 2.ª ed., Basingstoke, Macmillan, 1998

HEYWOOD, Andrew – *Political Ideologies: an Introduction*, 3.ª ed., Palgrave, Macmillan, 2003

HEYWOOD, Andrew – *Political Theory. An Introduction*, 2.ª ed., Nova Iorque, Palgrave, 1999

458 *Repensar a Política – Ciência & Ideologia*

HIRSCHMAN, Albert O. – *The Rethoric of Reaction*, 1991, trad. port. de Rui Miguel Branco, *O Pensamento Conservador. Perversidade, Futilidade e Risco*, Lisboa, Difel, 1997

HOEFFE, Otfried – *La Justice politique*, trad. do alemão de Jean-Chrstophe Merle, Paris, PUF, 1991

HOEPCKE, Klaus *et al.* – *Nachdenken ueber Sozialismus*, Schkeuditz, Gnn, 2000

HOLT, J. C. – *Magna Carta and Medieval Government*, Hambledon Press, London/Ronceverte, 1985

How the Soviet State is administered, Moscovo, Novosti, 1976

HOYER, Werner – *Analysis of Conservative, Socialist and Liberal Paradigms*, in "Liberal Aerogramme", n.º 46, Julho 2003, p. 28 ss.

HÜBNER, Kurt – *Die Wahrheit des Mythos*, Munique, C. H. Beck, 1985

HUDDE, Hinrich/KUON, Peter (ed.) – *De l'utopie à l'uchronie. Formes, significations, fonctions*, Tübingen, Günter Narr, 1988

HUME, David – *Of the Coalition of Parties*, 1752.

HUNT, Alan – *The Ideology of Law: advances and problems in recent applications of the concept of ideology to the analysis of law*, in "Law & Society", vol. 19, n.º 1, 1985, p. 11 ss..

ILIOPOULOS, Giorgios – *Mesotes und Erfahrung in der Aristotelischen Ethik*, in ΦΙΛΟΣΟΦΙΑ, n.º 33, Atenas, 2003, p. 194 ss..

IMAZ, Eugenio – *Topia y Utopia*, San Sebastian, Cuadernos Universitarios, Universidad de Deusto, 1988

IMBROSCIO, Carmelina (org.) – *Requiem pour l'Utopie ? Tendances autodestructives du paradigme utopique*, Pisa/Paris, Goliardica/Nizet, 1986

INCHAUSTI, Pedro Amado – *Fundamentos del socialismo. Las teorias marxistas y sus rectificaciones novisimas*, Madrid, Aguilar, 1932

ISIDORO DE SEVILHA –*Etimologias*

JAEGER, Werner – *Aristóteles*, trad. cast. de José Gaos, 2.ª reimp., México, Fondo de Cultura Económica, 1984

JAEGER, Werner – *Aristóteles. Grundlegung einer Geschichte seiner Entiwicklung*, Berlim, 1923, trad. cast. de José Gaos, *Aristóteles*, 2.ª reimp., México, Fondo de Cultura Económica, 1984

JANNI, Ettore – *Machiavelli*, Milão, Cogliati di Martinelli, 1927

JARDIN, André – *Histoire du Libéralisme Politique*, Paris, Hachette, 1985

JARDINE, Lisa – *Wordly Goods. A New History of the Renaissance*, Nova Iorque, Doubleday, 1996

JAUME, Lucien – *La liberté et la loi. Les origines philosophiques du libéralisme*, Paris, Fayard, 2000

JAUMONT, Bernard/LENÈGRE, Daniel/ROCARD, Michel – *Le Marché Commun contre l'Europe*, Paris, Seuil, 1973, trad. port. de Franco de Sousa, *O Mercado Comum contra a Europa*, Lisboa, Futura,

JELLINEK, G. – *Teoría General del Estado*, trad. cast. de Fernando de los Ríos Urruti, Granada, Comares, 2000

JENNINGS, Jeremy – *Socialism*, Londres, Taylor & Francis, 2003, 4 vols.

JHERING, R. von – *Les Indo-Européens avant l'Histoire*, trad. francesa de O. de Meulenaere, Paris, A. Marescq, MDCCCXCV

Bibliografia Citada

JHERING, Rudolf von – *Geist des römischen Rechts auf verschiedenen Stufen seiner Entwicklung*, Leipzig, 4 vol., 1877-1878

JOÃO PAULO II – *Carta Encíclica Centesimus Annus*, ed. port., São Paulo, Loyola, 1991 (ou, na *Internet*: http://www.vatican.va/edocs/POR0067/ P6.HTM

JOERDEN, Jan C./WITTMANN, Roland (eds.) – *Recht und Politik*, Francoforte (Oder), IVR, 2002, ARSP, B. 93

JOHNSON, Nevil – *The Limits of Political Science*, Oxford, Oxford University Press, 1989, trad. cast. de Julia Moreno San Martín, *Los Límites de la Ciencia Política*, Madrid, Tecnos, 1991

JOUVENEL, Bertrand de – *De la Politique Pure*, nova ed. fr., Paris, Calmann-Lévy, 1977

JOUVENEL, Bertrand de – *De la Souveraineté à la recherche du bien politique*, Paris, Génin, Librairie de Médicis, 1955

JOUVENEL, Bertrand de – *Du Pouvoir. Histoire naturelle de sa croissance*, Paris, Hachette, 1972

JOVIC, Dr. Borissav – *El Desarrollo Económico de Yugoslavia*, Belgrado, Comité Federal de Informaciones, 1975

KAMLAH, Wilhelm – *Utopie, Eschatologie Geschichtsteologie*, Manheim..., Biliog. Inst., 1969

KANTER, Rosabeth Moss – *Commitment and Community: Communes and ias in sociological perspective*, Cambridge, Mass., 1972

KATEB, G. – *Utopia and its Enemies*, London, Collier-Macmillan, 1963

KAUFMANN, Pierre – *L'inconscient du politique*, Paris, P.U. F., 1979

KAUTSKY, Karl – *As Três Fontes do Marxismo. A Obra Histórica de Karl* Marx, trad. port. de E. Fernandes, Porto, Textos Marginais, 1975

KAUTSKY, Karl – *Die Agrarfrage (1898)*, trad. port. de João Antunes, *A Questão Agrária*, Porto, Portucalense Editora, 1972

KAYMAN, Martin – *Revolution and Counter-revolution in Portugal*, Londres, Merlin Press, 1987.

KEETON, George W. – *Shakespeare's Legal and Political Background*, Londres, Pitman & Sons, 1967

KEKES, John – *Against Liberalism. A Case for Conservatism*, Cornell University Press, 1997

KELSEN, Hans – *Das Problem der Souverenität und die Theorie des Volkerrechts*, 1920

KELSEN, Hans – *Reine Rechtslehre*, trad. port. e prefácio de João Baptista Machado, *Teoria Pura do Direito*, 4.ª ed. port., Coimbra, Arménio Amado, 1976

KELSEN, Hans – *Teoria General del Estado*, 14.ª ed. cast., Mexico, Editora Nacional, 1979

KERSHAW, Ian – *Retour sur le totalitarisme, le nazisme et le stalinisme dans une perspective comparative*, «Esprit», Janeiro-Fevereiro, 1996

KERSHAW, Ian – *Nazisme et stalinisme, limites d'une comparaison*, «Le Débat», n.º 89, Março-Abril, 1996

KING, Preston (ed.) – "Introdução" a *The Study of Politics*, trad. bras. de José Luiz Porto de Magalhães, *O Estudo da Política*, Brasília, Editora Universidade de Brasília, 1980

KING, Preston (ed.) – *The Study of Politics*, trad. bras. de José Luiz Porto de Magalhães, *O Estudo da Política*, Brasília, Editora Universidade de Brasília, 1980

460 Repensar a Política – Ciência & Ideologia

KIRK, Russel – *La Mentalidad Conservadora en Inglaterra y Estados Unidos*, trad. cast., Madrid, Ediciones Rialp, 1956

KOLAKOWSKI, Leszek – *A Presença do Mito*, trad. bras. de José Viegas Filho, Brasília, Editora Universidade de Brasília, 1981

KOLAKOWSKI, Leszek – *O Espírito revolucionário e Marxismo: Utopia e Antiutopia*, trad. port., Brasília, Universidade de Brasília, 1985

KOLM, Serge-Christophe – *Le Libéralisme moderne*, Paris, PUF, 1984

KOLM, Serge-Christophe – *Le contrat social libéral. Philosophie et pratique du libéralisme*, Paris, PUF, 1985

KOSLOWSKI, Peter (org.) – *Das Gemeinwohl zwischen Universalismus und Particularismus: zur Theorie des Gemeinswohls und der Gemeinwohlwirkung von Ehescheidung, politischer Sezession und Kirchentrennung*, Stuttgart/Bad Cannstatt, 1999

KOSSYGUINE, A. N. – *Les grandes options de l'économie nationale de l'U.R.S.S. pour 1976-1980*, Moscovo, Novosti, 1976

KRIELE, Martin – *Introducción a la Teoria del Estado*, tr. cast., Buenos Aires, Depalma, 1980

KRISTELLER, Paul –*The Classics and Renaissance Thought*, Cambridge, mass., Harvard University Press, trad. port. de Artur Morão, *Tradição Clássica e Pensamento do Renascimento*, Lisboa, Edições 70, 1995

KRITSCH, Raquel – *Soberania. A Construção de um Conceito*, São Paulo, USP/Imprensa Oficial do Estado, 2002

KROKER, E. M. – *Rite, Gesetz und Recht*, in "Oesterrichische Zeitscrhrift fuer Oeffentliches Recht", Band XIX, Viènne/New York, 1969, pp. 95-132

KUHN, Thomas S. – *The Structure of Scientific Revolutions*, University of Chicago Press, 1962, trad. cast. de Agustín Contín, *La estructura de las revoluciones cientificas*, Mexico, Fondo de Cultura Económica, 15.ª reimp., 1992

KUMAR, Krisham – *Utopia and anti-utopia in Modern Times*, Oxford/Cambridge, Basil Blackwell, 1991

KURZON, D. – "How lawyers tell their tales", *Poetics*, n.º 14, 1985, p. 467 ss.

KYMLICKA, Will – *Liberalism, community and culture*, Oxford, Clarendon Press, 1989

KYMLICKA, Will – *Multicultural Citizenship: a liberal theory of minority rights*, Oxford, Clarendon Press, 1995

KYMLICKA, Will, *Contemporary Political Phylosophy. An Introduction*, trad. cast. de Roberto Gargarela, *Filosofía Política Contemporánea. Una Introducción*, Barcelona, Ariel, 1995

LABARCA, Eduardo – *Luís Corvalan*, trad. cast., Moscovo, Novosti, 1975

LACERDA, D. José de – *Da Fórma dos Governos com respeito á prosperidade dos povos e das cousas politicas em Portugal*, Lisboa, Typographia de Silva, 1854

LACHANCE, Francine – *La Québécie*, 2.ª ed., Zurique, Quebeque, Editions du Grand Midi, 2001 (1.ª 1990)

LACROIX, Jean – *Le Personnalisme comme anti-idéologie*, trad. port. de Olga Magalhães, *O Personalismo como Anti-Ideologia*, Porto, Rés, 1977

LAFARGUE, Paul – *Le Droit à la paresse*, trad. port. de António José Massano (incluindo o discurso de Lenine no funeral do autor), *O Direito à Preguiça*, Lisboa, Teorema, 1977

Bibliografia Citada 461

LAFAYE, Jacques – *Mesías, cruzadas, utopias. El judeo-cristianismo en las sociedades ibéricas*, trad. cast. de Juan José Utrilla, México, Fondo de Cultura Económica, 1984

LANDOWSKI, E. – "Vérité et véridiction en droit", *Droit et Société*, n.º 8, 1988, p. 45 ss.

LANE, Gilles – *À quoi bon la Philosophie*, 3.ª ed., Québec, Bellarmin, 1997

LANGHANS, Franz Paul de Almeida – *Fundamentos Jurídicos da Monarquia portuguesa*, in *Estudos de Direito*, Coimbra, Acta Universitatis Conimbrigensis, 1957

LAPOUGE, Gilles – *Utopie et civilisation*, Paris, Flammarion, 1978

LARA, António de Sousa – *Ciência Política. Estudo da Ordem e da Subversão*, Lisboa, Instituto Superior de Ciências Sociais e Políticas, 2004

LARA, António Sousa – *Da História das Ideias Políticas à Teoria das Ideologias*, 3.ª ed., Lisboa, Pedro Ferreira, 2000

LARDREAU, Guy – *Fictions Philosophiques et Science-fiction*, Arles, Actes du Sud, 1988

LARGUIER, Léo – *Images républicaines*, Paris, Éduard Aubanel, 1945

LARMOE, Charles E. – *Patterns of moral complexity*, Cambridge, 1987

LASKI, Harold J. – *The Rise of European Liberalism*, 8.ª reimp. cast., com trad. de Victoriano Miguélez, *El Liberalismo Europeo*, México, Fondo de Cultura económica, 1984

LASKY, Melvin – *Utopia and Revolution*, Chicago, The University of Chicago Press, nova ed., Midway reprint, 1985

LASSALE, Ferdinand – *O Que é uma Constituição Política?*, trad. port., Porto, Nova Crítica, 1976

LASSALE, Jean-Pierre – *Introdução à Política*, 6.ª ed., trad. port., Lisboa, Dom Quixote, 1976

LATORRE, Angel – *Introdução ao Direito*, trad. portuguesa, Coimbra, Almedina, 1978

LAUFENBURGER, Henry – *Histoire de l'Impôt*, Paris, PUF, 1954.

LAVERGNE, Bernard – *Le socialisme a visage humain. L'ordre coopératif*, Paris, PUF, 2000

LAZZERONI, Romano – *La Cultura Indoeuropea*, Roma/Bari, Laterza, 1998, trad. port. de Isabel Teresa Santos, *A Cultura Indo-Europeia*, Lisboa, Estampa, 1999

LE BON, Gustave – *Bases scientifiques d'une Philosophie de l'Histoire*, Paris, Flammarion, 1931

LE GOFF, Jacques – *Idades Míticas*, in "Enciclopédia Einaudi", ed. port., Lisboa, Imprensa Nacional – Casa da Moeda, I, 1984, p. 311 ss..

LE GOFF, Jacques – *Memória*, in *Enciclopédia* (Einaudi), 1. *Memória-História*, ed. port., Lisboa, Imprensa Nacional-Casa da Moeda, 1984

LEFEBVRE, Denis – *Socialisme et Franc-Maçonnerie. Le tournant du siècle (1880-1920)*, Paris, Bruno Leprince, 2000

LEFEBVRE, Henri – *Hegel, Marx, Nietzsche ou le Royaume des Ombres*, Paris, Casterman, 1975

LEFEBVRE, Henri – *Pour connaître la pensée de Marx*, Paris, Bordas, 1948

LEFORT, Claude – *Essais sur le politique – XIXe et XXe siècles*, Paris, Seuil, 1986, trad. port. de Eliana M. Souza, *Pensando o Político: Ensaios sobre Democracia, Revolução e Liberdade*, Rio de Janeiro, Paz e Terra, 1991

LEFORT, Claude – *Le Travail de l'œuvre: Machiavel*, Paris, Gallimard, 1972

LEGENDRE, Pierre – *Le Désir Politique de Dieu. Etude sur les montages de l'Etat et du Droit*, Paris, Fayard, 1988

462 Repensar a Política – Ciência & Ideologia

LEIBHOLZ, Gehrad – *O Pensamento democrático como princípio estruturador na vida dos povos europeus*, trad. port., Coimbra, Atlântida, 1974

LEIBHOLZ, Gerhardt – *Conceptos Fundamentales de la Politica y de Teoria de la Constitucion*, Madrid, Instituto de Estudios Politicos, 1964, p. 99 ss.

LENG, Shao-Chuan – *Justiça Popular na China*, trad. port. de G. C., Coimbra, Centelha, 1976

LENINE, V. I. – *A Revolução Proletária e o renegado Kautsky*, trad. port. de Rui Santos, Coimbra, Centelha, 1974

LENINE, V. I. – *Acerca del Estado*, trad. cast., Moscovo, Editorial Progresso, s/d

LENINE, V. I. – *As Tarefas das Juventudes Comunistas*, Porto (?), União dos Estudantes Comunistas, s.d.

LENINE, V. I. – *Como Iludir o Povo com os slogans de Liberdade e Igualdade*, trad. de Maria João Delgado, Coimbra, Centelha, 1974

LENINE, V. I. – *Comunicação acerca da Posição do proletariado perante a Democracia pequeno-burguesa/Democracia e Política na época da Ditadura do proletariado*, trad. port. de Adelino dos Santos Rodrigues, Lisboa, Minerva, s/d

LENINE, V. I. – *Estado e Revolução*, trad. de uma ed. inglesa por Armando de Azevedo, Lisboa, Delfos, 1975

LENINE, V. I. – *Karl Marx: Biografia breve seguida de uma exposição do marxismo*, trad. port. de Nerina Pires, Porto, Textos Marginais, Dinalivro, 1976

LENINE, V. I. – *O Imperialismo e a cisão do Socialismo/Aventureirismo Revolucionáro*, trad. port. de Adelino dos Santos Rodrigues, Lisboa, Minerva, s/d LENINE, V. I. – *Esquerdismo, Doença Infantil do Comunismo*, trad. de J. Ferreira, Porto, Latitude, s/d

LENINE, V. I. – *O Imperialismo, fase superior do Capitalismo*, trad. port., Lisboa, Avante, 1975

LENINE, V. I. – *Os Comunistas e as Eleições*, trad. port. de José Olivares, s/l, Edições Maria da Fonte, 1975

LENINE, V. I. – *Que Fazer?*, trad. port., Lisboa, Avante, 1978

LENINE, V. I. – *Trabalho Assalariado e Capital*, trad. port., Lisboa, Avante, 197

LENOBLE, Jacques/OST, François – *Droit, Mythe et Raison: essai sur la dérive mytho-logique de la rationalité juridique*, Bruxelles, Publ. Facultés Universitaires Saint-Louis, 1980

LENOBLE, Jacques/OST, François – *Founding Myths in Legal Rationality*, "Modern Law Review", n.º 49, 1986, p. 530 ss.

LÉONARD, Yves – *Salazarismo e Fascismo*, prefácio de Mário Soares, trad. port. de Catarina Horta Salgueiro, Mem Martins, Inquérito, 1998

Les Pensées réactionnaires, número monográfico de «Mil neuf cent. Revue d'histoire intellectuelle», n.º 9, Paris, 1991

Les Utopies à la Renaissance, Colloque international, P.U.B./P.U.F., 1963

LESSAY, Franck – *Souveraineté et légitimité chez Hobbes*, Paris, P.U.F., 1988

LEVINAS, Emmanuel – *L'autre, utopie et justice*, entretien avec…, "Autrement", n.º 102, nov. 1988, p. 53 ss.

LEVINAS, Emmanuel – *Quatre lectures talmudiques*, Paris, Minuit, 1968, trad. port. de Fábio Landa com a colaboração de Eva Landa, *Quatro Leituras Talmúdicas*, São Paulo, Perspectiva, 2003, p. 161.

LÉVI-STRAUSS, Claude – *Anthropologie structurale*, Paris, Plon, trad. bras. de Chaim Samuel Katz e Eginardo Pires, *Antropologia Estrutural*, Rio de Janeiro, Tempo Brasileiro, 1975

LÉVI-STRAUSS, Claude – *Le totémisme aujourd'hui*, Paris, PUF, trad. port. de José António Braga Fernandes Dias, *O Totemismo Hoje*, Lisboa, Edições 70, 1986

LÉVI-STRAUSS, Claude – *Mythologiques*, I. *Le cru et le cuit*, Paris, Plon, 1964

LEVITAS, Ruth – *The Concept of Utopia*, New York..., Philip Allan, 1990

LICHTENBERGER, André – *Le socialisme au XVIIIe siècle. Etudes sur les idées socialistes dans les écrivains français du XVIIIe siècle, avant la Révolution*, Paris, 1895

LICHTENBERGER, André – *Le socialisme utopique*, Paris, 1898

LIEBMAN, Marcel – *Le leninisme sous Lenine*, Paris, Seuil, 1973, trad. port. de Alberto Bravo, *O Leninismo sob Lenine*, Lisboa, Iniciativas Editoriais, 1976

LIMA, Campos – *O Movimento Operário em Portugal*, 2.ª ed., Porto, Afrontamento, 1972 (dissertação para a Cadeira de Ciência Económica na Faculdade de Direito da Universidade de Coimbra, 1903-1904)

LLANO, Alejandro (ed.) – *Ética y Politica en la Sociedad Democrática*, Madrid, Espasa Calpe, 1981

LOCKE, John – *An Essay concerning the true original extent and end of civil government*

LOEWY, Michael – *Rédemption et Utopie. Le judaisme libertaire en Europe centrale*, Paris, P.U.F., 1988

LOGAN, G. M. – *The Meaning of More's Utopia*, Princeton. Princeton Univ. Press, 1983

LOURENÇO, Eduardo – "Esquerda na Encruzilhada ou Fora da História?", *Finisterra. Revista de Reflexão e Crítica*, Outono 2002, n.º 44, pp. 7-11, *in ex* "Público", 18 Fevereiro 2003, p. 12

LOURENÇO, Eduardo – "Esquerda na Encruzilhada ou Fora da História?", *Finisterra. Revista de Reflexão e Crítica*, Outono 2002, n.º 44, pp. 7-11, *in ex* "Público", 18 Fevereiro 2003, p. 12.

LOURENÇO, Eduardo – *O Complexo de Marx*, Lisboa, Dom Quixote, 1979

LOURENÇO, Eduardo – *O Esplendor do Caos*, Lisboa, Gradiva, 1998

LOURENÇO, Eduardo – *O Fascismo Nunca Existiu*, Lisboa, Dom Quixote, 1976

LOURENÇO, Eduardo – *O Socialismo ou o Complexo de Marx*, in "Opção", Lisboa, n.º 1, 1976

LOURENÇO, Eduardo – *Os Militares e o Poder*, Lisboa, Arcádia, 1975

LUCAS VERDÙ, Pablo/MURILLO DE LA CUEVA, Pablo Lucas – *Manual de Derecho Politico*, I. *Introducción y Teoria del Estado*, Madrid, Tecnos, 1987

LUCENA, Manuel de – *O Estado da Revolução*. Lisboa, Expresso, 1978

LUCENA, Manuel de – *Rever e romper: da Constituição de 1976 à de 1989*, Lisboa. Separata da "Revista de Direito e de Estudos Sociais", ano 33, Janeiro-Junho de 1991

LUHMANN, Niklas – *A Improbabilidade da Comunicação*, trad. port. com selecção e apresentação de João Pissarra, Lisboa, Vega, 1992

LUHMANN, Niklas – *Legitimation durch Verfaheren*, 2.ª ed., Neuwid, 1975, trad. bras., *Legitimação pelo procedimento*, Brasilia, Ed. Univ. Brasília, 1980

LUKES, Steven – *Cinco Fábulas sobre los Derechos Humanos*, in *De los Derechos Humanos*, ed. de Stephen Shute e Susan Hurly, trad. cast. de Hernando Valencia Villa, Madrid, Trotta, 1998, p. 29 ss.

464   Repensar a Política – Ciência & Ideologia

LUKES, Steven – *O Poder. Uma Visão Radical*, trad. port. de Vamireh Chacon, Brasília, Editora Universidade de Brasília, 1980

LUKES, Steven – *The Curious Enlightenment of Professor Caritat*, Verso, 1995, trad. port. de Teresa Curvel, revisão de Manuel Joaquim Viera, *O curioso Iluminismo do Professor Caritat*, Lisboa, Gradiva, 1996

LUMINATI, Michele – *Die Wiederentdeckung des Corporativismo. Der neure italienische Faschismusforschung und der Corporativismo*, in «Zeitschrift fuer Neure Rechtsgeschichte», 9, 1987, p. 184 ss.

L'Utopie de Thomas More, ed. d'André Prévost, Paris, Mame, 1978

L'Utopie. Catalogue de l'Exposition Bibliographique au Centre Culturel Portugais, Paris 24-XI-9-XII 1977, Paris, Fundação Calouste Gulbenkian, Centre Culturel Portugais, 1977

LUXEMBURG(O), Rosa – *A Crise da Social-Democracia*, trad. port. de Maria Julieta Nogueira/Silvério Cardoso da Silva, Lisboa, Presença, 1974

LUXEMBURG(O), Rosa – *A Revolução Russa*, trad. port. de António José Massano, Lisboa, Ulmeiro, 1975

LUXEMBURG(O), Rosa – *Cartas da Prisão*, Lisboa, Assírio & Alvim, 1975

LUXEMBURG(O), Rosa – *Die Wiederaufbau der Internazionalem*, trad. port. de Manuel Augusto Araújo, *Reforma ou Revolução*, 4.ª ed., Lisboa, Estampa, 1970

LUXEMBURG(O), Rosa – *Einfuehrung in die Nationaloekonomie*, trad. port. de Carlos Leite, *Introdução à Economia Política*, Porto, Escorpião, 1975-1976, 3 vols.

LUXEMBURG(O), Rosa – *Greve de Massas, Partido e Sindicatos*, trad. port. de Rui Santos, Coimbra, Centelha, 1974

LUXEMBURG(O), Rosa/LIEBKNECHT, Karl – *Revolução Socialista e Internacionalismo Proletário*, coordenação e tradução de Serafim Ferreira, Lisboa, Fronteira, 1977

LYNN, Jonathan/JAY, Antony (eds.) – *Yes Prime Minister. The Diaries of lhe Right Hon. James Hacker*, vol. I, Londres, BBC Publications, 1986, pp.13839.

MACEDO, Jorge Borges de/BOTELHO, Afonso/LARA, António de Sousa/RAPOSO, Mário/SERRÃO, Joaquim Veríssimo – *Estudos sobre a Monarquia*, Lisboa, Conferências do Grémio Literário, 1984

MACHADO, João Baptista – *Introdução ao Direito e ao Discurso Legitimador*, reimp., Coimbra, Almedina, 1985;

MACHADO, João Baptista – *Participação e Descentralização, Democratização e Neutralidade na Constituição de 76*, Coimbra, 1982

MACHIAVEL – *Oeuvres complètes*, ed. de Edmond Barincou, prefácio de Jean Giono, reimp., Paris, Gallimard, Bibliothèque de la Pléiade, 1986

MACHIAVELLI – *Discorsi sopra la Prima Deca di Tito Lívio* (1513-1519)

MACHIAVELLI, Niccolò – *Il Principe*, introd. de Piero Melograni, Milão, B.U.R Rizzoli, 1991

MACHIAVELLI, Niccolò – *Il Principe e pagine dei Discorsi e delle Istorie*, org. de Luigi Russo, Florença, Sansoni, 1967

MACHIAVELLI, Niccolò – *Il Príncipe*, com um ensaio de Vittore Branca, reed., Milão, Arnoldo Mondadori, 2003 (?)

MACHIAVELLI, Niccolò – *Il Príncipe*, introd. de Nino Borsellino, seguido de *Dell'arte della guerra*, ed. de Alessandro Capata, 2.ª ed., Roma, Newton, 2003

Bibliografia Citada

MACHIAVELLI, Niccolò – *Il teatro e tutti gli scritti letterari*, org. de Franco Gaeta, Milão, Feltrinelli, 1965

MACHIAVELLI, Niccolò – *La Mandragola e il Principe*, org. de Gian Mario Anselmi, Elisabetta Menetti, e Carlo Varotti, Milão, Bruno Mondadori, 1993

MACHIAVELLI, Niccolò – *Opere complete*, Palermo, Fratelli Pedone Lauriel, 1868

MACHIAVELLI, Niccolò – *Tutte le opere storiche, politiche e letterarie*, org. de Alessandro Capata, com um ensaio de Nino Borsellino, Milão, Newton, 1998

MACHIAVELLI, Niccolò – *Tutte le opere*, org. de Mario Martelli, Florença, Sansoni, 1971

MACINTYRE, Alasdair – *After Virtue. A Study in Moral Theory*; reed., Londres, Duchworth, 1985, trad. port. de Jussara Simões, *Depois da Virtude*, Bauru, São Paulo, EDUSC, 2001

MACINTYRE, Alasdair – *Whose Justice?, Which Rationality?*, Londres, Duckworth, 1988

SAMUELSON, Paul A. – *Economics*, trad. portuguesa, *Economia*, 5.ª ed., Lisboa, Fundação Calouste Gulbenkian, 1982

MACPHERSON, C. B. – *The Life and Times of Liberal Democracy*, Oxford University Press, 1977, trad. castelhana de Fernando Santos Fontenla, *La Democracia Liberal y su Época*, 6.ª ed., Madrid, Alianza Editorial, 2003

MACPHERSON, C. B. *The Political Theory of Possessive Individualism*, Oxford, Claredon Press, 1962, trad. cast. de J.-R. Capella, *La Teoria Política del Individualismo Posesivo*, Barcelona, Fontanella, 1970

MAGALHÃES, José António Fernandes de – *Ciência Política*, 3.ª ed., Brasília, Vestcon, 2003

MAGALHÃES-VILHENA, Vasco de – *Progresso – Breve História de uma Ideia*, 2.ª ed., Lisboa, Caminho, 1979

MAGALHÃES-VILHENA, Vasco de – (org. et selecção.) – *Utopia e Utopistas Franceses do Século XVIII*, Lisboa, Livros Horizonte, 1980

MAIRET, Gérad – *Le Principe de Souveraineté*, Paris, Gallimard, 1997

MALTEZ, José Adelino – *A Procura da Ciência Política*, Relatório de Agregaçã, Lisboa, ISCSP, 1997 – in http://maltez.info.

MALTEZ, José Adelino – *Curso de Relações Internacionais*, Estoril, Principia, 2002

MALTEZ, José Adelino – *Direita e Esquerda*, "Verbo. Enciclopédia Luso-Brasileira de Cultura", Edição do Séc. XXI, vol. IX, 1999, cols. 450 ss.

MALTEZ, José Adelino – *Princípios de Ciência Política*, Lisboa, Instituto Superior de Ciências Sociais e Políticas, 1996

MALTEZ, José Adelino – *Sobre a Ciência Política*, Lisboa, ISCSP, 1994

MALTEZ, José Adelino (dir.) – *Repertório Português de Ciência Política* – http://www.iscsp.utl.pt/~cepp/indexide_a.php3

MANCINI, Italo – *Teologia, ideologia, utopia*, Brescia, Queriniana, 1974

MANENT, Pierre – *Naissances de la politique moderne*, Paris, Payot, 1977

MANHEIM, Karl – *Ideologie und Utopie*, Bona, 1930, trad. br., *Ideologia e Utopia*, 4.ª ed. bras, Rio de Janeiro, Editora Guanabara, 1986

MANUEL, Frank E. – *French utopias; an anthology of ideal societies*, New York, Free Press, 1966

MANUEL, Frank E./MANUEL, Fritzie P. – *Utopian thought in the Western World*, Cambridge, Mass., The Belknap Press of Harvard Univers. Press, 1979

MAQUIAVEL – *A Mandrágora. Bejfagor, o Arquidiabo*, São Paulo, Martin Claret, 2003

MAQUIAVEL – *Discorsi*, II, in *Il Principe e Discorsi sopra la prima deca di Tito Livio*, Milão, Sérgio Bartelli, 1960

MAQUIAVEL – *Escritos Políticos/A Arte da Guerra*, trad. bras. de Jean Melville, São Paulo, Martin Claret, 2002

MAQUIAVEL – *História de Florença*, de Maquiavel, 2.ª ed. rev., São Paulo, Musa, 1998

MAQUIAVEL – *O Príncipe*, comentado por Napoleão Bonaparte, trad. do texto de Fernanda Pinto Rodrigues, trad. dos comentários de M. Antonieta Mendonça, Mem Martins, Europa-América, 1976

MAQUIAVEL – *O Príncipe*, trad. port. de Francisco Morais, Coimbra, Atlântida, MCMXXXV

MAQUIAVEL – *O Príncipe*, trad., introd. e notas de António D'Elia, São Paulo, Cultrix, 2003

MAQUIAVEL, Nicolau – *O Príncipe*, trad. port. de Carlos Eduardo de Soveral, Lisboa, Guimarães, 1984

MARCUSE, Herbert – *An Essay on Liberation*, trad. port. de Maria Ondina Braga, *Um Ensaio para a Libertação*, Amadora, Bertrand, 1977

MARCUSE, Herbert – *O Fim da Utopia*, trad. port., Lisboa, Moraes, 1969

MARCUSE, Herbert – *Progresso Social e Liberdade*, trad. port. de Maria José Cruz e Oliveira Macedo, Porto, Henrique A. Carneiro, Dist. Dinalivro, 1974

MARIE, Jean-Jacques – *Trotsky: Textes et débats*, Paris. LGE, 1984

MARIEN, Mary Warner – *Photography. A Cultural History*, Londres, Laurence King, 2002

MARIN, Louis – *Utopiques: Jeux d'espaces*, Paris, Minuit, 1973

MARITAIN, Jacques – *L'Homme et l'Etat*, Paris, P.U.F., 1953 (2.ª ed., 1965)

MAROUBY, Christian – *Utopie et primitivisme. Essai sur l'imagerie anthropologique à l'âge classique*, Paris, Seuil, 1990

MARQUES, Mário Reis – *O Liberalismo e a Codificação do Direito Civil em Portugal. Subsídios para o Estudo da Implantação em Portugal do Direito Moderno*, Coimbra, separata do "Suplemento ao Boletim da Faculdade de Direito da Universidade de Coimbra", Coimbra, 1987

MARQUES, Viriato Soromenho – *A Era da Cidadania*, Mem Martins, Europa-América, 1996

MARQUES, Viriato Soromenho – *A Revolução Federal. Filosofia Política e Debate Constitucional na Fundação dos E.U.A.*, Lisboa, Colibri, 2002

MARRODÁN, Mario Angel – *Utopía y Arcadia*, Palencia, Rocamador, 1989

MARSHALL, Terence – *Leo Strauss, La Philosophie et la Science politique*, in "Revue Française de Science Politique", n.os 4 e 5, vol. 35. 1985, p. 605 ss. e 801 ss..

MARTINES, Lauro – *The Social World of Florentine Humanists*, Londres, Routledge & Kegan Paul, 1963

MARTINET, Gilles – *Les Cinq communismes*, trad. port. de Carlos Loures, *Os Cinco Comunismos. Russo. Jugoslavo. Chinês. Checo.Cubano*, 3.ª ed., Mem Martins, Europa-América, 1975

MARTINS, Afonso D'Oliveira – *Sobre o Conceito de Poder*, in «Estado & Direito», n.º 4, 1989, pp. 47-63

MARTINS, Alberto – *O Mito do Paraíso*, Lisboa, Seara Nova, 1977

MARTINS, Joaquim Pedro – *A doutrina da soberania popular segundo as Côrtes de 1641 e os teóricos da restauração*, separata das "Memórias da classe de Letras" – t. III, Academia das Ciências de Lisboa, Lisboa, 1937

Bibliografia Citada

MARTINS, José V. de Pina – *L'Utopie de Thomas More au Portugal (XVIe et début du XVIIe siècle)*, in "Arquivos do Centro Cultural Português", Paris, Fundação Calouste Gulbenkian, 1982, vol. XVII, p. 453 ss.

MARTINS, Oliveira – *História da Civilização Ibérica*, 12.ª ed., Nota Inicial de Guilherme D'Oliveira Martins, Prefácio de Fidelino de Figueiredo, Lisboa, Guimarães Editores, 1994

MARTINS, Oliveira – *História de Portugal*, 20.ª ed., Lisboa, Guimarães Editores, 1991 (1.ª em 1879)

MARTINS, Oliveira – *Sistema dos Mitos Religiosos*, 4.ª ed., Lisboa, Guimarães Ed., 1986

MARX, Karl – *Obras Escolhidas*, Lisboa/Moscovo, Edições Avante/Edições Progresso, 1982, 3 vols.

MARX, Karl – *O 18 Brumário de Luis Bonaparte*, trad. port., Lisboa, Vento de Leste, 1975

MARX, Karl – *Zur Kritik der Hegelschen Rechtsphilosophie*, trad. fr. de Jules Molitor, *Contribution à la critique de la Philosophie du droit de Hegel*, Paris, Allia, 1999

MARX, Karl/ENGELS, Friedrich – *Manifesto of the Communist Party*, in *The Great Books* of the Western World, Chicago, Encyclopaedia Britannica, 5.ª reimp., 1994, vol. 50, p. 420 ss

MARX, Karl/ENGELS, Friedrich – *O Partido de Classe* (antologia), selecção, introd. e notas de Roger Dangueville, trad. port. de Paulo Simões, Porto, Escorpião, 1975

MARX, Karl/ENGELS, Friedrich – *Manifesto do Partido Comunista*, ed. port., Porto, H. A. Carneiro/Sementes, 1974

MARX, Karl/ENGELS, Friedrich – *Die deutsche Ideologie*, 2.ª ed. portug., *A Ideologia Alemã*, Lisboa, Presença/Martins Fontes, 1975, 2 vols.

MASSET, Pierre – *Les 50 Mots-clés du marxismo*, Toulouse, Éditions Edouard Privat, trad. port. de Jorge Costa, Pequeno Dicionário do Marxismo, Porto, Inova, 1974

MATTOSO, José – *A Identidade Nacional*, Lisboa, Fundação Mário Soares/Gradiva, 1998.

MAUSS, Marcel – *Essai sur le don. Forme et raison de l'échange dans les sociétés archaïques*, «L'Année Sociologique», 2.ª série, 1923-1924, t. I, depois reunido em *Sociologie et Anthropologie*, com introd. de Claude Lévi-Strauss, Paris, P.U.F., 1973, p. 232.

MCILVAIN, Charles Howard – *Some Ilustration for the Influence of unchanged Names for changing Institutions*, in "Interpretations of Modern Legal Philosophies: papers resented to Roscoe Pound", New York, 1947, pp. 489 ss

MCNELLIS, Paul W. – *Bem Comum: um conceito político em perigo?*, "Brotéria", vol. 144, 1997, pp. 519-526

MEDINA, João – *As Conferências do Casino e o Socialismo em Portugal*, Lisboa, Dom Quixote, 1984

MEDINA, João – *Não há Utopias Portuguesas*, "Revista de História das Ideias", Coimbra, Instituto de História das Ideias, Faculdade de Letras, vol. II, p. 163 ss..

MEDVEDEV, Roy – *A Democracia Socialista. O Regime Soviético Analisado por um Dissidente Marxista*, trad. port. de Adelino dos Santos Rodrigues, Mem Martins, Europa-América, 1977

MELLER, Horst – *Liberté, Egalité, Fraternité: Revolutionaere und Konterrevolutionaere Dreifaltigkeiten*, – in HARTH, Dietrich/ASSMANN, Jan (org.) – *Revolution und Mythos*, Fischer, Frankfurt am Main, 1992, p. 104 ss.

MELLO, Evaldo Cabral de – *Um Imenso Portugal. História e Historiografia*, São Paulo, Editora 34, 2002, p. 14.

MELO, António Barbosa de – *Democracia e Utopia (Reflexões)*, Porto, dist. Almedina, 1980

MELO, António Moreira Barbosa de – *Democracia e Utopia (Reflexões)*, Porto, dist. Almedina, 1980

MENDUS, Susan – *Impartiality in Moral and Political Philosophy*, Oxford, Oxford University Press, 2002

Menos Cópias, "Tempo Livre", n.° 152, Setembro 2004, p. 46.

MERÊA, Paulo – *Suárez, Grócio, Hobbes*, I vol., Coimbra, 1941

MERLEAU-PONTY, Maurice – "Note sur Machiavel" (1949), in *Éloge de la Philosophie*, Paris, Gallimard, 1960

MERLEAU-PONTY, Maurice – *Éloge de la philosophie*, Paris, Gallimard, 1953, trad. port. de António Braz Teixeira, *Elogio da Filosofia*, 4.ª ed., Lisboa, Guimarães, 1993

MERQUIOR, J. G. – *Liberalism. Old and New*, Boston, 1991, trad. cast., *Liberalismo viejo y nuevo*, México, Fondo de Cultura Económica, 1993

MICHAUD, Eric – *Nord-Sud (Du nationalisme et du racisme en histoire de l'art. Une anthologie)*, in "Critique", n.° 586, Março de 1996, p. 163 ss..

MICHELS, Robert – *Political Parties. A sociological study of the oligarchical tendencies of modern democracy* (1962), trad. cast. de Enrique Molina de Vedia, *Los Partidos políticos. Un estudio sociológico de las tendencias oligárquicas de la democracia moderna*, 2 vols., Buenos Aires, Amorrotu Editores, 1996

MILHOU, Alain – "Epílogo (a modo de síntesis)" a *Les Utopies dans le Monde Hispanique*, Actas del Coloquio celebrado en la Casa de Velázquez, Madrid, Universidad Complutense, 199, p. 313 ss.

MILL, John Stuart – *Considerações sobre o governo representativo*, trad. bras., Brasilia, Univ. de Brasilia, 1981

MILLER, David *et. al.* (eds.) – *The Blackwell Encyclopaedia of Political Thought*, Oxford, Basil Blackwell, 1987

MINC, Alain – *Antiportraits,* Paris, Gallimard, 1996

MINOGUE, Kenneth – *Politics: a very short introduction*, Oxford University Press, 1995, trad. port. de Maria Manuel Cobeira, *Política. O Essencial*, Lisboa, Gradiva, 1996

MIRANDA, Jorge – *A Chamada Constituição Europeia*, "Público", 2 de Julho 2003

MIRANDA, Jorge – *Manual de Direito Constitucional*, Coimbra, Coimbra Editora, vários vols., últimas ed. respectivas

MIRANDA, Jorge – *Os Problemas Políticos Fundamentais e as Formas de Governo Modernas,* separata de "Estudos em Homenagem ao Prof. Doutor Armando M. Marques Guedes", FDUL, Coimbra Editora, 2004, pp. 203-250

MIRANDA, Jorge – Resposta ao artigo de Vilaverde Cabral, *O Fantasma do Nacionalismo*, "Diário de Notícias", 13 de Julho de 2003

MIRANDA, Milton – *Introdução ao Pensamento de Herbert Marcuse*, Porto, Brasília Editora, 1969.

MISES, Ludwig von – *Human Action. A Treatise on Economics*, trad. fr., *L'Action Humaine. Traité D'Economie*, Paris, P.U.F., 1985

Bibliografia Citada

MISES, Ludwig von – *Liberalism in the classic tradition*, trad. br., *Liberalismo segundo a tradição clássica*, Rio de Janeiro, José Olympio/Instituto Liberal, 1987

MOLNAR, Thomas – *Du Mal moderne. Symptômes et antidotes*, Québec, Beffroi, 1996

MOLNAR, Thomas – *Utopie, éternelle hérésie*, trad. fr. de Olivier Launay, Paris, Beauchesne, 1973

MOMMSEN, T. – *Abriss des römischen Rechts*, Leipzig, 1893. 1907.

MONCADA, Cabral de – *Filosofia do Direito e do Estado*, II vols., Coimbra, Coimbra Editora, I, 2.ª ed. 1953, II, 1966, nova ed. em um único volume, *ibidem*, 1995

MONCADA, Luís Cabral de – *Memórias ao longo de uma vida. Pessoas, factos, ideias*, Lisboa, Verbo, 1992

MONTAIGNE, Michel De – *Essais*, in *Oevres complètes*, textos estabelecidos por Albert Thibuadet e Maurice Rat, introdução e notas de Maurice Rat, Bibliothèque de la Pléiade, Paris, Gallimard, 1962

MONTARON, Georges/CLÉMENT, Marcel – *Le socialisme*, Paris, Beauchesne, 1997

MONTEIRO, Paulo Filipe – *Os Outros da Arte*, Oeiras, Celta, 1996

MONTEJANO (H.), Bernardino – *Ideologia, Racionalismo y Realidad*, Buenos Aires, Abeledo-Perrot, 1981

MONTEJANO, Bernardino – *Ética Pública*, Buenos Aires, Ediciones del Cruzamante, 199

MONTESQUIEU – *De l'Esprit des Lois*, I, 1.

MONTORO BALLESTEROS, Alberto – *Raíces medievales de la protección de los derechos humanos*, in "Anuario de Derechos Humanos", n.° 6, Madrid, Edit. Universidad Complutense, 1990, pp. 85-147

MONTORO BALLESTEROS, Alberto – *Para una Caracterización de la Política Jurídica*, Separata de Estudios de Derecho Constitucional y de Ciencia Politica. Homenaje al Profesor Rodrigo Fernández-Carvajal, Universidad de Múrcia, Múrcia, 1997

MONTORO BALLESTEROS, Alberto – *Razones y limites de al legitimación democrática del Derecho*, Murcia, Universidad de Murcia, 1979

MONTORO BALLESTEROS, Alberto – *Razones y limites de la legitimación democrática del Derecho*, Múrcia, Universidad de Murcia, 1979

MONZEL, Nikolaus – *Katolische Soziallehre*, Colónia, J. P. Bachen, 1965, trad. cast. de Alejandro Esteban Lator Rós, *Doctrina Social*, Barcelona, Herder, 1969, 2 vols.

MOORE, Margaret – *Foundations of Liberalism*, Oxford, Oxford University Press, 1993

MOREAU, Jacques/DUPUIS, Georges/GEORGEL, Jacques – *Sociologie Politique*, Paris, Cujas, 1966

MOREAU, Pierre-François – *Le Récit Utopique. Droit naturel et roman de l'Etat*, Paris, P.U.F., 1982

MOREIRA, Adriano – *Ciência Política*, Lisboa, Livraria Bertrand, 1979, nova ed., Coimbra, Almedina, 1992

MOREIRA, Adriano – *Identidade Europeia e Identidade Portuguesa*, Conferências de Matosinhos, Câmara Municipal de Matosinhos, Porto, Página a Página, 1994

MOREIRA, Adriano – *Notas do Tempo Perdido*, Matosinhos, Contemporânea, 1996

MOREIRA, Adriano – *O Novíssimo Príncipe: Análise da Revolução*, Braga, Intervenção, 1977

MOREIRA, Adriano – *Teoria das Relações Internacionais*, Coimbra, Almedina, 1996

MOREIRA, Adriano/BUGALLO, Alejandro/ALBUQUERQUE, Celso – *Legado Político do Ocidente. O Homem e o Estado*, nova ed., Lisboa, Estratégia, 1995

470 Repensar a Política – Ciência & Ideologia

MOREIRA, Adriano, et al., – Legado Político do Ocidente. O Homem e o Estado, Lisboa, Estratégia, Lisboa, 1995

MOREIRA, José Manuel – Liberalismos: entre o Conservadorismo e o Socialismo, Lisboa, Pedro Ferreira, 1996

MORGAN, Arthur E[rnest] – Nowhere is somewhere. How history makes utopias and utopias make history, Chapell Hill, University of North Caroline Press, 1946

MOSCA. G./BOUTHOUL, G. – Histoire des doctrines politiques, Paris, Payot, trad. port. de Marco Aurélio de Moura Matos, História das Doutrinas Políticas, 3.ª ed., Rio de Janeiro, Zahar, 1968

MOSSÉ, Claude – L'Antiquité dans la Révolution française, Paris, Albin Michel, 1989

MOTA, Lourenço Dantas (org.) – Introdução ao Brasil, I vol., 3.ª ed., São Paulo, SENAC São Paulo, 2001 (1.ª ed., 1999), II vol., 2.ª ed., Ibidem, 2002

MOTCHANE, Didier – Clefs pour le socialisme, Paris, Seghers, 1973, trad. port. de ACKERMAN, Bruce – Social Justice in the Liberal State, trad. cast. e introdução de Carlos Rosenkrantz, La Justicia Social en el Estado Liberal, Madrid, Centro de Estudios Constitucionales, 1993

MOUFFE, Chantal – The Return of the Political, Verso, 1993, trad. port. de Ana Cecília Simões, O Regresso do Político, Lisboa, Gradiva, 1996

MOUNIER, Emmanuel – Le Personnalisme, Paris, PUF, 19590, trad. port. e prefácio de João Bénard da Costa, O Personalismo, 4.ª ed., Lisboa, Moraes, 1976

MOURA, Francisco Pereira de – Lições de Economia, 4.ª ed., reimp., Coimbra, Almedina, 1978

MOURA, José Barata – Ideologia e Prática, (((Lisboa))), Caminho, 1978

MOURA, Virgínia (Selecção, Prefácio e Edição) – Eleições de 1969. Documentos Eleitorais da Comissão Democrática do Porto, Porto, 1971

MOURÃO-FERREIRA, David – Tópicos Recuperados. Sobre a crítica e outros ensaios, Lisboa, Caminho, 1992

MUCCHIELLI, Roger – Le Mythe de la cité idéale, Brionne, Gérard Monfort, 1960 (reimp. Paris, P.U.F., 1980)

MÜLLER-DOOHM, Stefan – Jenseits der Utopie, Frankfurt am Main, Suhrkamp, 1991

MUMFORD, Lewis – The story of Utopias, New York, Boni and Liveright, 1922

MUNK, Stephanie – L'Autonomie de la Science Politique, in «Estudos Políticos e Sociais», 1964, n.º 2, pp. 437-464

MUSSOLINI, (Benito) – Artigo em "Gerarchia", a servir de introdução a O Príncipe, de Maquiavel, trad. port. de Francisco Morais, Coimbra, Atlântida, MCMXXXV, p. V ss.

MYRDA, Alva – A Caminho da Igualdade, trad. port. de M. Elisabete V. Costa, Lisboa, Perspectivas e Realidades, 1976

MYRDAL, Gunnar – A Objectividade nas Ciências Sociais, trad. port., Lisboa, Assírio & Alvim, 1976

NABAIS, Casalta – Algumas reflexões críticas sobre os Direitos Fundamentais, Separata do volume comemorativo "Ab Uno ad Omnes – 75 anos da Coimbra Editora", s.d.

NAMER, Émile – Machiavel, Paris, P.U.F., 1961

NASSETTI, Pietro (?) – "Perfil Biográfico. Nicolau Maquiavel", in A Mandrágora. Bejfagor, o Arquidiabo, São Paulo, Martin Claret, 2003

NEGLEY, Glenn – Utopian Literature. A Bibliography, Lawrence, Kansas, The Regent Press of Kansas, 1977

Bibliografia Citada

NEGLEY, Glenn/PATRICK, J. Max – *The Quest for Utopia*, New York, 1952

NEGRO, Dalmacio – *Gobierno y Estado*, Madrid/Barcelona, Marcial Pons, 2002

NEMESIO, Vitorino – *Exilados (1828-1832)*. *História sentimental e política do Liberalismo na emigração*, Lisboa, Bertrand, s/d.

NERUDA, Pablo – *Incitamento ao Nixonicídio e Louvor da Revolução Chilena*, trad. port. de Alexandre O'Neill, Lisboa, Agência Portuguesa de Revistas, 1975

NESTLE, Wilhelm – *Vom Mythos zum Logos. Die Selbstentfaltung des griechischen Denkens*, 2.ª ed., Stuttgart, Alfred Kröner, 1975

NEVES, A. Castanheira – *O Papel do Jurista no Nosso Tempo*, in *Digesta. Escritos acerca do Direito, do Pensamento Jurídico, da sua Metodologia e Outros*, I, Coimbra, Coimbra Editora, 1995

NEVES, António Castanheira – *A Revolução e o Direito*, in *Digesta. Escritos acerca do Direito, do Pensamento Jurídico, da sua Metodologia e Outros*, vol. I, Coimbra, Coimbra Editora, 1995

NEVES, Marcelo – *A Constitucionalização Simbólica*, S. Paulo, Editora Académica, 1994

NEVES, Orlando (org. e introd.) – *Textos Históricos da Revolução*, Lisboa, Diabril, 1975--1976, 3 vols.

NICOL, Eduardo – *El Problema de la Filosofia Hispânica*, Madrid, Tecnos, 1961

NOVAIS, Jorge Reis – *Contributo para uma Teoria do Estado de Direito, do Estado de Direito liberal ao Estado social e democrático de Direito*, separata do vol. XXIX du Suplemento ao "Boletim da Faculdade de Direito" da Universidade de Coimbra

NOVE, Alec – *Le socialisme sans Marx*, Paris, Economica, 1999

NUNES, António José Avelãs – *Neoliberalismo e Direitos Humanos*, Lisboa, Caminho, 2003

O Portugal Socialista na Clandestinidade, Lisboa, Edições Portugal Socialista, 1977

O'BRIEN, DAVID M. – *Constitutional Law and Politics: Struggles for Power and Governmental Accountability*, 4.ª ed., Nova Iorque, W. W. Norton, 2000

OAKESHOTT, Michael – *Morality and Politics in Modern Europe*, Yale University Press, 1993, trad. port. de António Machuco, *Moralidade e Política na Europa Moderna*, Lisboa, Edições Século XXI, 1995

Office central de statistiques près le Conseil des ministres de l'U.R.S.S. – *L'U.R.S.S. Chiffres et Faits*, Moscovo, Novosti 1976

OLIVEIRA, César – *O Socialismo em Portugal (1850-1900)*, Porto, Afrontamento, 1973

OLIVEIRA, César (Coordenação e Prefácio) – *Rosa Luxemburgo, viva!*, Antologia, Edição do Coordenador, Porto, 1972

OLIVEIRA, César – *Salazar e o seu Tempo*, Lisboa, "O Jornal", 1991

OLIVIER-MARTIN, François – *Les Lois du Roi*, ed. fac-similada, Paris, Editions Loysel, 1988

ORTEGA Y GASSET, José – *Historia como sistema. Mirabeau ou o político*, trad., bras., Brasilia, Ed. Univ. Brasilia, 1982

ORTEGA Y GASSET, Jose – *La Rebelión de las Masas*, 25.ª Ed. (1.ª – 1937), Espasa Calpe, 1986

ORTONEDA, Baldomero – *Princípios Fundamentales del Marxismo-Leninismo*, México, Centro de Investigaciones Científico-Sociales, 1978, trad. port. de CLIM, *Princípios Fundamentais do Marxismo-Leninismo*, Livraria A. I., Porto, 1980

472   *Repensar a Política – Ciência & Ideologia*

ORY, Pascal (dir.) – *Nouvelle Histoire des Idées Politiques*, Paris, Hachette, 1987

OTONELLO, Pier Paolo (org.) – *L'Integrazione delle Scienze per una Società Ordinatta*, Génova, L'Arcipelago, 1996

OTTONELLO, Pier Paolo – *La Barbarie Civilizzata*, Edizioni dell'Arcipelago, Genova, 1993

PABÓN, Jesus – *A Revolução Portuguesa*, trad. port. de Manuel Emídio/Ricardo Tavares, Lisboa, Aster, 1951

PADOUL, Gilbert *et al.* – *Direito e Ideologia na China*, trad. port. de Maria Luzia Guerreiro, Coimbra, Centelha, 1979

PAIM, António – *A Filosofia Brasileira*, Lisboa, ICALP, 1991

PAIM, António – *Das Filosofias Nacionais*, Lisboa, Universidade Nova de Lisboa, F. C. S. H., 1991

PAIM, António – *Filosofias Nacionais*, in *Logos*, II, Verbo, Lisboa/São Paulo, 1990, col. 626 ss.

PAIM, Antonio – *O Liberalismo Contemporâneo*, 2.ª ed. revista e aumentada, Rio de Janeiro, Tempo Brasileiro, 2000

PALLOIX, Christian – *La Question de l'Impérialisme chez V. I. Lenine et Rosa Luxembourg*, Paris, Anthropos, 1970, trad. port. e edição de SLEMES, *A Questão do Imperialismo em V. I. Lenine e Rosa Luxemburgo*, Lisboa, 1976

PANNEKOEK, Anton – *Controlo Operário e Socialismo*, trad. port. de J. C. Dias, M. Guedes e E. Cirne, Porto, J. M. Amaral, 1976

PARIS, Robert – *Les Origines du fascisme*, Paris, Flammarion, trad. port., *As Origens do Fascismo*, 3.ª ed., Lisboa, Dom Quixote, 1976

PASCOAES, Teixeira de – *Arte de Ser Português*, nova ed. com Prefácio de Miguel Esteves Cardoso, Lisboa, Assírio e Alvim, 1991

PASUKANIS, *A Teoria Geral do Direito e o Marxismo*, trad. port. de Soveral Martins, com um anexo de Vital Moreira, *Sobre o Direito*, Coimbra, Centelha, 1977

PAUPERIO, J. Machado – *Teoria Geral do Estado*, Rio de Janeiro, Forense, 1983

PATTERSON, Steven W. – "A Ambição é uma virtude? Porque Sonserina faz parte de Hogwarts", in *Harry Potter e a Filosofia*, coord. de William Irwin, colectânea de David Baggett e Shawn E. Klein, trad. port. de Martha Malcezzi Leal/Marcos Malvezzi Leal, São Paulo, Madras, 2004, p. 127 ss

PECES-BARBA, Gregorio – *Los Valores Superiores*, 1.ª reimp., Madrid, Tecnos, 1986

PELIKAN, Jiri – *S'ils me me tuent*, trad. port. de Maria Inês Barroso, *Se Eles Me Matarem*, testemunho recolhido por Frederick de Tovarnicki, Lisboa, Perspectivas & Realidades, 1976

PELLEGRIN, Pierre –"Introduction" a *Les Politiques*, de Aristótles, Paris, Flammarion, 1990

PEREIRA *et al.*, J. C. Seabra – *Utopie et Socialisme au Portugal au XIXe siècle*, Actes du Colloque, Paris, 10-13 janvier 1979, Fondation Calouste Gulbenkian, Centre Culturel Portugais, 1982

PEREIRA MENAUT, Antonio Carlos – *El Ejemplo Constitucional de Inglaterra*, Madrid, Universidad Complutense, 1992

PEREIRA MENAUT, Antonio-Carlos – *Política y Derecho. Doce Tesis sobre la Politica*, in CUNHA, Paulo Ferreira da (org.) – *Instituições de Direito*, I, Coimbra, Almedina, 1998, pp. 149-187

Bibliografia Citada

PEREIRA MENAUT, António-Carlos – *Doce Tesis sobre a Política*, Santiago de Compostela, Edicións Fontel, 1998

PEREIRA, João Martins – *O Socialismo, a Transição e o Caso Português*, Amadora, Bertrand, 1976

PEREIRA, José Pacheco – *Álvaro Cunhal, uma Biografia Política*, Lisboa, Temas e Debates, I vol., 1999, 2 vol. 2001

PEREIRA, José Pacheco – *As Ideias do PRD*, in "Risco", n.º 6, Primavera de 1987, p. 93 ss.

PERNOUD, Régine – *Luz sobre a Idade Média*, trad. port., Lisboa, Europa-América, 1984

PERNOUD, Régine – *O Mito da Idade Média*, trad. port., Lisboa, Europa-América, 1978

PESSOA, Fernando – *Obra Poética e em Prosa*, introduções, organização, bibliografia e notas de António Quadros e Dalila Pereira da Costa, Porto, Lello, 1986, 3 vols

PINHO, Arnaldo de – *D.António Ferreira Gomes: Antologia do seu pensamento*, Porto, Fundação Engenheiro António de Almeida, 3 vols.

PINTO, Jaime Nogueira – *A Direita e as Direitas*, Lisboa, Difel, 1996

PINTO, Jaime Nogueira (org.) – *Salazar visto pelos seus próximos (1946-68)*, 2.ª ed., Venda Nova, Bertrand, 1993

PINTO, Jaime Nogueira/BESSA, António Marques – *Introdução à Política*, Lisboa/São Paulo, Verbo, 1999-2001, 3 vols.

PINTO, José Madureira – *Ideologias: Inventário crítico dum conceito*, Lisboa, Presença, 1978

PINTO, José Madureira – *Ideologias: Inventário crítico dum conceito*, Lisboa, Presença, 1978 BUCZKOWSKI, Piotr/KLAWITER, Andrzej – *Theories of Ideologie and Ideologie of Theories, Amesterdão*, Rodopi, 1986

PINTO, Manuel Maia – *Economismo. O Equívoco sôbre o valor da Economia-Política*, Porto, Imprensa Moderna, 1932

PIRES, Francisco Lucas – *A Verdade Politicamente Correcta*, in "Brotéria", vol. 147, n.º 4, p. 297 ss..

PIRES, Francisco Lucas – *Introdução à Ciência Política*, Porto, Universidade Católica, 1998

PIRES, Francisco Lucas – *Introdução ao Direito Constitucional Europeu*, Coimbra, Almedina, 1997

PIRES, Francisco Lucas – *O Problema da Constituição*, Coimbra, Faculdade de Direito, 1970

PIRES, Francisco Lucas – *O que é Europa*, 5.ª ed., Lisboa, Difusão Cultural, 1994 (1.ª 1992)

PIRES, Francisco Lucas – *Soberania e Autonomia*, "Boletim da Faculdade de Direito", Coimbra, vol. XLIX, pp. 135-200, e vol. L, pp. 107-174

PIRES, Francisco Lucas – *Teoria da Constituição de 1976. A Transição dualista*, Coimbra, s/e, 1988

PISIER, Evelyne, *et al.* – *Histoire des idées politiques*, Paris, PUF, trad. port. de Maria Alice Farah Calil Antonio, *História das Ideias Políticas*, Barueri, São Paulo, Manole, 2004

PLUM, Werner – *Englische Utopien, Lehrbild der sozialen und technologischen Zusammenarbeit*, trad. em port. do Brasil de Betty Cruz Arnaud Heidemann, *Utopias Inglesas, modelos de cooperação social e tecnológica*,Fundação Friedrich-Ebert, Bona, 1979

474   *Repensar a Política – Ciência & Ideologia*

POCOCK, J. G. A. – *The Machiavellian Moment. Florentine Political Thought and the Atlantic Republican Tradition,* Pinceton/Londres, Princeton University Press, 1975

POITRINEAU, Abel – *Les Mythologies révolutionnaires*, Paris, P.U.F., 1987

POLANYI, Karl/FINLEY, M. I. – *A Economia Antiga,* trad. portuguesa, 2.ª ed., Porto, Afrontamento, 1986

POLITZER, Georges – *Princípios Elementares de Filosofia,* 5.ª ed., Lisboa, Prelo, 1975

PONTAUT, Jean-Marie/SEPINER, Francis – *L'Etat hors la loi,* Paris, Fayard 1989.

PONTAUT, Jean-Marie/SZPINER, Francis – *L'Etat hors la loi,* Paris, Fayard, 1989

POPPER, Karl – *The Poverty of Historicism,* London, 1957

POPPER, Karl – *Utopia and violence,* in "The Hibbert Journal", XLVI, 1948, in ex in *O Racionalismo Crítico na Política,* trad. br., Brasília, Cadernos da Universidade de Brasília, 1981, p. 3 ss.

POPPER, Karl/CONDRY, John – *Televisão: um perigo para a democracia,* ed. port., Lisboa, Gradiva, 1995.

POPPER, Karl R. – *The Open society and its enemies* (1957, revista em 1973), trad. port., *A Sociedade Aberta e os seus inimigos,* Belo Horizonte, Ed. Univ. de S. Paulo/Editora Itatiaia, I, 1974

PORTA, Donatella della – *Introdução à Ciência Política,* trad. port., Lisboa, Estampa, 2003

POSSENTI, Vittorio – *La Buona Società – Sulla Ricostruzione della Filosofia Politica,* Milano, Vita e Pensiero – Publicazioni dell'Università Cattolica del Sacro Cuore, 1983, trad. port. de Natércia Maria Mendonça, *A Boa Sociedade. Sobre a reconstrução da filosofia política,* Lisboa, IDL, 1986

POULANTZAS, Nicos – *Pouvoir politique et classes sociales de l'Etat Capitaliste,* Paris, Maspero, 1968, trad. port. de Francisco Silva, Poder Político e as Classes Sociais, Lisboa, Dinalivo, 1977

POZINA, L. – *O Marxismo contra o Comunismo Igualitário,* trad. port. de Jaime Ferreira, Lisboa, Estampa, 1976

PRÉLOT, Marcel/LESCUYER, Georges – *Histoire des Idées Politiques,* Paris, Dalloz, 1997, trad. port. de Regina Louro e António Viana, *História das Ideias Políticas,* Lisboa, Presença, 2000, 2001, 2 vols.

PRESNO LINERA, Miguel Á. – *Los Partidos y las distorsiones jurídicas de la Democracia,* Barcelona, Ariel, 2000

PRÉVOST, André – *L'Utopie de Thomas More,* Paris, Nouvelles Editions Mame, 1978

PRÉVOST, Claude – *Os Estudantes e o Esquerdismo,* trad. port. de P. Santos, Lisboa, Prelo, 1973

PROUDHON, P.-J. – *A Propriedade é um Roubo e outros Escritos Anarquistas,* selecção e notas de Daniel Guérin, tra. De Suely Bastos, Porto Alegre, L&PM, 1998

PROUDHON, P.-J. – *Idée générale de la Révolution au XIXe siècle,* nova ed., Paris, 1924

PROUDHON, P.-J. – *Justice et Liberté. Textes Choisis,* selec. de Jacques Muglioni, Paris, PUF, 1962

PROUDHON, P.-J. – *Système des contradictions économiques ou Philosophie de la misère,* trad. port. de J. C. Morel, São Paulo, Ícone, 2003.

Bibliografia Citada

Puy, Francisco – *Filosofia del Derecho y Ciencia del Derecho*, in "Boletim da Faculdade de Direito", Universidade de Coimbra, vol. XLVIII, 1972, pp. 145-171

Puy, Francisco – *La Socialdemocracia y su Parentela Ideológica*, "Anuario de Filosofia del Derecho", Nova época, tomo X, Madrid, 1993

Puy, Francisco – *Teoría Tópica del Derecho Natural*, Santiago do Chile, Univ. Santo Tomás, 2004

Queiró, Afonso Rodrigues – *Teoria dos Actos de Governo*, Coimbra, Faculdade de Direito, 1948

Queiró, Afonso Rodrigues – *Uma Constituição Democrática, hoje – como?*, Coimbra, Atlântida, 1980

Queiroz, Cristina M. M. – *Os Actos Políticos no Estado de Direito. O Problema do Controle Jurídico do Poder*, Coimbra, Almedina, 1990

Quental, Antero de – *Causas da Decadência dos Povos Peninsulares*, 6.ª ed., Lisboa, Ulmeiro, 1994; Martins, Oliveira – *História da Civilização Ibérica*, 12.ª ed., Lisboa, Guimarães Editores, 1994

Quental, Antero de – *Causas da Decadência dos Povos Peninsulares*, 6.ª ed., Lisboa, Ulmeiro, 1994, máx. p. 30 ss.

Quinze thèses sur l'autogestion, Le Poing et la rose, P.S.F., trad. port. Alternativa Socialista, *Quinze Teses sobre Autogestão*, Lisboa, Edições Jovem Socialista, s/d.

Quirino, Célia Galvão/Sadek, Maria Tereza (org., introd. e notas) – *O Pensamento Político Clássico*, 2.ª ed., São Paulo, Martins Fontes, 2003

Radcliff, Thimothy – *Je vous appelle amis*, Paris, La Croix/Cerf, 2000

Ramón Capella, Juan – *Sobre a Extinção do Direito e a Supressão dos Juristas*, trad. port. de Maria Luzia Guerreiro, Coimbra, Centelha, 1977

Ramos, Luis A. de Oliveira – *Da Ilustração ao Liberalismo. Temas Históricos*, Porto, Lello e Irmão, 1979

Raulet, Gérard – *La fin de l'Utopie*, "La Pensée", n.º 248, Nov-Dez. 1985, pp. 73-92

Reale, Miguel – *Liberdade Antiga e Liberdade Moderna*, "Revista da Universidade de São Paulo", n.º 1, p. 5 ss.

Reale, Miguel – *O Estado Democrático de Direito e o Conflito das Ideologias*, 1998

Rebelo, José – *Formas de Legitimação do Poder no Salazarismo*, Lisboa, Livros e Leituras, 1998

Redacção do 'Diário do Povo'/Comentarista da revista 'Bandeira Vermelha' (China) – *Os Dirigentes do P.C.U.S. são Traidores das Declarações de 1957 e de 1960/A Nova Direcção do P.C.U.S. Confessa a sua Política de Cooperação com os Estados-Unidos*, trad. port., Lisboa, Minerva, s/d.

Rego, Victor Cunha/Merz, Friedbelm – *Freiheit fuer den Singer*, Zurique, Ferenczy, 1976, trad. port. de Maria Natália Vasconcelos Pinto, *Liberdade para Portugal*, com a colaboração de Mário Soares, willy Brandt e Bruno Kreisky, Amadora, Bertrand, 1976

Rehfelot, B. – "Recht und Ritus", in *Festschrift fuer Heinrich Lehmann*, 1956, p. 45 ss.

Reich, Wilhelm – *Rede an den kleinen Mann*, trad. port. de Maria de Fátima Bívar, *Escuta, Zé Ninguém!*, 9.ª ed., Lisboa, Dom Quixote, 1978

Reis, A. do Carmo – *Explicar o Socialismo*, Porto, Paisagem, 1977

476 Repensar a Política – Ciência & Ideologia

REIS, António (coord.) – *A República Ontem e Hoje*, II curso Livre de História Contemporânea, Lisboa, Colibri, 2002

RENAULT, Abgar – *Conta Gotas*, Suplemento Literário de "Minas Gerais", 11 de Fevereiro de 1984.

RENAUT, Alain (dir.) – *Histoire de la philosophie politique*, Paris, Calman-Lévy, 1999, trad. port., *História da Filosofia Política, Lisboa*, Instituto Piaget, 2000, 5 vols.

RENOUVIER, Ch. – *Uchronie (l'utopie dans l'histoire), esquisse historique apocryphe du développement de la civilisation européenne tel qu'il n'a pas été, tel qu'il aurait pu l'être*, reed., Paris, Fayard, 1988 [1.ª ed. 1857]

RENOUX-ZAGAMÉ, Marie-France – *Les Carnets de Michel Villey: le droit naturel comme échec avoué*, "Droits. Revue Française de Théorie, de Philosophie et de Culture Juridique", 23, p. 115 ss.

Repertório Português de Ciência Política, dirigido por José Adelino Maltez, http://www.iscsp.utl.pt/~cepp/indexide_a.php3

RESENDE, Hernâni A. – *Igualitarismo agrário e socialismo utópico na transição do feudalismo para o capitalismo em França no século XVIII*, Lisboa, Livros Horizonte, 1979

RESZLER, André – *Mythes Politiques Modernes*, Paris, PUF, 1981

REVEL, Jean-François – *Ni Marx ni Jésus – La tentation totalitaire – La Grâce de l'Etat – Comment les démocraties finissent*, ed. rev. e aumentada, Paris, Robert Laffont, 1986

RIBEIRO, Álvaro – *O Problema da Filosofia Portuguesa*, Lisboa, Inquérito, 1943 FERREIRA, João, O. F. M. – *Existência e Fundamentação Geral do Problema da Filosofia Portuguesa*, Braga, Ed. Franciscana, 1965

RICCI, David M. – *The Tragedy of Political Science*, New Haven, Yale University Press, 1984

RICOEUR, Paul – *Lectures on Ideology and Utopia*, ed. por George Taylor, New York, Columbia Univ. Press, 1986, trad. port. de Teresa Louro Perez, *Ideologia e Utopia*, Lisboa, edições 70, 1991

RICOEUR, Paul – *Tradizione o Alternativa, tres saggi su ideologia e utopia*, com um ensaio introdutório de Giuseppe Grampa, trad. it., Brescia, Morcelliana, 198.

RITTER, Gehard – *Die Daemonie der Macht*, Munique, R. Oldenbourg, 1948, trad. it. de Enzo Melandri, *Il Volto Demoniaco del Potere*, Bolonha, Il Mulino, 1958

RIVIÈRE, Claude – *Les rites profanes*, Paris, P.U.F., 1995

RIVIÈRE, Claude – *Les liturgies politiques*, Paris, P.U.F., 1988, trad. bras. de Luis Filipe Baêta Nevas, *As liturgias políticas*, Rio de Janeiro, Imago, 1989

ROCHA, Andrée – "Raiz e Utopia em Sá de Miranda", in *Temas de Literatura Portuguesa*, Coimbra, s/e, 1986

ROCHER, Guy – *Introduction à la sociologie générale*, trad. port. de Ana Ravara, *Sociologia Geral*, I, 3.ª ed., Lisboa, Presença, 1977, p. 223.

RODRIGUES, Manuel Francisco – *Socialismo em Liberdade*, Porto, Brasília Editora, 1975

ROGEIRO, Nuno – *Política*, 3.ª ed., revista e aumentada, Lisboa, Quimera, 2002

ROMÃO, Miguel Lopes – *O Conceito de Legitimidade Política na Revolução Liberal*, "Revista da Faculdade de Direito da Universidade de Lisboa", vol. XLII, n.º 2, Coimbra Editora, 2001, pp. 903-953

Bibliografia Citada

ROMERO, Jose Luis – *Estudio de la Mentalidad Burguesa*, Madrid, Alianza Editorial, 1987

ROSEN, Michael/WOLFF Jonathan (ed.) – *Political Thought*, Oxford, Oxford University Press, 1999

ROSENAU, Helen – *La Ciudad Ideal*, trad. cast. de Jesús Fernández Zulaica, Alianza Editorial, Madrid, 1986.

ROSS, Sir David – *Aristotle*, Methuen & Co., Londres, 1983, trad. port. de Luís Filipe Bragança S. S. Teixeira, *Aristóteles*, Lisboa, Dom Quixote, 1987

ROSSELI, C. – *Socialismo Liberale*, nova ed., Turim, Einaudi, 1997

ROUDAUT, Jean – *Les Villes imaginaires dans la littérature française*, Paris, Hatier, 1990

ROUGIER, Louis – *Du paradis à l'utopie*, trad. cast. de Óscar Barahona e Uxoa Doyhamboure, *Del paraíso a la utopía*, Mexico, Fondo de Cultura Económica, 1984

ROUSSEAU, Jean-Jacques – *Du Contrat Social*

RUAS, Henrique Barrilaro – *A Liberdade e o Rei*, Lisboa, ed. Autor, 1971

RUBEL, M. – *Karl Marx. Essai de biographie intellectuelle*, Paris, Rivière, 1957

RUBIO CARRACEDO, José – *La Utopía del Estado Justo: de Platón a Rawls*, 1982

RUCQUOI, Adeline – *História Medieval da Península Ibérica*, trad. port. de Ana Moura, Lisboa, Estampa, 1995

Rules of the All-Union Lenin Young Communist League, revistas no 17.º congresso, s/l, s/d.

RUSSEL, Bertrand – *Power. A New Social Analysis*, trad. port. de Isabel Belchior, *Poder. Uma Nova Análise Social*, 2.ª ed. Port., Lisboa, Fragmentos, 1993

RUYER, Raymon – *L'Utopie et les Utopies*, Paris, P.U.F., 195

RYAN, Alan (ed.) – *The Idea of Freedom*, Oxford, Oxford University Press, 1979

RYDER, Richard – *Victims of Science. The use of Animals in Research*, Londres, Davis-Pynter, 1975

S/A – *Experiências de Justiça Popular no Chile*, trad. port. de Manuel Leandro, Coimbra, Centelha, 1975

SÁ, Victor – *Liberais e Republicanos*, Lisboa, Livros Horizonte 1986

SÁ, Victor de – *A Crise do Liberalismo e as primeiras manifestações das ideias socialistas em Portugal (1820-1852)*, trad. port. de Maria Helena da Costa Dias, 2.ª ed., Seara Nova, Lisboa, 1974

SÁ, Victor de – *Sociologia de Amorim Viana*, Lisboa, Livros Horizonte, 1981

SAAGE, Richard – *Das Ende der politischen Utopie ?*, Frankfurt, Suhrkamp, 1990

SABINE, George – *A History of Political Theory*, Nova Iorque, Holt, Rinehart e Winston, 1937, 20. .ª reimp. da ed. em língua castelhana, *Historia de la Teoria Politica*, México, Fondo de Cultura Económica, 1945

SABINE, George – *A History of Political Theory*, Nova Iorque, Holt. Reinehart and Winston, 1937, 20.ª reimp. ed. do Fondo de Cultura Económica, México, 1945

SABLIN, Pascal – *L'arbitraire fiscal*, Paris, Laffont, 1985.

SAINT-JUST, Louis Antoine Léon de – *Les Institutions Républicaines*, Paris, 1800

SALAZAR, Oliveira – *Discursos e Notas Políticas*, Coimbra, Coimbra Editora, 5 vols. até 1958

SALDANHA, Nelson – *Secularização e Democracia. Sobre a Relação entre Formas de Governo e Contextos Culturais*, Rio de Janeiro/São Paulo, 2003

SALDANHA, Nelson Nogueira – História das Ideias Políticas no Brasil, Brasília, Senado Federal, 2001

SANCHEZ DE LA TORRE, Angel – *Sociologia del Derecho*, 2.ª ed., Madrid, Tecnos, 1987

SANTOS, António de Almeida – *Até que a Pena me Doa*, Mem Martins, Europa-América, 1995

SANTOS, António de Almeida – *Civismo e Rebelião*, Mem Martins, Europa-América, 1995

SANTOS, António de Almeida – *Do Outro Lado da Esperança*, Lisboa, Editorial Notícias, 1999

SANTOS, António de Almeida – *Picar de Novo o Porco que Dorme*, Lisboa, Editorial Notícias, 2003

SANTOS, António de Almeida – *Por favor, preocupem-se*, Lisboa, Editorial Notícias, 1998

SANTOS, António de Almeida – *Vivos ou Dinossauros*, Mem Martins, Europa-América, 1994

SANTOS, António de Almeida – *Quase Memórias. Do Colonialismo e da Descolonização*, Lisboa, Casa das Letras/Editorial Notícias, 2006

SANTOS, Boaventura de Sousa – *Introdução a uma Ciência Pós-Moderna*, Porto, Afrontamento, 1990

SANTOS, Boaventura de Sousa – *Um Discurso sobre as Ciências*, 2.ª ed., Porto, Afrontamento, 1988

SARAIVA, António José – "Esquerda e direita", in *Dicionário Crítico. Texto integral de 1960 com um prólogo de 1983*, Lisboa, Gradiva, 1996

SARAIVA, António José – *A Tertúlia Ocidental.Estudos sobre Antero de Quental, Oliveira Martins, Eça de Queiroz e outros*, 2.ª ed., Lisboa, Gradiva, 1995

SARAIVA, António José – *Filhos de Saturno*, 2.ª ed., Lisboa, Bertrand, 1980

SARAIVA, António José – *Maio e a Crise da Civilização Burguesa*, Lisboa, Europa-América, 1970

SARAIVA, José António – *Do Estado Novo à Segunda República,* Amadora, Bertrand, 1974

SARDINHA, António – *A Teoria das Cortes Gerais*, 2.ª ed., Lisboa, qp, 1975

SARDINHA, António – *Ao Princípio era o Verbo*, Lisboa, Editorial Restauração, nova ed. 1959

SARDINHA, António – *Glossário dos Tempos*, Lisboa, Gama, 1942

SARDINHA, António – *Na Feira dos Mitos*, 2.ª ed., Lisboa, Gama, 1942

SARMENTO, Cristina Montalvão/CLUNY, Isabel (org.) – *Ciência Política*, número monográfico de "Cultura. Revista de História e Teoria das Ideias", Lisboa, Centro de História da Cultura da Universidade Nova de Lisboa, vol. XVI-XVII, 2003, 2.ª série

SAROTTE, Georges – *O Materialismo Histórico no Estudo do Direito*, trad. port., Lisboa, Estampa, 1975

SASSOON, Donald – *One Hundred Years of Socialism. The Western European Left in the Twentieth Century*, trad. port. de Mário Dias Correia, *Cem Anos de Socialismo*, Lisboa, Contexto, 2001, 2 vols.

SAVATER, Fernando – *Contra las Pátrias*, trad. port. de Pedro Santa María de Abreu, s/l, Fim de Século, 2003

SAVATER, Fernando – *Política para Amador,* Ariel, Barcelona, 1992, trad. port. de Miguel Serras Pereira, *Política para um Jovem* 2.ª ed., Lisboa, Presença, 1998

SAUVY, Alfred – *Le socialisme en liberté*, Paris, Denoël, 1974

SCHAFF, Adam – *Méditations sur le socialisme*, trad. fr., Paris, Le Temps des Cerises, 2001

SCHEFFLER, Samuel – *Bounderies and Allegiances. Problems of Justice and Responsability*, Oxford University Press, 2002

Bibliografia Citada

479

SCHIAVONE, M./CONFRANCESCO, D. – *Difesa del liberalsocialismo ed altri saggi*, 3.ª ed., Milão, Marzorati, 1972

SCHMITT, Carl – *Die geistesgeschichtliche Lage des heutigen Parlamentarismus*, Berlin, Dunker u. Humblot, 1926, trad. ingl. De Ellen Kennedy, *The Crisis of Parlamentary Democracy*, Cambridge, Mass./Londres, 1985

SCHMITT, Carl – *La Notion de Politique*, seguido de *Théorie du Partisan*, trad. fr. de Marie-Louise Steinhauser, com prefácio de Julien Freund, Paris, Flammarion, 1992

SCHMITT, Carl – *Politische Theologie. Vier Kapitel zur Lehre der Souveränität*, reed., Berlin, Duncker und Humblot, 1985, trad. fr. de Jean-Louis Schlegel, *Théologie Politique*, Paris, Gallimard, 1988

SCHMITT, Carl – *Roemischer Katholicismus und politische Form (1923-1925)*, trad cast., estudo preliminar e notas de Carlos Ruiz Miguel, *Catolicismo y Forma Politica*, Madrid, Tecnos, 2000

SCHNEIDER, P. – "Jurisprudenz, Utopie und Rhetorik", in R. Alexy/R. Dreier/U. Neumann – *Rechts- und Sozialphilosophie in Deutschland heute. Beiträge zur Standortbestimmung*, ARSP, Beihefte NF 44, Stuttgart, Steiner Verlag, 1991, pp. 337-347.

SCHULZ, F. – *History of Roman Legal Science*, Oxford, 1946

SCHULZ, F. – *Prinzipien des römischen Rechts*, Berlin, 1934, 1954

SCHUMPETER, Joseph – *Capitalism, Socialism and Democracy* (1.ª ed., 1945), nova ed., Londres, Allen and Unwin, 1976

SCRUTON, Roger – *Meaning of Conservatism*, 3.ª ed., Palgrave Macmillan, 2001

SÉDILLOT, René – *L'histoire n'a pas de sens*, Paris, Fayard. 1965

SÉDILLOT, René – *Le coût de la révolution française*, Paris, Librairie académique Perrin, 1987

SENN, Félix – *De la Justice et du Droit*, Paris, 1927

SENN, Félix – *Les origines de la notion de Jurisprudence*, Paris, 1926

SÉRGIO, António – *Cartas de Problemática*, Carta n.° 4, Lisboa, 1952

SÉRGIO, António – *Democracia*, Lisboa, Sá da Costa, 1974

SERRÃO, Joel – *Do Sebastianismo ao Socialismo*, Lisboa, Livros Horizonte, 1983

SERRES, Michel – *Le contrat naturel*, François Bourin, Paris, 1990.

SERRES, Michel – *Éloge de la philosophie en langue française*, Paris, Fayard, 1995

SERVIER, Jean – *L'Utopie*, 2.ª ed., Paris, P.U.F., 1985

SERVIER, Jean – *Histoire de l'Utopie*, Paris, Gallimard, 1967

SHACKLE, G. L. S. – *What Makes an Economist?*, Birkenhead, The University Press of Liverpool, 1953

SHKLAR, Judith N. – *After Utopia. The Decline of Political Faith*, Princeton, Princeton University Press, 1991

SIEGFRIED, W. – *Untersuchungen zur Staatslehre des Aristoteles*, Zurique, 1942

SIERRA, Angela – *Las Utopias. Del Estado real a los Estados soñados*, Barcelona, Lerna, 1987

SIGMUND, Paul E. – *Natural Law in Political Thought*, Lanham/Nova Iorque/Londres, University Press of America, 1971

SILVA, A. E. Duarte *et al.* – *Salazar e o Salazarismo*, Lisboa, Dom Quixote, 1989

SILVA, Agostinho da – "A Justiça", in *Diário de Alcestes,* nova ed., Lisboa, Ulmeiro, 1990

SILVA, Agostinho da – *Ir à Índia sem abandonar Portugal*, Lisboa, Assírio & Alvim, 1994, máx. p. 32 ss.

480   Repensar a Política – Ciência & Ideologia

SIMA, Horia – *Menirea Nationalismului*, trad. port. de Ana Maria Henriques, *Destino do Nacionalismo*, Lisboa, Nova Arrancada, 1999

SINGER, Peter – *Animal Liberation*, nova ed., Avon, 1991

SINGER, Peter – *Ethics into Action*, Rowman & Littlefield, 1998

SINGER, Peter – *Practical Ethics*, Cambridge University Press, 1993, trad. Port. de Álvaro Augusto Fernandes, *Ética Prática*, Lisboa, Gradiva, 2000

SINGH, Chhatrapati – *Law from anarchy to utopia*, Oxford, Clarendon Press, 1986

SKINNER, Quentin – *Liberty before Liberalism*, trad. port. de Raul Fiker, *Liberdade antes do Liberalismo*, São Paulo, UNESP/Cambridge Univ. Press, 1999

SKINNER, Quentin – *The Foundatons of Modern Political Thought*, trad. port. de Renato Janine Ribeiro/Laura Teixeira Motta, *As Fundações do Pensamento Político Moderno*, São Paulo, Companhia das Letras, 1996

SMITH, Anthony D. – *The National Identity*, trad. port. de Cláudia Brito, *A Identidade Nacional*, Lisboa, Gradiva, 1997

SMITH, Julie – *A Sense of Liberty. The History of Liberal International*, Londres, Liberal International, 1997

SOARES, Mário – *Crise e Clarificação*, Lisboa, Perspectivas & Realidades, 1977

SOARES, Mário – *Democratização e Descolonização. Dez Meses no Governo Provisório*, Lisboa, Dom Quixote, 1975

SOARES, Mário – *Portugal: quelle révolution*, trad. port. de Isabel Soares, *Portugal: Que Revolução?*, Diálogo com Dominique Pouchin, Lisboa, Perspectivas & Realidades, 1976

SOARES, Rogério Ehrhardt – *Constituição*, in "Dicionário Jurídico da Administração Pública", II, Coimbra, Atlântida, 1972, pp. 661 ss..

SOARES, Rogério Ehrhardt – *Constituição. Política*, in Pólis, I, Lisboa/São Paulo, Verbo, 1983, col. 1164 ss..

SOARES, Rogério Ehrhardt – *Direito Constitucional: Introdução, o Ser e a Ordenação Jurídica do Estado*, in CUNHA, Paulo Ferreira da (org.) – *Instituições de Direito*, II, Coimbra, Almedina, 2000, pp. 29-87

SOARES, Rogério Ehrhardt – *Direito Público e Sociedade Técnica*, Coimbra, Atlântida, 1969

SOARES, Rogério Ehrhardt – *O Conceito Ocidental de Constituição*, in "Revista de Legislação e Jurisprudência", Coimbra, nos. 3743-3744, p. 36 ss.; p. 69 ss., 1986

SOLJENITSINE, Alexandre – *Arquipélago de Gulag*, trad. port. directa do russo de Francisco A. Ferreira/Maria M. Llistó/José A. Seabra, Amadora, Bertrand, 1975

SOMBART, Werner – *Der moderne Kapitalismus*, Munique, Duncker, 1924

SOMBART, Werner – *Le Bourgeois*, trad. fr., Paris, Payot, 1966

SOMBART, Werner – *Pourquoi le socialisme n'existe-t-il pas aux Etats-Unis?*, Paris, PUF, 1992

SOMBART, Werner – *Le socialisme allemand*, trad. fr., Paris, Pardès, 1996

SOREL, Georges – *La Décomposition du marxisme*, Paris, Marcel Rivière, 1908

SORIANO, Simão José da Luz – *Utopias desmascaradas do systema liberal em Portugal ou Epitome do que entre nós tem sido este sistema*, Lisboa, Imprensa União-Typographica, 1858

SORMAN, Guy – *La Solution libérale*, trad. port. *A Solução Liberal*, Lisboa, Inquérito, 1986

SORMAN, Guy – *Les Vrais penseurs de notre temps*, Paris, Fayard, 1989

SOUSA, Armindo de – *As Cortes Medievais Portuguesas (1385-1490)*, Lisboa, INIC, II

Bibliografia Citada

481

vols., 1990 CARDIM, Pedro – *Cortes e Cultura Política no Portugal do Antigo Regime*, Prefácio de António Manuel Hespanha, Lisboa, Cosmos, 1998

SOUSA, José Pedro Galvão de – *História do Direito Político Brasileiro*, 2.ª ed., São Paulo, Saraiva, 1962

SOUSA, José Pedro Galvão de – *Iniciação à Teoria do Estado*, São Paulo, José Bushatsky, 1967

SOUSA, José Pedro Galvão de – *O Totalitarismo nas origens da Moderna Teoria do Estado*, s.e, São Paulo, 1972

SOUSA, José Pedro Galvão de – *Política e Teoria do Estado*, São Paulo, Saraiva, 1957

SOUSA, José Pedro Galvão de/GARCIA, Clovis Lema/CARVALHO, José Fraga Teixeira de – *Dicionário de Política*, São Paulo, Teixeira Queiroz Editor, 1998

SOUSA, Marcelo Rebelo de – *A Revolução e o Nascimento do PPD*, Lisboa, Bertrand, 2000, 2 vols.

SOUSA, Marcello Rebelo de – *Ciência Política. Conteúdos e Métodos*, Coimbra, Coimbra Editora, 1989

SOUSA, Marcelo Rebelo de – *Os Partidos Políticos no Direito Costitucional Português*, Braga, Livraria Cruz, 1983

SOUSA, Marcelo Rebelo de – *Direito Constitucional – Introdução à Teoria da Constituição*, Braga, Livraria Cruz, 1979

SPAEMANN, R. H.– *Critica de las utopias políticas*, Pamplona, EUNSA, 1980

STAQUET, Anne – *L'Utopie ou les fictions subversives*, Zurique /Quebeque, Éditions du Grand Midi, 2003

STAROBINSKI, Jean – *L'Invention de la Liberté. 1700-1789*, Genebra, Albert Skira, 1964

STEINER, George – *Nostalgia for the Absolute*, trad. cast. de María Tabuyo e Agustín López, *Nostalgia del Absoluto*, 4.ª ed., Madrid, Siruela, 2001

STERNBERGER, Dolf – *Drei Wurzeln der Politik*, Francoforte sobre o Meno, Insel, 2001

STIRK, Peter M. R./WEIGALL, David – *An Introduction to Political Ideas*, Pinter, Londres, 1995

STOCK, Maria José – *Elites, Facções e Conflito Intra-partidário: o PPD/PSD e o Processo Político Português de 1974 a 1985*, Évora, Universidade de Évora, 1989 (policóp.).

STRATHERN, Paul – *Machiavelli in 90 minutes*, Chicago, Ivan R. Dee, 1998, trad. bras. de Marcus Penchel, *Maquiavel (1469-1527) em 90 minutos*, 1998, Jorge Zahar Editor, 2000

STRAUSS, Leo – *Le Libéralisme antique et moderne*, trad. fr., Paris, P.U.F., 1990

STRAUSS, Leo – *What is Political Philosophy?*, Glencoe, The Free Press, 1959, trad. fr. de Olivier Sedeyn, *Qu'est-ce que la Philosophie Politique?*, Paris, P.U.F., 1992

STRAUSS, Leo/CROPSEY, Joseph (org.) – *History of Political Philosophy*, 3.ª ed., Chicago, University of Chicago Press, 1987, trad. cast. de Letizia García Urriza/Diana Luz Sánchez, Juan José Utrilla, *Historia de la Filosofia Política*, México, Fondo de Cultura Económica, 1993

STRAYER, Joseph R. – *On the Medieval Origins of the Modern State*, Princeton Univ. Press, trad. port., *As Origens Medievais do Estado Moderno*, Lisboa, Gradiva, s/d.

SWIFT, Adam – *Political Philosophy: A Beginner's Guide for Students and Politicians*, Cambridge, 2001

TALE, Camilo – *Lecciones de Filosofía del Derecho*, Córdova, Argentina, Alveroni, 1995

TARDE, Gabriel de – *Les Lois de l'Imitation*, Paris, 1895, trad. port., *As Leis da Imitação*, Porto, Rés, s/d..

TARELLO, Giovanni – *Cultura giuridica e politica del diritto*, Bologna, Il Mulino, 1988

TEIXEIRA, António Braz – *Reflexão sobre a Justiça*, in "Nomos. Revista Portuguesa de Filosofia do Direito e do Estado", n.º 1, Janeiro-Junho 1986, max. pp. 58-59

TEIXEIRA, António Braz – *Sobre os pressupostos filosóficos do Código Civil Português de 1867*, in "Fides. Direito e Humanidades", vol. III, Porto, Rés, 1994

TEJADA, Francisco Elias de – *Ideologia e Utopia no 'Livro da Virtuosa Benfeitoria'*, in "Revista Portuguesa de Filosofia", tomo III, jan-mar, 1947, fasc. 1.

TENZER, Nicolas – *Philosophie Politique*, Paris, P.U.F., 1994

TERRE, François – *Introduction générale au Droit*, Paris, Dalloz, 1991

THEEWEN, E. Maria – *Napoléons Anteil am Code civil* (Schriften zur Europäischen Rechts- und Verfassungsgeschichte, Bd. 2), Berlin, Duncker u. Humblot. 1991

THEIMER, Walter – *História das Ideias políticas*, trad. port., Lisboa, Arcádia, 1970

THIBERGIEN, Chanoine P. – *Sens Chrétien et vie sociale*, Paris, Editions Ouvières, 1954

THIESSE, Anne-Marie – *La Création des identités nationales. Europe XVIIIe-XIXe siècle*, Paris, Seuil, 1999, trad. it. de Aldo Pasquali, *La creazione delle identità nazionali in Europa*, Bolonha, Il Mulino, 2001

THOMAS, Geoffey – *Introduction to Political Philosophy*, London, Dockworth, 2000

THOMAS, Yan – *Mommsen et 'l'Isolierung' du Droit (Rome, l'Allemagne et l'État)*, Paris, Diffusion de Boccard, 1984

THOMSON, David (ed.) – *Political Ideas*, 7.ª ed., reimp., Middlesex, Penguin, 1982

TILLICH, Paul – *Christianisme et socialisme. Ecrits socialistes Allemands, 1919-1931*, Paris, Le Cerf, 1992

TOMAS DE AQUINO – *Summa Theologiae*

TORRES DEL MORAL, António – *Estado de Derecho y Democracia de Partidos*, Madrid, Universidad Complutense, 1991

TOUCHARD, Jean (org.) – *História das Ideias Políticas*, trad. port., Lisboa, Europa-América, 1970, 7 vols.

TOURAINE, Alain – *L'Après socialisme*, Paris, Grasset, 1980

TRIGEAUD, Jean-Marc – *Éléments d'une Philosophie Politique*, Bordeaux, Biere, 1993

TRIGEAUD, Jean-Marc – *La Personne Dénaturalisée. De l'impuissance de la 'naturalistic fallacy' à atteindre la personne*, in «Persona y Derecho», 29, 1993, p. 139 ss.

TRIGEAUD, Jean-Marc – *La Théorie du Droit face aux savoirs de substitution*, in "Persona y Derecho", vol. 32, 1995, p. 23 ss..

TRIGEAUD, Jean-Marc – *Philosophie Politique et Philosophie du Droit. De l'être formel à l'être réel: une reconduction au 'vivant'*, in RBF, vol. XXXIX, fasc. 159, pp. 205-218

TROTSKY, Leão – obras completas, http://www.marxists.org/francais/trotsky

TROTSKY, Léon – *Les Crimes de Staline*, trad. fr. Victor Serge, Paris, Maspero, 1973

TROTSKY, Léon – *Ma vie*, Paris, Pionniers, 1947

TROUSSON, Raymond – *Temas e mitos. Questões de método*, trad. port., Lisboa, Livros Horizonte, 1988

TROUSSON, Raymond – *Voyages aux Pays de nulle part. Histoire littéraire de la pensée utopique*, 2.ª ed., Bruxelas, Editions de l'Université de Bruxelles, 1979

Bibliografia Citada

TROUSSON, Raymond –*Un problème de littérature comparée: les études des thèmes. Essai de méthodologie*, Paris, Minard, 1965

TRUYOL SERRA, Antonio – *Historia da Filosofia do Direito e do Estado*, II vols., trad. port. de Henrique Barrilaro Ruas, Lisboa, Instituto de Novas Profissões, I, 1985, II 1990

TSETUNG, Mao – *Sobre a Prática/Sobre a contradição/e outros textos*, Lisboa, Minerva, 1974

TUDOR, Henri – *Political Myth*, London, Pall Mall, 1972

TUMÁNOV, Vladímir – *O Pensamento Jurídico Burguês Contemporâneo*, trad. port. de Palmeiro Gonçalves, Moscovo, VAAP, 1984

TUVESON, Ernst L. – *Milenium and Utopia; a study of the background of the idea of progress*, Berkeley, Univ. of California Press, 1949

TZITZIS, Stamatios – *Dikaion Dianémitikon et ius suum tribuens. De la rétribution des Grecs à celle des Glossateurs*, in "Studi Economici-Giuridici", Università di Cagliari, Napoli, Jovene, 1993, p. 221 ss.

TZITZIS, Stamatios – *La Naissance du droit en Grèce*, in *Instituições de Direito*, I. *Filosofia e Metodologia*, coord. nossa, Coimbra, Almedina, 1998, p. 191 ss..

TZITZIS, Stamatios – *L'Art du législateur: l'inspiration platonicienne chez Sade. Utopie et realité*, in "Greek Philosophical Society, On Justice. Plato's and Aristotle's conception of justice in relation to modern and contemporary theories of Justice", Athens, 1989

Uma Vida humana? Só sem Mercado, Estado e Trabalho – http://obeco.planetaclix.pt/rkurz54.htm

URSS. Perguntas y Respuestas, trad. cast. de O. Razinkov, Moscovo, Editorial Profgresso, 1976

VALENTE, Vasco Pulido – *O Poder e o Povo: A Revolução de 1910*, Lisboa, Dom Quixote, 1976

VALENTE, Vasco Pulido – *Os Devoristas. A revolução liberal 1834-1836*, Lisboa, Quetzal, 1993

VALLANÇON, François – *L'État, le droit et la société modernes*, Paris, Armand Colin, 1998

VALLANÇON, François – *Domaine et Propriété (Glose sur Saint Thomas D'Aquin, Somme Theologique IIA IIAE QU 66 ART 1 et 2)*, Paris, Université de Droit et Economie et de Sciences Sociales de Paris (Paris II), 1985, 3 vols., policóp..

VALLANÇON, François – *L'Etat ou l'Odyssée*, in "EYDIKIA", I, Atenas, 1991, pp. 73 ss., recolhido in *Teoria do Estado Contemporâneo* (org. Paulo Ferreira da Cunha), Lisboa/São Paulo, Verbo, 2003.

VALLAURI, Luigi Lombardi – *Communisme matérialiste, communisme spiritualiste, communisme concentrationnaire*, in "Archives de Philosophie du Droit", XVIII, 1973, pp. 181-211,

VALLAURI, Luigi Lombardi – *Corso di Filosofia del Diritto*, reed., Pádua, Cedam, 1990

VALLESPÍN OÑA, Fernando – *Nuevas Teorías del Contrato Social: John Rawls, Robert Nozick y James Buchanan*, Madrid, Alianza Editorial, 1985

VARGA, C. – *Utopias of rationality in the development of the idea of codification*, in RIFD, 1978, 1, pp. 23 ss..

VARGA, Evgueni – *Le Testament de Varga*, Viena/Paris, Wiener Tagebuch/Grasset, 1970, apresentação de Roger Garaudy, trad. port. de C. Oliveira, *A Construção do Socialismo na União Soviética*, 2.ª ed., Porto, Paisagem, 1974

VARGUES, Isabel Nobre – *A Fé Política Liberal*, in "Revista de História das Ideias", Coimbra, Instituto de História e Teoria das Ideias, Faculdade de Letras de Coimbra, XI, 1989

484 Repensar a Política – Ciência & Ideologia

VENTURA, António – *Anarquistas, Republicanos e Socialistas em Portugal. As Convergências Possíveis (1892-1910)*, Lisboa, Cosmos, 2000

VENTURI, Franco – *Utopia e Riforma Nell'Illuminismo*, ed. ital. Torino, Einaudi, 1970

VERDELHO, Telmo dos Santos – *As Palavras e as Ideias na Revolução Liberal de 1820*, Lisboa, Instituto Nacional de Investigação Científica, 1981

VERGARA, Francisco – *Introduccion aux fondements philosophiques du libéralisme*, Paris, La Découverte, 1992, trad. cast., *Introducción a los fundamentos filosóficos del liberalismo*, Madrid, Alianza Editorial, 1999

VERSINS, Pierre – *Encyclopédie de l'Utopie et de la Science Fiction*, 2.ª ed., Lausanne, Ed. L'Age d'Homme, 1984

VEYNE, Paul – *Comment on écrit l'histoire*, Paris, Seuil, 1971, trad. port., *Como se escreve a História*, Lisboa, Edições 70, 1987

VIANA, Amorim Pedro de – *Análise das Contradições Económicas de Proudhon*, 1852, reproduzido in PETRUS – *Proudhon e a Cultura Portuguesa*, Portugal, Editorial Cultura, s/d

VIANA, Amorim Pedro de – *Escritos Filosóficos*, compilação, fixação do texto e nota prévia por António Carlos Leal da Silva, Lisboa, IN-CM, 1993

VIEIRA, Rita – *Paulo Ferreira da Cunha, Politólogo: "Ninguém foi excluído do jogo democrático"*, in "Tempo", 21 de Abril de 2004

VILANOVA, Lourival – *Política e Direito – Relação Normativa*, «Revista da Faculdade de Direito da Universidade de Lisboa», vol. XXXIV, 1993, p. 53 ss.

VILAR, Esther – *Denkverbote*, trad. cast. de Joaquín Adsuar, *Prohibido Pensar. Tabúes de Nuestro Tiempo*, Madrid, Planeta, 2000

VILAR, Esther – *Der dressierte Man*, trad. port. de Chaves Ferreira, *O Homem subjugado*, Lisboa, Futura, 1972

VILLALONGA, José Luís de – *Le Roi*, Fixot, 1993, trad. port. de Francisco Paiva Boléo, *O Rei*, Porto, Asa, 1993

VILLENEUVE-BARGEMONT, Alban de – *Économie Politique Chétienne*, Paris, Paulin, 1834, 3 vols.

VILLEY, Michel – *Critique de la pensée juridique moderne*, Paris, Dalloz, 1976

VILLEY, Michel – *Réflexions sur la Philosophie et le Droit. Les Carnets*, Paris, P.U.F., 1995

VILLEY, Michel – *Théologie et Droit dans la Science Politique de l'Etat Moderne*, Rome, Ecole française de Rome, 1991

VILLEY, Michel – *Le Droit et les Droits de l'Homme*, Paris, P.U.F., 1983

VILLEY, Michel – *[Précis de] Philosophie du Droit*, I, 3.ª ed., Paris, Dalloz, 1982; II, 2.ª ed., *Ibidem*, 1984 (há nova ed. num vol.).

VILLEY, Michel – *Abrégé de droit naturel classique*, in "Archives de Philosophie du Droit", VI, 1961, pp. 25-72, in ex in *Leçons d'Histoire de la Philosophie du Droit*, Paris, Dalloz, 1962

VILLEY, Michel – *Critique de la pensée juridique moderne*, Paris, Dalloz, 1976

VILLEY, Michel – *Jusnaturalisme – Essai de définition*, in "Revue Interdiscipinaire d'Etudes Juridiques", n.º 17, 1986

VILLEY, Michel – *La Formation de la pensée juridique moderne*, nova ed., Paris, Montchrestien, 1975, nova ed., Paris, PUF, 2003

VILLEY, Michel – *Le Droit Romain. Son actualité*, 8.ª ed., Paris, 1945. Paris, 1987

Bibliografia Citada

VILLEY, Michel – *Mobilité, diversité et richesse du Droit Naturel chez Aristote et Saint Thomas*, in "Archives de Philosophie du Droit", XXIX, 1984, pp. 190-199

VILLEY, Michel – *Questions de St. Thomas sur le Droit et la Politique*, Paris, P.U.F., 1987

VILLEY, Michel – *Théologie et Droit dans la science politique de l'Etat Moderne*, Rome, Ecole française de Rome, 1991 (separata)

VIROLI, Maurizio – *Il Sorriso di Nicolò. Storia di Macchiavelli*, Roma/Bari, Laterza, 1998, trad. port. de Valéria Pereira da Silva, *O Sorriso de Nicolau. História de Maquiavel*, São Paulo, Estação Liberdade, 2002

VITORINO, Orlando – *Exaltação da Filosofia derrotada*, Lisboa, Guimarães, 1983

VITORINO, Orlando – *Refutação da Filosofia Triunfante*, Lisboa, Guimarães Editores, 1983

VL, XI, n.º 2, 1991, p. 19 ss..

VOEGELIN, Eric – *Estudos de Ideias Políticas de Erasmo a Nietzsche*, Apresentação e tradução de Mendo Castro Henriques, Lisboa, Ática, 1996

VON WAHLENDORF, H. A. Schwarz-Liebermann – *Politique, Droit, Raison*, Paris, L.G.D.J., 1982

VONDUNG, Klaus – *Revolution als Ritual. Der Mythos des Nationalsozialismus*, in HARTH, Dietrich/ASSMANN, Jan (org.) – *Revolution und Mythos*, Fischer, Frankfurt am Main, 1992

VOVELLE, Michel – *Ideologies and Mentalities*, in JONES, Gareth Stedman/SAMUEL, Raphale (ed.) – *Culture, Ideology and Politics*, Londres, Routledge and Kegan Paul, 1982

VOYENNE, Bernard – *Histoire de l'idée fédéraliste*, Nice, Presses d'Europe, 1976 – 1981, 3 vols.

VOYENNE, Bernard – *Le Fédéralisme de P.-J. Proudhon*, Nice, Presses d'Europe, 1973.

WALDROM, Jeremy – *Theoretical Foundations of Liberalism*, in "The Philosophical Quarterly", vol. 37, n.º 147, Abril 1987, in ex in *Liberalism*, ed. Richard J. Arneson, Aldershot, Edward Elgar, 1992, vol. III, p. 129/155

WATSON, George – *La littérature oubliée du socialisme*, Paris, Nil Éditions, 1999

WEBER, Max – *Wirtschaft und Gesellschaft. Grundgriss des verstehenden Soziologie*, trad. ingl., *Economy and Society*, Berkeley…, University of California Press, 1978, 2 vols..

WEBER, Max – *Wissenschat als Beruf*, tradução de Paulo Osório de Castro, com um estudo introdutório de Rafael Gonçalo Gomes Filipe, *A Ciência como Profissão*, Lisboa, Edições Universitárias Lusófonas, 2002.

WEIL, E. – *Philosophie Politique*, Paris, Vrin, 1966

WEYL, Monique/WEIL, Roland – *Révolution et perspective du droit*, Paris, Éditions Sociales, trad. port. de Maria Manuela Vaz, *Revolução e Perspectivas do Direito*, Lisboa, Iniciativas Editoriais, 1975

WILDE, Oscar – *The Soul of Man Under Socialism,* trad. port. de Heitor Ferreira da Costa, *A Alma do Homem sob o Socialismo,* Porto Alegre, P&PM, 2003

WILLARD, Claude – *Le Socialisme – De la Renaissance à nos jours*, Paris, PUF, 1971, trad. port. de Cármen González, 2.ª ed., *O Socialismo. Do Renascimento aos Nossos Dias*, Mem Martins, Europa-América, 1975

WINOCK, Michel – *Des voix de la liberté. Les écrivains engagés au XIX.e siècle*, Paris, Seuil, 2001

WINOCK, Michel – *Le socialisme en France et en Europe*, Paris, Seuil, 1992

WIRTH, Laurent – *Enseigner le totalitarisme*, http://aphgcaen.free.fr/totalit.htm

WOLFF, Jonathan – *Political Philosophy: An Introduction*, Oxford, Oxford University

486   *Repensar a Política – Ciência & Ideologia*

Press, 1996

XAVIER, Alberto P. – *Economia de Mercado e Justiça Social*, s/e, s/l, 1973

XAVIER, Ângela Barreto – *"El Rei aonde póde & não aonde quér". Razões da Política no Portugal Seiscentista*, Lisboa, Edições Colibri, Faculdade de Ciências Sociais e Humanas da Universidade Nova de Lisboa, 1998

ZHIVKOV, Todor – *Report of the Central Comittee of the Bulgarian Communist Party for the Period Between the Tenth and the Eleventh Congress and the Forthcoming Tasks*, Sofia, Sofia Press, 1976

ZIPPELIUS, Reinhold – *Teoria Geral do Estado*, trad. port., Lisboa, Fundação Calouste Gulbenkian, 1974

ZWEIG, Stephen – *Erasmo de Roterdão*, 9.ª ed., trad. port., Porto, Livraria Civilização, 1979

ÍNDICE GERAL

PREFÁCIO DO AUTOR À 2.ª EDIÇÃO 9
APRESENTAÇÃO, *pelo Prof. Doutor J. J. Gomes Canotilho* 11
PREÂMBULO 19
PLANO 23

PARTE PRIMEIRA
REVER OS FUNDAMENTOS

Capítulo I
Saberes

Secção 1
Epistemologia

1.1.   **Da Questão Epistemológica** 31
     1.1.1.   *Estilos de Epistemologia: filosófico, filosófico-científico, e cien-
          tífico-filosófico* 31
     1.1.2.   *Modalidades da Epistemologia Científico-Filosófica: Epistemolo-
          gia Interna e Epistemologia Externa* 32
     1.1.3.   *Elementos de Distinção entre as* **Epistemai:** *objecto, método, pro-
          blema, teleologia e congregação de especialistas* 32
     1.1.4.   *Sentido da Epistemologia no contexto dos Saberes* 34
1.2.   **Ciências da Política, Ciência Política** 35
     1.2.1.   *Unidade e Pluralidade da Ciência Política* 35
     1.2.2.   *Sentidos da(s) Ciência(s) Política(s)* 37
     1.2.3.   *Delimitação Epistemológica da Ciência Política* 39

BIBLIOGRAFIA GERAL 42
   Ciências e Epistemologias 42
   Introduções 43
   Manuais/Tratados/Lições 43
   Ensaios Escolhidos 44
   Dicionários, Enciclopédias 45
   História do Pensamento Político e afins 45

488   *Repensar a Política – Ciência & Ideologia*

Secção 2
Política e Direito

2.1.   **Pré-compreensão, noção, conotação, conceito e ideia de Direito e de Política** 51
       2.1.1.   *Da Pré-compreensão à Ideia* 51
       2.1.2.   *Áreas de Estudos Jurídico-Políticas e Político-Jurídicas* 53
2.2.   **As duas perspectivas (e definições/descrições) canónicas de Direito e sua relação com a Política** 55
       2.2.1.   *Os Jusnaturalismos* 56
       2.2.2.   *Os Positivismos* 57
       2.2.3.   *Escolas do Direito e Política* 59

BIBLIOGRAFIA 63
    Política e Direito 63
    Invenção do Direito 64

Secção 3
Especialização e Criação

Autonomização do Direito face à Política e autonomização das Ciências Políticas face às Ciências Jurídicas

3.1.   **A Hipótese da Trifuncionalidade Indo-europeia e das sucessivas autonomizações, designadamente na primeira função, a da Soberania** 67
3.2.   **O *Ius redigere in artem*: alvores gregos e concretização romana** 70
3.3.   **Evolução dos paradigmas jurídicos e sua relação com o pensamento político: direito objectivo, direito subjectivo e direito social** 82
3.4.   **Do nascimento das *Epistemai* políticas** 84

BIBLIOGRAFIA 87
    Obras fundamentais 87
    Obras complementares 87

Secção 4
Formas, Temas e Estruturas de Investigação

Orientações em História das Ideias Políticas, Estilos de Filosofia Política, Questões de Linguagem e Interpretação, Paradigmas Fundantes

4.1.   **Orientações em História das Ideias Políticas** 91
       4.1.1.   *Estudo dos Grandes Teóricos e Doutrinadores* 91

Índice Geral 489

4.1.2.	*Estudo das Grandes Correntes do Pensamento, dos Grandes Movimentos e das Grandes Ideias Políticas (Tópicos Políticos)*	92
4.2.	Estilos de Filosofia Política. Três exemplos renascentistas	94
4.3.	Problemas de Linguagem e Interpretação	95
4.3.1.	*Palavras e Conceitos*	95
4.3.2.	*Interpretação e História das Ideias*	99
4.4.	Paradigmas Fundantes e Tempos Políticos	101
4.4.1.	*"Estilos de Época"*	101
4.4.2.	*O Paradigmas Retórico e Jurídico*	102
4.4.3.	*O Paradigma Religioso*	103
4.4.4.	*O Paradigma Racionalista e a Coexistência de Paradigmas*	105

BIBLIOGRAFIA 111

Secção 5
Filosofia Política: uma Scientia Politica

5.1.	Problema e Teleologia da Filosofia Política	115
5.2.	A Disciplina e os seus Estilos	116
5.3.	As Três Visões da Filosofia Política e os seus oponentes	117
5.3.1.	*O obstáculo fenomenológico da Filosofia Política ontológica*	117
5.3.2.	*A dificuldade interdisciplinar da Filosofia Política englobante*	119
5.3.3.	*As tentações ideologizantes da Filosofia Política axiológica, e a sua irrecusável dimensão normativa*	120
5.4.	Da Especificidade da Filosofia Política Axiológica	122
5.4.1.	*Da tendencial não conflitualidade epistemológica*	122
5.4.2.	*Da especificidade problemática da Filosofia Política axiológica*	123
5.5.	Utopia e Filosofia Política	124

BIBLIOGRAFIA 128

Capítulo II
Fundadores

Secção 6
Aristóteles, a Invenção do Jurídico

Filosofia do Homem, Ética, Justiça e Política

6.1.	Em demanda de Aristóteles e da sua Filosofia do Homem	135
6.1.1.	*Evolução, Edição e Metafilosofia*	135

490 Repensar a Política – Ciência & Ideologia

	6.1.2.	*Nomos, Ethos, Telos – Normatividade, Etiologia, Teleologia*	138
	6.1.3.	*Uma Filosofia do Homem: filosofia prática*	140
6.2.	**Das Virtudes nas *Éticas a Nicómaco***		141
	6.2.1.	*Perspectiva. O Livro introdutório*	141
	6.2.2.	*Das Virtudes em Geral*	143
6.3.	**Da Justiça**		146
6.4.	**As Políticas**		149
	6.4.1.	*Pioneirismo, Metodologia e Terminologia*	149
	6.4.2.	*Natureza, Sociabilidade e Política*	152
	6.4.3.	*A Cidadania, a Virtude e a Felicidade*	153
	6.4.4.	*As Formas de Governo e os Poderes*	155
		6.4.4.1. *As Formas de Governo*	155
		6.4.4.2. *Os Poderes*	157
6.5.	**O Problema da Cidade Ideal**		158
6.6.	**Proposta de Síntese**		159

BIBLIOGRAFIA 161
Bibliografia activa principal/específica 161
Edições correntes/recomendadas 161
Bibliografia passiva selectiva 162

Secção 7
Maquiavel, a Autonomização do Político

7.1.	**Perfil de Maquiavel**		165
7.2.	**Fama e Fortuna dos Grandes Homens**		168
7.3.	**Anti- e Pró-Maquiavel**		170
7.4.	**Um *sfumatto* de Maquiavel**		175
	7.4.1.	*Chiaro*	175
		7.4.1.1. *Patriotismo*	176
		7.4.1.2. *Republicanismo e Demofilia*	177
		7.4.1.3. *Clássico e Moderno*	181
	7.4.2.	*Oscuro*	182
	7.4.3.	*Chiaroscuro*	187
7.5.	**Maquiavel Hoje**		188

BIBLIOGRAFIA 189
Bibliografia activa principal/específica 189
Edições correntes/recomendadas 190
Bibliografia passiva selectiva 190

Índice Geral 491

PARTE II
REAVALIAR OS PARADIGMAS

Capítulo I
Instituições

Secção 8
Formas Políticas

8.1. **Instituições** 199
    8.1.1. *Multiplicidade das Instituições* 199
    8.1.2. *Tipologias das Instituições* 200
8.2. **Governo e suas formas** 202
8.3. **Estado e suas Tipologias** 204
8.4. **Soberania e Autonomia** 206

BIBLIOGRAFIA 208
    Instituições 208
    Governo 209
    Estado 211
    Soberania 211

Secção 9
Constituição e Constitucionalismos

9.1. **Constituição** 215
9.2. **Direito Constitucional** 216
9.3. **Constitucionalismo natural e Constitucionalismo convencional** 217

BIBLIOGRAFIA 218
    Introdutória 218
    Doutrina Constitucional portuguesa geral 219
    Constitucionalismo natural e constitucionalismo convencional 219

Capítulo II
Ideologias e Utopias

Secção 10
Ideologia e Ideologias

10.1. **Ideologia e Direito** 225
    10.1.1. *Para uma Noção de Ideologia* 225

492   *Repensar a Política – Ciência & Ideologia*

	10.1.2. *Autonomia e dependência ideológicas do Direito*	228
10.2.	**A Propriedade, pedra de toque das Ideologias**	230
	10.2.1. *Propriedade, Direito e Ideologia*	230
	10.2.2. *Lições da Etimologia*	231
	10.2.3. *Lições do Direito Romano*	232
	10.2.4. *Ideologia, Propriedade e Fiscalidade*	233
10.3.	**As grandes famílias ideológicas**	235
	10.3.1. *Metodologia e Ideologia*	235
	10.3.2. *Preservação e Reacção: Conservadores e afins*	240
	10.3.2.1. *O Conservador e os seus Valores*	240
	10.3.2.2. *Nacionalismos*	241
	10.3.2.3. *Reacção, Contra-Revolução, Fascismo e Salazarismo*	243
	10.3.2.4. *Situacionismos e Conservadorismos de Esquerda*	248
	10.3.2.5. *Tradicionalismos contra Neo-Liberalismos. Famílias Tradicionalistas*	248
	10.3.2.6. *Doutrina Social da Igreja, práticas e diálogos*	251
	10.3.2.7. *Balanço e Institucionalização*	252
	10.3.3. *Revolução e Utopia: os Colectivistas*	252
	10.3.3.1. *Problemas de qualificação*	252
	10.3.3.2. *Marxismos-Leninismos e "Socialismos Reais"*	254
	10.3.3.3. *Valores e Princípios Colectivistas*	260
	10.3.3.4. *Colectivismo e Ordem Jurídica*	262
	10.3.3.5. *Colectivismos e Totalitarismos*	264
	10.3.3.6. *Balanço e Institucionalização*	265
	10.3.4. *Democracia e Reformismo: os Moderados*	267
	10.3.4.1. *Critérios da classificação*	267
	10.3.4.2. *Socialismo Democrático*	269
	10.3.4.3. *O Liberalismo social*	274
	10.3.5. *Sobrevivências e Novidades*	279
	10.3.5.1. *Ideias Novas, Instituições Velhas. Desafios à Esquerda tradicional*	279
	10.3.5.2. *Ideias Velhas, Instituições Novas. Encruzilhadas da Extrema-direita*	280
10.4.	**A Ideologia Hoje**	282
	10.4.1. *Tecnocracia*	282
	10.4.2. *Metamorfose das Ideologias*	283
10.5.	**Ideologias e Partidos no Portugal Contemporâneo**	287
	10.5.1. *Tese e Síntese*	287
	10.5.2. *Partidos e Ideologias antes e depois de Abril de 1974*	288
	10.5.2.1. *Partidos, eleições e ideologias no Estado Novo – brevíssima nota*	288
	10.5.2.2. *Tradições e Assimetrias: Partidos institucionais e partidos marginais e marginalizados no pós 25 de Abril*	289
	10.5.2.3. *Assimetria à esquerda do espectro político*	293

Índice Geral 493

10.5.2.4. *O equilíbrio do espectro político* 293
10.5.2.5. *Governação e Oposição* 295
10.5.3. **Criação de uma Tradição Política Democrática. Os Partidos Institucionais** 296
10.5.3.1. *O Partido Socialista* 296
10.5.3.2. *O Partido Popular Democrático/Partido Social Democrata* 298
10.5.3.3. *O Centro Democrático Social/Partido Popular* 299
10.5.3.4. *O Partido Comunista Português* 300
10.5.3.5. *O Partido Renovador Democrático* 301
10.5.4. **Mudanças no Sistema Partidário** 301
10.5.4.1. *Nova Assimetria – à direita – do sistema político* 301
10.5.4.2. *Novos Partidos* 302
10.5.5. **Balanço. O Aparente Paradoxo da Inversa proporcionalidade ideológica face à Democracia e a Crise da Política** 303

BIBLIOGRAFIA 305
Ideologia em geral 305
Alguns periódicos políticos portugueses relevantes no Pós-25 de Abril 307

Secção 11
A Oposição Binária: Direita e Esquerda

11.1. Oposição binária em Política 312
11.2. A Questão e a Hipótese 312
11.3. O Poder de Nomear 316
11.4. Onde fica o politicamente correcto? 320
11.5. Incómodos à Direita e à Esquerda 321
11.6. Uma catalogação viciada 322
11.7. O espectro ideológico estático e o dinâmico 324
11.8. Uma dicotomia prestável? 326
11.9. Um operador alternativo: Democracia *vs.* Ditadura 327
11.10. Intersecção e Paradoxos dos Critérios 329
11.11. Ainda a nova ideologia transversal 331
11.12. Direita policamente incorrecta ou Nova Ideologia? 334
11.13. "Moralidade social": um desafio interessante 337
11.14. Heterodoxos 341
11.15. Conclusão Inclusa 343
11.16. *Post-Scriptum:* "E contudo move-se!" 345

BIBLIOGRAFIA 346

494   *Repensar a Política – Ciência & Ideologia*

Secção 12
Terceiras Vias

12.1. **Estatuto Epistemológico e Projecto**.. 349
12.2. **Economia, Sociedade e Política – alguns Caminhos de Utopismo**.......... 353
12.3. **Recordando Fundamentos**.. 369

BIBLIOGRAFIA... 373

Secção 13
Política e Direito numa 'Utopia' Contemporânea

13.1. **Revolução Tranquila na Utopia?**.. 377
      13.1.1. *Novas no reino da não notícia*.. 377
      13.1.2. *Problemas conceituais e classificatórios*.................................. 378
      13.1.3. *Diegese e focalização/abordagem*... 379
      13.1.4. *Cânone e Transgressão*... 379
      13.1.5. *Perspectiva de abordagem*.. 380
13.2. **O Direito na Eutopia e na Distopia**.. 381
      13.2.1. *A Centralidade do Jurídico e a Religião Cívica*...................... 381
      13.2.2. *Perseguição dos Juristas e proibição dos textos jurídicos na distopia*... 384
      13.2.3. *Leis aliadas da Cultura*... 384
      13.2.4. *Fontes de Direito: Lei, Doutrina, Jurisprudência*................... 385
13.3. **O Sistema Jurídico da Québécie: Vantagens, Críticas e sua Refutação**. 387
      13.3.1. *Vantagens do Sistema Jurídico da Québécie*............................ 388
            13.3.1.1. *Poucas Leis, simples e conhecidas*............................ 388
            13.3.1.2. *Ausência de Leis inúteis e inefectivas*....................... 388
            13.3.1.3. *Conhecimento das Leis pelos Cidadãos*.................... 388
            13.3.1.4. *Deveres conhecidos e Leis tomadas a sério*.............. 388
            13.3.1.5. *Conhecimento generalizado da Lei é Igualdade*............ 389
            13.3.1.6. *Hermenêutica racional, nem memorização nem habilidade* 390
            13.3.1.7. *Juízes não "juristas"*.. 390
            13.3.1.8. *Sociedade livre do trabalho vão dos "juristas"*............ 391
      13.3.2. *Críticas ao Sistema Jurídico da Québécie e sua Refutação*......... 392
            13.3.2.1. *'Rule of precedent' ou liberdade racional do juiz?*........ 392
            13.3.2.2. *Muitas Leis efémeras ou poucas Leis perenes?*.......... 392
            13.3.2.3. *Lacunas da Lei ou Liberdade de Cidadãos responsáveis?*. 393
13.4. **Justiça, Razão e Fortuna**.. 393

BIBLIOGRAFIA... 398

Índice Geral   495

Secção 14
Desafios Juspolíticos Hodiernos

14.1. **Omnipresença Jurídica** 407
14.2. **Omnipresença Política** 410
14.3. **Tradição e Ruptura Juspoliticas na Contemporaneidade** 411
14.4. **Crise da Modernidade Política e algumas pistas Jurídicas** 413
14.5. **Problemática da Legitimação** 414
14.6. **Fim da Convicção Política?** 422
14.7. **Propriedade, Economia e Política** 424
14.8. **Política e Direito: um diálogo a continuar** 429

BIBLIOGRAFIA 431

Ser e Modo-de-Ser da Política 431
Estado, Democracia, Partidos 432

BIBLIOGRAFIA CITADA 435

ÍNDICE GERAL 487

139,00